JN402405

위(魏)

220
- 조조가 병사한 후 조비가 그 뒤를 잇다. 한나라 헌제를 폐위시키고 위나라를 건국하다.

225
- 조비가 오를 공격했으나 크게 실패하고 회군하다.
- 조비가 세상을 떠나고, 아들 조예가 뒤를 잇다.
- 장합이 가정에서 마속을 물리치다.

230
- 조진이 촉한을 정벌하다.

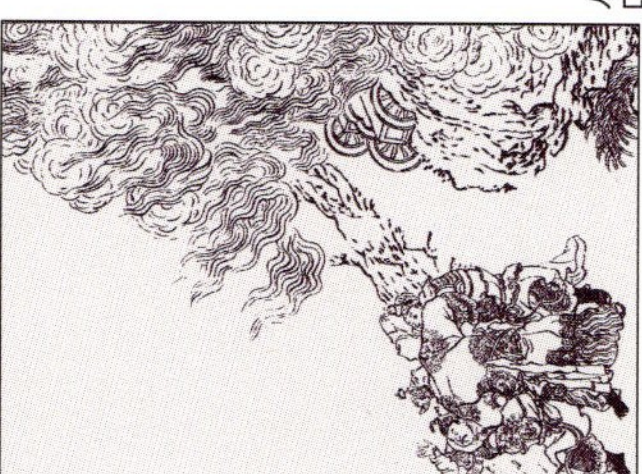

상방곡에서 사마의가 고초를 겪다.

235
- 사마의가 촉한의 제갈량과 대치하다.

240
- 공손연이 요동에서 반란을 일으키자 사마의가 원정으로 진압하다.
- 조예가 사망하고 조방이 뒤를 잇다. 조상이 조정의 실권을 장악하다.
- 조상이 촉한을 공격했으나 크게 패하고 돌아오다.

250
- 사마의가 정변을 일으키고 조상을 주살하다.
- 사마의가 사망하고, 사마사가 뒤를 이어 대권을 장악하다.
- 사마사가 조방을 폐하고 조모를 제위에 올리다.
- 제갈탄이 거병하자 오나라가 구원병을 보냈으나 사마소에게 진압되다.

260
- 조모가 정변을 일으켰으나 패배하여 피살되고, 사마소가 조환을 제위에 올리다.
- 종회와 등애가 촉한을 공격하고, 등애는 몰래 강유를 거쳐 음평으로 진격하다.

위나라의 멸망과 진나라 건국

270
- 사마염이 양호와 양조를 보내 서릉, 강릉을 공략하고, 오나라 장수 보천과 호응하다.
- 양호가 병사하자 두예가 그를 이어 양양에 주둔하다.

280
- 사마염이 여섯 갈래로 대군을 보내 오나라를 정벌하다.

촉(蜀)

- 유비가 칭제한 후 촉한을 세우다.

이릉전투

- 유비가 병사한 후 유선이 뒤를 잇다. 오나라와 촉한이 예전의 우호관계를 회복하다.
- 제갈량이 남만 정벌에 나서 맹획의 항복을 받아내다.
- 제갈량이 1~2차 북벌 시작
- 제갈량이 3차 북벌을 단행하다.
- 제갈량이 기산(祁山)으로 다섯 번째 출병하다.
- 제갈량이 기산으로 여섯 번째 출병했다가 오장원에서 병사하고, 이후 위연이 모반을 일으켰다가 피살되다.
- 강유와 장완이 북벌을 시작하다.
- 장완이 촉한의 대사마로 임명되어 한중에 주둔하다.
- 장완이 사망하다.
- 강유가 농서로 출병하다.
- 하후패가 촉한에 투항하다.

강유가 황호를 비난하다.

- 강유가 환관 황호를 비난하고, 둔전을 핑계로 화를 피하다.

촉한의 멸망

등애가 몰래 음평을 넘어가다.

오(吳)

- 손권이 위나라에 신하의 예로 대하고 오나라 왕에 봉해지다.

제갈량이 맹획을 네 번째로 잡다.

- 손권이 무창에서 칭제하고 건업으로 천도하다.

제갈량이 기산으로 다섯 번째 출병하다.

- 손권이 산월(山越)의 소수민족을 토벌하다.
- 제갈각이 합비를 공략했으나 크게 실패하다.
- 손권이 죽자 손량이 뒤를 이어 제위에 오르고, 제갈각이 보좌하다.
- 손침이 손량을 폐한 후 손휴를 제위에 올렸으나 얼마 후 손휴가 손침을 주살하다.
- 손휴가 죽자 오나라 대신들이 손호를 황제로 옹립하다.
- 육항이 군사를 이끌고 양조를 크게 물리치고, 보천을 살해하다.

진나라가 오나라를 멸망시켜 삼국을 통일하다

삼국의 역사를 하나로 꿰다

위(魏 : 220~265년)

조조

촉(蜀 : 221~263년)

유비

오(吳 : 222~280년)

손권

위(魏)

황건군의 난

- 184 조조가 황보숭을 따라 황건군의 난을 진압하다.
- 190 조조가 거병하여 동탁을 토벌하자 제후들이 호응하다.
- 조조가 연주목을 자임하다.
- 195 조조가 낙양에서 한나라 헌제를 영접하고 허창으로 천도하다.
- 조조가 하비를 공략하여 여포를 죽이고, 장료의 항복을 받아내다.

조조가 거병하여 동탁을 토벌하다.

관도전투

- 200 조조가 창정에서 원소를 크게 물리치다.

조비가 기회를 틈타 원희의 처 견씨(甄氏)를 빼앗다.

- 205 조조가 업성을 공략하다.
- 조조가 원담을 참수하다.
- 조조가 고간을 물리치다.
- 조조가 북방을 통일하다.

적벽대전

- 210 조조가 마초와 한수를 크게 물리치고 관롱(關隴)을 평정하다.
- 조조가 '위공(魏公)' 작위를 받다.
- 215 조조가 한중을 빼앗다.
- 조조가 위나라 왕에 오르다.

조비가 위나라를 세우다

촉(蜀)

- 184 유비, 관우, 장비가 도원결의하여 황건군 토벌에 나서다.

도원결의(桃園結義)

- 도겸이 병사하고 유비가 서주목을 맡다.
- 195 유비가 여포에게 패하여 조조에게 의탁하다.
- 유비가 원술을 격파하고, 원술은 피를 토하고 죽다.
- 200 유비가 조조에게 패한 후 유표에게 의탁하다.
- 205 유비가 삼고초려하자 제갈량이 산을 내려오다.
- 210 유비가 손권의 누이와 혼인하다.
- 유비가 손권에게 형주를 빌리다.
- 유비가 천(川 : 지금의 사천)땅으로 들어가다.
- 유비가 익주를 빼앗다.
- 215 유비와 손권이 협의하여 형주를 분할하다.

오(吳)

군웅이 일어서다

- 184 손견이 군사를 이끌고 주준을 도와 황건군을 토벌하다.
- 190 손견이 동탁을 격파하고 전국옥새를 얻다. 유표를 공략하던 중 화살에 맞아 죽자 그의 아들 손책은 원술에게 의지하다.
- 195 손책이 원술에게 군마를 빌려 강동으로 출병하다.
- 손책이 조조와 우호관계를 맺고 오후(吳侯)로 봉해지다.
- 200 손책이 죽고 손권이 뒤를 잇다.

융중대

유비와 손권의 연맹

- 210 손권이 합비로 진격했으나 실패하다.
- 주유가 세상을 떠나다.
- 손권이 교주를 평정하다.

관우가 맥성으로 패주하다.

살해하다.

적벽대전과 삼국 시대

적벽대전은 삼국의 정립에 가장 큰 영향을 미친 전투 가운데 하나이자 후세의 문인들이 즐겨 회고했던 소재이기도 하다. 이백, 두보, 두목 등 당대의 시인은 물론이고 여러 조대의 시인, 묵객들이 적벽에 관한 시가나 그림을 남긴 바 있다. 그 가운데 가장 유명한 것은 역시 소동파의 전(前), 후(後) 「적벽부(赤壁賦)」이다. 그는 비록 적벽대전의 현장을 오인하는 우를 범하기는 했지만 삼국 시대 주유의 성공을 빌어 자신의 건공입업(建功立業)의 포부와 갈망을 제대로 표현했으며, 진지한 정감이 절로 우러나와 후세에 수많은 이들이 암송하는 걸작을 만들어냈다. 이로써 '문적벽(文赤壁 : 적벽대전을 문학으로 형상화함)'의 새로운 세계가 창조되었던 것이다.

후세의 문인들이 노래한 '문적벽'은 당연히 삼국 시대를 누볐던 영웅들의 역사에 대한 감회를 바탕으로 하고 있다. 이 그림은 금나라 때 활동한 화가 무원직(武元直)이 그린 「적벽야유도(赤壁夜游圖)」(일명 두루마리 「적벽도(赤壁圖)」)로서, 소동파가 적벽 부근에서 밤배를 타고 노니는 모습을 그린 것이다. 깎아지른 듯 험준하게 솟아 있는 절벽과 놀란 듯 소리치는 급류와 파도, 강바람에 요동치는 나무들, 아득한 만 리 너머로 광활하게 펼쳐져 있는 장강의 위용, 그리고 하찮을 정도로 작디작은 동파의 작은 배가 그려져 있다. 지난 시절 적벽을 유람하던 옛 사람의 정회가 절로 드러나며, 마치 그 시절이 바로 눈앞에 있는 것 같은 착각을 불러일으킨다.

「적벽야유도」
무원직, 종이에 그린 수묵 산수화
무원직은 12세기 무렵 금나라 장종(章宗) 시절에 활동한 화가이자 명사로서 시인 조병문(趙秉文)과 교류했다고 하며, 생몰년은 정확히 알려져 있지 않다. 산수화에 능했으며, 「적벽야유도」 외에도 「조운도(朝雲圖)」, 「서설도(曙雪圖)」 등 여러 작품을 남겼다.

그림으로 읽기 쉽게 풀어쓴 인간 경영의 교과서

나관중 三國志

나관중 지음
우위 풀어씀 | 심규호 옮김

그림으로 읽기 쉽게 풀어쓴 인간 경영의 교과서

나관중 三國志

일빛

나관중 삼국지

2010년 10월 25일 초판 1쇄 발행
2016년 6월 27일 초판 2쇄 발행

지은이 | 나관중
풀어쓴이 | 우위
옮긴이 | 심규호

펴낸이 | 이성우
펴낸곳 | 도서출판 일빛
등록번호 | 제10-1424호(1990년 4월 6일)
주소 | 03993 서울시 마포구 동교로27길 12 동교씨티빌 201호
전화 | 02) 3142-1703~4
팩스 | 02) 3142-1706
전자우편 | ilbit@naver.com

값 25,000원
ISBN 978-89-5645-149-7 (03900)

일러두기

1. 번역의 원칙은 원서를 가감 없이 전부 번역하는 것이었다. 하지만 원서의 내용상 흐름이 끊기거나 사건의 개연성이 불분명한 경우, 우리말로 번역했을 때 정확한 이해가 어려운 경우에 한해 의역을 곁들였다.
2. 내용의 정확성을 기하기 위해 표점과 교감에 충실한 북경(北京) 중화서국(中華書局)에서 출간된 『삼국지』 및 모종강 판본의 『모종강비평본삼국연의(毛宗崗批評本三國演義)』 및 다양한 한국어 번역본을 참조하여 일부 내용을 첨가하거나 부분 교정하여 독자의 이해를 도왔다.
3. 내용의 올바른 이해와 보충 설명을 위해 간주와 별주를 추가했다.
4. 인명이나 지명이 처음 나오는 곳에 한자를 병기해 이해를 도왔으며, 인명의 경우에는 그 사람의 관직과 출신 지역을 고려하여 간주를 병기했다.
5. 진수(陳壽)의 『삼국지』와 나관중의 『삼국연의(三國演義)』는 별개의 책이지만, 이 책의 제목을 『나관중 삼국지』로 정한 것은 우리나라 독자들에게 『삼국지』라는 제목이 익숙하다는 점을 고려한 것이다. 본문에서는 원래의 제목인 『삼국연의(三國演義)』를 사용하여 진수(陳壽)의 『삼국지』와 구분하여 비교 설명하였다.
6. 이 책을 번역하고 해제할 때 참고한 자료는 다음과 같다.
   - 진수 저, 『삼국지』 (전 65권 : 『위서』 30권, 『촉서』 15권, 『오서』 20권), (북경 중화서국, 1982)
   - 나관중 저, 모종강 평, 『모종강비평본삼국연의(毛宗崗批評本三國演義)』, (북경 : 봉황鳳凰출판사, 2010)
   - 심백준 저, 정원기 외 역, 『삼국지 사전』, (서울 : 범우사, 2000)
   - 리동혁 역, 『본 삼국지 부록』, (서울 : 금토, 2005)

삼국의 보물을 찾아내다

중국의 전통문화는 여러 왕조를 거쳐 대대로 전승되면서 넓고 심오하여 세계 문명사의 찬란하고 아름다운 꽃에 비유할 수 있다. 오늘날 중국의 경제가 발전하면서 전통문화를 이해하려는 중국인들의 관심이 날로 확대되고 있다. 이는 고전을 통해 현재의 삶을 풍요롭게 하고, 고전 속에서 자신에게 의미를 지닌 것을 찾고자 함이다. 이 책을 포함해서 사대명저(四大名著 : 『삼국연의三國演義』, 『수호전水滸傳』, 『서유기西遊記』, 『홍루몽紅樓夢』)는 중국의 전통문화를 이해하는 데 매우 중요한 창구라고 할 수 있다. 그러나 현대인의 삶의 박자는 지나치게 빠르다. 그렇기 때문에 수십만 자에 달하는 방대한 서적을 읽기 위해 여유로운 시간을 갖기가 힘들다. 설사 읽는다고 해도 정독하지 않고 대충 훑어보거나 띄엄띄엄 줄거리만 챙긴다면, 오히려 실제로 자신에게 유용한 부분을 놓치고 만다. 이에 보다 많은 독자들이 가볍고 빠르게 중국의 전통문화를 이해할 수 있고, 한정된 시간에 사대명저의 정수만을 정확하게 파악할 수 있도록 하기 위해 사대명저의 중요 내용을 정리하고 도해를 곁들여 편집, 출판하게 되었다.

이 책 『삼국연의』는 주지하다시피 사대명저(四大名著) 가운데 가장 먼저 세상에 나온 작품으로, 중국 역사 연의소설(演義小說)* 의 개조(開祖)라고 할 수 있다. 이

* 역사적 사실을 바탕으로 하되 허구적인 내용을 덧붙여 흥미 본위로 쓴, 중국의 통속 소설. 『삼국연의』, 『초한연의』 등이 여기에 속한다.

책은 동한(東漢) 말기부터 서진(西晉)의 통일까지 근 1백 년에 걸친 삼국 난세의 역사를 토대로 삼아 조조와 유비, 손권이 패권을 차지하고 있던 위·촉·오·세 나라의 정치, 군사 세력 사이에 벌어진 다양하고 복잡한 투쟁을 묘사하고 있다.

나관중은 정사(正史)와 후세에 다양하게 전개된 이야기를 토대로 풍부하고 다채로운 문학 작품을 완성했다. 적절하게 허구적인 내용이 가미되면서 지혜의 화신 제갈량, 간웅 조조, 의리의 표상 관우 등은 물론이고 유비, 장비, 조운, 손권 등 한 시대를 풍미하면서 후세에 길이 이름을 남긴 여러 역사적 인물들의 모습을 창조했으며, '삼고초려(三顧草廬)', '적벽대전(赤壁大戰)', '칠종칠금(七縱七擒)', '육출기산(六出祁山)' 등 『삼국연의』의 독자들이라면 누구나 알고 있는 명장면을 만들어냈다.

『삼국연의』는 뛰어난 문학적 성취로 인해 중국의 문학과 예술은 물론 사회생활 전반에 걸쳐 깊고 큰 영향을 끼쳤다. 뿐만 아니라 그 속에는 고대 중국의 정치, 군사, 외교, 인재, 윤리, 처세 등 다양한 방면의 지혜가 담겨 있어 각기 다른 사람들마다 나름대로 그 안에서 자신에게 맞는 자양분을 얻을 수 있다. 따라서 『삼국연의』는 누군가에게는 이야기책이 될 수도 있고, 또 누군가에게는 전략을 담은 병법서로 간주될 수도 있을 것이다. 그런가 하면 누군가는 작품에 나오는 인물을 우상으로 삼을 수도 있고, 작품 속의 대화나 행동을 자신의 처세 철학에 응용할 수도 있을 것이다.

근래에 들어 다양한 분야의 전문가들이 『삼국연의』에 대해 독특한 해석을 내놓고 있는데, 이른바 삼국 시대의 '응용 문화'에 관한 연구는 바야흐로 지금부터 시작이라는 생각이 든다. 국내외 여러 학자들은 인간관계나 경영관리, 경영전략, 리더십 등 다양한 측면에서 삼국 시대를 해석하여 『삼국 도략학(韜略學)』, 『삼국 인재학』, 『삼국 난세 경영학』, 『삼국 관리학』 등 지극히 실용적인 연구 성과를 내놓아 또다시 『삼국연의』의 열풍을 리드하고 있기도 하다.

실제로 『삼국연의』는 내용이 풍부하고, 함의가 심오하여 영원히 고갈되지 않는 샘물이자 온갖 보석을 감추고 있는 광맥과 같다. 굳이 전문가가 아닐지라도 모든 이들이 그 안에서 자신에게 맞는 무엇인가를 발견하고 얻어낼 수 있다. 그

것은 모두 각자의 몫이다.

이 책은 『삼국연의』를 원본으로 하여 그 안에 감추어진 보물을 찾아내면서 가장 화려하고 아름다운 정화를 보여줌으로써 독자들이 보다 심층적으로 삼국 시대를 이해하고, 중국의 전통문화를 이해할 수 있도록 최선의 노력을 다했다.

이 책의 주요 내용은 크게 네 부분으로 나뉜다. '인물 편', '이야기 편', '분석 편', 그리고 '번외 편'이 그것이다. '인물 편'은 삼국 시대 중요 인물들의 성격이나 특징을 비롯하여 그들의 성패와 득실을 분석하고 있다. 두 번째 '이야기 편'은 『삼국연의』에서 가장 전형적인 이야기를 골라 삼국의 책략과 계책을 상세하게 설명한다. 세 번째 '분석 편'은 서로 다른 각도에서 『삼국연의』에 담긴 깊은 의미를 탐색하여 조명한다. 마지막 '번외 편'은 삼국 시대의 역사적 상황과 『삼국연의』의 영향 등에 대해 소개하면서 독자들이 삼국의 문화를 쉬우면서도 깊이 있게 느끼고 이해할 수 있도록 하였다.

이 책의 가장 큰 특징은 생동감 있는 도해를 가미하고 있다는 점이다. 먼저 중요 내용에 대한 설명과 소개가 끝난 후 그림과 도해를 통해 각 주제의 내용을 간추려 핵심적인 부분을 부각시켰으며, 낯설고 난삽한 부분을 과감하게 제거함으로써 복잡하게 전후 과정을 대조해야 하는 수고로움을 덜었다. 이를 통해 보다 쉽고 편안하게 『삼국연의』의 핵심을 파악할 수 있을 뿐만 아니라 그것을 자신만의 보물로 만들 수 있을 것이다.

독자들이 더욱 깊고 넓게 『삼국연의』를 이해할 수 있도록 하기 위해 이 책의 편집자들은 수많은 자료를 찾아 분석함으로써 당시의 형세를 새로운 시각으로 조명했다. 특히 주지헌(朱芝軒) 선생의 그림과 유정민(劉精民) 선생이 소장하고 있는 『삼국연의 전도(全圖)』의 삽화를 활용하여 각 등장인물들의 생생한 모습이 이 책의 가치를 더욱더 높여 주고 있다.

이러한 장점에도 불구하고 풀어쓴 이의 부족함으로 인해 소홀한 부분이 적지 않을 것이다. 혹시라도 잘못되거나 빠진 부분이 있다면 모두 풀어쓴 이의 책임이다. 삼국 시대를 연구하는 뛰어난 고수(高手)들이 세계 곳곳에 포진하고 있으며, 남녀노소를 불문하고 이른바 '삼국미(三國迷 : 삼국연의에 열광하는 사람)'라 칭할 수 있는 이들이 수없이 많다. 이러한 분들의 아낌없는 성원을 부탁드리며, 이를 통해 더욱더 좋은 책을 만들 수 있도록 최선의 노력을 다할 것이다.

중국 전통문화의 일부로서 삼국의 문화 역시 방대하고 심오하기 때문에 한정된 지면을 통해 『삼국연의』를 개괄한다는 것은 어쩌면 불가능한 일인지도 모른다. 때문에 어쩔 수 없이 생략하거나 삭제한 부분도 적지 않다. 그럼에도 불구하고 독자들이 이 책을 읽으면서 『삼국연의』에 대해 보다 심층적으로 이해하고, 그 속에서 자신에게 유용한 지혜를 발견할 수 있다면 풀어쓴 이의 목적 또한 달성한 것이라고 생각한다.

풀어쓴 이 우위(吳羽)

차례

이 책의 구성과 그림 해설

제목의 주제어 :
이 절에서 주로 탐구하는 주제

제목 번호 :
이 책의 각 장과 절마다 다른 표식으로 분별하여 독자들이 쉽게 식별할 수 있도록 하였다. 동시에 눈에 잘 띄는 일련번호를 써서 해당 본문의 내용이 본장 아래의 이 배열 순번에 속한다는 것을 알려주고 있다.

본문 :
통속적이고 쉽게 이해되는 문장을 써서 독자들이 부담 없이 읽을 수 있도록 하였다.

15 한나라를 빼앗아 자립한 위나라 황제 조비

≫≫ 조비는 한나라 황실을 폐하고 제위에 올랐기 때문에 후세 사람들에게 좋은 인상을 주지 못했다. 『삼국연의』에서는 조비를 재주도 없고 덕망도 없는 소인(小人 : 도량이 좁고 간사한 사람)으로 묘사했다.

조비(曹丕, 187~226년 : 위나라 세조世祖 문황제文皇帝)는 조조의 둘째 아들이다(일설에는 셋째 아들이라고도 한다). 장자 조앙(曹昂)은 전투에 나가 조조를 보호하느라 변을 당하고 말았다. 조조는 원래 조비의 동생인 조식(曹植)을 후계자로 염두에 두었고, 조식 또한 왕위 계승 투쟁에서 우위를 선점하고 있었다. 그러나 조비는 은인자중하는 한편 기회를 엿보며 자신을 키워 마침내 부왕의 신임을 얻고 자신의 세력을 확보했다. 결국 조비는 마지막 순간에 조조의 마음을 얻어 후계자가 되었다.

조조가 죽은 뒤 조비는 위나라 왕의 지위를 승계했으며, 곧이어 자신의 자리를 위협하던 형제들을 제거하려고 시도했다. 조비의 동생인 조창(曹彰)은 아버지가 죽자 십만 대군을 이끌고 허창으로 들어왔다. 후계자를 다투겠다는 뜻이 분명했다. 그러나 조창은 용맹하기만 할 뿐 지략이 부족했다. 가규(賈逵)의 몇 마디 말에 설득되어 얌전히 병권을 내놓은 것이다. 그렇지만 조비의 보복을 피할 수 없었고, 경사에서 급사하고 말았다. 조조가 살아 있을 때부터 조식은 줄곧 조비의 맞수라고 할 정도의 위상을 지니고 있었다. 따라서 조비는 왕위를 계승한 뒤 당연히 조식을 그대로 둘 수 없었다. 조비는 우선 조조의 장례식에 참석하지 않았다는 이유를 들어 조식을 죽이려고 했으나 다행히 모친인 변부인(卞夫人)의 도움

86 | 나관중 삼국지

도해 제목 :
본문에서 다루는 중점 내용을 도해로 분석하여 독자들이 좀 더 깊이 있게 이해하도록 돕는다.

위나라 문제 조비

조비

- **조비의 3차에 걸친 오나라 공략**

황초 3년(222년) 9월 : 조비는 조휴, 장료, 장패, 조인 등으로 하여금 오나라의 동구(洞口)를 공략하게 하고, 조진, 하후상, 장합, 서황 등이 남군을 포위했다. 하지만 손권이 여범(呂范), 제갈근, 반장(潘璋), 양찬(楊粲), 주환(朱桓) 등에게 방어토록 하자 조비는 이듬해 3월 철군했다. 전쟁 중에 장료, 조인 등이 연이어 병사했다.

황초 5년(224년) 9월 : 조비는 친히 손권 토벌의 기치를 내걸고 광릉(廣陵)으로 갔으나 촉과 오의 연합 작전과 서성(徐盛)의 속임수에 넘어가 철군하고 말았다.

황초 6년(225년) 10월 : 조비는 또다시 손권을 정벌하기 위해 광릉에 이르렀지만, 날씨가 추워 강이 얼어붙자 강을 건널 방법이 없어 다시 한 번 철군할 수밖에 없었다.

그림 :
비교적 이해하기 어려운 추상적인 개념을 구체적인 그림으로 표시하여 가능한 한 독자들이 직관적으로 원래의 뜻을 이해할 수 있도록 하였다.

조조의 후계자 투쟁

조조는 여색을 몹시 좋아하여 처첩이 대단히 많았다. 그의 부인은 사서에 기록된 것으로만 열다섯 명이며, 자식은 모두 스물다섯 명이었다. 조조의 뒤를 이을 후계자 싸움에 뛰어든 자식들은 다음과 같다.

조조

정부인(丁夫人) - 원부인
- 장자 **조앙** : 조조의 장남으로, 원래 유부인(劉夫人) 소생이지만 정부인이 길렀다. 조조를 따라 장수를 정벌할 때 자신이 타고 있던 말을 조조에게 주어 위험에서 벗어나도록 하고 자신은 목숨을 잃었다.

변부인(卞夫人) - 둘째 부인
- 변부인의 장남 **조비** : 조조가 후계자로 삼은 아들이다. 조조가 죽은 뒤 한나라 헌제를 폐하고 위나라를 건국해 위나라 문제가 되었다.
- 변부인의 차남 **조창** : 조조가 죽자 군사를 이끌고 경사로 쳐들어와 왕위를 다투고자 하였으나 결국 조비에게 투항했다. 이후 갑자기 죽었다.
- 변부인의 셋째 아들 **조식** : 조비와 왕위를 다툰 맞수였다. 조비는 그를 해치고자 했지만 「칠보시」로 위험을 모면했다. 그러나 끝내 조비의 억압 속에서 억울하게 죽었다.

환부인(環夫人) - 소실
- **조충(曹沖)** : 어려서부터 총명하여 조조의 사랑을 독차지했다. 어린 시절에 손권이 보낸 코끼리 무게를 재는 방법을 제시하여 여러 사람들을 깜짝 놀라게 했다는 일화가 전해진다. 그러나 애석하게도 열세 살 어린 나이에 요절하고 말았다. 그가 죽었을 때 조조가 조비에게 이렇게 말했다. "이는 나의 불행이지만 너희들에게는 큰 행운이겠구나!"

도표 :
명확하지 않고 이해하기 힘든 서술 내용을 도표로 만들어 분명하게 드러내었다. 이러한 방식을 사용한 점이 이 책의 장점이자 특징이다.

1. 『삼국지』에서 『삼국연의』로

정사

진수(陳壽, 233~239년)

자는 '승조(承祚)'이며, 파서군(巴西郡) 안한현(安漢縣 : 지금의 사천四川 남충南充) 사람이다. 같은 군에 사는 학자 초주(譙周)에게 배웠으며, 촉한 시기에 황호(黃皓)에게 핍박을 받아 벼슬에서 쫓겨나기도 했다. 촉한이 멸망한 뒤 사공(司空) 장화(張華)의 추천을 받아 진나라에서 관직에 올랐고, 280년에 진나라가 오나라를 멸망시켜 분열이 종식된 후부터 『삼국지(三國志)』를 편찬하기 시작했다.

『삼국지』는 위, 촉, 오 세 나라가 정립(鼎立)할 당시의 역사를 기전체 형식에 따라 나라별로 기록한 사서다. 그 가운데 『위서(魏書)』는 30권, 『촉서(蜀書)』는 15권, 『오서(吳書)』는 20권으로 전체 65권이며, 위나라 문제(文帝) 황초(黃初) 원년(220년)부터 진나라 무제(武帝) 태강(太康) 원년(280년)까지 60년의 역사가 기록되어 있다.

배송지(裴松之, 372~451년)

자는 '세기(世期)'이며, 남조 송나라 하동 문희(聞喜 : 지금의 산서山西 문희) 사람이다. 유유(劉裕)가 칭제(稱帝 : 스스로 황제라고 선포함)한 뒤 배송지를 중서시랑으로 임명하였다. 송나라 문제 때의 유의륭(劉義隆)은 『삼국지』의 내용이 빈약하고 지나치게 간략하다고 생각하여 그에게 주(注)를 달도록 했다.

배송지는 삼국에 관한 원시 자료를 수집하는 한편, 여러 학자들의 저작을 두루 인용하여 원문에 세 배가 넘는 주를 달았다. 인용한 자료는 210여 종이며, 『삼국지』에 실려 있지 않은 역사적 사실을 기록하기도 했다.

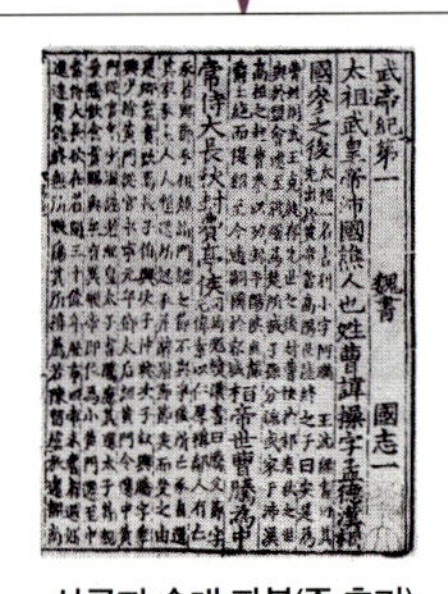

삼국지 송대 판본(주 추가)

나관중(나관중의 일생에 관한 기록은 극히 적음)

중국 원나라 말기에서 명나라 초기의 인물로서 자는 '관중(貫中)', 이름은 '본(本)'이며, 호는 '호해산인(湖海散人)'이다. 활동 연대는 일반적으로 원말 명초라고 하나 구체적인 연도는 1300~1400년과 1315~1385년의 두 가지 설이 있다. 그의 본적 또한 태원(太原 : 지금의 산서 태원), 동원(東原 : 지금의 산동山東 동평東平), 절강(浙江) 자계(慈溪) 등 세 가지 설이 있다.

주요 업적을 살펴보면, 명나라 때 왕기(王圻)는 『패사회편(稗史滙編)』에서 그를 '유지도왕자(有志圖王者 : 왕을 도모할 생각이 있는 자)'라고 칭했으며, 『소실산방필기(少室山房筆記)』에서는 시내암(施耐庵)의 문인이라고 언급했다. 청나라 때 고령(顧苓)은 『발수호도(跋水滸圖)』에서 그를 '장사성(張士誠)의 막료'라고 일컫기도 했다. 그가 남긴 작품에는 희곡으로 『조태조용호풍운회(趙太祖龍虎風雲會)』, 소설로 『수당지전(隋唐志傳)』, 『잔당오대사연의전(殘唐五代史演義傳)』, 『삼수평요전(三遂平妖傳)』 등이 있다.

나관중

후세의 전개 상황

세설신어(世說新語)

남북조(南北朝) 시대 : 이미 삼국 시대의 인물들과 관련된 기록이 적지 않게 남아 있었다. 예를 들면 남조 양(梁)나라 은운(殷雲)의 『소설(小說)』이나 유의경(劉義慶)의 『세설신어(世說新語)』 등이 있다.

수양제(隋煬帝)

수당(隋唐) 시대 : 삼국 시대의 이야기가 민간에 전해지기 시작했다. 전하는 말에 의하면 수나라 양제가 강위에서 잡희(雜戱)를 구경하였는데, 주로 조조가 초수(譙水)에서 교룡을 격퇴하고, 유비가 말을 타고 단계(檀溪)를 뛰어넘는 내용이었다고 한다.

「청명상하도(清明上河圖)」에 나오는 설서(設書) 장면

송(宋)나라 : 계속해서 '설삼분(說三分 : 삼국 이야기)'을 전문으로 담당하는 예인과 과목(科目 : 과거의 시험 종목)이 출현하여 일반 백성의 큰 호응을 받았다.
금(金)나라, 원(元)나라 때에 이르러 삼국에 관한 연희가 많이 나타났으며, 현존하는 극본은 60여 종이다.

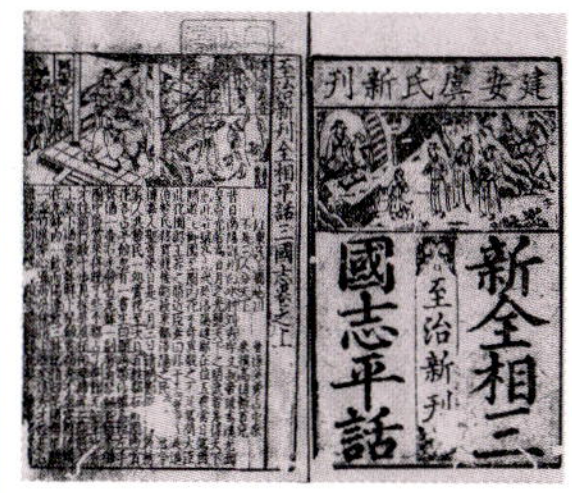

일본에 소장되어 있는 『삼국지평화(三國志平話)』

원(元)나라 : 길거리 서점에 『삼국지평화』가 등장했는데, 이 책에서 『삼국연의(三國演義)』의 구성과 줄거리의 기본적인 틀이 마련되었다. 전체 3권이고, 황건적의 난부터 진나라의 삼국 통일까지 다루고 있으며, 주요 인물의 성격도 이 책을 통해 기본적으로 정형화되었다.

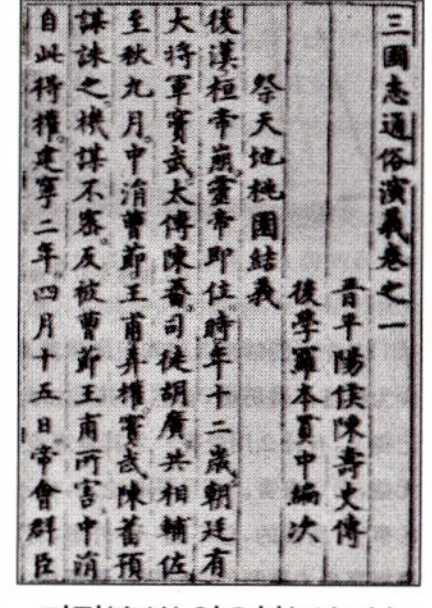
三國志通俗演義卷之一
晉平陽侯陳壽史傳
後學羅本貫中編次
祭天地桃園結義
後漢桓帝崩靈帝即位時年十二歲朝廷有
大將軍竇武太傅陳蕃司徒胡廣共相輔佐
至秋九月中涓曹節王甫弄權竇武陳蕃預
謀誅之機謀不密反被曹節王甫所害中涓
自此得權建寧二年四月十五日帝會群臣

가정(嘉靖) 임오본(壬午本)

명(明)나라 : 나관중의 『삼국연의』가 세상에 나온 다음부터 다양한 형태의 판본이 계속 출간되었다. 명나라 때 각본은 20여 종이며, 청나라 때 각본은 70여 종이다.
형태로 볼 때 『삼국연의』의 판본은 대략 세 가지로 나눌 수 있다. 첫째는 『삼국통속연의』, 둘째는 『삼국지전(三國志傳)』, 셋째는 모륜(毛綸)과 모종강(毛宗崗) 부자가 평설한 『삼국지연의(三國志演義)』 중 가정 임오년(1522년)에 출간된 『삼국지통속연의(三國志通俗演義)』가 현존하는 가장 오래된 판본이다.

만주어 판본의 『삼국연의』

청나라 강희 연간(清代 康熙 年間) : 모륜, 모종강 부자는 이탁오(李卓吾)가 비평한 판본을 토대로 역사적 사실을 고증하여 일부 내용을 삭제하는 등 원문을 대폭 수정하였다.
'모본(毛本)' 『삼국연의』가 세상에 나오자 다른 판본들은 점차 사라졌다.

2. 삼국 난세의 인생철학

중국 5천 년 역사에서 주된 흐름은 통일이었다. 그러나 크게 세 차례 분열의 시기가 출현하기도 했다. 어떤 의미에서 통일은 사람들의 사상의 자유를 가로막아 개성을 발휘할 수 없게 만들기도 한다. "시세(時勢)가 영웅을 만들고, 난세가 호걸을 낳는다"라는 말이 있듯이 중국은 분열과 동란의 시기에 오히려 개성이 강하고 사상이 개방된 수많은 영웅을 배출하였다. 그 가운데 삼국은 가장 전형적인 분열의 시기였다.

당시의 영웅호걸들은 사상의 억압에서 벗어나 자신의 처세철학을 공개적으로 드러낼 수 있었고, 이를 통해 더욱 다채롭고 흥미로운 이야기를 만들어냈다. 삼국 시대의 인물들은 각기 나름의 특색이 있으며, 그들이 남긴 경전과 같은 언사(言辭)는 지금도 많은 이들의 흥분과 감동을 자아낸다.

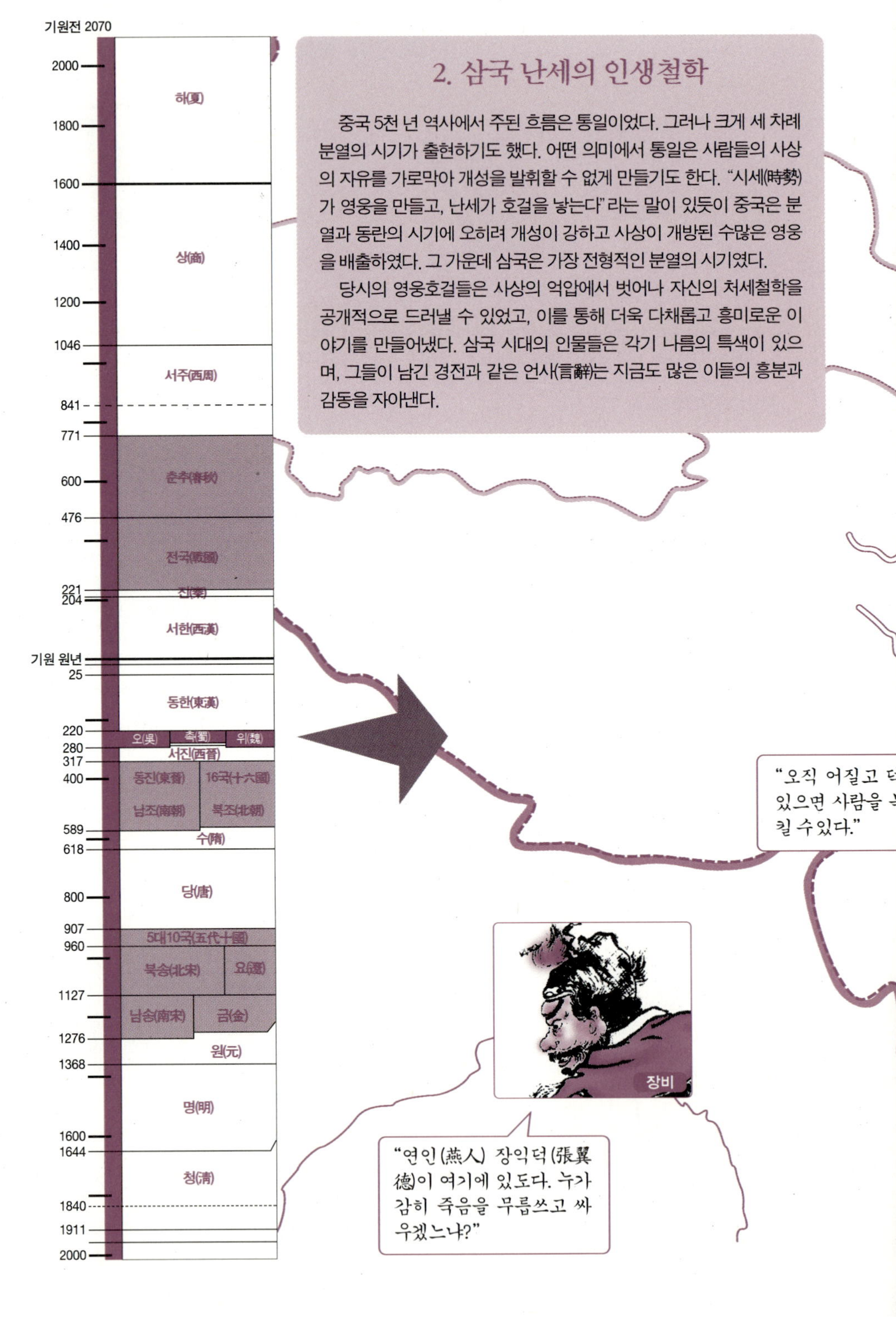

"무릇 영웅이란 가슴에 큰 뜻을 품고 뱃속에는 좋은 지략이 가득하며, 우주의 기미를 감추고 하늘과 땅의 뜻을 토해낼 수 있는 사람을 말한다."
조조
"마음과 몸을 다해 죽을 때까지 나라를 위해 힘쓰겠나이다."
제갈량
"본시 같은 뿌리에서 태어났거늘, 서로 싸우고 죽이기를 이리 재촉하는가?"
조식
낙양(洛陽)
허창(許昌)
동해(東海)
건업(建業)
"이미 주유를 내시고, 어찌 또 제갈량을 내셨습니까?"
성도(成都)
유비
관우
주유
"옥은 부서지더라도 그 색을 바꾸지 않으며, 대나무는 불에 타더라도 절개를 훼손하지 않는다."
남해(南海)
"대장부가 전쟁터에서 죽는다면 오히려 다행이리라!"
조운

3. 삼국 형세도

삼국을 연구하거나 소설을 읽을 때는 무엇보다 삼국의 지리를 아는 것이 매우 중요하다. 한나라 말기에 군웅이 할거하기 시작한 이후로 관도, 적벽, 이릉 등을 대표로 하는 크고 작은 전투를 겪으면서 점차 위, 촉, 오가 천하를 삼분하게 된다.

아래 '삼국 형세도'는 당시 삼국이 절정에 다다랐을 때 각기 점유하고 있던 지역을 표시하고 있다. "세발솥처럼 세 세력이 우뚝 서 천하를 삼분하다(鼎足而立, 三分天下)." 이는 삼국의 영웅들이 서로 번갈아가며 등장하여 투지와 용맹을 다투고 서로 각축한 결과다.

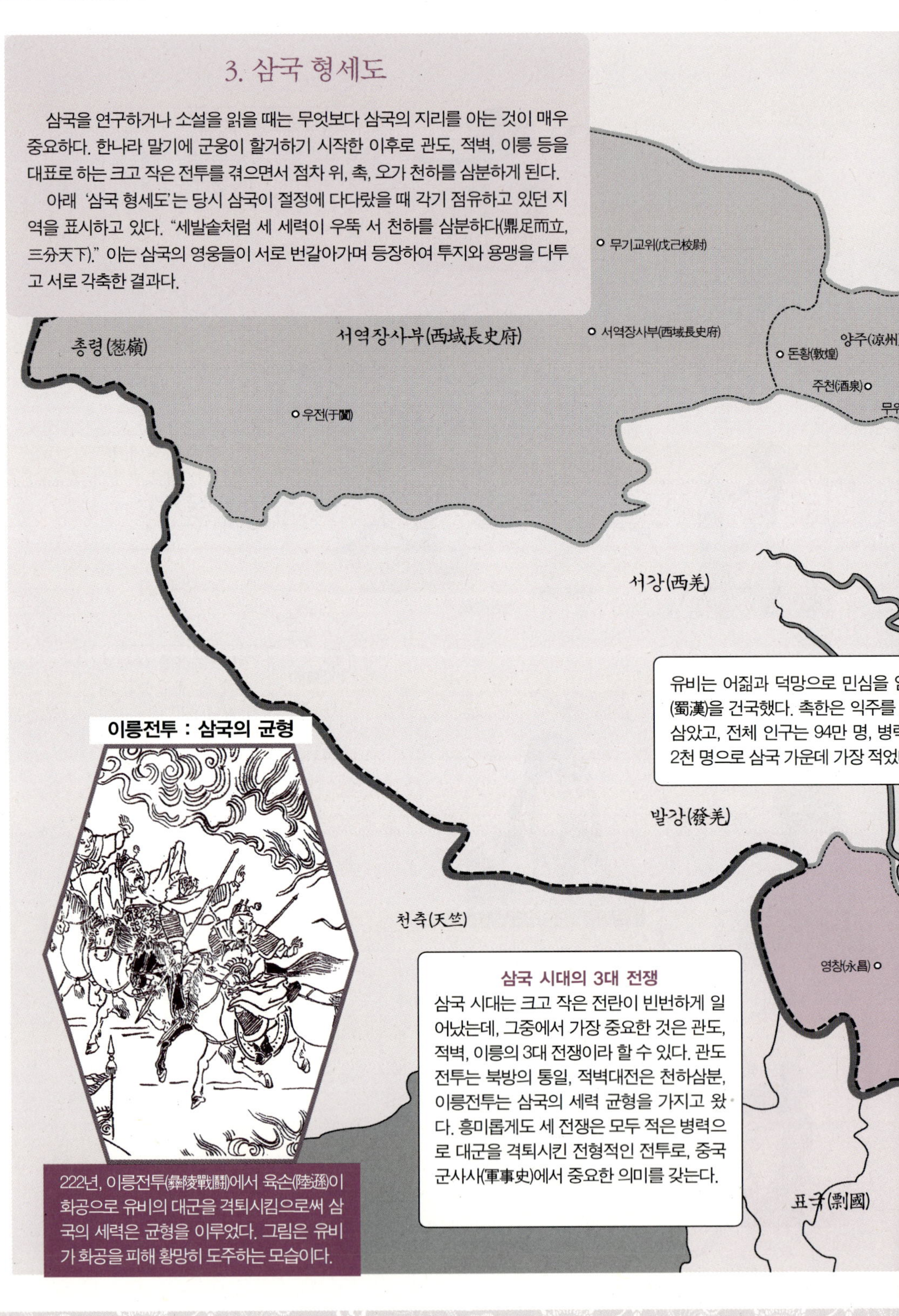

유비는 어짊과 덕망으로 민심을 얻 (蜀漢)을 건국했다. 촉한은 익주를 기 삼았고, 전체 인구는 94만 명, 병력 2천 명으로 삼국 가운데 가장 적었다

삼국 시대의 3대 전쟁

삼국 시대는 크고 작은 전란이 빈번하게 일어났는데, 그중에서 가장 중요한 것은 관도, 적벽, 이릉의 3대 전쟁이라 할 수 있다. 관도전투는 북방의 통일, 적벽대전은 천하삼분, 이릉전투는 삼국의 세력 균형을 가지고 왔다. 흥미롭게도 세 전쟁은 모두 적은 병력으로 대군을 격퇴시킨 전형적인 전투로, 중국 군사사(軍事史)에서 중요한 의미를 갖는다.

222년, 이릉전투(彝陵戰鬪)에서 육손(陸遜)이 화공으로 유비의 대군을 격퇴시킴으로써 삼국의 세력은 균형을 이루었다. 그림은 유비가 화공을 피해 황망히 도주하는 모습이다.

관도전투 : 북방의 통일

200년, 조조는 관도전투(官渡戰鬪)에서 원소의 주력 부대를 전멸시키고 북방 평정의 토대를 닦았다. 그림은 원소가 패배하여 황급히 강을 건너는 모습이다.

조조의 위나라는 천시(天時)를 얻어 중국 북방을 통일하여 천하의 3분의 1을 얻었다. 전체 인구는 443만 명, 병력은 30만 명으로 당시 삼국 가운데 가장 막강한 군사력을 보유하고 있었다.

손권의 오나라는 장강(長江)의 험난한 지형을 기반으로 양주와 형주 대부분, 교주 전체를 차지했다. 전체 인구는 230만 명, 병력은 23만 명이었다.

적벽대전 : 삼국의 천하삼분

208년, 적벽대전(赤壁大戰)에서 손권과 유비가 연합하여 조조를 격퇴시킴으로써 마침내 천하삼분의 형세가 굳어졌다. 그림은 쌍방이 적벽에서 교전하는 장면이다.

4. 삼국 시대의 유적과 명소

삼국의 역사는 흥미진진하고 다채로운 이야기를 많이 남겼을 뿐만 아니라 중국 대륙에 수많은 유적과 명소를 남기기도 했다. 삼국 시대는 중국 수천 년의 역사에서 유적과 명소를 가장 많이 남긴 것으로 알려지고 있다. 삼국의 유적은 대략 두 가지로 나누어 볼 수 있다. 하나는 삼국 시기의 유적으로, 오랜 세월이 흐르면서 많은 유적이 소실되거나 파손되어 지금까지 남아 있는 것은 주로 묘지나 비(碑), 옛 전쟁터 정도다. 또 하나는 삼국 이후의 유물인데, 주로 삼국의 영웅호걸을 추모하는 기념물이 대다수를 차지한다. 예를 들어, 각지의 무후사(武侯祠)나 관제묘(關帝廟)가 그러하다. 특히 관제묘의 경우 정사(正史)에는 기록이 없지만 후세의 사람들이 『삼국연의』나 전설에 근거하여 만든 유적이나 명소도 적지 않다.

삼국의 유적이나 명소는 비록 견강부회(牽強附會)한 면이 있지만, 삼국 시대의 영웅들에 대한 현대인들의 공경과 그리움의 인정을 반영하는 것임에 틀림없다. 삼국의 사건이나 인물들에 대한 이해 외에도 그들이 남긴 유적이나 명소를 제대로 알고 이해한다면 그 옛날 자욱한 먼지 속에 병마가 달려들고 창과 방패가 마주치던 시대의 느낌을 새롭게 얻을 수 있을 것이다.

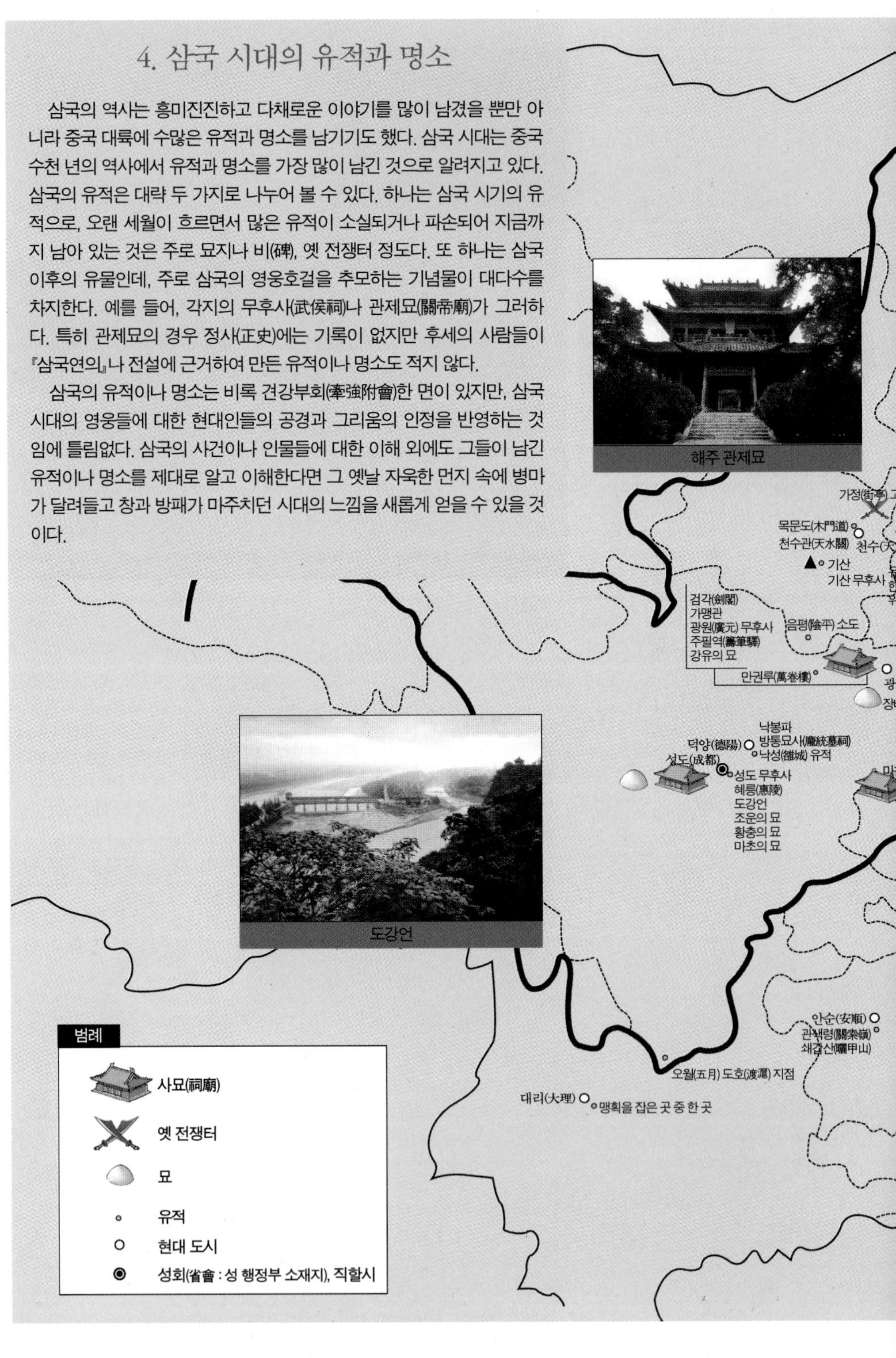

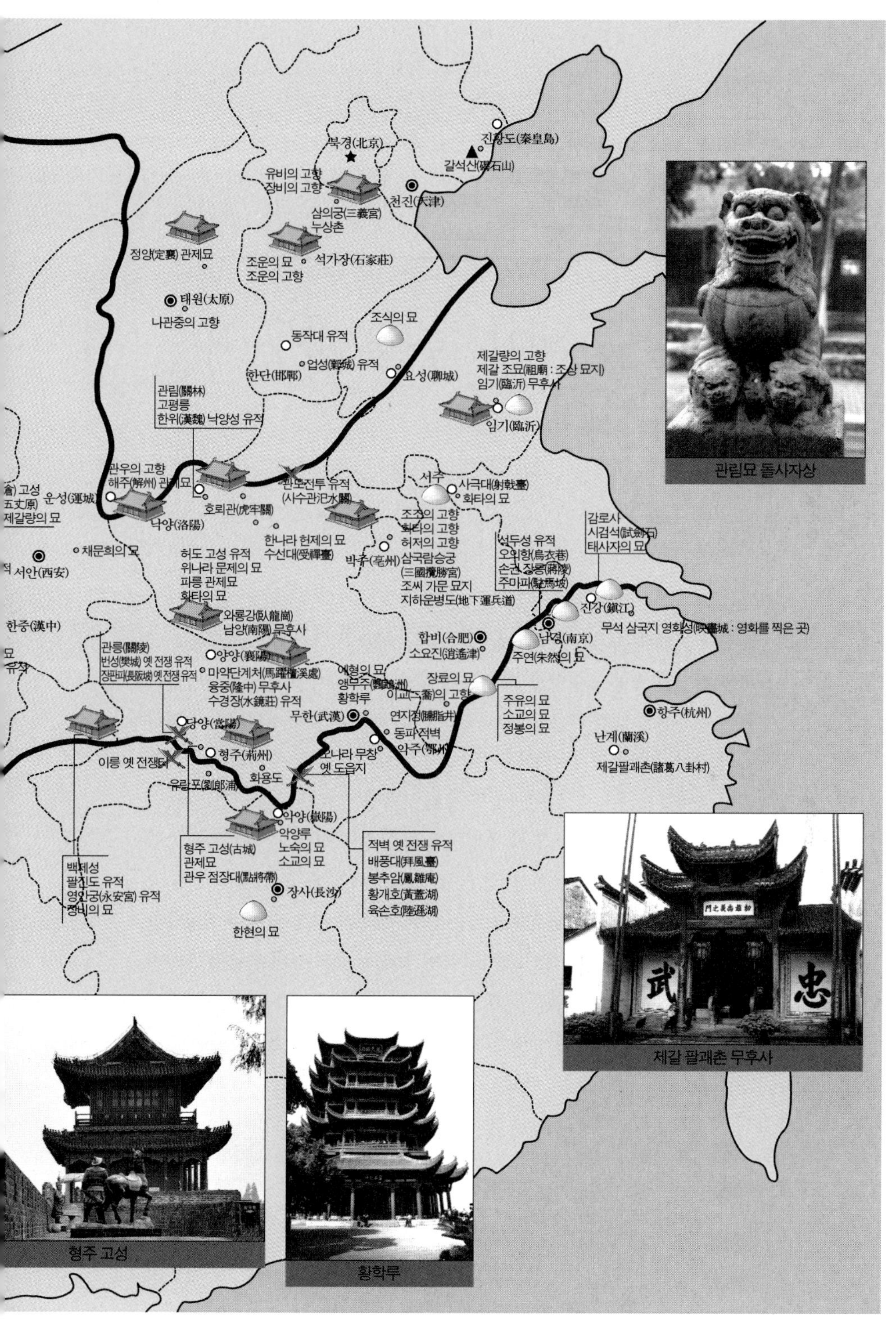

관림묘 돌사자상

제갈 팔괘촌 무후사

형주 고성

황학루

1장 인물 편

매실을 안주 삼아 술을 데우며 영웅을 논하다

삼국 시대에는 수많은 영웅이 등장한다. 전쟁과 혼란으로 점철된 삼국 시대에 탁월한 용병술과 병법, 원대한 포부와 굳은 의지를 지녔던 영웅들이 연이어 등장하여 각자 나름의 인생 역정을 보여 준다. 그들 개개인의 독특한 매력과 풍부한 감정적 이야기가 전개되지 않았다면 삼국 시대의 이야기는 이처럼 흥미롭지 못하고, 우여곡절을 통해 심금을 울리지 못했을 것이다.

1장에서는 42명의 삼국 시대 영웅들을 아주 자세하게 소개한다. 그중에는 조조, 유비, 손권과 같은 개국 군주도 있고, 제갈량, 주유, 곽가 등의 모사(謀士)도 있다. 또한 관우, 장비, 조운, 전위, 장료와 같은 시대의 명장들도 있다. 여기서는 보다 생동적이고 사실적인 인물들 간의 관계를 통해 그들의 인생을 조명한다. 아울러 지도와 도해 등을 통해 삼국의 주요 인물과 그들의 성격을 살펴봄으로써 그들 구체적으로 이해하는 데 도움을 얻을 것이다.

1장 그림 목록

01 관대하고 어질며 의로운 성인군자 유비

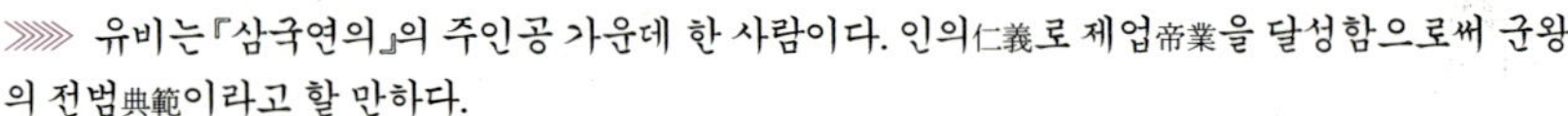

≫≫ 유비는『삼국연의』의 주인공 가운데 한 사람이다. 인의仁義로 제업帝業을 달성함으로써 군왕의 전범典範이라고 할 만하다.

유비(劉備)는 전한(前漢) 경제(景帝)의 황자(皇子) 중산정왕(中山靖王)의 후예라는 이유로 '황숙(皇叔)'이라 칭해졌다. 하지만 원소(袁紹)나 조조(曹操)처럼 가문의 세도가 있었던 것도 아니고, 손권(孫權)처럼 선대의 유산을 이어받은 것도 아니었다. 그는 오로지 인의와 인내를 통해 자수성가하여 삼분(三分)된 천하의 한 쪽을 차지하였다.

'인의(仁義)'는 유비를 대변하는 상징이나 다름없었다. 그는 비록 학문을 좋아하지는 않았지만, '한실(漢室 : 한漢나라) 부흥'의 뜻을 품고 천하의 호걸들과 교류하였다. 돗자리를 짜고 짚신을 팔아 생계를 유지할 정도로 집안이 가난하여 별다른 밑천이 없었던 그는 오로지 인의를 베풀어 자신의 역량을 쌓는 수밖에 없었을 것이다. 탁군(涿郡)에 살던 유비는 관우(關羽)와 장비(張飛)를 만나 의기투합하여, 이른바 도원결의(桃園結義)*를 하기에 이른다. 이후 관우와 장비는 평생토록 유비에게 충성을 다했는데, 이들 세 사람은 촉한(蜀漢)을 건국하는 데 핵심적인 인물이 된다.

유비는 서주(徐州 : 중국 강소성江蘇省의 서북쪽에 있는 도시)에서 주목(州牧)**의 자리

---

* 유비, 관우, 장비 세 사람이 도원에서 결의하여 의형제를 맺는다는 말로, 나관중(羅貫中)이 지은 『삼국연의(三國演義)』에서 처음 등장하며, 중국 서진(西晉)의 역사가 진수(陳壽)가 쓴 『삼국지(三國志)』에는 없는 내용이다.

** 중국 한(漢)나라·당나라 때 주(州)를 다스리던 목사(牧使). 여러 주와 군, 소국을 감독하는 감찰사 정도의 관직이다.

인의의 인물, 유비

유비는 인의로써 천하에 이름을 떨쳤다. 그는 너그럽고 인자하며, 신의를 중시함으로써 천하의 뛰어난 인재를 불러 모을 수 있었다. 그렇게 모여든 인재들은 유비를 위해 목숨을 바쳐 충성을 다했으며, 마침내 촉한을 건국할 수 있었다.

유비의 전형적인 모습

도원에서 결의하다

세 사람이 분향하고 재배한 뒤 이렇게 맹세했다.

"유비, 관우, 장비 세 사람은 비록 성은 다르지만 형제가 될 것을 결의하나니, 한 마음으로 협력하여 어려울 때 서로 도와가며 위로 나라에 보답하고, 아래로 백성을 편안하게 할 것이니, 같은 해 같은 달 같은 날에 태어나지는 못했지만, 이후 같은 해 같은 달 같은 날 죽기를 바라나이다."

원대한 포부

서주를 세 번이나 사양하다

다음 날 서주의 백성들이 부(府) 앞에 몰려와 울고 절하며 말했다. "유 사군(使君)께서 이 고을을 다스리지 않으신다면, 저희 모두는 편안히 살 수 없습니다. 관우와 장비도 수차례 권하니 현덕(玄德 : 유비의 자字)이 어쩔 수 없이 서주의 일을 맡겠다고 하였다."

인의와 겸손

장비가 서주를 잃고 유비의 가족이 위험에 빠지다

장비가 칼을 빼들고 죽으려 하자 현덕이 달려 나가 칼을 빼앗아 땅에 던지며 말했다. "옛사람이 말하기를, 형제는 수족과 같고 처자는 의복과 같다고 하였다. 의복은 해어지면 기울 수 있지만, 수족이 잘린다면 어찌 붙일 수 있겠느냐? 우리 세 사람은 도원결의한 몸으로……."

형제간의 의리

서서(徐庶)가 떠나려고 하자 신하들이 붙잡도록 건의하다

현덕이 말했다. "불가하다. 모친을 죽게 하고 내가 그의 아들을 쓴다는 것은 어짊(仁)이 아니며, 그를 머물게 하여 가지 못하게 함은 모자의 정을 끊는 것이니 바름(義)이 아니다. 내가 차라리 죽는 것이 낫지 어질고 올바르지 못한 일은 하지 못하겠다."

너그러움과 신의

장판파(長阪坡)에서 조운이 단기필마로 아두(阿斗)를 구하다

조운이 두 손으로 아두를 현덕에게 건넸다. 현덕은 아두를 받아들더니 갑자기 땅에 던지며 말했다. "어린 자식 때문에 하마터면 내 장군을 잃을 뻔했구나!"

신하를 소중하게 여김

백제탁고(白帝託孤 : 백제성에서 후사를 맡기다)

선주(先主 : 유비)가 울면서 말했다. "승상의 재주는 조비(曹丕)보다 열 배는 나을 것이니 분명 나라를 안정시키고 천하통일의 대사도 완수할 수 있을 것이오. 만약 내 자식이 보필할 만하면 도와주고, 그럴만한 재주가 없다고 생각되면 승상이 직접 촉한의 주인이 되어 주시오."

군신 간의 솔직함

를 세 번이나 사양하면서 세상에 어질고 신의가 있는 인물로 알려지기 시작했다. 이러한 인의를 통해서 유비는 천하의 뛰어난 인재들을 자신의 사람으로 모을 수 있었다. 와룡(臥龍), 봉추(鳳雛)와 같은 모사, 조운(趙雲 : 조자룡), 황충(黃忠)과 같은 맹장들이 유비를 위해 충성을 다짐했고, 유비가 죽은 후에도 대를 이어 충성하며 역모를 일으킨 적이 없다. 그야말로 자수성가한 유비는 처음 일어섰을 때만 해도 군사가 1천 명 정도에 불과했고, 그것도 다른 세력가의 울타리에서 더부살이를 하는 신세였다. 하지만 근 10여 년 만에 네 곳의 군(郡)을 손에 넣어 익주(益州)*를 석권하고 천하의 3분의 1을 차지함으로써 조조조차 두려워하는 존재가 되었다.

그러나 '성공 역시 소하(蕭何)** 덕택이고, 실패 또한 소하 탓'이라는 옛말처럼 창업의 바탕이 되었던 인의가 오히려 유비 자신을 속박하게 된다. 결국 그로 인해서 유비는 막대한 대가를 치러야만 했다. 차마 타인의 터전을 빼앗을 수 없어 머뭇거리다가 형주(荊州)***를 제때 취하지 못했고, 나중에 형주를 빌리기는 했으나 관우가 전투에 패하는 등 뼈아픈 대가를 치러야만 했다. 또한 차마 백성들을 버릴 수 없다고 하여 그들을 이끌고 도주하다가 하마터면 사로잡힐 뻔했다. 당시 장송(張松 : 후한 말기의 관원. 촉군 사람)이 그에게 연회 자리에서 유장(劉璋 : 후한 말기의 군벌)을 죽이면 익주를 얻는 것이 손바닥을 뒤집는 것처럼 쉬울 것이라고 권유했지만, 그는 유장과 종친이라는 이유로 따르지 않았다. 그러나 나중에 사이가 틀어져 성도(成都)를 공략하다가 방통(龐統 : 유비 수하의 모사)과 유장의 목숨을 바치고 만다. 또한 도원결의의 맹세를 지키기 위해 대세를 제대로 고려하지 않은 채 무리하게 군사를 일으켜 오(吳)나라 정벌에 나섰다가 끝내 아무런 성과도 없이 귀환하였다. 이로 인해 촉한의 세력이 크게 약화되면서 한실 부흥의 과업도 더욱 어렵게 되고 말았다.

---

* 중국 한나라 때에 둔 십삼 자사부(十三刺史部) 가운데, 지금의 사천성(四川省)에 해당하는 지역. 뒤에 '청두(成都)'를 흔히 이렇게 불렀다.

** 한(漢)나라 고조 유방(劉邦)을 보좌하여 한(漢) 제국의 건설과 왕조의 기틀을 다진 인물로 법령에 정통했다.

*** 중국의 고대 9주(州) 가운데 징산(荊山) 산의 남쪽 지방에 있던 주. 현재의 호북성(湖北省)과 호남성(湖南省)의 경계에 위치한 도시다. 지정학적으로 중요한 위치에 있어서 고대 여러 왕국의 수도가 되었고, 특히 삼국 시대에는 치열한 쟁탈전이 벌어졌던 곳이다.

예로부터 중국 사람은 성패로 영웅을 논하지 않는다. 유비와 그가 세운 촉한은 분명 천하 제패의 꿈을 실현하지 못했다. 그러나 그가 표방한 인의는 봉건 사회의 가치 취향에 부합하였고, 성명(聖明 : 임금의 밝은 지혜)한 군주에 대한 일반 백성들의 기대와 희망에 부응하였다. 그런 이유로 유비는 오랜 세월 백성들의 동정과 애정을 한 몸에 받을 수 있었다. 1천 년이 훨씬 지난 지금도 유비는 정인군자(正人君子 : 마음씨가 올바르며 학식과 덕행이 높고 어진 사람), 성명한 군주의 모범으로 칭송을 받고 있다.

소열제 유비

유비(劉備, 161~233년)

시 호 : 소열황제(昭烈皇帝)
무 기 : 쌍고검(雙股劍)
업 적 : 한실(漢室 : 한나라)을 40여 년간 지속시킴

진수의 평가 선주(先主 : 유비)는 홍의관후(弘毅寬厚 : 의지가 강하고 관대함)하여 사람을 제대로 볼 줄 알았으며, 특히 선비를 잘 대우하였다. 고조(高祖 : 한나라 유방)의 기풍을 지녔으니 영웅의 그릇이라고 하겠다.

유비의 관직

안희현위(安喜縣尉 : 황건군 토벌) → 별부사마(別部司馬 : 공손찬 투항) → 진동장군(鎭東將軍), 영서주사(領徐州事) → 예주목(豫州牧 : 조조에게 투항) → 좌장군(左將軍) → 익주목(益州牧 : 유장에게 승리) → 한중왕(漢中王) → 스스로 황제라 선포함, 연호 장무(章武) → 소열황제(시호)

* 당시의 1척은 지금의 도량형으로 계산했을 때 23cm 정도였음.

02 몸을 숙이고 정성을 다한 지혜의 화신
제갈량

유비의 삼고초려三顧草廬*로 여산에서 나와 오장원五丈原에서 목숨을 다할 때까지 제갈량은 『삼국연의』의 중심인물로 자리한다. 나라를 위해 죽을 때까지 온 힘을 다하고, 뛰어난 지혜로 탁월한 전략을 펼치는 그의 형상은 이미 사람들 마음 깊은 곳까지 파고들어 감동을 자아낸다.

제갈량(諸葛亮)은 원래 낭야(琅邪 : 산동성山東省에 위치) 사람인데, 숙부를 따라 남양(南陽 : 하남성河南省 서남부에 있는 도시)으로 이주한 후에 스스로 '와룡'이라고 불렀다. 은거 생활을 하면서 주위의 명사들과 친교를 맺고, 유가와 도가는 물론 병가(兵家)와 음양가(陰陽家)의 학문까지 두루 배우고 익혀 이후 자신의 재능을 펼칠 수 있는 토대를 닦았다.

사마휘(司馬徽)**와 서서(徐庶)의 추천으로 유비가 그의 초가집을 세 번이나 찾아가자 크게 감동하여 유비를 도와 천하를 평정하기로 결심하였다. 제갈량은 남양의 융중(隆中)에 은거하고 있었지만, 천하의 대세를 환히 꿰뚫고 있었다. 그는 유비에게 형주와 익주를 근거지로 삼도록 권유하는 한편, 동쪽으로 손권과 연합하여 조조를 막아내다가 기회가 오면 중원으로 북진하여 한실을 부흥한다는 기본 방침을 제시하자 유비는 크게 깨닫는다. 제갈량은 적벽대전(赤壁大戰)***을 시작하기도 전에 유비에게 천하삼분(天下三分)의 청사진을 제시한 것이다.

---

* 인재를 맞아들이기 위해 참을성 있게 노력한다는 뜻으로, 촉한의 유비가 남양(南陽)에 은거하고 있던 제갈량의 초옥으로 세 번이나 찾아갔다는 데서 유래한다.

** 중국 삼국 시대의 선비로, 유비에게 제갈량과 방통을 추천해 준 인물이며, 자는 '덕조(德操)'이다. 그는 감정 능력과 인재 발굴 능력에 특출했다고 전해진다.

*** 208년에 손권, 유비의 소수 연합군이 조조의 대군을 적벽에서 크게 무찌른 전투. 이로 인해 손권은 강남의 대부분을, 유비는 파촉(巴蜀) 지방을 얻어 중국 천하를 삼분하였다.

제갈량은 이처럼 탁월한 계책을 내놓는 한편 향후의 일을 귀신 같이 알아맞혔다. "새로 부임한 관리가 세 개의 횃불처럼 기세등등하다(新官上任三把火 신관상임삼파화)"라는 말처럼 제갈량의 등장으로 조조의 군사는 크게 당혹하고 놀라지 않을 수 없었다. 동오(東吳)*로 출사하였을 때는 여러 유사(儒士 : 유생)들과의 설전을 마다하지 않았으며, 결국 유비와 손권의 연맹을 이끌어내는 성과를 올렸다. 적벽대전에서 그는 전황을 꿰뚫어보면서 중요한 순간마다 결정적인 도움을 주었다. 화살이 부족하자 초선(草船)을 이끌고 가 조조의 군사들을 속여 화살을 노획해 왔고, 난데없는 동풍(東風)을 기다려 전쟁의 판세를 완전히 되돌려놓았다. 이처럼 탁월한 전략과 예상을 뒤엎는 묘책에 사람들은 더욱 흥미진진하게 『삼국연의』의 세계로 빠져들었다.

적벽대전 당시는 물론이고, 그 이후에도 언제나 제갈량은 주유(周瑜 : 후한 말기 손권 수하의 장수)보다 한 수 위였다. 주유는 자신의 땅도 끝내 되돌려 받지 못한 반면, 유비는 오랜 유랑 생활을 끝내고 전략 요충지인 형주를 차지하게 되었다. 유비는 익주를 취할 당시 방통의 전략을 따랐지만, 전략의 핵심은 여전히 제갈량의 지혜를 빌었다. 제갈량의 전략에 따라 장임(張任)**을 사로잡고 마초(馬超)***를 투항시켜 마침내 익주를 얻을 수 있었기 때문이다. 한중(漢中 : 중국 섬서성陝西省 남부에 위치한 지역)을 얻을 때도 제갈량의 뛰어난 책략에 의해 조조 군사의 예기(銳氣 : 날카롭고 굳세며 적극적인 기세)를 꺾을 수 있었다. 이렇듯 촉한의 강산은 제갈량의 계책으로 만들어진 것이라 해도 과언이 아닐 것이다.

훗날 유비가 제갈량의 충고를 듣지 않고 고집을 부리다가 이릉전투(彝陵戰鬪)

---

* '오(吳, 229년~280년)' 또는 '동오'는 후한이 멸망한 후 일어선 삼국 중의 하나로, 천자 3대에 걸쳐 구축되었다. 상황에 따라 촉한(蜀漢)·위(魏)와 화평을 맺는 유연한 외교술을 펼쳤다. 위·촉·오 삼국 가운데 가장 늦게 건국되었으나 가장 오랫동안 존속하였고, 가장 나중에 멸망하였다. 손견(孫堅)과 손책(孫策)의 맹활약으로 강동에 기반을 잡았고, 수성의 달인인 손권(孫權)을 통해 제국으로 발돋움했다. 마지막 황제인 손호(孫皓)가 서진(西晉)의 사마염(司馬炎)에게 항복함으로써 삼국 시대는 막을 내렸다.

** 후한 말의 장수. 촉군(蜀郡) 사람으로, 유장(劉璋)의 부하가 되었다. 익주를 공격해 온 유비의 군대와 싸우다 사로잡혀 죽임을 당했다.

*** 후한에 반란을 일으킨 후 만족(蠻族) 사람들을 모아 양주를 거점으로 세력을 확대하였으나 실패하였다. 유비에게 투항하여 촉한의 장수가 되었다. 관우, 장비, 조운, 황충과 함께 촉한의 오호장군(五虎將軍)으로 불렸다.

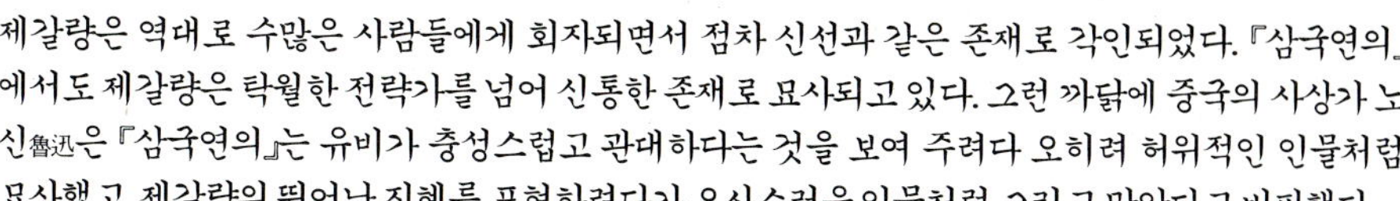

제갈량은 역대로 수많은 사람들에게 회자되면서 점차 신선과 같은 존재로 각인되었다. 『삼국연의』에서도 제갈량은 탁월한 전략가를 넘어 신통한 존재로 묘사되고 있다. 그런 까닭에 중국의 사상가 노신魯迅은 『삼국연의』는 유비가 충성스럽고 관대하다는 것을 보여 주려다 오히려 허위적인 인물처럼 묘사했고, 제갈량의 뛰어난 지혜를 표현하려다가 요사스러운 인물처럼 그리고 말았다고 비판했다.

신선(神仙) 제갈량

공명(孔明 : 제갈량의 자)은 칠성단(七星壇)에서 동풍이 불기를 기원하였다. 이는 그가 천체의 기상에 정통했음을 보여 준다.

조조의 십만 정예군을 막기 위해 '팔진도(八陳圖)'를 기획하였으며, 육손(陸遜)이 진군하는 방향을 예측했다.

농서(隴西)에서 마치 축지법을 쓰는 것처럼 보이도록 하여 사마의(司馬懿)의 군대를 따돌리는 한편 보리를 타작하여 군량으로 삼았다.

오장원에서 제갈량이 양성(禳星 : 북두성에 기원하는 일종의 기양법 祈禳法)에 성공했다면 적어도 일기(一紀 : 12년)는 더 살았을 것이다.

명성이 자자한 제갈 가문

삼국 시대에 제갈 집안은 명망이 있는 귀족 가문으로서 많은 인재를 배출했다. 제갈량은 촉한의 승상이 되었고, 그의 형인 제갈근(諸葛瑾)은 오나라에 출사하여 관직이 대장군에 이르렀다. 그의 사촌 동생인 제갈탄(諸葛誕)은 조조의 위나라에 충성하여 대사도(大司徒)가 되었으나 사마소(司馬昭)에게 반란을 일으켰다가 피살되었다. 그래서 후세 사람들은 이렇게 말하곤 한다. "촉은 용을 얻었고, 오는 호랑이를 얻었으며, 위는 개를 얻었다."

제갈근과 그의 아들 제갈각(諸葛恪). 제갈각은 위나라 군을 격파하여 오나라의 대권을 장악하였으나 이후 독단과 전횡으로 손림(孫綝)에게 피살되어 멸문(滅門)을 당하고 말았다.

제갈탄은 제갈량 사후에 비로소 중용되기 시작하여 관직이 수춘후(壽春侯)에 이르렀다. 사마소의 전횡에 불만을 품고 군사를 일으켰으나 실패하여 피살되었으며, 그의 일족도 모두 멸문의 화를 당했다.

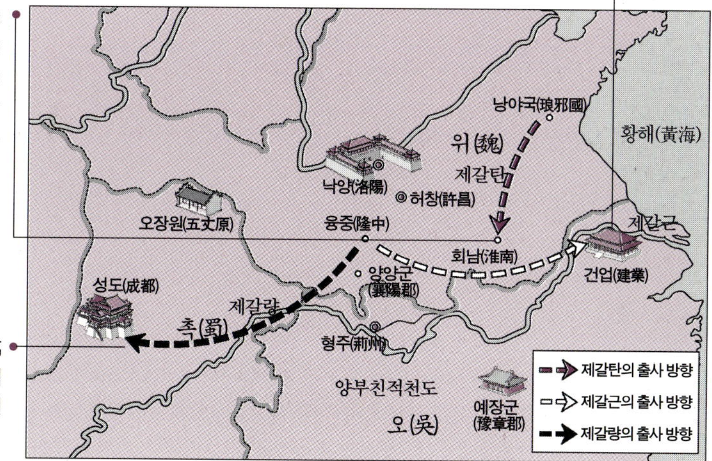

제갈량과 그의 아들 제갈첨(諸葛瞻), 손자 제갈상(諸葛尙). 제갈첨과 제갈상 부자는 면죽(綿竹)전투에서 전사했다.

에서 크게 패하면서 촉한의 세력은 점차 기울기 시작했다. 유비가 죽자 남은 것이라고는 존망의 기로에 선 촉한과 무능한 후주(後主 : 유비의 아들 유선劉禪)뿐이었다. 그러나 제갈량은 선제의 은혜에 보답하려는 충성심으로 사력을 다해 촉한을 지탱하였다. 그는 군무(軍務)와 정무(政務)를 친히 살피면서 서촉(西蜀)의 치안과 경제를 안정시켰다. 남방을 평정한 후 그는 선제의 유지를 받들어 여섯 번이나 기산(祈山)으로 출병하였다. 비록 군량 문제 등으로 큰 전공을 세우지는 못했지만, 당시 군사력이 가장 막강했던 위(魏)나라를 10여 년에 걸쳐 수세에 몰아 감히 공격해 오지 못하도록 하였다. 이는 역사적으로도 흔치 않은 일이다.

제갈량은 장대한 뜻을 끝내 이루지 못한 채 오장원(五丈原)*에서 병사함으로써 찬란한 일생을 마치고 말았다.

---

* 중국 섬서성의 고전장(古戰場). 234년, 촉한의 제갈량이 위나라 장수 사마의와 전투를 벌이다 병사(病死)한 곳이다. 제갈량이 죽은 후 촉한 군영에서 제갈량의 목상(木像)을 세워 두자 이를 본 사마의가 싸우지도 않고 퇴진하였으므로 '죽은 공명이 산 중달(仲達 : 사마의)을 물리쳤다'라는 말이 나왔다.

천하제일의 재상 제갈량

관건(綸巾), 고대에 푸른 실띠로 만든 두건. 한나라 말기에서 위진(魏晉) 시대의 명사들은 다양한 두건을 즐겨 썼다. 제갈량 역시 두건을 즐겨 써서 '제갈건(諸葛巾)'이라는 이름이 붙었다.

우선(羽扇)은 새의 깃털로 만든 부채로, 한나라 말기의 명사들이 즐겨 지니고 다녔다.

관옥처럼 아름다운 얼굴에 두건을 썼다. 뛰어난 재주를 가졌으며, 영웅의 기풍이 있었다.

키는 8척(약 185cm)이며, 신선과 같은 풍채를 지녔다.

학창의(鶴氅衣)는 원래 백학 등 흰 새의 깃털로 만든 외투를 말하며, 후대에는 소매가 넓고 흰 바탕에 검은 헝겊을 가로로 두른 웃옷을 뜻한다.

제갈량(181~234년)

시 호 : 충무후(忠武侯)
무 기 : 귀신처럼 신묘한 책략과 예언력
업 적 : 유비, 유선을 보좌하여 한실을 보위

제갈량이 오장원에서 앉아 있던 작은 수레는 한 마리의 말이 끄는 이륜거였다. 이후 나관중이 소설을 쓰면서 두 사람이 미는 사륜거로 바꾸었다.

진수의 평가 제갈량은 상국(相國 : 승상과 같은 뜻으로 백관을 거느리는 우두머리)으로서 정치를 아는 뛰어난 인재이니, 관중(管仲)과 소하(蕭何)에 버금간다.

제갈량의 관직

군사중랑장(軍師中郎將 : 유비가 형주에 머물던 시기) → 군사장군(軍師將軍), 서좌장군부사(署左將軍府事 : 유비가 성도에 머물던 시기) → 승상상서사(丞相尚書事 : 유비 칭제 시기) → 사예교위(司隸校尉 : 장비가 사망한 시기) → 무향후(武鄕侯 : 유선이 제위에 오른 시기) → 익주목(益州牧) → 우장군행승상사(右將軍行丞相事 : 북벌 실패 후) → 승상(丞相) → 충무후(忠武侯 : 시호)

03 문무를 겸한 난세의 효웅
조조

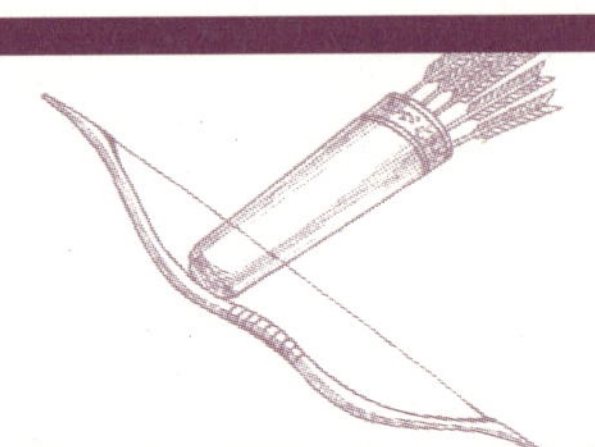

>>>> 조조는 뛰어난 재략과 웅대한 계략을 지닌 저명한 정치가이자 군사 전략가였다. 조조는 『삼국연의』에서 모략에 능하고 의심이 많은 난세의 간웅奸雄으로 묘사되고 있다.

『삼국지』에서 배송지(裴松之)*의 주(註)에 따르면, 조조(曹操)의 친구였던 허소(許邵)는 조조에 대해 이렇게 말했다.

"치세의 능신이자 난세의 간웅이다(子治世之能臣자치세지능신, 亂世之姦雄也난세지간웅야)."

역사상 유비를 높이고 조조를 낮추는 관점의 영향으로 인해 일반 사람들의 조조에 대한 인상은 그다지 좋지 않았다. 지금까지도 조조는 간사하고 사악한 인물로 간주되고 있다. 그런데 조조의 아명이 '길리(吉利)' 또는 '아만(阿瞞)'인 것으로 보아 어렸을 때부터 다른 사람을 잘 속이고 꾀를 많이 부렸는지도 모른다. 이와 관련하여 적지 않은 일화가 전해지는데, 얼굴에 마비가 왔다고 속여 숙부의 단속을 피해간 일도 있었다. 또한 도망치는 와중에 들른 여백사(呂伯奢)의 집에서 사람들이 돼지를 잡기 위해 칼을 갈자 자신을 죽이려 한다고 착각하여 모두 살해한 후 후환이 두려워 술을 사러갔다 돌아오는 여백사마저 살해한 일 등을 들 수 있다. 그런가 하면 원술(袁術)과 대치하고 있을 때 군량이 부족하자 군량 담당관에게 작은 배급 그릇을 사용하도록 명령한 다음, 오히려 그를 죽여 군사들의 노

* 중국 남북조 시대에서 송(宋)나라 초기에 활동했던 역사가로서 진수(陳壽)의 『삼국지』에 '배송지주(裴松之注)' 혹은 '배주(裴注)'라고 불리는 주석(註釋)을 덧붙였다.

난세의 간웅 조조

"내가 천하의 사람들을 저버릴지언정 천하의 사람들이 나를 저버리게 하지는 않겠다." 이는 간웅 조조의 특징을 그대로 드러내는 말로, 마치 자신의 성공을 위해서는 어떤 수단과 방법도 가리지 않겠다는 뜻으로 들린다. 실제로 그는 유가儒家의 인의나 도덕과 관계없이 자신에게 도움을 줄 수 있는 능력만 있다면 누구를 막론하고 등용했다. 이를 통해 조조는 자신의 공적을 쌓을 수 있었지만, 또한 이로 인해 후세 사람들은 그를 싫어하게 되었다.

간웅의 특징

- **주도면밀함** : 군사들이 물이 없어 갈증에 허덕이자 전방에 매화나무 숲이 있다고 거짓말을 하여 군사들의 입에 침이 고이게 하였다.
- **권모술수** : 누군가 대신(大臣) 양표(楊彪)가 원술과 몰래 접촉하고 있다고 밀고하자 오히려 밀고한 이를 하옥시켰다.
- **시기와 질투** : 양수(楊修)의 재능을 시기하여 결국 구실을 찾아 죽이고 말았다.
- **용병술** : 뛰어난 용병술로 군웅들을 제압하고 북방을 통일하였다.
- **용인술** : 장료(張遼)를 보내 합비(合肥)에 주둔하게 하니, 오나라 군이 수차례 공격하였으나 끝내 빈손으로 돌아가고 말았다.
- **일처리의 과단성** : 낙양(洛陽) 북부위(北部尉)로 있을 때 그곳의 세력가인 중상시(中常侍) 건석(蹇碩)의 숙부가 금지된 야간 외출을 하여 죄를 범하자 즉시 처단하여 일벌백계(一罰百戒)를 실천하였다.

조조의 구사일생

조조의 천하는 결코 앉아서 얻은 것이 아니라 죽을 고비를 숱하게 넘기며 싸워서 얻은 것이다. 『삼국연의』를 보면 적진에서 구사일생으로 살아남는 조조의 모습이 생생하게 묘사되어 있다.

동탁을 쫓다 매복에 걸리다

두 명의 적군이 풀 섶에 매복해 있다가 조조의 말을 보고 창을 던졌다. 조조가 타고 있던 말이 창에 맞아 쓰러지자 조조도 땅에 떨어지고 말았다. 적군이 잡으러 뛰어오는 순간 비호 같이 누군가 달려들어 적군을 쓰러뜨린 후 말에서 내려 조조를 부축하였다. 조조가 바라보니 바로 조홍(曹洪 : 위나라 장수이자 조조의 사촌)이었다.

서주성에서 여포(呂布)의 복병을 만나다

불빛 속에서 여포와 마주친 조조는 손으로 얼굴을 가리고 그를 지나쳤다. 여포가 뒤에서 조조의 투구를 치며 물었다. "조조는 어디에 있느냐?" 조조가 말했다. "저기 누런 말을 타고 가는 자가 조조입니다." 여포는 조조의 말에 속아 채찍질을 하며 앞으로 달려 나갔다.

동관(潼關)에서 마초에게 패배하다

"저기 홍포(紅袍)를 입은 자가 조조다!" 서량군(西凉軍)이 이렇게 외치자 조조는 즉시 홍포를 벗어던졌다. 그러자 다시 누군가 외쳤다. "긴 수염을 하고 있는 자가 조조다!" 조조는 그 말을 듣자마자 칼로 수염을 잘랐다. 또다시 누군가 "짧은 수염을 한 자가 조조다!"라고 외치자 조조는 깃발로 얼굴을 가리고 도망쳤다.

사곡(斜谷)에서 위연의 화살에 맞다

한 무리의 군사가 정면으로 돌진하면서 앞에 있는 장수가 외쳤다. "위연(魏延 : 촉한 장수)이 여기 있다!" 위연이 활을 당겨 조조를 향해 쏘자 조조가 화살에 맞아 그대로 땅에 떨어졌다. 위연이 활을 버리고 칼을 뽑아들더니 곧장 말을 몰아 산 위로 올라가 조조를 죽이려고 했다. 그때 방덕(龐德 : 위나라 장수. 관우에게 사로잡혀 죽임을 당함)이 뛰어들어 위연을 물리치고 조조를 호위하여 나아갔다.

여움을 잠재움으로써 군량 문제를 해결한 적도 있다. 조조가 여백사를 죽인 뒤 함께 있던 진궁(陳宮 : 후한 말기의 군웅으로, 여포呂布의 참모)에게 이렇게 말했다.

"내가 천하의 사람들을 저버릴지언정, 천하의 사람들이 나를 저버리게 하지는 않겠다(寧敎我負天下人 영교아부천하인, 休敎天下人負我 휴교천하인부아)."

이렇듯 그는 수단과 방법을 가리지 않고 자신의 권위를 지키고자 했으며, 설사 무고한 이들이라도 자신의 이익을 위해 죽이는 데 거리낌이 없었다. 하지만 조조가 비록 간사한 인물이기는 하나 문무를 겸비하고 뛰어난 재략과 웅대한 계략을 지닌 것은 분명했다. 삼국이 각축을 벌이는 난세에서 그를 능가하는 이를 찾기 어렵다. 전체 중국 역사에서도 조조는 손에 꼽을 만한 인물이다. 평생을 전쟁터에서 보내는 동안에도 그의 숙원은 오로지 천하 통일이었다. 손권은 아직 젊었고, 유비는 남의 집 처마를 기웃거리고 있을 때 그는 이미 뛰어난 군사 전략가로 이름을 날렸다. 황건군(黃巾軍)*을 토벌한다는 명분으로 자신의 군대를 조직한 그는 순욱(荀彧), 정욱(程昱), 곽가(郭嘉), 유엽(劉曄) 등의 뛰어난 모신(謀臣)과 하후돈(夏侯惇), 우금(于禁), 전위(典韋) 등의 맹장을 얻어 군웅들과 천하를 다투었다.

조조는 무엇보다 '천자를 끼고 제후를 호령할 수 있는(挾天子以令諸侯 협천자이령제후)' 위치에 있었기 때문에 누구보다도 막강한 세력을 확보할 수 있었다. 그는 가장 먼저 참월(僭越 : 분수에 넘쳐 너무 지나침)하여 칭제한 원술을 공격해 양회(兩淮)** 지역을 얻었고, 다시 여포를 죽이고 서주를 점령하였으며, 장수(張繡 : 후한 말기의 군웅群雄 중 한 사람)의 투항을 받아들여 허창(許昌) 후방을 안정시켰다. 관도전투(官渡戰鬪)***에서 그는 적은 병력으로 원소의 대군을 크게 이겼으며, 그 기세를

* 중국 후한(後漢) 말기에 장각(張角)을 우두머리로 하여 하북(河北)에서 일어난 유적(流賊)이다. 모두 머리에 누런 수건을 쓴 데서 유래하며, '태평도'라는 종교를 세워 반란을 일으켰다.

** 중국 회수(淮水)의 남쪽인 회남(淮南)과 회수의 북쪽을 아울러 이르는 말. 현재의 강소성 북부와 안휘성 북부 지역임.

*** 중국 후한(後漢) 말기에 화북(華北)의 2대 세력이던 원소(袁紹)와 조조(曹操)가 벌인 전투. 199년 요동의 공손찬(公孫瓚)을 격파한 원소는 다음 해에 대군을 이끌고 남하하여 당시 헌제(獻帝)를 옹립하고 하남성(河南省)의 허창(許昌)에 주둔하고 있는 조조와 맞붙게 되었다. 조조는 관도(官渡)에 진을 치고 원소의 대군을 맞이하여 책략과 기습으로 격파하였다. 조조는 이 싸움(200~201)으로 화북의 지배를 확립하고 세력을 한층 더 강화하였으며, 촉(蜀)의 유비(劉備), 오(吳)의 손권(孫權)과 더불어 중국을 삼분하게 되었다.

몰아 기주(冀州), 유주(幽州), 병주(幷州), 요동(遼東)을 평정하였다. 그러자 변방의 오환(烏桓)이나 흉노족들이 다투어 복속하였다.

이후 조조는 기세를 몰아 남하하였으나 적벽(赤壁)에서 손권과 유비 연합군에게 대패하고 말았다. 하지만 그는 손권과 유비를 상대하면서 병력을 집중하여 한 쪽을 공략하는가 하면 다른 한편으로 두 나라가 서로 싸우도록 하여 어부지리를 얻기도 했다. 이후 조조는 또다시 동쪽으로 손권을 정벌하고, 서쪽으로는 마초를 취함으로써 마침내 천하의 3분의 2를 얻어 위나라의 토대를 다졌다.

조조는 천하 통일을 위해 평생을 전쟁터에서 보낸 군사 전략가이자 정치가다. 그런 한편으로는 유명한 문학가이기도 했다. 그가 남긴 「호리행(蒿裏行)」, 「단가행(短歌行)」 등은 불후의 명작으로 손꼽히며, 그 외에도 적지 않은 작품을 남겼다. 이러한 점에서 유비와 손권은 조조를 따라올 수 없다.

위나라 무제 조조

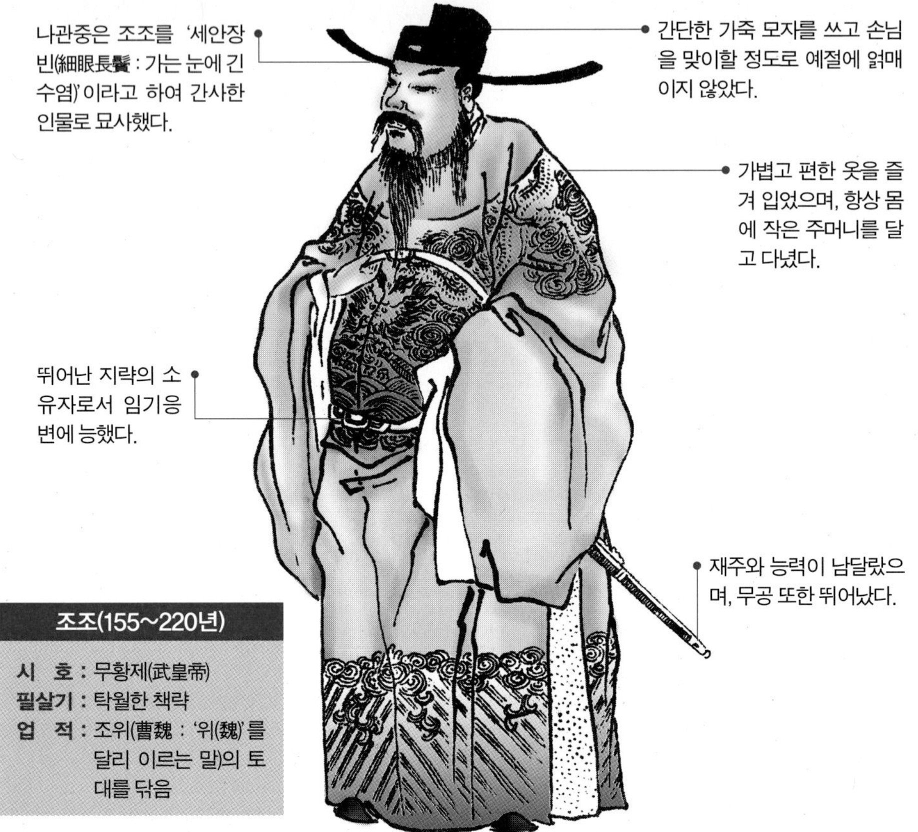

조조(155~220년)

시 호 : 무황제(武皇帝)
필살기 : 탁월한 책략
업 적 : 조위(曹魏 : '위(魏)'를 달리 이르는 말)의 토대를 닦음

조조의 수염 : 조조의 수염은 수차례 수난을 당했다. 복양(濮陽)에서 여포에게 화공을 당했을 때 수염이 모두 불에 탔고, 원술을 토벌할 때는 조조 자신이 군기를 어기는 바람에 어쩔 수 없이 수염을 잘라 참수를 면했다. 동관에서 마초에게 추격을 당할 때는 적군이 "긴 수염을 지닌 자가 조조다!"라고 외치는 바람에 또다시 수염을 잘랐다.

진수의 평가 "태조(조조)는 책략을 이용할 계획을 세워 천하를 도모하였고, …… 비범한 인물로서 시대를 초월한 영웅이었다."

조조의 관직

효렴랑(孝廉郎) → 낙양북부위(洛陽北部尉) → 돈구령(頓丘令) → 의랑(議郎) → 기도위(騎都尉 : 황건군을 토벌하던 시기) → 제남상(濟南相) → 동군태수(東郡太守 : 辭官사관) → 전군교위(典軍校尉 : 한수 정벌 시기) → 효기교위(驍騎校尉 : 출사하지 않음) → 비무장군(備武將軍 : 동탁 토벌 시기) → 연주목(兗州牧) → 건덕장군(建德將軍) → 진동장군(鎮東將軍), 비정후(費亭侯) → 대장군, 무평후(武平侯) → 사공(司空 : 후한 시대에는 사도, 태위와 더불어 삼공三公의 하나로서 나라의 공사工事를 관장) → 승상(丞相) → 위공(魏公) → 무왕(武王 : 시호) → 태조(太祖 : 묘호)

04 의리가 하늘을 찌르는 충성과 용맹의 무성 관우

관우는 청룡언월도를 자유롭게 휘두르며 뛰어난 무예 실력을 자랑했다. 그러나 무예 실력보다 더욱 귀한 것은 그의 충성심과 정의감으로, 삼국의 여러 장수들 가운데 으뜸이라고 할 수 있다. 그런 까닭에 후세 사람들은 그를 '무성武聖'이라 하여 '문성文聖'인 공자와 견주었다.

나관중은 관우(關羽)를 절의와 의리의 형상으로 그려냈다. 관우는 용감무쌍하며, 출중한 무예 실력에 영웅의 기개를 지니고 있다. 따뜻하게 데운 술이 채 식기도 전에 화웅(華雄 : 후한 말기 동탁의 수하 장수)을 꺾어 위세(威勢)를 얻은 후 연이어 안량(顔良 : 원소의 수하 장수)과 문추(文醜 : 원소의 수하 장수)를 베어 큰 명성을 얻었다. 형주를 지킬 때는 단기필마(單騎匹馬 : 혼자서 한 필의 말을 타고 나감)로 우금(于禁 : 조조의 수하 장수)을 무찔렀고, 화살 독을 치료하면서 마치 아무 일도 없는 양 담소를 나누는 모습은 실로 신용(神勇)이라 이를 만하다. 그러니 적군의 병사였던 호반(胡班)이 그를 흠모하여 적장의 음모를 알려 준 것이나 신의(神醫)로 유명한 화타(華佗)* 가 그를 보고 '진천인(眞天人)'이라고 경탄한 것도 다 이유가 있었던 것이다.

관우가 이처럼 여러 사람들에게 추앙을 받은 것은 단지 무예가 뛰어났기 때문만이 아니었다. 사람들은 오히려 그의 충의를 더욱 높이 샀다. 관우는 문벌 귀족과 거리가 먼 집안에서 태어났으며, 악을 미워하는 성격을 지녀 강호에 몸을 담게 되었다. 그는 유비를 만나 자신의 자리를 찾을 수 있었고, 충심으로 유비를 따라 천하 정벌에 나섰다. 그야말로 한마음으로 위급한 상황에 처한 사람을 돕

* 약제의 조제나 침질, 뜸질에 능하고 특히 외과 수술에 뛰어난 명의로서, 마비산(麻沸散)을 발명해 역사상 처음으로 마취에 의한 외과수술을 시행하였다. 또한 새와 짐승의 동작을 본떠 움직이는 건강수련법인 오금희(五禽戲)를 창안했다.

고, 생활이 어려운 사람을 구제하여 위로 국가에 보답하고 아래로 백성을 편안하게 했다고 평가할 수 있다.

관우의 충의가 가장 빛나는 대목은 조조에게 항복했을 당시 그가 보여준 태도다. 조조가 서주에서 유비를 공격할 때 관우는 하비(下邳)에서 유비의 가족을 돌보고 있었다. 그는 의를 위해 죽기를 각오하였으나 조조의 장수인 장료의 권고를 받아들여 조건부 투항을 하기로 마음먹었다. 투항 조건 가운데 하나가 유비의 소식을 듣게 되면 그곳이 어디든지 가겠다는 것이었는데, 충신은 결코 두 임금을 섬기지 않는다는 평소의 신념에 따른 것이라 할 수 있다.

허창에서 조조는 관우의 마음을 얻고자 사흘이 멀다 하고 크고 작은 연회를 베풀고, 미녀와 재물을 하사했지만 관우는 미동조차 하지 않았다. 조조가 그에게 군복을 하사하자 입기는 하였으나 그 위에 유비가 내려 준 군복을 덧입었다. 이는 의형제인 유비의 은혜를 잊지 않기 위함이었다. 어느 날 조조가 관우에게 적토마(赤兎馬)를 하사했는데, 관우는 "이 말이 하루에 천 리를 간다고 들었는데, 이를 얻었으니 형님이 계신 곳을 알기만 하면 하루 만에 가서 뵐 수 있겠다"라고 하면서 흔쾌히 받아들였다. 조조가 그 말을 듣고 후회하였으나 이미 엎질러진 물이었다. 얼마 후 유비의 소식을 들은 관우는 조조가 하사한 재물을 모두 봉인하고 서신을 써놓은 뒤 곧바로 유비를 향해 떠났다. 조조는 그의 충의에 감탄하면서 더 이상 그를 막지 않았다. 관우의 충의가 일세의 효웅(梟雄 : 사납고 용맹스러운 인물)인 조조의 속셈을 간파하고 그를 뛰어넘은 것이라 하겠다.

훗날 적벽 화용도(華容道)에서 조조와 대면했을 때 관우는 '군령장(軍令狀 : 군령을 적은 문서)'을 위반하면 목숨을 내놓아야 한다는 제갈량의 엄포에도 불구하고, 예전에 조조가 자신에게 베푼 은혜를 끝내 저버리지 못하여 그를 놓아주었다. 또한 인생의 마지막 순간에도 관우는 끝내 자신의 절의를 굽히지 않았다. 형주에서 손권의 군사와 대치할 때 제갈근이 그에게 투항을 권고하자 관우는 "옥은 부서질지언정 그 흰빛이 변하지 않으며, 대나무는 불에 탈지언정 그 마디를 굽히지 않는다"라고 말하여 충의와 절개를 지켰다.

충렬의 가문

관우의 충성과 용맹은 비할 바 없지만, 그의 아들들 또한 모두 뛰어난 무장으로서 용맹과 충의에 뒤지지 않는다. 후세 사람들은 관우를 추모하면서 그에게 허구의 아들인 회관색(花關索 : 삼국지 원본에는 없는 가공의 인물)을 만들어 주기도 했다.

충렬의 가문

관평(關平)	관우의 맏아들이다. 『삼국연의』에서는 그를 관우의 양자로 묘사하였다. 관우를 따라 전쟁터를 누볐으며, '호치(虎癡)'라는 별명을 지닌 허저(許褚 : 위나라 장수)와 싸우기도 했다. 맥성(麥城)으로 패하여 달아난 후 아버지 관우와 함께 피살되었다.
관흥(關興)	관우의 둘째 아들이다. 관우의 작위를 계승하였으며, 이릉전투에서 반장(潘璋 : 손권 수하의 장수)을 죽여 아비의 원수를 갚고, 빼앗긴 청룡언월도(靑龍偃月刀)를 되찾았다. 이후 제갈공명을 따라 북벌하면서 여러 차례 군공을 세웠고, 6차 북벌 직전에 병사하였다.
관색(關索)	후세 사람들이 허구로 만든 인물로서 정사의 기록에는 없다. 『삼국연의』에 따르면 관색은 제갈공명이 남정할 때 종군하여 선봉대를 맡았다고 한다. 이후의 활동은 분명하지 않다.
화관색	'관색'을 달리 이르는 말. 『전상통속삼국지전(全像通俗三國志傳)』에 따르면 관색은 어려서 부친과 헤어져 성이 색(索)인 전직 관리의 집안에서 자랐으며, 이후 화월(花月) 선생에게 무예를 배웠다고 한다. 그래서 이들 세 사람의 성을 합쳐 '화관색'이라 불렀다. 형주에서 관우와 상봉한 후 운남(雲南)에 주둔하였으며, 이릉전투에서 아버지의 원수를 갚고 나중에 병사하였다. 현재 운남 귀주(貴州)의 소수민족들은 화관색을 신앙의 대상으로 삼고 있으며, 그에 관한 유적이 남아 있다.

관우의 말과 칼

적토마

온몸이 붉은 털로 덮여 있으며, 머리에서 꼬리까지의 길이는 1장(丈 : 길이의 단위. 1장은 1척尺의 10배임)으로 사람의 키를 웃돌았고, 정수리에서 발굽까지의 길이는 8척(약 185cm)이었다고 한다. 앞다리를 들고 포효하는 모습이 마치 당장이라도 창공을 날고 푸른 바다로 치달을 듯하여 '화룡(火龍)이 구천에서 날아오는 것 같다'는 감탄을 자아냈다고 한다. 적토마는 원래 동탁의 소유였는데, 동탁이 여포에게 주었고, 여포가 죽은 후 조조에게 돌아갔다가 다시 조조가 관우에게 넘겼다. 이후 적토마는 관우를 태우고 전쟁터를 종횡무진으로 누볐다. 관우가 죽은 뒤에는 손권이 마충(馬忠)에게 주었는데, 주인을 그리워하며 끝내 사료를 먹지 않다가 굶어 죽었다.

청룡언월도

반월 형태의 칼로, 칼등이 큰 톱날처럼 생겼다. 유비, 장비 등과 거병할 때 만든 것으로, 칼에 청룡이 새겨져 있다. '냉염거(冷艶鋸 : 설원에서 계속되는 전투로 인해 붉은 피로 된 얼음막이 생긴 것에서 유래)'라는 별칭이 있으며, 무게는 82근(약 50kg : 근斤은 무게의 단위로, 1근은 고기나 한약재의 무게를 잴 때 600g임)이었다고 한다.

얼굴은 무르익은 대춧빛이고, 입술은 연지를 칠한 듯 붉은 색이며, 봉황의 눈에 누에 눈썹을 지닌 모습이 늠름하고 위풍당당했다.

미염공
수염의 길이가 50cm에 이를 정도로 가슴까지 길게 늘어져 '미염공(美髯公)'이라는 별칭을 얻었다. 조조는 특별히 관우에게 수염을 보호하는 비단 주머니를 선사하기도 했다.

키는 9척(약 207cm) 장신이었으며, 풍모가 당당하고 수려했다.

관우는 유비가 거사할 당시에 준 녹색 비단 전포를 입었다. 조조가 그에게 새로운 전포를 주었을 때도 여전히 낡은 전포를 입었다. 조조가 그 연유를 묻자 낡은 전포를 입으면 형님인 유비를 만난 것처럼 느껴지기 때문이라고 하였다. 이에 조조가 크게 감탄했다.

관우(?~220년)

시 호 : 장무(壯繆)
무 기 : 청룡언월도
업 적 : 화웅, 안량, 문추 등 적장의 목을 베었고, 조조의 칠군(七軍)을 수몰시켰다.

진수의 평가 관우와 장비는 모두 1만 명을 상대할 만하며, 그 시대의 용맹한 장수이자 충신이었다.

관우의 관직

별부사마(別部司馬 : 유비가 평원상平原相으로 있던 시절) → 하비(下邳) 태수(서주 시절) → 편장군(偏將軍 : 조조에게 항복한 시절) → 한수정후(漢壽亭侯 : 안량을 참살한 후) → 양양태수, 탕구장군(蕩寇將軍 : 강남江南 시절) → 독형주사(督荊州事 : 익주 시절) → 전장군(前將軍 : 유비가 한중왕漢中王이던 시절) → 장무후(壯繆侯 : 시호)

05 용기와 의리, 거침 속에 세심함을 갖춘 촉한의 장수 장비

장비에게 가장 어울리는 단어는 '맹猛' 즉 용맹스러움이다. 장비의 용맹스러움은 삼국에서도 손꼽힐 정도다. 그러나 장비를 '용맹함' 만으로 평가할 수는 없다. 때로는 그의 번뜩이는 지혜를 보고 제갈량조차 크게 찬탄하기도 했다.

장비(張飛)의 첫 인상을 본다면 무모할 정도로 사납기만 한 거친 남자인지도 모른다. 사실 그는 탁군의 백정 출신으로서 생김새도 몹시 흉악했다. 그는 유비가 다른 이들에게 굴욕을 당할 때면 울분을 참지 못하고 달려들기도 했다. 때로는 물불을 가리지 않는 성격 때문에 경솔하다는 평가를 받기도 한다. 용맹함에서는 둘째가라면 서럽다고 할 정도였다.

장비는 호뢰관(虎牢關 : 낙양洛陽 동쪽에 위치한 지역)에서 여포와 싸웠고, 파주(巴州)에서는 엄안(嚴顔 : 유장의 수하 장수로 파군태수)을 사로잡았으며, 가맹관(葭萌關 : 사천성 광원廣元시에 위치한 소화고성昭化古城의 옛 지명)에서는 마초와 싸웠다. 그리고 와구애(瓦口隘)에서 장합(張郃 : 조조 수하의 장수)과 싸웠으며, 포주(褒州)에서는 허저와 자웅을 겨루었다. 당시의 전투는 거의 모두 악전(惡戰)이라고 할 만큼 힘들었는데, 비록 매번 승리를 거둔 것은 아니지만 그렇다고 승리가 없었던 것은 결코 아니다. 특히 경탄할 대목은 장판교(長阪橋)에서 그의 일갈에 조조의 장수 하후걸(夏侯傑)이 낙마하여 목숨을 잃었고, 조조의 83만 대군 역시 그의 명성만 듣고 제대로 싸움조차 하지 못하고 흩어져 도망쳤다는 점이다.*

---

* 형주에 있던 유비가 조조의 대군에 쫓겨 형세가 급박해졌을 때 장판교 위에서 "내가 장익덕이다!"라고 일갈하여 위나라 군을 물리쳤다는 유명한 일화가 있다.

그러나 용감하다고 꾀가 없는 것이 아니며, 사납다고 해서 지혜가 없는 것은 아니었다. 사실 초반의 장비는 우악스럽고 앞뒤를 가리지 않을 정도로 무모하여 그저 싸움만 알 뿐이었다. 하지만 전장에서 오랜 시간을 지내는 동안 서서히 병법과 계책을 익혀 뛰어난 장수로 거듭났다. 특히 제갈량의 전법이나 장수 선발 기준 등을 보고 배우면서 장비는 더욱 크게 성장할 수 있었다.

장비는 장판교에서 우레와 같은 목소리로 일갈하여 조조의 수십만 대군을 물리쳤는데, 이는 단지 용맹함만으로 인한 것이 아니라 뛰어난 지혜가 있었기 때문이다. 당시 그는 기병에게 명하여 말 꼬리에 나뭇가지를 매달고 숲속에서 이리저리 달려 먼지를 일으키도록 했다. 이에 조조의 군사들은 숲속에 적군이 매복하고 있다고 여겨 감히 앞으로 나서지 못했던 것이다. 나중에 서천(西川)*을 취할 때도 장비는 홀로 탁월한 지략을 발휘한 바 있다. 당시 그는 노장 엄안을 잡았다가 놓아주니, 그의 도움으로 다른 관문을 지키는 장수들의 투항을 받아들여 45곳의 관문을 수월하게 통과하여 제갈량보다 먼저 낙성(雒城)에 도착해 어려움에 처한 유비를 도왔다. 이에 제갈량은 이렇게 말했다.

"장 장군(장비)이 계략을 쓸 수 있게 되었으니, 이 모든 것이 주공(主公)의 홍복(洪福)입니다."

한중을 얻을 때도 장비는 큰 활약상을 보였다. 그는 먼저 군막에서 공공연하게 술을 마시며 나태한 척하자 장합이 이를 틈타 장비의 진영을 습격했다. 그러나 장비는 이미 군사를 매복시켜 크게 무찔렀다. 이후 장합이 수성(守城)에 돌입하자 장비는 인근 백성들의 도움을 얻어 샛길로 와구관(瓦口關)을 돌아 장합을 치니, 이른바 위나라의 오대양장(五大良將 : 장료, 악진, 우금, 장합, 서황) 가운데 한 사람인 장합의 체면이 구겨질 대로 구겨지고 말았다. 이렇듯 장비는 한중을 취하는 데 큰 공을 세웠다.

장비는 용맹과 지략을 떠나 의리로도 타의 추종을 불허했다. 그는 시종일관

---

* 중국 한나라 때 두었던 십삼자사부(十三刺事部) 가운데 지금의 사천성(四川省)에 해당하는 익주(益州)를 달리 부르던 지명.

지혜와 용맹함을 겸비한 장비

유비, 관우와 함께 거병한 후 초기의 장비는 그저 악전고투하면서 번번이 패배를 일삼던 거친 무장으로 간주되었다. 하지만 오랜 기간 전장에서 경험을 쌓는 동안 장비는 점차 전술을 익혔고, 지혜와 용맹을 겸비한 명장으로 성장했다.

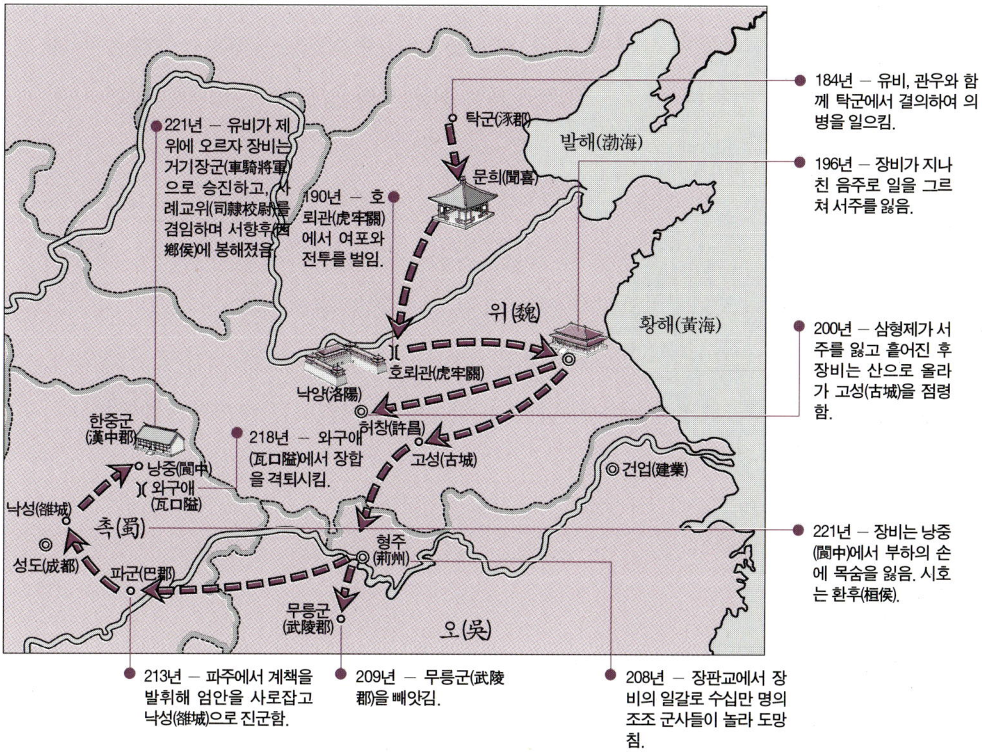

184년 – 유비, 관우와 함께 탁군에서 결의하여 의병을 일으킴.

221년 – 유비가 제위에 오르자 장비는 거기장군(車騎將軍)으로 승진하고, 사례교위(司隸校尉)를 겸임하며 서향후(西鄕侯)에 봉해졌음.

190년 – 호뢰관(虎牢關)에서 여포와 전투를 벌임.

196년 – 장비가 지나친 음주로 일을 그르쳐 서주를 잃음.

200년 – 삼형제가 서주를 잃고 흩어진 후 장비는 산으로 올라가 고성(古城)을 점령함.

218년 – 와구애(瓦口隘)에서 장합을 격퇴시킴.

221년 – 장비는 낭중(閬中)에서 부하의 손에 목숨을 잃음. 시호는 환후(桓侯).

탁군(涿郡) · 문희(聞喜) · 발해(渤海) · 위(魏) · 황해(黃海) · 호뢰관(虎牢關) · 낙양(洛陽) · 허창(許昌) · 고성(古城) · 건업(建業) · 한중군(漢中郡) · 낭중(閬中) · 와구애(瓦口隘) · 낙성(雒城) · 촉(蜀) · 성도(成都) · 파군(巴郡) · 형주(荊州) · 무릉군(武陵郡) · 오(吳)

213년 – 파주에서 계책을 발휘해 엄안을 사로잡고 낙성(雒城)으로 진군함.

209년 – 무릉군(武陵郡)을 빼앗김.

208년 – 장판교에서 장비의 일갈로 수십만 명의 조조 군사들이 놀라 도망침.

장비에 대한 평가

• 정사(正史) 속의 장비

용맹하고 서예에도 조예가 있어 미인을 잘 그렸다. 이렇듯 문무를 겸비하였는데, 지금도 그의 그림이나 서예가 남아 있다.

• 『삼국연의』 속의 장비

민간 전설에 나오는 것처럼 과장되지도 않고, 그렇다고 정사에 나오는 것처럼 문아(文雅 : 시문詩文을 짓고 읊는 풍류의 도道)한 성격도 아니다. 정사에 기록된 장비의 성격을 바탕으로 이야기를 전개하고 있으니, 민간 전설과 정사의 중간 정도라고 할 수 있다.

• 민간 전설 속의 장비

『삼국연의』가 나오기 전 송나라, 원나라 시대의 민간 예인들은 장비를 성격이 포악하고 무공이 뛰어나 감히 범접하기 힘든 인물로 묘사하고 있다. 그에게 문학적인 조예가 있었다는 내용은 보이지 않는다.

큰형인 유비에게 충성을 다했으며, 관우가 피살된 후 비통함을 참지 못하고 날마다 형의 원수를 갚고 말겠다는 생각만 했다. 그렇게 마음이 어수선한 상태에서 졸지에 소인배의 손에 목숨을 잃고 말았다. 장비는 군자를 존중하되 소인을 동정하지 않았으며, 학문이 풍부한 이와 영웅을 깊이 존경했다. 그러나 부하들에 대해서는 대단히 엄격하여 작은 일로도 채찍질을 가할 정도였다. 이를 걱정한 유비는 다음과 같이 당부했다.

"경(卿 : 장비)은 언제나 술이 지나쳐 탈이네. 술에 취하면 죄 없는 사람들을 때리고 다시 그들을 좌우에 두는데, 이는 스스로 재앙을 부르는 일과 같네. 이제부터 경은 마음을 너그러이 하고 다시는 그런 일이 없도록 하게."

이러한 유비의 당부에도 불구하고 장비는 자신의 본성을 고치지 못했으며, 결국 부하의 손에 죽임을 당하고 말았다. 참으로 어이없고 안타까운 일이었다.

용맹스럽고 사나운 장비

장비는 표범 머리에 왕방울 눈, 제비턱에 호랑이 수염으로 사납게 생겼다. 목소리는 우레와 같이 컸고, 기세는 달리는 말처럼 대단했다.

키는 8척(약 185cm)으로 장대했으며, 용맹스럽고 사나웠다.

전쟁터에서는 항상 장팔사모(丈八蛇矛)를 휘둘러 가는 곳마다 적군의 간담을 서늘하게 했다.

장비(167~221년)

시 호 : 환후(桓侯)
무 기 : 장팔점강모(丈八點鋼矛)
업 적 : 엄안을 의롭게 풀어 줌으로써 와구애(瓦口隘)를 쉽게 얻었다.

장비의 묘(廟) : 장비의 묘는 지금의 중경시 운양(雲陽) 현성에서 강 너머로 보이는 비봉산(飛鳳山) 자락에 위치하고 있다. 전설에 따르면, 장달(張達)과 범강(範疆)이 장비를 모살한 후 그의 수급(首級)을 들고 동오로 도망쳤는데, 운양을 지나면서 강물 속에 던져버렸다고 한다. 훗날 어느 어부가 꿈에 장비를 만난 뒤 강물 속에서 그의 머리를 건지다가 금덩이를 함께 건졌다고 한다. 그 일로 장비의 묘를 세웠다. 이런 이유로 "장비의 머리는 운양에 있고, 몸은 낭중(閬中)에 있다"라는 말이 전해지게 되었다. 현재는 삼협댐이 건설되어 장비의 묘는 해현(該縣) 반석진(盤石鎮)으로 이전되었다.

진수의 평가 관우와 장비는 모두 1만 명을 상대할 만하며, 그 시대의 용맹한 신하였다.

장비의 관직

별부사마(別部司馬 : 유비가 평원상이던 시절) → 중랑장(여포 공략 시절) → 의도(宜都)태수, 정로장군, 신정후(新亭侯) → 남군태수 → 파서(巴西)태수(유비가 익주에 머물던 시절) → 우장군(유비가 한중왕이던 시절) → 거기장군, 사례교위, 서향후(유비가 칭제한 후) → 환후(시호)

06 용인술에 능했던 강동의 맹주 손권

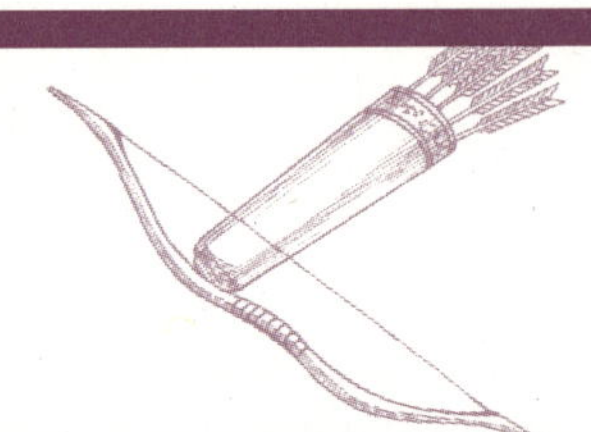

>>>> 손권은 삼국 시대 오나라의 중심인물이다. 비록 『삼국연의』에서 그에 관한 이야기가 유비나 조조보다 적은 것은 사실이지만, 그 역시 한 시대를 풍미했던 걸출한 영웅임에 틀림없다. 그런 까닭에 조조 또한 이렇게 감탄한 것이 아니겠는가? "아들을 낳으면 마땅히 손중모(孫仲謀 : 손권)와 같은 아들을 낳아야 할 것이다."

서기 200년, 손견(孫堅)의 장자인 손책(孫策)이 젊은 나이에 세상을 뜨면서 자신이 창업한 강동(江東)의 터전을 이제 겨우 열아홉 살이 된 손권(孫權)에게 넘기면서 이렇게 마지막 말을 남겼다.

"내부의 일이 해결되지 않으면 장소(張昭 : 오나라 대신)에게 묻고, 외부의 일이 해결되지 않으면 주유에게 묻도록 하여라."

손책이 당부한 대로 손권은 능력을 갖춘 신하와 막강한 장수들의 보좌를 받으며 오나라의 기반을 더욱 튼튼하게 다졌고, 마침내 제왕의 자리에 오를 수 있었다. 『삼국연의』에서 보면 때로는 그에 대한 인상이 대신이나 장수들보다 못한 것처럼 느껴지기도 한다. 그러나 그것이 손권이 실제로 아무런 성과도 내지 못하고, 업적 또한 변변찮음을 의미하는 것은 아니다. 오히려 그가 용인술(用人術)에 매우 뛰어났음을 반증하는 것이라 할 수 있다.

손권은 노신(老臣)을 중용하는 등 기존의 신료들을 존중했으며, 인재를 알아보는 데 탁월한 식견을 갖추어 대담하게 신인을 기용하기도 했다. 그의 신료들 가운데 특히 장소는 학식이 풍부한 인물로서 손책이 임종하기 전에 손권을 보좌해 주도록 당부한 인물이다.

장소는 오나라를 위해 전심전력하면서 직간(直諫 : 잘못된 일에 대하여 직접 말함)을 마다하지 않았다. 손권은 장소의 간언이 마땅치 않은 적도 있었지만, 한 번도

용인술에 뛰어났던 오나라의 황제

손권은 사람을 보는 혜안慧眼과 식견이 남달랐다. 그는 과감하게 신인을 발탁하여 중진과 더불어 상하 단결을 도모하였다. 오나라가 삼국의 하나로 견고하게 기틀을 다질 수 있었던 것은 그의 뛰어난 용인술과 무관하지 않다.

용인술에 능한 손권

장소 손권은 손책의 신하였던 장소를 특히 존중했다. 비록 적벽대전을 앞두고 항복할 것을 주장했지만 손권은 그의 죄를 묻지 않았으며, 오히려 예전처럼 그를 존경했다.

주유 손권은 주유의 재능을 잘 알고 있었기 때문에 누구보다 신임하였고, 대도독으로 삼아 군사에 관한 전권을 부여했다. 아쉽게 젊은 나이에 생을 마감하여 손권의 상심이 컸다.

노숙 노숙은 주유의 천거로 손권과 만나 탑상책(榻上策 : 책상 위에 펼친 계책, 노숙의 '천하삼분지계'를 일컬음)을 개진하였다. 손권은 그의 재주가 비상함을 알고 중용하였다. 비록 형주를 반환하는 문제로 유비에게 갔다가 여러 차례 빈손으로 돌아왔지만, 손권은 주유가 죽은 후 그에게 병권을 맡겼다.

여몽 손권은 여몽이 미완의 대기(大器)임을 알고 그에게 학문에 힘쓸 것을 권했다. 과연 그는 학식을 두루 갖춘 오나라의 명장으로 성장했다.

육손 육손은 일개 서생에 불과했지만, 손권은 그의 재능을 알아보고 그에게 중책을 맡겼다. 이후 이릉전투에서 오나라의 대군을 지휘하여 유비를 크게 격파했다.

제갈근 손권은 제갈근을 절대적으로 신뢰했다. 유비가 오나라를 공격하기 전에 제갈근이 유세(遊說 : 자기 의견이나 주장을 선전하며 돌아다님)하기 위해 촉한으로 갔을 때 장소 등은 그가 투항할지 모른다고 의심했다. 하지만 손권은 그를 믿었고, 과연 제갈근은 유세를 마치고 오나라로 돌아왔다.

손권의 정벌

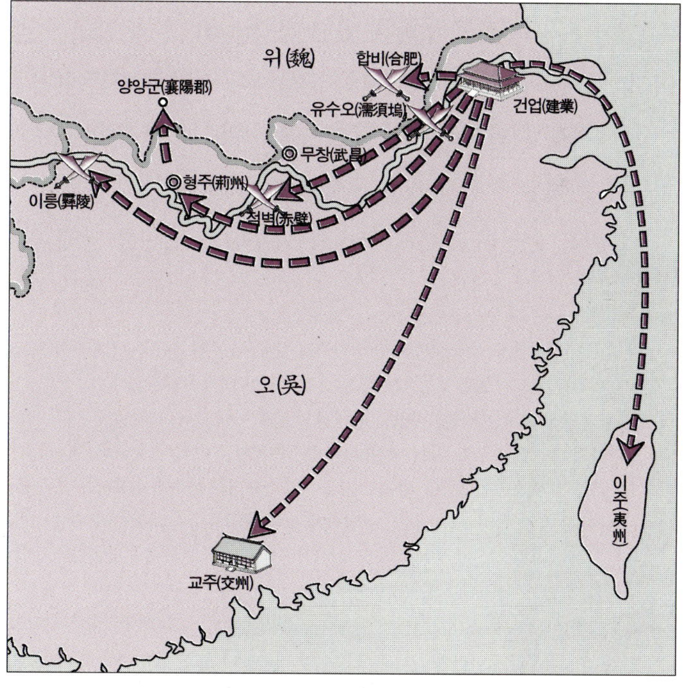

그를 문책한 적이 없을 뿐더러 줄곧 그를 공경하고 따랐다. 손권은 손견과 손책이 자신에게 남겨 준 원로 장수들이 충성스럽고 용맹하지만 지략이 부족하다고 생각했다. 그런 이유로 손권은 신인을 기용하는 데 주저하지 않았다. 비천한 출신인 주태(周泰 : 오나라 장수)에게 전략 요충지인 유수오(濡須塢)를 맡기고, 주연(朱然)과 서성(徐盛) 등을 부장으로 보냈다.

또한 손권은 여몽(呂蒙 : 손권의 수하 장수)의 재주를 알아보고 많은 서적을 읽도록 하여 문무(文武)를 겸비한 무장으로 만들기도 했다. 괄목상대(刮目相對)*라는 말은 바로 노숙(魯肅)**이 그를 보고 한 말이다. 육손(陸遜)***은 원래 백면서생(白面書生 : 글만 읽고 세상일에는 전혀 경험이 없는 사람)으로 간주될 정도로 문약한 이였다. 그러나 손권은 그에게 무장의 자질이 있음을 간파하고 그를 대도독(大都督 : 전군全軍을 총지휘하는 장수의 직책)으로 임명하여 촉한의 공격을 막도록 하였다. 과연 그는 손권의 기대에 부응하여 촉한의 침공을 성공적으로 막아냈다.

이렇듯 뛰어난 안목으로 인재를 정확하게 알아보았을 뿐만 아니라, 휘하 신료나 장수들의 모순과 갈등을 해결하는 데도 탁월한 능력을 발휘하였다. 능통(淩統)****은 손권의 휘하에 함께 있던 감녕(甘寧)*****과 불구대천의 원수지간이었다. 이전에 능통의 아버지를 감녕의 군사들이 죽였기 때문이다. 손권은 그들 두 사람이 화해하도록 권유하는 한편 조조와 싸울 때 감녕이 능통의 목숨을 구한 이후 두 사람은 묵은 원한을 씻고 생사를 함께하기로 결의하였다.

한번은 손권이 조조의 군대와 싸우다가 포위를 당해 위급한 지경에 이르렀

---

* 남의 학식이나 재주가 전에 비하여 딴 사람으로 볼 만큼 부쩍 는 것을 일컫는 말로, 노숙이 의논할 일이 있어 여몽을 찾아갔다가 그가 놀랄 만큼 박식해진 것을 칭찬한 데서 유래하였다.

** 오나라의 찬군교위(총참모)를 지냈으며, 주유의 뒤를 이어 도독이 되었다.

*** 오나라의 모신(謨臣)으로, 자는 백언(伯言)이며 손책의 사위이다. 촉한과 위나라의 침공을 여러 차례 격퇴하여 오나라를 지켜냈으며, 관우를 죽음으로 몰아넣고 유비의 복수를 실패하게 만든 장본인이기도 하다.

**** 오나라의 장수. 어버지인 능조가 감녕에게 살해되어 감녕과 대립하며 복수의 기회를 노렸던 일화로 유명하다. 거친 성격과 뛰어난 무예로 전장에서는 항상 돌격의 선봉에서 용맹하게 활약했다. 적벽대전에서 뛰어난 공적을 쌓았고, 합비전투에서 적의 급습으로 위기에 몰린 손권을 안전하게 탈출시켰다.

***** 오나라의 장수. 조조가 오나라로 쳐들어오자 적벽에서 수군을 지휘하여 적벽대전을 승리로 이끈 주역이 되었으며, 관우가 오나라를 공격해 오자 이를 막아냈다. 또한 유수에서 조조의 40만 대군에 맞서 승리하였다.

다. 이때 주태가 여러 발의 화살을 맞아 가며 적의 포위망을 뚫고 손권을 구했다. 조조가 대패하여 돌아간 다음 손권은 친히 술잔을 따라 주태에게 건네고, 그의 등을 어루만지면서 비 오듯 눈물을 흘렸다. 그리고 자신의 손가락으로 주태의 몸에 난 상처를 일일이 가리키며 어찌 된 상처인지 묻고 그의 이야기를 들었다.

"내 어찌 경(卿)을 골육의 정으로 대하지 않을 수 있으며, 모든 병권을 맡기지 않을 수 있겠는가? 경은 나의 공신이니, 영욕의 기쁨과 근심을 함께 나눌 것이다."

손권은 이렇게 말하면서 상처 하나하나마다 술을 한 잔씩 권하니, 그날 주태는 만취하였다.

그러나 229년 칭제한 이후 손권은 날로 사치스럽고 교만해졌으며, 여일(呂壹)을 총애하였다. 그 와중에 승상 고옹(顧雍)이 무고하게 피살되었고, 대장군 육손은 손권의 문책에 울분을 참지 못하여 결국 화병으로 죽고 말았다. 손권은 자신의 후사 문제도 제대로 풀지 못했다. 태자인 손등(孫登)이 젊은 나이에 요절하자 후계자 선정을 둘러싸고 내분이 일어났다. 결국 손권은 셋째 아들인 손화(孫和)를 태자에서 폐하고, 넷째 아들인 손패(孫覇)에게 자결을 명한 뒤 관련자들을 모두 처형했다. 그러고 나서 막내인 손량(孫亮)을 황태자로 삼았다. 이 과정에서 수십 명의 신하들이 처형되거나 유배를 당하고 말았으니, 이후 오나라의 정권에 뿌리 깊은 화근을 자초한 셈이었다.

월나라 왕 구천에 비견되는 영웅 손권

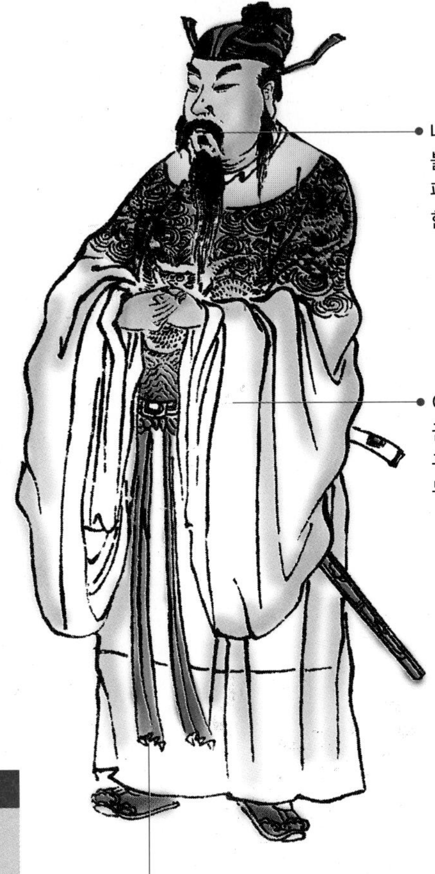

네모난 턱과 큰 입, 푸른 눈, 붉은 색 수염으로 인해 마치 페르시아 사람처럼 생겼다고 한다.

어느 관상가는 중모(仲謀 : 손권의 자)의 비범한 풍모를 본 후 크게 귀한 상으로 천수를 누릴 것이라고 했다.

호랑이처럼 만상(萬象)을 삼킬 것 같은 기세에 제왕의 기풍을 지녔다.

손권(182~252년)

시 호 : 대황제
필살기 : 용인술
업 적 : 오나라를 잘 다스림

진수의 평가 손권은 몸을 굽혀 치욕을 인내하며, 재능을 지닌 이를 임용하고 지혜로운 자를 높이 받들었으며, 구천(句踐 : 춘추 시대 월越나라의 왕)과 같은 비범한 재능을 지녔으니 영웅 중에 특히 뛰어난 인재다.

손권의 관직

양선(陽羨) 현장 → 봉의교위(奉義校尉) → 토로장군, 회계태수(손권 사후 조조의 추천) → 거기장군, 서주목(남군을 수복한 후 유비의 추천) → 표기장군(驃騎將軍), 형주목, 남창후(南昌侯 : 형주 수복 후 조조의 추천) → 오왕, 대장군, 영형주목사(領荊州牧事 : 조비 칭제 시절) → 황제 → 대황제(시호)

07 무능하고, 쾌락에 빠져 나라를 잊어버린 군주 유선

>>>>> 아버지 유비는 한 시대를 풍미한 영웅이었지만, 그의 아들 유선은 무능하고 평범하고 속된 인물로서 '수성守成의 군주'라는 이름조차 어울리지 않는다. 아무리 보좌하여도 '세울 수 없는 아두'라는 무능한 모습으로 후세 사람들에게 놀림감이 되었다.

유선(劉禪)은 유비와 감부인(甘夫人)의 소생이다. 그가 태어나고 얼마 뒤 조조가 83만의 대군을 이끌고 남하하였다. 전쟁의 와중에서 유선은 거의 죽을 위기에 놓였으나 다행히 용감한 조운이 단기필마로 그를 구해 겨우 목숨을 구한 적이 있다. 유비가 형주를 얻어 비교적 안정된 생활을 하게 된 이후로 유선은 전쟁터와 멀리하였다. 유비는 남정, 북벌은 물론이고 서쪽으로 익주를 취하고, 북쪽으로 한중을 취하며 멀리 오나라를 정벌할 때도 아들을 데리고 전쟁터로 나간 적이 없었다.

223년에 유비가 오나라 정벌에 실패하고 병사하자 유선이 마침내 황제의 자리에 올랐다. 바야흐로 활갯짓을 할 수 있는 좋은 기회를 맞이하였음에도 그는 오히려 아무 일도 하지 않고 환관들의 농간에 놀아나고 있었다. 그는 나라 안팎의 크고 작은 일을 모두 제갈량에게 맡겼다. 다행히 제갈량이 선제인 유비의 뜻을 잊지 않고 유선에게 충성을 다하며 촉한을 위해 전심전력했기 때문에, 유선은 태평한 천자로서 편안함을 누릴 수 있었다. 그는 주관이 뚜렷하지 않아 일을 처리하는 데도 갈팡질팡할 뿐이었다. 선제와 승상의 권유나 가르침도 전혀 도움이 되지 않았다. 게다가 쉽게 참언(讒言 : 거짓으로 꾸며서 남을 헐뜯어 윗사람에게 고하여 바치는 말)을 믿어 결국 제갈량과 강유(姜維)*의 수차례에 걸친 북벌도 실패로 돌아가

* 위(魏)나라 사람으로서 지략이 뛰어난 무장이다. 제갈량의 정벌 때 귀순하여 촉한의 신하가 되었으며, 제갈량 사후 그의 후계자가 되었다. 촉한이 망한 후 종회(鐘會)와 함께 사마소(司馬昭)에 대항하여 반란을 일으켰으나 패하여 자살하고 말았다.

고 말았다.

제갈량이 죽은 후 유선은 사리 분별이 더욱 어두워져 어리석은 일을 반복했다. 향락에 빠져 조정의 일에 관심이 없었고, 이를 틈탄 환관들은 황권을 농간하고 사사롭게 붕당을 만들어 사리사욕을 채우는 데 정신이 없었다. 이렇게 촉한의 강산이 서서히 쇠락해 가자 강유조차 자신의 안위를 생각하여 답중(遝中)에서 둔전(屯田)을 하겠다고 자청하기에 이르렀다. 이후로 촉한의 정치적 기반은 심하게 동요하기 시작했다.

263년, 막강한 군사력을 갖춘 위나라가 세 갈래 길로 나누어 촉한을 침공했다. 위나라 장수 등애(鄧艾)가 음평(陰平)에서 사람이 다니지 않는 험준한 지역 7백여 리를 돌아 강유(江由)를 치자 강유를 지키던 촉한의 장수 마막(馬邈)은 지형만 믿고 방심하다가 즉시 항복하고 말았다. 유선은 제갈량의 아들인 제갈첨(諸葛瞻)* 을 보내 등애를 막도록 했다. 그러나 제갈첨은 면죽관(綿竹關)을 막다가 결국 죽임을 당했고, 위나라 군은 파죽지세(破竹之勢)로 성도를 향해 진격해 왔다. 당시 강유가 이끄는 촉한의 주력 부대는 여전히 검각(劍閣)** 에 주둔하여 전혀 피해가 없었다. 그러나 등애의 부대가 성도로 진군하고 있다는 소식을 접한 유선은 당황하여 강유의 주력 부대가 남아 있다는 것도 모른 채 초주(譙周)의 건의를 받아들여 자신의 몸을 묶고 등애의 진영으로 찾아가 항복하고 말았다. 아버지 유비가 갖은 고초를 겪으며 이룩해 놓은 촉한을 선뜻 적장에게 넘겨주고 만 것이다.

유선이 사람들에게 쓴웃음을 짓게 만든 것은 낙양에서 보여 준 그의 언행이다. 사마소(司馬昭)***가 촉한 사람들을 시켜 촉한의 음악을 연주하게 하자 촉한 신하들은 너나할 것 없이 뜨거운 눈물을 흘렸다. 그러나 유선은 여전히 웃음을 머

---

* 촉한 승상 제갈량의 장남으로, 그의 부인은 후주 유선의 딸이다. 263년에 위나라 군이 촉한으로 공격해 오자 면죽관(綿竹關)에서 위나라 군에 맞서 싸우다 전사했다.

** 장안(長安)으로부터 촉(蜀)으로 가는 대검산(大劍山), 소검산(小劍山) 사이에 있는 요충지. 현재의 지명으로는 사천성(四川省) 검각현에 있으며, 산 벼랑에 판자 따위를 엮어서 선반을 걸듯이 길을 낸 각도(閣道)가 통해 있어 '검각'이라 불렸다.

*** 위나라 대신 사마의(司馬懿)의 둘째 아들로, 서진(西晉) 초대 황제(무제武帝)인 사마염(司馬炎)의 아버지이다.

유비의 부인과 자식

유비는 부인이나 집을 평상시 입는 옷처럼 여겨 중시하지 않았다. 그래서 여러 차례 부인과 자식을 버리고 도망치기도 했다. 전하는 바에 의하면 유비는 운명적으로 처妻와 상극이었기 때문에 감부인이나 미부인糜夫人 역시 제명에 죽지 못했다고 한다. 유선은 감부인의 소생이었다.

이렇듯 장비는 하후연(夏侯淵)의 조카사위인데, 조조가 하후연의 친족 형제이니 장비는 조조의 조카사위이기도 하다. 게다가 장비의 딸이 유비의 아들 유선과 혼인하였으니 유선 역시 조조와 일가친척이 된다. 위와 촉 양국이 서로 적대 관계에 있었지만, 군주들은 오히려 인척관계를 맺었던 것이다.

혼인

감부인

유선의 생모로서 유비가 서주 시절에 아내로 맞이하였다. 장판파에서 조운의 도움으로 목숨을 건졌으며, 형주에서 병사하였다. 시호는 황사부인(皇思夫人)이며, 이후 소열황후(昭烈皇后)로 추서되었고, 유비와 합장되었다.

아들

혼인

미부인

미축(糜竺)의 누이동생으로, 유비가 서주목일 때 아내로 맞이하였다. 나중에 당양(當陽) 장판파에서 부상을 당하자 유선을 조운에게 넘긴 후 우물에 빠져 스스로 목숨을 끊었다. 후에 황후로 추서되었다.

혼인

손부인

손부인(孫夫人)은 손권의 누이동생으로, 유비와 정략 결혼을 했다. 유비가 촉으로 들어간 뒤 손권이 그녀를 돌아오도록 했다. 『삼국연의』에 따르면, 유비가 전사한 줄 알고 강에 투신하여 목숨을 끊었다고 한다. 후세 사람들이 그녀를 모시는 사당을 지어 '효희사(梟姬祠)'라고 불렀으며, '영택부인묘(靈澤夫人廟)'라 부르기도 했다.

혼인

목황후

목황후(穆皇后)의 성은 오(吳)씨이며, 오일(吳壹)의 누이동생이다. 유비가 촉으로 들어간 다음 혼인했으며, 한중 왕후가 되었다. 유선이 즉위한 후 그녀를 황태후로 존칭하였고, 사후에 유비와 합장하였다.

대장후

대장후(大張后)는 유선의 정비 경애황후(敬哀皇后)이다. 촉한 건흥 15년에 죽어 남릉(南陵)에 안장되었다.

딸

소장후

소장후(小張后)는 유선의 장(張)황후이다. 건흥 15년에 귀인이 되었으며, 정희 원년에 황후가 되었다. 유선을 따라 낙양에서 살다가 죽었다.

딸

혼인

하후씨

하후연의 조카이자 하후패(夏侯霸)의 여동생이다. 나무를 하러 갔다가 우연히 장비를 만났다. 장비는 그녀가 양갓집 딸이라는 것을 알고 자신의 처로 삼았다. 나중에 하후연이 전사하자 그를 정군산(定軍山)에 안장했다고 한다.

유비 가족의 네 차례 위기 상황

1. 유비가 원술을 공격할 당시 여포가 서주를 습격하였다. 그러나 여포는 엄명을 내려 당시 서주에 있던 유비의 가족을 보호하였다.
2. 여포가 유비를 격퇴하여 소패(小沛)로 진군했을 때 유비의 가족을 서주에 안전하게 두었다.
3. 조조가 서주를 공략하자 유비는 원소에게 도망쳤다. 관우는 유비의 가족을 보호하기 위해 조조에게 투항했다.
4. 조조가 형주로 남하할 당시 장판파에서 조운이 감부인과 유선을 구했고, 부상을 당한 미부인은 우물에 몸을 던져 자살했다.

금은 채 담소를 즐겼다. 사마소가 그 이유를 묻자 유선은 이렇게 대답했다.

"이렇게 즐겁게 해 주시니 촉한이 생각나지 않습니다."

그때 유선의 나이가 쉰일곱 살이었다. 생각 없이 말을 내뱉는 것에 상식적으로 이해가 되지 않을 정도로 황당무계할 뿐이다.

08 용맹함과 덕을 갖춘 뛰어난 장수 조운

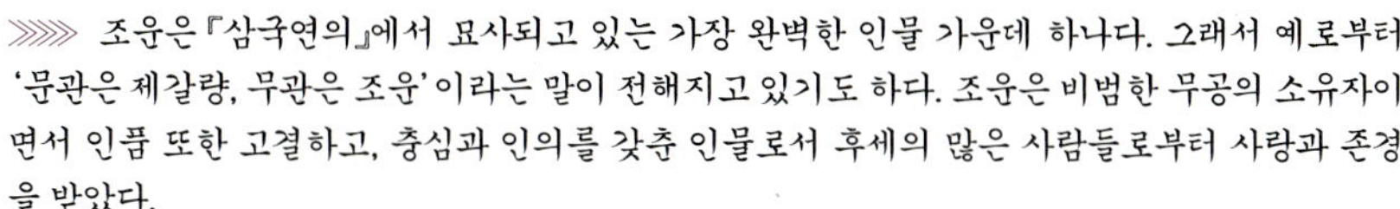

≫≫ 조운은 『삼국연의』에서 묘사되고 있는 가장 완벽한 인물 가운데 하나다. 그래서 예로부터 '문관은 제갈량, 무관은 조운'이라는 말이 전해지고 있기도 하다. 조운은 비범한 무공의 소유자이면서 인품 또한 고결하고, 충심과 인의를 갖춘 인물로서 후세의 많은 사람들로부터 사랑과 존경을 받았다.

조운(趙雲)의 자는 '자룡(子龍)'이며, 상산군(常山郡) 진정현(眞定縣) 사람이다. 만약 삼국 시대의 무장 가운데 가장 좋아하는 사람을 꼽으라면 많은 이들이 관우나 장비보다 조운을 선택할지도 모른다. 조운은 뛰어난 무예 실력과 고결한 인품으로 지용(智勇)을 겸비한 인물이다. 그는 직간을 마다하지 않을 정도로 강직한 성품을 지녔고, 한 번도 싸움에서 진 적이 없을 정도로 탁월한 무예 실력을 소유한 무장이었다. 유비는 이처럼 모든 면에서 뛰어난 조운을 얻음으로써 대업을 완성하는 데 큰 도움을 받았을 뿐만 아니라 많은 이들의 부러움을 사기도 했다.

조운의 무공은 타의 추종을 불허할 정도로 뛰어났다. 장판파에서 그는 단기필마로 겹겹이 둘러싸인 조조의 군사와 맞붙어 장수를 비롯한 수많은 적군을 물리치고 유비의 아들 아두를 구했다. 조조마저도 그의 무예에 탄복하여 군사들에게 활을 쏘지 못하도록 할 정도였다. 219년의 한중전투(漢中戰鬪)* 에서는 황충의 부대가 위나라 군사들에게 포위되자 조운이 조조 군의 진영으로 달려 들어가 장합(張郃)과 서황(徐晃)을 물리쳤다. 당시 그가 싸우는 모습을 『삼국연의』에서는 이렇게 묘사하고 있다.

---

* 219년에 유비와 조조가 벌인 전투로, 유비가 조조를 무찌르고 대승을 거둠으로써 한중을 차지했다. 이를 계기로 촉한의 세력은 크게 확장되었다.

"그가 창을 휘두르는 모습은 마치 하얀 배꽃이 춤을 추는 것 같고, 눈발이 분분히 휘날리는 듯했다."

이렇듯 조운이 창을 휘두르며 아무것도 거칠 것이 없는 듯하니, 장합과 서황도 간담이 서늘해져 감히 싸울 엄두를 내지 못했다. 이에 조조가 높은 곳에서 바라보다가 그가 바로 상산 조자룡이라는 것을 알고 이렇게 말하며 경탄했다.

"옛날 당양 장판파의 영웅이 아직도 건재하구나!"

이렇듯 조운은 무예가 뛰어났을 뿐만 아니라 용맹과 지모를 두루 갖추었고, 모든 일에 신중했기 때문에 큰일을 그르치는 일이 거의 없었다. 제갈량은 그의 인품과 무예를 높이 사서 특별히 아끼고 존중하였다. 적벽대전 전날 밤 제갈량은 동풍이 분 뒤에 조운에게 자신을 맞이해 달라고 부탁했고, 유비가 혼사를 위해 동오로 갈 때도 제갈량은 조운에게 유비의 호위를 맡겼다. 특히 소설에서 '아두'를 구하는 대목은 그의 뛰어난 지략과 무공이 잘 드러나 있다. 한중전투에서 황충을 구한 다음 조운은 깃발을 숨기고 북을 치지 말도록 명령한 뒤 홀로 창을 들고 성문 앞에 섰다. 이를 본 조조의 군사들은 감히 접근하지 못하고 주저하였다. 이때 돌연 북을 치며 쇠뇌(쇠로 된 발사 장치가 달린 활)를 쏘자 조조의 군사들은 크게 놀라 달아나고 말았다. 이렇듯 그의 지략과 용맹은 지극히 칭찬할 만하다.

다른 무장들과 달리 조운의 용맹은 그리 단순한 것이 아니었다. 그는 인품이 고결했을 뿐만 아니라 도량까지 넓고 너그러웠다. 익주를 평정한 다음 여러 사람들이 성도의 주택과 전답을 전공이 있는 장병들에게 나누어 줄 것을 요청했지만, 조운은 주택과 전답을 전쟁 때문에 고통을 받은 익주의 백성들에게 나누어 주자고 주장했다. 유비가 관우의 원수를 갚기 위해 오나라를 정벌하려고 할 때도 조운은 대의를 먼저 생각할 것을 주장하면서 위나라를 놓아둔 채 오나라를 공격하는 것은 위험하다고 간언했다.

229년, 조운은 성도에서 병사했다. 그는 평생 동안 한 시대의 영웅으로 크게 좌절한 적 없이 시종일관 충정과 믿음을 잃지 않았다. 게다가 다른 무장들과 달리 평온한 죽음을 맞이하였으니, 그의 인생은 완벽한 삶이었다고 할 수 있다.

완벽한 인물 조운

조운은 발군의 무예 실력과 뛰어난 지혜를 갖춘 무장으로서 모든 일에 신중하여 크고 작은 전투에서 패한 적이 거의 없다. 그는 언제나 결정적인 순간에 나타나 국면을 전환시키는 역할을 했다. 게다가 인품이 고결하고,도량이 넓어 완벽한 장군이라 할 수 있다.

조운

발군의 무예 실력과 용맹함

담력과 지혜를 갖추고 만사에 신중함

인품이 고결하고 도량이 넓음

당양 장판파에서 겹겹이 둘러싸인 조조 군의 포위망을 뚫고 아두를 구했다. 하후은을 비롯한 여러 장수를 죽이고 청강검(靑釭劍)을 빼앗았다.

한중전투에서 조운은 조조군의 포위를 뚫고 황충을 구했으며, 혼자 말을 타고 나가 성문 앞에 서서 조조의 대군을 물리치는 데 혁혁한 전공을 세웠다.

제갈량이 1차 북벌을 감행했을 당시 칠순이 넘은 나이에 참전하여 명봉산(鳴鳳山)에서 다섯 장수를 베자 조조 군은 간담이 서늘해졌다.

조운은 자신이 모시던 공손찬(公孫瓚)이 원소와 화해하자 그에게 큰 뜻이 없음을 알고 그 즉시 떠나 유비에게 의탁했다.

손권이 손부인을 속여 아두를 데리고 오나라로 돌아오도록 했을 때 조운이 나타나 아두를 구해 돌아왔다.

가정(街亭)을 잃고 패하여 돌아올 때 촉한의 다른 장수들은 적지 않은 군사를 잃었지만, 유독 조운은 한 명의 군사도 잃지 않았다.

유비가 성도를 점령한 뒤 집과 전답을 휘하 장수들에게 나누어 주려고 하자 조운은 이를 백성들에게 나누어 주어 민심을 얻도록 간언했다.

유비가 관우의 원수를 갚기 위해 오나라를 공격하려고 하자 조운은 사사로운 원수를 갚는 것보다 천하가 더 중요하다고 말하면서 먼저 위나라를 공략하도록 간언했다.

제갈량의 1차 북벌 당시 조운은 최선을 다했으나 끝내 성공하지 못하고 돌아왔다. 제갈량은 퇴각하면서 장병의 단결이 전혀 흐트러지지 않음을 높이 치하하고, 군수품 가운데 남은 비단이 있어 장병들에게 나누어 주도록 했다. 그러자 조운은 이렇게 말했다. "삼군(三軍)은 한 치의 전공도 없었으니 죄를 기다릴 뿐입니다. …… 군수품은 모두 창고에 넣어 두었다가 10월에 겨울 하사품으로 지급해도 늦지 않을 것입니다."

잊힌 촉한의 대장군 진도

진도(陳到, ? ~ 230년)의 자는 '숙지(叔至)'로서 유비의 수하 장수 가운데 조운에 버금가는 맹장이자 충신으로 이름이 높다. 유선 초기에 진도는 호군(護軍), 정서(征西) 장군에 임명되었고, 정후(亭侯)로 봉해졌다. 제갈량이 북벌을 감행했을 때는 영안도독(永安都督)에 임명되었다. 제갈량은 자신의 형인 제갈근에게 보낸 편지에서 '진도가 맡고 있는 부대는 선제(先帝) 휘하의 정예군이자 촉한에서 가장 뛰어난 부대'라고 하였다. 촉한 시기에는 사관이 없었기 때문에 진수는 그에 대해 아는 것이 없어 별도의 전기를 마련할 수 없었다. 그래서 『삼국연의』에도 진도의 이름은 등장하지 않는다. 그러나 조운의 사적에서 그의 활약상을 엿볼 수 있다.

최고의 무장 조운

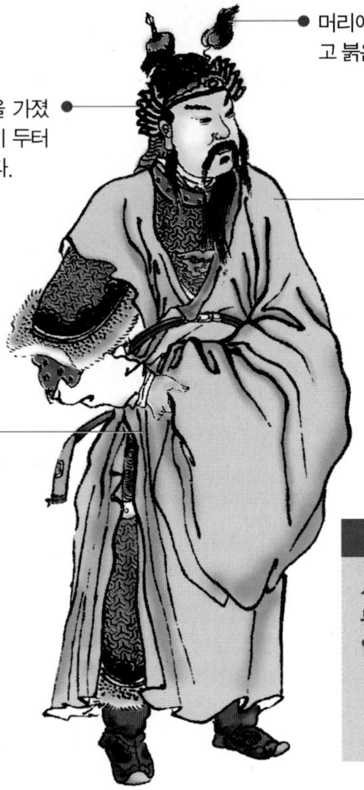

머리에 은빛 투구를 쓰고 붉은 끈을 매달았다.

짙은 눈썹에 큰 눈을 가졌고, 넓은 얼굴에 턱이 두터웠으며, 위풍당당했다.

키는 8척(약 185cm)이고, 흰 도포에 은빛 갑옷을 입고 백마를 탔으며, 은빛 창을 들었다.

조운의 주요 병기는 창이다. 그러나 하후은에게 청강보검(靑釭寶劍)을 빼앗은 후로 보검 역시 그의 무기 가운데 하나가 되었다. 그러나 전쟁에 나갈 때는 검을 차지 않았다.

조운(?~229년)

시 호 : 순평후(順平侯)
무 기 : 창
업 적 : 단기필마로 아두를 구했으며, 한중을 취하고 남정과 북벌에 모두 참여했다.

조운의 무공 : 중국의 저명한 평화(評話 : 중국에서 쓰이는 구어口語의 문체文體). 작가인 장국량(張國良) 선생의 『삼국평화(三國評話)』에 따르면, 조운의 창법(槍法)은 삼국 시대의 무술가인 동연(董淵)에게서 배운 것이라고 한다. 동연은 본래 두 명의 제자를 두었는데, 그중 한 명은 '완성후(宛城侯)' 장수이고, 다른 한 명은 '봉추'를 쓴 서천의 대도독 장임이다. 이후 동연은 깊은 산속에 은거하면서 조운을 제자로 삼았다. 조운은 자질이 비범한 데다 총명하고 학문을 좋아하여 스승에게 배운 '백조조봉창(百鳥朝鳳槍)'을 토대로 자신의 '칠심반사창(七深盤蛇槍)'을 만들었다.

진수의 평가 황충과 조운이 지극히 강직하고 용맹하여 유비를 보좌하는 무장이 된 것은 한나라 때 관영(灌嬰)과 하후영(夏侯嬰)이 한나라 고조 유방을 보좌한 것과 같다.*

조운의 관직

주기(主騎 : 유비의 서주 공략 시절) → 아문장군(牙門將軍 : 장판파에서 아두를 구했을 때) → 익군장군(翊軍將軍 : 유비 성도 시절) → 중호군(中護軍), 정남장군, 영창정후(永昌亭侯 : 유선 칭제 시절) → 진동장군 → 진군장군(제갈량 북벌 실패 후) → 순평후(시호)

* 관영과 하후영은 미천한 출신이었지만 후에 영웅적 인물이 된 한나라의 개국공신이자 뛰어난 장수들이다.

09 삼군을 호령하며 노익장을 과시한 촉한의 장수 황충

≫≫ 황충은 촉한의 오호상장(五虎上將 : 관우, 장비, 조운, 황충, 마초) 가운데 한 사람으로, 비록 나이가 많았지만 용맹함은 삼군에서 으뜸이었다. 유비가 한중을 취하는 데 탁월한 전공을 올린 공신이며, 후세 사람들은 그를 노익장의 전형으로 여기고 있다.

『삼국연의』에서 황충(黃忠)이 처음 등장하는 것은 관우가 장사(長沙)를 공략할 때다. 그는 원래 유표(劉表 : 후한 말기의 군벌) 휘하에서 중랑장에 임명되어 유표의 조카인 유반(劉磐)과 함께 장사 유현(攸縣)을 수비했다. 유표가 죽은 뒤 조조가 남침하여 형주를 공격할 때 황충은 옛 직책을 그대로 맡은 채 장사 태수 한현(韓玄)의 휘하에 있었다.

황충이 등장하는 대목은 상당히 인상적이다. 그는 무예가 뛰어났는데, 특히 백발백중의 활 솜씨는 적의 간담을 서늘하게 만들 정도였다. 또한 의기(義氣)를 매우 중시하여 관우와 싸우면서 아름다운 장면을 연출하기도 했다. 아직 유비의 휘하에 들어가기 전, 그는 관우와 싸우다가 그만 낙마하고 말았다. 그러나 관우는 정정당당하게 승부를 내기로 마음먹고 말을 돌려 더 이상 싸우지 않았다. 황충은 관우의 의기에 감복하여 다시 싸우게 되었을 때 한현의 명에 따라 활을 쏘기는 했지만 백발백중의 실력에도 불구하고 그의 목숨을 빼앗지 않고 투구 끈만 쏘았다. 이에 한현이 황충을 처형하려고 하자 동료인 위연이 한현을 살해하여 목숨을 구했다. 이후 유비에게 투항했지만, 옛 주군인 한현의 시신을 수습하여 장례를 치렀다.

황충은 풍부한 전투 경험을 지닌 백전노장으로서 용맹하면서도 병법에 능한 무장이었다. 그가 다시 한 번 대활약을 한 것은 유비가 한중을 취할 때였다. 당시 그는 이미 칠순의 노인이었지만 또 한 명의 노장인 엄안과 짝을 이루어 가맹관에서 교만한 조조의 군대가 선공하기를 기다렸다가 허점을 찌름으로써 조조의 군사들이 투구와 방패를 내던지고 도망치게 만들었으며, 천탕산(天蕩山)을 점령하여 수많은 군수품을 빼앗았다. 이로 인해 유비는 한중을 얻는 데 유리한 고지를 선점하게 되었다. 더욱 뛰어난 대목은 정군산(定軍山)에서 하후연과 대치하는 장면이다. 당시 황충은 하후연이 장합의 말을 듣고 섣불리 출전하지 않는 것이 걱정이었다. 그래서 그는 자신의 아장(牙將 : 하급 장수. 직할 부대를 지휘하는 부대장) 진식(陳式)이 포로가 되자 자신이 생포한 하후돈의 조카 하후상(夏侯尙)과 교환하자고 한 뒤 돌아가는 하후상을 화살을 쏘아 죽이는 등 하후연의 화를 돋우어 영채에서 나오기를 기다렸다. 이후 그는 모사 법정(法正)의 계략에 따라 정군산 바로 앞에 높은 곳을 점령하여 여러 차례 하후연의 분노를 일으켰다. 마침내 하후연이 군사를 이끌고 나왔지만 황충은 오히려 출전하지 않고 기다리다가 하후연의 군사들이 쉬는 틈을 타서 하늘이 무너지고 땅이 갈라지는 듯한 기세로 달려 나갔다. 이윽고 황충의 천둥 같은 호통소리와 함께 보검이 번쩍이더니 조조의 심복이자 팔다리와 같았던 하후연의 몸은 두 동강이 나고 말았다. 이렇듯 유비가 한중을 취하는 데 가장 큰 공을 세운 이는 바로 노장 황충이라 할 것이다.

유비가 한중에 들어가 왕이 되었을 때 황충을 후장군(後將軍)에 봉하고, '관내후(關內侯)'라는 작위를 하사했다. 아울러 '오호상장'으로 봉해졌다. 221년, 황충은 유비를 따라 오나라 정벌에 나섰다가 이릉에서 적군을 만나 싸우던 중 화살에 맞아 목숨을 잃고 말았다.

황충은 용맹함과 지모에 더하여 탁월한 무예를 지녔으며, 특히 의기를 중시한 참으로 얻기 힘든 맹장이라고 할 수 있다. 특히 칠순의 고령에도 불구하고 여전히 전투에 참가하여 적지 않은 전공을 세움으로써 뭇 백성들이 그를 좋아하고 존경하는 것은 당연한 일이었다. 많은 이들에게 황충은 염파(廉頗)*와 마찬가지로 노익장의 전형으로 간주되고 있다.

---

* 염파는 춘추전국 시대 조나라의 명장으로, 노년의 나이에도 불구하고 젊은 장군에 못지않은 완력을 보여 황충과 함께 중국에서 대표적인 노익장의 상징이다.

역사상 노익장의 전형으로 불린 인물들

고대 중국에는 노익장을 과시하며 뛰어난 무공을 세운 영웅적 인물들이 적지 않다. 그들은 나이에 굴복하지 않고 영웅의 기개를 드높여 역사상 이름을 남겼을 뿐만 아니라 후세에 오래도록 칭송을 받고 있다.

강자아

강자아(薑子牙)는 주(周)나라의 개국 공신이다. 주나라 문왕이 그를 처음 만나 군사(軍師)로 임명했을 때 이미 팔순을 넘은 나이였다. 그는 주나라 군을 지휘하여 상(商)나라를 멸망시키는 데 결정적인 역할을 하였다. 그런 까닭에 주나라 8백 년 역사에서 가장 중요한 공신이 되었다.

염파

염파(廉頗)는 전국 시대 말기 조(趙)나라의 명장으로서 평생 탁월한 전공을 세웠다. 전하는 말에 따르면, 팔순이 넘어서도 한 끼에 밥 한 말과 고기 열 근을 먹을 정도로 건장했으며, 제후들이 그를 두려워하여 감히 조나라 국경을 넘지 못했다고 한다.

이광

이광(李廣)은 서한(西漢) 때의 명장으로서 젊은 시절부터 흉노와의 싸움에서 혁혁한 전공을 세웠다. 예순 살이 되었을 때도 여러 차례 황제에게 상서하여 출정을 요청하였다.

마원

마원(馬援)은 '복파장군(伏波將軍)'이란 별칭으로 더 유명한 동한(東漢)의 명장이다. 젊은 시절 큰 뜻을 품어 "대장부는 자신의 큰 뜻을 위해 곤궁할지라도 더욱 굳세고, 늙어서도 더욱 건장해야 한다"라고 말했다. 그는 예순 살 때 남만(南蠻) 정벌에 나서는 등 노익장을 과시하여 자신의 말을 스스로 증명했다.

황충

삼국 시대 촉한의 명장으로서 일흔 살의 나이에도 불구하고 여전히 갑옷을 입고 말에 올라타 천탕산(天蕩山)을 점령하는 등 혁혁한 전공을 세워 유비가 한중을 차지하는 데 결정적인 역할을 했다.

조운

삼국 시대 촉한의 명장으로서 무공이 뛰어났다. 제갈량이 1차 북벌을 감행했을 때 조운은 이미 일흔 살의 고령에도 참전했다. 북벌 전쟁에서 다섯 명의 장수를 베어 위나라 군사를 공포에 떨게 했다.

사태군

사태군(佘太君)의 원래 이름은 사새화(佘賽花)이며, 북송(北宋)의 명장 양업(楊業)의 부인이다. 전하는 말에 따르면, 그녀는 백 살의 나이에 양씨 문중의 여인들을 이끌고 참전하여 서하(西夏)의 대군을 물리치고 개선했다고 한다.

종택

종택(宗澤)은 송나라가 금(金)나라와 각축을 벌일 때의 명장이다. 예순 살이 넘어서도 전투에 참가하여 '종야야(宗爺爺)', 즉 '종씨 할아버지'라는 별명이 붙을 정도로 금나라 사람들에게 경외의 대상이었다. 북송이 멸망하자 일흔 살의 고령으로 변경(汴京)에 남아 있었지만, 조정의 중용을 받지 못하고 울분 속에서 삶을 마감했다.

노익장의 대명사 황충

황충(?~220년)

시 호 : 강후(剛侯)
무 기 : 대도, 활
업 적 : 계략으로 천탕산과 정군산을 빼앗음

진수의 평가 황충과 조운이 강직하고 용맹하여 유비를 보좌하는 무장이 된 것은 한나라 때 관영과 하후영이 고조 유방을 보좌한 것과 같다.

황충의 관직

중랑장(유표의 추천) → 행비장군(行裨將軍 : 조조가 형주를 공략할 때) → 토로장군(討虜將軍 : 유비 익주 시절) → 정서장군(征西將軍 : 정군산에서 하후연을 벨 때) → 후장군(后將軍), 관내후(유비 한중왕 시절) → 강후(시호)

10 문무를 겸비한 탁월한 웅장 마초

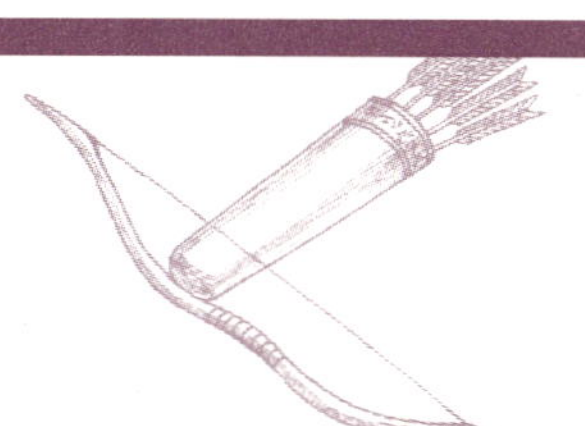

≫≫ 마초는 촉한의 오호상장에 임명되어 탁월한 전공을 세웠지만, 나라와 가문의 원한을 끝내 갚지 못하고 울분 속에 눈을 감아야만 했다. 그런 면에서는 비극적인 인물이기도 하다.

마초(馬超)의 아버지는 서량(西涼) 태수 마등(馬騰)이다. 그는 한나라 때 유명한 복파장군의 후손으로서 일찍이 동탁 타도의 기치를 높이 들고 전쟁에 참가한 '18로(路) 제후'* 가운데 한 사람이었다. 이후 이각(李傕)과 곽사(郭汜)가 장안에서 병란을 일으키자** 마등은 한실을 돕기 위해 토벌군을 일으키면서 아들인 마초와 함께 출전했다. 마초는 당시 열일곱 살이었지만 매우 용감하여 장수 한 명을 죽이고, 한 명을 포로로 잡는 전공을 세워 위세가 널리 퍼지게 되었다.

마초 부자는 서량을 경영하는 데 최선을 다하는 한편 한실에 대해 한마음으로 충성하여 동승(董承)이 조조를 몰아내기 위해 헌제가 내린 의대조(衣帶詔 : 임금이 옷에 써 내린 왕명)에 유비 등과 연명으로 서명할 때도 동참했다. 그런 이유로 조조는 사방으로 정벌 전쟁을 치르면서도 여전히 서량을 방심할 수 없었다. 적벽에서의 전투가 끝나고 조조는 남방을 일시에 공략할 수 없음을 깨닫고 서북쪽으로 눈길을 돌렸다. 그는 먼저 손권을 토벌한다는 명분을 내걸고 마등에게 허창으로

* 반 동탁 연합으로 원술(袁術), 한복(韓馥), 공주(孔胄), 유대(劉岱), 왕광(王匡), 원소(袁紹), 장막(張邈), 교모(喬瑁), 원유(袁遺), 포신(鮑信), 장초(張超), 손견(孫堅), 공융(孔融), 도겸(陶謙), 마등(馬騰), 공손찬(公孫瓚), 장양(張楊), 그리고 조조(曹操)가 포함된다.

** 동탁이 패망한 후 왕윤(王允)이 그를 사면해 주지 않자 가후(賈詡)의 말에 따라 이각과 곽사는 함께 장안으로 쳐들어가 조정을 장악했다.

올 것을 요구했다. 그러자 마등은 기회를 틈타 간적 조조를 제거하려고 마음먹었으나 사전에 기밀이 새는 바람에 오히려 조조에게 죽임을 당하고 말았다. 당시 마초의 두 동생인 마철(馬鐵)과 마휴(馬休)도 함께 목숨을 잃었다. 마초는 분기탱천하여 부친과 형제의 원수를 갚기 위해 장안을 격파하고 연이어 동관을 공략했다. 그는 연이어 조조의 진영을 공격했는데, 이때 조조는 수염을 자르고 도포를 벗어 던지며 도망치다가 하마터면 포로가 될 뻔했다. 조조는 마초의 쉴 새 없는 공격에 혼쭐이 나서 이렇게 소리쳤다.

"마초 이놈을 죽이지 못하면 내가 죽어도 묻힐 땅이 없겠구나!"

하지만 마초는 조조의 적수가 될 수는 없었다. 조조는 반간계(反間計)를 이용해 마초가 자신의 숙부인 한수(韓遂)를 의심하게 만들었다. 결국 이로 인해 마초는 크게 패하여 30여 명의 기병과 함께 서량으로 돌아올 수밖에 없었다. 마초는 서량에서 힘을 축적하면서 재기를 노렸다. 그러나 양부(楊阜) 등의 반란으로 또다시 하후연이 이끄는 조조의 대군에게 패배의 쓴맛을 보아야만 했다. 게다가 자신의 처와 자식을 비롯해 일가 10여 명이 눈앞에서 피살되는 것을 보면서도 끝내 그들을 구할 수 없었다. 결국 마초는 방덕과 마대(馬岱)만을 데리고 한중(漢中)으로 가서 장로(張魯)* 에게 의탁했으나 그곳에서도 또다시 반간계를 당해 진퇴양난의 처지에 있다가 결국 유비에게 투항했다.

유비의 장수로서 마초는 성도를 빼앗고 한중을 취하는 데 혁혁한 전공을 세워 평서장군(平西將軍)에 봉해졌으며, 마침내 오호상장의 대열에 섰다. 그러나 유비가 한중왕이 된 이후 마초는 그다지 중용되지 못했고, 주로 서평관(西平關)에 주둔하며 서강(西羌) 세력을 저지하는 역할을 했다. 그런 까닭에 동오 정벌, 남만 평정 등 대규모 군사 작전에서는 그의 모습을 볼 수 없다. 제갈량이 북벌을 시작하기 전에 한때 '금마초(錦馬超)'라고 불린 맹장 마초는 마흔일곱 살의 젊은 나이에 죽음을 맞고 말았다.

---

* 후한 말기 익주 파한 지역에 웅거한 군벌로서, 미신의 일파인 오두미도의 교주였다. 훗날 한중을 정복한 조조에게 항복했다.

마초와 서량 세력

마초의 아버지 마등은 진서장군鎭西將軍 한수와 오랫동안 싸우다가 나중에는 형제의 의를 맺게 되었다. 그들 두 사람은 협심하여 서강을 다스려 강인羌人들 사이에 명망이 높았다. 조조가 중원에서 남정, 북벌을 하는 동안 서량 세력은 심복대환(心腹大患 : 마음 깊은 곳의 큰 근심거리)으로 언제나 걸림돌이 되었다.

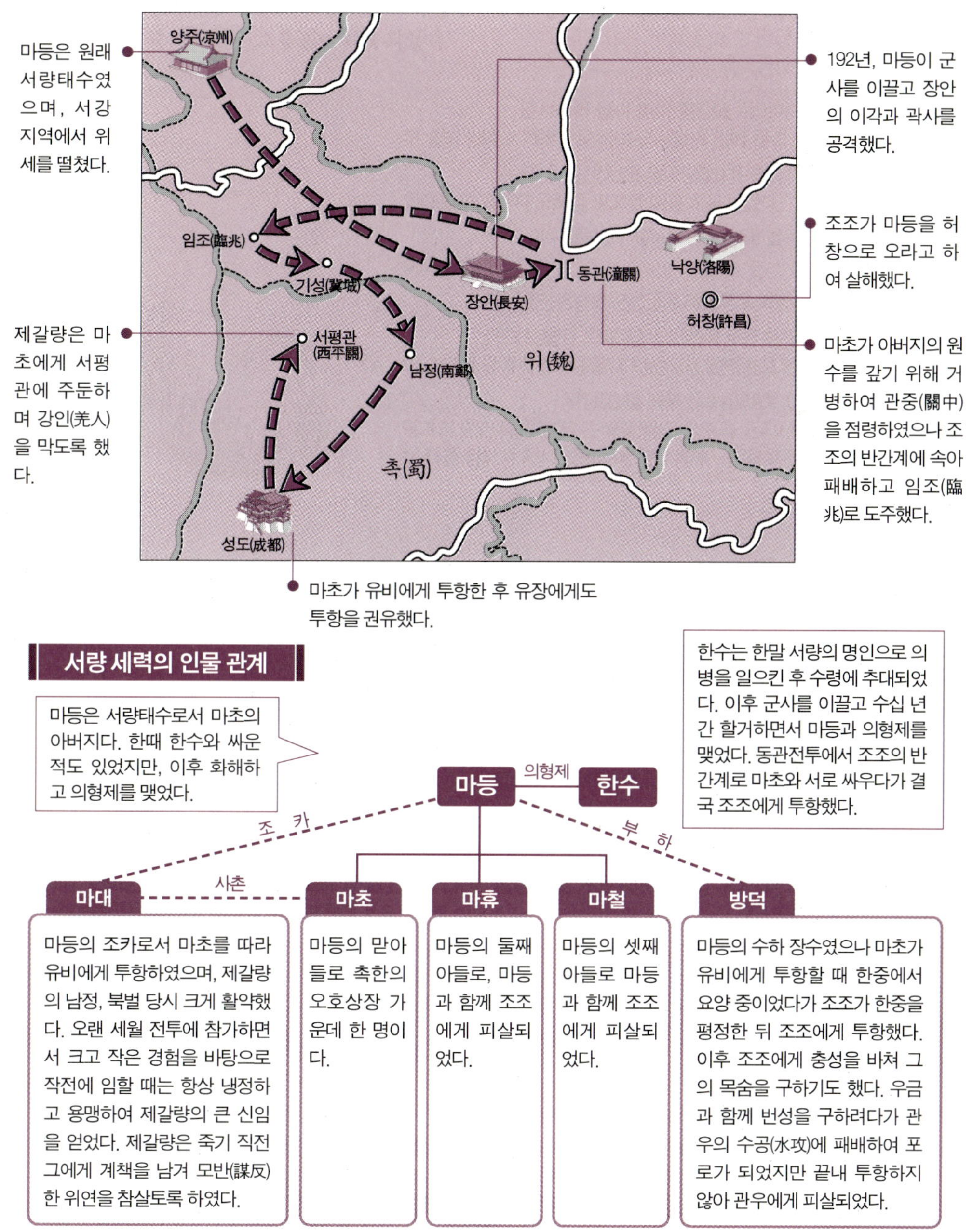

금마초

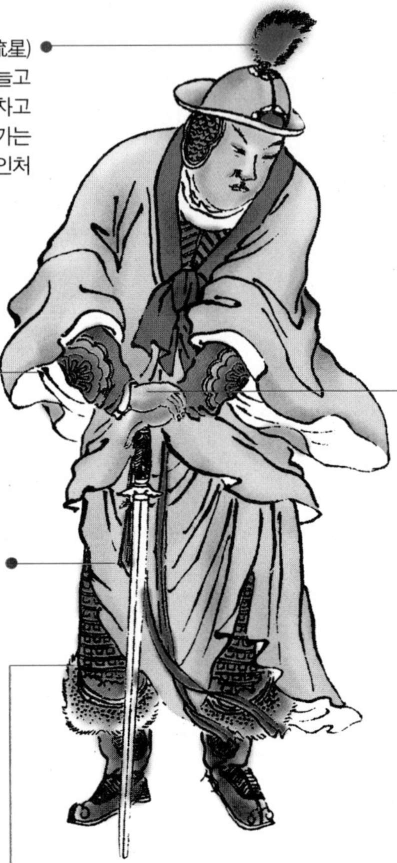

관옥(冠玉) 같은 얼굴에 유성(流星) 같은 눈을 가졌으며, 허리는 가늘고 어깨는 넓었다. 목소리가 우렁차고 힘이 장사였지만 수염이 없고 가는 허리 때문에 마치 아름다운 여인처럼 묘사되기도 한다.

얼굴은 분을 바른 듯 희고, 사자 투구에 수대(獸帶)를 찼으며, 흰 전포에 은빛 갑옷을 입었다. 갑옷과 장비가 범상치 않고, 재주가 출중하여 사람들이 그를 '금마초(錦馬楚)', 즉 '비단처럼 아름다운 마초'라고 불렀다.

호랑이 같은 체격에 원숭이처럼 긴 두 팔, 표범과 같은 배에 이리와 같은 허리를 가졌다.

마초는 창을 잘 썼다. 무예가 출중하여 허저, 장비 등과 맞붙어도 승부를 낼 수 없을 정도였다. 마초는 삼국의 무장들 가운데 여포에 버금갔다.

마초의 부대는 궁노(弓弩) 대신 긴 표창(標槍)을 주로 썼다. 마초가 입은 갑옷은 당시 서방의 갑옷과 유사했다고 한다.

마초(175~222년)

시 호 : 위후(威侯)
무 기 : 창
업 적 : 동관전투에서 성도의 항복을 받아냄

진수의 평가 마초는 용맹함으로 인해 가족이 멸문에 이르렀으니 애석하도다! 뜻은 얻지 못하더라도 평안함에 이르는 것이 오히려 낫지 않았겠는가?

마초의 관직

편장군(偏將軍), 도정후(都亭侯 : 마등의 부대를 이끌 때) → 정서장군, 병주목(幷州牧 : 자칭함) → 평서장군(平西將軍) → 좌장군(左將軍 : 유비 한중왕 시절) → 표기장군(驃騎將軍), 양주목(涼州牧), 이향후(斄鄕侯 : 유비 칭제 시절) → 위후(威侯 : 시호)

11 강직함을 지닌 반골 기질의 무장 위연

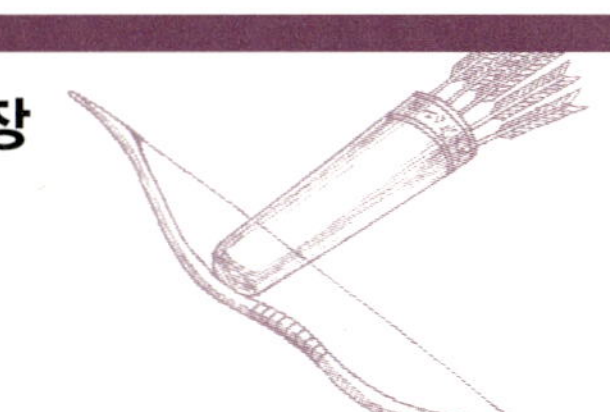

≫≫≫ 위연은 『삼국연의』에서 촉한 중후기에 손에 꼽을 만한 맹장으로 등장한다. 그는 용맹과 지략을 겸비한 무장으로서 자부심이 강하여 남에게 지려고 하지 않았다. 또한 그는 뒷머리에 반골反骨*이 있는 것으로 유명하다.

『삼국연의』에서 위연(魏延)은 재주가 출중한 인물로 그려지고 있는데, 처음 등장하는 것은 유비가 조조의 공격을 받고 신야(新野)와 번성(樊城)을 차례로 빼앗긴 후 백성들을 데리고 강을 건널 때였다. 그는 오래전부터 유비를 흠모하여 그를 만나자마자 병사를 죽이고 성문을 열어 그를 맞이하려고 하였으나 문빙(文聘)이 막는 바람에 저지당하고 말았다. 이후 그는 장사로 가서 태수 한현에게 의지하였다가 관우가 장사를 공격했을 때 한현을 죽이고 황충을 구해 유비의 휘하로 들어갔다. 유비는 위연을 중용하여 사천**을 공략하도록 명했다. 위연 역시 유비의 기대를 저버리지 않고 여러 차례 전공을 세웠다. 유비가 한중왕에 즉위하자 한중을 지킬 태수가 필요했는데, 모든 사람이 장비를 추천했지만 유비는 제갈량이 "뒷머리에 반골이 있다!"라고 말한 바 있는 위연을 선택했다.

촉한의 장수들 중에서 공훈을 따지자면 위연은 '오호상장'에 결코 뒤지지 않는다. 유비가 죽기 전에 위연은 영포(泠苞 : 후한 말기 익주목 유장의 수하 장수)를 사로잡았고, 장임을 죽였으며, 장합을 대패시켰던 전투에 참가했다. 또한 사곡계(斜谷

---

* '뼈가 거꾸로 솟아나 있다'는 뜻으로, 어떤 권력이나 권위에 순응하거나 따르지 아니하고 저항하는 기골을 말한다.

** 지금의 중국 사천성(四川省) 속하는 지역으로, 약칭하여 '천(川)' 또는 '촉(蜀)'이라고 하며, 한(漢)나라 시기에는 익주(益州)에 속했다.

界) 입구에서 화살을 쏘아 조조의 목숨을 빼앗을 뻔했던 일도 있다. 유비가 죽은 후에도 위연은 남정, 북벌의 주장(主將)으로 참가하여 맹획(孟獲)*을 사로잡았고, 조준(曹遵 : 위나라 장수 조진의 종친)의 목을 베었으며, 왕쌍(王雙 : 위나라 조예 휘하의 장수)을 주살(誅殺)하는 등 탁월한 전과를 올렸다. 그러나 이처럼 큰 공을 쌓으면서 점점 교만해져서 자신을 추스르지 못했다. 그가 한중태수로 있을 때 유비에게 이런 말을 한 적이 있다.

"만약 조조가 천하를 들어 쳐들어온다면 대왕을 위해 제가 그들을 막을 것이고, 편장(偏將 : 부장)이 10만의 군사를 이끌고 온다면 대왕을 위해 제가 그들을 섬멸할 것입니다."

자만심이 넘치는 발언이 아닐 수 없다. 북벌 당시 위연은 제갈량에게 '자오곡(子午谷) 계책(자오곡을 통해 장안을 공략하려는 계책)'을 올렸다. 그의 계책은 대담하고 참신했지만 신중한 제갈량은 위험성이 너무 크다는 이유로 채택하지 않았다. 이후 위연은 제갈량이 지나치게 소심하고 겁이 많아 자신의 재주를 쓸 수 없게 되었다고 여기면서 심히 못마땅하게 생각했다. 제갈량이 기산(祁山)으로 출병할 때 위연을 바라보며 그가 스스로 용맹을 떨치겠다고 말하기를 바랐으나 끝내 고개를 숙이고 아무 말도 하지 않았다. 일종의 소극적인 저항인 셈이었다. 네 번째 기산으로 출병할 때 그는 군령을 어겨 군사를 이끌고 기곡(箕谷)으로 가면서 큰소리를 쳤다.

"만약 승상이 내 말을 듣고 자오곡으로 군사를 보냈다면 지금쯤 장안에서 휴식을 취하고, 낙양 또한 손에 넣었을 것이다."

그러나 위연의 군사는 위나라 군의 매복에 걸려들어 대패하고 말았다. 위연의 이러한 행태를 제갈량이 모를 리 없었다. 다만 그의 용맹함을 알고 썼을 뿐이며, 필시 그가 모반할 것임을 예견하고 있었다. 과연 제갈량이 죽은 뒤 위연은 자신의 오만함을 자제하지 못하고 끝내 모반을 일으키고 만다. 그러나 제갈량은 사전에 대책을 세워 마대로 하여금 그를 제거하도록 했다.

---

* 중국 삼국 시대 때 촉한 익주군 사람. 제갈량이 남방을 정벌할 때 일곱 번 싸워 일곱 번 붙잡힌 후 제갈량에게 항복하여 그의 심복이 되었다고 한다.

태생적으로 반골이었던 위연

위연은 촉한의 오호상장이 하나둘 세상을 뜨면서 진영에서 가장 원로한 장수가 되었다. 제갈량이 살아 있을 때는 그나마 그를 통제할 수 있었지만, 제갈량마저 세상을 뜬 뒤로는 아무도 그를 제지할 수 없었다. 무장으로서 거의 독존獨尊의 위치에 오른 그는 교만에 빠져 계속 터무니없는 말을 내뱉다가 결국 모반을 일으켜 목숨을 잃고 말았다.

상관

존경하고 우러러 그리워하면서 도움을 갈망했다.

계책을 올려 받아들이지 않으면 불복하기도 했다.

재능을 믿고 중임을 맡겼다.

용맹함을 아꼈으나 모반할 것을 예견하고 사후 계책을 남겨 참살토록 했다.

위연은 자신의 재능을 믿고 자만하였으며, 개성이 뚜렷하고 청고(淸高 : 맑고 고결함)하여 친구가 많지 않았다. 조정에서 그와 양의(楊儀)가 논쟁할 때 그를 편드는 이가 없었다.

장사전투 이후 함께 전투에 나간 적이 없다.

한중을 공략할 때 힘을 합쳐 싸웠으며, 항상 장비에게 복종했다.

동료

두 사람은 늘 함께 힘을 합쳤으며, 관계도 좋았다.

장사전투에서 위연이 황충을 구해 주었고, 낙성을 공격할 때는 황충이 위연을 구해 주었다.

양의

수군장군(綏軍將軍)으로 있으면서 위연과 숙적 관계였으며, 두 사람 모두 청고하고 오만했다. 정사의 기록에 따르면, 제갈량이 죽은 후 위연과 양의가 권력 투쟁을 벌일 때 장완(蔣琬)과 동윤(董允) 등이 편든 것은 위연이 아니라 양의였다. 어쩌면 위연은 실제로 모반할 마음이 없었는지도 모른다. 그러나 그는 촉한 조정에서 받아들여지지 않았고, 결국 양의의 계획에 의해 살해되었다.

모반을 일으킨 장수 위연

위연(?~234년)

시 호 : 없음
무 기 : 대도
업 적 : 황충을 구하고 한중을 점령, 남정과 북벌에 모두 참가함

반골 기질 : 사서의 기록에 의하면 위연이 피살된 것은 모반 때문이다. 그러나 그의 모반이 확인되기도 전에 그의 맞수였던 양의의 계책으로 피살되고 만다. 『삼국연의』에서 양의가 승상의 자리를 얻지 못하자 비위(費褘)에게 불만을 털어놓으며 이렇게 말했다.
"예전에 승상께서 세상을 뜨셨을 때 만약 내가 모든 군사를 이끌고 위(魏)에 투항했다면, 이렇게 적막하지는 않았을 것이오."
비위가 이를 유선에게 밀고하여 양의는 관직을 박탈당하고 평민으로 강등되었다가 끝내 부끄러움을 참지 못하고 자살했다. 진정으로 모반의 마음을 가진 이는 위연이 아니라 그를 밀고한 양의였는지도 모른다.

진수의 평가 위연은 사졸 양성에 능했고, 용맹함이 타의 추종을 불허했다. 하지만 성격이 오만하여 사람들이 모두 그를 피했다.

위연의 관직

아문장군(牙門將軍 : 유비 입촉入蜀 시절) → 진원장군(鎭遠將軍), 한중태수(유비 한중왕 시절) → 진북장군(鎭北將軍), 도정후(都亭侯 : 유비 칭제 시절) → 독전부(督前部), 승상사마(丞相司馬) → 양주자사(제갈량 한중 주둔 시절) → 전군사(前軍師), 정서대장군(征西大將軍), 남정후(南鄭侯 : 위나라 장수 비요費耀와 곽회郭淮를 격파한 후) → 모반으로 피살됨

12 제갈량의 뜻을 계승한 무장
강유

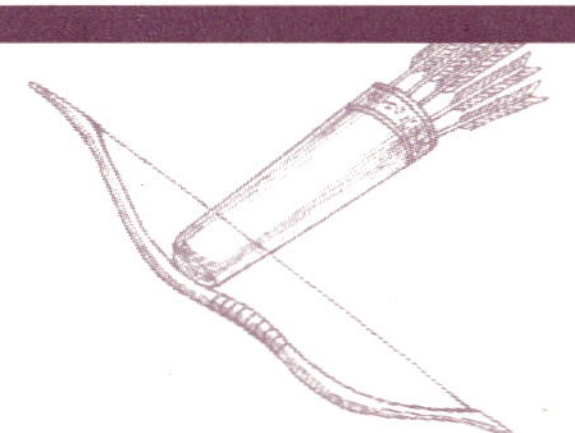

강유는 비록 항장(降將 : 항복한 장수)이었지만 제갈량이 자신의 병법을 전수해 줄 정도로 신임을 받은 인물이다. 제갈량이 죽은 후 강유는 제갈량의 유지를 이어받아 북벌을 도모하였으니, 촉한 후기의 주춧돌이라 할 만하다.

강유(姜維)는 원래 위나라 천수(天水)에서 중랑(中郞)을 맡고 있었다. 그는 강인, 즉 강족(羌族)*일 가능성이 크다. 무엇보다 고대에 '강(姜)'은 '강(羌)'과 상통했으며, 이후 그가 북벌에 참가했을 당시 자신의 영향력을 이용해 강족의 병사들이 위나라를 급습하기로 약속할 정도였기 때문이다. 이런 면에서 볼 때 강유는 소수민족인 강족의 장군이었을 가능성이 크다. 사서에서는 그를 '지혜와 용기를 겸비하여 문무를 모두 갖춘 인물'로 기록하고 있다. 바로 이런 이유로 제갈량은 강유를 자신의 후계자로 삼았던 것이다.

제갈량의 1차 북벌은 처음부터 순조롭게 진행되었다. 이후 그는 적을 유인하는 계략을 썼는데, 강유에게 간파되었다. 강유는 계략에 계략으로 맞서면서 천수에 있던 조운을 공격했다. 조운은 포위망을 뚫기는 했지만 성을 공략하려는 계책은 어그러지고 말았다. 이에 제갈량이 직접 군사를 이끌고 천수를 공격했으나 강유에게 역공을 당했다. 제갈량이 여러 차례 전쟁에 참가했지만 자신의 계책이 적에게 간파되어 반격을 당하는 것은 일찍이 없었던 일이었다. 비록 적군이지만 제갈량은 그를 칭찬하지 않을 수 없었다.

---

* 강족은 '강융(羌戎)'이라 칭하기도 했다. 역사가 유구하고 분포 지역이 광범위하며, 중국 역사에 많은 영향을 미친 중국 서부의 고대 소수민족이다. '강(羌)'은 갑골문 복사(蔔辭)에 처음으로 보인다.

"저 사람이야말로 진정한 장수의 재능을 지녔도다!"

그런 이유로 제갈량은 반간계를 활용하여 강유를 투항하게 만들었다. 마침내 강유를 얻자 제갈량은 크게 기뻐하며 말했다.

"백약(伯約 : 강유의 자)을 얻으니 봉황을 얻은 것과 다를 바 없도다!"

강유는 촉한에 투항한 후 한마음으로 충성을 바쳤으며, 전후 네 차례에 걸쳐 제갈량을 따라 북벌에 나서 탁월한 전공을 세웠다. 이처럼 충성심과 재능이 탁월했기 때문에 제갈량은 임종하기 직전 그에게 오랜 세월 동안 자신이 편찬한 병서를 그에게 건네주며 '북으로 중원을 정벌하여 한실을 부흥하라(北定中原북정중원, 復興漢室부흥한실)'는 대업의 임무를 맡겼던 것이다.

이후 강유는 제갈량의 은혜에 보답하기 위해 10여 년에 걸쳐 아홉 차례나 북벌을 감행했다(정사의 기록에 따르면 모두 열한 차례다). 그러나 위나라는 강하고 촉한은 약했으며, 게다가 촉한의 인재 또한 그리 많지 않은 상황에서 위나라에 강력한 맞수 등애가 등장하여 고전을 면치 못했다. 두 사람은 여러 차례 교전하였으나 막상막하로 승부를 주고받았고, 강유는 더 이상 아무런 진전을 볼 수 없었다.

유선이 위나라에 항복함으로써 촉한의 멸망이 현실화되었지만, 강유는 여전히 불가능한 줄 알면서도 촉한을 버릴 수 없었다. 그는 치욕을 무릅쓰고 거짓으로 종회(鍾會)*에게 항복한 다음 그와 의형제를 맺었다. 그는 종회와 등애가 서로 미워하고 있는 것을 이용해 두 사람이 싸우도록 만든 뒤 그 틈에 양쪽을 모두 물리치고 촉한을 일으킬 계획이었다. 그는 심지어 후주 유선에게 밀서를 보내기도 했다.

"폐하께서 수일의 치욕을 인내하시기를 바라옵나니, 유(維 : 강유)가 위태한 사직을 바로잡아 편안토록 할 것이며, 어둠을 물리쳐 다시 밝은 날이 오도록 할 것이니 절대로 한실은 멸망하지 않을 것입니다."

그러나 그가 하고자 했던 일은 모두 사마소의 손바닥 위에 있었으니, 결국 한실의 부흥을 이루지 못한 채 자살로 생을 마감하고 말았다.

---

* 삼국 시대 위나라의 장수이며, 자는 사계(士季)이다. 상국(相國)을 지낸 종요(鍾繇)의 둘째 아들로, 촉한을 멸망시키는 데 큰 공을 세웠으나 이듬해 촉한을 차지하고 반란을 꾀하다가 실패해 죽었다.

북벌을 멈추지 않았던 강유

강유는 제갈량의 유지를 이어받아 북벌에 전념했다. 그러나 촉한의 국력이 쇠진해 가면서 북벌에 대한 반대의 목소리도 점차 커져 갔다. "공격이야말로 최선의 방어다." 어쩌면 이는 강유의 북벌을 가장 잘 표현한 말인지도 모른다. 촉한은 그의 북벌을 통해 그나마 수명을 연장할 수 있었던 것이다.

장완

장완(張琬)은 제갈량 사후 촉한의 조정을 관장한 인물로서, 공격이 아닌 수비를 주장했다.

제갈량

제갈량은 강유가 투항한 후 자신의 제자로 삼고 평생 배우고 익힌 병법을 전수했다. 제갈량은 강유가 자신의 유지를 받들어 한실을 일으키도록 당부했다.

북벌 반대

계승자

비위

대신 비위(費禕)는 민생 정책을 강조하여 북벌에 반대했다. 비위의 견제로 강유는 북벌을 나갈 때 1만 명 이상의 군사를 동원한 적이 없다.

강유

등애

등애는 강유가 북벌할 당시 위나라 군사들에게 영혼과 같은 인물이었다. 강유의 맞수로서 수차례 강유의 계책을 간파하여 회군하도록 만들었다.

참모

맞수

하후패

하후패는 자신을 돌봐 주던 조상(曹爽 : 위나라 대신)이 피살된 후 촉한에 투항했다. 그는 원수를 갚겠다는 일념으로 북벌에 적극 가담하였으며, 적지 않은 계략을 제시하기도 했다.

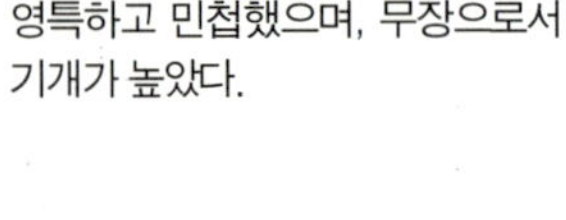

강유는 싸움에 나설 때 주로 긴 창을 들고 나갔는데, 창술이 신묘한 경지에 올라 조운조차 감탄할 정도였다. 때로는 검을 쓰기도 했다.

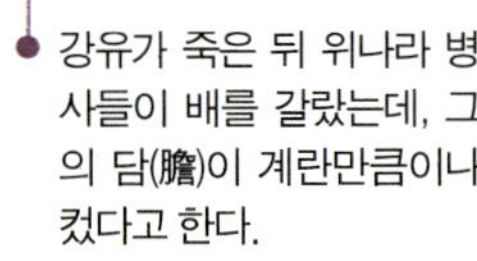

강유(202~264년)

시 호 : 없음
무 기 : 창(제갈량이 하사)
업 적 : 북벌에 참가함

진수의 평가 강유는 군사에 매우 밝았고, 도량과 의기가 있으며 병사들의 마음을 깊이 이해했다. 그의 마음은 한나라 왕실에 있었으며, 그의 재능은 보통 사람을 뛰어넘는다.

강유의 관직

계연(計掾) → 종사(從事) → 유관중랑(維關中郎) → 창조연(倉曹掾), 봉의장군(奉義將軍), 당양정후(當陽亭侯 : 제갈량에게 투항한 후) → 중감군(中監軍) → 정서장군(征西將軍) → 우감군(右監軍), 보한장군(輔漢將軍), 평양후(平襄侯 : 제갈량 사후) → 사마(司馬) → 진서대장군(鎭西大將軍), 양주(涼州)자사 → 위장군(衞將軍), 행상서사(行尙書事) → 대장군 → 후장군행대장군사(後將軍行大將軍事 : 등애에게 패배한 후) → 대장군

13 계략으로 서천을 취하고 요절한 촉한의 모신
방통

>>>> 방통은 '봉추'라는 별칭으로 불리기도 했으며, 그의 재주는 제갈량에 필적할 만하다는 평가를 받았다. 그러나 제갈량이 매사에 신중하고 조심했던 것과 달리 방통은 자신의 재주를 믿고 오만하게 행동했고, 결국 적을 가벼이 여겼다가 젊은 나이에 죽음을 자초하고 말았다.

방통(龐統)은 일명 '봉추'라는 별칭으로 불렸던 일대의 기재(奇才)였다. 위나라 대신 사마의는 일찍이 이런 말을 한 적이 있다.

"와룡과 봉추 두 사람 중 한 사람만 얻으면 천하를 평안하게 할 수 있다."

목마른 사람처럼 현자를 갈구하던 유비의 삼고초려로 와룡은 비상의 날개를 달았지만, 봉추는 여전히 은거하고 있었다. 당시 와룡은 조조의 병란을 피해 강동으로 몸을 옮긴 상태였다. 그때 노숙이 방통의 재주를 아껴 주유에게 천거했다.

적벽대전은 방통에게 자신의 재주를 펼칠 수 있는 좋은 기회였다. 그는 주유에게 연환계(連環計)*를 올려 조조가 전선(戰船)을 모두 쇠사슬로 연결하게 만들어 화공으로 공격하면 반드시 성공할 것이라고 주장했다. 마침 조조가 염탐을 위해 보낸 장간(蔣幹)의 신임을 얻어 방통은 조조의 진영으로 건너가 조조의 공덕을 찬양하여 그를 우쭐하게 만들었다. 아울러 '병기(兵機 : 용병의 계략)'에 대해 논하면서 말의 수준이 높고 웅변적이며, 무슨 말이든 흐르는 물처럼 거침없이 대답하니 조조가 크게 경탄했다. 그가 짐짓 취한 척하면서 술기운을 빌어 연환계를 제시하자 조조가 자리에서 내려와 감사 표시를 할 정도였다. 이렇게 해서 연환계를 성공시

* '고리를 잇는 계책'이라는 뜻으로, 여러 가지 계책을 교묘하게 연결시킨다는 의미이다. 적진에 간첩을 보내어 계교를 꾸미게 하고 그 사이에 승리를 얻는 계책으로, 중국의 고대 병법인 36계 가운데 35번째 계책이다.

킨 뒤 강좌(江左)의 호걸들이 투항하도록 설득하겠다는 명목으로 무사히 조조의 진영에서 빠져나오는 한편, 조조에게 포고문을 얻어 가족들의 안전을 도모했다. 모든 것이 자연스럽게 진행되니 의심 많은 조조도 굳게 믿고 전혀 의심하지 않았다. 결국 조조는 자신도 모르는 사이에 연환계에 걸려든 셈이었다.

이렇듯 방통은 뛰어난 재주를 지니고 있었지만 들창코에 검은 얼굴이어서 몹시 추하게 생겼고, 게다가 자신의 재주를 믿고 너무 오만한 것이 흠이라면 흠이었다. 그런 까닭에 주유가 죽은 뒤 외모를 중시하던 손권은 방통을 광사(狂士 : 자유분방한 선비) 정도로 치부하여 그를 중용하지 않았다. 이후 방통은 형주로 갔지만 유비 역시 태산을 알아보지 못하고 뇌양현(耒陽縣)의 현령 자리를 주는 것에 그치니, '회재불우(懷才不遇 : 재능을 가진 자가 때를 만나지 못함)'란 바로 이를 두고 하는 말일 것이다. 뇌양현으로 내려간 방통은 백일이 걸릴 일을 불과 반나절 만에 단번에 처리하는 재능을 보였다. 장비가 이를 보고 크게 경탄하였다. 이후 유비도 그를 달리 보게 되어 중용하니, 제갈량과 더불어 방략을 함께 구사하며 서서히 날아오르게 되었다.

방통이 크게 빛을 본 것은 서천을 공략할 때였다. 당시 유비는 인의(仁義)를 고려하느라 주저하며 결정을 내리지 못하고 있었다. 이에 방통이 천시(天時)와 지리(地利), 인화(人和) 등 여러 측면에서 심도 있게 분석하여 유비에게 '권도(權度 : 좇아야 할 규칙이나 법도)에 따라 변화해야 하는 도리'를 이야기하면서 오늘 취하지 않으면 다른 사람에게 빼앗기고 말 것이라고 설득했다. 이 말을 듣고 확실히 깨닫게 된 유비는 서천 공략을 결심하게 된다.

그러나 애석하게도 방통은 촉 땅 공략이 거의 끝날 무렵 다급하게 전공을 세우려는 마음에 적장인 장임의 능력을 과소평가하는 우를 범하고 말았다. 결국 이의(李意)의 예언대로 성도로 진격하던 길에 낙성(洛城)을 공격하다가 낙봉파(落鳳坡)에서 장임의 군사들이 퍼붓는 화살을 피하지 못하고 맞아 죽었다. 그의 나이 겨우 서른여섯 살이었다. 자신의 재능을 과신하고 교만한 대가라고 하기에는 너무 가혹했다.

'봉추'라 불린 방통

방통은 '백리지재(百裏之才 : 백 리쯤 되는 땅을 다스릴 만한 재주)'라는 명성을 얻을 정도로 뛰어난 재능을 지닌 인물이었지만, 생김새가 추하다는 이유로 그에 걸맞은 대우를 받지 못했다. '회재불우'는 그에게 딱 어울리는 말이다. 유비에게 발탁되어 한창 빛을 발했으나 자신의 재주를 과신하여 적을 가볍게 여기다가 결국 낙봉파에서 화살에 맞아 젊은 나이에 세상을 떠나고 말았다.

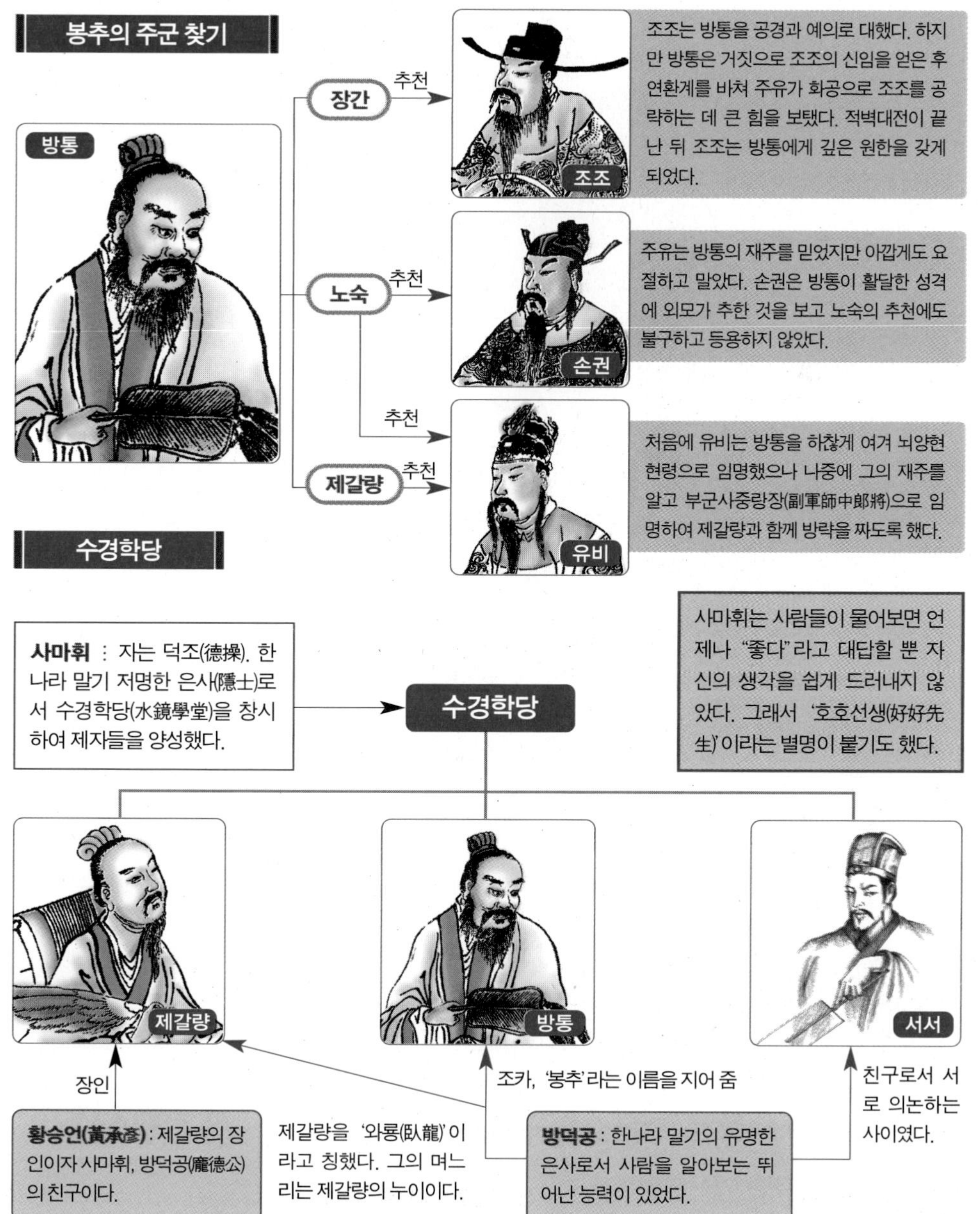

'떨어진 봉황' 방통

방통은 제갈량보다 두 살이 많다. 짙은 눈썹에 들창코, 검은 얼굴에 짧은 수염을 지녀 생김새가 괴이했다. 이렇듯 방통은 생김새가 남달라 손권이 그를 보고 추하다 여기고 좋아하지 않았다. 그러나 노숙은 그의 재주를 아껴 유비에게 추천했다. 유비도 처음에는 기이하게 생긴 얼굴 때문에 좋아하지 않아 작은 마을의 현령으로 임명했다가 그의 재능을 알아보고 중용했다.

위진(魏晉) 시대의 명사들이 즐겨 들고 다녔던 것은 먼지떨이가 아니라 부채였다. 제갈량은 우선(羽扇)을 들었고, 방통은 파초선(芭蕉扇)을 즐겨 들었다.

도호봉추(道號鳳雛), 즉 '봉추'라는 별호(別號)를 쓰게 된 것은 그가 입은 옷 때문인데, 바람에 휘날리는 것이 신선과 같은 느낌을 주었기 때문이다.

방통(179~214년)

시 호 : 정후(靖侯)
필살기 : 계략
업 적 : 서천 공략

진수의 평가 방통은 인물 품평을 좋아하고, 경학(經學)과 계략에 뛰어났기 때문에 형(荊)과 초(楚) 땅 사람들이 그를 고아하고 준수한 사람이라고 평했다.

방통의 관직

공조(功曹) → 뇌양(耒陽)현령(면직됨) → 치중종사(治中從事 : 제갈량의 추천) → 군사중랑장(軍師中郎將) → 관내후(사후 추서됨) → 정후(시호)

14 순식간에 사라진 서촉의 기인
법정

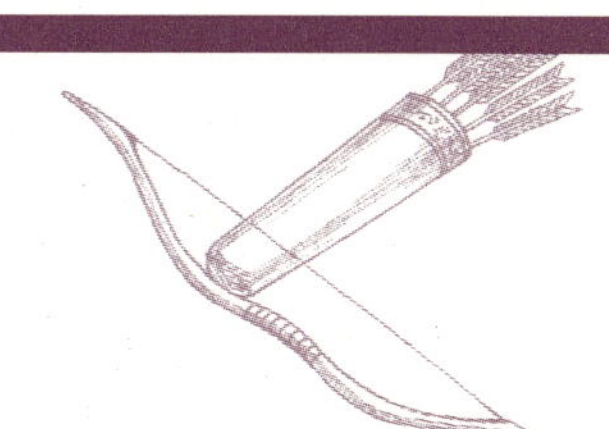

≫≫ 법정은 『삼국연의』에서 짧게 등장하고, 그와 관련된 이야기 또한 많지 않다. 그러나 유비가 서천을 취한 후 한중을 평정할 당시에 중요한 역할을 했다. 그에 대한 유비의 신뢰는 제갈량에 버금갈 정도였다.

법정(法正)은 원래 관중(關中)* 사람으로, 전란을 피해 성도로 옮겨 와 장송, 맹달(孟達)** 등과 함께 유장을 섬겼다. 법정은 인품이나 재주가 뛰어났으나 유장의 그릇이 작아 중용되지 못했다. 조조에게 사신으로 갔다가 푸대접을 받고 온 장송이 유장에게 법정을 형주로 보내 유비와 동맹을 맺고 장로를 막도록 권유했다. 이에 형주로 가게 된 법정은 오랫동안 마음속에 새겨 둔 영웅 유비를 만나게 되었다.

유비를 만난 법정은 은밀하게 유비에게 계책을 바쳤다. 이 기회에 서천을 취하여 대업을 성취하라는 것이었다. 서천을 취해 한실 부흥의 근거지로 삼는다는 것은 제갈량이 융중에서 유비에게 말해 주었던 이른바 융중대(隆中對)***의 주요 내용과 다르지 않았다. 이에 방통의 권유로 유비는 수만 명을 이끌고 수로를 통해 촉 땅으로 들어갔다. 유비는 성도를 점령한 뒤 법정을 촉군태수 겸 양무장군(揚武將軍)으로 임명하여 밖으로 도기(道畿)를 통솔하고, 안으로 주군을 보좌하는

---

* 중국 섬서성 중부의 위수(渭水) 유역에 있는 평야 지대를 말함.

** 익주 목사 유장 휘하의 장수였다가 유비에게 항복하여 촉한의 장수가 되었다. 훗날 위나라에 항복했지만 비참한 최후를 맞았다.

*** 유비가 제갈량에게 삼고초려했을 때 제갈량이 천하의 형세를 분석한 후 전국을 통일하기 위한 전략과 책략을 말해 주었는데, 그 장소의 이름을 따 '융중대'라 하며, '초려대(草廬對)'라고도 한다.

모사(謀士)의 역할을 맡도록 했다.

법정의 최대 공적은 유비가 한중을 취할 수 있도록 계략을 만든 것이다. 황충이 천탕산을 점령하자 법정은 때가 왔음을 알고 유비에게 한중을 취하도록 적극 권유했다. 전투 과정에서 법정의 계략은 적절하게 운용되었다. 또한 그는 편안하게 적이 지치기를 기다리는 계략 즉 '이일대로(以佚待勞)'를 제시하여 황충이 정군산을 점령하고 하후연을 죽이는 데 공을 세웠으며, 이로써 한중으로 나아가는 교두보를 확보하게 되었다. 유비는 한중을 얻음으로써 대업를 달성하는 고지에 올라섰다고 할 수 있으니, 법정은 그 과정에서 가장 핵심이 되는 인물이었다.

그러나 애석하게도 법정은 마흔다섯 살이 되던 해에 세상을 떠나고 말았다. 그의 죽음 앞에서 유비는 며칠 동안 통곡을 금하지 못했으며, '익후(翼侯)'라는 시호를 내린 후 아들 법막(法邈)을 관내후(關內侯)에 봉했다. 이는 유비가 내린 유일한 시호이기도 하다. 법정의 일생을 종합해 보면, 마치 찬란한 유성이 역사의 하늘에 한 줄기 빛을 내며 지나간 듯하다. 비록 짧은 인생이었지만 그가 남긴 한 줄기 빛은 진정으로 찬란하고 뜨거웠으며, 역사에 깊이 각인되었다. 비록 어리석은 주군 밑에서 제대로 뜻을 펴지 못하고 울분에 겨워했지만, 명철한 주군을 만나자 전심전력으로 자신의 모든 것을 바쳤다. 법정은 9년간 유비를 보좌하면서 서천을 공략하고, 한중을 점령하는 데 큰 공적을 세웠다. 그 당시의 9년은 법정의 일생에서 가장 찬란했던 시기이며, 또한 유비의 일생에서도 가장 찬란했던 시기였다. 법정이 죽은 다음 해 유비는 칭제(稱帝)하고, 대규모로 군사를 일으켜 오나라 정벌에 나섰다. 그러나 끝내 정벌을 완수하지 못하고 돌아와 백제성(白帝城)에서 눈을 감았다. 당시에 제갈량은 이렇게 탄식했다.

"만약 법효직(法孝直 : '효직'은 법정의 자)이 살아 있다면 주상을 제지하여 동쪽으로 가지 못하도록 했을 것이고, 설령 동쪽으로 갔다고 할지라도 틀림없이 위급한 상황에 처하지는 않았을 것이로다."

법정이 유비의 마음속에 얼마나 중요한 자리를 차지하고 있었는지를 알 수 있는 대목이다. 과연 그는 제갈량에 버금가는 존재였던 것이다.

법정의 인간관계

유비 휘하의 인재들은 크게 세 부류로 나누어 볼 수 있다. 첫째는 형주 이전부터 함께 한 장수들, 둘째는 형주에서 초빙하거나 얻은 인재들, 셋째는 사천의 유장 휘하에 있던 인재들이다. 법정은 셋째 유장 휘하에 속했던 인물로서 유비와 함께한 시간이 오래되지는 않았다. 그러나 유비는 그를 진심으로 믿고 중용했다.

법정의 인품이 좋지 않다는 이유로 그를 중용하지 않았다.

법정을 믿고 제갈량에 버금가는 존재로 중용했다.

유장 휘하에서는 뜻을 얻지 못했으나 유비를 만난 뒤 전력을 다해 보좌했다.

동료

제갈량 : 법정의 재능을 알아본 사람이다. 법정은 작은 원한이나 은덕에도 반드시 보복을 하거나 은혜를 갚았는데, 이 때문에 여러 사람들이 죽거나 다쳤다. 이에 어떤 이가 법정을 비난하자 제갈량이 나서서 그를 옹호했다.

황충 : 정군산에서 편안하게 적이 지치기를 기다리는 법정의 계략으로 하후연의 군대를 격파하고 그의 목을 베었다.

방통 : 사천을 취할 당시 두 사람이 함께 계략을 준비했다.

장송 : 법정, 맹달과 함께 사천을 유비에게 넘겨주기로 모의하고 법정을 형주로 보냈다. 법정은 유비에게 계략을 주어 사천을 취할 수 있도록 했다. 원래는 장송이 내부에서 호응하기로 약속했지만, 일이 어긋나는 바람에 유장에게 피살되었다.

맹달 : 법정의 친구로서 형주의 유비 군대가 사천으로 진입할 때 유비를 영접하여 촉한의 장수가 되었다. 훗날 관우가 오나라 군과 싸우다가 맹달에게 원군을 요청했지만, 이를 거절하여 결과적으로 관우를 죽음에 이르게 했다. 이 때문에 유비의 미움을 받고 다시 위나라에 투항했다. 이후 제갈량이 2차 북벌을 시작하자 또다시 위나라에 등을 돌려 촉한에 투항했지만, 결국 사마의의 기습으로 목숨을 잃었다.

15 한나라를 빼앗아 자립한 위나라 황제

조비

>>>> 조비는 한나라 황실을 폐하고 제위에 올랐기 때문에 후세 사람들에게 좋은 인상을 주지 못했다. 『삼국연의』에서는 조비를 재주도 없고 덕망도 없는 소인(小人 : 도량이 좁고 간사한 사람)으로 묘사했다.

조비(曹丕, 187~226년 : 위나라 세조世祖 문황제文皇帝)는 조조의 둘째 아들이다(일설에는 셋째 아들이라고도 한다). 장자 조앙(曹昂)은 전투에 나가 조조를 보호하느라 변을 당하고 말았다. 조조는 원래 조비의 동생인 조식(曹植)을 후계자로 염두에 두었고, 조식 또한 왕위 계승 투쟁에서 우위를 선점하고 있었다. 그러나 조비는 은인자중하는 한편 기회를 엿보며 자신을 키워 마침내 부왕의 신임을 얻고 자신의 세력을 확보했다. 결국 조비는 마지막 순간에 조조의 마음을 얻어 후계자가 되었다.

조조가 죽은 뒤 조비는 위나라 왕의 지위를 승계했으며, 곧이어 자신의 자리를 위협하던 형제들을 제거하려고 시도했다. 조비의 동생인 조창(曹彰)은 아버지가 죽자 십만 대군을 이끌고 허창으로 들어왔다. 후계자를 다투겠다는 뜻이 분명했다. 그러나 조창은 용맹하기만 할 뿐 지략이 부족했다. 가규(賈逵)의 몇 마디 말에 설득되어 얌전히 병권을 내놓은 것이다. 그렇지만 조비의 보복을 피할 수 없었고, 경사에서 급사하고 말았다. 조조가 살아 있을 때부터 조식은 줄곧 조비의 맞수라고 할 정도의 위상을 지니고 있었다. 따라서 조비는 왕위를 계승한 뒤 당연히 조식을 그대로 둘 수 없었다. 조비는 우선 조조의 장례식에 참석하지 않았다는 이유를 들어 조식을 죽이려고 했으나 다행히 모친인 변부인(卞夫人)의 도움

조비

- **조비의 3차에 걸친 오나라 공략**

황초 3년(222년) 9월 : 조비는 조휴, 장료, 장패, 조인 등으로 하여금 오나라의 동구(洞口)를 공략하게 하고, 조진, 하후상, 장합, 서황 등이 남군을 포위했다. 하지만 손권이 여범(呂范), 제갈근, 반장(潘璋), 양찬(楊粲), 주환(朱桓) 등에게 방어토록 하자 조비는 이듬해 3월 철군했다. 전쟁 중에 장료, 조인 등이 연이어 병사했다.

황초 5년(224년) 9월 : 조비는 친히 손권 토벌의 기치를 내걸고 광릉(廣陵)으로 갔으나 촉과 오의 연합 작전과 서성(徐盛)의 속임수에 넘어가 철군하고 말았다.

황초 6년(225년) 10월 : 조비는 또다시 손권을 정벌하기 위해 광릉에 이르렀지만, 날씨가 추워 강이 얼어붙자 강을 건널 방법이 없어 다시 한 번 철군할 수밖에 없었다.

조조의 후계자 투쟁

조조는 여색을 몹시 좋아하여 처첩이 대단히 많았다. 그의 부인은 사서에 기록된 것으로만 열다섯 명이며, 자식은 모두 스물다섯 명이었다. 조조의 뒤를 이을 후계자 싸움에 뛰어든 자식들은 다음과 같다.

조조

정부인(丁夫人) - 원부인
- 장자: **조앙** — 조조의 장남으로, 원래 유부인(劉夫人) 소생이지만 정부인이 길렀다. 조조를 따라 장수를 정벌할 때 자신이 타고 있던 말을 조조에게 주어 위험에서 벗어나도록 하고 자신은 목숨을 잃었다.

변부인(卞夫人) - 둘째 부인
- 변부인의 장남: **조비** — 조조가 후계자로 삼은 아들이다. 조조가 죽은 뒤 한나라 헌제를 폐하고 위나라를 건국해 위나라 문제가 되었다.
- 변부인의 차남: **조창** — 조조가 죽자 군사를 이끌고 경사로 쳐들어와 왕위를 다투고자 하였으나 결국 조비에게 투항했다. 이후 갑자기 죽었다.
- 변부인의 셋째 아들: **조식** — 조비와 왕위를 다툰 맞수였다. 조비는 그를 해치고자 했지만 「칠보시」로 위험을 모면했다. 그러나 끝내 조비의 억압 속에서 억울하게 죽었다.

환부인(環夫人) - 소실
- **조충(曹沖)** — 어려서부터 총명하여 조조의 사랑을 독차지했다. 어린 시절에 손권이 보낸 코끼리 무게를 재는 방법을 제시하여 여러 사람들을 깜짝 놀라게 했다는 일화가 전해진다. 그러나 애석하게도 열세 살 어린 나이에 요절하고 말았다. 그가 죽었을 때 조조가 조비에게 이렇게 말했다. "이는 나의 불행이지만 너희들에게는 큰 행운이겠구나!"

을 받아 이른바 「칠보시(七步詩)」*를 읊고 겨우 목숨을 부지할 수 있었다.

분명 조비의 야망은 아버지인 조조보다 컸다. 위나라 왕에 오른 지 채 1년이 되기도 전에 그는 한나라 헌제(獻帝)를 핍박하여 제위에서 물러나도록 했다. 그리하여 꿈에도 그리던 황제의 보좌에 오른다. 제위에 오르기에 앞서 그는 세 번씩이나 사의를 표명하며 마치 전혀 의도하지 않은 척 가식적인 모습을 보였다. 당장이라도 제위에 오를 마음이 굴뚝같았지만 사양을 거듭하는 한편 헌제에게 또다시 양위 조서를 내리도록 하여 천하의 비방을 없애고 마침내 제위에 올랐다.

조비는 제위에 올랐지만 창업(創業)이 아닌 수성(守成)의 군주가 될 수밖에 없었으며, 재능 또한 그의 아버지에 미치지 못했다. 유비가 오나라를 정벌할 당시 조조의 모사였던 유엽이 이를 틈타 오나라를 공략하도록 적극 건의했는데, 위나라와 촉한이 양쪽에서 협공하면 오나라는 앞뒤로 공격을 받아 제대로 응전할 수 없을 것이 분명했다. 일단 오나라가 멸망하면 촉한 역시 외톨이로 고립될 수밖에 없다. 그렇다면 위나라가 천하를 통일하는 것은 결코 어려운 일이 아니었다. 하지만 조비는 한발 물러나서 양국의 싸움을 관망하는 것으로 천하 통일의 기회를 놓치고 말았다. 오나라가 승리를 거두자 조비는 오나라 정벌을 위해 군사를 일으켰다가 오히려 패하고 말았다. 조비는 재위 7년 동안 세 차례나 오나라를 공격했지만 한 번도 제대로 이기지 못하고 돌아왔다.

그렇다고 조비에게 전혀 장점이 없는 것은 아니었다. 정사의 기록에 의하면 그는 부인(婦人)이 정치에 간여하지 못하도록 규정함으로써 중국의 봉건 사회에 큰 영향을 미쳤다. 또한 구품중정제(九品中正制)**를 완성해 실시함으로써 위나라의 통치를 더욱 공고하게 만들었다. 정무 외에도 특히 문학을 좋아하여 상당한

---

* 형을 콩대에, 자신을 콩에 비유하여 육친의 불화를 상징적으로 노래한 시이며, 원문은 다음과 같다. 煮豆燃豆箕(자두연두기) 豆在釜中泣(두재부중읍) 本是同根生(본시동근생) 上煎何太急(상전하태급). 콩깍지를 태워서 콩을 삶으니 콩이 솥 안에서 눈물을 흘리네. 본래 한 뿌리에서 태어났건만 들볶는 것이 어찌 그리 심한가.

** 구품중정제는 상상(上上)에서 하하(下下)까지 9등급으로 평가 기준을 나누어 인재를 추천, 발탁하는 관리 임용 제도이다.

성취를 이루기도 했다. 그가 쓴 「연가행(燕歌行)」*은 중국 초기 칠언시의 뛰어난 작품으로 알려져 있으며, 『전론(典論)』(현재는 「논문論文」**만 남아 있다)은 중국 문학비평의 선구로서 중국 문학사에서 중요한 위치를 차지하고 있다.

---

* 秋風蕭瑟天氣涼(추풍소슬천기량) 草木搖落露爲霜(초목요락노위상) 群燕辭歸雁南翔(군연사귀안남상) 念君客遊思斷腸(염군객유사단장) 慊慊思歸戀故鄕(겸겸사귀연고향) 君何淹留寄他方(군하엄류기타방) 賤妾 守空房(천첩 수공방) 憂來思君不敢忘(우래사군부감망) 不覺淚下沾衣裳(부각누하첨의상) 援琴鳴瑟發淸商(원금명슬발청상) 短歌微吟不能長(단가미음부능장) 明月皎皎照我床(명월교교조아상) 星漢西流夜未央(성한서류야미앙) 牽牛織女遙相望(견우직녀요상망) 爾獨何辜限河梁(이독하고한하량)

가을바람 스산하여 날씨도 서늘하니 초목은 흔들려 잎이 지고 이슬은 서리가 되네. 모든 제비들 작별 인사에 기러기 남으로 나니 객지에 머무는 그대를 생각하니 애끓어 돌아가려는 마음 고향을 생각하네. 그대는 어느 타향에 머무르나 천첩은 외로이 빈방을 지켜야 하나. 그대 생각에 차마 잊을 수가 없으니 눈물 흘러 옷깃을 적심을 깨닫지 못하는구려. 거문고 타고 비파 켜서 청상곡을 노래하니 짧은 노래 가냘픈 소리 길게 하지 못한다네. 밝은 달 희어 나의 침상에 비추니 은하수 서편에 기울고 밤은 아직도 더디네. 견우직녀 멀리서만 서로 바라보니 너는 무슨 죄로 은하수에 막혀 있는가.

** 「논문」의 첫머리에 나오는 "무릇 문장이란 나라를 다스리는 대업이자 썩지 않는 성스러운 일이다(蓋文章개문장, 經國之大業경국지대업, 不朽之盛事불후지성사)"라는 말은 인구에 회자되는 명구다.

16 재주가 뛰어났지만 형제와 반목했던 조조의 아들

조식

>>>> 조식은 뛰어난 문재를 지녀 조조의 총애를 받았다. 그러나 제멋대로 행동하여 여러 차례 조조의 금령을 어기는 바람에 결국 후계자 쟁탈전에서 형인 조비에게 지고 말았다. 이후 조비의 견제와 억압 속에서 우울한 삶을 살 수밖에 없었다.

조식(曹植, 192~232년)은 위나라 왕 조조의 다섯 번째 아들로, 자는 자건(子建)이다. 남조(南朝) 송나라의 저명한 산수시인 사령운(謝靈運)은 위진 이래로 천하의 문학을 한 섬이라고 한다면 조자건이 여덟 되를 가졌고, 자신은 한 되, 그리고 나머지 사람들이 한 되를 나누어 가졌다고 말한 바 있다. 시와 산문, 사부(辭賦 : 산문에 가까운 운문) 수십 만언에 뛰어난 문재를 지녀 조조의 각별한 사랑을 받았다. 조조는 일찍이 여러 자식들 가운데 조식이 '대사(大事)를 정할 수 있을 것'이라 여기고 몇 번이나 그를 후계자로 삼고자 했다. 그러나 조식은 성격이 구속받기를 싫어하고 제멋대로여서 금령을 어기는 일이 종종 있었다. 게다가 조비가 자신이 후계자가 되기 위해 온갖 수단을 써서 방해했기 때문에, 결국 조조의 총애를 잃고 말았다.

조조는 원래 글재주만 믿고 화려한 시문을 짓는 문사들을 좋아하지 않았다. 그러나 조식은 오히려 그들과 밀접한 관계를 유지하며 서로 시문을 주고받았다. 이에 비해 조비는 조조가 좋아하는 모신(謀臣)들과 교류했기 때문에 조조가 그들에게 의견을 물을 때면 언제나 조비에 대한 말을 잊지 않았다. 그러던 어느 날 조비를 지지하는 모사 가후(賈詡)가 조조에게 이렇게 말했다.

"원소와 유표 부자를 생각하십시오."

이 말을 들은 조조는 조비를 자신의 후계자로 삼기로 마음을 굳혔다. 그리하

조식과 조비의 후계자 투쟁

조조는 변부인 소생의 셋째 아들 조식을 총애하였으나 조식은 원래 구속받기를 싫어하여 제멋대로 행동하기를 좋아했다. 조비는 아버지 조조의 마음이 동생인 조식에게 있음을 알고 수단과 방법을 가리지 않고 부친의 마음에 들도록 애쓰며 감정을 숨기고 자신을 미화시켰다. 두 사람의 암투가 지속되면서 조조의 마음은 점차 조비 쪽으로 기울었다.

조식

VS

조조의 속마음

조비

조식	조조의 속마음	조비
조식은 어려서부터 총명했고 붓만 들면 문장을 짓는 등 뛰어난 문재를 지니고 있어 여러 문인들의 찬사가 잇달았다. 조조도 조식이 업도(鄴都)에 있는 동작대(銅雀臺)를 노래한 「동작대부(銅雀臺賦)」를 보고 크게 칭찬했다.	조식을 좋아하여 그를 후계자로 삼고자 했다.	조비는 나름 문채(文采)가 뛰어났으나 조식에 비할 수는 없었다. 그래서 조조가 그다지 중시하지 않았다.
양수와 친해 참모로 활용했다. 조비가 조가(朝歌) 현령인 오질(吳質)과 후계자 문제를 논의하기 위해 그를 자루 속에 넣어 마치 비단을 넣은 것처럼 속여 자신의 부중(府中)으로 들어올 수 있도록 했는데, 이를 알게 된 양수가 조조에게 이 사실을 밀고했다.	조조는 양수가 조식을 위해 조비를 음해한다고 여겨 그를 미워했다.	조조가 사람을 보내 자루를 수색해 보니, 양수의 말대로 오질이 들어 있는 것이 아니라 진짜 비단이 들어 있었다. 오질이 사전에 양수의 밀고 사실을 알고 조비에게 진짜 비단을 넣어 보냈기 때문이다.
아버지 조조의 명을 받고 업성을 나가려고 하는데, 문을 지키는 관리가 막아섰다. 양수는 조식에게 그를 죽이고 나가라고 했다.	조식이 유능하다고 생각했지만, 양수의 도움 때문이라는 것을 알고는 싫어했다	아버지의 명대로 업성을 나가다가 성문을 지키는 관리가 막아서자 그냥 되돌아왔다.
양수는 조식을 위해 열 가지 질문에 대한 답변을 마련했다. 조조가 묻기만 하면 조식은 청산유수로 대답하니 전혀 막힘이 없었다.	조식이 자신을 속인다고 여겨 그를 싫어하게 되었다.	조비는 조조의 질문에 제대로 대답하지 못했다. 그래서 조식의 측근을 매수하여 양수가 미리 조식을 위해 답변을 준비했다는 사실을 조조에게 밀고했다.
매번 조조가 출정할 때면 조식은 부친의 공덕을 칭송하는 문장을 지었다.	조식이 영리하지만 심성은 조비만 못하다고 여겼다.	조조가 출정할 때 조비는 눈물을 흘리며 배례하여 사람들에게 감동을 주었다.
조식의 주변 인물은 모두 문인이었다. 조조는 평소 문인의 재주를 시기하여 그들을 중시하지 않았다.	가후의 건의를 받아들여 장자인 조비를 후계자로 결정했다. ↓ **조조는 위왕에 즉위한 후 조비를 세자로 삼았다.**	조비는 조조의 측근을 매수하여 자신을 위해 좋은 말을 해 주도록 부탁했다. 또한 가후처럼 실력 있는 모신들과 친교를 맺었다. 가후는 원소, 유표 등의 예를 인용하며 조조에게 장자를 후계자로 세우도록 권유했다.

여 조식은 후계자 싸움에서 철저하게 패배하고 말았다.

아버지인 조조가 죽자 조식의 운명도 급전직하하여 유유자적하며 안락한 삶을 누리던 귀공자에서 하는 일마다 감시와 견제를 받는 대상으로 변하고 말았다. 그의 형인 조비는 그를 엄격하게 통제하고 배척하여 어떻게 해서든지 제거하려고 혈안이 되어 있었다. 조조가 막 세상을 떴을 때 조비는 당장 달려오지 않았다는 이유로 조식을 죽이려고 했다. 다행히 생모인 변부인이 극구 만류하는 한편, 조식이 「칠보시」를 지어 겨우 죽음을 모면했다. 이후 조비는 감국사자(監國使者)와 지방관들을 통해 이러저러한 구실로 조식의 작위를 강등시키고 봉읍을 삭감하는 처분을 내렸다.

조비가 죽은 뒤 그의 아들인 조예(曹睿) 역시 숙부인 조식에 대한 통제와 속박을 멈추지 않았다. 조식은 여러 차례 상소문을 올려 나라를 위해 힘을 다할 수 있도록 임용해 줄 것을 간청하면서 이성(異姓) 대신들을 중용하는 위험성에 대해 누누이 언급했지만, 조예는 끝내 받아들이지 않았다. 결국 위나라는 조식이 우려했던 것처럼 사마씨의 손에 의해 멸망하고 말았다.

조식은 정치적으로 평생 불우했지만 문학적으로는 찬란한 업적을 남겼다. 중국 문인들의 마음속에 두보(杜甫) 이전의 진정한 시성(詩聖)으로 각인된 이는 오로지 조식 한 사람뿐이다. 조식의 시는 조비의 즉위를 기준으로 전기와 후기로 나뉘는데, 전기는 또다시 두 부분으로 분류된다. 하나는 귀공자의 안일한 삶을 표현한 것이고, 다른 하나는 혼란한 시기에 군영에서 자란 조식의 현실에 대한 느낌을 반영한 것이다. 후기의 시가는 주로 억압을 당하며 느낄 수밖에 없는 울분과 애원의 감정이 나타나 있으며, 때로는 나라를 위해 큰일을 하고 싶은 마음을 담은 작품도 있다.

232년, 조식은 나라를 위해 공적을 세우겠다는 바람을 끝내 이루지 못하고 마흔 살의 나이로 굴곡 많은 한 평생을 마감했다.

17 곽가

계책과 판단력이 뛰어나고 주도면밀한 참모

≫≫ 곽가는 언제나 계획이 주도면밀하여 빈틈이 없었던 참모로, 조조 진영의 '제갈량'이라 할 수 있다. 조조를 도와 북방을 평정하는 데 탁월한 공적을 세움으로써 조조 역시 그를 존중했다. 그러나 애석하게도 젊은 나이에 유명을 달리하여 조조에게 큰 슬픔을 주었다.

삼국 가운데 곽가(郭嘉)의 재능은 둘째가라면 서러울 정도였기 때문에 후세 사람들은 그를 일컬어 '귀재(鬼才)'라고 칭했다. 정사의 기록에 의하면 그는 원소 휘하에서 수십 일을 머물렀는데, 원소가 큰 인물이 될 수 없음을 예견하여 그를 떠났다고 한다. 후에 조조가 연주(兗州)에서 널리 인재들을 모을 때 그에게 의탁했다. 이후 곽가는 조조를 위해 전심전력을 다해 계책을 올렸다.

곽가는 지략이 뛰어났을 뿐만 아니라 판단이 정확했기 때문에 조조로부터 깊은 신임을 얻었다. 『삼국연의』에서 곽가에 관해 묘사한 대목이 많지는 않지만, 조조가 여포를 격파하고 원소의 대군을 평정하는 데 중요한 역할을 한 책사 가운데 한 사람으로 등장한다. 조조의 군사가 하비를 포위하여 여포를 공격할 때 곽가는 20만 대군을 동원하는 것보다 나은 계책, 즉 '기수(沂水)와 사수(泗水)'*의 물길을 터서 하비성을 물에 잠기게 하는 계책을 올려 마침내 여포를 사로잡을 수 있었다.

관도전투가 벌어지기 전에 곽가는 원소와 조조를 비교 분석하여 원소의 열 가지 패배 요인과 조조의 열 가지 승리 요인을 제시하기도 했다. 곽가는 원소가 죽은 뒤 원소의 아들인 원상(袁尙)과 원담(袁譚)이 서로 대치할 것이니, 그 틈을 타

* 중국 산동성에 있는 강으로, 기수(沂水)는 산동성에서 발원하여 강소성(江蘇省)으로 흘러 들어간다.

서 기주를 공략하자는 의견을 내놓았다. 과연 그의 말대로 원상에게 반기를 들었다가 패한 원담은 조조에게 투항했고, 기주를 잃은 원상은 오환(烏桓)으로 도주했다. 원상이 오환의 지원을 받아 계속 공격해 오자 조조는 그를 공격하기로 결심했다. 당시 참모들은 오환을 공략하느라 대군이 출동하면 유표가 그 틈을 노려 허창을 공격할 수 있다는 이유로 먼저 유표를 공격하자고 주장했다. 그러나 곽가는 유표가 유비를 믿지 못해 중용하지 않을 것이니 형주에서 출병하는 일은 없을 것이라고 하여 조조의 근심을 없애 주었다.

그러나 조조의 군대가 오환과 요동으로 진군한 뒤 곽가는 승리의 소식을 듣기도 전에 역주(易州)에서 병사하고 말았다. 당시 그의 나이가 서른여덟 살이었으니, 과연 하늘은 천재를 시기한다는 말이 거짓은 아닌 듯하다. 임종 전에 그는 마지막으로 뛰어난 계책을 말해 주었다. 당시 원소의 두 아들이 패배한 후 요동의 공손강(公孫康 : 후한 말기의 군벌)에게 투항했는데, 조조 휘하의 여러 장수와 참모들은 즉시 요동을 정벌하여 환란의 근원을 제거하자고 주장했다. 그러나 곽가는 마지막으로 남긴 유서에서 절대로 출병하지 말 것을 주장하면서, 만약 출병할 경우 공손강이 원소의 두 아들과 합심하여 결사적으로 저항할 것이고, 출병하지 않고 잠시 기다리면 내부 갈등이 심화되어 결국 서로 죽고 죽이게 될 것이라고 하였다. 과연 며칠 지나지 않아 공손강이 원소의 두 아들을 죽였고, 그들의 수급을 조조에게 바쳤다.

곽가가 죽었다는 소식을 들은 조조는 몹시 슬퍼하며 통곡했다.

"봉효(奉孝 : 곽가의 자)가 죽었다니, 하늘이 나를 버리신 게로구나!"

훗날 조조는 적벽대전에서 크게 패했을 때도 매우 슬퍼하며 이렇게 말했다.

"만약 봉효가 살아 있었다면, 내가 이처럼 크게 패하도록 놔두지 않았을 것이다."

당시 조조 곁에 있던 정욱과 순욱 등 모신들은 그저 아무 말도 하지 못하고 부끄러울 뿐이었다. 이를 보면 곽가가 조조의 마음속에 얼마나 큰 비중을 차지하고 있었는지를 알 수 있다.

조조와 원소의 승패에 관한 곽가의 분석

곽가는 조조에게 투항하기 전까지 원소의 수하에서 한동안 머물렀던 적이 있다. 당시 그는 원소의 인물됨을 파악하여 조조와 원소를 비교 분석했는데, 결과는 10승 10패였다. 당시 조조는 약세에 있었고, 원소는 정병에 군량미 또한 풍족한 상태여서 군웅들을 멸시했다. 그런 상황에서 곽가는 원소가 실패할 것을 예견했으니, 그의 사람 보는 눈이 예사롭지 않았음을 알 수 있다.

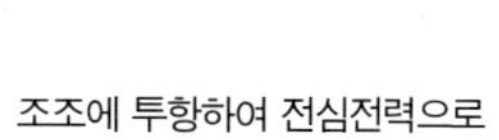

원소를 따라다닌 지 수십 일 만에 그의 사람됨을 간파하고 즉시 떠났다.

조조		원소
조조는 모든 일을 자연의 이치에 맡기고 실제를 중시했다.	도(道)	원소는 예절이 번거롭고 형식에 치중했다.
조조는 천자를 끼고 천하를 호령하여 명분과 언행이 바르다.	의(義)	원소는 천리를 거스르니 출병에 명분이 없다.
조조는 동한 중기 이래 타락한 정사(政事)를 바로잡아 강력한 법도를 세웠다.	치(治)	원소는 동한 말기의 병폐를 관대하게 처리했다.
조조는 대범하고 사리에 밝아 재능이 있는 자라면 누구든지 등용했다.	도(度)	원소는 사람을 시기하고 의심하여 오직 자신의 친인척만 등용했다.
조조는 계책을 실행하는 데 과감했고, 임기응변에도 능했다.	모(謀)	원소는 꾀는 많지만 결단력이 부족해서 좋은 기회를 여러 번 놓쳤다.
조조는 진심으로 사람을 대하여 충성스럽고 재능 있는 인재들이 모여들었다.	덕(德)	원소는 오로지 명성만 듣고 인재를 받아들였다.
조조는 널리 사람을 아껴 멀고 가까운 구별이 없었다.	인(仁)	원소는 가까이 있는 사람만을 생각하고, 멀리 있는 사람은 소홀히 했다.
조조는 공평하여 모함에는 귀 기울이지 않았다.	명(明)	원소는 모함하는 말에 귀 기울여 다른 사람을 의심했다.
조조는 상벌이 분명했다.	문(文)	원소는 시비(是非)가 분명하지 않았다.
조조는 적은 군사로 많은 수의 적군을 이기고, 용병술이 출중했다.	무(武)	원소는 허세 부리기를 좋아했고, 병법을 잘 몰랐다.

위나라 제일의 모사 곽가

곽가(170~207년)

시 호 : 정후(貞侯)
필살기 : 책략
업 적 : 계책을 헌상하여 하북(河北)을 취하고, 요동을 평정함

진수의 평가 곽가는 깊은 통찰력이 있었고, 모략을 세우는 데 뛰어났으며, 사리와 인정에 통달하였다.

곽가의 관직

사공군제주(司空軍祭酒 : 조조에게 투항했을 때) → 유양정후(洧陽亭侯) → 정후(시호)

18 조조 진영의 수석 참모 순욱

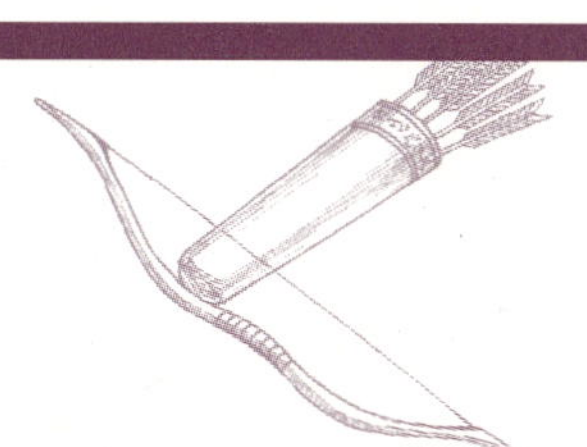

>>>> 순욱은 조조를 찾아간 첫 번째 모신謀臣이다. 그는 좋은 계책을 제시했을 뿐만 아니라 적지 않은 인재를 조조에게 추천했다. 그래서 조조는 순욱을 특히 중시하고 신임했으며, 그를 자신의 장량張良*이라고 하였다.

순욱(荀彧)은 본래 원소의 신하였다가 그의 그릇이 작음을 알고 조조에게 의탁하였다. 당시 조조는 연주에서 어질고 능력 있는 선비들을 찾고 있었는데, 순욱을 처음 보고 "나의 자방(子方 : 장자방)이다"라고 칭찬했다. 조조의 휘하에 들어간 순욱은 순유(荀攸), 정욱(程昱 : 후한 말에서 위나라 건국 이후까지 조조를 도운 모사), 곽가 등 실력 있는 모사들을 추천했고, 조조는 그들을 모두 받아들여 중용했다.

순욱은 군막의 모신으로서 예리한 안목과 재략이 뛰어났다. 이각과 곽사가 난을 일으켰을 때 헌제가 낙양으로 피신하자 순욱은 조조에게 적극적으로 헌제를 맞이하도록 권유했다. 이는 조조가 '천자를 끼고 제후를 호령하여' 새롭게 굴기(崛起 : 기울어 가는 세력을 다시 일으킴)하는 데 가장 빠른 길을 택하도록 한 것이다.

관도전투에서 원소와 맞선 조조는 지루한 대치 상황이 지속되면서 군량마저 줄어들자 허창으로 귀환하기에 앞서 그곳을 지키고 있던 순욱에게 서신으로 의견을 구했다. 그러자 순욱은 '원소의 군세를 제압하지 못하면 그들에게 결정적인 기회를 주게 될 것'이라는 이유를 들어 철수하지 말고 적절하게 대응하면서 때를 놓치지 않도록 권유했다. 만약 당시 전투에서 순욱이 조조의 후퇴를 만류하지 않았다면, 아마도 북방 통일의 주체는 조조가 아닌 다른 사람이 되었을 것이다.

---

* 장량의 자는 자방(子房)으로, 유방(劉邦)을 도와 한나라를 세운 일등 공신이다.

순욱은 서향문제(書香門第), 즉 학자 집안 출신으로 자는 '문약(文若)'이다. 그는 문관이기는 했지만 결코 '문약(文弱 : 글에만 열중하여 정신적으로나 신체적으로 나약함)'하지 않았으며, 오히려 무관보다 더 대담하고 과감했다. 조조가 처음 연주를 얻은 다음 원수를 갚기 위해 대군을 이끌고 서주로 출병했다. 그 틈을 타서 장막(張邈 : 후한 말기 진류태수)과 진궁이 변란을 일으켜 여포를 끌어들이고 조조를 습격했다. 당시 연주 대부분이 적의 수중에 들어감으로써 조조는 사면초가의 상황에 놓이게 되었다. 바로 그때 순욱이 형세를 정확하게 통찰하여 위급한 상황에서도 전혀 동요하지 않고 정욱과 함께 동아(東阿) 등 조조 진영에 남은 세 곳의 성을 사수하여 조조의 귀환을 도왔다.

조조는 자신이 직접 군사를 이끌고 친정(親征 : 임금이 몸소 나아가 정벌함)하고, 후방은 순욱에게 맡겼다. 순욱은 후방에서 곡식이나 건초 등을 보급하며 주변 정세를 살피는 등 조조의 주력 부대를 지원하고 후방의 안전을 도모하는 데 만전을 기했다. 조조가 출정한 여러 전투에서 순욱은 전투에 직접 참가하지는 않았지만, 후방에서 전략을 마련하고 계책을 제시하였으니 그의 공로가 결코 적다고 할 수 없다.

순욱은 누구보다 높은 안목으로 사람의 재주를 알아보았지만, 조조의 진면목을 정확하게 간파하지는 못했다. 순욱은 한조(漢朝 : 한나라)에 충성한 인물로서, 그가 조조를 보좌한 것은 한실의 부흥을 위해서였다. 그러나 조조는 그가 생각하고 있던 구세주가 아니었다. 전쟁을 거듭하면서 조조는 점차 자신의 본색을 드러냈다. 조조가 위공(魏公)의 자리에 올라 구석(九錫)*을 받으려고 하자 순욱은 적극적으로 만류했다. 이 일로 조조는 순욱을 그를 경계하고 멀리했다. 건안(建安) 17년(212년), 조조가 군사를 일으켜 오나라 정벌에 나섰을 때 조조는 순욱을 후방에 두지 않고 자신과 함께 출정하도록 했다. 순욱은 조조가 자신을 살해할 뜻이 있다는 것을 눈치 채고는 병을 핑계로 수춘(壽春)에 머물렀다. 그러자 조조는 사람을 시켜 그에게 빈 그릇을 보냈다. 순욱은 조조의 뜻을 알고 독약을 먹고 자살했다.

* 중국에서 천자(天子)가 특히 공로가 큰 제후와 대신에게 하사하던 아홉 가지 물품. 즉 거마(車馬), 의복, 악칙(樂則), 주호(朱戶), 납폐(納陛), 호분(虎賁), 궁시(弓矢), 부월(鈇鉞), 울창주(鬱鬯酒)를 말한다.

숙부와 조카 사이였던 순욱과 순유

순욱은 조조에게 적지 않은 인재를 추천했는데, 그중에는 자신의 조카인 순유荀攸도 있었다. 순유는 조조의 군사軍師로 임명되어 측근 모신 가운데 한 사람이 되었다. 『삼국연의』에서 순욱과 순유는 모두 조조의 진작(晉爵 : 위공의 자리에 오름을 말함)에 반대하여 울분 속에 죽는 것으로 나온다. 숙부와 조카 두 사람이 '같은 길을 가다 같은 길로 돌아갔다' 고 말할 수 있을 것이다.

순욱이 순유의 숙부지만 실제 나이로 보면 순유가 157년생으로 163년생인 순욱보다 여섯 살 많다. 순욱은 순유를 조조에게 추천했다.

순욱의 공로

1. 후방에서 군량을 조달하여 주력 부대를 지원했다.
2. 조조에게 수많은 인재를 추천했다.
3. 조조에게 천자를 끼고 제후들을 호령하도록 권했다.
4. 조조가 원소와 접전을 벌일 당시 후퇴를 반대하여 중요한 기회를 잡을 수 있도록 했다.

사사(賜死) : 건안 17년(212년) 순욱은 조조가 위공에 오르는 것을 반대하다 조조의 미움을 받아 스스로 독약을 먹고 자살했다.

순유의 공로

1. 군사로서 실전에 참여하여 계책을 준비했다.
2. 곽가와 함께 수공(水攻)의 계략으로 여포를 잡는 데 공을 세웠다.
3. 계책을 올려 조조가 원소를 격파할 수 있도록 했다.
4. 중론을 마다하고 승세를 잡았을 때 원소의 여러 아들을 주살하도록 했다.

분사(憤死) : 건안 19년(214년) 『삼국연의』에 따르면 순유 역시 조조를 위왕으로 추존하려는 주장에 반대하여 조조의 비난을 받은 후 분사(분에 못 이겨 죽음)하고 말았다. 그러나 정사에는 이런 기록이 없다.

위공에 오르려던 조조의 야심

❶ 212년 : 조조가 마초와 함께 한수(韓遂)를 평정하자 장사(長史 : 조정 각 부의 보좌관에 해당하는 관직) 동소(董昭)가 헌제에게 조조를 위공(魏公)의 자리에 올리고 구석을 하사해야 한다고 건의했다. 순욱은 이를 반대하여 조조의 미움을 받아 결국 독약을 먹고 자결했다.

❷ 214년 : 시중 왕찬(王粲), 두습(杜襲), 위개(衛覬), 화흡(和洽) 등이 조조를 위왕으로 추존할 준비를 하자 순유가 반대했다. 조조는 크게 노하여 순유가 숙부 순욱을 본받으려 한다고 비난하자 결국 순유는 울분을 품고 생을 마감했다. 조조는 이를 애석하게 여겨 잠시 위왕에 오르는 일을 중지했다.

❸ 216년 : 문무백관이 조조를 위왕으로 추존하는 일을 상의하였으나 상서 최염(崔琰)이 반대했다. 그 역시 조조에 의해 하옥되어 장살(杖殺)되고 만다. 이후 조조는 순조롭게 위왕의 자리에 올랐다.

왕을 보필할 재주를 지닌 순욱

인품이 청아하고 수려하여 왕을 보필할 풍모를 지녔다.

행동거지에 절도가 있어 공자의 일흔두 명 제자 가운데 으뜸인 안회(顔回)를 연상할 정도였다.

순욱(163~212년)

시 호 : 경후(敬侯)
필살기 : 왕을 보필할 만한 재주
업 적 : 조조에게 계책을 올려 허창에서 헌제를 맞이하도록 함

진수의 평가 순욱은 인품이 청아하고 수려하였으며, 학식이 통달하고 고아하여 왕을 보필할 풍모를 지녔다. 기민하게 살펴 먼저 식별하는 능력이 있었지만, 자신의 뜻을 충분히 살리지 못했다.

순욱의 관직

효렴, 수궁령(守宮令) → 원소의 상빈(上賓 : 원소에게 의탁했던 시절) → 사마(조조에게 투항한 후) → 유사(留事 : 조조가 도겸陶謙을 정벌할 때) → 시중, 수상서령(守尙書令 : 조조가 헌제를 맞이했을 때) → 만세정후(萬歲亭侯) → 시중광록대부(侍中光祿大夫), 참승상군사(參丞相軍事 : 조조가 구석을 더했을 때) → 경후(시호)

19 기이한 계략을 만들어내는 뛰어난 지략가
정욱

>>>>> 정욱은 조조의 핵심 모사 가운데 한 사람으로서 여러 차례 종군하면서 뛰어난 계책을 많이 만들어냈다. 평생토록 조심하고 신중하여 다른 이들과 달리 평안한 죽음을 맞았다. 조조를 비롯한 위나라 황제들은 그를 순유나 가후보다 더 높이 평가했다.

정욱(程昱, 141~220년)은 순욱의 추천으로 조조의 모사가 되어 큰 신임을 얻었다. 조조가 출정할 때 순욱은 주로 후방에 남았으나 정욱은 조조를 따라 출병하여 훌륭한 계책으로 전공을 세웠다. 계략을 도모하는 면에서 본다면 그의 재능은 결코 순욱에 뒤지지 않았다.

관도전투 이후 원소는 새롭게 30만에 이르는 대군을 모아 창정(倉亭)에서 조조와의 마지막 일전을 준비했다. 당시 정욱은 '십면매복(十面埋伏)'의 계략을 사용했다. 즉 군사를 10대(隊)로 나누어 매복시키고, 원소의 군사를 강가로 유인해 배수의 진으로 결사 항쟁하여 원소를 공격하면, 곧이어 사방에서 매복한 군사들이 공격하는 계략이었다. 과연 그의 말대로 시행하니 크게 패한 원소는 낭패하여 어렵게 모은 수십만 대군을 거의 잃고 기주로 돌아갈 수밖에 없었다. 이후로 원소는 더 이상 재기하지 못함으로써 조조에게 대항할 수 없었다. 이는 조조가 북방 통일의 토대를 마련한 계기가 되었다고 할 수 있다.

비록 적벽대전에서 조조가 대패했지만, 정욱의 신중하고 세심한 면모는 더욱 돋보였다. 방통이 연환계를 헌상하자 정욱은 자칫 배를 묶을 경우 화공을 당할 수 있다고 우려하였다. 이후 동남풍이 불자 그는 조조에게 대책을 마련하도록 권유했지만, 조조는 교만 방자하여 그의 권고를 무시하였다. 황개(黃蓋)가 배를 이끌고 항복하러 올 때 정욱은 황개의 배가 지나치게 가벼워 보이는 것을 지적하여 거짓 항복임을 밝혀냈다. 그제야 정신을 차린 조조는 때에 맞춰 피신함으로써 목숨을 보전할 수 있었다.

정욱은 지략이 뛰어났을 뿐더러 사람의 마음을 잘 읽었다. 원소가 남침할 당시 정욱은 겨우 7백여 명의 군사를 이끌고 견성(鄄城)을 수비하고 있었다. 조조가 그에게 군사 2천 명을 증원해 주려고 했지만 정욱은 받아들이지 않았다. 증원하지 않으면 원소가 위험하지 않다고 여겨 공격하지 않을 것이지만, 만약 증원한다면 후방을 공격당할 위험이 있다고 판단해 반드시 공격해 올 것이라는 이유였다. 과연 그의 말대로 원소는 병력이 없다는 것을 알고 견성을 공격하지 않았다. 이는 그가 원소에 대해 잘 알고 있었다는 것을 뜻하며, 아울러 그가 지략 외에도 누구보다 탁월한 담력과 용기를 지녔음을 말해 준다. 관우가 하비성에 포위되었을 때 정욱은 조조가 관우의 재주를 아끼고, 또한 그 역시 관우의 의리를 잘 알아 조호이산(調虎離山)* 의 계략으로 순조롭게 관우를 항복하게 만들었다. 이후 조조가 화용도에서 관우와 만나게 되자 정욱은 강자를 업신여기되 약자를 능멸하지 않고 은혜와 원한이 분명한 관우의 성격을 이용함으로써 조조를 위기에서 구해낼 수 있었다.

정욱의 계략 가운데 가장 인상적인 것은 역시 서서를 속이는 대목일 것이다. 그는 서서가 효자라는 것을 알고, 모친의 필적을 위조하여 서서를 조조의 진영으로 오게 했다. 이로써 적장 유비의 오른쪽 날개를 부러뜨린 셈이다.

정욱은 위나라에서 덕망이 두터운 인물로 추앙을 받아 태묘(太廟)에 배향된 세 사람의 공신 가운데 한 사람이 되었다. 사후의 지위가 생전에 함께했던 여러 신료보다 훨씬 높았던 것이다.

---

* 호랑이를 유인하여 산에서 떠나게 한다는 뜻으로, 적의 가장 핵심 인물을 적진에서 유인해 내어 다른 곳으로 가게 하는 병법이다.

사람의 마음을 잘 읽었던 정욱

정욱의 계책과 지략은 무엇보다 사람의 마음을 잘 읽었기 때문에 더욱 빛을 발했다. 그가 헌상한 계책은 주로 상대의 성격이나 단점을 역이용한 것이 적지 않았다.

조조

정욱은 평생 조씨 부자를 따라다녔기 때문에 누구보다 그들을 잘 알고 있었다. 그는 명철보신(明哲保身 : 이치에 밝고 분별력이 있어 적절한 행동으로 자신을 잘 보전함)하여 자신의 주군이 의심하거나 두려워하지 않도록 했고, 결과적으로 천수를 누리다 죽었다.

정욱

원소

정욱은 원소의 성격을 잘 알고 있었다. 관도전투에서 그는 병력을 증원하면 원소가 공격할 것이라 여기고, 단지 7백여 명의 병사만으로 견성을 수비했다. 과연 원소는 적은 병력을 무시하고 그냥 지나쳤다.

관우

정욱은 관우가 의리를 중시하고, 조조 또한 관우의 재주를 아끼고 있다는 것을 잘 알고 있었다. 관우가 조조에게 항복한 것은 그의 계략이 주효한 때문이고, 화용도에서 조조가 목숨을 건진 것도 그가 관우의 성격을 잘 파악하여 나름의 대책을 강구했기 때문이다.

정욱은 서서가 효자라는 사실을 알고, 그의 모친의 필적을 위조하여 서신을 보냈다. 결국 서서는 조조에게 투항했고, 유비는 탁월한 능력의 모사 한 사람을 잃고 말았다.

서서

정욱의 생전과 사후

생전	192년 : 순욱의 천거로 조조 휘하에 들어갔다. 194년 : 조조가 서주로 출정한 후 본거지인 연주에 반란이 일어나자 정욱은 순욱과 함께 정세를 안정시키고 세 곳의 성을 수비하는 데 전력을 다했다. 196년 : 정욱은 순욱과 함께 조조에게 헌제를 맞이하도록 건의했다. 199년 : 조조에게 유비가 허도에 있을 때 살해할 것을 건의했지만, 조조가 듣지 않았다. 결국 조조는 나중에 후회했다. 200년 : 7백 명의 군사만으로 견성을 수비하여 원소의 공격을 피했다. 211년 : 조비를 보좌하여 투항한 병사들을 잘 처리했다. 220년 : 조비가 칭제한 후 정욱과 그의 후손을 잘 보살폈다.
사후	정욱은 사후의 지위가 다른 신료들보다 훨씬 높았으며, 위나라 황실 또한 그를 존중했다. • 위나라 명제(明帝 : 조예)는 청룡(靑龍) 원년(233년)에 정욱과 조인(曹仁), 하후인(夏侯人)을 태조묘에 배향(配享 : 공신의 신주를 종묘에 모시는 일)했다. • 제왕(齊王) 조방(曹芳)은 정시(正始) 4년(243년)에 장료, 서황, 하후연, 조홍 등을 태묘에 배향했다. • 정시 5년(244년)에 조조의 핵심 모사였던 순유가 비로소 배향의 지위에 올랐다.

20 주인을 따라 변신했던 생존의 고수
가후

>>>>> 가후는 삼국 시대의 모신 가운데 가장 전기적인 인물이다. 그는 평생 여러 차례 주군을 바꾸었지만, 난세에서 평안하게 천수를 누렸다. 그에게 충의나 도덕은 안중에도 없었으며, 계략을 도모하는 것은 오로지 자신의 생존을 위한 것이었다. 이런 면에서 가후야말로 전문적인 직업 모사가라고 할 수 있다.

모략에 관한 한 가후(賈詡, 147~223년)는 삼국에서 최상위에 속하는 인물이었다. 하지만 그는 평생 여러 차례 주군을 바꾸었고, 보좌하는 인물의 좋고 나쁨에 관계없이 잔악한 책략을 도모함으로써 후세의 평가는 그리 높지 않은 편이다.

가후는 서량(西涼) 사람으로 동탁(董卓)이 난을 일으켰을 때 그는 동탁의 사위인 우보(牛輔) 휘하에 있었다. 동탁이 왕윤(王允 : 후한 말의 대신)과 여포에 의해 살해되고, 우보도 죽자 동탁 휘하의 교위 이각과 곽사, 장제(張濟) 등은 의지할 곳이 없어 장안(長安)에 사람을 보내 사면을 요청했다. 강직한 왕윤이 이에 동의하지 않자 그들은 놀라 군사를 버리고 도망치려 했다. 이때 가후가 그들을 설득한 후 병력을 모아 장안을 공격하기로 했다. 이각 등은 가는 길에 군사를 모집하고 병마를 구입하여 10만여 명의 군사를 모아 장안으로 진격했다. 그렇지 않아도 마지막 숨을 몰아쉬고 있던 동한 조정은 또다시 혼란에 빠졌다. 가후는 이로 인해 후세 사람들의 비난을 받았다. 마치 못된 군주의 전형인 상(商)나라 주왕(紂王)을 도와 악한 짓을 도모하는 것처럼, 불의를 보고도 오히려 계략을 내놓은 것은 오직 자신을 보호하기 위함이었지 그들을 진심으로 보좌하려고 한 것이 아니었다.

이각과 곽사의 난 이후에도 그는 또다시 모시는 주군을 바꾸어 단외(段煨)*,

* 중국 후한 말기의 무장으로, 양주(涼州) 무위군(武威郡) 사람이다. 동탁(董卓)을 섬겼다.

자신이 머물 나무를 스스로 선택한 가후

가후는 여러 차례 주군을 바꾸는 바람에 불충不忠의 인물로 간주된다. 특히 그는 이각과 곽사를 꼬드겨 장안을 공격하게 함으로써 동한을 또다시 혼란에 빠뜨렸기 때문에 후세 사람들에게 많은 비난을 받았다. 진수는 『삼국지』에서 가후를 순욱, 순유 등과 같은 전傳에서 함께 다루었는데, 주注를 단 배송지는 이에 대해 극도의 불만을 표시했다. "순유와 가후의 사람됨은 야광夜光과 햇불로 비교할 수 있다. 비록 모두 빛을 내지만 바탕이 다르다. 지금 순유와 가후에 대해 평가하면서 함께 거론하는 것은 구별의 적합성을 크게 잃은 것이다."

가후와 그의 주군들

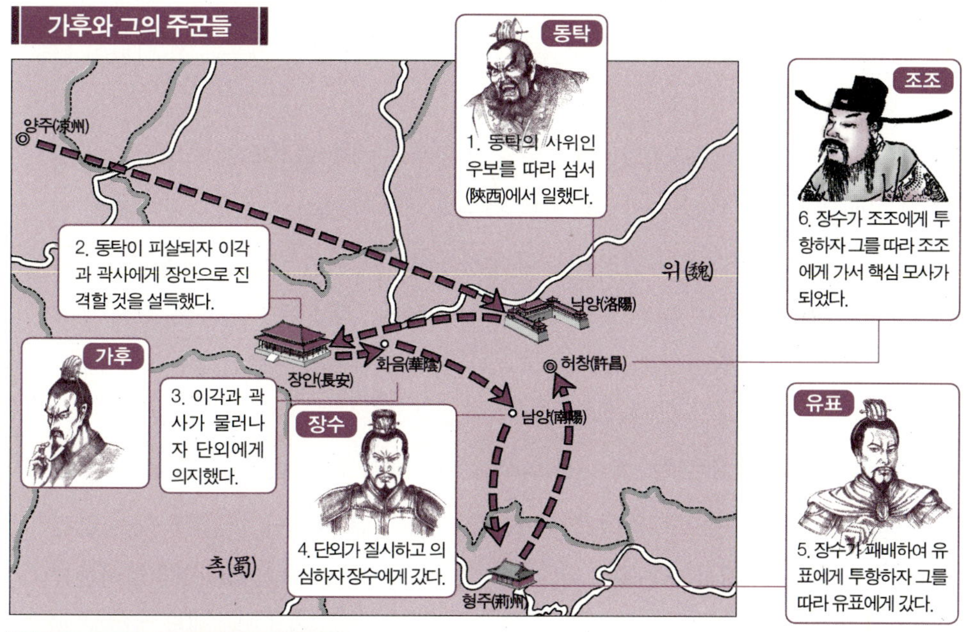

삼국 시대 모사의 마지막 모습

가후는 조조의 휘하로 들어간 후 크게 두각을 나타내지 않고 명철보신(明哲保身)하면서 마침내 삼공의 자리까지 오른 후 선종(善終)하였다. 그와 같은 시대에 활동한 모사들 가운데 그처럼 선종을 맞이한 이는 거의 없다. 가후의 처세 능력이 남들과 달랐음을 알 수 있다.

촉
- **제갈량** : 촉한의 승상, 피로 누적으로 병사함
- **방통** : 유비의 모사, 빗발치는 화살에 맞아 죽음
- **강유** : 촉한의 대장군, 전사함
- **서서** : 유비의 모사로 일하다 조조에게 간 후 산림에 은거함

위
- **가후** : 조조의 후기 주요 모신, 선종함
- **곽가** : 조조의 모사, 병사함
- **순욱** : 조조의 모사, 조조의 미움을 받아 독약을 먹고 자살함
- **순유** : 조조의 모사, 조조의 미움을 받아 울분 속에 죽음
- **양수** : 조조의 모사, 조조의 미움을 받아 피살됨
- **정욱** : 조조의 모사, 만년에 사직하였으나 모함으로 폄적(貶謫 : 벼슬자리에서 내치고 귀양을 보냄)되었다가 복권됨
- **등애** : 위나라의 명장, 자신의 공적에 오만을 부리다 피살됨
- **종회** : 위나라의 명장, 모반하여 피살됨
- **사마의** : 조위 후기의 실질적인 권력자, 선종함

오
- **주유** : 손권의 대장군, 요절함
- **노숙** : 손권의 모사, 병사함
- **육손** : 손권의 모사, 손권의 미움을 받아 울분 속에 죽음
- **제갈각** : 오나라의 대장군, 전권(專權 : 혼자 마음대로 권력을 휘두름)을 휘두르다 멸족당함

기타
- **전풍(田豐)** : 원소의 모사, 원소가 패배한 후 피살됨
- **진궁** : 여포의 모사, 여포가 죽은 후 피살됨
- **이유(李儒)** : 동탁의 모사, 동탁이 패배한 후 피살됨

장수(長繡 : 후한 말기의 장수로, 장제張濟의 조카)를 거쳐 유표의 휘하로 들어갔다. 하지만 그는 그들이 결코 큰일을 도모할 인물이 아니라는 것을 잘 알고 있었다. 그가 나중에 조조에게 한 말에 따르면, 당시 그가 장수를 위해 애쓴 것은 장수가 자신의 말을 잘 들었기 때문이라고 한다. 관도전투 직전에 가후는 장수에게 원소와의 관계를 끊고 조조에게 투항할 것을 강력하게 권고했다. 이에 장수가 조조에게 투항하고, 그 역시 조조의 군영으로 들어가 조조의 주요 모신 가운데 한 사람이 된 것이다.

적벽대전이 일어나기 전, 가후는 조조에게 전쟁을 만류하면서 백성들이 편안하게 생업을 유지할 수 있도록 하면 강동과 싸우지 않아도 스스로 투항하게 될 것이라고 말했다. 그러나 조조는 그의 주장을 받아들이지 않았고, 결국 대패하고 말았다. 마초, 한수 등과의 전투에서는 가후가 반간계를 올려 마초를 크게 무찔렀다. 후사를 결정하는 문제에서도 가후는 조조가 장자인 조비로 결정하는 데 도움을 주었다.

가후는 조조 진영에서 자신의 위치를 정확하게 파악하고 있었다. 그는 동탁 진영에서 조조 진영으로 들어왔기 때문에 다른 사람들의 시기와 모략에서 안전할 수 없었다. 그래서 그는 되도록 자신의 능력과 재주를 숨기면서 명철보신하는 데 주력했다. 그는 계책을 제시할 때도 그것을 받아들이는지 여부에는 그다지 신경을 쓰지 않았다. 만약 주군이 자신의 주장을 받아들이지 않아 실패하게 되면 오히려 자신을 더욱 중요하게 생각할 것이기 때문이었다.

가후는 신료들과의 관계에서도 크게 나서거나 위축되는 일 없이 항상 매사에 중용을 따르며 도드라지는 법이 없었다. 그래서 예전의 행실이 비록 좋지는 않았지만 그를 모함하는 이가 드물었고, 마지막까지 모사로서 편안한 삶을 누린 드문 인재였다.

21

재주가 많았지만 남에게 화를 끼친 인물

양수

>>>> 양수는 총명하고 뛰어난 재주를 갖춘 인물이었지만 자신의 능력을 과신하여 제멋대로였다. 결국 오만불손하여 자신을 추스르지 못하다가 조조의 미움을 받아 살해되었다.

양수(楊修)의 집안은 명문가로서 고조, 증조, 조부, 부친 4대가 동한의 관리를 지냈으며, 삼공(三公)의 반열에 올라 당시의 원씨(袁氏) 가문과 어깨를 나란히 했다. 양수는 어렸을 때부터 재주가 뛰어나고 민첩하여 아버지의 사랑을 독차지했다. 『세설신어(世說新語)』*에 따르면, 그가 아홉 살 때 공군평(孔君平)이라는 사람이 부친을 만나러 왔는데, 마침 부친이 집에 없자 아들인 양수를 불렀다. 그를 대접하느라 양매(楊梅)를 내왔더니 그가 말하길 "양매라! 과연 너희 양씨 집안의 과일이로구나!"라고 하였다. 그러자 양수가 공군평에게 "그렇다면 공작(孔雀)은 공부자(孔夫子)의 가금(家禽 : 집에서 기르는 날짐승)입니까?"라고 되받았다. 공군평이 놀라 어안이 벙벙하였다.

장성한 양수는 조조의 주부(主簿)**가 되었다. 그는 자신의 재주가 뛰어난 것만 믿고 어디서든 나서길 좋아하여 점차 조조의 미움을 샀다. 한번은 조조를 찾아온 장송과 설전을 벌이면서 조조의 『맹덕신서(孟德新書)』를 내보였는데, 장송이

---

* 중국 남조(南朝) 송(宋)나라의 유의경(劉義慶, 403~444)이 편집한 후한(後漢) 말부터 동진(東晉)까지의 명사들의 일화집.

** 지금의 비서와 비슷한 직위로서 조정 대신이나 장군 혹은 지방장관에 소속되어 문서를 맡아 보거나 일상의 사무를 처리했다.

한 번 보고 모두 암송하자 크게 놀란 일이 있었다. 양수는 여기서 그치지 않고 조조에게 장송에 대해 이야기하면서 이런 말을 덧붙였다.

"장송이 암송한 책(『맹덕신서』)은 전국 시대 무명씨의 작품으로, 촉 땅에서는 아이들도 모두 암송한다고 들었습니다."

이 말에 조조는 화가 나서 책을 불태우라고 명한 다음 이렇게 말했다.

"고인이 우연히 나와 의견이 같았기 때문이 아니겠느냐."

이는 한편으로 조조의 거짓 의식을 반영하는 한편 양수가 비록 총명하기는 하나 처세에 익숙하지 못함을 드러내는 것이라고 할 수 있다.

또한 파자(破字)*와 관련된 이야기도 전해진다. 조조가 한중을 정벌하는 길에 채옹(蔡邕)이 사는 마을을 지나게 되었는데, 그곳에서 조아비(曹娥碑)에 채옹이 썼다는 '황견유부, 외손제구(黃絹幼婦, 外孫齏臼)'라는 글귀를 발견했다. 조조가 궁금하여 양수에게 글귀의 뜻을 아느냐고 묻자 양수가 거침없이 안다고 대답했다. 조조가 잠시 자신이 한번 생각해 보겠다고 하면서 30여 리를 지나친 후에야 뜻을 알게 되었다. 이에 양수에게 물으니 '절묘호사(絶妙好辭)'라고 답하였다. 조조는 자신의 실력이 양수보다 30리나 뒤떨어졌다고 하면서 칭찬했지만, 속으로는 경계심을 늦추지 않았다. 결국 한중 토벌전 중에 양수는 불귀(不歸)의 객(客)이 되고 말았다. 당시 유비와 싸우면서 진퇴를 결정하지 못하고 있던 조조는 사곡(斜谷)에 주둔하고 있던 어느 날, 암호를 계륵(鷄肋)**으로 정했다. 그러자 양수가 돌연 짐을 꾸리기 시작했다. 영문을 모르는 이들이 물으니 승상의 암호는 '유비에게 내주기는 아깝지만 이득이 없으니 철수하라'는 뜻이라고 하였다. 결국 조조는 철수했지만, 이를 구실로 삼아 군영을 혼란시켰다는 이유로 양수의 목을 베고 말았다.

옛 사람들은 양수의 죽음을 두고 조조가 재자(才子)를 싫어했다는 뜻으로 풀이했다. 하지만 이는 맞는 말이 아니다. 진림(陳琳)***은 양수와 마찬가지로 재주

---

* 한자의 자획을 풀어 나누는 것으로, 예를 들면 '李' 자를 분해하여 '木子'라고 한다.

** 닭의 갈비라는 뜻으로, 그다지 큰 소용은 없으나 버리기에는 아까운 것을 이르는 말.

*** 중국 후한 헌제 때의 일곱 문인 중 한 사람으로, 하진과 원소의 문서 담당자를 거쳐 조조에게 투항했다.

조조의 손에 죽은 명사들

조조는 세 번씩이나 구현령求賢令을 내리는 등 목마른 자가 우물을 파듯이 어진 인재를 구하기 위해 노력했다. 그런 한편으로는 천하에 이름을 떨친 명사들을 거침없이 죽이기도 했다. 그들이 죽은 이유는 스스로 자초한 경우도 있었지만, 권력 투쟁의 필요나 조조 자신의 시기와 질투 등 여러 가지 원인이 있었다.

양수

양수는 재주만 믿고 제멋대로 거리낌이 없었다. 때로는 은연중에 조조보다 뛰어남을 내보이다가 조조의 미움을 샀다. 게다가 조비와 조식의 후계자 선정에 영향을 끼치는 등 정도가 지나쳐 목숨을 잃고 말았다.

공융

공융(孔融)은 천하에 명성을 날린 청의파(淸議派) 선비로서 바른 말을 잘했고, 한실을 무시하는 조조를 공개적으로 비난하는 등 여러 차례 망신을 주었다. 한나라의 신하로 자처하며 여러 대신과 교류했기 때문에 조조 역시 경계하지 않을 수 없었다. 결국 조조에게 죽임을 당하고 말았다.

예형

예형(禰衡)은 공융이 조조에게 추천한 인사인데, 공융보다 더 거리낌이 없었다. 한번은 벌거벗은 몸으로 조조에게 욕설을 퍼부은 적도 있었다. 조조는 그를 형주에 사신으로 보내 유표의 손에 죽게 했다.

간웅 조조

허유

허유(許攸)는 본래 조조의 오랜 친구로서 관도전투에서 조조가 승리하는 데 중요한 역할을 했다. 그러나 허유는 사람됨이 탐욕스럽고 경망하여 조조의 면전에서 "모갑(某甲 : 조조를 지칭함), 경이 나를 얻지 못했다면 기주도 얻지 못했을 것이오!"라고 거만을 부린 적도 있다고 한다. 결국 자만하다가 조조의 장수인 허저에게 죽임을 당했다.

최염

최염(崔琰)은 후한 말기의 정치가로서 덕망이 있고, 용모에 위엄이 있어 조조마저도 존중했다고 한다. 하지만 조조가 위왕이 된 후 최염이 이를 반대했다는 말을 듣고 하옥시킨 후 장실(杖殺)에 처했다.

누규

누규(婁圭)는 유종(劉琮)을 따라 조조에게 투항한 후 마초를 격파하는 데 큰 공을 세웠다. 조조는 항시 "자백(子伯 : 누규의 자)의 계략은 나도 미치지 못한다"라고 말할 정도로 누규를 중용했다. 그러나 누규가 자신을 비방한다는 이야기를 듣고 곧바로 처형했다. 『삼국연의』에서는 누규를 은둔하는 선비로 묘사하고 있다.

'조아비' 글자의 비밀

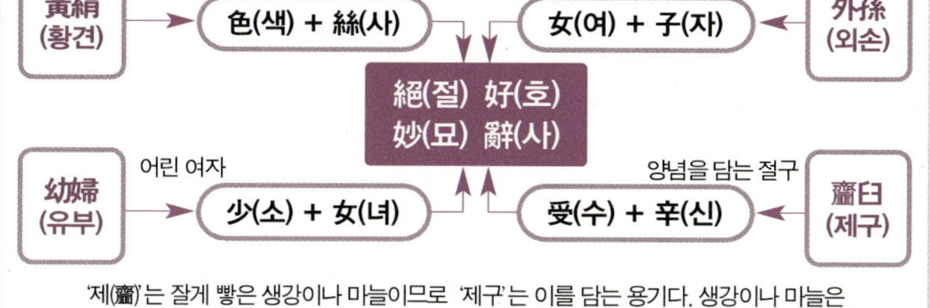

'제(齏)'는 잘게 빻은 생강이나 마늘이므로 '제구'는 이를 담는 용기다. 생강이나 마늘은 매운 식품이기 때문에 '제구'는 '수신지기(受辛之器)', 즉 매운 양념을 담는 용기라고 할 수 있다. 수와 신을 합친 글자 '사(辤)'는 '사(辭)'의 이체자(異體字 : 모양은 다르지만 같은 뜻을 가진 동자同字를 또 다른 같은 글자란 뜻에서 이체자라고 함)이다.

'조아(曹娥)'는 동한 시절 회계군(會稽郡)에 살던 효녀이다. 후세 사람들이 그녀를 기념하여 비를 세웠는데, 채옹이 비 뒷면에 '황견유부, 외손제구'라는 글을 썼다고 한다. 자미(字謎), 즉 글자 수수께끼로 유명하다.

가 뛰어난 인재로서 원소의 휘하에 있으면서 조조를 토벌하는 격문(檄文)을 쓴 적이 있다. 당시 조조는 두통으로 고생하고 있었는데, 그가 쓴 격문을 보고 놀라 식은땀을 흘리다가 병이 나았다고 한다. 이후 원소가 패하고 진림이 포로가 되었는데, 조조는 그의 재주를 아껴 죽이지 않고 받아들였다. 이를 보면 조조가 양수를 죽인 이유는 단지 그의 재주를 시기했던 것만은 아닌 듯하다. 양수는 자신의 뛰어난 재주를 믿고 드러내기를 좋아하였다. 때로는 조조보다 뛰어나기도 했으니 자연스레 조조의 미움을 받았을 것이다. 그러나 실제로 조조가 참을 수 없었던 것은 양수가 조비와 조식의 후계자 다툼에 끼어들었다는 점이다. 양수는 조식의 편에 서서 여러 가지 계략을 일러 주었는데, 이러한 사실이 매번 조조의 귀에 들어가 분노를 샀던 것이다. 결국 양수는 스스로 죽음을 자초했을 뿐만 아니라 이로 인해 조식도 미운털이 박혀 결국 후계자 다툼에서 패하고 말았다.

22 충성스럽고 영특한 조조 가문의 충신
하후씨 가문

하후씨 가문은 조조와 친척 관계다. 그런 까닭에 조조는 그들을 자신의 좌우 양손처럼 여겼다. 『삼국연의』에서 하후씨 가문의 장수들은 때로 패군지장敗軍之將으로 묘사되어 폄하되고 있다. 그러나 실제로 그들은 누구보다 충성스럽고 용맹무쌍했으며, 조조의 위나라 강산에 한마지로汗馬之勞*를 세웠다고 할 수 있다.

조씨와 하후씨(夏侯氏)는 모두 명망이 있는 가문으로서 대대로 혼인 관계를 맺었다. 전하는 말에 의하면 조조의 아버지는 원래 하후씨의 자식이었는데, 나중에 환관 조등(曹騰)에게 양자로 가면서 조(曹)씨로 성을 바꾸었다고 한다. 이렇듯 조씨와 하후씨는 서로 밀접한 관련이 있기 때문에 조조는 하후씨 집안의 장수들을 자신의 심복으로 여겼다. 조조가 진류(陳留)에서 거병하여 황건군을 토벌할 때 하후돈(夏侯惇)**, 하후연 형제가 군사들을 이끌고 합류했다. 이후로 그들은 조조와 생사를 같이하면서 조조의 신임을 얻었다.

하후돈은 비할 바 없이 용맹한 위나라 장수였다. 그에 대한 인상이 가장 강하게 남은 것은 역시 서주에서 여포를 공략할 당시의 일이다. 그는 여포의 장수인 고순(高順)과 접전하다가 적장 조성(曹性)이 쏜 화살에 왼쪽 눈을 맞았는데, 그 화살을 그냥 쑥 뽑다가 그만 눈알이 빠져나왔다. 그는 "부모님이 주신 정혈(精血)을 어찌 땅에 버릴 수 있겠는가!"라고 하면서 눈알을 입안에 넣고 삼켰다. 그러고는 계속해서 조성을 추격하여 마침내 창으로 조성을 찔러 죽였다. 자신의 눈알을 씹어 삼키는 모습은 정녕 등골이 서늘할 정도이니, 그의 용맹함을 증명해 주는 예

---

* 말이 땀을 흘리며 전장(戰場)을 오간다는 뜻으로, 싸움터에서 이긴 공로를 이르는 말.

** 중국 삼국 시대 위나라의 무장으로서 자는 원양(元讓)이다. 조조의 거병에 참여하여 수많은 전투를 치렀으며, 여포를 공격하다 한쪽 눈에 화살이 박히자 그 화살을 뽑아 눈알을 삼켰다는 일화로 유명하다.

라 할 수 있다.

하지만 그는 용맹스러울 뿐 지략이 부족했다. 그래서 언제나 선봉에 섰지만 연패를 면치 못했다. 적벽대전에서 그는 군량과 건초를 운반하는 책무를 맡았는데, 이후 더 이상 자신의 용맹함을 자랑할 기회를 얻지 못했다. 조조가 죽은 뒤 위왕 조비에 의해 대장군에 임명되었으나 얼마 후 병사하고 말았다.

하후연은 하후돈 집안의 동생이다. 그는 성격이 괄괄하고 용맹스러워 전투를 할 때면 항상 선봉에 서서 적진을 뚫었다. 조조를 따라 동탁 토벌에 참여했고, 이후 관도, 적벽대전뿐만 아니라 마초와 장로 등과의 전투에도 참전하여 탁월한 전공을 세웠다. 건안 17년(212년)에 조조가 마초를 대파한 뒤 하후연에게 장안을 수비하도록 했는데, 당시가 그의 군영 생활에서 가장 찬란했던 시기다. 당시의 장안은 말 그대로 '장안(長安)', 즉 오랫동안 평안을 누릴 수 있는 곳이 아니었다. 서쪽으로는 마초가 호시탐탐 기회를 노렸고, 강인들도 침략의 야욕을 숨기지 않았다. 또한 남쪽에서는 장로가 움직이고 있었다. 하후연은 장안의 수비를 책임진 장군으로서 자신의 능력을 최대한 발휘하여 권토중래(捲土重來)*를 노리는 마초와 한수를 크게 무찔렀다. 또한 하서(河西)에서 30여 년간 터전을 잡고 있던 강왕(羌王)을 섬멸하여 농서(隴西 : 농산의 오른쪽) 지역을 평정하였다. 조조는 이를 크게 칭찬하였고, 그를 서량의 번폐(藩蔽 : 울타리)로 삼았다. 조조가 서쪽 변방의 족장들을 불러 만날 때면 언제나 하후연과 함께했기 때문에 강인들도 그를 두려워하여 감히 모반을 꿈꿀 수 없었다.

하후연은 강직하고 용맹했지만 성미가 급하여 쉽게 격노했고, 그러다가 자칫 잘못된 결정을 내리고는 했다. 건안 24년에도 유비 진영의 황충과 엄안에게 계속 패하다가 결국 자신의 성미를 이기지 못하고 황충의 유인 작전에 말려들어 전사하고 말았다.

---

* 땅을 말아 일으킬 것 같은 기세로 다시 온다는 뜻으로, 한번 실패했지만 힘을 회복하여 다시 쳐들어옴을 이르는 말이다. 중국 당나라 시인 두목이 지은 「오강정시(烏江亭詩)」에 나오는 말로, 항우가 유방과의 결전에서 패하여 오강(烏江) 근처에서 자결한 것을 탄식한 말에서 유래한다.

조조의 좌우 심복

조조가 거병했을 때 가장 먼저 도움의 손길을 보내온 것은 같은 군에 사는 조씨와 하후씨 등 친척과 친구들이었다. 조조는 그들을 자신의 심복처럼 여겼고, 중책을 맡겨 자신의 영토를 보전하려고 했다.

패국(沛國) 초군(譙郡)의 큰 가문으로서 서로 인척 관계를 맺었다.

조씨

조조의 조부인 조등(曹騰)은 동한 시절 환관으로 높은 자리에 있었다. 조조의 아버지인 조숭(曹崇)은 원래 하후씨였으나 나중에 조등에게 입적되면서 성을 바꾸었으며, 그의 가산을 물려받고 관직을 사서 태위가 되었다. 이러한 인연으로 조조는 하후씨를 특별히 후대했다.

조조의 왼팔

조조의 오른팔

조인

조인(曹仁)은 조숭의 당제(堂弟)인 조치(曹熾)의 아들로, 평생 조조를 따라 전쟁터를 누볐다. 관도전투, 적벽대전에 참가했으며, 마초와 싸울 때도 참전했다. 후에 양양(襄陽)에 머물 때 관우가 포위 공격했지만 끝내 성공하지 못했다.

조진

조진(曹眞)은 조조의 은인인 진소(秦邵)의 아들로, 아버지가 죽은 뒤 고아가 되자 조조가 거두어 키웠다. 일찍이 조조를 따라 참전했으며, 조비가 즉위한 후 대장군을 맡아 동쪽으로 손권과 싸웠고, 서쪽으로는 촉한을 방어했다. 조비가 죽은 후 조예의 후견인이 되었으며, 제갈량과 싸우다 패전하고 병사했다.

조홍

조홍(曹洪)은 조조의 사촌동생으로, 조조가 처음 거병할 때부터 함께했다. 동탁을 추격할 때 부상당한 조조에게 자신의 말을 건네 그의 목숨을 구한 적이 있다. 여러 전쟁에 참가하여 표기장군(驃騎將軍)에 이르렀으며, 이후 병사했다. 이외에 조휴(曹休), 조상(曹爽) 등도 조조의 심복으로 활약했다.

『삼국연의』에 등장하는 하후씨 장수들

가장 쓸모없었던 장수 — 하후걸 →
조조의 측근 장수였던 하후걸(夏侯傑)은 장판교에서 장비가 성난 목소리로 일갈하자 놀라서 간담이 파열되어 죽고 말았다. 『삼국연의』에 등장하는 가공의 장수이며, 그 모델은 하후패(夏侯霸)이다.

조조의 검을 관리하던 장수 — 하후은 →
조조는 의천(倚天)과 청강(靑釭)이라는 두 자루의 보검을 가지고 있었다. 보통 의천은 자신이 차고 청강은 하후은(夏侯恩)이 차고 있도록 했다. 장판파에서 하후은은 자신의 무예를 과신하다가 조운의 창에 찔려 죽고 청강검을 조운에게 빼앗기고 말았다.

'압(鴨 : 오리)'이라고 놀림을 당한 장수 — 하후무 →
하후무(夏侯楙)는 하후연의 아들로서 조조의 부마(駙馬 : 임금의 사위)였다. 제갈량이 2차 북벌을 감행할 때 평소 전투 경험이 없던 그는 주제를 모르고 설치다가 포로가 되었다. 제갈량은 그를 '오리'라고 희롱했다.

위에 충성하다 촉한에 항복한 장수 — 하후패 →
하후연의 작은아들이다. 고평릉(高平陵) 사건이 일어난 후 조상이 피살되자 하후패 역시 사마의에 의해 핍박을 받았다. 결국 촉한에 투항한 후 강유의 북벌을 도와 전공을 세웠다.

23 조조의 최측근 장수로 용맹을 떨치다 전위

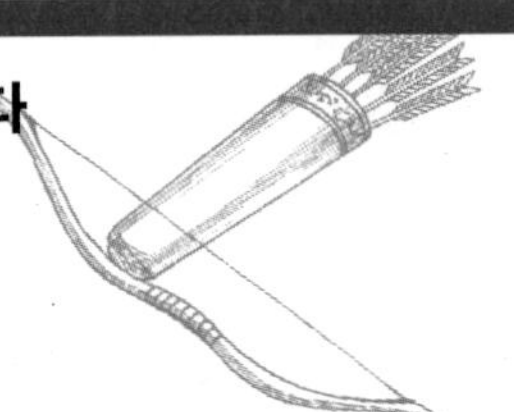

>>>>> 전위는 조조 휘하의 맹장으로서 측근 시위侍衛 가운데 한 명이다. 그는 보기 드물 정도로 용맹하였으며, 특히 죽기 직전에 적군과 싸웠던 장면은 많은 이들의 감탄을 자아내게 했다.

전위(典韋)의 용맹은 삼국의 맹장들 가운데 첫 번째로 손꼽힐 정도였다. 그는 특히 힘이 장사였고, 팔 힘이 남달라서 80근*이나 나가는 쌍철극(雙鐵戟)을 들고 전장에 나가 자유자재로 휘둘렀다.

『삼국연의』에서 전위는 등장하는 대목부터 심상치 않다. 그는 원래 장막의 휘하에 있었는데, 주변 사람과 불화하여 손으로 수십 명을 때려죽이고 산중으로 도피했다. 하후돈이 사냥을 하다가 전위가 호랑이를 쫓아 계곡을 뛰어가는 것을 보고 그를 조조에게 천거했다. 때마침 크고 무거운 아문(衙門 : 관아의 출입문)의 깃발이 쓰러지자 여러 사람들이 달려들었지만 제대로 세우지 못했다. 이를 본 전위가 한 팔로 번쩍 들어 제대로 세우자 조조가 감탄하며 "옛날의 악래(惡來)**와 같은 인물이로다!"라고 하면서 그에게 입고 있던 비단 도포를 하사했다.

한번은 조조가 복양(濮陽)에서 여포와 싸울 때 기습 공격을 당해 위험에 처하게 되었다. 사방에서 여포의 장수들이 달려들고 화살이 빗발치듯 날아오는데, 전위가 쌍철극을 옆구리에 끼고 단극(短戟) 10여 개를 두 손에 나누어 쥐고서는 뒤를

* 후한 당시의 도량형으로는 약 20kg, 현재의 도량형으로는 48kg이다. 『삼국연의』에 등장하는 무기의 경우 시대적으로 맞지 않는 경우가 많다.

** 악래는 상나라 주왕의 신하로, 그의 아비 비렴(蜚廉)은 달리기를 잘했고, 그는 힘이 장사여서 손으로 호랑이의 가죽을 벗길 정도였다. 그들 부자는 주왕의 포악질을 도와 나중에 무왕에게 피살되었다.

쫓는 여포의 기병에게 한 자루씩 날려 순식간에 기병 10여 명을 거꾸러뜨렸다. 이후 조조는 전위를 더욱 아끼고 좋아했다. 조조는 전위가 성품이 충성스럽고 근신하며 신중했기 때문에 그를 자신의 측근 시위로 삼았다.

조조가 완성(宛城)에서 장수와 싸울 때 장수는 처음에 조조에게 투항했다가 조조가 자신의 형수를 취하자 크게 노하여 조조를 죽이려고 마음먹었다. 그러나 조조 옆을 한시도 벗어나지 않는 전위가 두려웠다. 그래서 일부러 술자리를 마련하여 전위를 만취하게 만든 다음 부하를 시켜 그의 쌍철극을 몰래 훔치도록 했다. 이후 조조의 진영을 급습했는데, 전위는 취중에 벌떡 일어나 갑옷도 걸치지 않은 채 달려 나와 영채 문을 지켰다. 그는 옆에 있는 병사의 요도(腰刀)를 빼앗아 달려드는 장수의 병사 수십 명을 순식간에 해치웠다. 계속 달려드는 장수의 병사들에 의해 그 역시 수십 군데 상처를 입었지만, 여전히 죽기를 각오하고 계속 싸웠다. 칼이 무디어지자 적병 두 사람을 손에 들고 휘둘러 무기처럼 사용하면서 또 몇몇을 죽이니 장수의 부하들이 놀라 감히 달려들지 못하고 멀리서 화살을 날릴 뿐이었다. 그때 길을 돌아 영채로 진격한 장수의 병사가 뒤에서 그의 등을 찔렀다. 그는 크게 몇 번 소리를 지르더니 그만 숨이 끊어지고 말았다. 그가 죽었지만 장수의 병사들은 감히 영채 안으로 들어오지 못했다.

이렇듯 전위가 죽음으로 사수하여 조조는 겨우 목숨을 건질 수 있었다. 당시 전투에서 조조는 맏아들 조앙과 조카 조안민(曹安民)을 잃었다. 이후 무음(舞陰)으로 퇴각한 후 전위가 죽었다는 소식을 접한 조조는 친히 상을 치르고 제단에 나가 통곡하면서 이렇게 말했다.

"내가 장자와 조카를 잃고도 슬퍼하지 않았으나 전위의 죽음만은 통곡하지 않을 수 없도다."

다음 해에 장수를 정벌하기 위해 육수(淯水)를 건널 때도 조조는 또다시 전위를 생각하며 통곡했고, 그를 위해 제를 지낸 다음 장자 조앙과 조카 조안민의 제를 지냈다. 설사 이러한 행위가 여러 장수들의 사기를 높이기 위한 일종의 연극이었다고 할지라도 전위가 그의 마음속에 큰 자리를 차지하고 있었음은 부정할 수 없다.

전위

용맹함을 인정받아 하후돈이 조조에게 추천했다. 장수의 군사들이 야습하자 조조를 호위하기 위해 영채 문을 지키며 수십 명과 싸우다가 끝내 전사하고 말았다. 얼마나 용감했는지 그가 죽은 후에도 적병들이 감히 접근하지 못했다.

허저

처음에는 전위와 싸워 백중세를 이루었다가 조조의 매복에 걸려 생포된 후 투항했다. 이후 전위와 함께 조조를 호위하는 호위군(虎位軍)을 맡았다. 평소 말이 없고 멍청해 보이는 듯해도 일단 전투에 나서면 용맹함을 발휘했기 때문에 사람들은 그를 보고 '호치(虎癡)'라고 불렀다. 마초와 갑옷을 벗고 싸운 것으로 유명하다.

『삼국연의』의 유명한 대결 상황 네 장면

전위

VS

허저

12회 : 조조가 황건군을 토벌할 때 전위가 갈피(葛陂)에서 허저와 맞붙게 되었다. 두 사람이 진시(辰時 : 오전 8시)부터 오시(午時 : 오전 12시)까지 싸웠지만 승부가 나지 않아 잠시 쉬기로 하였다. 얼마 지나지 않아 허저가 먼저 말을 몰고 나오면서 다시 붙게 되었다. 해가 저물어 황혼녘이 되었으나 여전히 승부가 나지 않았다. 결국 사람보다 말이 지쳐 더 이상 싸울 수 없었다. 다음 날 두 사람이 다시 맞붙었는데, 조조가 허저의 위풍당당한 모습을 보고 은근히 마음에 들어 군사들에게 몰래 함정을 파도록 지시한 다음 전위에게 싸움을 하되 못이기는 척하고 물러나도록 명했다. 셋째 날 전위가 다시 나가 싸우면서 일부러 도망치기 시작했다. 허저가 칼을 휘두르며 전위를 쫓다가 결국 함정에 빠지고 말았다. 조조는 그를 불러 결박을 풀어 주고 회유하여 자신의 사람으로 만들었다.

손책

태사자

15회 : 손책이 한나라 광무제의 사당에 분향 재배하고 돌아가다 태사자(太史慈)와 맞붙게 되었다. 두 사람이 어우러져 싸우기를 50합이 넘었는데도 좀처럼 승패를 가릴 수 없었다. 두 사람은 싸우다 달아나고 다시 뒤쫓다가 도망치기도 하면서 마침내 산 아래 평지에 이르렀다. 태사자가 급히 말을 돌려 다시 손책과 50여 합을 겨루었다. 두 사람은 상대방의 창을 손으로 틀어쥐고 밀고 당기다가 동시에 말에서 떨어졌고, 말은 어디론가 달아나 버렸다. 두 사람은 급기야 창을 버리고 맨손으로 힘을 겨루기 시작했다. 서로 엎치락뒤치락하는 과정에서 전포가 갈가리 찢겨졌다. 손책은 태사자의 등 뒤에 있는 단극(短戟)을 빼들었고, 태사자도 손을 뻗쳐 손책이 쓰고 있던 투구를 벗겨 들었다. 이때 유요(劉繇)의 군사들이 태사자를 돕기 위해 달려오고, 연이어 손책 휘하의 장수들이 달려오니 그제야 두 사람은 맞잡은 손을 풀었다.

허저

마초

59회 : 허저가 춤을 추듯 칼을 휘두르며 말을 몰고 나가니 마초가 창을 비켜들고 이에 맞섰다. 마초와 허저가 있는 힘을 다해 1백여 합을 겨루었지만 도무지 승부가 나지 않았다. 급기야 말들이 지쳐 비틀거리자 두 장수는 진영으로 돌아가 말을 갈아타고 다시 나왔다. 또다시 1백여 합을 싸웠으나 이번에도 승부가 나지 않았다. 성격이 급한 허저는 화가 치밀어 진영으로 돌아가더니 투구와 갑옷을 벗어던지고 맨몸으로 칼을 들고 말에 올라탔다. 두 사람은 다시 30여 합을 더 싸웠다. 허저가 마초를 향해 칼을 내려치니 마초가 날렵하게 피하면서 허저의 가슴을 향해 창을 내질렀다. 급한 나머지 허저는 자신의 칼을 버리고 마초의 창을 나누어 잡고 힘을 겨루었다. 이렇게 실랑이를 벌이다가 허저가 크게 소리를 지르며 힘을 주니 창이 부러져 두 동강이 나고 말았다. 두 사람은 반 토막이 난 창대를 쥐고 상대를 찌르며 난투극을 벌였다. 이후 양 진영에서 군사들이 협공하면서 두 사람의 싸움은 끝났다.

장비

마초

65회 : 장비와 마초가 각기 창을 들고 맞붙어 1백여 합을 싸웠지만 승부가 나지 않자 각기 자기 진영으로 돌아갔다. 장비는 진영으로 돌아온 뒤 말을 잠시 쉬게 하는 한편 자신은 투구를 벗어던지고 수건으로 머리를 동여맨 다음 다시 말을 타고 달려 나갔다. 마초 역시 달려 나와 또다시 1백여 합을 겨루었지만 두 사람은 싸울수록 힘이 솟는 듯 조금도 지친 기색이 없었다. 그날 저녁 마초가 다시 한 번 유비의 진영으로 와서 야전(夜戰)을 하자고 덤비자 장비가 창을 비켜들고 뛰어나갔다. 20여 합을 싸우다가 마초가 갑자기 말을 돌려 달아나면서 장비에게 동추(銅錘)를 휘둘렀으나 재빨리 피한 장비가 마초에게 화살을 쏘았다. 마초 또한 재빨리 몸을 틀어 화살을 피했다.

전위와 허저

전위는 힘이 장사였고, 특히 팔힘이 놀라울 정도여서 양손에 각기 80근(현재 도량형으로 48kg)이 넘는 쌍철극을 자유롭게 휘둘렀다. 그림은 쌍철극을 도둑맞은 뒤 사람을 무기 삼아 휘두르는 장면이다.

사납고 용맹하여 언제나 갑옷으로 중무장한 채 조조를 호위했다.

전위(?~197년)

시　호 : 없음
무　기 : 쌍철극
업　적 : 복양에서 조조를 구했으며, 완성에서 죽음으로 영채 문을 지켜냄으로써 조조를 도피시킴

허저(?~?)

시　호 : 장후(壯侯)
무　기 : 대도
업　적 : 위하(渭河)에서 조조를 구출하고 맨몸으로 마초와 싸움

허저는 성격이 조심스럽고 신중하며 과묵했다.

키는 8척(약 185cm) 정도였으며, 허리가 양손의 집게뼘을 열 번 합친 길이로 대단히 굵었다. 영웅다운 용모에 의지가 강했다.

진수의 평가 허저와 전위는 조조의 측근 무장으로서 용맹을 떨쳤는데, 이들의 용맹함은 한나라의 번쾌(樊噲 : 원래 개고기를 파는 미천한 신분이었으나 무예에 통달한 무장으로 이름을 날렸다.)에 비길 수 있다.

허저와 전위의 관직

허저 : 도위(都尉 : 조조에게 투항한 후) → 교위(校尉 : 장수張綉 휘하 시절) → 관내후(關內侯 : 조조를 호위하면서 서타徐他를 주살함) → 무위중랑장(武衛中郎將 : 조조를 따라 마초를 격파함) → 중견장군(中堅將軍 : 조인이 무단으로 조조의 장막에 들어오는 것을 막음) → 만세정후(萬歲亭候), 무위장군(武衛將軍 : 조비 칭제 시절) → 모향후(牟鄕侯 : 조예 시절) → 장후(壯侯 : 시호)

전위 : 사(士 : 장막張邈의 군중 시절) → 사마(司馬 : 하후돈의 군중 시절) → 도위(都尉 : 조조를 따라 여포를 토벌함) → 장수가 모반할 당시 조조를 호위하다 죽음

24 오나라에 위세를 떨친 호랑이 장수 장료

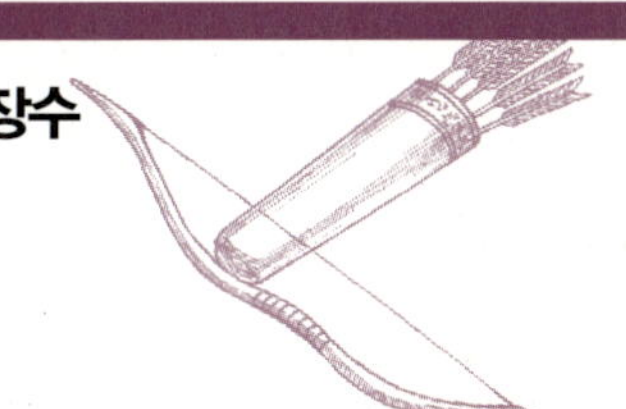

≫≫ 장료는 조조의 '오자양장(五子良將 : 다섯 명의 훌륭한 장수)' 가운데 으뜸인 장수다. 합비를 맡아 혼자 지켰으며, 소요진逍遙津에서는 8백 명의 군사로 손권의 10만 정병을 무찔러 오나라에서 모르는 사람이 없을 정도로 위세를 떨쳤다.

장료(張遼)는 조조 휘하에서 가장 득세한 장수 가운데 한 사람이다. 적진을 뚫고 맹렬히 공격하는 선봉의 장수이면서 한 지역을 맡아 다스리기도 했으니, 그야말로 지혜와 용맹을 겸비한 인물이라 할 수 있다.

초기의 장료는 그다지 빛을 발하지 못했다. 그렇기 때문에 『삼국연의』에서도 전반부에서는 그의 이름이 거의 보이지 않는다. 그는 제일 먼저 정원(丁原)*의 휘하에 있었으며, 이후 하진(何進), 동탁, 여포 등 여러 차례 주군을 바꾸었다. 이 점은 가후와 비슷하다. 정원이 동탁의 계략에 의해 살해되자 장료는 주군의 원수를 갚기는커녕 오히려 여포를 따라 동탁을 수행했다. 그 후 여포가 하비에서 포로가 되었을 때 그도 잡혔는데, 관우의 도움으로 조조에게 투항하게 되었다. 이후 장료는 이전의 모습과 달리 자신의 지혜와 능력을 최대한 발휘하면서 조조를 위해 여러 차례 전공을 세웠다.

장료는 조조가 산동(山東)으로 진격하여 원담과 원상을 토벌하고, 요동을 평정할 때도 항상 같이 있었다. 원담, 원상을 토벌할 당시 오환왕(烏桓王)이 군사를 이끌고 달려들자 그대로 적진으로 쳐들어가 순식간에 오환왕 답돈(蹋頓)의 목을

* 후한 말기의 관원. 병주자사(幷州刺史)를 지냈으며, 영제가 죽은 후 군사를 모아 낙양에 가서 하진과 함께 환관을 제거하는 데 참여했다. 훗날 동탁에게 속아 휘하의 여포에게 살해되었다.

베었다. 이러한 무공은 관우가 안량과 문추를 벤 것과 비교하여 전혀 손색이 없었다. 적벽대전에서 그는 오나라 군의 화공에 전선이 불타고, 오나라의 명장 황개가 조조를 잡기 위해 달려드는 위급한 상황에서 황개에게 화살을 쏘아 조조의 탈출을 돕기도 했다.

이렇듯 오랜 세월에 걸쳐 전쟁을 몸소 겪으면서 장료는 점차 적진을 파고드는 선봉장에서 벗어나 한 지역에 주둔하며 수많은 군사를 통솔하는 역할을 맡게 되었다. 적벽대전 이후 조조는 장료에게 이전(李典)과 악진(樂進)을 이끌고 합비에 주둔하면서 손권을 방어하도록 했다. 합비에서 장료는 손권과 여러 차례 접전을 벌였는데, 첫 번째는 적벽대전이 막 끝난 뒤였다. 손권은 합비를 취하기 위해 성안에 복병을 잠입시켰다가 오히려 장료의 계략에 걸려 크게 패하고 말았다. 이때 태사자 등이 목숨을 잃었다.

이후 손권은 조조가 한중을 정벌하는 기회를 틈타 10만 대군을 이끌고 합비를 공격했다. 장료는 자신이 거느린 결사대 8백여 명을 이끌고 적진 깊숙이 돌격해 수많은 적군을 죽이고, 손권의 수기(帥旗) 아래까지 쳐들어갔다. 이에 놀란 손권은 급히 도주했다. 이후 손권은 장료의 군사가 얼마 되지 않는다는 것을 알고 전열을 가다듬어 다시 포위 공격을 감행했지만, 장료는 전혀 두려워하지 않고 진격하여 마치 무인지경(無人之境)을 뚫고 지나는 듯했다. 당시 전투로 장료는 크게 위세를 떨쳤는데, 강남의 어린아이들조차 울다가도 그의 이름만 들으면 울음을 그쳤다고 한다.

이릉전투 이후 조비는 친히 대군을 이끌고 오나라로 진격했다가 후방의 정세 불안으로 철수할 수밖에 없었다. 오나라 군사들이 추격하자 장료가 나아가 조비를 보호하던 중 정봉(丁奉)이 쏜 화살에 허리를 맞았다. 장료는 급히 허창으로 돌아와 부상을 치료했지만 상처가 악화되어 죽고 말았다.

용맹하고 날렵했던 장료

장료는 일생에서 여러 번 주군을 바꾸었지만 마지막으로 조조의 휘하에서 비로소 자신의 능력과 재주를 마음껏 발휘할 수 있었다. 그는 조조를 따라 남정, 북벌에 참가하면서 뛰어난 영웅으로 새롭게 태어났다.

동탁

동탁이 피살되자 장료는 여포에게 의탁하여 기도위(騎都尉)가 되었다.

오환(烏桓)

요동(遼東)

4. 조조를 따라 기주와 요동을 평정하여 오환을 투항시키고, 오환왕 답돈의 머리를 베었다.

발해(渤海)

병주(并州)

기주(冀州)

1. 병주자사 정원이 장료를 자신의 휘하로 불렀다.

위(魏)

황해(黃海)

2. 하진이 장료를 파견하여 하북에서 군사를 모으도록 했다.

관도(官渡)

하비(下邳)

낙양(洛陽)

장안(長安)

허창(許昌)

3. 조조가 여포를 격파한 후 장료는 조조에게 투항하여 중랑장 겸 관내후가 되었다.

조조에게 투항하기 전

조조에게 투항한 후

양양(襄陽)

합비(合肥)

6. 적벽대전 후 합비에 주둔하며 오나라 손권의 공격을 막아냈다.

촉(蜀)

형주(荊州)

적벽(赤壁)

5. 조조를 따라 강남으로 갔고, 형주에서 반란이 일어났을 때 반란의 수괴 진란(陳蘭)과 매성(梅成)을 참수하여 정세를 안정시켰다.

장료와 관우의 교류

- 관우는 장료가 여포와는 다른 의로운 인물이라고 여겼다.
- 백문루(白門樓)에서 관우는 조조에게 장료를 석방해 줄 것을 요청했다.
- 화용도에서 관우는 조조와 장료를 살려 보내 주었다.

- 관우가 하비 토산(土山)에 있을 때 장료가 그를 설득하여 투항시켰다.
- 백마파(白馬坡)에서 관우에게 경고를 보냈다.
- 관우가 관인(官印)을 걸어놓고 황금을 봉한 다음, 조조 곁을 떠나 5개의 관(關)을 지나며 장수들을 참살했을 때 장료가 중재하여 무사할 수 있었다.

25 제갈량도 꺼려했던 지혜로운 장수 장합

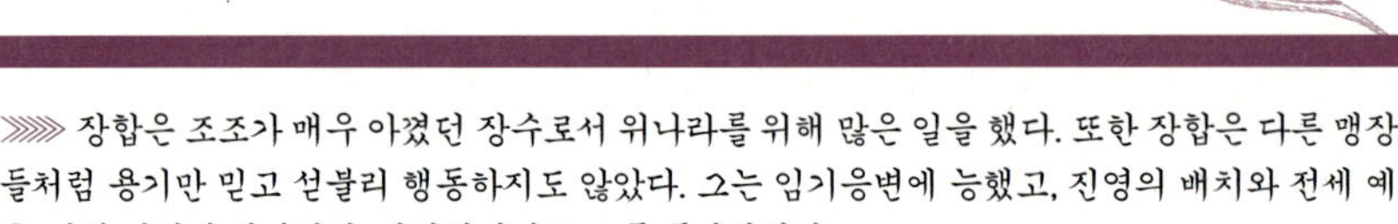

>>>> 장합은 조조가 매우 아꼈던 장수로서 위나라를 위해 많은 일을 했다. 또한 장합은 다른 맹장들처럼 용기만 믿고 섣불리 행동하지도 않았다. 그는 임기응변에 능했고, 진영의 배치와 전세 예측, 지형 파악에 뛰어났다. 제갈량마저도 그를 두려워했다.

장합(張郃)은 한복(韓馥)* 휘하에 있다가 한복이 원소에게 격파된 후 원소를 섬겼는데, 그때부터 두각을 나타내기 시작했다. 관도대전에서 장합은 장료와 40여 합을 겨루었지만 승부를 가릴 수 없었고, 이를 본 조조는 속으로 감탄을 금치 못했다. 이후 조조는 장수들을 진영에 남겨둔 채 자신이 직접 군사를 이끌고 오소(烏巢)를 습격했다. 장합은 조조의 군사들이 뛰어났기 때문에 오소의 장수들이 분명히 패할 것이라 생각하고 급히 그들을 지원하러 갔다. 그러나 원소의 모사 곽도(郭圖)는 조조의 대본영을 공격하자고 건의했다. 원소는 장합의 말을 듣지 않고 오소 지원 병력으로는 경기병(輕騎兵)**만을 파견하고, 주요 부대에는 조조의 본영을 공격하도록 명했다. 그 결과 작전은 실패로 끝났고, 오소전투에서 패배했다는 소식이 전해지자 원소 군영은 술렁거리기 시작했다. 곽도는 작전에 실패한 책임을 전가하기 위해 장합이 작전에 최선을 다하지 않았으며, 실패한 후에도 불손하기 짝이 없다는 식으로 모함했다. 장합은 두려운 나머지 고람(高覽) 장군과 함께 분한 마음을 안은 채 조조에게 투항해 버렸다. 이때 장합은 일개 무장이었지만 그의 지혜나 전략은 원소의 모사를 능가했다.

* 후한 말기의 관원으로, 원술과 함께 원소를 추대해 반동탁 연합군을 결성하여 동탁 토벌에 참여했다.

** 민첩하게 활동할 수 있도록 가볍게 무장한 기병.

소설에서 평가절하된 장수 장합

유비를 존대하고 조조를 낮추기 위한 소설의 전체적 흐름에 맞추기 위해 나관중은 인물들의 형상을 적절하게 변형했다. 장합 역시 마찬가지였다. 사서에 의하면 장합은 용맹하고 기민하며 영리했다. 그래서 천하의 제갈량도 그를 두려워했다. 그러나 소설에서 장합은 전투에서 매번 격퇴당하는 패장의 모습으로 그려지고 있다. 따라서 장합은 촉한 장수들을 돋보이게 하는 희생양과 같은 신세라고 할 수 있겠다.

장합

역사 속의 장합		소설 속의 장합
용감하고 지략이 뛰어나며 병법을 잘 이해하고 있는 인물		여러 차례 전쟁에서 격퇴당한 패장
장합이 낭중에서 장비에게 패배한 후 유비가 직접 군사를 이끌고 장합을 공격했지만 이기지 못하자 하후연으로 공격의 칼끝을 겨냥했다. 하후연이 죽은 뒤 군심이 술렁거렸으나 많은 장수들이 장합을 지휘 장수로 천거하자 군영의 분위기가 안정되었다.	한중전투	장합은 파서, 와구애, 천탕산을 잃었으며, 장비와 황충에게 연이어 패배했다. 무명의 하후상까지 그를 겁쟁이라고 욕했다.
사마의는 가정전투에 참가하지 않았고, 조조 군의 실제 통솔자는 장합이었다. 그는 마속(馬謖)의 수원(水源)을 끊어 촉한 군사를 대파했다. 부근의 3개 군(郡)이 제갈량에 가담했지만, 장합이 모두 평정했다.	가정전투	지휘 장수는 사마의였고, 장합은 사마의가 파견한 작은 선봉 부대의 장수였을 뿐이다.
장합은 촉한 군사를 추격하면 분명히 매복이 있을 것이라고 생각했다. 그러나 사마의는 그의 말을 믿지 않고 장합에게 이를 추격하도록 했다. 어쩔 수 없이 장합은 군사를 이끌고 그들을 추격하다가 결국 화살을 맞고 죽었다. 이에 대해 혹자는 장합을 제거하고 정권 찬탈을 계획했던 사마의의 계략일 것이라고 말한다.	목문전투	제갈량이 철수한 후 장합은 촉한 군사를 추격할 것을 자청했지만 사마의는 이를 허락하지 않았다. 장합이 격앙된 목소리로 장황하게 소신을 풀어놓은 후에야 사마의는 그의 출전을 허락했다.

장합에 대한 정사(正史)의 평가

❶ 진수의 『삼국지』: 태조가 이러한 무공을 세웠는데, 당시 훌륭한 장수들 가운데 다섯 사람이 가장 우수했다. ……장합은 변화에 교묘하게 대처하여 이름을 얻었다.

❷ 진수의 『삼국지』: 장합은 변화의 수를 예측한 진영 배치에 뛰어났으며, 전세(戰勢)와 지형을 헤아리는 데 철저한 계획을 세웠기 때문에 제갈량을 비롯한 여러 사람들이 그를 꺼려했다.

❸ 황충이 하후연의 목을 벤 뒤 유비는 이렇게 말했다. "마땅히 수장을 죽여야지 그를 죽여 무엇에 쓴단 말인가!" 유비가 생각하기에 하후연은 두려움의 대상이 아니었으며, 장합이야말로 가장 큰 화근이었던 것이다.

장합은 조조 휘하에서 자신의 재능을 한껏 발휘하여 조조의 다섯 명장(장료, 악진, 우금, 장합, 서황) 가운데 한 사람이 되었다. 그는 또한 원상, 원담에 이어 오환을 토벌하고, 마초와 한수를 대파하였으며, 장로를 평정하는 데 큰 공을 세웠다. 그러나 『삼국연의』에서는 장합이 패전을 거듭한 장수로 묘사되고 있다. 이런 평가도 어쩔 수 없는 것이 그의 상대는 조조도 어찌할 수 없었던 제갈량이었던 것에서 이유를 찾을 수 있겠다. 그렇지만 장합은 당연히 찬사를 받아야 하는 부분이 많은 장수다.

장합은 와구애에서 장비에게, 가맹관에서 황충에게 패한 후 적군에 대한 경계를 단단히 하여 이후에는 황충의 교병계(驕兵計 : 적을 교만하게 만들어 물리치는 계책), 격장계(激將計 : 적을 자극하여 분노하게 만든 다음 허점을 노리는 계책), 반객위주(反客爲主 : 손님이 오히려 주인이 됨)의 계책을 연이어 간파했다. 그러나 안타깝게도 하후연은 그의 권고를 무시하다가 결국 황충에게 목숨을 잃고 말았다. 유비는 황충이 하후연을 죽였다는 소식을 듣고 이렇게 말했다.

"마땅히 수장을 죽여야지 그를 죽여 무엇에 쓴단 말인가!"

이를 통해 유비가 하후연을 무시했을 뿐만 아니라 황충이 장합보다 못하다고 생각했음을 알 수 있다.

제갈량이 북벌에 나섰을 때 장합은 위나라 군의 핵심 장수였으며, 제갈량도 그를 두려워할 정도였다. 제갈량은 첫 번째 북벌의 실패 원인이 가정을 잃었기 때문이라고 생각했는데, 가정을 공격하던 조조 군의 주장(主將)이 바로 이 용감무쌍하고 지략이 뛰어난 장합이었다. 이후 제갈량이 네 번째로 북벌을 단행했다가 철군할 때 장합은 매사를 신중하게 처리하고자 했지만, 결국 제갈량의 매복 전술에 걸려 목문도(木門道)에서 화살에 맞아 죽고 말았다.

26 지혜와 용기를 겸비하여 조조가 아꼈던 장수 서황

>>>> 서황 역시 조조의 다섯 명장 가운데 한 사람으로, 용감하고 지략이 뛰어나 조조의 총애를 받았다. 그는 군사를 이끌고 적의 포위에서 번성樊城을 구해냄으로써 조조의 찬사를 받았다.

서황(徐晃)은 원래 군벌 양봉(楊奉)의 수하로, 이각과 곽사가 난을 일으켰을 때 헌제를 보필하여 곽사의 추격을 물리쳤다. 이후 조조와 양봉이 벌인 전투에서 조조가 서황의 무예를 높이 사 만총(滿寵 : 위나라 조조의 모사)을 보내 그의 투항을 권유했다. 이에 서황은 조조의 뛰어난 선봉 장수가 되어 조조를 따라 남북을 가로지르며 여포, 원소, 마초, 장로를 토벌하고, 적벽대전에 참가하여 많은 공적을 쌓았다.

서황은 지략과 용맹을 갖추었을 뿐만 아니라 전략전술에 능했다. 진수의 『삼국지』에 의하면 원소에게 원한이 깊었던 조조는 원소가 차지한 지역을 정벌할 때마다 도성 안의 모든 사람을 학살했다. 서황은 이러한 처사는 결국 원소 세력의 강한 반발을 일으켜 조조의 천하통일에 방해가 될 뿐이라고 생각했다. 그는 역양(易陽)을 정벌할 당시 조조에게 이렇게 권유했다고 한다.

"원담과 원상은 아직 무너지지 않았고, 여러 성이 항복하지 않은 채 귀를 기울여 듣고 있습니다. 오늘 역양을 치면 내일은 모두 죽기를 각오하고 성을 사수할 것입니다. 하북을 평정하지 못할까 걱정스럽습니다. 원컨대 공께서는 역양을 항복시켜 여러 성에 보여 주시면 모두 동정을 살필 것입니다."

조조는 그의 의견을 받아들여 하북을 평정하는 데 걱정거리를 없앨 수 있었다.

서황은 전투에서 선봉에 섰을 뿐만 아니라 탁월한 지휘 능력을 발휘해 전투를 승리로 이끈 대장군으로 손색이 없었다. 그의 가장 탁월한 공적은 관우를 대패시키고 번성을 구한 전투였다. 당시 관우는 양양을 점령하여 칠군(七軍)을 수장시키고 우금을 사로잡았으며, 방덕의 목을 베어 중원에 위엄을 떨쳤다. 또한 대군을 이끌고 번성을 포위하자 번성을 지키던 조인은 겨우 수천의 병력으로 번성을 사수하느라 고전을 면치 못했다. 관우가 파죽지세로 들이닥쳐 중원으로 진군할 것을 예상한 조조는 날카로운 적의 공격을 피하기 위해 천도(遷都)를 준비했다. 사마의가 이를 만류하자 조조는 오나라에 연락을 취하는 한편 서황을 보내 번성의 포위를 풀도록 했다. 서황은 조조의 명에 따라 성동격서(聲東擊西)의 계책으로 군사들을 지휘해 포위망을 뚫고 들어가 관우를 대패시키고 번성의 포위를 풀었다. 이후 전장을 직접 시찰하러 나온 조조는 서황을 두고 이렇게 칭찬했다.

"형주 병사가 수 겹의 참호와 방책을 설치했는데, 서공명(徐公明 : 서황의 자)이 적진으로 깊숙이 들어가 승리를 거두었구려. 내가 용병한 지 30여 년이 되었으나 감히 적의 포위망을 뚫고 들어가지는 못하였소. 공명, 그대야말로 식견과 용기를 두루 갖춘 사람이오!"

조조의 찬사를 보면 서황이 얼마나 출중한 인물이었는지 능히 엿볼 수 있다. 이후 제갈량이 융중에서 유비를 위해 마련한 계책, 즉 형주를 시작으로 중원까지 진격하려던 계획은 이로써 완전히 무산되고 말았다.

조조의 후계자 조비는 즉위 후 서황을 여러 차례 중용하였다. 서황은 태화(太和) 원년(227년)에 병으로 사망했다. 그러나 『삼국연의』에는 서황이 사마의를 따라 맹달을 정벌할 때 맹달에게 화살을 맞은 얼굴 부위를 치료하지 않아 사망한 것으로 적고 있다.

관우의 포위망을 뚫고 번성을 구하다

번성전투에서 서황은 위나라 군을 이끌고 중원에 이름을 떨치던 관우를 격파한 후 번성의 포위를 풀었다. 이는 서황의 일생에서 가장 자랑스러운 전투로, 조조까지도 그의 뛰어난 능력에 찬사를 아끼지 않았다.

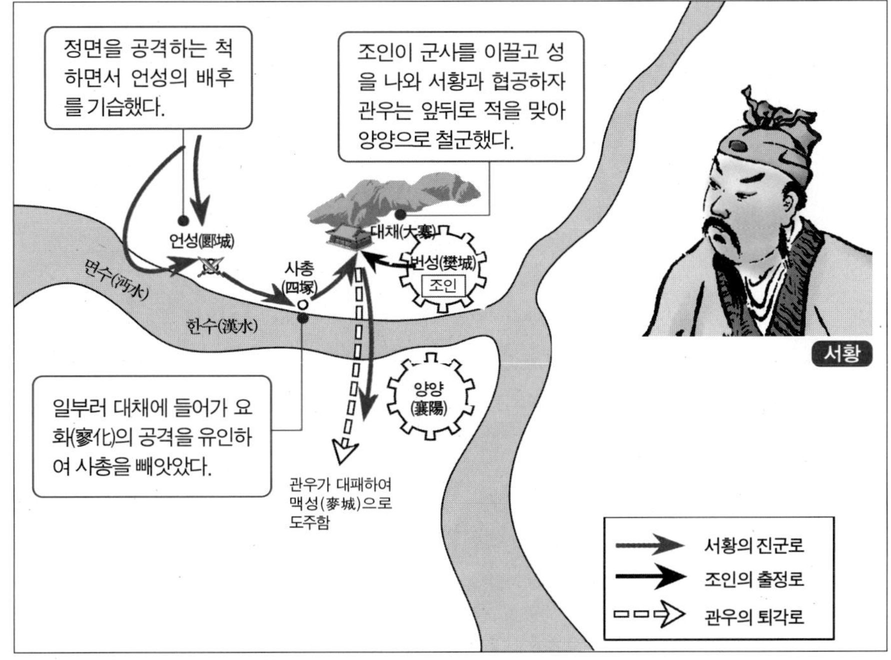

조조의 다섯 명장 가운데 두 인물

우금

조조가 연주에서 군사를 일으켰을 때 우금이 수백 명을 이끌고 투항했다. 이후 조조를 따라 전투에 참가하면서 조조의 총애를 받았고, 번성전투에서는 조인을 도왔다. 고집이 세고 충고를 잘 받아들이지 않았던 그는 방덕이 공을 세울까 걱정하면서 권고를 받아들이지 않아, 결국 관우에게 대패하여 투항함으로써 절개를 지키지 못했다. 손권이 형주를 점령한 후에는 우금을 위나라로 돌려보냈다. 조비에 의해 조조의 묘를 지키게 된 그는 자신이 관우에게 목숨을 구걸하는 장면이 묘사된 벽화를 보고 수치심에 병이 나 죽었다.

악진

악진 역시 최초로 조조에게 투항한 장수 가운데 한 사람이다. 매우 대범하고 용감하여 종횡무진 전투에 참가하여 여러 해에 걸쳐 수많은 전공을 쌓았다. 적벽대전 이후 조조는 그를 장료, 이전과 함께 합비에 주둔하며 손권을 방어하도록 했다. 그는 수차례 눈부신 활약을 보였고, 손권을 사로잡을 기회도 있었다. 이후 오나라 장수 능통과 치열한 접전을 벌이던 중 감녕이 쏜 화살에 맞아 건안 23년(218년)에 사망했다.

조조를 지킨 명장 장료, 장합, 서황

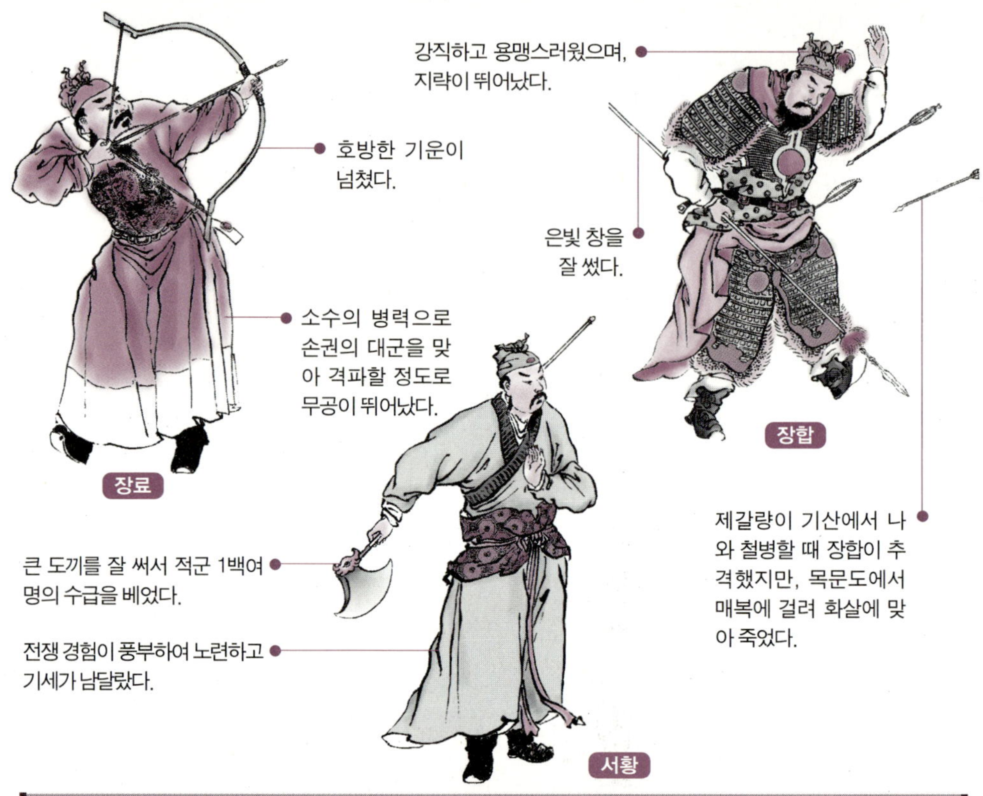

진수의 평가 태조가 이러한 무공을 세웠는데, 당시 훌륭한 장수들 가운데 다섯 사람이 가장 우수했다. 우금은 가장 강인하고 위엄이 있었지만, 죽을 때까지 지킬 수 없었다. 장합은 변화에 교묘하게 대처하여 이름을 얻었고, 악진은 용감성과 과단성으로 명성이 빛났다. 하지만 그들의 사적을 살펴보면 전해들은 것과 부합하지 않는다. 간혹 설명이나 기록이 누락된 것이 있어 장료와 서황처럼 상세한 기록이 남아 있지 않다.

장료, 장합, 서황의 관직

장합 : 군사마(軍司馬 : 한복을 따라 종군할 때) → 편장군(偏將軍), 도정후(都亭侯 : 조조에게 투항한 후), 평적장군(平狄將軍) → 탕구장군(蕩寇將軍) → 좌장군, 도향후(都鄕侯 : 조비 즉위 이후) → 정서거기장군(征西車騎將軍) → 장후(시호)

장료 : 군리(郡吏) → 종사(從事 : 병주자사 정원丁原 시절) → 기도위(騎都尉 : 여포 시절) → 중랑장(中郎將), 관내후(關內侯 : 여포가 패배하여 조조에게 투항한 후) → 비장군(裨將軍) → 중견장군(中堅將軍) → 탕구장군, 도정후 → 정동장군(합비에서 손권을 격퇴한 후) → 전장군(조비 즉위 이후) → 도향후 → 진양후(晋陽侯 : 조비 칭제 시절) → 강후(剛侯 : 시호)

서황 : 군리(郡吏) → 기도위(양봉楊奉 휘하 시절) → 비장군(조조에게 투항한 후) → 편장군(안량과 문추를 격파한 후) → 도정후 → 우장군, 체향후(逮鄕侯 : 조비 즉위 이후) → 양후(楊侯 : 조비 칭제 시절) → 양평후(陽平侯 : 시호)

27 공적에 기대어 모반하다 자멸한 장수 종회

≫ 종회는 위나라 사마의 이후 주요 장수 가운데 한 사람이다. 사마씨의 정권 안정을 위해 큰 공을 세웠지만, 촉한을 멸망시킨 후 역모를 꾀하다가 스스로 자멸하고 말았다.

종회(鍾會)는 위나라 태부 종요(鍾繇)의 아들로, 어려서부터 총명하고 지혜가 뛰어나 사람들로부터 사랑을 받았다. 하후패는 촉한에 항복했을 때 종회와 등애가 나중에 권력을 잡을 경우 촉한과 오나라의 걱정거리가 될 것이라고 예언한 적이 있다.

사마씨가 정권을 장악한 위나라 후기에 종회는 자신의 능력을 한껏 발휘했다. 사마사(司馬師 : 사마의의 맏아들)가 조방을 폐위한 후 관구검(毌丘儉)이 반란을 일으키자 종회는 사마사에게 직접 나서서 진압할 것을 권고했다. 이후 회군할 때 사마사가 병사하자 위나라 군주 조모(曹髦)가 후계자인 사마소에게 허창에 남아 오나라를 방어하도록 했다. 그러자 종회는 사마소에게 낙양으로 진군하여 조정의 변이 일어나지 않도록 정권을 장악하라고 했다. 이는 사마씨가 계속해서 위나라 대권을 차지하는 데 종회가 매우 중요한 역할을 했다고 볼 수 있다.

감로(甘露) 2년, 제갈탄이 오나라와 손을 잡고 수춘에서 사마소에 대항해 반란을 일으켰다. 종회는 즉시 군사를 이끌고 반란 진압에 참여하여 여러 차례 기발한 계책을 제시함으로써 사마소가 순조롭게 반란을 제압하는 데 기여했다. 사마소가 종회의 등을 어루만지며 그의 전략을 칭찬했다.

"그대는 진정 나의 자방(子房)이오."

또한 종회는 사마소가 먼저 촉한을 정벌할 것이라 예상하여 사천 지도를 보며 항상 이에 대한 준비를 게을리 하지 않았다. 과연 사마소는 그에게 등애와 함께 서촉으로 진군할 것을 명했다. 촉한 정벌 시기에 종회는 군법을 엄히 시행하기 위해 명장 허저(許褚)의 아들 허의(許儀)를 처형하고, 다시 양안관(陽安關)을 함락시켰다. 그는 양안성에서 제갈량의 꿈을 꾼 후 백성들이 피해를 입지 않도록 노력했다. 그러나 강유를 추격할 때는 등애와 대립했다. 종회의 부대가 파죽지세로 검각에 이르렀지만, 강유는 이에 완강히 저항했다. 양측이 대치하는 가운데 등애는 기병을 이끌고 몰래 음평을 넘어 강유(江油), 면죽을 공략한 후 성도를 포위했다. 촉한 군주 유선은 두려움에 떨며 등애에게 항복했고, 이로써 촉한은 멸망하고 말았다. 유선이 등애에게 항복하자 강유는 곧바로 종회에게 투항했다.

촉한을 멸망시킨 후 승리에 도취하여 교만해진 종회는 강유의 꼬임에 빠져 모반을 획책했다. 당시 등애 역시 스스로의 공적에 자만하여 전권을 휘두르고 있었는데, 이러한 등애의 약점을 이용해 그의 권력을 빼앗고자 종회는 등애가 모반을 계획하고 있다고 모함하였다. 그러나 사마소는 종회의 속셈을 모두 알고 있었다. 사마소는 먼저 종회에게 등애를 제거하도록 명한 후 자신은 장안에 군사를 배치하여 종회의 모반에 대비했다. 종회는 권력을 잡은 다음 태후의 유서를 빌미로 부하들에게 사마소에 대항하여 반기를 들도록 했다. 그러나 부하들은 촉한 정벌에서 승리를 거두자마자 중원으로 돌아가 공을 알리려고 할 뿐, 반란을 도모할 생각은 하지 않았다. 또한 촉한의 군사들 역시 투항한 병사와 장수들이었기 때문에 그럴 만한 용기를 가지고 있지 않았다. 결국 종회는 부하들을 부추겨 반란을 일으키는 데 실패했을 뿐만 아니라, 오히려 반란군에게 죽임을 당하고 말았다.

지혜와 모략이 뛰어났던 종회

종회는 병법에 능하고 지략이 뛰어나 사마소가 제갈탄을 평정할 때 종회의 계책이 결정적인 역할을 했다. 오나라를 견제하여 촉한을 멸망시킨 종회의 작전은 그의 예지叡智를 마음껏 드러낸 전략으로서 감탄을 금할 수 없다.

지혜로 제갈탄을 평정한 종회

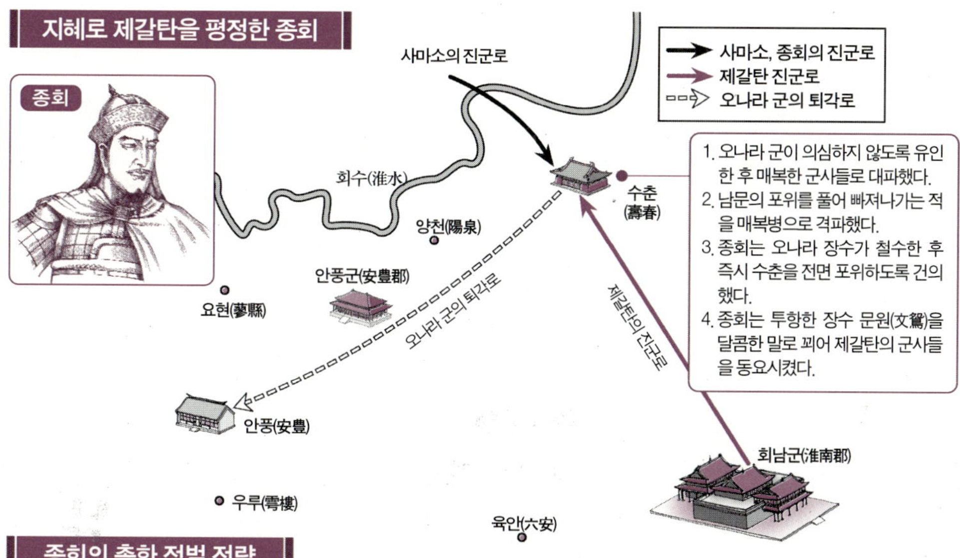

종회의 촉한 정벌 전략

종회가 먼저 오나라 정벌을 명목으로 청주, 연주, 예주, 형주, 양주 지역에서 큰 배를 만든 후 연해에 집결시키자 오나라는 두려움에 떨었다. 촉한을 정벌할 때도 오나라는 감히 경거망동을 할 수 없었다. 1년 뒤 촉한은 멸망했고, 선박 주조가 끝나 오나라를 공격함으로써 일거양득이 되었다.

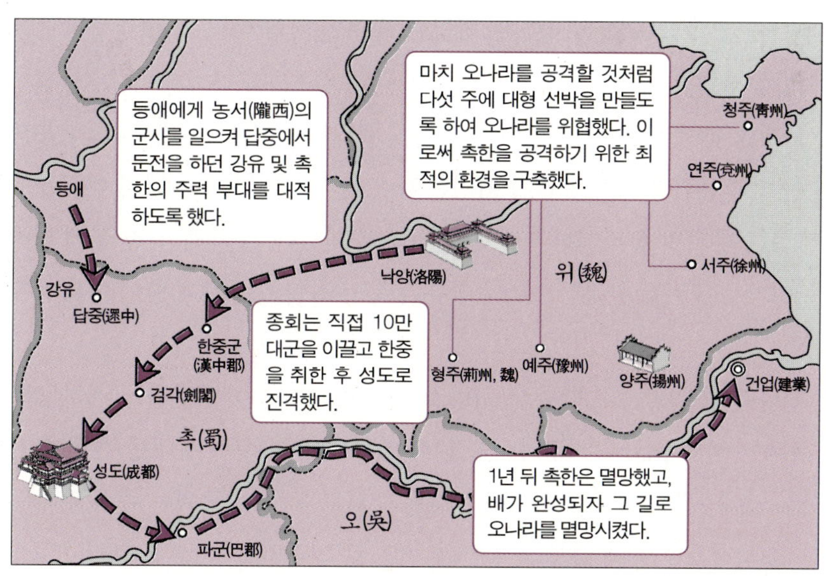

28 기습으로 촉한을 멸망시켰지만 모함에 걸린 장수 등애

등애는 삼국 말기의 뛰어난 군사가軍事家 가운데 한 사람으로 강유의 북벌에서 매우 중요한 적수였는데, 몰래 음평을 넘어 촉한을 멸망시킨 사람이 바로 등애였다. 하지만 그는 공적이 지나치면 군주에 대한 위협이 된다는 이치를 모르고 있었다. 결국 자신을 보호하지 못한 등애는 파멸을 자초하고 말았다.

가난한 집에서 태어난 등애(鄧艾)는 어릴 때 목동이었다. 하지만 본래 큰 뜻을 품었던 그는 여러 기회를 이용해 부지런히 공부하여 병법을 익힐 수 있었다. 이후 사마의가 등애의 재주를 알아보고 참찬군기(參贊軍機)로 발탁했다. 이로써 등애는 삼국의 무대에 등장하게 되었다.

위나라 정시(正始) 초년, 등애가 회하(淮河) 유역에 수리 시설을 열고 둔전을 실시하도록 건의함에 따라 위나라는 생산력을 높일 수 있었다. 위나라가 삼국 시대 후기에 강한 국력을 유지할 수 있었던 데는 등애의 여러 가지 정치적 주장이 큰 역할을 했다.

등애의 일생 중 가장 찬란했던 시기는 촉한과 대결하던 시기다. 그의 가장 큰 적수는 제갈량이 후계자로 직접 거명한 강유였다. 등애는 항상 적의 행동을 예상하여 촉한의 거짓 움직임까지 모두 간파하고 있었다. 수차례 접전 끝에 양측이 모두 이기고 지기를 반복함으로써 강유의 북벌 사업은 등애의 방어 아래 아무런 진전을 거둘 수 없었다.

위나라 경원(景元) 4년(263년), 사마소는 세 길로 나누어 촉한을 공격하도록 했다. 등애는 적도(狄道)로 진군하여 답중에 있는 강유의 주력 부대를 견제하며, 제갈서(諸葛緖)는 무도(武都)로 진격하여 강유의 퇴로를 끊고, 종회는 주력 부대를 이끌고 그 허점을 이용해 한중을 취한 후 성도로 진격하도록 했다. 그러나 등애와

공적을 세우고도 죽음을 맞은 등애

등애는 음평을 건너 촉한을 함락시켰지만 자신이 세운 공적에 자만하여 사마소의 의심을 사게 되었다. 여기에 종회까지 그를 모함하는 바람에 결국 등애는 죽음에서 벗어나지 못했다.

전공을 다툰 양자의 대결 구도

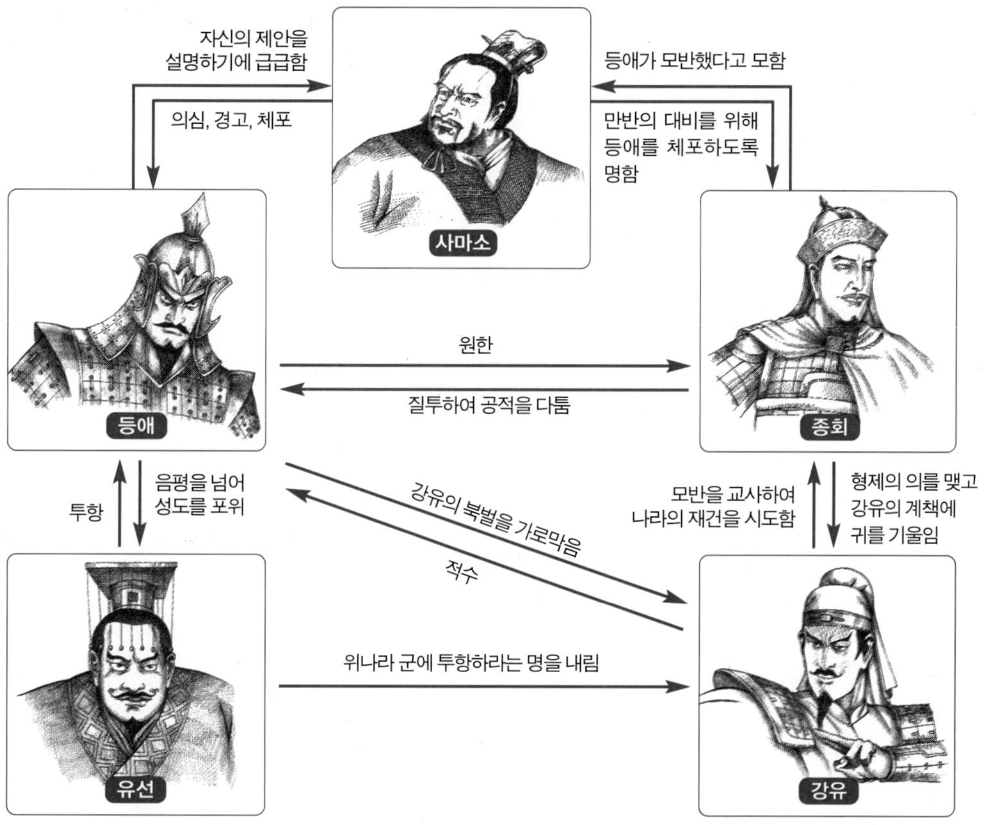

등애흘(鄧艾吃) : 등애는 어려서부터 말을 더듬는 습관이 있었다. 그는 매번 상소를 올릴 때마다 "애……애……"를 연발했다고 한다. 사마의는 이런 등애를 보고 "경은 항상 애, 애를 연발하는데, 도대체 몇 번이나 하는가?"라고 놀려댔다. 그러자 등애는 이렇게 대답했다고 한다. "'봉황이여, 봉황이여'라고 하지만 한 마리의 봉황이 아니겠습니까?(鳳兮鳳兮봉혜봉혜, 故是一鳳고시일봉)" 참으로 절묘한 말이다. 자신을 공자에 비유하여 자부심을 드러내고, 또한 질문에 대한 적절한 답변이 되었으므로 참으로 기지발랄하다고 말할 수 있다.
전하는 말에 따르면, 초나라 광인인 접여(接輿)가 천하 명산을 주유하다 공자를 만나자 이렇게 읊었다고 한다. "봉황이여, 봉황이여, 어찌 그대의 덕이 쇠하였는가? 지난 일은 돌이킬 수 없고, 다가올 일은 추구할 수 있나니(鳳兮鳳兮봉혜봉혜, 何德之衰하덕지쇠! 往者不可諫왕자불가간, 來者猶可追내자유가추)!"
등애의 말 더듬는 습관은 매우 유명했던 것 같다. 그런 까닭에 이상은(李商隱 : 중국 당나라 때의 시인)이 「교아시(驕兒詩)」에서 '(당시 아이들이)장비와 같은 수염이라 놀리고 등애처럼 말을 더듬는다고 비웃는다(或謔張飛胡혹학장비호, 或笑鄧艾吃혹소등애흘)'라고 읊었을 것이다.

제갈서가 강유를 견제하는 데 실패하고, 강유가 물러남으로써 검각(劍閣)* 을 얻었다. 종회가 이에 격분하여 그때부터 종회와 등애 사이에는 깊은 증오심이 자리 잡게 되었다. 화가 난 등애는 군사를 이끌고 몰래 음평을 넘어 강유(江油), 면죽을 거쳐 성도로 내달아 종회보다 먼저 촉한을 쳐서 큰 공적을 세웠다.

하지만 공적을 세움으로써 개인적 성취를 달성한 등애는 공적이 높으면 군주에게 위협이 될 수 있다는 진리를 깨닫지 못했다. 자만해진 등애는 마음대로 관리를 임명했고, 면죽에 누대를 세워 자신의 전공(戰功)을 자랑하는 한편 촉한의 옛 대신들 앞에서 자화자찬을 늘어놓았다.

"그대들은 나를 만났으니 오늘까지 살아 있는 게야. 만약 다른 장수를 만났다면 모두 몰살을 당했을 것이야!"

사마소는 이러한 등애의 행동을 매우 불쾌하게 생각했고, 촉 땅에 계속해서 군사를 남겨 두자는 그의 건의에 의심을 품게 되었다. 사마소가 등애에게 전횡을 삼가도록 경고했지만, 등애는 이에 개의치 않고 오히려 상소를 올려 이를 설득하려고 했다. 전공을 다투던 또 다른 주인공인 종회가 이 기회를 이용해 그가 반란을 꾀한다고 모함했다. 종회는 등애의 문서를 중간에 탈취한 후 그의 필적을 본따 불경한 말을 적어 넣었다. 이에 사마소는 더 이상 참지 못하고 등애를 잡아들이도록 명했다.

등애는 모반을 꾀하려는 마음이 없었을지도 모르지만, 겸손하게 혐의를 벗으려는 노력을 하지 않았던 탓에 결국 사마소의 의심을 풀 방법이 없었다. 등애는 큰 공적을 세우고도 죽음을 벗어나지 못했다.

---

* 장안에서 촉으로 가는 길인 대검(大劍)·소검(小劍) 두 산(山)의 요충지로, 현재의 지명으로는 사천성(四川省) 검각현에 있음.

29 성미가 급하고 용맹했던 오나라의 시조
손견

>>>>> 손견은 손권의 아버지로, 동탁을 토벌한 18로 제후 가운데 가장 적극적이었던 사람이다. 애석하게도 젊은 나이에 세상을 떠났지만, 그가 남긴 전국옥새(傳國玉璽)* 와 강인하고 용맹한 정신은 후일 손책과 손권이 가세를 일으키는 데 기반이 되었다.

오나라를 일으킨 첫 번째 주인공은 손견(孫堅)이다. 손견은 동한 말기의 영웅으로서 어려서부터 용기와 지혜가 뛰어났다. 열일곱 살에 아버지를 따라 전당(錢塘)으로 간 그는 해적 10여 명이 언덕에서 장물을 나누는 것을 보고 칼을 들고 언덕에 올라 소리를 지르며 좌우를 지휘하였다. 그 모습을 본 해적들은 관병이 왔다고 생각하고는 재물을 버리고 달아났다. 이 사건으로 손견은 관아의 눈길을 끌게 되어 군관으로 발탁되었다.

한나라 말기에 황건군이 난을 일으키고 천하가 혼란에 빠졌을 때 손견은 향용군(鄕勇軍)을 조직하여 황건군을 토벌했다. 완성의 황건군을 토벌할 때는 유비와 함께하기도 했다. 이후 손견은 황건군을 토벌한 공로로 장사태수(長沙太守)에 임명되었고, 이로써 가세를 일으킬 수 있었다.

동탁이 난을 일으켰을 때 조조가 조서를 꾸며 이를 토벌하도록 했는데, 많은 제후들이 호응하여 원소를 맹주로 추대하였다. 손견 역시 당시 18로 제후 가운데 한 사람이었으며, 가장 적극적으로 나서서 동탁의 군사를 수차례 격파했다. 또한 동탁의 대장군 화웅(華雄)** 을 참살했다. 이에 동탁은 손견을 경계하며 이각을 시

---

* '나라에서 나라로 전해지는 옥새'라는 뜻으로, 황제를 상징하는 말이다. 중국 진(秦)나라의 시황제(始皇帝)가 화씨지벽(和氏之璧)으로 만든 옥새에서 유래되었다.

** 나관중은 『삼국연의』에서 관우의 이미지를 부각시키기 위해 화웅의 목을 벤 전공을 관우에게 돌림.

켜 자기편으로 끌어들이려 했지만, 손견이 받아들이지 않자 그를 비난했다. 동탁은 하는 수없이 낙양에 불을 지르고 장안으로 옮겨 갔다. 동탁이 철수한 뒤 손견이 가장 먼저 낙양으로 들어가 화재를 진압했으며, 동탁이 파헤쳐 놓은 능침(陵寢)을 보수하다가 뜻밖에도 전국옥새를 발견했다. 귀한 보물 앞에 사심이 생긴 손견은 옥새를 숨겼다.* 원소가 이를 알고 옥새를 찾으려 했지만 뜻대로 되지 않자 유표를 시켜 강제로 빼앗도록 했다. 이때 벌어진 전투에서 손견은 대패했고, 그때부터 원소와 유표에게 원한을 품게 되었다.

손견은 용맹하였으나 주도면밀하지 못하여 많은 전투를 치르는 동안 실수를 저지르기도 했다. 후한 헌제 초평(初平) 2년(191년), 원술이 손견에게 유표를 공격하도록 했는데, 손견은 그날의 복수를 하기 위해 주저 없이 군사를 이끌고 출정하여 유표 수하의 지휘 장수인 황조(黃祖)를 수차례 격파하고 양양을 포위했다. 이후 유표가 여공(呂公)을 보내 포위를 뚫고 원소를 구하도록 했다. 이를 발견한 손견은 수하 장수들과 합류하지 않은 채 30여 명의 군사들만 이끌고 추격하였고, 수풀이 빽빽하게 들어찬 연산(硯山)에 들어갔다가 여공의 매복병이 쏜 화살에 맞아 죽고 말았다. 그의 나이 겨우 서른일곱 살이었다.

손견이 젊은 나이에 세상을 떠난 것은 오나라에 큰 타격이 되었다. 하지만 그의 두 아들인 손책과 손권이 용맹한 아버지의 뒤를 이은 데다 '전국옥새'라는 값진 보물을 남겼다. 젊은 손책은 옥새를 헌상하고 빌려 온 수천 명의 군사로 강동을 평정해 오나라의 기반을 다질 수 있었다.

* 『삼국지』에 이 내용을 주석으로 채록한 배송지는 '어찌 손견과 같이 충의로운 사람이 한 왕조의 신기를 얻어서 숨겨 두겠는가?'라고 부정했다. 『삼국지』 주석 『산양공재기(山陽公載記)』에서는 손견이 원술에게 옥새를 빼앗긴 것으로 기술되어 있다.

가문의 기세를 일으킨 손견의 활동

손견은 전국 시대 군사가 손무孫武의 후예로서 집안 대대로 관직에 임명되었다. 그는 황건군의 난을 평정하면서 가문의 기세를 일으키고 벼슬길에 올라 한나라 말기의 영웅 가운데 한 사람이 되었다.

손견의 출세기

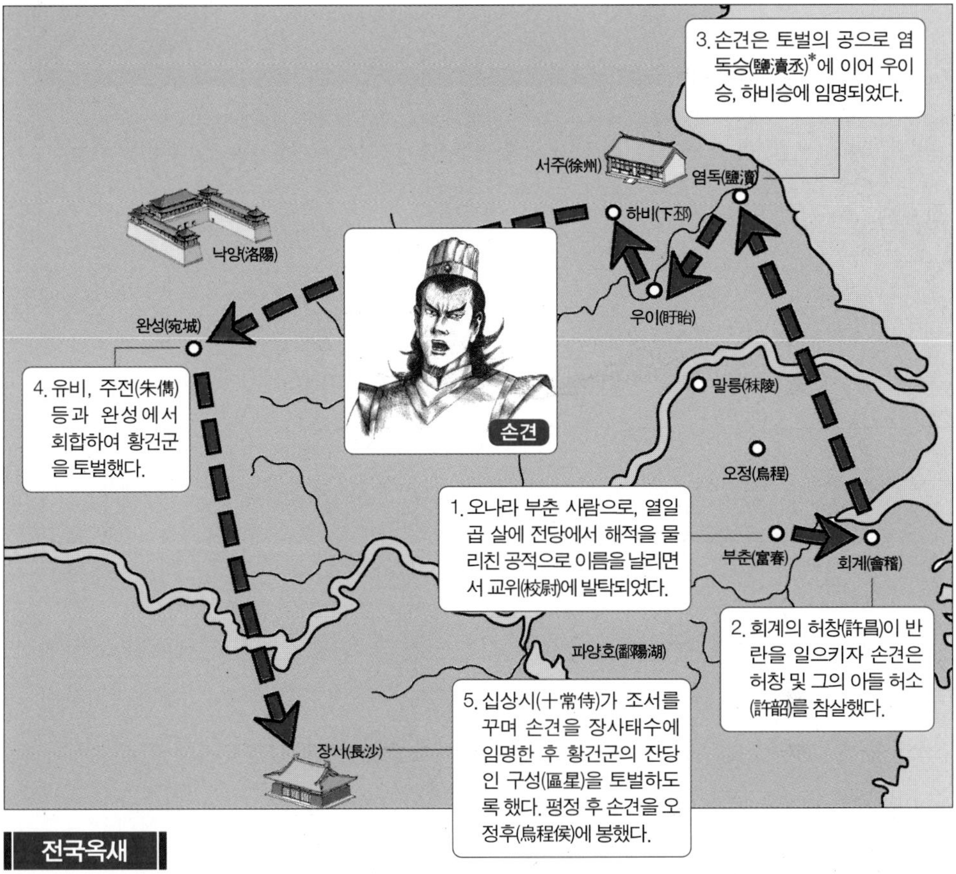

1. 오나라 부춘 사람으로, 열일곱 살에 전당에서 해적을 물리친 공적으로 이름을 날리면서 교위(校尉)에 발탁되었다.

2. 회계의 허창(許昌)이 반란을 일으키자 손견은 허창 및 그의 아들 허소(許韶)를 참살했다.

3. 손견은 토벌의 공으로 염독승(鹽瀆丞)*에 이어 우이승, 하비승에 임명되었다.

4. 유비, 주전(朱儁) 등과 완성에서 회합하여 황건군을 토벌했다.

5. 십상시(十常侍)가 조서를 꾸며 손견을 장사태수에 임명한 후 황건군의 잔당인 구성(區星)을 토벌하도록 했다. 평정 후 손견을 오정후(烏程侯)에 봉했다.

서주(徐州)
염독(鹽瀆)
하비(下邳)
낙양(洛陽)
우이(盱眙)
완성(宛城)
손견
말릉(秣陵)
오정(烏程)
부춘(富春)
회계(會稽)
파양호(鄱陽湖)
장사(長沙)

전국옥새

전국옥새는 진시황이 화씨벽(和氏璧)을 조각하여 만든 것으로, 이사(李斯)에게 그 위에 '수명어천, 기수영창(受命於天 旣壽永昌 : 하늘로부터 명을 받았으니 그 수명이 영원히 번창하리라)'이라는 여덟 글자를 새기도록 하고, 이후 역대 황위 계승의 상징으로 삼았다고 전한다. 왕조가 바뀔 때마다 이 옥새를 전해야 천명을 받았음을 증명할 수 있었고, 그렇지 않을 경우 역모에 의한 찬탈이라 생각했다. 이에 왕조가 열릴 때마다 옥새를 둘러싼 쟁탈이 끊이지 않았다. 손견의 아들인 손책은 이 옥새를 원술에게 헌상하고 3천 명의 병사를 빌려 가세를 일으켰다. 원술이 패망한 후 조조가 이 옥새를 얻었으나 이후 전란을 겪으면서 전국옥새는 종적을 감추었고, 지금은 그 행방이 묘연하다.

전국(傳國) 옥새의 글자(전설에 나오는 '오전문鳥篆文'이다)

* 승(丞)은 진나라 때부터 군수의 보좌관 이름이었는데, 한나라 때는 현령, 현장의 보좌관도 '승'이라 불렀다.

30 강동을 평정하고 오나라의 기틀을 세우다 손책

>>>> 손책은 아버지의 용맹한 기질을 물려받았을 뿐만 아니라 천하를 제패하겠다는 꿈도 가지고 있었다. 그는 정벌에 치중하는 한편으로 널리 인재들과 교류하여 마침내 강동 지역을 평정함으로써 오나라의 기틀을 세웠다.

손책(孫策)은 손견의 맏아들로서 어린 시절 아버지를 따라 자주 출정을 나갔다. 무예가 출중하고 성격이 활달하여 여러 영웅호걸을 친구로 삼았다. 열일곱 살에 아버지 손견이 유표의 부하가 쏜 화살에 맞고 죽자 곧바로 회남(淮南)에서 원술에게 의탁했다. 그는 전국옥새를 원술에게 헌상하고 3천 명의 군사를 빌려 가세를 일으켰다.

손책은 무예가 뛰어나고 용감한 청년 영웅으로 종횡무진 전쟁터를 누비며 맹위를 떨쳤다. 유요(劉繇)와 맞설 때는 적장을 죽여 겨드랑이에 낀 채 또 다른 적장을 공격하여 맹위를 떨쳤는데, 아마 장비라 해도 그보다 더 위풍당당할 수는 없었을 것이다. 이로부터 사람들은 그를 소패왕(小霸王)* 이라고 불렀다.

손책은 용감하고 무예가 뛰어났을 뿐만 아니라 용병술에도 출중한 능력을 발휘했다. 그는 죽음을 가장해 말릉(秣陵)을 손에 넣었고, 믿음으로써 태사자의 투항을 얻어냈는데, 이 모두가 그의 지혜로움을 보여 주는 증거다. 손책은 전투에 나서면 최고의 무장이었다. 그는 공격할 때마다 항상 선봉에 섰고, 이를 본 그의 군사들은 죽음을 불사하고 명령을 따랐다. 또한 손책은 정벌한 지역의 백성들

* 패왕(霸王)은 진나라 항우를 지칭하는데, 어린 나이에 강동을 평정함으로써 세상 사람들은 손책을 항우에 비견하여 '소패왕'이라 불렀다.

나라의 기틀을 마련한 '소패왕' 손책

조조와 유비가 술을 벗 삼아 영웅을 논할 때 조조는 손책이 "아버지의 이름에 의탁했을 뿐, 영웅은 아니다"라고 말한 바 있다. 그러나 손책이 자신의 아버지로부터 얻은 것은 옥새 하나였으므로 토지를 물려받은 것도 아니며, 군사들 역시 그 수가 극히 적었다. 하지만 손책은 세상을 떠날 때 손권에게 강동의 기반과 10만여 명의 정예병을 남겨 주었다. 손책은 누가 뭐라 해도 한 시대의 영웅이며, 젊은 나이에 죽음을 맞이한 것이 실로 애석할 뿐이다.

오나라에 기여한 손책의 공적

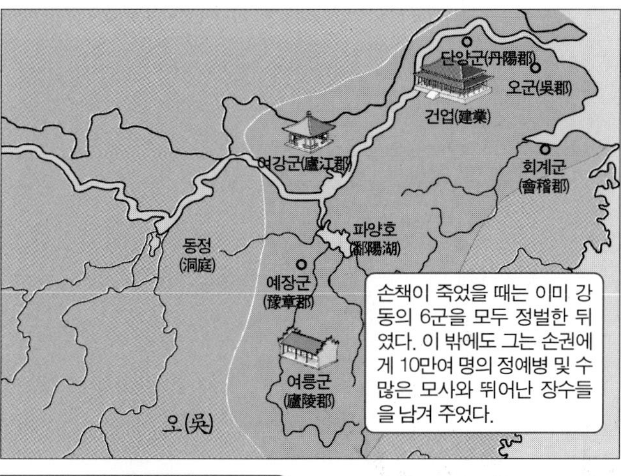

손씨 부자

손견이 황조의 화살을 맞았을 때는 겨우 서른일곱 살이었다.

전국옥새와 정보(程普), 황개 등 옛 장수들만 남겨 주었다.

'무열황제(武烈皇帝)'라 추존했다.

맏아들

작은아들

'장사환왕(長沙桓王)'이라 추존했다.

손권에게 6군의 기반과 함께 10만여 명의 정예병 및 수많은 모사와 뛰어난 장수들을 남겨 주었다.

손책은 오나라의 기틀을 마련한 실질적 인물이다. 그러나 손권은 제위에 오른 뒤 형에게 왕의 시호를 내렸을 뿐이다. 사마염(司馬炎)은 제위에 오른 다음 사마사에게 '경황제(景皇帝)'라는 시호를 남겼다. 이 둘을 비교하면 손권의 도량이 적음을 알 수 있다.

을 진무(鎭撫 : 안정시키고 어루만져 달램)하는 데 특별히 관심을 기울였다. 이로써 강남의 백성들은 그를 추앙하였고, 수많은 사람들이 찾아와 그를 따랐다. 그 결과 3천여 명에 불과했던 군사가 순식간에 늘어나 강남을 석권함으로써 오나라의 기틀을 잡을 수 있었고, 그 역시 오나라의 기반을 다진 영웅이 되었다.

본래 나라의 기틀을 세우기 위해서는 언제나 인재들의 역량이 필요한 법이다. 손책은 이에 대해서도 결코 소홀히 하지 않았다. 본성이 활달한 그는 사람들과 친분을 도모하는 한편 인재를 알아보는 안목이 뛰어났다. 주유, 장소, 주치(朱治), 여범(呂範), 장굉(張紘) 등의 문신과 무장은 모두 그가 친분을 맺고 중용한 사람들이다. 그들 역시 손책에 대한 충성심이 대단하여 오나라의 국력을 키우는 일에 전심전력했다. 태사자 역시 손책의 뛰어난 인재 등용술을 보여주는 예다. 당시 태사자는 투항한 지 얼마 되지 않은 상태에서 남은 군사들을 데려오겠다고 말했다. 손책의 신하들을 태사자가 이를 빌미로 탈출하려는 계략이라고 말했지만, 손책은 그들의 주장을 받아들이지 않으며 이렇게 말했다.

"자의(子義 : 태사자의 자)는 신의가 있는 사람이니 절대로 나를 배반하지 않을 것이다."

과연 태사자는 1천여 명이 넘는 군사들을 데리고 돌아왔다. 그는 사람을 등용하는 데 의심이 없었고, 의심이 가는 자는 아예 처음부터 등용하지 않았다. 이것이 바로 손책이 사람을 등용하는 원칙이었다. 조조는 손책을 두려워하는 동시에 경탄하기도 했다.

"사아(獅兒 : 사자처럼 용맹한 인물)와 싸우기 어렵겠구나!"

그래서 조인의 딸을 손책의 어린 동생에게 시집보내 정략 혼인을 맺기도 했다. 안타깝게도 하늘이 젊은 영웅을 질투했는지 손책은 중원으로 진출하기 위해 북진 준비를 하던 중 적의 칼에 중상을 입었다. 또한 상처를 치료하는 도중 도사 우길(於吉)을 참살했다가 그의 저주를 받으면서 증상이 악화되어 죽고 말았다. 당시 그의 나이 겨우 스물여섯 살이었다. 비록 그는 죽었지만 오나라는 그에 의해 이미 기반을 마련한 상태였다. 만약 그에게 조금만 더 시간이 주어졌더라면, 삼국 시대의 오나라는 다른 모습이었을 것이다.

강동의 '소패왕' 이라 불린 손책

용모가 준수했을 뿐만 아니라 항상 웃으며 이야기했고, 성격이 활달했다. 또한 유머가 넘치고 도량도 넓었다.

전신 갑옷을 입은 그의 위용은 대단했다. 사람들은 그를 강동의 '소패왕'이라 불렀다.

전부(戰斧 : 고대에 전투에서 사용하던 도끼). 자루가 길어 말 위에서 장거리 공격을 하기에 적합했다. 하지만 『삼국연의』에는 손책이 주로 창을 사용했다고 묘사했다.

패검(佩劍 : 허리에 차는 검). 옛 사람들은 패검으로 자신의 몸을 방어했고, 전투에서 적을 죽일 때는 사용하지 않았다. 손책은 허공(許貢)의 문객들에게 공격을 당했을 때 검을 뽑으려 했지만, 순간 칼이 땅에 떨어져 활을 사용할 수밖에 없었다. 결국 그는 중상을 입어 죽고 말았다.

손책(175~200년)

시 호 : 장사환왕(長沙桓王)
무 기 : 창
업 적 : 오나라의 기반을 다짐

진수의 평가 손책의 용맹함과 지략은 세상의 으뜸이었으며, 비범한 인물을 살펴 취했고, 중원을 통일하는 데 뜻을 두었다.

손책의 관직

도위(都尉 : 원술) → 절충교위(折冲校尉) → 회계태수(강동 평정) → 토역장군(討逆將軍), 오후(吳侯 : 조조의 추천) → 장사환왕(시호)

31 뛰어난 지혜와 계략을 지녔으나 요절한 영웅
주유

'아득히 당시의 주유를 생각하니 소교小喬가 갓 시집왔을 때로, 웅장한 자태에 재주를 드날렸었네. 깃 달린 부채와 비단 두건 쓰고 담소를 나누는 사이 강력한 조조의 군사들은 연기처럼 사라졌네.' 소식蘇軾의 사詞는 주유의 모습을 잘 그려내고 있다.

정사에 나오는 주유(周瑜)의 모습은 완벽하게 아름답다. 그는 관리 집안 출신으로, 공손하고 예의가 바르면서도 위풍당당했다. 어린 시절부터 큰 뜻을 품고 훌륭한 풍모로 뛰어난 문학적 재능과 함께 음악에 정통했다. 일평생 전쟁을 치르는 동안, 그는 진취적인 정신으로 천하를 도모할 포부를 품음으로써 가히 일대의 풍류 장수라 할 수 있다.

원술이 그의 재능을 높이 평가했지만 원술에게서 희망을 발견할 수 없었던 주유는 원술의 곁을 떠났다. 손책이 군사를 일으키자 그는 모사 겸 무장으로 손책이 강동을 평정하는 데 큰 공을 세웠다. 또한 주유와 손책은 각각 대교(大喬), 소교와 결혼하여 천고에 아름다운 이야기를 남겼다. 손책은 죽음을 앞두고 손권에게 이렇게 당부했다.

"내정을 결정하기 어려울 때는 장소에게 물어보고, 나라 밖의 일을 결정하지 못할 때는 주유에게 물어보라."

적벽대전이 일어나기 전, 조조의 대군이 변경을 압박해 오자 오나라는 일대 혼란에 빠졌다. 무장들은 결사 항전을 주장하는 반면에 문신들은 강화를 맺어야 한다고 주장하자 손권은 결정을 내릴 수 없었다. 이때 주유가 시상(柴桑 : 현재의 강서성江西省 구강현九江縣에 있는 지역))에서 돌아오자 문신과 무장들이 각기 그를 찾아왔다. 주유는 자신의 의견을 말하기에 앞서 먼저 의견을 경청했다. 당시 주유는

주유를 필두로 한 오나라의 네 영웅

주유, 노숙, 여몽, 육손으로 이어지면서 오나라 군을 통솔한 이들 네 사람이 바로 오나라의 네 영웅이다. 이들 가운데 재능이 가장 뛰어났던 사람은 주유였다. 그는 손권을 도와 조조를 격파하는 뜻을 품었으나 젊은 나이에 세상을 떠나고 말았다. 그의 후임자는 모두 방어의 귀재로, 오나라의 영토를 넓혀 중원을 쟁취하려는 야심을 가지고 있지는 않았다.

주유

형주를 점령하고, 파촉(巴蜀)을 취하기 위해 마초와 결맹한 후 양양을 근거로 조조를 공격하려고 했다.

죽기 직전 손권에게 노숙을 추천했다.

손권은 제위에 오른 후 주유를 잊지 못하여 주위 사람들에게 이렇게 말했다.
"만약 공근이 아니었다면 나는 황제가 되지 못했을 것이다."

노숙

손권과 유비가 연합하여 조조를 견제하도록 하는 데 노력했다. 하지만 조조를 격파할 의지는 갖고 있지 않았다.

혜안으로 여몽의 재능을 알아보다.

여몽

형주를 공격하여 오나라와 촉한의 화친을 깼지만, 조조에 대해서는 방어 전략을 구사했다.

육손

지형의 이점을 통해 조조의 공세를 방어했다.

제갈량이 주유를 화나게 한 세 가지 이야기의 허와 실

『삼국연의』		사서(史書)
적벽대전 이후 주유는 조인을 공격해 남군(南郡)을 취하려 했지만, 성공하지 못하고 오히려 제갈량이 차지했다.	첫 번째 이야기	주유는 남군을 유비에게 넘겨 주고, 유비는 유강(油江) 입구에 주둔하여 남군을 '공안(公安)'이라 개칭했다. 유비는 조인의 공격에 참여하지 않았으며, 주유는 조인과 1년간 대치하여 강릉(江陵)을 얻었다.
제갈량은 사전에 주유의 미인계를 파악하여 오히려 주유 진영에서 부인을 잃고 군사마저 잃고 말았다.	두 번째 이야기	주유는 손권에게 미인계와 함께 경구(京口)에서 유비를 연금하자는 계책을 올렸으나 손권은 이를 받아들이지 않았고, 자신의 누이를 유비에게 시집보내 화친을 강화했다.
'가도멸괵(假道滅虢 : 다른 나라의 길을 임시로 빌려 쓰다가 나중에 그 나라를 쳐서 없앰)'의 계책으로 주유는 서천을 빼앗는 척하며 형주를 탈환하려고 했지만, 제갈량이 그의 계획을 간파하자 주유는 화병으로 죽었다.	세 번째 이야기	주유는 촉한을 공격하려고 했지만 준비 도중 파구(巴丘)에서 병사하고 말았다. 제갈량과는 관계가 없다.

서두르지 않고 침착하게 자신의 생각을 정리한 다음, 사람들의 의견을 물리치고 손권에게 조조와 싸울 것을 적극 권유했다.

주유는 적벽대전에서 조금도 흐트러짐 없이 군사를 지휘하여 전략전술에 능한 지휘 장수로서의 풍모를 한껏 발휘했다. 황개와 전략을 수립하고, 감택(闞擇)을 시켜 조조에게 문서를 전달하도록 했으며, 방통의 연환계를 받아들이고, 장간(蔣幹 : 후한 말기 조조를 섬기던 문신)의 반간계를 간파했으며, 고육계(苦肉計)*를 펼치는 등 뛰어난 계략으로 조조를 불구덩이 속으로 몰아넣었다. 그 후 주유는 삼강(三江) 어구에 불을 놓아 천하를 삼분하여 세상에 자신의 이름을 널리 알렸다.

『삼국연의』에서 주유는 도량이 좁은 사람으로 소개되지만, 실제 역사에 나오는 주유는 그렇지 않다. 정보는 주유의 나이가 어리다고 그를 무시했지만, 주유는 그것에 개의치 않았다. 결국 정보는 주유의 도량에 탄복하여 이렇게 말했다.

"공근(公瑾 : 주유의 자)과 만나면 마치 무회주(無灰酒 : 다른 것이 조금도 섞이지 않은 술)를 마신 듯 나도 모르게 취해버린다."

주유에게 옹졸하다는 악명이 붙은 것은 제갈량과의 전투에서 화병을 얻어 죽었다는 이야기 때문이다. 그러나 정사에 보면 제갈량은 적벽대전에서 특별히 큰 역할을 하지 않았기 때문에 주유가 제갈량에게 질투를 느꼈을 리가 없다.

한 시대의 뛰어난 위인이었던 주유는 안타깝게도 두각을 나타내자마자 요절했는데, 당시 그는 서른여섯 살에 불과했다. 하늘은 그에게 자신의 포부를 펼칠 시간을 주지 않았다. 그저 적벽대전 단 한 번으로 그의 명성은 천고에 남게 되었다.

---

* 자기 몸을 상해 가면서까지 꾸며 내는 계책이라는 뜻으로, 어려운 상태에서 벗어나기 위해 어쩔 수 없이 꾸며 내는 계책을 이르는 말이다. 여기서는 주유가 황개를 피가 터지도록 심하게 매질한 다음 조조에게 거짓으로 항복하게 했던 계책이다.

주유와 이교

주유는 소년 영웅으로서 수려한 용모와 함께 도량이 넓었으며, 성격이 명랑하여 많은 이들의 사랑을 받았다. 강동에서는 '주랑(周郎)'이라 불렸다.

아악을 즐겨 음악에 밝았다.

이교(二喬)는 강동 교공(喬公)의 두 딸로서 천하일색이었다. 대교는 손책과, 소교는 주유와 결혼함으로써 미녀와 영웅이 짝을 맺었다.

주유(175~210년)	
시 호	없음
필살기	지혜와 책략
업 적	적벽대전에서 승리하여 천하를 삼분함

진수의 평가 주유와 노숙이 독자적으로 결단하여 높은 식견의 계책을 건의한 것은 뭇사람들을 뛰어넘었음을 의미한다. 실로 비범한 재능을 지닌 이들이다.

주유의 관직

단양태수(丹陽太守) → 건위중랑장(建威中郎將) → 중호군(中護軍 : 손책을 따라 환성皖城 공격 시절) → 전부대독(前部大督 : 손권을 따라 강하 토벌 시절) → 편장군, 남군태수(南郡太守 : 적벽대전으로 남군을 취한 시기) → 병사(病死)함

32 뛰어난 지혜와 선비의 풍모를 지닌 장수
노숙

>>>> 『삼국연의』에서 노숙은 평범하고 성실한 연장자로 묘사되고 있다. 하지만 전체적인 상황을 종합해 보면 노숙은 기지가 넘치고, 책략이 뛰어난 전략의 대가였음을 발견할 수 있다.

노숙(魯肅)은 사람됨이 강개(慷慨 : 의롭지 못한 것을 보고 의기가 북받쳐 원통하고 슬픔)하고 활달한 인물로서 주유의 친구였다. 주유는 일찍이 그를 손권에게 추천하면서 이렇게 칭찬했다.

"가슴에는 육도삼략(六韜三略)*을 품고, 뱃속에는 뛰어난 기지와 책략을 숨기고 있습니다."

손권은 노숙을 매우 존중했으며, 노숙은 손권에게 "오직 강동 땅을 취해 정족지세(鼎足之勢 : 세발 달린 솥처럼 천하를 삼분하는 것)를 이루고, 천하의 정세를 살펴야 합니다(惟有鼎足江東유유정족강동, 以觀天下之釁이관천하지흔)"라는 탑상책(榻上策)을 헌상했다. 이는 제갈량이 융중에서 유비에게 천하삼분지계를 건의한 이른바 '융중대'와 유사하다.

천하의 대세를 정확하게 판단한 노숙은 전략적 안목이 대단히 뛰어난 인물이었다. 강적 조조와 맞서는 데 손권과 유비의 연맹이 얼마나 중요한 지를 일찌감치 파악했다. 조조는 북방을 평정한 후 즉시 군사를 이끌고 남하했다. 대군이 변경을 압박해 오자 노숙은 형세가 급박해졌음을 깨닫고 곧바로 손권에게 유비와 연합하여 조조에 대항하는 전략을 내놓았다. 그는 조조 군의 위험을 무릅쓰고

* 중국의 오래된 병서(兵書)인 『육도(六韜)』와 『삼략(三略)』을 아울러 이르는 말.

지혜로운 전략가 노숙

『삼국연의』에서 노숙은 충성스럽고 평범한 인물로 보이지만, 실제로는 지략이 뛰어난 전략가였다. 그의 탑상책은 유비와 연합해 조조에 대항하는 지혜로운 전략이었다.

노숙이 건의한 '탑상책'의 전략 구상

노숙의 구상 : 강동 지방을 기반으로 황조를 없애고, 유표를 정벌하여 장강 일대를 차지한 후 제왕에 올라 천하를 도모한다. 즉 형주와 익주를 차지하면 삼국은 '남북조'가 될 것이다.

발해(渤海)
낙양(洛陽)
황해(黃海)
조조
허창(許昌)
단양(丹陽)
오군(吳郡)
여강(廬江)
말릉(秣陵)
성도(成都)
형주(荊州)
회계(會稽)
유장
유표
예장(豫章)
형주(荊州)
익주)益州)

노숙에 대한 손권의 평가

두 가지 장점과 한 가지 단점

노숙이 빌려 주자고 주장한 형주는 주로 남군 지역이다. 그렇게 되면 형주를 얻기 위해 유비와 조조의 전선이 강릉 북쪽 양양까지 올라갈 것이고, 손권은 이를 틈타 합비를 공략할 수 있다. 이전까지 유비는 손권 뒤에 숨어 있었다. 조조는 남군을 차지해야만 유비의 영토와 접경을 나란히 할 수 있고, 그렇게 될 경우 삼국 간에 전쟁이 일어나면 손권은 앞뒤로 적을 맞이하는 형국이 된다.

장점 1 : 손권에게 '탑상책'을 올려 제왕의 길을 제시함으로써 그에게 깨달음을 주었다.

장점 2 : 조조가 동쪽으로 내려오자 모든 이들이 손권에게 투항할 것을 권했지만, 오직 노숙만은 이에 저항할 것을 권유했다. 또한 주유와 함께 조조를 격파했다.

단점 1 : 손권을 설득하여 유비에게 형주를 빌려 주도록 했는데, 손권은 이를 불만스럽게 생각했다.

선비의 풍모를 지녔던 노숙

노숙(172~217년)

시 호 : 없음
필살기 : 예리한 전략
업 적 : 탑상책, 조조에 대항하여 손권과 유비가 연합하도록 함

진수(陳壽)의 평가 주유와 노숙이 독자적으로 결단하여 높은 식견의 계책을 건의한 것은 뭇사람들을 뛰어넘었음을 나타내는 것이니 실로 비범한 재능을 지닌 이들이다.

노숙의 관직

동성현장(東城縣長 : 원술) → 찬군교위(贊軍校尉 : 손권에 의탁, 적벽대전) → 분무교위(奮武校尉 : 주유를 대신함) → 한창태수(漢昌太守), 편장군 → 횡강장군(橫江將軍) → 병사(病死)함강하(江夏)로 달려가 유비를 만나고, 제갈량을 초청했다. 시상으로 돌아온 그는 사람들의 뜻을 물리치고 손권에게 일찍부터 마음에 품고 있던 위대한 계획을 헌상했는데, 그제야 비로소 '제갈량은 지혜로 주유를 농락하고, 손권은 계략으로 조조를 격파할 결심을 하게 되었다.'

적벽대전에서 노숙은 손권과 유비의 연맹을 유지하는 데 필사적이었다. 연맹 내부에 갈등이 빚어지고 특히 친구인 주유가 계속해서 제갈량을 모함했지만, 노숙은 제갈량에게 이용을 당하면서도 교묘하게 자신을 숨겨 연맹을 유지했다.

『삼국연의』에서는 노숙이 어쩔 수 없이 유비에게 형주를 빌려 준 것으로 나오지만, 실제 역사는 이와 다르다. 적벽대전 이후 유비가 경구에 이르렀을 때 주유와 여범 모두 유비를 인질로 붙잡도록 건의했다. 하지만 노숙은 유비의 요청을 받아들여 형주를 빌려 줌으로써 조조를 견제해야 한다고 주장했다. 이러한 사실은 그만의 전략적 안목을 보여주는 것이다. 만약 형주를 유비에게 빌려 주지 않고 조조를 견제하지 않았다면, 손권이 홀로 조조와 맞설 수는 없었을 것이다. 형주를 빌려 줌으로써 조조는 이리저리 도망을 다녀야 하는 강력한 적수가 늘어난 데다 강동을 얻으려고 한 그의 계획은 수포로 돌아가고 말았다. 전해지는 이야기에 따르면, 조조는 이 사실을 보고받자 들고 있던 붓을 떨어뜨렸다고 한다.

노숙은 뛰어난 계략으로 평생 성실하고 솔직한 삶을 살았다. 손권이 방통을 중용하지 않았을 때 노숙은 방통이 다른 사람에게 의탁하여 자신의 이익을 해하지 않을까 걱정하지 않았고, 오히려 자진해서 그를 유비에게 추천했다. 아마 이러한 노숙의 행동을 어리석다고 여길지 모르지만, 곰곰이 분석해 보면 이와 잇몸 같은 존재인 유비가 인재를 얻으면 조조를 보다 더 효과적으로 견제할 수 있지 않겠는가? 이렇듯 성실하고 선량한 모습은 노숙을 어리석어 보이게 할 수도 있다. 하지만 그러한 모습은 오히려 큰 지혜를 지닌 위대한 전략가의 기품을 더욱 잘 느끼게 해 준다.

33 괄목상대의 주인공 여몽

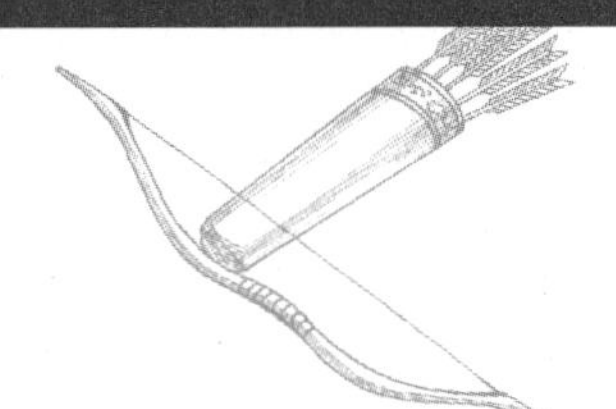

>>>>> 여몽은 오나라 네 영웅 중의 한 사람이다. 원래는 일개 무인에 불과했으나 손권의 권유로 책을 읽기 시작하여 최고 지휘 장수를 맡음으로써 관우조차 그를 경계했다. 그가 흰옷을 입고 강을 건너 형주를 기습하자 관우는 맥성으로 달아났다.

무성(武聖) 관우를 좋아하는 사람들은 여몽(呂蒙)에 대한 원한이 뼈에 사무칠 것이다. 그가 흰옷을 입고 강을 건너 형주를 기습하는 바람에 무성의 신화가 끝났기 때문이다. 결국 나관중은 『삼국연의』에서 손권이 형주 점령의 공적을 치하할 때 관우의 혼이 여몽에게 붙어 손권에게 욕을 퍼붓고 여몽의 목숨을 앗아갔다는 이야기를 덧붙였다.

그러나 편견을 잠시 접고 정사 속의 이야기를 통해 여몽이란 장수를 살펴보면, 그는 확실히 한 시대를 풍미한 장군감이었음을 발견할 수 있다.

여몽은 원래 적진을 향해 돌진만 할 줄 아는 무장이었다. 여몽은 손책이 널리 인재를 모집할 때 그에게 의탁했고, 이후 오군 성 밖의 산적을 섬멸할 때 처음으로 두각을 나타내 손권의 신임을 얻었다. 여몽은 어린 시절 공부를 한 적이 없어서 '오나라의 아몽(阿蒙 : 여몽의 어릴 적 이름)'이라는 놀림을 받았다. 그러나 그의 재능을 알아본 손권은 그에게 공부를 하도록 권유했다. 이 이야기가 유명한 '손권권학(孫權勸學)'이다.* 그때부터 여몽은 병서 공부에 열중하기 시작했다. 천성적으로 자질이 뛰어난 그는 수년 사이에 대단한 발전을 이룰 수 있었다. 이후 노숙이

* 손에서 책을 놓지 않는다는 뜻의 '수불석권(手不釋卷)'은 여몽이 손권으로부터 공부하라는 충고를 듣자 전장에서도 손에서 책을 놓지 않고 학문에 정진했다는 것에서 나온 말이다.

형주를 둘러싼 오와 촉의 은혜와 원한

삼국 시대에 형주는 삼국의 축소판이라 할 수 있었다. 조조와 유비, 손권이 모두 형주에서 뺐고 빼앗기기를 반복하며 매번 한 편의 극적인 드라마를 연출했던 것이다. 마지막으로 여몽이 형주를 기습하면서 일단락되었고, 삼국의 주요 전쟁터 역시 기산과 합비로 옮겨졌다.

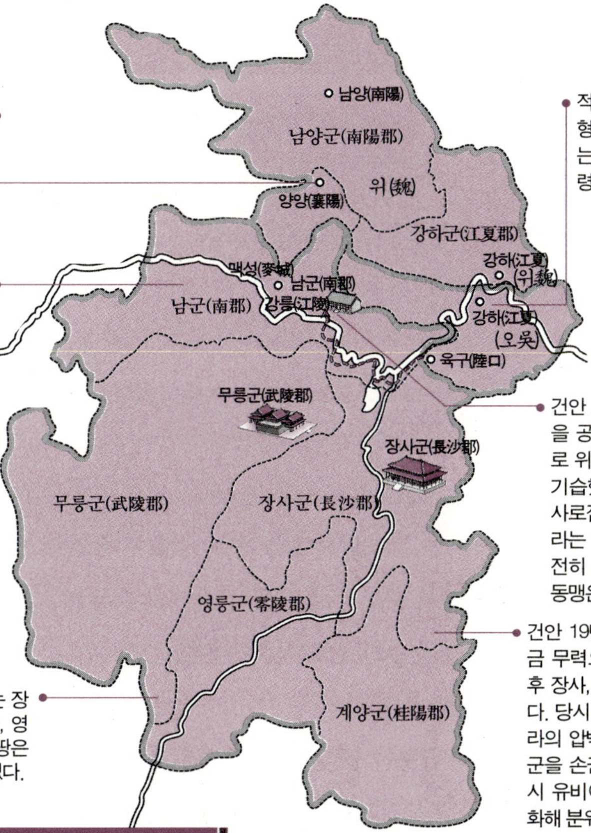

남양(南陽)
남양군(南陽郡)
위(魏)
양양(襄陽)
강하군(江夏郡)
강하(江夏)(위魏)
맥성(麥城)
남군(南郡)
강릉(江陵)
남군(南郡)
강하(江夏)(오吳)
육구(陸口)
무릉군(武陵郡)
장사군(長沙郡)
무릉군(武陵郡)
장사군(長沙郡)
영릉군(零陵郡)
계양군(桂陽郡)

적벽대전 이후 조조는 형주 북부를 점령했다.

적벽대전 이후 손권은 형주의 꽃이라 할 수 있는 강하군과 남군을 점령했다.

건안 15년, 유비는 손권에게 남군을 빌려 달라고 부탁했다. 노숙이 이에 적극 동의하며 유비에게 장사군의 절반과 교환하자고 요구했다. 이후 유비가 서천을 차지했으나 형주를 돌려 줄 의사가 없었다.

건안 24년, 여몽은 관우가 번성을 공격하는 틈을 타서 흰옷으로 위장한 후 강을 건너 형주를 기습했으며, 맥성에서 관우를 사로잡아 죽였다. 이로써 오나라는 형주에서 유비 세력을 완전히 몰아냈고, 손권과 유비의 동맹은 와해되었다.

건안 19년, 손권은 여몽으로 하여금 무력으로 형주를 점령하게 한 후 장사, 영릉 등을 공격하도록 했다. 당시 한중에 있던 유비는 오나라의 압박으로 장사, 강하, 계양 3군을 손권에게 내주었고, 손권 역시 유비에게 영릉을 주어 양측의 화해 분위기가 유지되었다.

적벽대전 이후 유비는 장사군, 계양군, 무릉군, 영릉군을 점령했는데, 땅은 넓었지만 인구가 적었다.

여몽이 관우를 이긴 세 가지 전술

배경 : 관우는 칠군을 수장한 후 우금을 사로잡고, 방덕을 참살하여 천하에 위엄을 알리면서 자만심을 갖게 되었다.

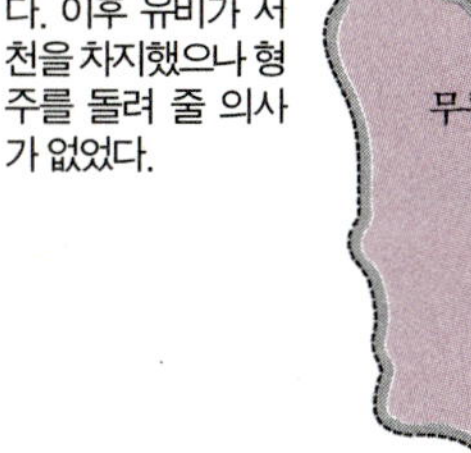

여몽

1. **경계를 풀다** : 당시 무명의 서생이었던 육손을 기용하여 자신을 대신하도록 했다.
2. **인심을 얻다** : 형주를 점령한 후 관우와 병사들의 가족을 보호해 주었다.
3. **사기를 저하시키다** : 형주의 가솔들을 통해 관우 수하의 형주 군사들이 동요를 일으키게 하여 전투를 하지 않고도 스스로 무너지게 했다.

관우를 대파함

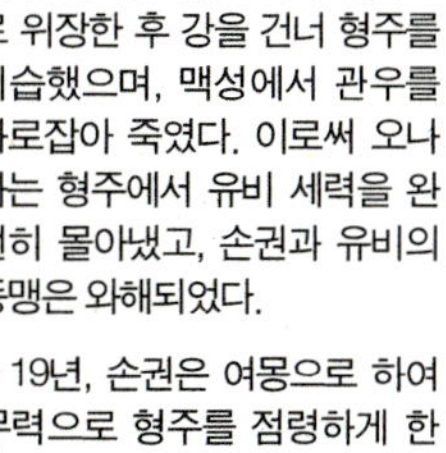

관우

여몽과 이야기를 나누던 중 자신의 질문에 막힘없이 대답하는 여몽의 모습을 보고 깜짝 놀라 "지금 그대의 뛰어난 모습을 보니 예전 오나라의 아몽이 아니구려!" 라고 말했다. 이에 여몽은 즉시 "선비는 3일을 만나지 않으면 다른 눈으로 봐야 합니다" 라고 대답했다.

그 후 여몽은 문무를 겸한 오나라의 중요한 장수가 되어 전쟁터에서는 용맹스러운 모습으로 선두에 섰으며, 대단한 지략을 선보였다. 조조가 강남으로 남하했을 때 여몽은 손권에게 유수(濡須) 입구에 제방을 쌓아 조조의 기병 부대를 방어하라고 건의했다. 이는 여몽의 지혜를 잘 드러내 주는 것으로, 손권은 그에게 "자명(子明 : 여몽의 자)의 생각이 매우 깊구려!" 라고 찬사를 보냈다. 노숙이 세상을 떠난 후 손권은 여몽이 그 뒤를 잇도록 하는 동시에 육구(陸口 : 호북성의 성도 무한武漢 인근)에 주둔하도록 했다. 당시 도도한 관우조차 그의 명성을 무시할 수 없을 정도였다.

관우가 칠군을 수장하고 천하에 이름을 떨칠 때 여몽은 형주를 취할 시기가 무르익었다고 생각하여 손권, 육손과 논의한 끝에 먼저 병이 들었다고 꾸며 건업(建業)으로 돌아갔다. 이어 당시 거의 무명에 가까웠던 육손에게 자신을 대신하도록 하여 관우의 판단이 흐려지도록 했다. 이에 관우는 오나라 전선을 지키던 대다수 군사들을 번성 전선으로 이동시켰다. 그러자 여몽은 몰래 병사 3만 명을 상인으로 분장시킨 후 흰옷을 입고 강을 건너 일거에 관우의 봉화 방어선을 돌파해 그 길로 형주를 점령했다. 형주에 입성한 후 여몽은 함부로 백성들을 약탈하지 못하도록 엄명을 내리는 한편, 관우와 촉한 군사들의 가족들을 홀대하지 않도록 해 양양 번성의 형주 군사들이 안전한 가족들의 소식을 듣고는 전의를 상실했다. 결국 형주를 잃고 맥성으로 피신한 관우는 여몽에게 사로잡히고 말았다.

34 사람 잡는 서생이자 오나라의 대들보 육손

≫≫ 육손은 오나라의 후기지수(後起之秀 : 후배 중 뛰어난 인물)로, 서생에서 장군으로 임명된 인물이다. 사람들은 그를 '황구유자(黃口孺子 : 젖비린내 나는 어린 아이)'라 비웃었지만 그는 등장과 함께 관우, 유비, 조휴 같은 선배 영웅들을 불귀의 객으로 만들었다. 실로 '사람 잡는 서생'이 아닐 수 없다.

육손(陸遜)은 손책의 사위로, 젊은 시절 온화하고 부드러운 성품으로 소문이 자자한 서생이었다. 그러나 이는 그의 겉모습일 뿐 사실은 병법에 능한 장군의 재질을 갖추고 있었다.

적벽대전 이후 손권은 다시 합비로 북진했으나 유수에서 대패하여 조조 군에게 강변까지 밀려났다. 바로 그때 육손이 군사를 이끌고 나타나 일거에 조조 군을 격파하고, 여세를 몰아 적군을 추격함으로써 오나라 군은 승리를 거둘 수 있었다. 가히 그의 능력을 엿볼 수 있는 일전이었다.

손권과 유비의 연합이 깨진 후 손권이 형주를 빼앗기로 결정했을 때 육손은 능력을 발휘하기 시작했다. 그는 여몽이 병을 가장한 의도를 간파하여 여몽과 함께 책략을 논의했다. 그는 오만해진 관우의 약점을 이용해 자신을 낮추는 언사로 서한을 보내 관우가 경계심을 풀도록 하여 조조와의 대결에만 집중하도록 만들었다. 이렇게 해서 여몽은 형주를 무혈 점령했다.

여몽이 갑자기 세상을 떠난 후 서생 육손이 오나라의 군권을 장악했다. 당시 육손은 여러 압력에 시달리고 있었다. 밖으로는 기세등등하게 복수를 준비하고 있는 유비의 대군이 있었고, 안으로는 덕망 높고 전공이 혁혁한 노장들이 그를 무시하고 있는 상황이었다. 그러나 육손은 뛰어난 능력으로 이 모든 것을 해결했다. 유비의 대군 앞에서 그는 강한 적군, 약한 아군의 상황에 따라 적을 깊이 유인하여 적군의 사기를 저하시키는 전략을 취했다. 그는 거대한 영역, 전략적 요충지를 포기하는 등으로 날카로운 적의 공격을 피했다. 그런 다음 촉한 군사들의 사기가 풀어졌을 때 일거에 공격해 적군 진영 수백 리를 불태움으로써 한 시대의 효웅이었던 유비는 한을 품은 채 세상을 떠났다. 육손은 당시의 전공으로 세상에 이름을 알리게 되었다.

위나라 대사마(大司馬) 조휴가 군사를 거느리고 오나라를 공격했다. 위기일발의 상황에서 다시 오나라 삼군의 지휘를 맡은 육손은 조휴의 복병을 격파한 후 석정전투(石亭戰鬪)에서 찬란한 승리를 거두었다. 당시 조휴는 패전의 충격으로 사망했고, 이 전투로 육손은 다시 한 번 군사 전략가로서의 재능을 드러냈다.

전투에서의 지휘 능력과 책략 외에도 육손은 전체적인 상황을 통찰하는 전략적 안목을 지니고 있었다. 유비를 격파한 후 좌우의 모든 장수들이 승리의 여세를 몰아 추격할 것을 주장했지만, 육손은 철수를 주장하며 이렇게 말했다.

"저는 조비가 자기 아버지처럼 교활하다는 사실을 잘 압니다. 우리 군사들이 서천으로 진격했다는 사실을 알게 되면 틀림없이 허를 찔러 우리를 기습해 올 것입니다. 서천 깊숙이 들어가면 퇴각하기가 어렵습니다."

과연 육손이 예상했던 대로 위나라 군사 수십만 명이 그날 밤 출병했다는 소식이 들려왔다.

육손은 수많은 영웅이 등장했던 삼국 시대에 뛰어난 군사가적 재능을 보여주었다. 이후 그는 오나라의 '경천주(擎天柱 : 중국 전설에 나오는 하늘을 떠받치고 있다는 기둥)'로 삼국 시대 후기의 가장 뛰어난 장군이라는 평을 받고 있다.

서생 장군 육손

육손은 서생 출신으로 장군에 임명되어 여러 차례 뛰어난 전략으로 오나라의 기틀을 다졌다. 이렇듯 그는 군사적인 성공뿐만 아니라 치국안민治國安民에도 많은 공헌을 했다.

육손의 또 다른 모습

육손

정치적 재능	해창(海昌) 둔전도위(屯田都尉) 시절에 그는 뛰어난 정치적 업적을 남겼다. 지역에 가뭄이 들었을 때 창고를 열어 빈민을 구제하는 한편, 농상(農桑)을 권함으로써 백성들이 그를 추앙하며 '신군(神君)'이라 불렀다. 또한 그는 손권에게 전쟁의 고통에 시달리는 백성이 편안하도록 형벌을 가볍게 할 것을 건의하였다.
잘못된 판단이 부른 죽음	육손은 말년에 손권의 제위 다툼에 휘말렸다. 손권은 신하들의 아첨을 믿고 태자를 폐위시키려 했다. 이에 태자를 지지하고 있던 육손은 여러 번 상소를 올렸고, 그 결과 손권은 점차 그를 멀리하였다. 또한 손권은 수차례 사람을 보내 육손을 꾸짖었고, 이에 상심한 육손은 결국 한을 품고 세상을 떠났다.

이릉에서 유비를 격파하다

적벽에서 조조를 격파하다

육손

VS

주유

이릉에서 유비를 격파하다		적벽에서 조조를 격파하다
유비는 인의에 바탕을 두었고, 군사적 재능이나 병법에는 무지했다.	적수	조조는 병법에 뛰어났으며, 비범한 용병술을 지녔다.
육손의 실제 병력은 5만 명, 제갈근의 후방 지원군은 2만 명이었다. 유비의 실제 병력은 8만 명이었지만, 70만 명이라고 공언했다.	군사력	주유 3만 명, 유비군 2만 명 이하였다. 조조의 북방 병력은 16만 명, 형주 투항 병사 8만 명으로 83만 명이라 허풍을 떨었다.
유비는 무성한 숲속에 군사를 주둔시켰고, 화공에 적합한 무더운 날씨가 필요했다.	성공 조건	양측이 해상 대결을 벌였으므로, 바람과 함께 불을 놓을 사람이 있어야 했다.
오나라 군이 연패하여 사기가 저하되었다.	군사들의 사기	손권과 유비 연합이 몇 차례 작은 승리를 거두어 사기가 진작되었다.
북방의 조비가 호시탐탐 기회를 엿보는 가운데 내부적으로 장소, 한당 등 노신들이 그를 무시했다.	외부 환경	적극적인 유비의 협조와 노숙, 황개 등의 보좌가 있었다.
신중한 용병, 적을 무시, 육전에 강했다.	적수의 상황	적 무시, 피로에 지친 군대, 북방 군대는 수전에 약했다.
성문을 닫고 출병하지 않은 채 적이 성을 공격하도록 하여 깊숙이 적을 유인한 후 제압했다.	승전 방법	먼저 작은 승리로 적의 기선을 제압한 다음, 거짓 투항 후 한꺼번에 공격했다.

여몽과 육손

육손(183~254년)

시 호 : 소후(昭侯)
필살기 : 뛰어난 전략
업 적 : 이릉에서 유비 격파, 합비에서 조비를 대패시킴

배움을 게을리 하지 않아 수년 만에 노숙으로부터 "오나라의 아몽(阿蒙)*에 비할 수 없다"라는 말을 들었다.

한 시대를 풍미한 명장으로서 기만책에 능했다.

유생의 모습, 겉모습은 문약해 보이지만 병법에 능했다.

여몽(178~219년)

시 호 : 없음
필살기 : 용맹하고 뛰어난 지략
업 적 : 형주를 기습하여 관우를 생포함

진수의 평가

여몽은 용맹하며 지략이 뛰어난 인물로 학보(郝普)를 속여 관우를 붙잡은 것은 절묘한 계책이었다. 육손은 충성스럽고 성실한 인물. 나라를 걱정하는 마음이 깊어 화병으로 세상을 떠났으니 사직지신(社稷之臣 : 나라의 안위와 존망을 맡은 중신)이라 할 만하다.

여몽과 육손의 관직

여몽 : 별부사마(別部司馬 : 손책을 따름) → 평북도위(平北都尉) → 횡야중랑장(橫野中郎將) → 편장군, 심양령(潯陽令 : 조인을 물리침) → 여강태수(廬江太守 : 손권을 따라 환성을 공략함) → 좌호군(左護軍), 호위장군(虎威將軍 : 유수에서 조조에 대항) → 한창태수(漢昌太守 : 노숙의 뒤를 이음) → 남군태수(南郡太守), 잔릉후(孱陵侯 : 형주 기습) → 병사(病死)함

육손 : 동서조령사(東西曹令史 : 손권) → 도위(都尉) → 정위교위(定威校尉) → 장하우부독(帳下右部督) → 편장군, 우도독(右都督 : 여몽의 추천) → 의도태수(宜都太守), 무변장군(撫邊將軍), 화정후(華亭侯 : 형주 기습) → 우호군(右護軍), 진서장군(鎭西將軍), 봉루후(封婁侯) → 대도독(大都督), 보국장군(輔國將軍), 형주목(荊州牧), 강릉후(江陵侯 : 이릉에서 유비를 대파함) → 대도독(조휴를 대파함) → 상대장군(上大將軍), 우도호(右都護 : 손권이 제위에 오름) → 승상(고옹을 이음) → 소후(시호)

* '오하아몽(吳下阿蒙)'을 달리 이르는 말. '아(阿)'는 친근하게 이르는 말이고, '몽(蒙)'은 사람 이름으로 여몽(呂蒙)의 고사에서 유래한다.

35 잔인하고 전횡을 일삼아 공공의 적이 된 인물
동탁

》》》 동탁의 낙양 입성은 내자불선(來者不善 : 찾아오는 이는 좋은 의도를 갖고 있지 않다)이었다. 그야말로 동탁은 난리를 틈타 낙양에 입성한 후 잔악무도한 짓으로 전횡을 일삼으며 갖가지 나쁜 짓을 저질렀다. 온갖 악인의 행태를 다 갖춘 인물이었다.

동탁(董卓)은 일찍이 강족에 의지하여 세력을 키우다가 황건군 토벌군에 참여했다. 비록 패전을 거듭했지만 조정의 전권을 휘두르고 있던 환관들인 십상시(十常侍)* 에게 뇌물을 주어 승승장구했다.

한나라 영제(靈帝)가 죽은 후 뒤를 이어 소제(少帝 : 헌제)가 등극하자 다시 외척과 환관의 권력 투쟁이 시작되었다. 외척 하진은 이미 조정 대신들의 지지를 받고 있었지만, 십상시들을 몰살하기 위해 제후들을 도성으로 끌어들였다. 동탁은 이를 알고 크게 기뻐하며 그 즉시 낙양으로 진군했다. 이때 낙양은 이미 큰 혼란에 빠져 있었다. 하진이 환관들을 없애기는커녕 오히려 환관에게 살해되어 조정은 아수라장이 되었다. 동탁은 외척과 환관 사이에 벌어진 혼란을 틈타 조정의 대권을 장악했다.

낙양에 입성했을 당시의 동탁은 세력이 약했지만 하진의 군대를 접수했고, 또한 여포에게 적토마를 주어 환심을 산 후 그에게 정원(여포의 양아버지)을 죽이도록 했다. 이때부터 동탁의 명성이 높아졌고, 조정에서는 그의 결정에 아무도 반기를 들지 못했다.

---

* 십상시는 중국 후한 말기 영제(靈帝) 때 정권을 잡아 조정을 농락한 10여 명의 중상시, 즉 환관들을 말한다. 『삼국연의』에서 십상시는 영제가 죽고 나서 대장군 하진을 제거하지만 하진의 부하들에게 도륙당한 것으로 묘사되고 있다. 그들의 이름과 수 모두 차이가 난다. 『후한서』에서는 12명, 『삼국연의』에서는 10명이다.

정권을 잡은 동탁은 조정을 안정시켜 황실을 일으킬 생각은 하지 않고 세도를 부리며 전횡을 일삼았다. 그는 소제를 폐위시킨 후 그에게 짐주(鴆酒 : 짐새의 깃에 있는 맹독을 섞은 술)을 먹여 독살했다. 또한 궁녀를 간음하는가 하면 군사를 이끌고 성을 나가 재물을 약탈하고, 1천여 명에 달하는 백성을 죽이고 그 수급을 수레에 싣고 와 적을 물리쳐 대승을 거두었다고 속였다. 조정의 중신들은 분노했지만, 감히 나서서 사실을 밝히는 사람이 없었다. 조조는 칠성검을 올린다는 핑계로 동탁을 죽이려고 했지만 성공하지 못하자 제후들을 모아 동탁을 토벌하려고 했다.

18로 제후들을 상대하기가 어려워진 동탁은 낙양에 불을 지르고 장안으로 천도했다. 낙양을 떠나기 전에 그는 성 안의 부호들을 참수하고 그들의 재물을 약탈했다. 또한 낙양의 백성들을 장안으로 강제 이주시키는 과정에서 목숨을 잃은 사람들이 부지기수였다. 또한 여포에게 황릉을 파헤쳐 기물을 약탈하도록 시키기도 했는데, 이러한 동탁의 행위들은 모든 사람들에게 지탄의 대상이었다. 동한이 애써 이룩한 2백 년 역사의 낙양은 이렇게 해서 완전히 초토화 되고 말았다.

장안으로 옮긴 후에도 동탁의 전횡은 점입가경이었다. 그는 닥치는 대로 사람들을 죽이는 한편, 장안 성벽과 똑같은 높이의 미오(郿塢) 성벽을 쌓은 후 재물과 미녀를 긁어모아 향락 속에 빠져 살았다. 이처럼 잔혹한 동탁에게 사도(司徒)* 왕윤은 온갖 정성을 다했다. 그는 초선(貂蟬)을 동탁에게 헌상하여 동탁과 여포의 관계를 이간질했고, 결국 그가 계획했던 대로 여포가 동탁을 살해함으로써 동탁의 잔혹한 행위를 멈출 수 있었다.

동탁은 살아서 천인공노할 온갖 죄악을 저질렀기 때문에, 그가 죽던 날 장안의 백성들은 덩실덩실 춤추고 노래를 부르며 간적의 죽음을 경축했다. 후에 이각이 동탁의 시신을 수습하여 매장하려 할 때 벼락을 맞은 관이 쪼개지면서 동탁의 시신이 불타버렸다고 한다.

---

* 중국의 관직명. 순(舜)임금 때는 주로 교육만을 맡았으나 주(周)나라 때는 호구(戶口)·전토(田土)·재화(財貨)·교육(敎育)을 맡아보았음. 전한(前漢) 때에 대사도(大司徒)로 이름을 바꿔 대사마(大司馬)·대사공(大司空)과 함께 '삼공(三公)'이라 하였다.

미인계에 걸려 죽은 동탁

동탁은 여포를 얻어 승승장구했다. 두 사람 모두 호색한이었는데, 왕윤은 이런 그들의 약점을 이용해 미녀 초선이 두 사람을 이간질하도록 했다. 결국 여포가 동탁을 배신하고 그를 살해했다.

왕윤

초선을 여포에게 보내기로 약속한 다음

그 약속을 어기고 초선을 동탁에게 보냈다.

미인계를 부탁했다.

초선

수차례 여포를 유혹한 뒤 할 수 없이 동탁을 따라간 것처럼 꾸몄다.

여포와 이유를 욕하면서 그와 동탁의 관계를 이간질했다.

여포

동탁

여포가 초선을 희롱하는 것을 보고 그 즉시 여포에게 창을 던져 여포의 분노를 샀다.

초선을 빼앗긴 원한을 품고 왕윤과 모의하여 군사를 매복시켜 동탁을 살해했다.

동탁 수하들의 최후

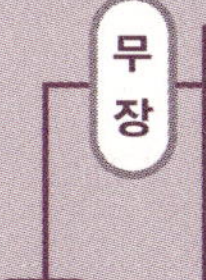

동탁

무장

- **이각** : 동탁이 죽은 후 왕윤이 사면해 주지 않자 가후의 말에 따라 곽사와 함께 장안으로 쳐들어가 조정을 장악했다. 그러나 곽사와 반목하여 혼전을 거듭하면서 천자를 납치하자 동한 조정은 다시 혼란에 빠졌다. 이후 조조가 그들을 격퇴하였고, 수년 후 단외(斷煨)에게 살해되었다.
- **곽사** : 가후의 말에 따라 이각과 함께 장안으로 난입했다. 후에 양표는 곽사의 처가 질투심이 강한 것을 이용해 두 사람을 이간질하였다. 그 일로 곽사는 이각과 반목하며 중신들을 협박했다. 이후 조조에게 밀려났으며, 수년 후 부하 장수 오습(伍習)에게 살해되었다.
- **장제** : 이각, 곽사를 따라 장안으로 쳐들어갔고, 이각과 곽사가 충돌할 때 그들을 중재했다. 후에 군사를 이끌고 남양을 공격하다가 화살에 맞아 죽었고, 그의 군대는 조카인 장수에게 넘어갔다.
- **번조** : 이각, 곽사를 따라 장안으로 쳐들어갔다. 이후 번조(樊稠)는 조정을 보호하기 위해 온 마등, 한수와의 전투에서 한수를 놓아주었다는 이유로 이각에게 술자리에서 죽임을 당했다.

모신

- **이유** : 이유(李儒)는 정사에는 나오지 않는 가공의 인물로서 『삼국연의』에서는 동탁의 최측근 모사이다. 악인을 도와 악을 저지른 셈이다. 동탁에게 초선을 여포에게 주라고 권유했지만 동탁이 이를 따르지 않았다. 동탁이 살해된 후 그 역시 살해되었다.

36 용맹했지만 무모하고 언행이 제멋대로였던 인물 여포

≫≫ 여포는 무공에서 만큼은 삼국에서 둘째가라면 서러운 인물이었다. 더구나 그의 수하에는 장료와 진궁이 있었다. 하지만 그는 사리사욕 앞에서 의리를 잊고 말과 행동을 이리저리 바꾸었으며, 고집스럽고 제멋대로 행동했다. 결국 업적을 쌓지 못하고 패배한 뒤 살해되었다.

'말 중에는 적토마, 사람 중에는 여포(馬中赤兎마중적토, 人中呂布인중여포)'라는 말이 있다. 여포(呂布)의 무공은 삼국 시기에 따를 자가 없을 정도였다. 호뢰관(虎牢關) 앞에서 유비, 관우, 장비 세 사람의 영웅이 여포와 대결했지만 그를 이기지 못했다. 그러나 여포는 이러한 무공을 잘 이용하지 못했다. 그의 수하에는 장료, 고순 같은 맹장과 진궁 같은 모사가 있었다. 삼국 시대 같은 난세에 일가를 이루기에는 안성맞춤의 조건이었다. 그러나 여포는 이를 소중하게 여기지 않고 결국 지위를 잃고 명예는 바닥에 떨어져 그를 꺼려하지 않는 자가 없었다. 그가 실패한 원인을 따져보면 결국 용기는 있지만 모략이 없었고, 제멋대로 일을 처리했으며, 이득 앞에서 의리를 잊고 언행을 바꾸었기 때문이었다.

여포는 몇 번이나 주군을 교체하고 걸핏하면 남의 양자가 되었다. 그는 제일 먼저 정원의 양아들이었다가 동탁이 적토마와 보석으로 유인하자 양아버지를 죽이고 동탁에게 납작 엎드려 인사를 올렸다.

"공께서 싫지 않으시다면 제 양아버지로 모시겠습니다."

이후 왕윤이 초선으로 그를 유혹하자 여포는 다시 동탁을 배신하고 그를 살해하였다. 이처럼 탐욕스러웠던 그가 장안에서 패배하여 원술에게 투항했지만 원술은 그를 받아들이지 않았다. 그 후 여포는 이곳저곳을 전전하다가 서주의 유비에게 투항했다가 얼마 뒤 유비가 원술을 토벌하러 나간 틈을 타 서주를 빼앗았

평생 뒤집기를 반복했던 여포의 언행

여포는 평생 여러 주군의 휘하를 들락거리며 언행 뒤집기를 밥 먹듯이 했다. 아래 그림을 보면 여포의 그 같은 삶이 잘 나타나 있다.

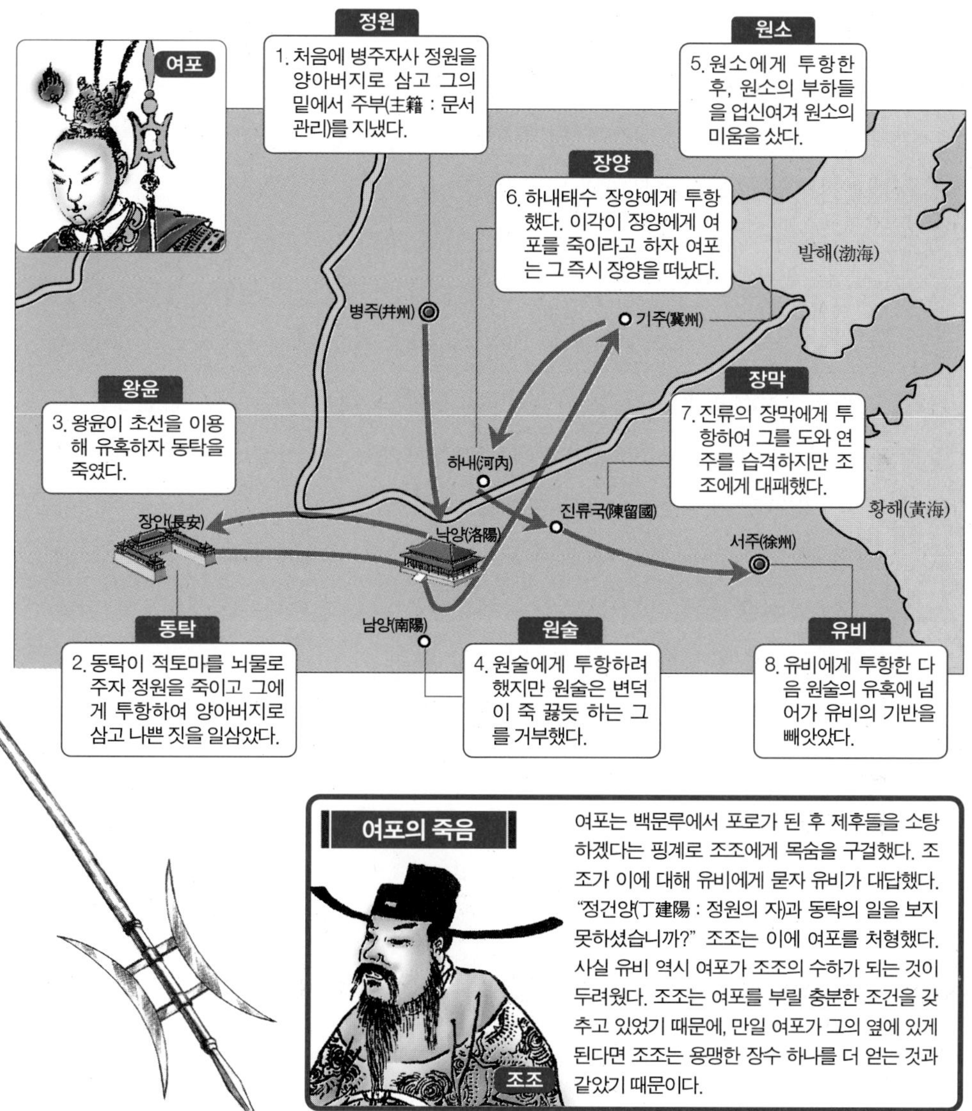

여포의 죽음

조조

여포는 백문루에서 포로가 된 후 제후들을 소탕하겠다는 핑계로 조조에게 목숨을 구걸했다. 조조가 이에 대해 유비에게 묻자 유비가 대답했다. "정건양(丁建陽 : 정원의 자)과 동탁의 일을 보지 못하셨습니까?" 조조는 이에 여포를 처형했다. 사실 유비 역시 여포가 조조의 수하가 되는 것이 두려웠다. 조조는 여포를 부릴 충분한 조건을 갖추고 있었기 때문에, 만일 여포가 그의 옆에 있게 된다면 조조는 용맹한 장수 하나를 더 얻는 것과 같았기 때문이다.

여포의 무기 : 방천화극(方天畵戟)

창의 끝 부분이 '정(井)' 자 모양이다. 자루에 채색이 되어 있어서 '화간방천극(畵杆方天戟)'이라고도 부른다. 전하는 바에 따르면 여포의 방천극은 무게가 40근(현재의 도량형으로 24kg), 길이가 1.2장(약 2.8m)이다. 역사적으로 볼 때 방천화극은 의장용이며 실전에는 쓰이지 않았다.

다. 게다가 원술이 그에게 말과 보석을 약속하자 유비를 뒤에서 습격했다. 그러나 원술이 약속을 지키지 않자 그는 다시 뻔뻔스럽게 유비에게 가서 소패에 주둔하다가 서주를 다스렸다.

자신의 개인적인 이익 앞에서 의리를 저버리고 말과 행동을 바꾸는 그의 성격 때문에 여포는 점차 고립되었고, 용감하지만 무모하고 고집스러운 천성 때문에 결국 막다른 골목으로 몰리게 되었다.

진궁은 조조의 간사함을 이미 알고 있었기 때문에 여포를 보좌하는 데 최선을 다했지만, 여포는 매번 처첩의 이야기에 홀려 진궁의 의견을 받아들이지 않았다. 조조가 연주를 반격하자 진궁은 태산(太山)의 험한 길목에 매복하자고 건의했지만, 여포는 자신에게 다른 방책이 있다고 말했다. 하비에 갇혔을 때 진궁은 군사를 나누어 성 밖에 배치하여 성 안과 의각지세(犄角之勢 : 양쪽에서 서로 의지하여 방어하는 양면 작전)를 취해야 한다고 말했지만, 여포는 그 자리에서는 찬사를 보냈다가 집으로 돌아가 아내의 말을 들은 후에는 까맣게 잊어버렸다. 불쌍한 진궁이 고심 끝에 마련한 좋은 계책들 모두가 무용지물이 된 것이다. 결국 여포는 전쟁에 패하여 목숨을 잃고 말았다.

여포는 평생 왕이 되어 천하를 제패할 웅장한 포부도 없이 그저 세상이 흐르는 대로 흘러 다녔을 뿐이다. 여기에다 경박하고 탐욕스러우며, 다른 사람의 조언을 듣지 않는 치명적인 약점 때문에 대업을 이루기에는 역부족이었다.

사람 중에는 여포

머리를 묶은 후 꿩 깃털로 만든 영자(翎子)가 꼽힌 금관을 썼다. 아름답고 강력한 힘의 상징이다.

서천의 명물인 붉은 비단에 수백 가지 꽃무늬가 있는 도포에 짐승의 얼굴을 새긴 갑옷을 입었고, 허리에는 영롱한 사자상을 새긴 띠를 차고, 활을 메었으며, 손에 방천화극을 들었다.

무예가 출중했던 여포는 전투에 방천화극을 들고 나갔다. 그는 활 솜씨도 상당한 수준이었다.

여포(151~198년)

시 호 : 없음
무 기 : 방천화극
업 적 : 동탁 살해, 복양 습격, 서주 점령

진수의 평가 여포는 용맹했지만 뛰어난 전략 없이 무모했으며, 경거망동으로 오직 돈과 재물만 좇았다.

여포의 관직

주부(主簿 : 정원) → 기도위(騎都尉 : 동탁) → 중랑장(中郎將), 도정후 → 분무장군(奮武將軍), 온후(溫後 : 왕윤을 좇아 동탁 살해) → 영천태수(潁川太守) → 서주자사(徐州刺史 : 유비가 원술을 공격할 때 서주를 빼앗고 스스로 '서주자사'라 부름) → 조조에 의해 살해됨

37 자신의 몸을 버려 나라를 구하려 했던 절세미인 초선

>>>> 초선은 남성 위주의 『삼국연의』에 등장하는 몇 안 되는 여성 가운데 가장 눈부시게 빛난다. 초선은 왕윤의 미인계를 받아들여 나라의 악을 제거함으로써 세상에 아름다운 이야기를 남겼다.

초선(貂蟬)은 원래 사도 왕윤의 명기(名妓)로서 빼어난 용모를 지니고 있었다. 전설에 따르면 초선이 태어난 후 3년 동안 살구꽃이 피자마자 떨어지고, 초선이 밤에 달맞이를 하면 월궁(月宮 : 달 속의 궁전)의 상아(嫦娥 : 달 속에 있다는 전설 속의 선녀)도 창피해서 구름 속으로 모습을 감추었다고 한다. 이처럼 초선은 우아하고 아리따운 여인이었으며, 작은 귓불에 옥 귀걸이를 하고 걸어가는 모습이 바람에 흩날리는 버들가지 같았다고 한다.

초선은 아름다울 뿐만 아니라 지혜롭고 영특한 여인이었다. 한나라 말기의 혼란한 정치 무대에 등장한 초선은 왕윤이 하루 종일 동탁의 극악무도한 행태에 한숨짓는 것을 보게 되었다. 그녀는 왕윤과 함께 근심하며 자신을 거두고 사랑해 준 은혜에 보답하려 했고, 왕윤은 이처럼 영특하고 사려 깊은 초선을 보고 그의 평생에 가장 성공적인 계책인 미인계를 구상하였다.

당시 동탁은 늙고 교활한 인물로서 젊은 영웅인 여포를 양아들로 들였는데, 동탁을 제거하기 힘든 이유는 그의 옆에 항상 여포가 있었기 때문이다. 두 사람 모두 여색을 밝힌다는 것에 주목한 왕윤은 이 점을 이용해 초선을 여포에게 주기로 약속한 다음, 다시 동탁에게도 그녀를 주기로 약속했다. 하지만 겉으로는 동탁이 강제로 초선을 데려다 첩으로 삼은 것처럼 꾸몄다.

초선이 동탁의 첩이 된 것을 안 여포는 어느 날 동탁의 집 봉의정(鳳儀亭)에서

고대 중국의 4대 미녀

초선은 용모뿐만 아니라 총명하고 용감했으며, 나라의 악을 제거하여 백성들의 사랑을 한 몸에 받았다. 이에 사람들은 그녀를 서시西施, 왕소군王昭君, 양귀비楊貴妃와 더불어 고대 중국의 4대 미녀로 부른다.

- **미모 :** 낙안(落雁 : 날던 기러기가 떨어질 정도라는 뜻)
- **일생 :** 왕소군은 본래 전한(前漢) 원제(元帝)의 후궁이었으나 후에 한나라 공주 신분으로 흉노의 호한야선우(呼韓邪單於)에게 시집을 갔다. 그 후로 흉노와 한나라 사이에는 수십 년간 전쟁이 벌어지지 않았다고 한다.
- **발명품 :** 작고 쳐진 어깨 때문에 어깨 받침을 발명했다.

왕소군

- **미모 :** 수화(羞花 : 꽃이 부끄러워할 정도라는 뜻)
- **일생 :** 양귀비는 현종을 모셨으며, 둘은 서로를 지극히 사랑했다. 하지만 현종은 양귀비를 만나고부터 정사를 돌보지 아니했고, 결국 안사의 난이 일어났다.
- **발명품 :** 액취 때문에 화로수(花露水 : 일곱 가지 꽃물)를 발명했다.

양귀비

초선

- **미모 :** 폐월(閉月 : 달이 구름에 숨을 정도라는 뜻)
- **일생 :** 초선은 동탁을 주살한 미인계를 실행한 인물이다. 동탁과 여포 사이를 오가며 동탁을 제거하는 데 성공했다.
- **발명품 :** 귓불이 작아 귀걸이를 발명했다.

서시

- **미모 :** 침어(沈魚 : 물고기가 숨을 정도라는 뜻)
- **일생 :** 월나라에서 오나라 왕 부차(夫差)에게 바친 여인이다. 한결같은 심지로 결국 오와 월의 상황을 역전시켜 월나라에 승리를 가져다주었다. 이후 범려(範蠡)를 따라 배를 타고 세상을 떠돌았다.
- **발명품 :** 큰 발 때문에 긴 치마를 발명했다.

고대 중국의 여성을 위한 네 가지 발명품 : 긴 치마, 귀걸이, 향수, 안감

초선과 관련한 의문점

초선의 출신

초선은 사서에 기록이 없다. 『후한서』와 『삼국지』를 근거로 추측해 볼 때 다음 두 가지 가능성이 있다.

❶ 초선은 동탁의 하녀로 여포가 그녀와 사통했다. 마음이 불안했던 여포를 왕윤이 설득했다.

❷ 초선은 여포의 부장 진의록(秦宜祿)의 아내다. 여포가 그녀를 빼앗았다가 여포가 죽자 관우가 조조에게 아내로 줄 것을 부탁했다.

초선의 죽음

『삼국연의』에 따르면, 백문루에서 여포가 죽은 뒤 초선을 조조가 거두었다고 하는데, 그 뒷이야기가 없다. 후세에 전하는 이야기에 따르면, 이후의 행방은 다음 두 가지 가능성이 있다.

❶ 조조가 초선을 관우에게 주어 그들 형제를 이간질하려 했고, 이후 관우에게 죽임을 당했거나 자결했다.

❷ 출가하여 비구니가 되었다.

절세 가인 초선

초선은 고대 중국의 4대 미인으로 불리며, 빼어난 미모로 동탁과 여포를 사로잡았다.

장렴(粧奩). 고대 여성들의 화장품 상자로서 연지 등 화장 도구를 보관했다.

식견이 뛰어나고 용감하면서도 마음이 고왔다. 연약한 여자의 힘으로 천하를 돌려놓았다.

초선(?~?)

시 호 : 없음
필살기 : 미모, 풍부한 기지
업 적 : 동탁 살해

흔주의 빼어난 기를 혼자 독차지한 초선 : 여포와 초선은 준남미녀(俊男美女)로 환상적인 한 쌍이다. 사서의 기록에 의하면 여포는 오원군(吾原郡) 구원(九原 : 내몽고 포두包頭) 사람이다. 하지만 그가 산서(山西) 정양(定襄) 출신이라고 말하는 이도 있다. 산서 민담에 "흔주에는 좋은 여자가 없고, 정양에는 좋은 남자가 없다"라는 말이 있다. 이는 초선이 흔주(炘州 : 지금의 '신저우'로 산서성 북부에 위치함)에서, 여포가 정양에서 태어나 그 지역의 풍수를 모두 차지해 버렸다는 것에서 나온 말이다. 그 후로 흔주에는 더 이상 미녀가 나오지 않고, 정양 역시 미남을 배출하지 못했다고 한다.

진수의 평가 초선을 허구의 인물로 본 진수는 『삼국지』에서 그녀를 언급하지 않았다.

초선의 지위

시녀(왕윤) → 총애하는 소실(동탁) → 총애하는 소실(여포)

초선을 만났다. 초선은 눈물이 그렁그렁한 모습으로 다시는 여포에게 갈 수 없는 자신의 처량한 심경을 털어놓았다. 이때 집으로 돌아온 동탁이 그 광경을 보고 화가 나 여포의 방천화극을 빼앗아 여포를 찌르려 했다. 여포는 그 길로 줄행랑을 쳤다.

화가 나 있는 동탁을 본 모사 이유는 동탁에게 초선을 여포에게 주어 마음을 달래도록 권고했다. 만약 동탁이 이유의 건의를 받아들인다면 미인계를 그르칠 판국이었다. 이때 초선이 재빠르게 나서 이유를 비난하며 동탁에 대한 자신의 마음을 자결로 증명하려 했다. 결국 동탁은 이유의 건의를 무시한 채 초선을 계속 곁에 두기로 했다.

한편 왕윤의 말을 들은 여포는 초선을 빼앗아오기 위해 결국 자신의 두 번째 양아버지인 동탁을 죽이고 말았다. 이로써 초선은 왕윤의 계책을 성공시켜 나라의 악을 제거할 수 있었다.

동탁을 죽음으로 몰아넣은 미인계를 계획한 것은 왕윤이었지만, 그러한 계획이 성공할 수 있도록 지혜를 발휘하여 중요한 고비마다 위기를 넘길 수 있었던 것은 초선 덕분이었다.

38 '목후이관'*으로 고립무원의 지경에 이르다 원술

>>>> 원술은 명문가에서 태어나 가세를 일으킬 훌륭한 기반을 가진 인물이었다. 하지만 재능과 덕성이 부족하고 권모술수를 좋아했다. 한 지역을 차지하는 것에 만족하지 못하여 스스로 황제라 칭해 고립무원의 지경에 이르렀고, 결국 막다른 길에 다다라 죽음으로써 천하의 웃음거리가 되었다.

원술(袁術)은 사세삼공(四世三公 : 4대가 모두 삼공에 임명된 집안)의 화려한 가문 출신이다. 사세삼공이면 제자들과 부하 관리들이 천하에 두루 퍼져 있다고 했다. 이처럼 원술은 명문가 출신으로서 단숨에 기반을 잡을 수 있었다. 하지만 그는 원래 용기도 지략도 없는 데다 사람됨도 엉망이었던 탓에 사방에 적을 만들었고, 결국 한나라 말기 제후들 가운데 최후가 가장 처참했던 사람 가운데 하나가 되었다.

원술의 일생은 이렇다 할 업적이 없다. 그는 명문가 출신이지만 능력도 없었고, 게다가 고집도 셌다. 그는 자신을 원씨 가문의 적자라 하여 서출 형제인 원소를 무시했다. 멀리 유주의 공손찬과 교류하면서 원소를 견제했는데, 마찬가지로 약하게 보이고 싶지 않았던 원소 또한 형주의 유표와 연계하여 원술을 견제하는 등 두 사람은 서로를 궁지로 몰아넣었다. 또한 원술은 자신의 세력만 믿고 진류를 습격하여 조조에게 맞섰지만, 당연히 그는 조조의 상대가 되지 못했기 때문에 결국 처참하게 패하고 말았다. 이후 양주를 점령한 다음 원술은 계속 세력을 확대하여 형주, 양주, 예주, 사례주(司隸州)를 차지했다. 실속 없는 세력 확장에 판단

* 목후이관(沐猴而冠)은 원숭이가 관을 썼다는 뜻으로, 의관(衣冠)은 갖추었으나 사람답지 못한 사람을 비유적으로 이르는 말이다.

사방에 적을 두었던 원술

원술은 공격은 쉽고 방어는 어려운 장강 중하류, 회하 일대를 세력 범위로 삼았기 때문에, 인근 세력과 연맹을 맺고 기반을 지켜야 했다. 그러나 원술은 사방을 모두 적으로 만들었고, 나중에는 스스로 '황제'라 칭하자 모든 이들이 그를 고립시킴으로써 기반을 상실하게 되었다.

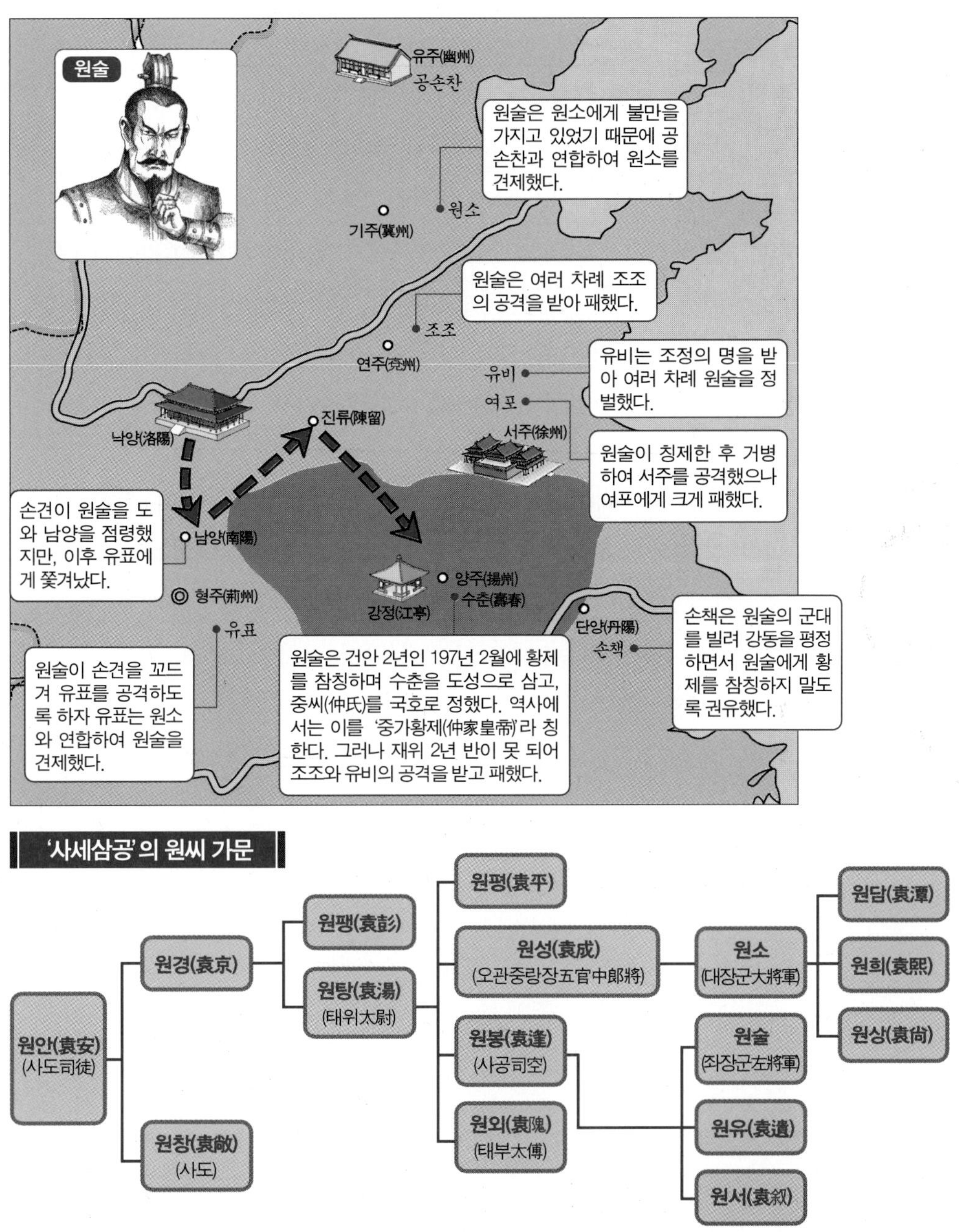

이 흐려진 원술은 손책이 맡긴 전국옥새에 자극을 받아 자신을 황제의 위치까지 밀고 올라갔다. 그는 각 제후들의 뜻을 물었지만 자신을 지지하는 사람은 단 한 사람도 없었다. 결국 사람들의 비난만 듣고 손책에게 수모를 당한 후 여포와 연계해 조조를 공격하려고 했지만, 오히려 여포에게 대패하고 말았다.

이처럼 원술은 숱한 실패를 겪고도 교훈을 얻기는커녕 자기 멋대로 황제에 올랐다. 하지만 그는 황제라는 자리를 자신의 향락을 즐기는 데만 이용했을 뿐, 백성들의 삶을 돌보지 않아 회남과 회북 지역을 피폐한 곳으로 만들어 버렸다.

나쁜 짓을 하면 천벌을 피해갈 수 없다. 사치와 향락에 빠져 지내던 원술은 당연히 인심을 얻지 못했다. 관리를 삼으려 해도 그의 명을 받아들이지 않았고, 그의 부하인 뇌박(雷薄)과 진란마저도 그의 곁을 떠났다. 조조의 대군이 그를 압박해 왔을 때 사람들은 모두 박수를 치며 좋아할 뿐, 아무도 그에게 구원의 손을 내밀지 않았다.

원술은 어쩔 수 없이 체면불구하고 한때 자신이 무시했던 형에게 제호를 바치며 구원을 요청했다. 그러나 도중에 유비의 습격을 받은 그는 감히 유비의 얼굴을 마주치지도 못한 채 남쪽으로 줄행랑을 쳤고, 도망가던 중 산적에게 습격을 당했다. 모든 것을 빼앗긴 원술은 도망가던 중 강정(江亭)에 이르러 꿀물을 찾았지만 끝내 마시지 못한 채 피를 토하고 죽었다.

39 막강한 군사력으로 패배를 자초한 고집불통
원소

>>>> 원소는 명문가 출신으로서 한때는 막강한 세력을 지녀 조조도 그를 두려워했다. 그러나 원소는 우유부단한 성격에 다른 사람의 말을 잘 듣지 않는 고집불통이어서 재주가 있어도 쓰지 못했고, 좋은 의견도 받아들이지 않았다. 결국 조조에게 패하여 기반을 잃고 말았다.

명문가에서 태어난 원소(袁紹)는 청년 시절에 각종 병법을 연구하여 주위 사람들로부터 호평을 받았다. 과감한 행동으로 모든 환관을 제거하기도 했다. 동탁은 도성에 들어간 후 황제 폐위를 획책하며 황제와 대립했는데, 동탁 토벌 연맹이 실패로 끝나자 원소는 원씨 가문의 문생(門生)* 한복을 찾아가 기주(冀州)를 갈취하고, 이어 공손찬을 공격해 기주, 청주, 유주, 병주 등 4주를 연이어 취하면서 천하를 호령하기 시작했다.

그러나 원소는 고집이 세고 충언에 귀를 기울이지 않았다. 이러한 치명적인 약점 때문에 그는 좋은 기회를 숱하게 놓쳤고, 결국 패망을 자초하게 되었다.

각 제후들이 동탁을 토벌할 때 모두가 원소를 맹주로 추천했지만, 원소는 제후들을 단결시키지 못한 채 아무런 공도 세우지 못하고 돌아왔다. 동탁이 낙양을 버리고 장안으로 도망갈 때 그를 추격해야 했지만, 원소는 군사들이 지쳐 있다는 이유로 옴짝달싹하지 않았다. 이에 조조가 화를 벌컥 내며 이렇게 말했다.

"서자와는 함께 계책을 논의할 수가 없군!"

한번은 조조가 동쪽으로 유비를 공격했을 때 유비가 원소에게 구원을 요청

* 중국의 한대(漢代)에서 6조(六朝) 시대에 걸친 학자. 권세가의 문인(門人). 학자 관료가 다수의 문생을 거느리고 세력을 형성하는 것에 대항하여 권문세가(權門勢家)나 환관(宦官)까지도 많은 문생을 두었고, 그것이 위세를 보이는 척도가 되었다.

했다. 그때 모사인 전풍이 원소에게 허창을 급습하자고 권유했지만, 어린 아들의 병을 핑계로 출정하지 않았다. 이후 유비가 대패하자 전풍은 다시 원소에게 허점을 기다렸다가 공격하는 것이 옳다고 권유했다. 하지만 원소는 그의 말을 듣지 않고 출병했다가 조조에게 연패를 당했다.

생사가 걸린 관도전투에서도 원소는 고집불통의 성격을 고치지 않았고, 허창을 공격하자는 허유의 방책을 무시한 채 오히려 그를 첩자로 몰아세웠다. 허유는 그 일로 조조에게 투항해 버렸다. 또한 저수(沮授)가 순우경(淳於瓊)이 지키는 오소의 군량 창고 경비를 늘리자고 제안했는데도 이를 듣지 않다가 결국 적군이 그곳에 불을 지르는 바람에 전 군이 참패를 당했다.

원소의 고집은 그를 전쟁에서 패하게 했을 뿐만 아니라 부하들까지 하나둘 떠나가게 만들었다. 순욱, 곽가 같은 이들은 처음에 원소의 사람이었지만, 원소의 인간됨을 보고 난 후 그가 결코 주군으로 모실만한 인물이 아니라는 것을 알고 조조에게 투항했다. 전풍은 군사를 일으키는 것이 불리하다고 말했다가 감옥에 갇히는 신세가 되었고, 관도전투에서 패한 후 원소는 수치스러움에 전풍을 참수했다. 이 밖에도 장합과 고람이 조조에게 투항하려 한다는 곽도의 모함을 듣고는 조사도 하지 않은 채 그들을 추궁하는 바람에 오히려 그들이 조조에게로 돌아서게 만들었다.

원소는 창정전투(倉亭戰鬪)에서 패배한 뒤 병이 들어 일어나지 못했다. 그때 후계자 문제에 또 한 번의 치명적인 잘못을 저질렀는데, 왕위를 원상에게 계승한 것이다. 결국 그가 죽은 다음 형제들 간에 싸움이 일어났고, 이러한 형제들을 조조가 하나씩 모두 격파함으로써 그가 애써 마련해 놓은 기반 전체가 조조의 손에 넘어가고 말았다.

인재를 활용할 줄 몰랐던 원소

인재를 적절히 활용할 줄 몰랐던 것은 원소가 실패한 주요 원인 가운데 하나다. 당시 기반을 닦기 시작했을 때만 해도 그는 명예로운 인물로 수많은 인재들이 그에게 의탁했다. 그러나 원소는 재능이 있어도 이를 활용할 줄 몰랐고, 결국 인재들을 죽이거나 그의 곁을 떠나게 만들었다. 그의 곁에 남은 사람들이라고는 모두 쓸모없는 인간이나 권세에 눈이 먼 소인들뿐이었다.

원소

전풍 (감옥에서 사망)

전풍은 원소의 출정에 반대했다가 하옥되었다. 후에 관도전투에서 패배한 뒤 원소는 전풍을 볼 체면이 서지 않자 그를 처형했다.

저수 (감옥에 투옥)

저수는 지구전을 건의했지만 원소는 그의 말을 듣지 않고 오히려 그를 감옥에 하옥시켰다. 이후 저수가 다시 군량 창고 경비를 경고했지만 원소는 이 의견마저 무시했다. 관도전투에서 패배한 뒤 저수는 조조의 포로가 되었으나 투항하지 않고 처형되었다.

허유 (조조에게 투항)

허유는 조조가 관도에 오래 머물러 허도(許都)가 비어 있는 틈을 타서 기습할 것을 건의하였으나 원소는 듣지 않았다. 결국 허유는 원소를 떠나 조조에게 투항했다.

곽도 (중용)

곽도와 다른 모사들이 다툼을 벌여 서로 앞 다투어 원소에게 아첨했다. 원소가 죽은 뒤 어린 아들을 옹립하는 바람에 형제들 간에 분란이 발생했다.

순욱 (조조에게 투항)

순욱 등은 원소가 군주의 그릇이 아님을 알고 그를 떠나 조조에게 투항했다.

안량 (중용)

저수는 안량이 혼자 선봉에 설 수 없다고 간언했으나 원소가 이를 듣지 않았다. 그 결과 안량은 관우에게 죽임을 당했다.

문추 (중용)

원소는 방어에 힘쓰라는 저수의 건의를 무시하고 문추에게 출정을 명했고, 그 결과 문추는 조조에게 죽임을 당했다.

장합 (조조에게 투항)

오소의 군량 창고가 불에 탄 후 원소는 장합의 건의를 듣지 않았다. 실패한 뒤 아첨을 믿는 원소의 모습에 실망한 장합은 조조에게 투항했다.

고람 (조조에게 투항)

관도전투에 패배한 원소가 곽도의 모략을 믿고 고람을 문죄했다. 이에 고람은 장합과 함께 조조에게 투항했다.

순우경 (중용)

순우경이 술을 좋아하여 일을 그르치는 인물인데도 원소는 그에게 군량 창고가 있는 오소의 수비를 맡겼다가 조조에게 급습을 당했다.

원씨 가문

고간(高幹)은 원소의 외조카로서 병주에 주둔했다. 이후 조조에게 패하여 형주로 도망가려 했지만 도중에 살해당했다.

원소가 가장 총애하던 원상에게 자리를 물려주어 기주에 주둔하도록 했다. 원상은 이후 첫째 형인 원담과 조조의 공격을 받아 둘째 형인 원희에게 의탁했다.

자신의 기반을 빼앗길까 염려한 공손강(公孫康)은 원희와 원상을 참수하여 조조에게 바쳤다.

원희는 원소의 둘째 아들로서 유주에 주둔했다. 원상이 투항한 후 조조에게 패해 요동의 공손강에게 의탁했다.

원담은 원소의 맏아들로서 청주에 주둔했다. 원소가 죽은 뒤 원상과 왕위 다툼을 벌이다가 실패하자 조조에게 구원을 요청했다. 이후 원상에게 승리를 거두었지만, 결국 조조에게 죽임을 당했다.

요동(遼東)
유주(幽州)
발해(渤海)
병주(幷州)
기주(冀州)
청주(靑州)
낙양(洛陽)
허창(許昌)

40 노련하고 치밀하게 진나라의 기반을 세우다
사마의

>>>> 사마의는 제갈량에 맞선 적수였다. 대외적으로는 치밀한 전략을 구사해 제갈량의 북벌을 막았고, 내부적으로는 조曹씨 종실을 무너뜨리고 성공적으로 위나라 정권을 장악했다. 이로써 서진西晉 정권 최초의 기반을 다졌다.

처음에 사마의(司馬懿)는 조조가 천자를 끼고 제후를 호령하는 것에 반대하며 병을 핑계로 조조의 소집에 응하지 않았다. 후에 조조가 위협을 가하고 난 후에야 조조 휘하의 모사가 되었다. 그러나 계책을 많이 내놓지는 않았다. 조조가 한중을 평정한 후 사마의는 계속해서 사천으로 진격할 것을 건의했지만, 조조는 동의하지 않았다. 이후 유비가 사천을 점령하고 한중으로 진군하자 조조는 사마의의 건의를 받아들이지 않은 것을 크게 후회했다. 관우가 칠군을 수장한 후 조조는 천도하고 싶었지만, 사마의는 손권과 손을 잡고 관우를 격퇴하자고 건의했다. 이러한 두 번의 책략은 전반적인 상황을 모두 고려한 것으로, 사마의의 범상치 않은 전략적 안목을 보여 주는 것이었다.

사마의는 조조 휘하에서 많은 공을 세우지 않았고, 오히려 조비와 막역한 사이로서 당시 그 수하의 진군(陳群), 오질, 주삭(朱鑠)과 함께 '사우(四友)'라 불렸다. 조비가 즉위하자 사마의는 고속 승진을 하기 시작해 조비의 신임을 받고 중용되었다. 조비는 당시 무군대장군(撫軍大將軍)을 맡고 있던 사마의에게 이렇게 말했다.

"내가 동쪽으로 갈 때는 무군이 서쪽을 맡고, 내가 서쪽으로 갈 때는 무군이 동쪽을 맡아주시오."

조비는 매번 직접 원정에 나설 때마다 사마의에게 후방을 맡겼고, 임종이 다가오자 맏아들 조예를 보필해 달라는 유언을 남겼다.

사마의의 승승장구

사마의는 가문의 세도가 아닌 자신의 능력으로 출세한 사람이다. 조비의 신임을 받은 데다 제갈량을 막아낸 군사적 업적을 통해 그는 한 단계씩 성장하였다. 그러나 조씨 종실은 인재가 부족했다. 황제는 일찍 세상을 떠나고 후계자는 나이가 어려 사마의의 정권 쟁탈에 이보다 좋은 조건은 없었다. 물론 또 하나 중요한 조건은 그가 위나라 황제 네 사람을 모두 모실 정도로 수명이 길었다는 점이다.

사마의

조조

조조(155~220년), 66세 사망

조조의 부름에 병을 가장한 채 가지 않았지만 그의 속셈을 파악한 조조가 말했다. "이런저런 이유를 둘러대면, 편리한 대로 끌고 오너라." 사마의의 병은 금세 좋아졌고, 조조 휘하에서 문학연(文學掾 : 학교에서 문학을 가르치던 정관正官)이 되어 조비를 보좌했다. 사서의 기록에 의하면 사마의는 조조 아래서 일할 때 매우 신중했다고 한다.

조비

조비(187~226년), 40세 사망

자신의 옛 신하였기 때문에 조비는 사마의를 매우 신임했다. 조비는 수차례 정벌 전쟁에 나갈 때마다 사마의에게 후방을 맡겼다. 또한 임종이 다가오자 사마의 및 조진, 진군, 조휴에게 함께 그의 아들 조예를 보좌하도록 부탁했다.

조예

조예(205~239년), 22세에 즉위하여 35세에 사망

사마의는 맹달의 모반을 진압한 후 군권을 장악하면서 사방에서 정벌 전쟁을 벌였다. 그는 제갈량을 격퇴하는 등 매번 승리를 거두었지만, 그와 함께 조예의 보좌를 부탁받았던 조진, 조휴는 연일 패배하면서 사마의와 대조를 이루었다. 조예는 영특한 편이어서 사마의가 그 앞에서는 드러내고 반목하지 못했다.

조방

조방(232~274년), 8세에 즉위하여 22세에 폐위

조방은 나이가 어렸기 때문에 조진, 조휴 등이 연이어 세상을 떠나자 사마의가 조진의 아들인 조상과 함께 그를 보좌하며 암투를 벌였다. 사마의는 병을 가장하면서 시선을 돌리다가 다시 기회를 틈타 고평릉 반란을 일으켜 조상을 죽이고 조정의 권력을 차지했다.

조예가 즉위한 후 사마의는 한때 귀양을 간 적이 있다. 하지만 제갈량이 북벌을 시작하자 이에 필적할 만한 사람이 없었던 조정에서는 하는 수 없이 사마의를 다시 기용했다. 그로부터 사마의는 군사를 장악하게 되었고, 제갈량에 맞서 지혜와 용기를 겨루기 시작했다. 사마의는 양측의 객관적인 형세를 정확하게 판단한 후 군량이 부족한 제갈량의 약점을 이용해 진군로의 길목을 막았고, 제갈량은 매번 아무런 소득 없이 돌아갈 수밖에 없었다.

제갈량과의 전쟁을 통해서 사마의는 정치적 기반을 다질 수 있었고, 조정 내의 지위도 날로 견고해졌다. 어찌 보면 제갈량이 사마의를 밀어준 셈이었다. 제갈량이 죽은 후 사마의는 그간 계속되는 정벌 전쟁에서 한걸음 물러나 내부의 권력 투쟁에 정력을 쏟았다. 노련하고 주도면밀한 사마의 앞에 젊은 조씨 종실은 그의 적수가 아니었다. 사마의는 먼저 도광양회(韜光養晦)* 계책으로 실권이 없는 태부(太傅)**의 자리를 받았다. 이후 병을 핑계로 조상(曹爽)***의 경계를 풀었다가 기회를 노려 정변을 일으켜 조상 형제를 제거했다. 그로부터 조씨 위나라의 군정 대권은 모두 사마의의 손에 들어왔다.

사마의가 병으로 죽은 후 그의 아들이 위나라 정권을 이었고, 이후 진(晉 : 西晉)나라가 위나라를 계승했다. 사마의는 진나라 정권의 기초를 다진 인물로서 이후 진나라 선제(宣帝)로 추존되었다.

---

* 자신의 재능이나 명성을 드러내지 않고 참고 기다린다는 의미로, 빛을 감추고 밖에 비치지 않도록 한 뒤 어둠 속에서 은밀히 힘을 기른다는 뜻이다. 약자가 모욕을 참고 견디면서 힘을 갈고 닦을 때 주로 인용된다.

** 태부의 특징은 지위는 매우 높지만 실권이 적은 것인데, 나이가 많고 신망이 두터운 사람에게 내리는 관직이었다.

*** 위나라 2대 황제 조예가 즉위하자 무위장군으로 중용되었다. 조예가 병을 얻어 자리에 눕게 되자 사마의와 함께 조방을 보좌하였지만, 권력을 독점하게 되자 자만심과 주색에 빠져 조정을 어지럽혔다. 자신의 세를 과시하기 위해 나섰던 촉한 정벌에서 패하였고, 사마의에 의해 처형되었다.

41 겉으로 드러난 정권 찬탈의 야욕
사마소 형제

>>>> 사마사, 사마소는 연이어 위나라의 대권을 잡았다. 비록 계승받은 권력이지만 이들 형제는 매우 뛰어난 능력을 지니고 있었고, 이에 군정 대권을 계속해서 장악할 수 있었다.

사마사(司馬師)는 사마의의 맏아들로서 사마의가 죽은 후 무군대장군이 되어 정치를 보좌하며 조정의 권력을 독점했다. 정원(正元) 원년(254년), 위나라 황제 조방은 중서령 이풍(李豐) 등과 함께 사마사를 제거하기 위해 계략을 꾸미다가 발각되었다. 사마사는 참여한 자들을 모두 죽였을 뿐만 아니라 태후로 하여금 조방을 폐위시키고 조발(曹髮)을 황제에 오르도록 했다.

사마사는 성격이 침착하고 강인했다. 조방이 폐위된 후 회남 지역의 관구검이 반란을 일으켰는데, 당시 사마사는 얼굴의 종양을 떼어내고 아직 상처가 아물지 않았는데도 직접 출정했다. 적과 대치하던 중 불시에 문원(양주자사 문흠文欽의 딸)의 습격을 받은 사마사는 깜짝 놀라 눈알이 상처 부위로 튀어나왔다. 하지만 그는 군의 사기를 염려하여 이를 악물고 고통을 참았다.

사마사는 회군 도중에 죽음을 맞았고, 자신의 어린 아들이 아니라 동생인 사마소에게 대권을 넘김으로써 군정 대권이 사마씨 가문의 수중에 남아 있도록 했다.

사마사의 동생 사마소(司馬昭)는 재략이 그의 형에 버금가는 인물이었다. 그는 직접 군사를 이끌고 제갈탄의 반란을 평정했다. 또한 종회와 등애라는 두 사람의 걸출한 장수를 발탁하여 촉한을 정벌토록 함으로써 중국의 절반을 통일했다. 그는 종회와 등애 두 사람이 촉 땅에서 모반을 일으킬 것까지 예상하여 일찌감치 이를 예방해 놓아 새로운 분열을 사전에 방지했다.

역사적으로 사마소는 세상 사람들로부터 비난의 대상이었다. "사마소의 마음은 길 가는 사람도 다 안다"라고 하였듯이 사마소가 전권을 휘두르는 바람에 황제 조발은 언제나 가시밭길을 걷는 심정이었기 때문이다. 후에 참다못한 조발은 수백의 군사를 이끌고 정벌에 나섰지만, 사마소를 만나기도 전에 금군(禁軍)에게 살해당했다. 황제가 죽자 사마소는 거짓울음을 짜냈다고 한다. 대신들은 금군에게 군주 시해를 지시한 가충(賈充)을 죽여 천하에 사죄해야 한다고 말했지만, 사마소는 이에 동의하지 않은 채 금군대장을 죽여 사람들의 이목을 속였다. 그에게 황제는 그저 장식품에 불과했을 뿐, 어찌 그에게 충성을 다하는 가충에 비할 수 있겠는가?

조발을 죽인 다음 수차례 제위 찬탈을 위한 음모를 꾸몄던 사마소는 자기 대에서 성공하지 못한 채 조환(曹奐)을 황제에 앉혔다. 그는 왕조 교체의 꿈을 아들인 사마염에게 넘긴 것이다.

사마의 가문의 권력 이양

사마의 가문은 3대에 걸쳐 음모와 간계로 정권을 장악함으로써 세상 사람들에게 멸시의 대상이 되었다. 진나라 명제明帝가 일찍이 대신 왕도王導에게 이렇게 물었다고 한다. "진나라는 어떻게 천하를 얻었소?" 왕도는 그에게 사마의의 정권 찬탈, 사마사의 군주 폐위, 사마소의 군주 시해에 대한 이야기를 해 주었다. 이를 들은 명제는 수치스러움에 침대에 엎드려 말했다.
"자네 말대로라면 진나라의 기반이 얼마나 오래갈 수 있겠소?"

사마의

사마사

사마소

사마동(司馬肜) ····· 사마륜(司馬倫)

사마의의 아홉 번째 아들로서 조왕(趙王)에 봉해졌다. 사마충(司馬衷)의 황위를 빼앗은 팔왕지란(八王之亂)*을 처음 시작한 인물이다.

사마유(司馬攸)

사마유는 사마소의 둘째 아들이다. 사마사에게 아들이 없었기 때문에 사마소는 사마유를 사마사에게 주었다. 사마소는 그를 세울 생각이었지만 분쟁을 막기 위해 결국 사마염을 선택했다.

사마염

사마소의 유산

263년, 촉한 멸망

260년, 황제 조발을 주살하고 조환을 황제로 추대

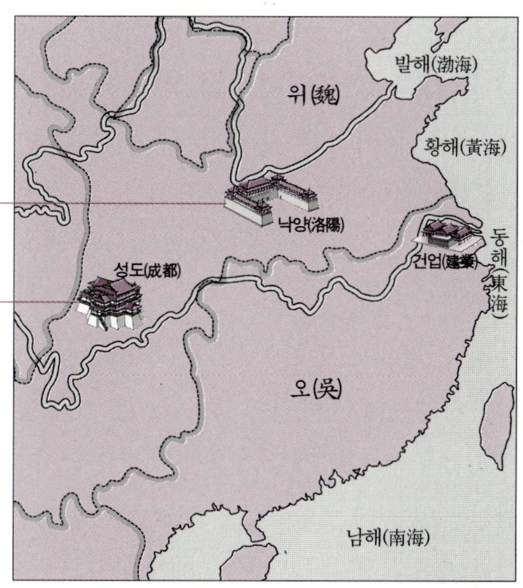

* 사마염은 종실의 자제들을 각지의 왕으로 분봉한 후 성정이 어리석은 사마충을 태자로 삼았다. 이후 각지의 왕들 간에 권력 다툼으로 내분이 일어나 291년부터 306년까지 16년 동안 팔왕의 난이 있었다.

42 삼국 분쟁의 마지막 승리자 사마염

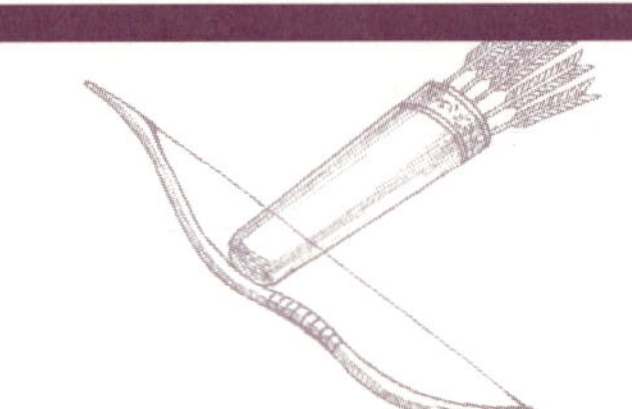

>>>>> 사마염이 왕위에 올랐을 때 그의 아버지는 이미 아들을 위해 촉한을 차지하고, 위나라의 실권을 무력화시킨 후였다. 여기에 잔인하고 음탕한 오나라의 손호孫皓에게 세상은 등을 돌린 상태였다. 이 같은 시기에 사마염은 오나라를 멸망시키고 분열된 삼국 시대의 막을 내리면서 삼국 분쟁의 최대 승리자가 되었다.

사마염(司馬炎)은 사마소의 맏아들이다. 전하는 바에 의하면 그는 몸집이 장대하고 생김새가 기이하여 머리카락이 땅에 닿을 정도였고, 두 손은 무릎 아래까지 늘어졌다고 한다. 또한 총명하고 용감하며 담력이 대단한 인물이었다. 그는 조비처럼 아버지가 죽은 뒤 곧장 왕위에 오를 준비를 했다. 사마염은 함희(鹹熙) 2년(265년) 5월에 세자에 올랐고, 8월에 사마소가 세상을 떠나자 사마염이 진왕(晉王)에 올랐다. 12월에는 위나라 황제 조환에게 왕위 선양을 협박하여 자신이 황제에 올라 진(晉)나라를 세웠다. 세자에서 황제가 되기까지 불과 1년도 걸리지 않았다.

사마염은 즉위 당시 이미 위, 촉 두 지역을 장악하여 정국은 한창 활기를 띠고 있었다. 반면에 오나라는 국운이 기울고 있었다. 오나라 황제 손호는 잔인하고 음탕함이 상나라 주왕과 비슷하여 오나라의 민심은 이미 그에게 등을 돌린 상태였다. 오나라의 옛 신료들 대부분도 그에 대한 믿음을 잃고 너도나도 앞 다투어 진나라에 투항했다.

이런 상황에서 오나라 손호는 육항(陸抗)으로 하여금 군사를 일으켜 진나라를 치도록 했는데, 사마염은 양호(羊祜)를 보내 맞서도록 했다. 양호는 양양에 진을 치고 있을 뿐, 나아가 적과 싸울 생각은 없이 그저 어진 정치를 베풀어 오나라의 민심을 얻는 데 주력했다. 이후 손호가 육항을 철수시키자 양호는 이를 하늘이 내린 기회라 생각하고 사마염에게 군사를 일으키도록 건의했다. 하지만 가충

사마염과 삼국의 마지막 군주들

사마염은 자신의 황위가 사마씨의 음모를 통해 억지로 빼앗은 것이며, 천하에는 결코 지극한 명망이란 존재하지 않음을 잘 알고 있었다. 자신의 지위를 공고히 하기 위해 사마염은 삼국의 군주들을 우대하는 한편 옛 신료들의 마음을 어루만졌다.

사마염

유선

사마소는 촉한의 마지막 황제 유선을 안락공(安樂公)으로 봉했다. 사마염은 이 봉호와 대우를 계속해서 유지했고, 유선의 자제를 부마도위(駙馬都尉)로 삼았다. 태시(泰始) 7년(272년)에 선종했다.

조방

조방은 가평(嘉平) 6년(254년) 사마사에 의해 폐위되었지만, 위나라가 멸망할 때까지 살았다. 사마염이 등극한 뒤 조방을 소릉현공(邵陵縣公)에 임명했다. 조방은 태시 9년(274년)에 선종했다.

조환

조환이 선위(禪位 : 임금의 자리를 물려줌)한 뒤 사마염은 그를 진류왕(陳留王)으로 강등시켰다. 그러나 조서를 내려 조환이 계속 황제의 의복으로 출입하도록 허락했고, 그에게 상소를 올릴 때 신하됨을 칭하지 않아도 되도록 했다. 조환은 태안(太安) 원년(302년)에 선종했다.

손호

오나라가 멸망한 뒤 사마염은 손호를 귀명후(歸命侯)에 봉하고, 자손은 중랑(中郞)에 봉했다. 손호는 태강 4년(284년)에 선종했다.

평생 위나라를 배신하지 않은 사마부

사마부

사마부(司馬孚)는 사마의의 셋째 동생으로, 성격이 온후하고 겸양했다. 한(漢), 위(魏), 진(晉) 세 왕조를 거쳐 아흔세 살에 죽었다. 처음에는 조식을, 그리고 조비를 보좌했고, 사마의가 집권하는 동안에 일부러 정치 참여를 피했다. 사마씨가 황제를 폐위했을 때도 그는 참여하지 않았다. 사마사와 사마소는 사마부가 윗사람이었기 때문에 그에게 강압적인 요구를 할 수 없었다. 위나라 군주 조모가 시해당한 뒤 관리들이 모두 조문을 갈 수 없었지만, 사마부는 상가를 찾아 시신에 엎드려 통곡했다. 위나라 군주 조환이 진류왕으로 강등되어 금용성(金墉城)으로 옮겨 갔을 때도 오직 사마부만 그를 찾아가 손을 잡고 눈물을 흘리며 이렇게 말했다.

"신은 위나라 신하로서 평생 위나라를 배신하지 않습니다."

이 이를 저지함으로써 오나라는 구차하나마 몇 년을 더 연명할 수 있었다.

양호는 세상을 떠나면서 사마염에게 글을 올려 오나라는 위, 아래 할 것 없이 마음이 떠났으니 지금 출병하면 전쟁을 하지 않고도 이길 수 있다고 주장했다. 만약 이 기회를 놓치면 오나라는 다시 군주를 세우고 정치에 힘쓸 것이므로, 그 후 오나라를 정벌하는 것은 쉽지 않을 것이라고 했다. 사마염 역시 통일을 이룰 때가 왔음을 직감하고 칠로(七路)의 대군을 일으켜 오나라를 정벌했다.

천시(天時)와 인화(人和)를 얻은 사마염 앞에 손호가 가진 지리적 우위는 아무 짝에도 쓸모가 없었다. 오나라 군은 소문만 듣고도 꽁무니를 빼는가 하면 너도나도 창끝을 아군에게 겨누었다. 진나라 군은 불과 4개월 만에 오나라와의 전쟁에서 완벽한 승리를 거두었다. 오나라의 모든 주, 군, 현이 진나라 영역으로 귀속되면서 중국은 다시 한 번 통일을 이루었다.

분열을 수습하여 전국 통일을 이룬 사마염의 공적은 마땅히 인정해야 하지만, 일국의 군주로서 그의 성과는 그리 뛰어난 것이 아니었다. 그는 종실의 인물들을 각지의 왕에 임명하고, 백치(白癡)나 다름없는 사마충을 태자로 삼았다. 그 결과 사마염이 죽고 난 뒤 겨우 1년이 조금 넘은 시점에 '팔왕의 난'이 일어났고, 북방의 소수민족들은 이 기회를 틈타 침략해 들어왔다. 결국 통일을 이룬 지 불과 30여년 만에 서진은 멸망했고, 중국은 다시 길고 긴 전란과 분열 속으로 빠져들었다.

2장 이야기 편

삼국 시대의 명장면을 이야기에 담다

『삼국연의』를 읽는 독자는 대단히 많다. 이는 삼국 시대를 배경으로 거대한 규모의 이야기가 전개되고 있기 때문일 것이다. 초연硝煙이 아스라한 가운데 수많은 군웅들이 등장하고, 곳곳에서 서로 죽고 죽이는 싸움이 벌어지며, 온갖 계책과 모략이 춤을 춘다. 그러나 삼국의 이야기는 단지 시끄럽기만 한 것은 아니다. 그 속에는 웅장하고 비장한 전쟁 장면과 무릎을 치게 만드는 책략, 그리고 매우 섬세한 인간 내면의 심리 변화가 존재한다. 그렇기 때문에 『삼국연의』는 가장 뛰어난 방식으로 인간의 세계와 사회, 인생에 대한 깊은 이해와 생각을 표현했다고 말할 수 있다. 이것이 바로 사람들이 『삼국연의』를 손에서 떼지 못하고 거듭 읽게 되는 이유다. 2장에서는 『삼국연의』 원서에 나오는 여러 가지 흥미진진한 사건들 가운데 서른세 가지 장면을 뽑아 그림과 함께 이야기로 풀어쓴다. 그 속에서 우리는 삼국 시대의 역사와 인물의 편린片鱗을 엿볼 수 있을 것이다.

2장 그림 목록

01 황천당립黃天當立

삼국 이야기의 시작

>>>>> 동한 말기에 환관이 세력을 잡고 조정이 심각하게 부패하자 거록巨鹿 사람 장각張角 형제가 혼란한 기회를 틈타 거병하여 '황건군黃巾軍'이라고 칭했다. 조정에서는 각지에 영을 내려 군사를 모아 황건군을 토벌하도록 명했고, 이에 여러 지역에서 군사를 일으켰다.

동한은 삼세(三世) 만에 쇠락하기 시작하여 장제(章帝) 이후로 거의 환관과 외척들이 권력을 전횡하는 국면이 지속되었다. 제위를 잇는 황제가 아직 어렸기 때문에 조정의 권력이 외척의 수중으로 넘어간 것이다. 황제가 장성하여 환관에 의지하고 외척을 타도하자 이번에는 황제의 실권을 환관이 독차지했다. 황제가 단명으로 죽자 다시 어린 황제가 등장하여 권력은 외척의 수중으로 돌아갔고, 영제(靈帝) 때에 이르러서는 권력이 외척과 환관의 수중에서 오가기를 네 차례나 반복되었다.

외척이든 아니면 환관이든 간에 그들이 전횡을 휘두르자 나라의 정사는 더욱 암흑으로 빠져들었다. 영제 때는 장양(張讓) 등 열두 명의 환관이 전권을 휘둘렀는데, 사람들은 이들을 일러 '십상시(十常侍)'라고 했다. 당시 열세 살의 영제는 "장상(張常)은 나의 부친이고, 조상시(趙常侍)는 나의 모친이다"라고 말할 정도였다. 이렇듯 십상시는 심지어 부모형제까지 동원해 전횡을 휘둘렀고, 매관매직은 물론 온갖 방법을 동원해 백성들의 고혈을 짜서 폭리를 취했다. 이로 인해 조정은 날로 피폐해졌고, 민심은 멀어져 갔다.

이러한 상황에서 거록 사람 장각이 남화노선(南華老仙)에게 『태평요술(太平要術)』*을 받았다고 하면서 병을 치료해 준다는 명목으로 무리들을 모아 이른바 태

* 세상 변화의 이치를 담은 책으로, 흙의 변화와 물의 흐름, 바람과 구름, 또 그들의 관계, 사람의 참모습, 새로운 세계의 개벽 등이 기록되어 있다. 남화노선이 장각에게 "이 책을 잘 읽고 익혀 세상을 구하고, 도를 개척하여 선을 베풀도록 하라"라고 당부했다고 한다.

한나라 말기의 황건군 세력

황건군의 봉기는 동한 영제 중평中平 원년(184년)에 일어났다. 그들은 청주, 서주, 유주, 기주, 형주, 양주, 연주, 예주 등 8개의 주州를 장악했는데, 당시 전체 중국 면적의 4분의 3을 차지한 셈이었다. 또한 황건군 외에도 크고 작은 농민 봉기가 도처에서 일어나고 있었다.

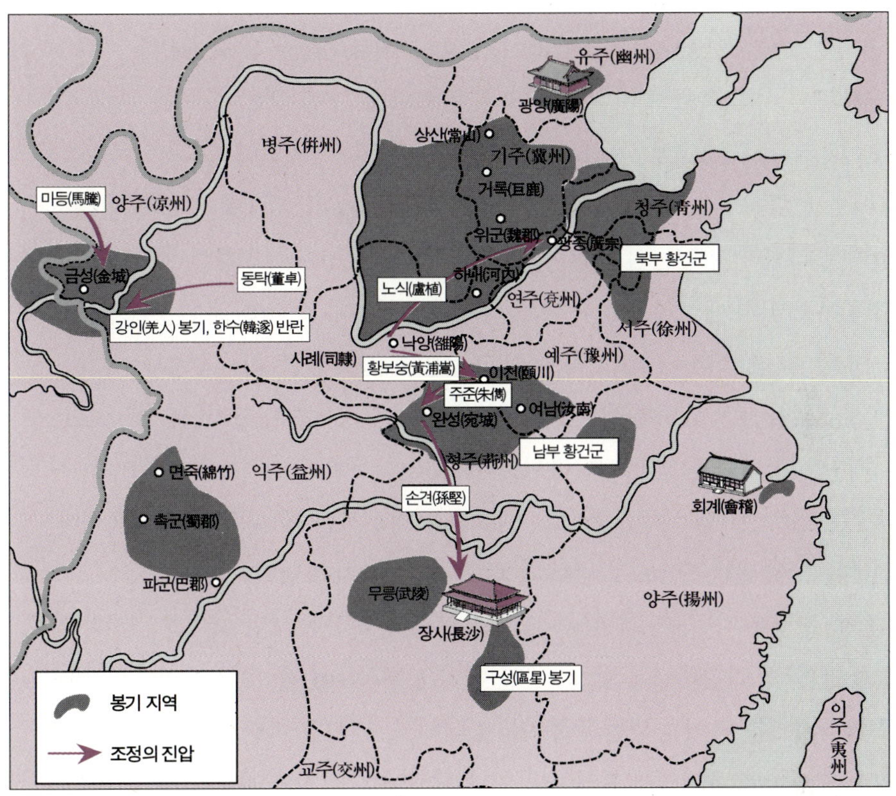

황건군 봉기의 실상

장각을 필두로 장량, 장보 등 위군(魏郡) 출신의 삼형제는 법술과 주문 등으로 병든 이를 치료하면서 백성들의 신망을 얻어 살아 있는 신선으로 여겨졌다. 그들은 또한 도처에 팔사(八使)를 보내 자신들의 주장과 신앙을 설파한 결과, 그들을 믿고 따르는 신도들이 수백만 명에 이를 정도로 엄청난 세력을 얻었다. 장각은 '황천태평(黃天太平)' 또는 '태평도'를 창건하여 스스로 '대현양사(大賢良師)'로 칭했다. 184년(갑자년) 장각은 신도들에게 "창천은 이미 죽고 황천이 일어나니, 갑자년에 크게 길해지리라!"라고 외치며 3월 5일에 봉기하기로 결정했다. 장각은 관부의 대문에 '갑자'라는 글자를 써넣어 백성들이 기억하도록 하는 한편, 마원의(馬元義)를 형주, 양주 등에 파견하여 수만 명의 군사들을 모집하는 등 업성(鄴城) 공격을 준비했다. 또한 수차례에 걸쳐 봉서(封胥), 서봉(徐奉) 등 낙양의 환관들과 내통하여 안팎에서 호응할 수 있도록 만반의 준비를 끝냈다. 그러나 봉기 한 달 전, 휘하의 당주(唐周)라는 사람이 관가에 밀고하는 바람에 관병들에게 수많은 태평신도들이 학살당했다. 이에 장각은 서둘러 전국 36방(方 : 신도 1만 명으로 구성된 교단 조직이자 군사 조직)에 격문을 보내 일제히 봉기했다. 장각은 스스로 '천공장군'이라 칭하고, 장보와 장량은 각기 '지공장군', '인공장군'이라 칭했다. 그들은 관가를 불태우고 관리들을 학살했으며, 도처에서 약탈을 일삼아 1개월 동안 전국 7주 28개 군이 전란에 휩싸였다. 황건군 세력은 파죽지세로 전국을 강타했지만, 장각이 죽은 후부터 세력이 약해지다가 몰락하고 말았다.

평도(太平道)를 창설했다. 얼마 뒤 그를 따르는 무리가 수십만 명에 이르게 되면서 '황건군'이라 부르게 되었다.

장각은 스스로 '천공(天公)장군'이라 칭하고, 동생 장보(張寶)는 '지공(地公)장군', 장량(張梁)은 '인공(人公)장군'이라 불렀으며, 천하에 소문을 퍼뜨렸다.

"창천은 이미 죽고 황천이 일어나니, 갑자년에 크게 길해지리라(蒼天已死창천이사, 黃天當立황천당립, 歲在甲子세재갑자, 天下大吉천하대길)."

이로써 황건군은 수많은 백성들의 호응을 얻었으며, 관군들은 그들 앞에서 맥없이 무너졌다. 황건군이 당장이라도 도성을 넘볼 정도로 막강한 세력을 키우자 조정은 다급하게 군사를 모아 방어 태세에 돌입했다. 아울러 하진을 대장군으로 임명한 후 중랑장(中郎將) 노식(盧植), 황보숭(皇甫嵩), 주준(朱儁 : 후한 말기의 대신)에게 황건군을 토벌하도록 했다. 수개월 뒤 장각이 병사하자 황건군은 급속도로 무너지기 시작하다가 결국 일단락되었다. 그러나 동한의 정치가들은 여전히 가렴주구(苛斂誅求)를 멈추지 않았으며, 백성들을 착취하는 데 더욱더 열을 올렸다. 황건군은 20여 년간 잔당으로 남아 활동하다가 사라지고 말았다.

동한 조정은 각 주(州) 자사(刺史)들의 직권을 강화하여 해당 지역의 군정과 부세(賦稅)를 함께 관장하도록 했고, 어떤 지역은 주목(州牧)을 두어 각지의 무장한 지주 계급과 연합하여 농민들의 봉기를 진압하도록 했다. 이런 상황에서 여러 지역의 독립성이 강화되면서 중앙보다 지방 세력이 강해지는 결과가 초래되었고, 이로 인해 이후 군벌들이 도처에 할거하게 되었다. 동탁, 공손찬, 조조, 손견 등 천하의 군웅(群雄)들은 모두 농민 봉기를 진압하는 과정에서 자신들의 세력을 넓혀 갔다.

황건군이 타도되었지만 동한의 정세는 여전히 불안하고 위태로웠다. 조정은 내부 투쟁으로 정신이 없었기 때문에 외부 세력을 견제할 여유가 없었다. 지방의 군벌들은 이 틈을 타서 자신들의 세력을 확대했고, 상호 견제와 겸병(兼併 : 둘 이상의 것을 하나로 합치어 가짐)에 주력했다. 이렇듯 동한 정권은 이미 돌이킬 수 없을 정도로 분열이 진행되고 있었던 것이다.

02 도원결의
주요 인물의 등장

>>>> 조정에서 황건군의 봉기에 대응하기 위해 새로운 군사들을 모집하는 가운데, '위로는 국가에 보답하고 아래로는 백성을 안정시킨다(上報國家상보국가, 下安黎庶하안려서)'라는 공동의 이념으로 세 명의 영웅이 의리로 맺어진다. 이후 세 사람은 함께 살고 함께 죽겠다는 결의 아래 전쟁터를 누비면서 감동적인 충의의 찬가를 만들었다.

장각의 황건군은 파죽지세로 유주 일대까지 쳐들어왔다. 유주태수 유언(劉焉)은 군사를 모집한다는 방문(榜文)을 도처에 붙였다. 방문을 본 황실의 후예 유비와 장비, 관우는 서로 만나 의기투합하였다. 세 사람은 때마침 복숭아꽃이 만발한 장비의 집 후원에 모여 천지신명에게 고한 후 형제의 의를 맺고는 이렇게 맹세했다.

"서로 마음을 합쳐 협력하여 환란과 위기의 나라를 구하며, 위로는 나라에 보답하고, 아래로는 백성을 안정시킨다. 같은 해 같은 달 같은 날에 태어나지는 못했지만, 같은 해 같은 달 같은 날에 죽기를 원한다."

세 사람은 중산(中山)의 대상(大商)인 장세평(張世平)과 소쌍(蘇雙)이 보내준 말과 금은, 그리고 강철을 가지고 각자 무기를 마련했다. 그렇게 해서 유비는 쌍고검을, 관우는 청룡언월도를, 그리고 장비는 장팔사모로 무장했다. 그런 연후 지역의 젊은 장정 수백 명을 모아 함께 유언의 휘하로 들어갔다. 며칠 뒤 황건군이 탁군으로 쳐들어오자 유비와 관우, 장비가 나서서 대승을 거두었으며, 황건군의 수령을 잡아 참수했다.

이후 유비 일행은 추정(鄒靖 : 후한 말기의 교위)을 따라 청주를 구원하기 위해 출병했고, 유비는 군사를 매복시켰다가 협공 작전으로 전투에서 크게 이겨 청주의 포위를 풀었다. 다시 노식과 황건군의 두목인 장각이 광종(廣宗)에서 맞붙는다는 소식을 듣고 휘하의 5백여 군사를 이끌고 출전했다.

노식은 정보를 얻기 위해 영천의 황보숭, 주준이 있는 곳으로 유비 등을 보냈다. 때마침 황보숭의 부대가 황건군에게 대승을 거두고 유비는 다시 노식에게 돌아왔는데, 그 길에서 장각에게 대패한 동탁을 구해 주었다. 그러나 동탁은 유비가 평민 출신이라는 것을 알고 오만하게 대했다. 이에 화가 치민 장비가 동탁을 죽이려고 했지만, 유비가 말려서 그만두고 말았다. 이후 세 사람은 주준의 휘하로 들어가 장보를 토벌하는 데 앞장섰다.

처음에 유비는 장보가 요술을 부려 갑자기 검은 구름이 몰려오자 당황하여 물러났다. 이에 주준과 유비는 서로 상의하여 돼지, 양, 개 등을 도살한 다음 그 피와 오물로 장보의 요술을 무력화시켰다. 도망치다가 유비의 화살에 팔을 맞은 장보는 양성(陽城)으로 도망간 이후 나오지 않았다. 그러나 주준이 다시 군사들을 다그쳐 양성을 공격하자 장보의 휘하 장수가 장보를 찔러 죽이고, 그의 수급을 바치며 투항했다. 이어서 유비는 주준을 따라 완성을 공격하여 적을 무찔렀다. 유비의 책략과 손견의 협조로 주준은 큰 승리를 거두어 남양 일대 십여 곳의 군을 모두 평정할 수 있었다. 주준이 귀경하자 황제가 조서를 내려 그를 거기장군(車騎將軍)으로 임명했다. 그때 주준이 손견과 유비의 공적을 아뢰어 손견은 별군사마로 부임했지만, 유비는 벼슬을 얻지 못했다. 이후 낭중(郎中) 장균(張鈞)의 도움으로 유비도 안희(安喜)의 현위(縣尉)로 부임하였다. 현의 사무를 시작한 유비는 백성들을 잘 다스렸으며, 관우와 장비 두 동생과 함께 같은 탁자에서 먹고, 같은 침상에서 잤다. 몇 달 후 지방 감찰관인 독우(督郵)가 내려와 일부러 사납게 굴면서 뇌물을 요구하자 장비가 노하여 그에게 매질을 가하고 말았다. 독우가 돌아가 정주태수에게 그 사실을 말했고, 태수는 관청에 명을 내려 유비와 관우, 장비를 체포하도록 했다. 그 일로 세 사람은 유주로 가서 유회(劉恢)에게 의탁했는데, 유회는 유비가 한실의 종친이었기 때문에 집에 숨겨 주었다가 나중에 유우(劉虞)에게 추천했다. 유우는 유주목(幽州牧)으로 임명되어 내려오는 길이었는데, 유비 삼형제가 그를 도와 황건군을 격파했다. 이에 유우는 공손찬 등과 함께 유비의 공적을 조정에 올렸고, 조정에서는 유비를 별부사마(別部司馬)로 삼아 평원(平原) 현령으로 임명했다.

유비, 관우, 장비의 도원결의

유비, 관우, 장비는 도원에서 결의한 다음 향용(鄕勇 : 지방 자위를 위한 일종의 의용군)을 모집하여 유우, 노식, 황보숭, 동탁, 주준 등을 도와 황건군을 토벌하였다.

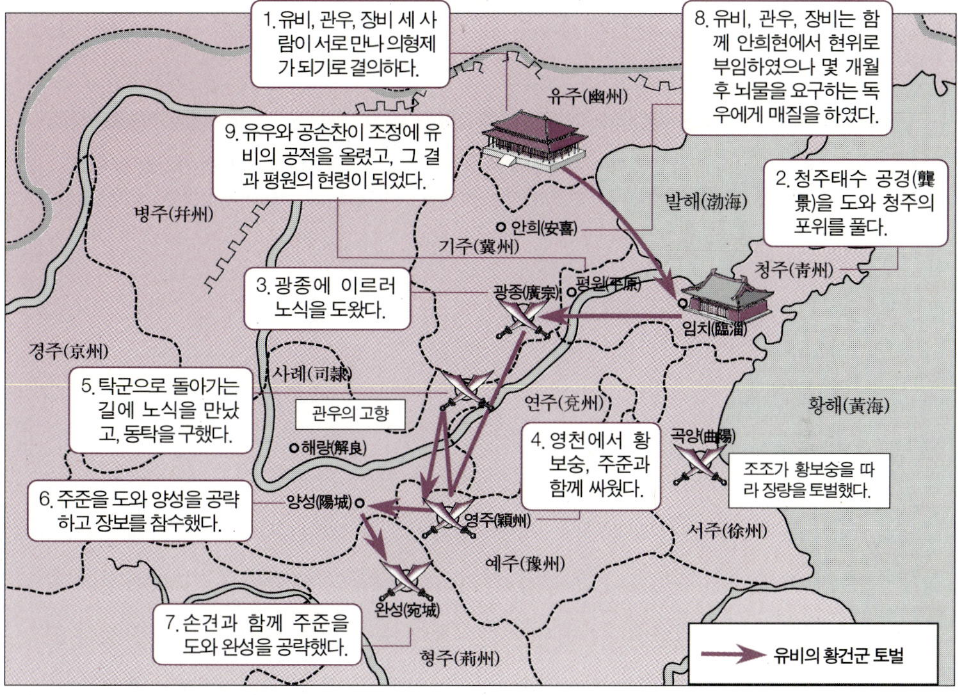

완성전투 - 위사필궐

'위사필궐(圍師必闕)'은 '위사유궐(圍師遺闕)'로 쓰기도 하는데, 손자(孫子)의 여덟 가지 용병술 가운데 하나다. 이는 적군을 포위할 때 사방을 모두 막지 않고 한 쪽을 터놓아 도망갈 길을 열어 주라는 뜻이다. 그래야만 적군을 더욱 동요하게 만들어 결사 항쟁하지 않고 도망치도록 유도할 수 있다. 적군이 퇴로를 따라 도망칠 때 매복해 있다가 공격하면 대승을 얻을 수 있다. 완성전투는 위사필궐의 전략에 따른 전형적인 사례다. 훗날 조조가 고간(高幹)을 공략할 때도 이 전략을 사용했다.

주준이 완성을 포위하자 황건군의 수장인 한충(韓忠)이 투항을 요청했다. 그러나 주준은 받아들이지 않고 공격의 고삐를 늦추지 않았는데, 아무리 애를 써도 성을 함락할 수 없었다. 유비는 주준에게 동남쪽의 군사들을 빼내는 대신 자신의 부대가 단독으로 서북쪽을 공략하겠다고 했다. 과연 한충은 성을 버리고 동남쪽으로 도망치기 시작했다. 주준은 동남쪽에 군사들을 매복해 두었다가 퇴각하는 한충의 부대를 전멸시켰다.

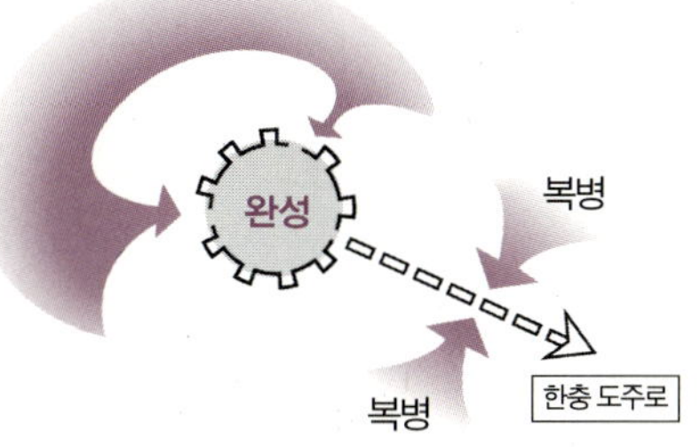

03 동탁의 전횡
군벌의 득세와 혼란의 시작

≫≫ 영제가 죽은 뒤 외척인 하진이 환관들을 주살하려 했으나 오히려 환관들에게 죽임을 당하고 말았다. 외척과 환관의 세력이 서서히 약해지기 시작하자 그 틈을 타서 지방의 군벌인 동탁이 군사들을 이끌고 낙양으로 들어와 조정의 권력을 차지했다.

중평(中平) 6년, 한나라 영제가 병사했으나 환관 세력인 십상시는 황제의 죽음을 비밀로 한 채 외척인 대장군 하진을 입궁토록 했다. 자신들의 권력을 계속 유지하기 위해서는 무엇보다 하진을 제거하여 외척의 세력화를 피하는 것이 중요하다고 생각했기 때문이다. 하지만 환관들의 음모를 알아챈 하진은 원소와 조조 등을 이끌고 궁궐로 들어와 십상시를 주살한 후 태자 유변(劉辯)을 황제로 추대하기로 하였다. 새로운 황제가 등극한 뒤 하진은 우유부단하고 모질지 못하여 태후가 십상시를 아낀다는 이야기를 듣고는 환관 세력을 제거하는 데 주저했다. 이를 본 원소가 각지의 군사를 낙양으로 소집하여 환관 무리를 제거하자는 계책을 올렸지만, 하진은 물론 조조 역시 동의하지 않았다.

서량의 자사(刺史) 동탁이 조서를 받은 뒤 즉시 군사를 이끌고 도성인 낙양으로 진입했다. 그가 낙양에 진입하기 직전 하진은 십상시의 계략에 말려들어 궁문에서 피살되고 말았다. 이에 원소와 조조는 즉각 궁 안으로 진격하여 환관들을 주살하고, 장양 등은 새로 등극한 어린 황제 유변과 진류왕을 망산(邙山)으로 보냈다. 그때 민공(閔貢)이 황제를 따라가다 도중에 동탁을 만났는데, 동탁은 이를 기회로 삼아 황제와 진류왕을 다시 궁궐로 호송하는 한편 자신의 군대를 성 밖에 주둔시켰다.

어부지리

영제가 죽자 외척과 환관 사이에 새로운 권력 투쟁이 본격적으로 시작되었다. 외척 하진은 영제의 생모 동태후董太後를 독살한 뒤 외척 동씨 일가를 제거했다. 그런 다음 지방 세력을 등에 업고 낙양으로 진군하여 환관을 주살하고자 했다가 오히려 환관들에게 죽임을 당하고 말았다. 이후 그의 심복인 원소가 군사를 이끌고 들어와 환관들을 모두 죽였다. 외척과 환관이 서로 죽고 죽이는 와중에 동탁이 도성으로 들어와 권력을 차지했는데, 이는 어부지리漁父之利가 아니고 무엇이겠는가.

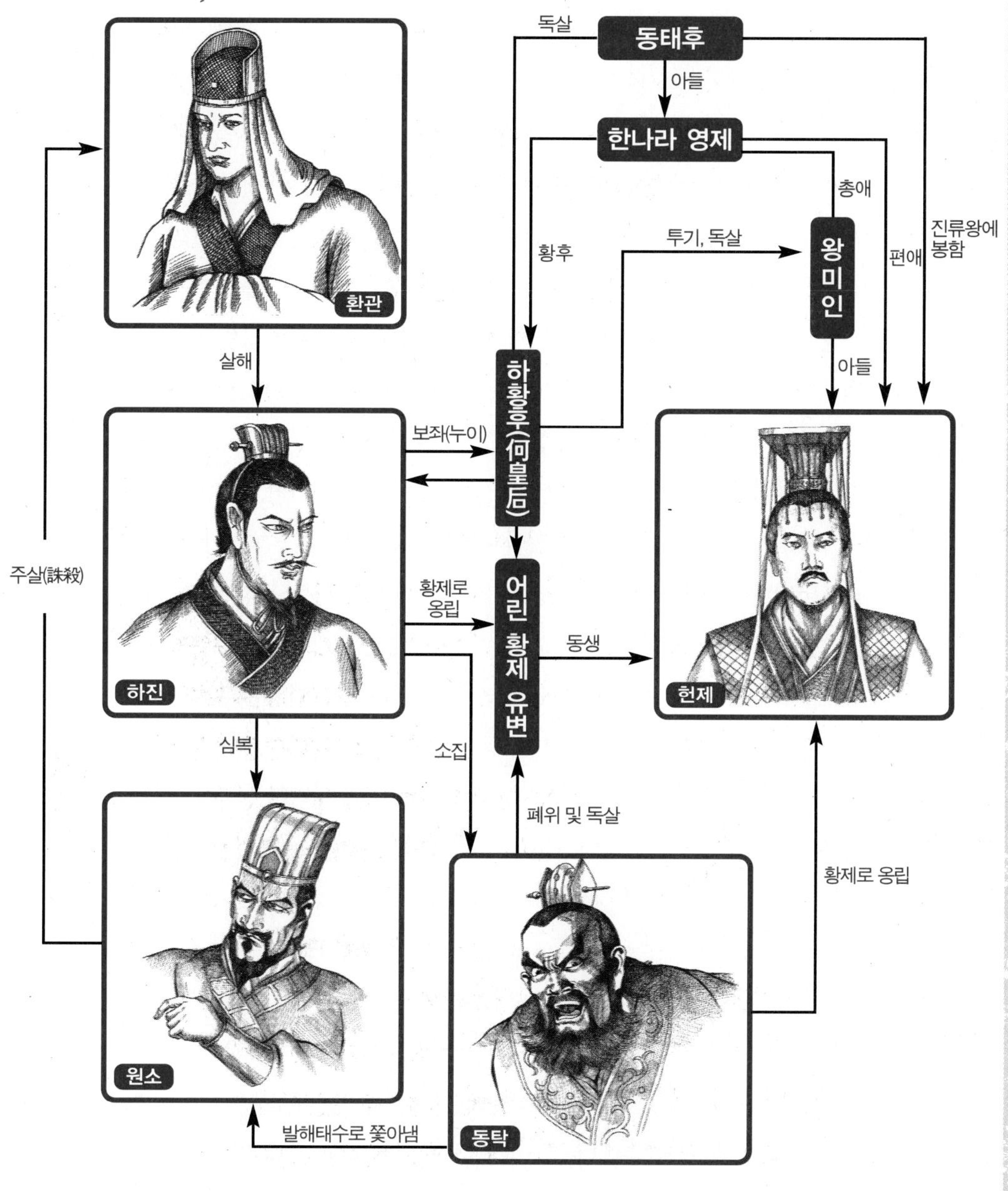

동탁은 무력으로 조정을 장악하여 어린 황제를 폐위한 뒤 진류왕 유협(劉協)을 황제로 내세웠지만, 병주자사 정원(丁原) 등의 격렬한 반대에 부딪쳤다. 정원은 양아들인 여포와 함께 동탁과 싸우고자 했다. 한편 동탁은 여포를 좋아하면서도 또한 두려워하고 있었다. 그러자 동탁의 부하 이숙(李肅)이 계책을 내어 적토마와 금은보석으로 여포의 투항을 권유했다. 이숙이 친히 여포에게 투항을 권유하러 가자 여포는 자신의 양아버지인 정원을 살해한 후 그 수급을 들고 동탁에게 투항했다.

동탁의 세력이 급성장하면서 또다시 황제 폐위에 관한 문제를 꺼냈다. 이에 원소가 반대하자 두 사람은 서로 칼을 빼들고 일촉즉발의 상황이 연출되었다. 그러나 막강한 동탁의 세력에 주눅이 든 원소는 결국 낙양을 떠나 기주로 향했다. 이후 조정 대신들은 감히 아무도 동탁에 반대하거나 저항하지 못했다. 동탁은 어린 황제 유변을 폐하고, 진류왕 유협(헌제獻帝)을 추대하려고 했다. 이에 어린 황제 유변이 불만을 품자 이유를 시켜 독살하고 말았다.

이후 동탁은 전횡을 일삼으며 점차 잔혹해지기 시작했다. 그러자 조정 관료인 정관(丁管)과 오부(伍孚) 등이 동탁을 제거하려고 했지만, 끝내 이루지 못하고 피살되고 말았다. 그래서 왕윤은 자신의 생일을 빙자하여 조정의 대신들을 소집하여 동탁을 주살하는 방안에 대해 논의했다. 그 자리에서 조조는 왕윤에게 칠보도(七寶刀)를 빌려 자신이 직접 동탁을 찔러 죽이겠다고 호언장담했다. 그렇게 조조가 동탁을 만나 칼로 찌르려 했지만, 동탁에게 발각되자 그 즉시 칠보도를 무릎 아래 놓으며 보도를 상국(相國 : 당시 동탁의 직위)에게 바치려 한다고 핑계를 대고는 겨우 빠져나와 그 길로 낙양으로 도주하고 말았다.

동탁은 조조가 자신을 시해하고자 했다는 것을 알고 즉각 포상금을 걸어 체포령을 내렸다. 한편 조조는 성 밖으로 달아나 곧장 초군(譙郡)으로 향하다 중모현(中牟縣)에서 관문 수비 병사에게 붙잡혔다. 현령 앞에 끌려간 그는 자신이 몸을 굽혀 동탁을 섬긴 것은 기회를 틈타 나라를 위해 역적을 없애기 위함이었다고 하면서 동탁을 죽이는 것이 자신의 소원이라고 말했다. 이에 감읍한 현령 진궁은 조조를 풀어 주고 함께 도주했다. 그러나 함께 도망치는 길에 조조의 의심 많은 성격 때문에 자신의 부친과 결의형제인 여백사(呂伯奢)의 집안사람들을 모두 죽이고 말았다.* 이를 본 진궁은 조조나 동탁이나 모두 같은 무리라는 생각이 들어 조조가 잠이 든 틈을 이용해 죽이려고 하다가 끝내 죽이지 못한 채 그를 두고 도주했다.

* 여백사의 집에 들른 조조를 위해 돼지를 잡으려고 칼 가는 것을 본 조조는 자신을 죽이려는 것으로 오인하여 여백사의 가족을 몰살했다.

04 서로 다른 생각들
제후들의 동탁 토벌 실패

>>>>> 조조는 진류에서 봉기하여 동탁 토벌의 기치를 높이 들었다. 각 로路의 제후들 역시 이에 호응하여 연맹을 맺었다. 그러나 동탁의 군대와 맞선 제후들의 속마음은 모두 달랐다. 손견과 조조가 결연한 의지로 적극적인 자세를 보인 반면에 그 밖의 연맹군은 모두 관망만 할 뿐이었고, 결국 동탁 토벌은 실패로 돌아가 연맹 또한 해산되었다.

조조는 진류로 도피한 뒤 현지 부호인 위홍(衛弘)의 도움을 받아 동탁을 토벌하라는 거짓 조서를 내세워 의병을 모집했다. 이에 악진과 하후돈 형제, 조조의 사촌인 조인과 조홍이 군사를 이끌고 합류하였다. 또한 원소, 공손찬, 손견 등 17로의 제후들 역시 거짓 조서를 받고 조조의 부대에 합류하여 군사를 이끌고 낙양으로 진격했다. 공손찬이 평원현에 이르렀을 때 유비 일행도 군사들과 함께 대열에 합류했다.

도처의 제후들이 계속해서 낙양으로 집결했는데, 이들은 함께 피를 마시며 혈맹을 다짐한 후 원소를 맹주로 삼았다. 원소는 자신의 동생인 원술에게 군량을 맡기는 한편, 손견을 선봉으로 하여 그 즉시 사수관(汜水關)으로 향했다.

동탁은 연맹군이 공격한다는 이야기를 듣고 즉시 부장 화웅을 보내 응전하도록 했다. 이에 손견이 나가 첫 전투를 승리로 장식했다. 그러나 원술이 소인들의 참언을 듣고 군량을 보내지 않아 이어진 전투에서 크게 패했고, 수하 장수인 조무(祖茂)까지 화웅에게 죽임을 당하고 말았다. 이에 의기양양해진 화웅이 계속 공격하자 제후들은 두 차례에 걸쳐 장수를 보내 응전했지만 모두 죽고 말았다. 그때 관우가 출병을 자원했지만 원소는 관직이 낮다는 이유로 허락하지 않았다. 그러나 조조의 적극적인 지지를 받고 관우가 출전하여 따라놓은 술이 식기도 전

18로 제후의 위상

황건군을 토벌한다는 명분 아래 각지의 군벌들이 잇따라 군사를 일으켰다. 『삼국연의』에서 동탁을 토벌하기 위해 모인 각 지역의 군벌은 모두 18로지만, 정사에는 12로만 등장한다. 나관중은 유비와 관우, 장비를 부각시키기 위해 공손찬 등을 포함시켰다.

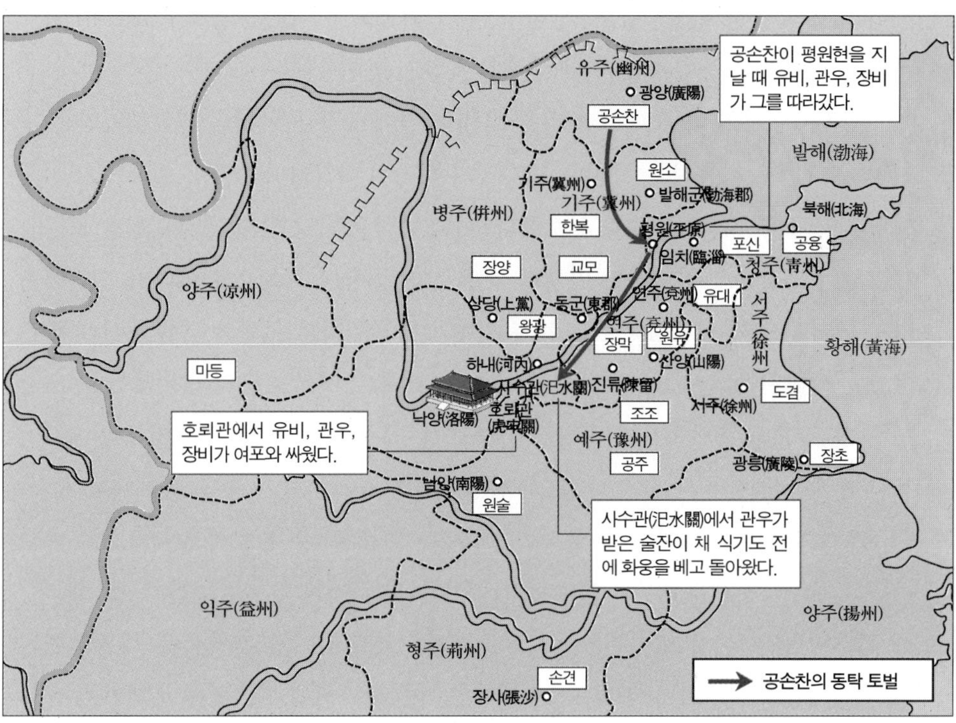

18로 제후의 명단

1로 : 후장군(後將軍) 남양태수(南陽太守) 원술(袁術)
2로 : 기주자사(冀州刺史) 한복(韓馥)
3로 : 예주자사(豫州刺史) 공주(孔胄)
4로 : 연주자사(兗州刺史) 유대(劉岱)
5로 : 하내태수(河內太守) 왕광(王匡)
6로 : 진류태수(陳留太守) 장막(張邈)
7로 : 동군태수(東郡太守) 교모(喬瑁)
8로 : 산양태수(山陽太守) 원유(袁遺)
9로 : 제북상(濟北相) 포신(鮑信)
10로 : 북해태수(北海太守) 공융(孔融) - 정사에는 없음
11로 : 광릉태수(廣陵太守) 장초(張超)
12로 : 서주자사(徐州刺史) 도겸(陶謙) - 정사에는 없음
13로 : 서량태수(西涼太守) 마등(馬騰) - 정사에는 없음
14로 : 북평태수(北平太守) 공손찬(公孫瓚) - 정사에는 없음
15로 : 상당태수(上黨太守) 장양(張楊) - 정사에는 없음
16로 : 오정후(烏程侯) 장사태수(長沙太守) 손견(孫堅) - 나중에 참가함
17로 : 기향후(祁鄕侯) 발해태수(渤海太守) 원소(袁紹) - 맹주(盟主)
18로 : 발기인 조조

에 화웅의 목을 베고 돌아왔다.* 화웅의 목이 달아나자 동탁은 낙양에 있는 원씨 집안의 가솔들을 모조리 살해한 다음 20만 대군을 이끌고 호뢰관에서 각 로의 제후들과 대치했다. 그때 여포의 공격으로 연맹군은 큰 손실을 입었다. 이후 공손찬이 여포와 맞붙으면서 유비, 장비, 관우가 협공하여 여포를 물리침으로써, 이른바 세 사람의 영웅이 여포와 싸우는 전투 장면을 연출했다.

동탁은 여포가 패배한 뒤 이각을 보내 손견에게 투항할 것을 권유했지만 손견의 욕만 먹고 돌아섰다. 동탁은 제후들의 세력이 막강하다는 것을 알고는 도성인 낙양을 불태우고 장안으로 천도했다. 이때 동탁은 낙양 및 인근의 황릉을 모두 도굴하여 부장품을 약탈하는 만행을 저질렀다. 동탁이 서쪽으로 떠나자 손견이 가장 먼저 낙양에 입성했다. 조조는 원소에게 당장이라도 동탁의 뒤를 쫓아야 한다고 건의했지만, 원소는 군사들이 지쳤다는 이유로 병력을 움직이지 않았다. 조조는 어쩔 수 없이 단독으로 군사를 이끌고 동탁의 뒤를 쫓았으나 형양(滎陽)에서 동탁의 매복에 걸려 하마터면 여포와 서영(徐榮)의 군사에게 목숨을 잃을 뻔했다.

손견은 낙양에 진입한 후 도성의 상황을 수습하던 중 우연히 전국옥새를 발견했다. 그는 이를 보고하지 않고 숨기다가 결국 원소에게 발각되었다. 이 때문에 두 사람의 사이가 벌어졌고, 급기야 손견은 철군하기로 결정했다. 다급해진 원소는 유표에게 연락하여 옥새를 빼앗도록 명했다. 이러한 와중에 패배하고 돌아온 조조는 원소 등이 별다른 대책 없이 머뭇거리자 군사를 이끌고 양주로 돌아갔고, 각지에서 올라온 다른 제후들도 잇따라 낙양을 떠났다.

유표는 원소의 연락을 받고 손견을 뒤쫓아 가 포위했지만, 손견은 죽을힘을 다해 포위망을 뚫고 도망쳤다. 이 일로 손견과 유표는 원수지간이 되었다.

---

* 조조의 지지로 출전하게 된 관우에게 조조는 데운 술을 내밀며 술을 한 잔 마시고 나가라고 권했다. 그러자 관우는 화웅의 머리를 베고 온 다음 마시겠다며 그대로 나가 격전을 펼치고 돌아왔는데, 그때까지 술이 식지 않은 채로 있었다.

05 미인 연환계
영웅호걸도 넘기 힘든 미인계

≫≫ 동탁은 장안으로 들어온 다음 안하무인과 같이 제멋대로 행동했다. 이에 왕윤은 초선의 미모를 이용하여 동탁 부자父子를 이간질하기로 마음먹었다. 이른바 연환계라고 할 수 있는데, 먼저 여포를 자기편으로 끌어들여 그로 하여금 동탁을 주살하도록 만들겠다는 계획이었다.

원소는 철군한 뒤 하내(河內 : 하남성河南省 황하 이북 땅의 총칭)에 군사를 주둔시켰다. 그는 암암리에 토지 분배를 미끼로 공손찬을 끌어들여 기주를 공격하기로 했다. 이때 기주자사 한복은 원씨 집안의 문생으로 원소에게 기주로 와서 공손찬의 공격을 막아달라고 요청했는데, 원소는 이를 기회로 한복에게 가서 기주를 점령하고 말았다. 원소가 약속을 저버리자 공손찬은 분개하여 군사를 일으켰고, 양쪽이 싸움을 벌이자 동탁이 사람을 보내 조정했다. 원술은 원소가 기주를 점령했다는 소식을 듣고 유표에게 군량을 빌리려고 했다가 여의치 않자 손견을 부추겨 유표를 공격하도록 하고, 자신은 원소를 공격했다. 유표는 괴량(蒯良)의 계책으로 연산에서 손견의 부대를 대파한 후 손견을 죽였다.

장안으로 들어온 동탁은 손견이 죽었다는 소식을 듣자 더 이상 자신의 적수가 없다고 여기고는 더욱 오만방자해졌다. 그는 스스로 '상부(尙父 : 아버지처럼 존경하고 받드는 사람)'라고 칭하면서 장안성 밖에 미오(郿塢 : 성채의 일종)를 건설하여 그 안에 양식과 비단, 보물 등을 가득 채워 넣었다. 전란 등 만일의 사태에 대비하고, 나이가 든 후에 노년을 그곳에서 보내려는 계획이었다.

동탁의 전횡과 폭정에 군신들의 분노는 하늘을 찌를 듯했지만, 감히 나서서 말하는 이가 없었다. 사도 왕윤이 장탄식을 하며 나라의 앞날을 걱정하자 집안의 가기(歌妓)인 초선이 주인의 근심을 함께하고자 했다. 이에 왕윤은 초선을 이용해 연환 미인계를 생각해냈다. 그는 우선 여포의 환심을 사기 위해 보석으로 장식한 보관(寶冠)을 보냈다. 여포가 사례를 하기 위해 왕윤의 집에 들르자 왕윤은 연회를 베푼 후 그 자리에 초선을 불렀다. 여포가 초선을 마음에 들어 하자 왕윤은 날을 택해 초선을 여포의 집으로 보내겠다고 약속했다.

며칠 뒤 왕윤은 다시 동탁에게 사람을 보내 연회에 참석해 줄 것을 요청했고, 동탁이 오자 초선을 불러 그의 시중을 들게 했다. 동탁 또한 초선을 마음에 들어 하자 왕윤은 그 즉시 초선을 동탁에게 주기로 했다. 연회가 끝나자 동탁은 초선을 데리고 집으로 향했다. 왕윤은 초선을 동탁에게 보내는 길에 우연히 여포를 만나게 되었고, 그는 동탁이 억지를 부려 어쩔 수 없게 되었다고 말하며 모든 책임을 동탁에게 돌렸다.

이후 초선은 동탁과 여포를 이간질하는 데 주력했다. 한 번은 동탁이 황제와 만나러 간 틈을 타서 여포와 초선이 봉의정에서 사사롭게 만났는데, 동탁이 이를 발견하고 화가 치솟아 여포의 방천화극을 빼앗아 내던졌다. 놀란 여포는 그 길로 줄행랑을 놓아 목숨을 건졌다. 이유(李儒)가 그런 사실을 알고 초선을 여포에게 하사하여 그의 마음을 달래 주도록 동탁에게 권유했다. 이때 초선이 임기응변으로 만약 자신을 여포에게 준다면 그 자리에서 자결하고 말겠다고 하자 동탁도 어쩌지 못하고 이유의 건의를 받아들이지 않았다.

이후 동탁은 초선을 미오에 거주토록 한 후 자신이 독차지하였고, 여포의 원한이 하늘을 치솟은 것은 말할 나위도 없었다. 왕윤은 이를 틈타 여포를 꼬드겨 동탁을 주살하려는 계획을 세웠다. 왕윤은 먼저 이숙(李肅)을 보내 황위를 동탁에게 양위한다는 천자의 거짓 조서를 전달했다. 동탁이 크게 기뻐하며 궁궐로 들어오자 궁궐 앞에서 매복하고 있던 여포가 동탁을 주살하고 말았다. 이후 여포는 이유마저 주살하고 동탁의 가산을 모두 빼앗았으며, 그의 가솔들을 무참하게 살육했다. 장안성에서 위로 황제부터 만백성에 이르기까지 이를 기쁘게 여기지 않는 이가 없었다.

한나라 말기 군웅들의 할거

동탁 토벌이 실패로 끝난 뒤에도 전쟁은 멈추지 않았다. 각 로의 제후들은 서로 반목하여 원수가 되었고, 서로 죽고 죽이는 싸움을 계속했다. 오랜 전쟁 속에서 몇몇 군벌들은 막강한 세력을 갖게 되었다.

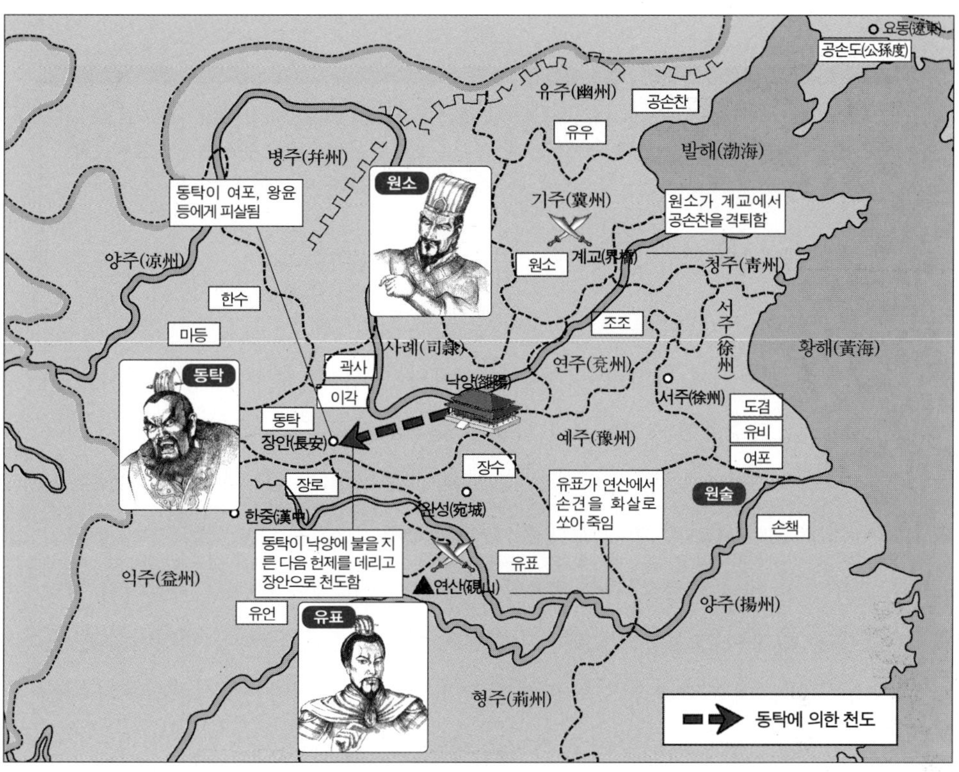

제후들의 혼전 : 공손도(公孫度)는 요동을, 유우와 공손찬은 유주를 선점하였고, 원소는 한복을 내쫓고 기주를 점령한 후 계속해서 병주와 청주에 군사를 주둔시켰다. 조조는 연주를 점령했고, 손책은 강동에 터전을 마련했다. 원소는 남양에 주둔하다가 양주자사 유요를 몰아내고 양회(兩淮) 지역을 점령했다. 유표는 형주에, 유언은 익주에 거점을 마련했으며, 장로는 한중을 차지했다. 도겸, 유비, 여포는 앞뒤로 서주를 점령했고, 동탁과 이각, 곽사 역시 앞뒤로 관중을 차지했다. 마등과 한수는 양주를 차지했고, 장수는 완성(남양)을 점령했다.

06 동탁의 잔당들
이각과 곽사의 난

≫≫ 동탁을 따라 낙양으로 들어갔던 가후는 동탁이 죽자 자기 목숨을 보전하기 위해 동탁 휘하에 있던 이각과 곽사를 장안으로 불러들였다. 그들은 장안으로 들어온 뒤 왕윤을 죽이고, 여포와 싸워 크게 이겼다. 이후 두 사람이 전횡을 일삼자 동한 조정은 또다시 혼란의 소용돌이로 빠져들었다.

동탁이 피살되자 그의 수하 장수였던 이각, 곽사, 장제, 번조 등은 군사를 이끌고 섬서로 도주하면서 장안으로 사면을 요구하는 표문(表文)*을 올렸다. 그러나 왕윤은 다른 사람의 말을 듣지 않고 고집을 피우며 전혀 받아들이지 않았다. 당황한 이각 등은 어쩔 수 없이 군대를 해산하여 각자 살 길을 도모할 수밖에 없었다. 그런 상황에서 모사 가후가 새롭게 군사들을 모집해 장안으로 쳐들어가 동탁의 복수를 하자며 그들을 꾀었다. 이에 넘어간 이각 등은 군사를 재정비하고, 유언비어를 퍼뜨려 새로운 군사들을 모집했다. 어느새 10여만 명의 대군이 된 이각의 군사는 네 방향으로 나누어 장안으로 쳐들어갔다.

여포는 용맹하지만 무식했던 탓에 이각의 계략에 걸려들고 말았다. 게다가 장안성에 잔존하고 있던 동탁의 무리가 내부에서 호응하여 성문을 열어 주는 바람에 이각의 군사들은 쉽게 장안으로 진입할 수 있었다. 여포가 왕윤에게 당장 도망칠 것을 권했지만 왕윤은 듣지 않았다. 그러나 여포는 가솔을 내팽개치고 휘하 1백여 명의 군사만을 이끌고 원술 진영으로 도망쳤다.

이각 등은 장안으로 진입하여 제멋대로 약탈을 자행했으며, 조정의 대신들

---

* 고대 중국에서 황제에게 보내던 외교 문서 또는 신료나 백성들이 임금에게 올리던 문서의 일종. '표(表)'란 문체의 하나로서 아래에서 위로 올리는 글을 말하며, 자신의 마음속에 있는 생각을 글로 밝힌다는 뜻.

이각과 곽사의 난

왕윤은 이각과 곽사의 투항을 받아들여야만 했다. 그러나 왕윤은 도량이 좁아 큰일을 판단하기에는 역부족이었다. 결국 궁지에 몰린 이각과 곽사는 투항 대신 반란을 선택했다. 그들이 장안으로 쳐들어오자 조정은 또다시 혼란에 휩싸였고, 마등과 한수 등이 반격했지만 여의치 못해 퇴각하고 말았다.

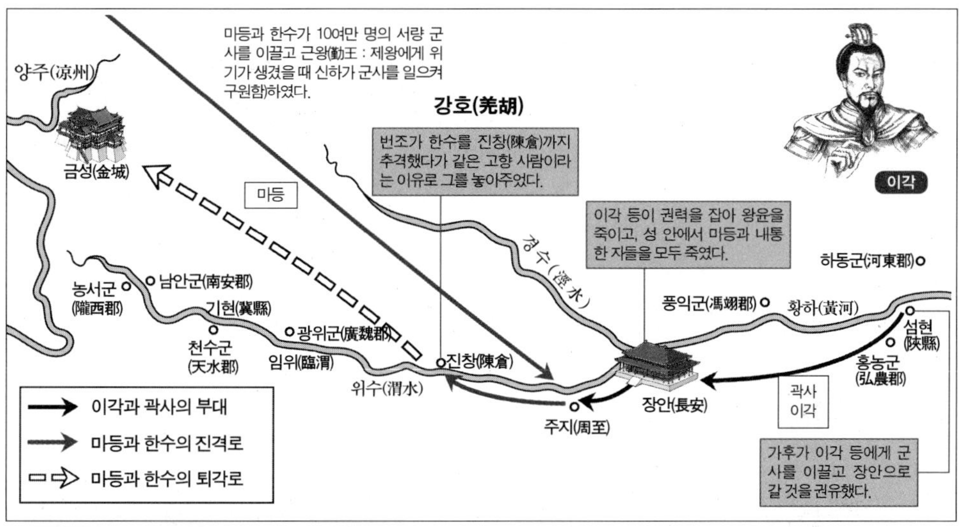

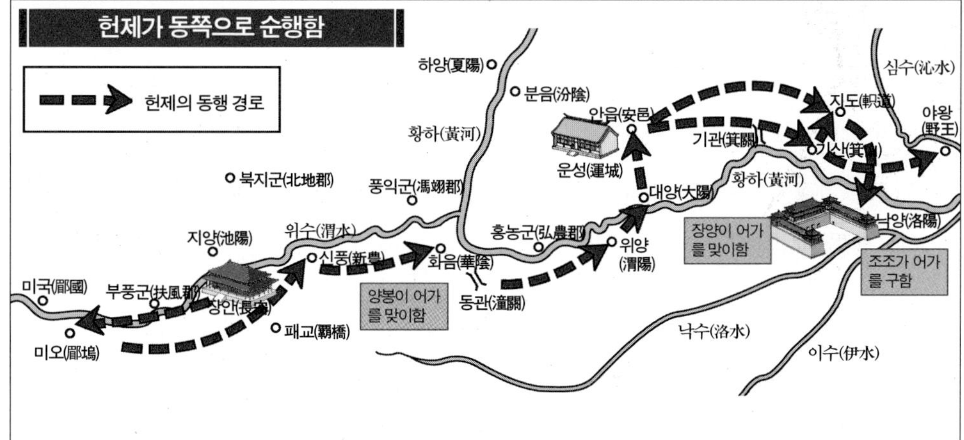

양표의 반간계 : 양표는 이각과 곽사를 제거하기 위해 반간계를 이용해서 두 사람을 이간질했다. 양표는 곽사의 집에 자신의 부인을 보내 곽사와 이각의 부인이 부정한 관계를 맺고 있다고 거짓을 말했다. 그렇지 않아도 질투가 심한 곽사의 부인은 그 말을 듣고 크게 노해 고의로 이각이 곽사에게 보낸 음식에 독을 풀어 곽사가 이각을 의심하도록 만들었다. 한번은 곽사가 이각이 마련한 연회에 참석하고 돌아온 뒤 복통이 심해지자 그의 부인은 이각이 독을 푼 때문이라고 주장했다. 이에 격앙된 곽사가 그 길로 군사들을 이끌고 가 이각을 공격했고, 이로 인해 장안이 다시 혼란해지자 헌제는 백관들과 함께 낙양으로 피신했다.

까지 핍박했다. 그 와중에 왕윤이 피살되었고, 이각과 곽사는 헌제를 시해하려고 했지만 장제와 번조의 만류로 그만두었다. 그들 네 사람은 황제를 겁박하여 높은 관직을 얻은 이후로 이각과 곽사가 조정을 좌지우지하였다.

서량태수 마등은 장안이 크게 혼란해진 것을 보고 한수와 회합하여 10여만 명의 군사를 이끌고 장안으로 진격했다. 이각 등은 첫 번째 전투에서 패배하여 선봉장을 잃자 가후의 계책에 따라 수비에 치중하면서 마등과 내통하는 이들을 찾아 죽였다. 마등은 군량이 거의 소진되었고, 성 안에 있는 내통자들이 살해되자 어쩔 수 없이 철군하기 시작했다. 이때 이각은 장제와 번조 등으로 하여금 그들을 추격하게 했다. 그러나 번조가 같은 고향 사람이라는 이유로 한수를 놓아주었고, 이 사실을 알게 된 이각은 연회에 참석한 번조를 죽이고 말았다.

이각과 곽사가 서량군을 물리쳐 크게 위세를 떨치자 제후들도 그들을 두려워하기 시작했다. 게다가 이각이 백성들을 위로하는 것이 급선무라는 가후의 건의를 받아들임으로써 조정은 한동안 평온이 유지되었다. 이후 이각과 곽사가 황제를 협박하고 안하무인으로 전횡을 일삼자 조정 대신 양표와 주준은 이를 참지 못해 그들을 주살하기로 결의했다. 양표는 이각의 부인이 질투가 심하다는 것을 알고 반간계를 이용하여 이각과 곽사를 이간질했다. 과연 의심 많은 이각은 군사를 동원해 곽사를 공격했다. 그러자 곽사도 자신의 군사를 동원해 반격을 가했다. 양쪽 군사들의 싸움으로 장안은 또다시 혼란에 빠지고 말았다.

나중에는 가후와 황보력(皇甫酈) 등이 유언비어를 퍼뜨려 이각의 군사들을 혼란에 빠뜨렸다. 이에 장제가 나서서 이각과 곽사를 화해시키는 한편, 헌제에게 홍농(弘農)으로 거처를 옮기도록 주청(奏請 : 임금에게 아뢰어 청하던 일)했다. 그렇게 해서 황제의 행렬이 동관(潼關)을 나서려고 할 때 곽사가 군사를 이끌고 황제를 추격했지만 다행스럽게도 양봉의 휘하 장수인 서황이 곽사의 군사들을 격파했다. 이에 곽사는 다시 이각과 합류하여 권토중래를 노렸다. 양봉과 국척(國戚 : 황제의 외척)인 동승은 이각, 곽사와의 싸움을 멈추기 위해 사람을 보내는 한편, 하동의 여러 제후들에게 어지(禦旨)를 보내 황제를 돕도록 했다.

07 조조의 대권 장악 천자를 끼고 천하를 호령하다

>>>>> 동탁 토벌이 실패하자 조조는 황건군을 토벌한다는 명분으로 새롭게 군사를 일으켰고, 연주를 다스리면서 서서히 명성을 쌓아 갔다. 헌제가 장안의 난리를 피해 동쪽으로 피신하자 조조는 즉각 군사를 보내 어가를 호위하여 허창으로 영접했다. 이로써 성공적으로 한나라 조정의 대권을 장악하게 되었다.

이각과 곽사가 조정을 장악한 후 황건군이 또다시 일어났을 때 주준의 건의로 조정에서는 조조를 불러 진압하도록 했다. 이에 조조는 조정의 명을 받들어 제북상(濟北相)* 포신(鮑信)과 함께 황건군 토벌에 나섰다. 그러나 포신은 도중에 전사했고, 조조는 각처에 잔존해 있던 황건군의 무리를 성공적으로 소탕하고, 1백일이 채 되기도 전에 30여만 명을 투항하게 만들었다. 조조는 그 가운데 젊고 날랜 병사들을 선발해 '청주병(青州兵)**'을 조직하고, 나머지는 모두 귀향시켰다.

또한 조조는 연주에서 다방면으로 인재를 널리 구했다. 그리하여 순욱, 순유, 정욱, 곽가, 유엽(劉曄), 만총(滿寵), 여건(呂虔), 모개(毛玠) 등 뛰어난 모사들이 그의 곁으로 몰려들었고, 우금과 전위 같은 맹장들도 앞 다투어 그의 휘하로 들어왔다. 이로부터 조조는 모사와 맹장 등 문무에 걸쳐 다양한 인재를 확보하여 산동 지역의 맹주가 될 수 있었다.

조조는 아버지 조숭을 연주로 모셔 함께 살고자 했다. 그런데 뜻밖에도 조숭이 연주로 오는 길에 서주목 도겸(陶謙)의 부하인 장개(張闓)에게 피살되고 말았다. 사실 도겸은 장개에게 조숭을 호송하도록 했는데, 오히려 못된 짓을 하고 만 셈

---

* '상(相)'이라는 관직은 왕국과 후국에서 실제 정사를 맡아보는 직책이다. 군과 맞먹는 왕국의 상은 군의 태수와 같고, 현과 같은 후국의 상은 현령이나 현장과 같았다. 후한의 '~상'은 모두 왕국의 상을 가리킨다.

** 조조는 투항한 황건군 중 정예병을 뽑아 '청주병'이라 이름 짓고, 자신의 군대와 영역을 확보했다.

이었다. 조조는 아버지의 복수를 갚기 위해 친히 군사를 이끌고 가 도겸을 공격했다.

조조에 비해 약세였던 도겸은 조조의 상대가 되지 못했다. 그는 자신의 수하 미축(麋竺)을 북해국(北海國 : 지금의 산동성 지역)의 상(相)인 공융에게 보내 구원병을 요청했지만, 공융이 막 출정하려던 중에 황건군의 잔당인 관해(管亥)의 공격으로 포위되고 말았다. 다급해진 공융은 태사자(太史慈)를 보내 포위망을 뚫게 하였고, 동시에 평원으로 가서 유비에게 구원을 요청했다. 유비는 즉시 관우, 장비와 함께 출정해 관해를 참수하고 포위망을 뚫었다. 그러자 태사자는 포위가 풀린 것을 보고 곧장 동향 사람인 유요가 있는 양주로 갔다. 공융은 또다시 유비에게 서주로 가서 도겸을 구원해 주도록 요청했다. 유비는 군사가 부족하여 일단 유주로 가서 공손찬으로부터 조운과 2천여 병마를 빌려 서주로 향했다.

유비가 서주로 들어가자 도겸은 자신이 맡고 있는 서주목(徐州牧)을 유비에게 양보하였다. 그러나 유비는 한사코 받지 않았고, 조조에게 철군을 권하는 서신을 보냈다. 하지만 조조는 전혀 아랑곳하지 않은 채 더욱더 공세를 퍼부었다. 그런 와중에 예상 밖의 일이 일어나고 말았다. 조조가 서주를 공격하고 있는 틈을 타서 여포가 장막을 도와 연주를 공격하려고 했던 것이다. 그들은 군사를 복양에 주둔시킨 채 호시탐탐 기회를 엿보고 있었다. 당시 견성(鄄城)을 비롯한 세 곳의 성은 순욱 등이 지키고 있었는데, 이 소식을 들은 조조는 크게 놀라 서주 공격을 중단하고 급히 연주로 돌아갔다. 조조가 철군하자 도겸은 다시 한 번 유비에게 서주를 맡아 달라고 요청했다. 이번에도 유비는 극구 사양했지만 주위 사람들의 권유와 설득으로 잠시 소패에 주둔하기로 마음먹었다. 조운과 공융 등은 회군하여 자신의 진영으로 돌아갔다.

복양으로 회군한 조조는 여포의 군사와 마주하게 되었다. 조조는 해가 저문 후 여포의 서쪽 진영을 공격했다가 오히려 크게 패했고, 그때 조조는 죽을 위기에서 전위의 도움으로 겨우 도망칠 수 있었다. 이튿날 여포는 진궁의 계책에 따라 조조의 군사를 성 안으로 끌어들인 다음 불을 놓아 크게 이겼다. 조조는 화상을 입은 채 겨우 퇴로를 따라 도망쳤다. 이에 조조는 자신이 죽은 것처럼 속여 여

조조의 세력화

조조가 성공할 수 있었던 토대

청주병 : 군사적 토대
조조가 황건군 투항병 가운데 날랜 군사들을 선발해 조직한 정예 부대로, 그의 직계 부대였다.

둔전제 : 경제적 토대
조조는 농민들을 모아 둔전을 실시했다. 유사시의 군량 확보를 보장하는 한편, 농민들의 부담을 경감시켜 군민(軍民) 관계를 호전시켰다.

인재 등용 : 정치적 토대
조조는 인재 등용을 대단히 중시하여 휘하에 모사와 맹장들이 몰려들었다.

유비의 서주 지원

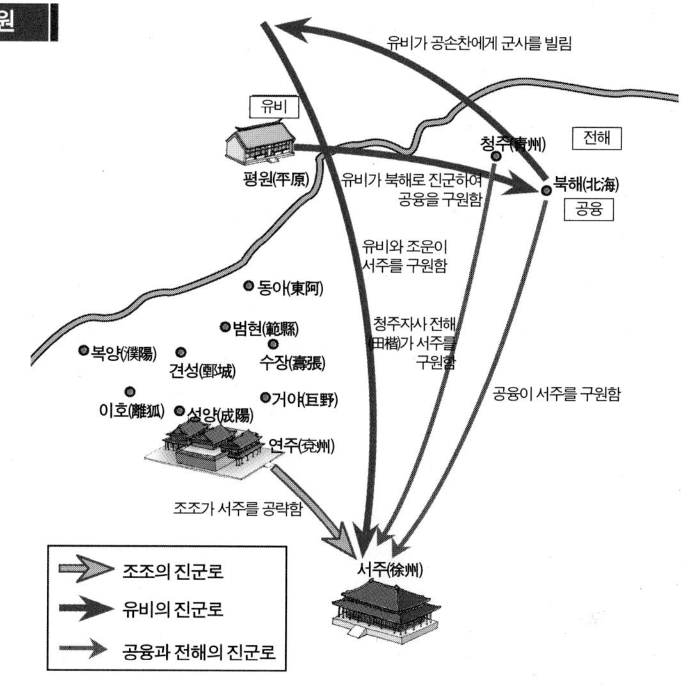

포가 성 밖으로 나오도록 유인했다. 과연 여포가 군사를 이끌고 성 밖으로 나오자 매복해 있던 조조의 군사들이 공격을 가했고, 이후로 여포는 더 이상 성 밖으로 나오지 않았다.

천재(天災) 때문에 흉년이 들어 군량미를 조달하는 것도 여의치 않았던 조조는 결국 여포와 잠시 휴전하기로 하고 철군했다. 이때 서주목 도겸은 병이 들어 위중한 상태에서 다시 한 번 유비에게 자신의 뒤를 이어 서주를 맡아 달라고 간곡히 요청했다. 하지만 유비는 여전히 사양했는데, 서주의 모든 백성들이 간곡하게 애원하자 더 이상 거절하지 못하고 잠시 서주목을 맡기로 했다.

유비가 서주목이 되었다는 소식을 전해들은 조조는 크게 노하여 그 즉시 공격하려고 했지만, 황건군의 잔당인 하의(何儀), 황소(黃邵) 등을 먼저 공격해 군량미와 군사들을 확보해야 한다는 진욱의 진언을 받아들이기로 했다. 황건군의 잔당을 소탕하던 중에 조조는 맹장 허저의 투항을 받아들여 휘하에 두게 되었다. 이후 조조는 여포의 군사들이 성 밖으로 나온 틈을 타서 연주를 빼앗았고, 계속해서 복양으로 진군했다. 여포는 진궁의 말을 듣지 않고 자기 마음대로 출전했다가 결국 조조가 보낸 허저, 전위, 하후연, 이전, 악진 등 여섯 장수들에게 포위되고 말았다. 여포는 승산이 없음을 알고 회군하려 했지만, 이미 성은 전씨(田氏)에 의해 조조에게 바쳐진 상태였다. 여포는 하는 수 없이 정도(定陶)로 도망쳤으나 조조의 군사가 정도를 포위하자 그는 모든 군사를 이끌고 출전했다. 하지만 조조의 복병에 걸려 수많은 사상자를 내고 다시 도주한 여포는 기주로 가서 원소에게 의탁하려고 했다. 하지만 원소는 심배(審配)의 건의를 받아들여 조조를 도와 여포를 공격하기로 결정을 내렸다. 어쩔 수 없게 된 여포는 결국 서주로 가서 유비에게 의탁했다.

바로 그때 한나라 헌제는 장안에서 벗어나 이각과 곽사의 추격을 뿌리치고 마침내 이미 폐허가 된 고도 낙양에 도착했다. 순욱이 즉각 헌제를 영접해야 한다고 권유하자 조조는 크게 기뻐하며 이를 받아들였다. 이로써 "천자를 옆에 끼고 제후를 호령하다"라는 말이 생겨났다. 이각과 곽사가 헌제를 추격할 때 조조는 하후연을 선봉장으로 보내 그들을 물리쳤고, 가후는 이각과 곽사에게 조조에

연주 쟁탈전

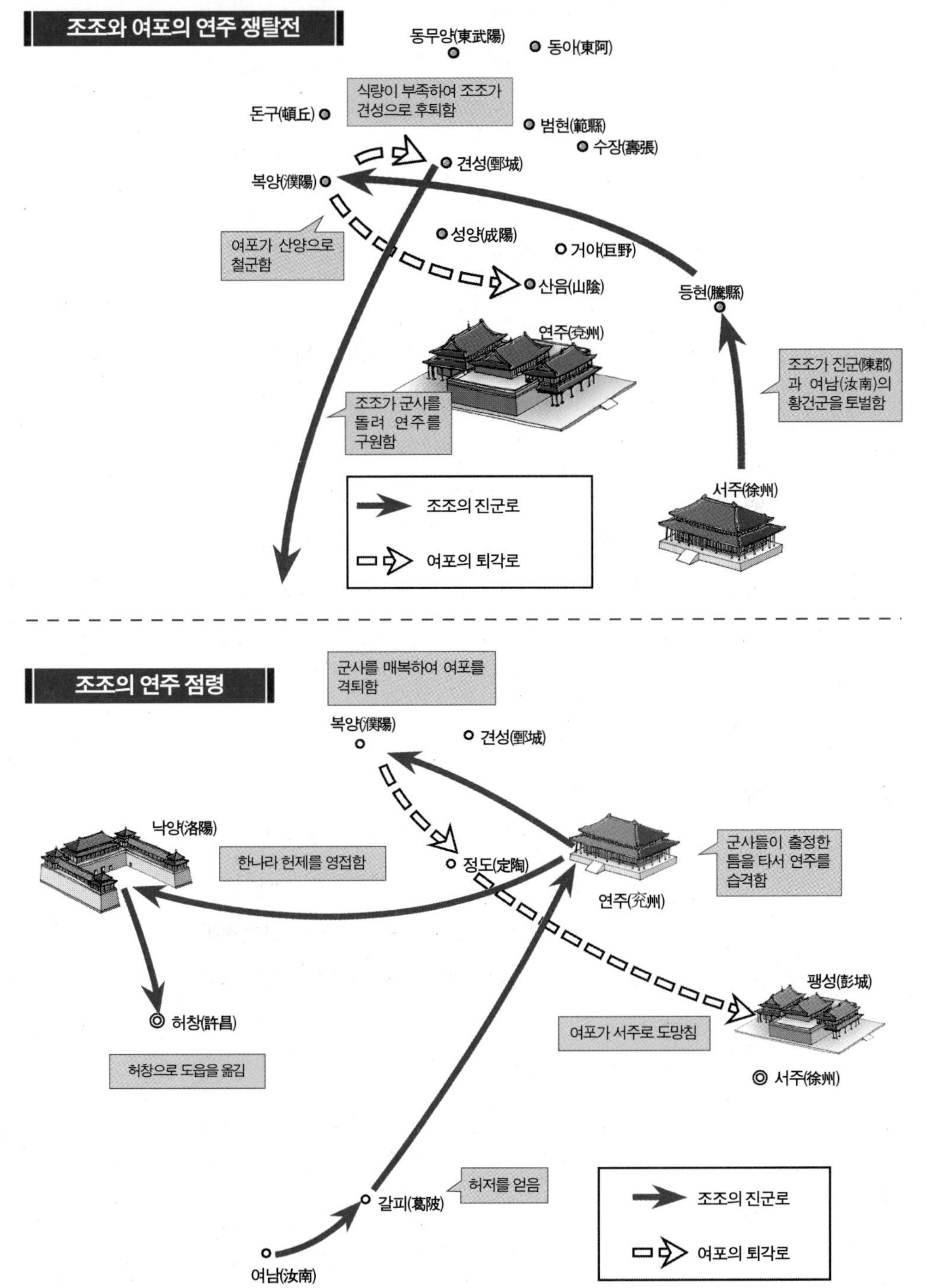

조조와 여포의 연주 쟁탈전
동무양(東武陽)
동아(東阿)
식량이 부족하여 조조가 견성으로 후퇴함
돈구(頓丘)
범현(範縣)
수장(壽張)
견성(鄄城)
복양(濮陽)
여포가 산양으로 철군함
성양(成陽)
거야(巨野)
산음(山陰)
등현(騰縣)
연주(兗州)
조조가 진군(陳郡)과 여남(汝南)의 황건군을 토벌함
조조가 군사를 돌려 연주를 구원함
서주(徐州)
조조의 진군로
여포의 퇴각로
조조의 연주 점령
군사를 매복하여 여포를 격퇴함
복양(濮陽)
견성(鄄城)
낙양(洛陽)
한나라 헌제를 영접함
정도(定陶)
군사들이 출정한 틈을 타서 연주를 습격함
연주(兗州)
팽성(彭城)
허창(許昌)
여포가 서주로 도망침
허창으로 도읍을 옮김
서주(徐州)
허저를 얻음
갈피(葛陂)
조조의 진군로
여포의 퇴각로
여남(汝南)

게 투항할 것을 권했지만 듣지 않자 홀로 돌아왔다. 다음 날 조조는 친히 군사를 이끌고 이각과 곽사를 공격했다. 결국 크게 패한 두 사람은 서쪽으로 도망쳐 산중으로 들어가 산적패가 되고 말았다. 양봉 등도 조조가 필시 자신들을 받아주지 않을 것이라 여기고 낙양을 떠나 대량(大梁)으로 옮겨 갔다.

조조는 동소의 계략을 받아들여 낙양은 식량이 부족하지만 허창은 산동 인근에 있어 식량 공급이 편하다는 이유를 들어 헌제에게 허창으로 옮길 것을 상소했다. 이에 헌제는 어쩔 수 없이 문무백관을 이끌고 천도할 수밖에 없었다. 양봉이 이 소식을 듣고 서황에게 군사를 이끌고 가서 막으라고 명했다. 이때 조조는 서황의 무예가 뛰어남을 알고, 은밀하게 만총을 그의 진영으로 보내 투항할 것을 권유했다. 과연 서황은 만총의 설득에 넘어가 조조에게 투항함으로써 헌제의 천도를 막으려던 양봉의 의도는 끝내 실패로 돌아가고 말았다. 이처럼 조조는 순조롭게 천도를 끝냄으로써 헌제와 동한 조정을 자신의 수중에 둘 수 있게 되었고, 조정의 권력을 차지할 수 있는 발판을 마련했다.

08 동오의 등장
강동을 평정한 손책

>>>>> 조조가 패업霸業의 토대를 마련하고 있을 때 '소패왕'으로 불리던 손책 역시 원술에게서 얻은 군사를 이끌고 동쪽으로 진격했다. 그는 가는 길마다 파죽지세로 반란군을 제압하고 강동을 평정하여 '동오東吳'의 토대를 마련했다.

손견이 죽자 그의 아들 손책은 황조에게서 부친의 유해를 돌려받아 강동으로 운구한 뒤 자신은 원술에게 의탁했다. 원술은 손책을 좋아하여 항상 이렇게 말하고는 했다.

"나에게 손랑(孫郞 : 손책)과 같은 아들이 있다면 죽어도 여한이 없겠다."

손책은 원술의 지원에 보답이라도 하려는 듯이 출전하는 족족 승리를 얻고 돌아왔다. 하지만 그는 결코 다른 사람의 휘하에 있고 싶어 하지 않았다. 결국 그는 주치, 여범 등과 상의한 뒤 손견이 남긴 옥새를 원술에게 맡기고, 3천여 병마를 빌려 강동으로 진군했다.

손책이 진군하여 역양(歷陽)에 이르렀을 때 주유가 군사를 이끌고 나와 영접하면서 그에게 장소와 장굉을 추천해 주었다. 손책은 계속 동진하여 당시 강동을 점거하고 있던 양주자사 유요의 부대와 우저(牛渚)에서 접전을 펼쳤는데, 유요는 부하 장수 장흠(張欽)과 주태가 손책에게 투항하면서 대패하고 말았다. 손책은 우저를 점거한 다음 신정(神亭)까지 진군했다. 손책은 신정에서 위험을 무릅쓰고 광무묘(廣武廟)에 제사를 지낸 후 유요의 진영을 살펴보다가 겁도 없이 덤벼드는 태사자와 접전을 벌이게 되었다. 두 사람은 50합이 넘도록 싸웠으나 끝내 승부를 내지 못했다. 다음 날 양군(兩軍)이 교전 중에 주유가 빈틈을 노려 유요의 기반인 곡아(曲阿)를 습격하자 유요는 황망히 철군했고, 손책은 그 기회를 놓치지 않고 추격하자 유요의 군사는 크게 패해 달아났다. 이때 태사자는 대오에서 이탈하여 수십 기를 데리고 경현(涇縣)으로 물러났다.

승리를 거둔 손책은 다시 군사를 이끌고 나가 말릉을 공략했다. 이때 유요는 전열을 재정비하여 곧장 우저로 쳐들어갔는데, 급보를 받은 손책이 군사를 돌려 우저로 달려갔다. 손책은 유요의 장수 우미(於糜)와 붙어 3합 만에 사로잡아 으스러뜨리고, 뒤에서 달려오는 번능(樊能)에게 크게 소리를 치니 놀란 번능이 말에서 떨어져 죽고 말았다. 소패왕이란 말이 과연 거짓이 아님을 증명하는 장면이었다. 또다시 크게 패한 유요는 어쩔 수 없이 예장(豫章)으로 도망쳐 유표에게 의탁했다.

한편 손책은 계속해서 말릉을 지키는 설례(薛禮)를 공략하다가 냉전(冷箭 : 몰래 숨어서 쏘는 화살)에 왼쪽 넓적다리를 맞았다. 이를 기회로 손책은 자신이 죽었다는 소문을 퍼뜨리게 하여 철군하는 척하다가 뒤를 추격하는 설례의 부대를 크게 무찔러 말릉을 점령했다. 이후 주유의 계책에 따라 태사자를 투항시켜 받아들이고, 강동에 자리를 잡은 후 군령을 엄하게 하여 민폐를 끼치지 않고 백성들을 편안하게 보살폈다. 강동의 백성들 가운데 그를 칭송하지 않는 이가 없었다.

손책은 다시 군사를 이끌고 남쪽의 오군(吳郡)을 취하기 위해 출정에 나섰다. 당시 동오의 덕왕(德王)을 자처하며 오군을 점거하고 있던 엄백호(嚴白虎)는 손책이 이끄는 군사들의 기세에 눌려 제대로 싸워보지도 못하고 도망쳐 회계태수 왕랑(王郎)에게 의탁했다. 이에 왕랑은 군사를 이끌고 나와 손책과 맞섰지만, 역부족임을 알고 성 안으로 들어가 성문을 굳게 닫고는 더 이상 출전하지 않았다.

손책은 며칠 동안 계속 공격했지만 성문을 열지 못하고 있었다. 그러다가 군량을 저장하고 있는 사독(査瀆)을 거짓 습격하는 척하다가 이를 보고 성을 나와 뒤쫓는 왕랑의 군사를 매복 공격하여 크게 격파했다. 이로써 손책은 왕랑과 엄백호를 무너뜨리고 회계를 점령할 수 있었다.

한편 후방의 손권은 산적의 공격을 받아 위험에 빠졌다가 주태의 도움으로 겨우 목숨을 구했다. 그러나 주태는 십여 곳이나 창에 찔려 목숨이 위태로웠다. 이에 회계의 군리(郡吏)인 우번(虞翻)이 의원 화타를 추천했는데, 그 덕분에 주태는 한 달 만에 완쾌했다. 이후 손책은 도처에 은신하고 있는 산적까지 모조리 소탕 손책은 소년 영웅으로 이름을 알렸으며, 스무 살 무렵에 군사를 이끌고 강동을 평정했다. 유비가 스물여덟 살 때까지 집안에서 돗자리를 짜고 짚신을 만들어 팔았던 것을 생각해 보면 손책의 뛰어난 지혜와 총명함, 그리고 신묘한 무공은 가히 존경하고 감탄하지 않을 수 없다.

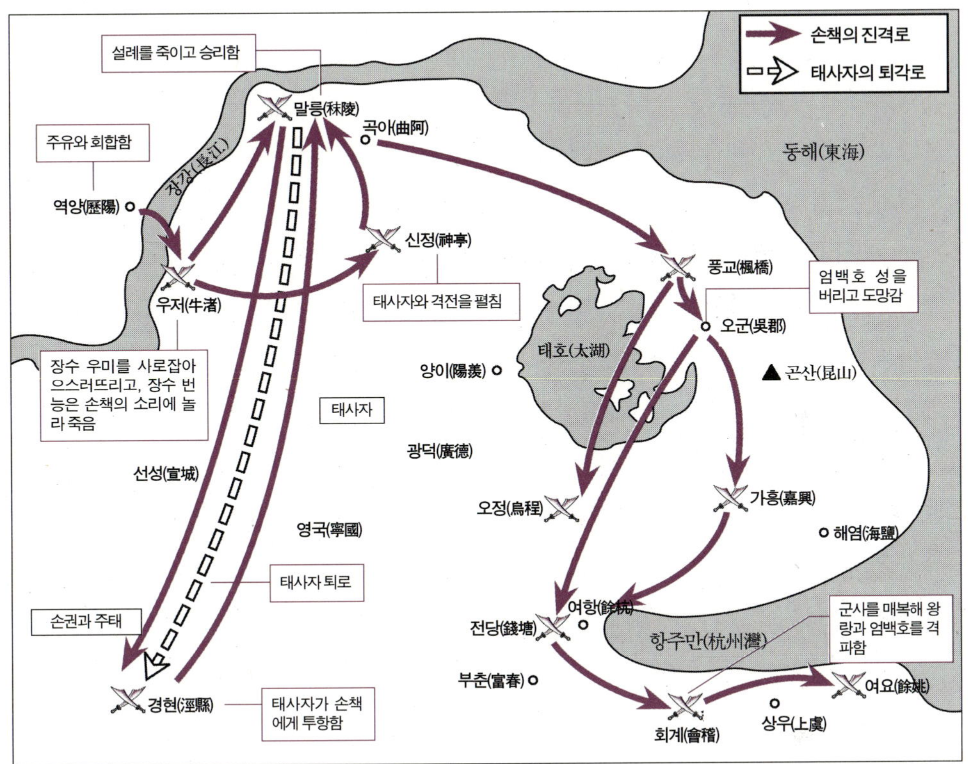

태사자와 소패왕의 전리품

단극

단극(短戟)은 전부(戰斧)와 생김새는 비슷하지만 앞이 날카롭고 손잡이가 비교적 짧기 때문에 찌를 수도 있고 벨 수도 있다는 점에서 차이가 있다. 손책은 태사자와 육박전을 벌이면서 그의 등 뒤에 있는 단극을 빼앗았다. 삼국에서 전위가 가지고 다녔던 쌍철극도 이와 비슷한데, 태사자의 것보다 무거웠다.

두무

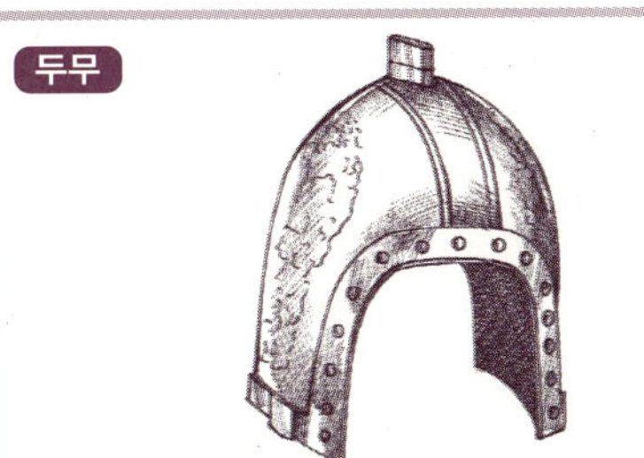

고대의 '무(鍪)'는 취사도구의 일종이었다. '두무(兜鍪)'는 투구로서, 처음에는 '주(冑)'라고 부르다가 형태가 '무'처럼 생겨 '두무'라고 부르게 되었다. 태사자는 손책과 싸우면서 그의 투구를 빼앗았다.

하고 강남 땅을 평정했다. 그는 조정에 표문을 올리는 한편 조조와 교분을 맺었고, 아울러 원술에게 글을 보내 옥새를 돌려 달라고 요청했다. 그러나 황제가 되고픈 욕심을 버리지 못한 원술이 핑계를 대며 옥새를 돌려주지 않았다. 이후에도 손책은 여강(廬江)을 습격하여 얻은 다음 유훈(劉勳)을 몰아냈고, 그 여세를 몰아 예장태수 화흠(華歆)을 투항시켰다. 손책이 이렇게 위세를 떨치자 조조조차도 그를 보고 "사아(손책이 사자처럼 용맹하다는 뜻)와 싸우기 어렵겠구나!"라고 말할 정도였다. 이후 조조는 손책과 혼인 관계를 맺었다.

오군태수 허공은 조조에게 손책을 지방에 두어 후환을 만들지 말라는 내용의 서신을 보냈다가 손책에게 발각되어 죽고 말았다. 이에 허공의 식객 세 사람이 복수를 다짐하고 손책이 사냥을 나갔을 때 숲속에 숨어 있다가 급습해 손책의 온몸에 피가 낭자하였다. 화타는 손책의 상처를 치료한 다음 절대로 화를 내지 말도록 당부했다. 그러나 손책은 쉽게 화를 내는 성격을 끝내 버리지 못했을 뿐만 아니라 여러 사람의 만류에도 불구하고 도사 우길을 참살한 뒤 헛것이 보이는 등 환영에 시달리다가 상처가 재발하여 결국 죽고 말았다. 이때 손책의 나이는 불과 스물여섯 살이었고, 열아홉 살이었던 동생 손권이 그의 뒤를 잇게 되었다.

09 뒤바뀌는 적군과 아군
유비와 여포의 서주 쟁탈전

>>>>> 여포는 서주로 쫓겨난 뒤 유비에게 의탁했지만 은혜를 갚기는커녕 수차례 유비를 습격했다. 유비와 여포 두 사람은 이렇듯 때로 적군이 되었다가 돌연 아군이 되기도 하면서 서주를 둘러싸고 쟁탈전을 벌였다.

유비는 자신에게 투항한 여포에게 서주목 자리를 내주려고 했다. 여포는 유비의 제의를 받아들이고 싶었지만, 관우와 장비의 기세에 눌려 어쩔 수 없이 사양하고 말았다. 그러자 유비는 여포에게 소패에 주둔하도록 허락했다. 그때 조조는 허창으로 어가(禦駕)를 옮긴 다음 서주를 공략할 준비를 하고 있었다. 마침 순욱이 이호경식(二虎競食 : 두 마리 호랑이가 먹을 것을 다툼)의 계략을 올리자 조조는 유비에게 서신을 보내 여포를 죽이라고 했다. 하지만 유비는 조조의 서신을 여포에게 보여주며 서로 협력할 것을 약속했고, 조조에게는 완곡하게 거절의 뜻을 전했다. 계략이 뜻대로 되지 않자 순욱은 또다시 구호탄랑(驅虎呑狼 : 호랑이를 몰아 이리를 먹게 함)의 계책을 조조에게 올렸다. 유비에게 거짓 조령(詔令 : 천자天子의 명령)을 보내 원술을 공격하도록 한 것이다. 비록 유비는 그것이 계략인줄 알았지만 황명을 거역할 수 없었기 때문에, 군사를 이끌고 출정하면서 장비에게 서주를 지키도록 하는 한편 출정에 앞서 장비에게 술을 가까이 하여 일을 그르치는 일이 없도록 각별히 당부했다.

유비와 관우는 우이(盱眙)에서 원술의 군사를 크게 무찔렀다. 그러나 장비는 서주에서 여러 신료를 모아놓고 마지막으로 실컷 술을 마시자며 술을 못 마시는 조표(曹豹)에게 강제로 술을 권하다가 말을 듣지 않자 군령을 어겼다는 이유로 매질을 가했다. 이에 화가 난 조표는 자신의 사위인 여포에게 유비가 없는 틈을 타

서주를 손에 넣도록 설득했다. 결국 서주는 여포에게 넘어갔고, 장비는 경황 중에 탈출하여 유비에게로 갔다. 유비는 형제간의 정의가 두터워 차마 형벌을 내리지 못했고, 장비가 스스로 목숨을 끊겠다고 하자 결국 이 일을 마무리한 후 대책을 논의하게 되었다.

여포가 서주를 차지했다는 소식을 들은 원술은 여포에게 군량미를 주겠다고 하여 유비를 공격하도록 했다. 결국 유비는 즉시 철군할 수밖에 없었다. 여포는 유비가 철군하자 원술에게 약속한 대로 군량미를 보내 달라고 요청했지만, 원술은 유비를 잡으면 그때 주겠다며 약속을 미루었다. 이에 크게 격노한 여포는 원술의 실언을 비난하고, 유비에게 사람을 보내 서주로 돌아올 것을 요청했다. 이후 유비와 여포는 다시 우호적인 관계를 유지하였고, 여포가 짐짓 서주목 자리를 유비에게 양보하려고 했지만 유비는 끝내 사양하고 소패로 가서 주둔했다.

원술은 이런 사실을 알고 여포에게 군량미를 보내 군사를 움직이지 말고 관망하도록 설득하는 한편, 자신은 직접 군사를 이끌고 소패로 출정했다. 이에 유비는 어쩔 수 없이 여포에게 원군을 요청했고, 여포는 자신과 유비가 순치(脣齒)* 관계에 있었기에 출병하여 도움을 주었다. 이에 원술의 수하 장수인 기령(紀靈)이 여포에게 서신을 보내 신의가 없음을 비난했다. 그러자 여포는 양쪽을 화해시킬 수 있는 묘책을 마련하여 유비와 기령을 모두 초청했다. 그는 화극(畵戟)** 을 중군에서 150보 떨어진 원문(轅門 : 군영의 문)에 세워 두고, 만약 화살을 쏘아 명중하면 양쪽에서 싸움을 중지하겠다는 약속을 받아냈다. 결국 여포가 쏜 화살은 명중했고, 원술 진영의 기령은 회남으로 철군했다.

원술은 여포가 아이들 장난 같은 짓으로 자신을 배신하자 소불간친(疏不間親)*** 의 계책에 따라 여포에게 혼사를 제의하면서 이를 빌미로 유비를 공격하도록 했다. 여포는 원술이 장차 칭제(稱帝)하게 되면 자신의 딸이 부귀를 누릴 것이라 여기고는 혼인을 허락하였다. 그러나 진규(陳珪)가 이 소식을 듣고 병중에 여

---

* 입술과 이처럼 이해관계가 밀접한 둘 사이를 비유적으로 이르는 말이다.

** 색칠을 하거나 그림을 그려 넣은 창의 하나. 의장용으로 쓴다.

*** 친하게 지내지 아니하는 사람이 친하게 지내는 사람들의 사이를 떼어 놓지 못한다.

유비와 여포를 둘러싼 지략 대결

유비와 여포의 연합은 조조와 원술에게 우환거리가 될 수밖에 없었다. 이에 유비와 여포를 이간질 하여 제거시키기 위해 여러 계략이 동원되었는데, 다음과 같은 네 가지로 살펴볼 수 있다.

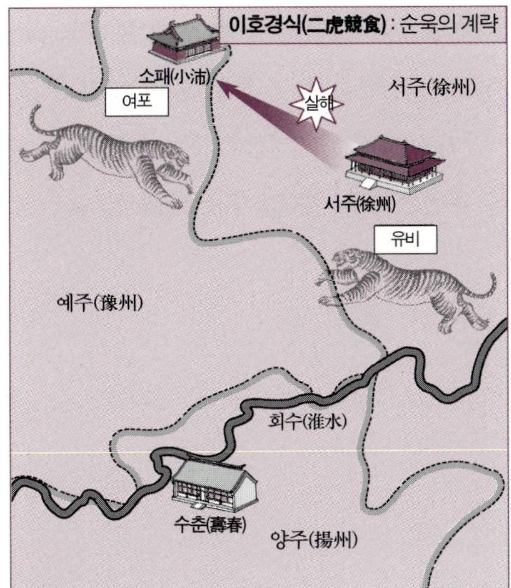

계략의 의도 : 유비에게 비밀 서신을 보내 여포를 살해하도록 했다. 계략이 성사되면 유비는 맹장의 도움을 받을 수 없게 될 것이고, 성사되지 않더라도 여포가 유비를 살해할 것이다.
실행 결과 : 유비는 조조의 밀서를 여포에게 보여 주면서 두 사람이 순치 관계임을 거듭 확인시켰다. 두 사람은 서로 공격하기는커녕 더욱 밀접한 관계를 유지하여 계략은 실패로 돌아갔다.

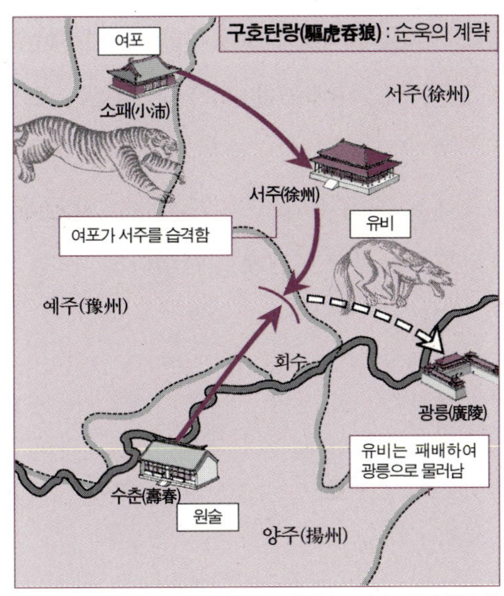

계략의 의도 : 원술에게 유비가 공격을 준비하고 있다고 말해 주면 원술은 유비를 공격할 것이고, 그런 다음 유비에게 거짓 조령을 보내 원술을 토벌하도록 하면 양쪽이 싸우는 상황에서 여포도 다른 마음을 먹게 될 것이다.
실행 결과 : 유비는 조령을 받들어 원술을 토벌하기 위해 출정했고, 여포는 그 기회를 틈타 서주를 점령했다. 여포는 원술이 군량미를 원조하겠다는 말을 듣고 유비를 공격함으로써 계략은 성공했다.

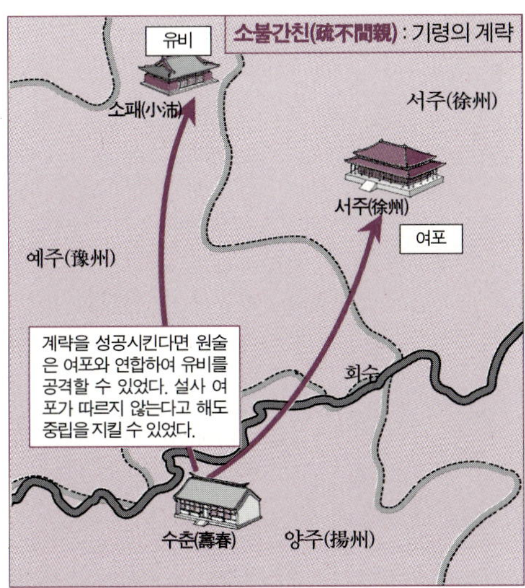

계략의 의도 : 원술은 여포에게 자식들 간의 혼인을 제시했다. 여포가 받아들이면 원술과 가까워질 것이고, 유비와는 멀어질 것이다.
실행 결과 : 원술의 의도를 간파한 진규가 즉시 여포에게 알려 원술 진영으로 가는 딸을 되돌아오게 함으로써 계략은 실패하고 말았다.

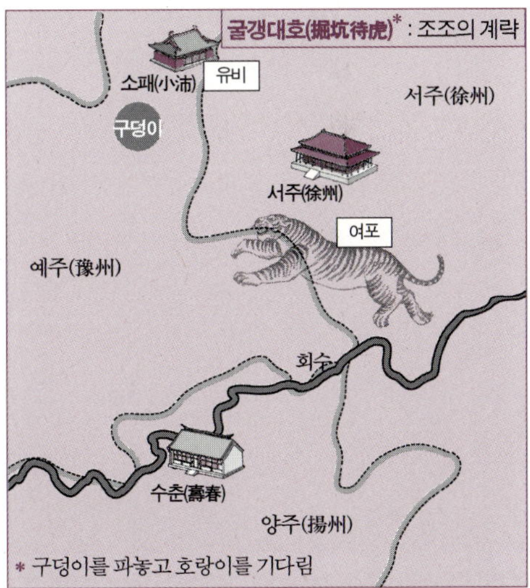

계략의 의도 : 조조는 유비에게 소패에 주둔하도록 하면서 여포와는 화해하도록 했다. 이후 유비와 비밀리에 연계하여 여포를 공격했다.
실행 결과 : 조조는 유비와 연합하여 여포를 없애기로 다짐하고, 그와 함께 유비의 군사를 빼앗아 허도로 돌아감으로써 계략은 성공적이었다.

포를 찾아와 원술의 음모라는 사실을 알려 주었다. 이에 여포는 이미 떠난 자신의 딸을 추격해 돌아오게 하고, 원술의 사신을 감금했다.

평소 여포를 무시했던 장비는 여포의 수하 장수가 매입한 말 150마리를 빼앗았는데, 이에 크게 화가 난 여포는 즉시 출병하여 소패를 공격했다. 유비는 장비의 잘못을 탓하며 말을 돌려줄 테니 철군해 달라고 요청했으나 여포는 진궁의 말에 따라 유비의 청을 거절하고 말았다. 결국 유비는 어쩔 수 없이 소패에서 야반도주하여 조조에게 의탁했다.

10 동정과 서벌
하남을 평정한 조조

>>>>> 유비가 조조의 군영으로 들어간 뒤 조조는 동쪽과 서쪽으로 출병하여 장수와 접전을 벌이고, 원술과 싸워 크게 이겼으며, 여포를 죽였다. 이렇게 전쟁을 치르면서 조조는 영토를 확장시켰고, 그의 명성 또한 날로 커져 갔다.

유비가 조조에게 투항하자 조조의 모사인 순욱과 정욱은 조조에게 유비를 죽여 후환을 없애도록 권유했다. 조조가 결정을 내리지 못하고 머뭇거리고 있을 때 곽가는 유비를 후대하여 현자를 아낀다는 명성을 얻는 것이 더 중요하다고 말했다. 이에 조조는 유비를 예주목(豫州牧)으로 추천하면서 군량미와 병마를 주어 소패에 주둔토록 하고, 향후 여포를 공략하기로 약속했다.

조조가 군사를 일으키려고 할 때 후방에서 장제가 남양을 공격하다가 유시(流矢 : 누가 어디서 쏘았는지 모르게 날아오는 화살)에 맞아 죽은 뒤 그의 조카인 장수가 군사를 이끌고 유표와 연계하여 허도(許都)로 진격해 천자를 빼앗으려 한다는 소식이 전해졌다. 이에 조조는 일단 여포의 관직을 높여 안심시킨 후 군사를 일으켜 장수를 토벌하기 위해 출정했다. 장수는 조조의 세력이 막강하자 모사 가후의 조언을 받아들여 조조에게 투항하였다. 그러나 여색을 좋아하는 조조가 장수의 숙모 즉 장제의 처 추(鄒)씨에게 매혹되어 함께 잠자리를 갖는 바람에 격노한 장수가 군사를 이끌고 조조의 진영을 습격했다. 조조는 자신의 호위대장인 전위가 죽음을 무릅쓰고 막는 바람에 겨우 탈출했지만, 장남인 조앙까지 잃은 채 우금의 구원에 힘입어 허도로 회군할 수 있었다.

원술은 옥새를 얻은 뒤 주변 사람들의 만류에도 불구하고 스스로 칭제한 후 7로(路)의 대군을 이끌고 서주로 진격했다. 여포는 진등(陳登 : 진규의 아들)의 말에 따라 원술의 부하인 한섬(韓暹)과 양봉의 마음을 돌리게 하여 안에서 호응하도록 하고, 유비 역시 관우를 보내 협공함으로써 원술은 크게 패하고 말았다. 원술은 손책에게 구원을 요청했지만, 오히려 칭제를 했다는 이유로 비난만 들었다. 이에 분노한 원술이 손책을 공격하자 손책은 조조에게 구원을 청해 협공을 약속받았다. 이에 따라 조조는 유비, 여포와 함께 군사를 일으켜 원술의 근거지인 수춘으로 출병하게 되었다. 조조는 전투 초반에 승리를 거두었고, 원술은 회하를 건너 남쪽으로 피신했다. 승기를 잡은 조조가 계속 추격하려고 했지만, 군량미가 부족한 데다 장수가 유표와 연합하여 후방을 공격하고 있다는 소식을 듣고 철군할 수밖에 없었다. 철군에 앞서 조조는 유비로 하여금 소패에 주둔하면서 여포와 화해하도록 했다.

얼마 후 조조는 다시 군사를 이끌고 장수를 공격했다. 초반의 승세에 힘입어 남양을 포위했지만, 성의 해자(垓字 : 성 주위에 둘러 판 못)가 너무 넓고 깊어서 접근하기가 어려웠다. 게다가 장수의 모사인 가후가 성동격서(聲東擊西)*의 계략을 쓰고 있다는 조조의 계략을 간파하여 역으로 이용하는 바람에 조조의 군사는 대패하고 말았다. 이후 조조는 자신의 계책으로 안중(安衆)에서 장수와 유표를 대파했다.

이 무렵 원소가 허도를 기습하려고 하자 조조는 급히 철군하게 되었다. 당시 가후는 장수에게 더 이상 쫓지 말 것을 권유했지만, 장수와 유표는 듣지 않고 추격하다가 끝내 대패하고 돌아온 것이다. 패하고 돌아온 장수에게 가후는 다시 추격을 권유했는데, 유표는 머뭇거리고 장수는 그의 말대로 추격하여 이번에는 승리를 거두고 돌아왔다.

원소는 조조가 회군하는 것을 보고는 전략을 바꾸어 조조에게 공손찬의 토벌을 위해 군량미와 군사를 빌려 달라고 요청했다. 곽가는 조조와 원소가 10승10패(十勝十敗)를 하는 이유에 대해 상세하게 말하며, 일단 원소가 공손찬을 공략하

---

* 동쪽에서 소리를 내고 서쪽에서 적을 친다는 뜻으로, 적을 유인하여 이쪽을 공격하는 체하다가 그 반대쪽을 치는 전술을 이른다.

연합과 분열을 거듭한 조조의 하남 평정

조조의 첫 근거지는 연주였고, 이후에는 허도였다. 두 곳은 모두 수비하기는 어렵고 공격하기는 쉬운 곳으로, 특히 배후의 공격에 무방비로 노출될 위험성이 컸다. 그러나 조조는 일련의 정치적, 군사적 수단을 이용해 동분서주하면서 지리적 열세를 극복하여 안정을 도모했다. 그리고 이를 바탕으로 원술, 여포 등을 성공적으로 격퇴할 수 있었다. 그는 관도전투 이전에 이미 하남의 사례, 예주, 서주, 연주 등을 모두 점령하여 세력을 넓혔다.

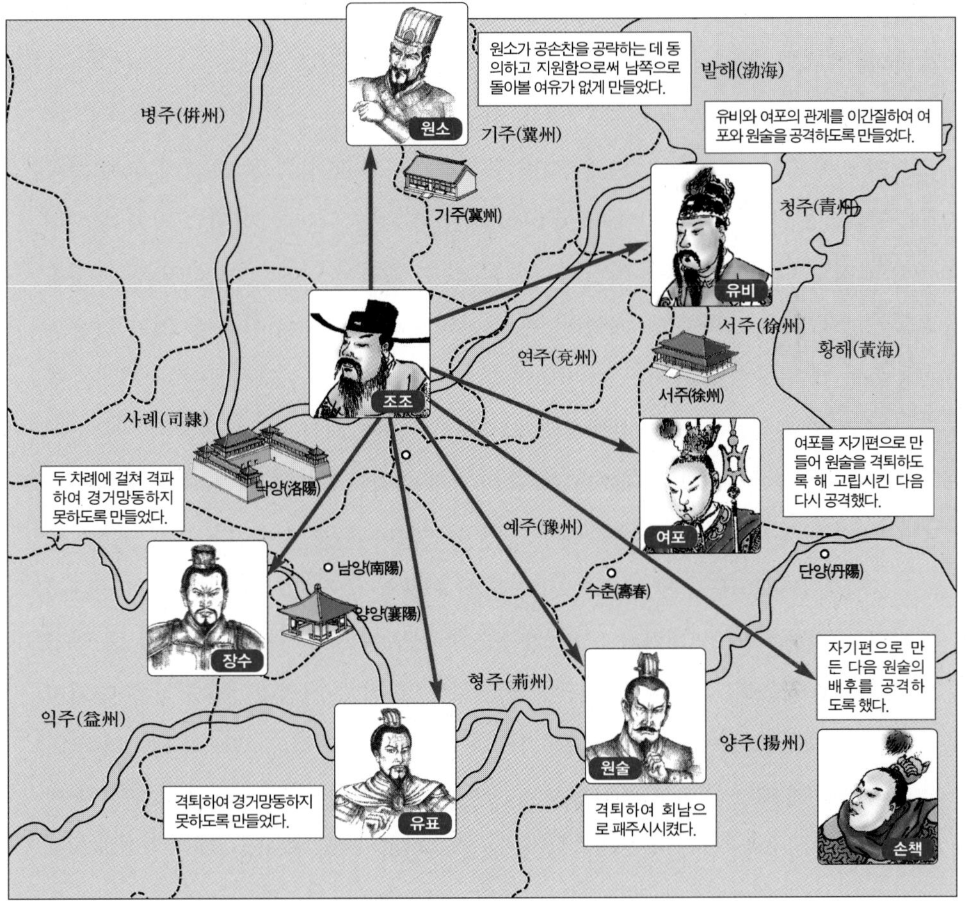

조조의 거침없는 성과

건안 원년(196년)	: 조조가 여포를 연주에서 내쫓고, 예주 북부를 차지했다.
건안 2년 9월	: 조조가 원술을 격파하여 회남으로 패주시키고, 예주 전체를 차지했다.
건안 3년 3월	: 조조가 매복 공격으로 장수와 유표를 패주시키고, 이후 경거망동하지 못하도록 만들었다.
건안 3년 10월	: 조조가 서주를 점령하고 나서 2개월 후에 여포를 격파하여 서주 전체를 차지했다.

도록 한 연후에 그 틈을 타서 여포를 죽여 큰 근심을 제거하도록 조언했다. 이에 조조는 원소의 요구를 받아들이는 한편, 유비에게는 여포를 토벌하도록 준비시켰다. 그런데 전혀 예상치 않게 유비가 조조에게 보낸 서신을 진궁이 몰래 빼돌려 여포에게 전함으로써 격노한 여포가 군사를 이끌고 소패를 공격하기 시작했다. 이에 유비는 간옹(簡雍)을 보내 조조에게 원병을 요청한 채 성문을 닫아걸고 방어에만 전념했다.

조조는 서주의 전황을 보고 받은 뒤 즉각 하후돈을 출병시켰다. 하후돈은 여포의 장수 고순과 싸워 이긴 후 적병을 추격하다가 조성이 쏜 화살에 왼쪽 눈을 맞았다. 그 화살을 뽑다가 눈알이 따라 나오자 하후돈은 "아버지의 정기와 어머니의 피로 만들어진 것을 버릴 수 없다!"라고 하면서 입에 넣어 삼킨 뒤 조성을 추격하여 끝내 그의 목을 베었다. 유비는 여포와 상대하여 이길 수 없자 가솔을 놓아둔 채 허창으로 들어가고, 장비와 관우도 각자 살길을 모색하였다. 허창으로 가는 길에 유비는 사냥꾼 유안(劉安)의 집에 머물게 되었는데, 유안은 자신의 처를 죽여 승냥이 고기라고 속이고는 유비에게 대접하였다. 다음 날 아침, 그 사실을 알게 된 유비는 불쌍한 생각에 눈물만 하염없이 흘릴 뿐이었다.

이후 유비는 도중에 조조를 만나 함께 여포를 공격하기로 했다. 서주성에서 진규와 진등 부자가 계략을 꾸며 한밤중에 여포와 진궁이 서로 적군인 줄 알고 접전하게 만들어 수많은 군사들이 서로 죽고 죽이게 되었다. 이 기회를 놓치지 않고 조조의 군사는 서주와 소패를 점령했다. 여포와 진궁은 새벽이 되어서야 비로소 계략에 빠진 것을 알아차리고는 성으로 돌아갔지만, 이미 조조의 군기가 펄럭이고 있어 하는 수 없이 하비성으로 도주하였다. 이때 유비는 흩어졌던 관우와 장비를 만나 기쁨을 나누었다.

계속해서 조조의 군사는 여포가 있는 하비성을 포위하였고, 군량미가 풍족한 여포는 접전을 피한 채 성 안에서 나오지 않았다. 진궁은 조조의 군사가 먼 길을 오느라 지쳐 있기 때문에 충분한 휴식을 취한 군사로써 공격하는 것이 상책이라고 일러 주었지만, 여포는 받아들이지 않았다. 진궁이 또다시 여포에게 군사를 이끌고 나가 성 밖에 주둔하고, 자신이 성 안에서 호응하면 조조를 협공할 수 있

조조를 보좌한 인재들

삼국이 경합하던 시기에 인재의 중요성은 굳이 말할 필요도 없었다. 각 제후들은 너나할 것 없이 인재를 중시했는데, 오직 원소만은 이에 능하지 못해 결국 패망의 길을 걸었다. 그러나 조조는 용인술에 능통하여 여러 현자를 두루 모았을 뿐만 아니라 자신의 인재들을 활용하는 데도 발군의 능력을 발휘했다.

인재 등용 방식

방식	내용
임명	정욱은 조조가 친히 찾아가 데려왔다.
의탁	순욱, 곽가, 순유 등은 원소를 버리고 조조에게 의탁했으며, 환계(桓階)는 장선(張羨)을, 가후는 장수를 버리고 의탁했다.
천거	순욱은 순유, 곽가는 유엽, 유엽은 만총과 여건을 추천했고, 만총 등은 모개를 추천했다.
투항	원소가 패배한 뒤 진림이 조조에게 투항했고, 익주를 격파한 후에 심영(審榮)이 투항했다.
강요	사마의와 완우(阮瑀)는 조조의 위협으로 나섰다.

인재 활용 방식

방식	내용
재주를 다하게 함	곽가는 조조의 용인술에 대해 이렇게 말했다. "천하의 인재들이 모두 활용되기를 원했다."
관록을 후하게 줌	조조는 상벌이 분명하여 공훈을 세운 자는 반드시 상금을 주되 천금을 아끼지 않았다.
권모술수를 사용함	관도전투에서 조조 휘하의 관리 중에는 원소와 밀통하고 있는 자가 적지 않았다. 조조가 원소를 격파한 후 그와 관련된 밀서를 손에 넣었지만, 더 이상 문제 삼지 않고 모두 불태워 버렸다. 이로써 부하들이 안심하고 충성을 맹세했다. 또한 그는 혼인 관계를 이용해 모사들을 자기편으로 만들기도 했는데, 자신의 딸을 순욱의 아들과 혼인시켰다.
속관(屬官)으로 채용함	조조의 인재들은 거의 대부분이 조조 자신의 속관으로 얻은 이들로서 그와 주종의 관계에 있었다. 따라서 그들에게는 조정보다 조조가 더 중요했다.
형벌로 위협함	공융, 모개, 최염 등은 불만이나 비방의 죄목으로 하옥되거나 처형되었다.

왕후의 목을 빌린 조조

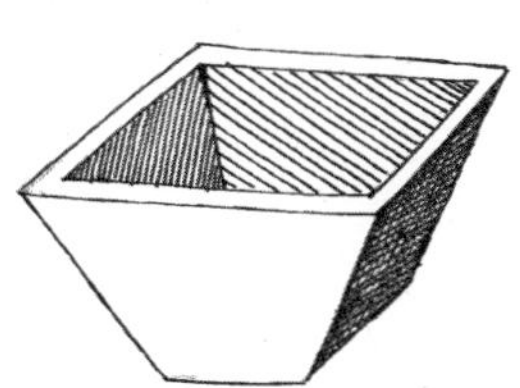

『삼국연의』에는 조조의 면모를 엿볼 수 있는 흥미로운 대목이 나온다. 조조가 원술을 공격하면서 군량미가 부족하자 군량미를 관리하는 왕후(王垕)를 불러 큰 곡(斛 : 그릇을 재는 용기) 대신 작은 곡으로 곡식을 분배하도록 했다. 군사들이 이를 알고 원성이 자자하자 조조는 비밀리에 왕후를 막사로 불러 그의 머리를 빌리겠다고 말했다. 왕후가 놀라 자신은 아무 죄가 없다고 하자 조조가 말했다. "나도 네게 죄가 없다는 것을 알고 있다. 다만 너를 죽이지 않으면 군사들이 필시 들고 일어날 것이다. 네가 죽은 뒤에 처자들은 내가 돌볼 것이니 염려하지 말라." 조조는 말을 마치고는 도부수를 불러 왕후의 머리를 벤 다음 그 수급을 높은 곳에 매달아 두고 방문을 썼다. "왕후가 고의로 작은 곡을 사용해 군량미를 훔쳤으니 군법에 따라 처단했다." 이후로 군사들의 원망은 사라졌다.

다고 조언했지만, 이번에도 여포는 아내 엄씨의 말을 듣고 출전하지 않았다. 이때 모사인 허사(許汜)가 원술에게 구원병을 청하도록 권유하자 여포는 원술에게 사람을 보냈다. 그러나 원술은 여포가 궁지에 몰린 것을 알고 먼저 여포의 딸을 보내면 원병을 보내주겠다고 하였다. 그런데 사자(使者)가 돌아오는 길에 장비에게 붙잡혀 조조가 여포의 계략을 알게 되었다. 다음 날, 여포는 딸을 데리고 포위망을 뚫으려 했지만, 끝내 실패하고 성으로 돌아와 우울한 마음을 술로 달랬다.

조조 측은 매번 공격이 실패로 돌아가자 곽가 등이 기수(沂水)와 사수(泗水)의 강둑을 허물어 하비성을 수몰시키는 계략을 올렸다. 이에 하비성이 온통 물에 잠겼으나 여포는 자신의 적토마만 믿고 여전히 술만 마시고 있을 뿐이었다. 그러던 어느 날, 술기운에 자신의 얼굴이 말이 아닌 것을 깨닫게 된 여포는 이후 성 안에서 금주할 것을 명했다. 그때 부하인 후성(侯成)이 말을 훔쳐 유비에게 주려던 자를 쫓아가 죽이고 말을 되찾아온 다음, 이를 축하하기 위해 술을 빚어 여러 장수들과 마시려다 여포에게도 술을 보냈다. 이에 격노한 여포는 후성을 붙잡아 매질을 가했다. 후성은 이 사건으로 여포에게 원한을 품고 있다가 결국 적토마를 훔쳐 타고 조조의 진영으로 가서 투항하고 말았다. 다음 날, 후성은 자신과 뜻을 같이 하는 송헌(宋憲), 위속(魏續) 등과 함께 여포가 잠든 틈을 타서 그를 포박한 후 성문을 열었다.

조조가 하비성 안으로 들어왔을 때 여포와 진궁 등은 이미 포로가 되어 묶인 상태였다. 진궁은 끝내 투항하지 않고 목숨을 버렸지만, 여포는 유비에게 자신을 변호해 줄 것을 요청하면서 조조에게는 자신을 수하 장수로 삼으면 천하를 평정할 수 있을 것이라고 말했다. 이때 조조가 유비의 의견을 묻자 유비는 이렇게 대답했다.

"공께서는 정건양(丁建陽)과 동탁의 일을 보시지 않았습니까?"

조조는 여포를 참수한 뒤 효수하도록 했다. 조조는 여포의 수하 장수인 장료까지 죽이려고 했지만 관우가 나서서 만류하고, 장료 또한 투항할 뜻을 밝혔다. 이렇게 해서 목숨을 건진 장료는 이후 조조 휘하의 탁월한 무장이 되었다.

여포와의 싸움에서 승리한 조조는 여포의 나머지 수하 장수들을 모두 거두었다. 이때 서주의 백성들은 조조에게 유비가 서주를 맡도록 간청했지만, 조조는 황제를 알현해야 한다는 이유로 유비를 데리고 허창으로 되돌아간 후 차주(車冑)를 서주목으로 삼았다.

11 유비의 방황
갈 곳을 잃은 영웅

>>>> 여포를 주살한 뒤 조조에게서 한적(漢賊)*의 형상이 점차 두드러지자 유비는 기회를 노려 서주를 차지하고, 그곳에서 정식으로 조조와 결별했다. 하지만 얼마 후 유비는 조조에게 패하여 형제는 물론 가족과 흩어져 다른 이의 장막에 의지하게 되었다.

허창으로 돌아온 뒤 조조는 유비의 공적을 조정에 올렸고, 이에 한나라 헌제는 황실의 족보를 살피다가 유비가 황실의 일원으로서 자신의 숙부뻘임을 알게 되었다. 이후로 유비는 '유황숙(劉皇叔)'으로 불리게 되었다. 이때 조조는 허창에서 전횡을 일삼으며 조정을 좌지우지했는데, 그가 양표를 파직시키고 조언(趙彦)을 주살해 조정의 대소 신료들은 모두 두려움에 떨었다. 그러던 어느 날, 조조는 천자를 모시고 사냥을 나가 신료들의 분위기를 살피고자 했다. 사냥터에서 조조가 황제의 보조궁(寶雕弓)**과 금비전(金鈚箭)***을 받아 시위를 당겨 사슴을 맞추었다. 그러자 군신들이 천자가 맞힌 줄 알고 만세를 부르자 조조가 헌제 앞으로 뛰어나와 군신들의 연호에 답례하였다. 이를 본 관우가 크게 노해 조조를 베려고 하자 유비가 황망히 손을 저으며 제지하였다.

헌제는 이러한 굴욕을 참을 수가 없어 의대(衣帶) 안에 조조를 토벌하라는 밀조(密詔 : 황제가 비밀리에 내리던 조서詔書)를 넣어 국척(國戚)인 동승에게 내렸다. 동승은 왕

* 제갈량이 지은 「출사표(出師表)」에서 나온 것으로, '한(漢)'은 촉한(蜀漢)의 유비(劉備)를 지칭하고, '적(賊)'은 조조(曹操)를 지칭하는 것임. 곧 종실에 대한 역적(逆賊)을 의미함.

** '보조궁'은 정교하고 아름다운 활로서 활의 본체에 꽃무늬를 조각한 후 보석이나 옥기(玉器)를 장식하여 얻은 이름이다.

*** '금비전'은 사냥 전용 화살로서 화살대는 대나무 등으로 길게 만들고, 화살촉은 비교적 얇고 넓게 하여 금을 박아 넣었다. 대부분 제왕이 사용했다.

술을 데우며 영웅을 논하다

자주론영웅煮酒論英雄, 즉 술을 데우며 영웅을 논한다는 대목은 정사에도 보이는데, 삼국 시대 영웅호걸의 무대에서 가장 뛰어난 장면 가운데 하나다. 이는 조조의 웅장한 포부와 의지를 반영하는 한편, 재능을 감추고 드러내지 않는 유비의 계략을 보여 주는 것이기도 하다. 후대의 역사가 증명하듯이 조조가 했던 말은 과연 거짓이 아니었다.

조조의 '자주영웅론'에 깜짝 놀란 유비

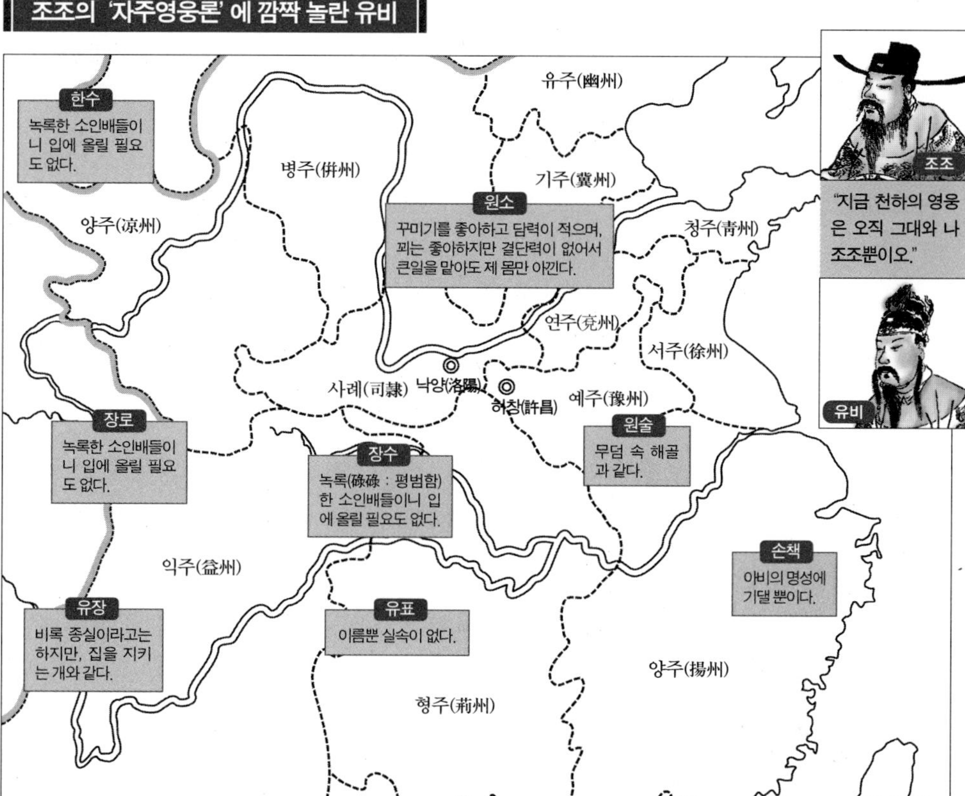

'자주론영웅'에 대한 두 가지 해석

유비의 꾀에 넘어간 조조 : 당시 조조는 전투마다 승리를 거두어 득의양양하고 오만방자했다. 하지만 조조는 유비에 대해서는 경계심을 가지고 있었기 때문에 그를 청해 술을 마시면서 그의 마음을 떠보려고 한 것이다. 유비는 허허실실로 자신을 낮추고 천둥소리에 놀라 수저를 떨어뜨리는 등 유약하고 어리석은 모습을 보임으로써 조조에게 평범한 인물이라는 인상을 주었다. 이처럼 조조의 교만한 마음에 맞추어 줌으로써 조조가 더 이상 경계심을 갖지 않도록 만들었다.

유비를 우롱한 조조 : 조조는 유비가 큰 뜻을 품고 있다는 것을 이미 알고 있었다. 그래서 자신과 마찬가지로 영웅이라고 말한 것인데, 그가 어쩔 줄 몰라 하는 모습을 보면서 오히려 의지와 재능을 숨기려는 의도를 간파했다. 하지만 그는 유비를 죽이지 않았다. 그 이유는 세 가지로 설명할 수 있다. 첫째, 당시 주요 적대 세력은 원소였다. 둘째, 유비의 명성이 제법 높았기 때문에 그를 죽일 경우 천하의 인재들이 등을 돌릴 수 있었다. 셋째, 당시 유비는 아무런 세력도 지니지 못한 상황이었다. 그래서 조조가 유비를 높여 준 것이다.

자복(王子服), 마등, 오자란(吳子蘭) 등을 불러 밀조를 내보이며 조조를 토벌하는 데 힘을 합치기로 약속한 후 서명했다. 유비 역시 이에 가담하여 이름을 적었다. 당시 유비는 조조의 모해(謀害)를 막기 위해 후원에 채소를 심고 직접 물을 주면서 밀약을 숨기고 있었다. 그러던 어느 날, 조조가 푸른 매실과 자주(煮酒 : 데운 술)를 준비해 놓고 유비를 청했다. 작은 정자에서 술을 주고받던 조조는 대담하게 천하의 영웅은 유비와 자신 둘 뿐이라고 말했다. 그 말에 놀란 유비는 손에 든 수저를 자신도 모르게 떨어뜨렸다. 그때 마침 하늘에서 우레가 번쩍이고 천둥이 쳤다. 조조는 은근히 유비의 심중을 떠보려는 의도였는데, 천둥이 치면서 유비가 수저를 떨어드리는 것을 보고는 심지가 약하다는 생각이 들어 더 이상 유비를 의심하지 않았다.

한편 원소는 공손찬과 일전을 벌여 그를 죽였고, 원소의 동생 원술은 지나치게 사치하고 교만하여 민심이 모두 떠난 탓에 결국 형인 원소에게 황제의 칭호와 옥새를 돌려주려고 했다. 이때 유비는 원술을 공격하겠다는 빌미로 조조에게 5만여 병사를 빌려 허도를 벗어났다. 나중에 조조는 정욱과 곽가의 말을 듣고 허저를 보내 되돌아오도록 했지만 실패하고 말았다. 유비는 서주에서 원술의 군대를 격파했고, 원술은 도망치다가 피를 토하며 죽었다. 그때 원술이 가지고 있던 옥새는 결국 조조의 손으로 들어갔다. 유비는 싸움에 승리한 후 허창으로 돌아가지 않고 서주에 머물렀는데, 이에 조조는 크게 화를 내며 순욱이 올린 계략에 따라 서주목 차주로 하여금 유비를 죽이도록 명했다. 그러나 진규 부자가 이런 사실을 알고 즉각 유비에게 알림으로써 유비가 먼저 차주를 죽이고 서주를 점령했다. 이로써 유비는 조조와 완전히 결별하게 되었다.

유비는 조조의 보복을 두려워한 나머지 정현(鄭玄)의 도움을 받아 원소에게 구원을 요청했다. 이에 원소는 30만 대군을 동원하여 조조 토벌에 나서면서 진림에게 격문을 쓰도록 하였다. 당시 조조는 두통이 심해 병석에 누워 있었는데, 그 격문을 받아보고는 모골이 송연하여 식은땀을 한바탕 흘리더니 어느새 두통이 사라지고 말았다. 조조는 그 즉시 유대(劉岱)와 왕충(王忠)에게 승상(丞相)* 의 깃발

* 진나라 때부터 중앙 정부의 최고 행정관이었는데, 위나라 때는 승상, 상국, 사도 등으로 이름이 바뀌기도 했다. 이때 '승상'의 깃발을 내걸었던 것은 유비를 속이기 위해서였다.

을 앞세우고 서주를 공략하도록 명한 후 자신은 직접 20만 대군을 이끌고 원소를 공격하러 나섰다.

이때 원소는 내부에 불화가 있어 진격 여부를 결정하지 못하고 있었는데, 조조는 조인으로 하여금 전선을 지키도록 한 후 자신은 허도로 돌아갔다. 서주의 유비는 조조의 군사가 쳐들어왔지만 조조가 없다는 것을 알아차리고는 관우와 장비로 하여금 왕충과 유대를 사로잡도록 한 다음 그들을 다시 놓아주었다. 원소는 장수와 연합하려고 했으나 장수의 모사 가후가 조조에게 투항할 것을 권하는 바람에 실패하고 말았다.

당시 동승이 꾸민 일은 사전에 누설되어 의대 안에 있던 밀조를 조조가 발견함으로써 결국 동승은 피살되었고, 그의 딸인 동귀비(董貴妃) 역시 시해되었다. 조조는 밀조에 유비의 이름이 들어 있는 것을 보고는 그 즉시 20만 대군을 이끌고 서주로 향했다. 이에 유비가 손건(孫乾)을 보내 원소에게 구원을 요청했고, 원소의 모사 전풍은 비어 있는 허도를 급습하라고 원소에게 권했다. 하지만 원소는 어린 아들이 병이 들었다는 이유로 출병하지 않아 결국 절호의 기회를 놓치고 말았다.

12 의박운천義薄云天*
천 리를 달려간 관우

》》》》 서주성이 함락된 뒤 유비, 관우, 장비는 또다시 흩어졌다. 관우는 부득이한 상황에서 '한실에 항복하되 조조에게 항복하지는 않는다'는 명목으로 조조를 따라 허창으로 돌아갔다. 후에 유비의 소식을 들은 관우는 조조가 준 관인官印과 황금을 봉한 뒤 천 리를 달려 유비에게 돌아가면서 관關을 지키던 장수들을 연이어 참살했다.

유비는 원소가 출병하지 않자 어쩔 수 없이 조조의 군사를 맞아 일전을 벌이기로 결심했다. 그러고는 장비와 군사를 나누어 조조의 영채를 공격했지만 크게 패하여 장비는 망탕산(芒碭山)으로 도망치고, 유비 자신은 청주로 도망가 원소에게 의탁했다. 당시 관우는 하비성에 남아 유비의 가솔을 지키고 있었는데, 조조는 관우의 재주를 아껴 그가 투항하기를 바랐다. 이에 정욱이 계략을 올려 하비성을 점령하자 관우는 어쩔 수 없이 성 밖 토산으로 올라갔다. 그때 장료가 관우를 찾아가 설득하였다. 관우는 하비성에 있는 유비의 가솔들이 걱정되었고, 장료의 말에도 일리가 있었기 때문에 세 가지 조건을 전제로 갑옷을 풀겠다고 약속했다.

첫째, 한나라 황제에게 투항하는 것이지 조조에게 투항하는 것이 아니다. 둘째, 유비의 두 부인을 보호해 주기 바란다. 셋째, 유비의 거처를 아는 즉시 천 리를 불문하고 떠나겠다.

조조가 이 조건을 받아들이자 관우가 산에서 내려왔다. 이렇게 해서 관우는 조조를 따라 허창으로 갔다. 조조는 여러 차례 비단과 금은을 보내어 관우의 마음을 사로잡으려 했으나 관우는 시종일관 동요함이 없었다.

* 사람이 가진 뜻 혹은 의리가 하늘의 구름처럼 두텁고 변하지 않는다는 뜻으로, 관우를 가리킬 때 '의박운천' 같은 인물이라고 했다.

한실에 항복하되 조조에게 항복하지 않다

나관중은 관우의 충의忠義를 부각시키기 위해 고심하면서 토산에서의 세 가지 조건과 조조 진영의 다섯 관문을 돌파하며 여섯 장수를 죽인 일 등 여러 가지 내용을 추가했다. 우여곡절이 있고 생동감이 넘치지만 정사에는 없는 내용이다. 대부분은 나관중이 허구로 묘사한 것일 따름이다.

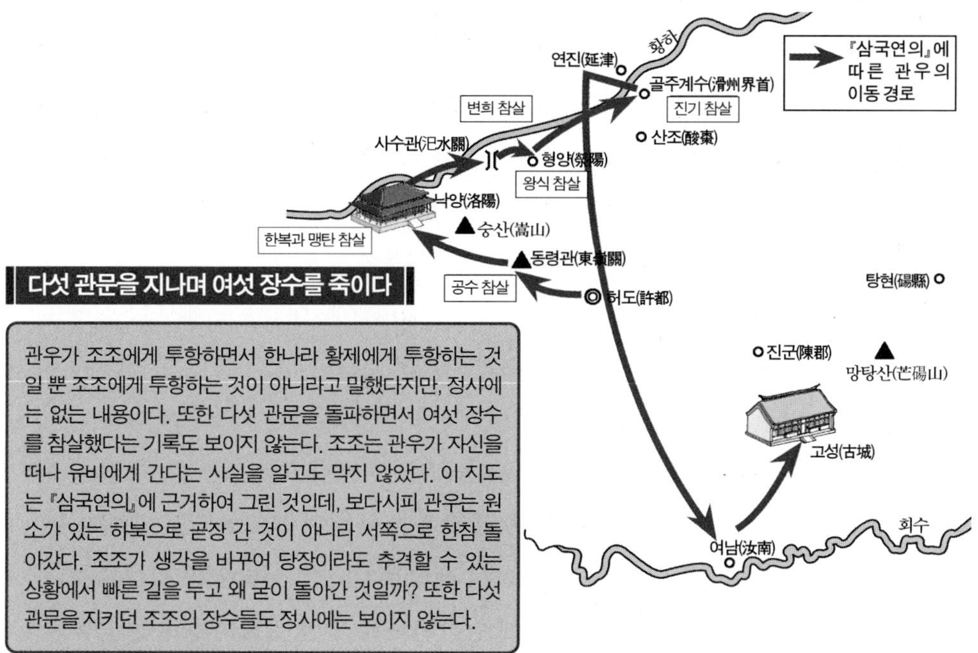

다섯 관문을 지나며 여섯 장수를 죽이다

관우가 조조에게 투항하면서 한나라 황제에게 투항하는 것일 뿐 조조에게 투항하는 것이 아니라고 말했다지만, 정사에는 없는 내용이다. 또한 다섯 관문을 돌파하면서 여섯 장수를 참살했다는 기록도 보이지 않는다. 조조는 관우가 자신을 떠나 유비에게 간다는 사실을 알고도 막지 않았다. 이 지도는 『삼국연의』에 근거하여 그린 것인데, 보다시피 관우는 원소가 있는 하북으로 곧장 간 것이 아니라 서쪽으로 한참 돌아갔다. 조조가 생각을 바꾸어 당장이라도 추격할 수 있는 상황에서 빠른 길을 두고 왜 굳이 돌아간 것일까? 또한 다섯 관문을 지키던 조조의 장수들도 정사에는 보이지 않는다.

관인 개조 사건

조조는 안량을 죽인 관우를 조정에 아뢰어 수정후로 삼도록 하였다. 아울러 관인(官印)을 주조하여 관우에게 보냈다. 관인에는 '수정후인(壽亭侯印)'이라고 새겨져 있었는데, 장료를 통해 보낸 관인을 관우가 살펴보고는 받지 않았다.

장료는 어쩔 수 없이 관인을 가지고 조조에게 돌아왔다. 그러자 조조는 관인의 글씨를 '한수정후지인(漢壽亭侯之印)'으로 바꾼 후 장료를 시켜 관우에게 다시 보냈다. 관우가 이를 보더니 웃으며 "승상이 내 뜻을 아시는군!"라고 말하며 관인을 받았다.

이상의 두 사건은 관우의 충의를 보다 분명하게 드러내는 것이지만, 애석하게도 사실이 아닌 허구다. 나관중은 자신의 『삼국지통속연의』에서 이런 내용을 추가했는데, 청나라 때 모종강 부자는 나관중의 책을 평가하면서 이 부분을 삭제한 후 다음과 같이 적었다.

"지금 사람들은 관우가 한수정후가 된 것을 보고 한(漢)을 국호(國號)로 착각하고 그냥 '수정후'라고 칭하고 있다. 박아가(博雅家 : 학문이 넓고 품행이 단정한 학자)들도 때로 그런 것이 있는 줄 알고 있지만, 사실은 잘못된 것이다. …… 한수정후는 '한수(漢壽)의 정후(亭侯)'라는 뜻에 불과하다. 그러니 어찌 '한(漢)' 자를 빼고 수정후를 관명으로 할 수 있겠는가?"

현재 통용되는 판본에는 이런 내용이 사라지고 없다.

당시 유비는 동산(東山)에서 재기를 도모하며 원소에게 허도로 출병할 것을 권유했다. 이에 원소가 출병하려 하자 모사인 전풍이 반대하며 막아 그를 하옥시키고, 안량을 선봉장으로 삼아 여양(黎陽)으로 출병했다. 양쪽의 군사가 맞부딪친 전투에서 조조는 두 명의 장수를 내보냈지만 안량에게 모두 죽임을 당하자 정욱의 건의를 받아들여 관우를 내보냈다. 관우가 안량의 목을 베자 조조는 크게 기뻐하며 관우를 한수정후(漢壽亭侯)로 삼을 것을 황제에게 아뢰었다.

안량이 죽은 뒤 문추가 안량의 원수를 갚겠다며 출병했다. 그는 먼저 장료를 활로 쏘아 넘어뜨린 후 서황을 격퇴했지만, 관우에게 일격을 당해 목숨을 잃고 말았다. 당시 황건군의 잔당인 유벽(劉辟)과 공도(龔都)가 여남(汝南)에서 난을 일으켰을 때도 조조는 그들을 진압하기 위해 관우를 보냈다. 그 와중에 우연히 손건을 붙잡은 관우는 그를 통해 유비가 원소에게 의탁하고 있음을 알게 되었다.

관우는 황건군의 잔당을 소탕하고 허도로 돌아온 뒤 떠날 준비를 마치고 조조에게 작별 인사를 하려고 했지만, 조조가 일부러 만나주지 않았다. 그러자 관우는 자신이 지니고 있던 한수정후의 관인(官印)을 대청에 걸어놓고, 황금을 창고에 넣어 봉한 다음 유비의 두 부인을 호송하여 원소 진영에 있는 유비를 향해 떠났다. 잠시 후 이 사실을 알게 된 조조는 그의 의로운 기세를 생각하여 차마 막지 못하고 친히 뒤를 쫓아가 황금과 전포를 주었지만, 관우는 전포만 받고 떠났다. 관우는 유비를 찾아 가는 길에 다섯 관문을 지나며 여섯 장수*와 싸워 그들의 목을 벤 관우는 마침내 황하를 건넜다.

하지만 유비는 이미 원소의 곁을 떠나 유벽과 회합하기 위해 여남으로 가고 없었다. 관우도 다시 방향을 바꾸어 여남으로 향했는데, 그때 조조의 장수인 하후돈이 관우를 죽이려고 추격해 왔다가 조조가 보낸 사자와 장료의 설득으로 돌아가고 말았다. 관우는 계속 남행하다가 와우산(臥牛山)에서 만난 주창(周倉)을 휘하에 거두었고, 오래된 성을 점거하고 있던 장비와 만나게 되었다. 장비는 관우

---

* 동령관(東嶺關)의 공수(孔秀), 낙양의 한복(韓福)과 맹탄(孟坦), 사수관(汜水關)의 변희(卞喜), 영양태수(滎陽太守) 왕식(王植), 황하 나루터의 진기(秦琪)

가 조조에게 투항했다는 소식을 들었기 때문에 그를 공격하려고 했지만, 관우를 추격해 온 조조의 장수 채양(蔡陽)을 관우가 죽이는 것을 보고는 오해를 풀었다.

그런데 뜻밖에도 유비가 다시 원소가 있는 곳으로 되돌아갔다는 이야기를 전해들은 관우는 손건과 함께 유비를 만나러 하북으로 향했다. 손건과 간옹은 유비에게 계책을 올려 유표와 연계한다는 이유를 들어 원소의 곁을 벗어나 마침내 관우와 만날 수 있었다. 그때 관우는 관정장(關定莊)에서 관평을 양자로 삼았고, 유비는 와우산에서 조운을 만났다. 이렇게 해서 유비와 관우는 고성을 점거하고 있던 장비를 만나 회포를 풀고 여남에 주둔하게 되었다.

13 관도전투와 창정전투
무너진 원소

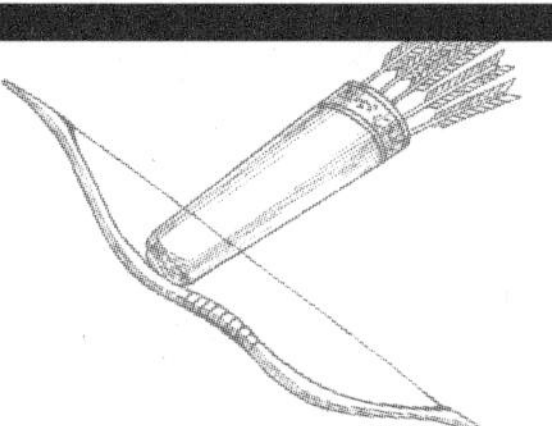

>>>> 관도전투 이전까지 원소는 인구, 군사, 후방 보급 등 여러 가지 측면에서 우세를 점하고 있었다. 때문에 조조는 북방의 원소와 감히 상대하지 않았고, 오로지 여포와 원술 등을 토벌하는 데 심혈을 기울였다. 그러나 몇 년에 걸친 전쟁을 통해 북방의 정세가 비교적 분명해지자 마지막 남은 승자인 조조와 원소 사이에 무력 충돌은 불가피하게 되었다.

원소는 유비가 자신을 떠나 돌아오지 않자 격노하여 그를 토벌하려다가 모사 곽도의 말을 듣고 일단 유비를 놔둔 채로 강동의 손책과 연합하기로 결정했다. 그러나 뜻밖에도 손책이 세상을 뜨고 그의 동생인 손권이 뒤를 이은 후 조조와 손을 잡았다. 이에 원소는 크게 노하여 70만 대군을 이끌고 허창으로 진격해 관도에서 조조와 대치하게 되었다. 이때 저수가 시간을 두고 수비에 치중하자고 권했지만, 원소는 저수의 말을 듣지 않은 채 군영에 감금해 버렸다.

조조는 7만의 군사로 원소의 대군과 맞붙었는데, 첫 전투에서 원소가 매복시킨 궁수의 공격을 받아 패했다. 모사 심배는 원소에게 계책을 올려 조조의 영채 앞에 토산을 쌓아 올린 뒤 높은 곳에서 적진을 향해 화살을 쏘게 하였다. 이에 조조는 모사 유엽의 건의를 받아들여 발석차(發石車)*를 만들어 원소의 궁수 부대를 격퇴시켰다. 심배가 다시 계책을 올려 몰래 땅굴을 파서 조조의 영채를 습격하도록 했지만, 유엽이 이를 간파하고 영채 둘레에 긴 참호를 파고 대비하자 원소의 진영은 군력만 낭비한 꼴이 되고 말았다.

이렇게 서로가 대치하는 가운데 조조의 군영은 후방 보급이 제대로 되지 않아 군량과 건초가 부족하게 되었다. 이에 조조가 관도를 포기하고 허창으로 물러

* 상대방 진영으로 돌을 쏘아 날리는 기구로서 '벽력차(霹靂車)'라 부르기도 한다.

나기 위해 허창에 있는 순욱에게 서신을 보냈다. 하지만 순욱이 적극적으로 만류하자 조조는 다시 관도를 사수하기로 결심했다. 이후 조조의 군사들이 원소의 후방 보급로를 끊어 군량과 건초에 불을 지르자 심배는 군량의 중요성을 강조하면서 군량 창고가 있는 오소를 중무장한 병력이 지키도록 했다. 그러나 원소는 오소 방어 책임자로 술을 좋아하는 순우경을 보내고 말았다.

한편 조조는 군량미가 바닥나자 후방의 순욱에게 군량과 건초를 보급하라는 사자를 보냈는데, 채 30리를 못 가서 원소의 군사에게 붙잡히고 말았다. 모사 허유는 군량을 재촉하는 서신을 보고는 원소에게 허창을 야습하기 위한 계책을 올렸다. 그러나 원소는 듣지 않았고, 허유를 비난하는 심배의 서신을 받고는 그를 욕하며 내쫓았다. 허유는 그 길로 조조에게 투항하여 오소 습격을 건의하였고, 조조는 야간에 군사를 이끌고 오소를 습격해 원소의 군량미를 모두 불태웠다.

오소가 불에 타자 장합은 먼저 오소를 구원하자고 건의했는데, 곽도는 위위구조(圍魏救趙)*의 계략을 생각하여 관도의 조조 진영을 습격하자고 주장했다. 이에 원소는 장기(蔣奇)에게 병력을 주어 오소를 구원하도록 하고, 장합과 고람에게는 조조의 본진을 공격하도록 명했다. 그러나 조조가 유언비어를 퍼뜨려 장기가 이미 오소에서 적병을 물리쳤다고 헛소문을 퍼뜨리자 원소는 오소 지원 병력을 관도에 집중시켰다. 그때 이미 조조는 원소의 공격에 대비하여 만반의 준비를 끝낸 상황이었다. 결국 원소는 조조에게 대패하고 말았다. 곽도는 자신이 조조의 본진을 공격하자고 주장했다가 허무하게 패배하자 장합이 시비를 따질까 두려워한 나머지 장합과 고람이 모반을 준비했다고 모함했다. 어쩔 수 없게 된 장합과 고람은 결국 조조에게 투항하고 말았다.

오소의 군량 저장고가 모두 타버려 원소의 진영이 어수선한 가운데, 조조는 순유의 말을 듣고 재차 원소를 공격했다. 순유는 조조의 부대를 둘로 나누어 한편으로는 산조(酸棗)를 취해 업군(鄴郡)을 공략하고, 다른 한편으로는 여양(黎陽)을

* 전국 시대 제나라 손빈이 위나라 군의 공격을 받은 조나라를 구원할 때 위나라 국내가 빈 것을 틈타 공격함으로써 조나라를 구한 계책이다.

북방의 주인을 결정한 관도전투

관도전투는 조조가 북방을 통일하는 데 관건이 된 싸움으로, 적벽대전에 비길 정도로 중요했다. 관도전투를 통해 원소는 점차 세력을 잃게 되었고, 전략적 방어 상태로 들어가면서 북방의 정세에 근본적인 변화가 나타났다.

원소와 조조의 병력 비교

* 「삼국연의」가 아닌 정사(正史)에 근거한 수치임.

원소

모사
허유, 심배(초기), 곽도, 저수(나중에 구금되었음)

선봉
안량·문추 : 병력 각기 1만1천 명
마연(馬延)·한정(韓定)·유비 : 병력 각기 3천 명

중군
지휘 장수 : 원소
기타 장수 : 원담 · 고람 · 장합·곽도
병력 : 4만~4만3천 명

좌무위영(左武衛營)
감군(監軍) 순우경, 병력 2만5천 명

우무위영(右武衛營)
감군 저수, 병력 1만 5천~1만8천 명, 개전하기 전 다수 병력 이동.

후군
전투에 참가하지 않음, 총관(總管) 장의거(蔣義渠), 교위 장개, 병력 1만1천 명

후방 보급
호군(護軍) 봉기(逢紀), 교위 맹대(孟岱), 병력 수천 명

유수(留守)
기주 : 원상·심배
유주 : 원희
병주 : 고간, 이외 일부 청주 부대

전체 병력 : 원소의 전체 병력 16만 명, 관도에 진격한 병력 11~12만 명

전쟁 전 외교 : 장수를 취하려다 거절당했으나 유표의 중립을 얻었다.

VS

조조

모사
곽가, 순유, 가후, 동소, 모개

선봉 부대
백마(白馬) : 유연·우금의 병력 각기 4천 명
연진(延津) : 악진의 병력 4천 명

중군 정예
지휘 장수 : 조조
기타 장수 : 서황·장료·허저
병력 : 각기 1만 명

후군 : 영천 : 조인 병력 5천 명

후방 보급
이전, 종요, 하후연, 병력 수천 명

유수(留守)
남양 : 하후연, 병력 1만1천 명
여남 : 병력 6~8천 명
기타 : 순욱 등 병력 2만여 명

전체 병력 : 조조의 병력 5~6만 명, 관도전투에 직접 참가한 병력은 대략 3만3천여 명

전쟁 전 외교 : 손책과 혼인 관계를 맺고(조인의 딸과 손책의 동생 손광孫匡의 혼인), 장수를 투항하도록 했으며, 종요를 관중에 주둔시켜 마등과 장로를 방어했다.

관도전투 분석도

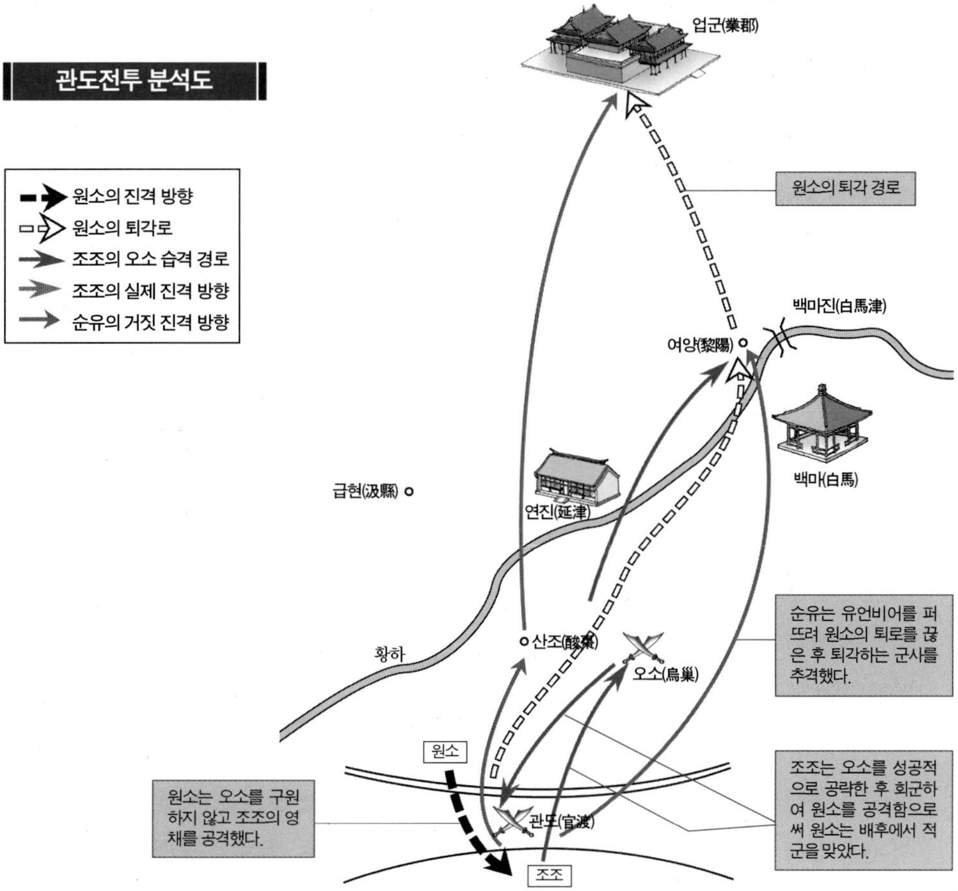

업군(業郡)
원소의 진격 방향
원소의 퇴각로
조조의 오소 습격 경로
조조의 실제 진격 방향
순유의 거짓 진격 방향
원소의 퇴각 경로
백마진(白馬津)
여양(黎陽)
백마(白馬)
급현(汲縣)
연진(延津)
황하
산조(酸棗)
오소(烏巢)
순유는 유언비어를 퍼뜨려 원소의 퇴로를 끊은 후 퇴각하는 군사를 추격했다.
원소
원소는 오소를 구원하지 않고 조조의 영채를 공격했다.
관도(官渡)
조조는 오소를 성공적으로 공략한 후 회군하여 원소를 공격함으로써 원소는 배후에서 적군을 맞았다.
조조

벽력차와 땅굴전

관도전투 이전에 원소와 조조의 부대가 맞붙은 적이 있는데, 당시 전투는 양군의 모사인 심배와 유엽 간의 머리싸움이었다. 심배는 흙산을 쌓아 조조의 영채에 화살을 쏘았고, 유엽은 벽력차를 만들어 이를 격파했다. 이에 심배가 땅굴을 파서 습격하려고 하자 유엽이 긴 참호를 파서 막아냈다. 고증에 따르면, 돌을 던질 수 있는 군사용 무기로서 벽력차가 실전에 사용되었다고 한다.

벽력차
조조의 군사
원소의 군사
굴을 파 들어간 군사들

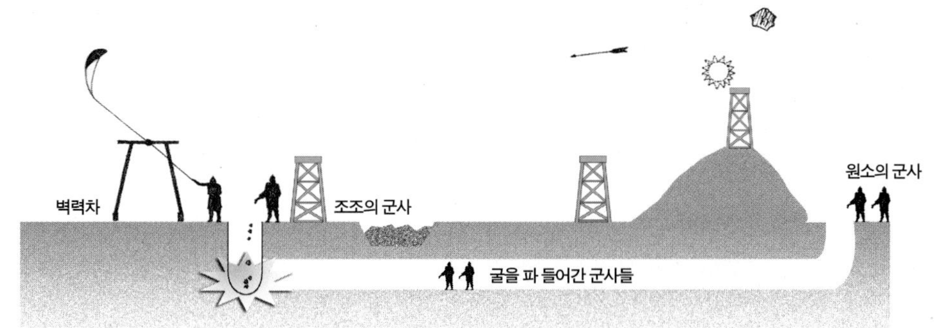

취해 원소의 퇴로를 끊겠다는 헛소문을 냈다. 이 소문을 들은 원소는 자신의 부대를 양쪽으로 나누어 즉시 출병시켰고, 조조는 바로 그 틈을 노려 일시에 원소의 본진을 공격했다. 결국 조조에게 대패한 원소는 겨우 8백여 군사만 거느린 채 하북으로 도망치고 말았다. 원소는 출병하지 말라는 전풍의 건의를 듣지 않은 것을 후회했지만, 이미 엎질러진 물이었다. 그런 중에 누군가 전풍을 모함하자 전풍은 스스로 자결하고 말았다.

기주로 돌아온 뒤 원소는 아들들과 함께 군사를 정비한 후 다시 한 번 조조와 자웅을 겨루기 위해 출정했다. 양측은 창정에서 대치했는데, 조조는 정욱의 십면매복(十面埋伏)*의 계략을 받아들여 원소를 하상(河上)까지 유인한 후 군사들로 하여금 배수의 진을 치고 결사 항전하도록 독려했다. 원소가 조조의 공격을 감당하지 못하고 퇴각하자 갑자기 좌우에 매복하고 있던 군사들이 원소의 부대를 공격하기 시작했다. 갑작스러운 매복 공격에 놀란 원소 부자는 겨우 포위망을 뚫고 빠져나와 기주로 돌아갔다.

당시 유비는 여남에서 허창을 습격하기 위해 준비하고 있었다. 이를 알게 된 조조는 재빨리 군사를 이끌고 여남으로 가서 유비와 맞붙었다. 유비의 군사들은 피곤에 지친 조조의 군사들에 맞서 초반에는 승리하였으나 이후 크게 패하여 결국 퇴각하고 말았다. 유비가 위급한 상황에 몰려 있는 가운데 다행히 조운이 달려와 조조의 장수 고람 등을 죽여 위기를 모면할 수 있었다. 유비 일행은 낭패하여 한강(漢江)에 도달한 뒤 손건의 건의에 따라 유표에게 의탁하게 되었다.

---

* 겹겹이 둘러싸고 겹겹이 복병을 두는 것으로서, 열세에 처한 적군을 빠져나가지 못하게 완전히 포위한 다음 일시에 공격해 적군을 초토화시키는 전략이다.

창정전투

관도전투에서 대패한 원소는 청주와 유주, 병주 등의 잔여 병력을 모아 재차 조조와 결전을 벌였다. 조조가 정욱이 올린 십면매복의 계략으로 원소를 격파함으로써 원소는 더 이상 재기하지 못한 채 세력을 잃고 말았다.

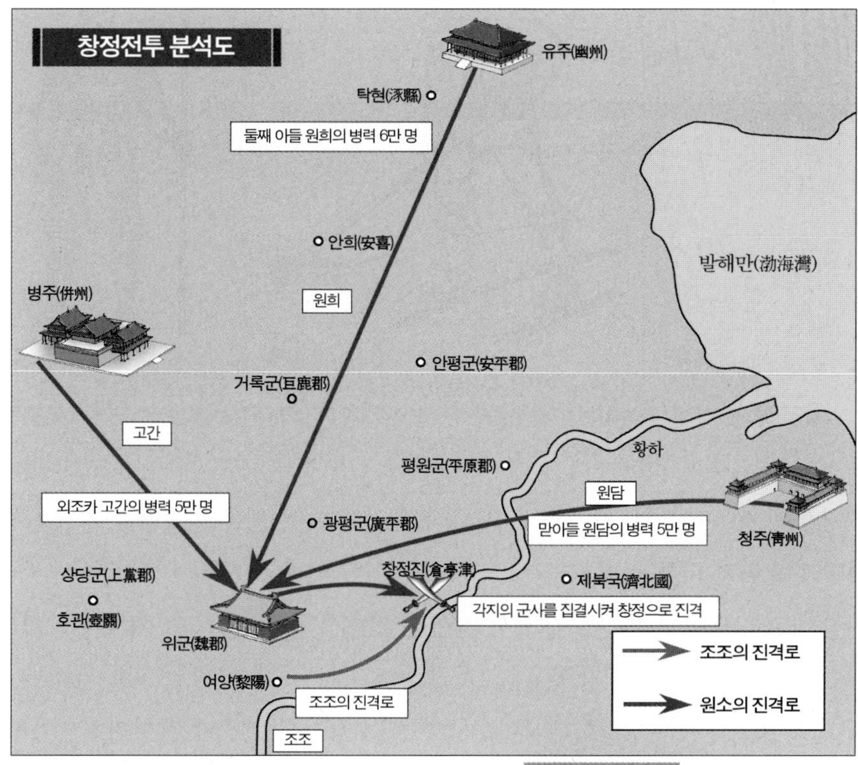

정욱의 십면매복 계책

십면매복의 계책은 정욱이 올린 것으로, 적군을 유인하는 작전과 배수의 진을 치고 격퇴하는 작전, 그리고 퇴각하는 원소의 군사를 매복 군사가 습격하는 작전으로 구성되었다. 원소는 이로 인해 수많은 군사를 잃었고, 더 이상 재기할 수 없을 정도로 크게 패했다.

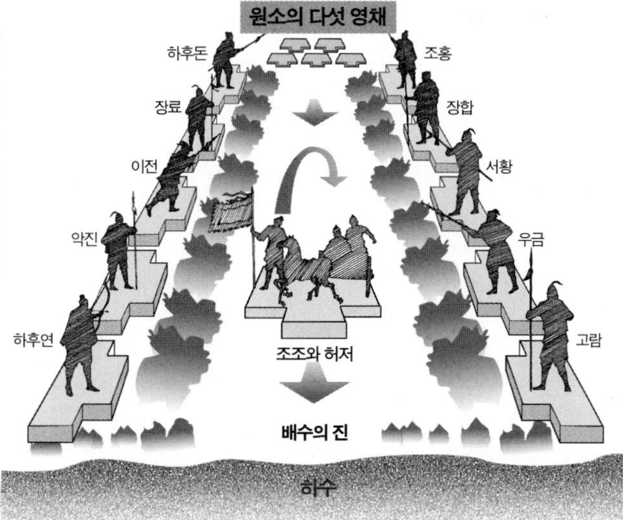

14 강 건너 불구경
북방을 평정한 조조

>>>>> 원소가 죽고 나서 그의 두 아들이 반목하여 싸웠고, 조조는 이들을 모두 격파함으로써 마침내 원소의 기반을 완전히 무너뜨리고 북방을 평정했다.

조조는 유비를 격퇴한 후 군사를 이끌고 기주로 향했다. 원소는 아들과 조카를 보내 조조에 대항했는데, 둘째 아들 원상이 형제들과 합세하지 않고 자신의 용맹만 믿고 무모하게 달려들었다가 대패하고 말았다. 이 소식을 들은 원소는 동생인 원술처럼 피를 토하며 숨을 거두고 말았다. 임종 직전 원소는 맏아들 원담을 폐하고 막내아들 원상을 내세워 자신의 뒤를 잇게 하였다. 이 때문에 형제간의 반목이 본격화되기 시작했다.

그러나 밖에서 조조의 대군이 쳐들어오는 상황이었기 때문에 원소의 여러 아들들은 다툼을 잠시 멈추고 서로 협력해 기주를 방어하는 데 주력했다. 이러한 상황에서 모사 곽가는 조조에게 일단 군사를 철수시킨 뒤 '격안관화(隔岸觀火)' 즉 강 건너 불구경 하듯이 원소 아들들 간의 다툼이 격화되어 내전이 벌어지기를 기다린 다음 공격할 것을 권했다. 이에 조조는 군사를 돌려 형주로 퇴각하기로 결정했다.

과연 조조의 군사가 물러나자 원상과 원담 두 형제간에 골육상쟁(骨肉相爭)이 벌어졌다. 이때 맏아들인 원담이 원상의 군사들에게 밀려 포위되자 사람을 보내 조조에게 구원을 요청했다. 승냥이를 아예 자기 집으로 불러들인 셈이었다. 조조는 고심 끝에 기주로 군사를 이끌고 들어갔다. 조조는 자신의 딸을 원담에게 주겠다고 하여 원담을 안심시킨 다음 군량과 건초를 지원하면서 원상을 압박해 들

북방을 통일하다

원소가 죽은 후 내부에서 아들들 간의 분열이 생기자 조조는 원담과 연합하여 원상을 격퇴하고, 이후 원담과 고간마저 죽여 유주를 손에 넣었다. 그런 다음 북으로 진격하여 오환을 정벌함으로써 마침내 하북 전체를 장악하기에 이르렀다.

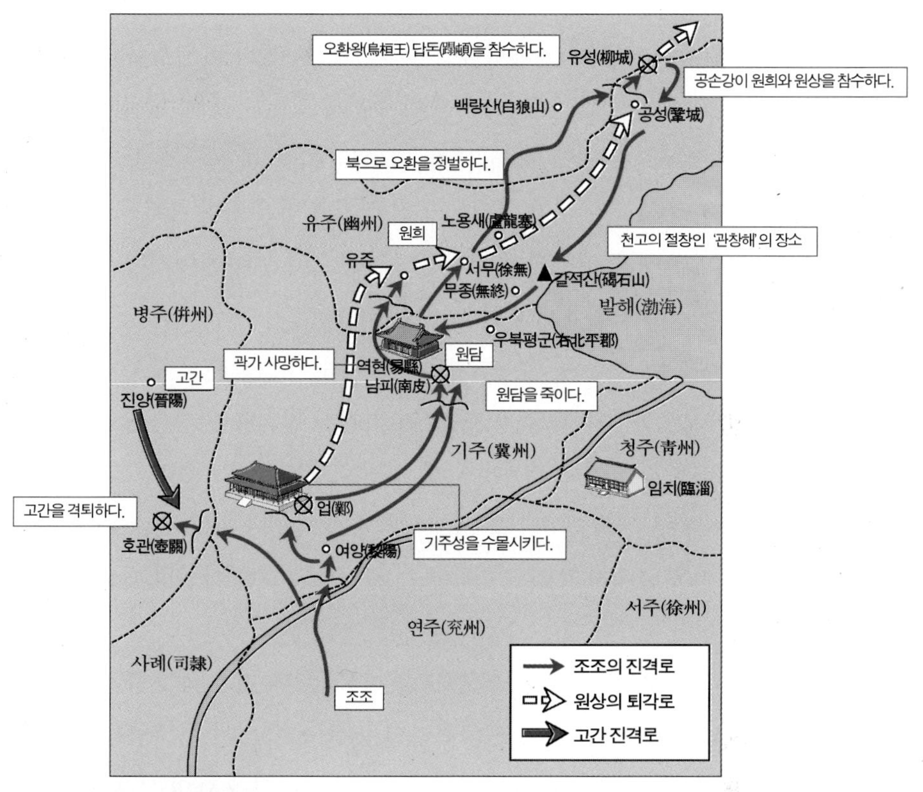

천고의 절창

건안 12년(207년), 조조는 북쪽으로 진군해 오환 정벌에 성공했다. 돌아오는 길에 갈석산에 이른 조조는 멀리 파도가 용솟음치는 바다를 바라보며 감개무량하여 시 한 수를 읊조렸는데, 천고의 절창 「보출하문행(步出夏門行)」 가운데 하나인 '관창해(觀滄海)'가 바로 그것이다.

東臨碣石, 以觀滄海. 동림갈석 이관창해	동쪽 갈석산에 이르러 푸른 바다를 바라보니,
水何澹澹, 山島竦峙. 수하담담 산도송치	물결은 돌연 출렁이고 섬은 산처럼 우뚝 솟았구나.
樹木叢生, 百草豊茂. 수목총생 백초풍무	수목은 빽빽하고 온갖 풀들이 우거져 있는데,
秋風蕭瑟, 洪波湧起. 추풍소슬 홍파용기	가을바람 소슬하고 큰 파도 용솟음치도다.
日月之行, 若出其中. 일월지행 약출기중	일월의 운행이 그 안에서 다 이루어지는 듯하고,
星漢燦爛, 若出其裏. 성한찬란 약출기리	찬란한 은하수 또한 그 안에 자리 잡은 듯하여라.
幸甚至哉, 歌以詠志. 행심지재 가이영지	정말 다행이로다. 노래로나마 마음의 뜻을 펼칠 수 있으니.

어갔다. 여러 차례의 접전을 벌인 끝에 조조는 장하(漳河)의 강둑을 터뜨려 기주를 공략했고, 성을 점령한 후 조비는 그 틈을 타 원소의 둘째 아들 원희의 부인인 견씨(甄氏)를 얻었다.

원담은 원상이 조조에게 패했다는 소식을 듣자 곧바로 원상을 공격하기 시작했다. 이에 원상은 어쩔 수 없이 유주에 주둔하고 있는 둘째 형 원희에게 의탁하였다. 그때 조조가 원담을 불러들였는데, 원담이 이에 응하지 않자 딸과의 혼사를 파기한 후 군사를 이끌고 원담을 공격했다. 원담은 유표에게 구원을 요청했다가 거절당하자 재차 조조에게 투항하려고 했으나 받아들여지지 않자 필사적으로 싸우다가 결국 조홍에게 피살되고 말았다.

청주를 얻은 뒤 조조는 군사를 양쪽으로 나누어 한쪽은 유주의 원희를 공격하고, 다른 한쪽은 병주의 고간을 향해 진격했다. 원희와 원상은 조조의 군사들이 쳐들어오자 성을 버리고 요서(遼西)에 있는 오환으로 도망쳤다. 그러나 유주자사 오환촉(烏桓觸)은 원씨를 버리고 조조에게 투항하였다. 이후 조조는 친히 군사를 이끌고 고간을 공격하여 거짓 항복하는 계략으로 그를 참살한 다음 병주를 손에 넣었다.

모사 곽가는 조조에게 원소의 잔당을 발본색원하기 위해 서쪽으로 오환을 공격해야 한다고 권유했다. 조조는 곽가의 뜻을 받아들여 치중(輜重)*을 최대한 줄인 경기병(輕騎兵)과 함께 서진하여 백랑산(白狼山)에서 오환의 부대를 격퇴하고 오환왕 답돈을 참수했다. 이에 원희와 원상 두 형제는 다시 도주하여 요동의 공손강에게로 피신했다.

조조가 오환으로 회군했을 때 곽가는 이미 이 세상 사람이 아니었다. 조조는 하늘이 자신을 버렸다고 오열하면서 자신의 후사를 맡길 인물이 죽었음을 한탄했다. 곽가는 죽기 전에 요동 문제를 해결할 수 있는 방책을 마련하여 조조에게 올리도록 부탁했는데, 이 계략 또한 '격안관화'였다. 만약 출병하면 그들이 합심하여 방어할 것이니 군사력을 낭비할 뿐이므로, 출병하지 않고 잠시 기다리면 그

* 군대의 여러 가지 물품을 통틀어 이르는 말로서 탄약, 식량, 장막, 피복 따위를 이른다.

들 내부에서 반목하여 저절로 문제가 해결될 것이라는 내용이었다. 과연 여러 날이 지나자 공손강이 원희와 원상 두 형제를 죽이고 그들의 수급을 조조에게 바쳤다. 이로써 조조는 북방을 완전히 통일할 수 있었고, 한나라 말기에 가장 강력한 군벌이 되었다.

기주로 귀환한 후 조조는 한 줄기 금빛이 비추는 곳에서 동작(銅雀)을 발견했다. 순유가 이를 길조라고 아뢰자 조조는 대대적으로 토목 공사를 벌여 동작대(銅雀臺)를 만들었고, 이를 노년에 즐길 곳으로 삼았다.

15 물을 만난 물고기 제갈량의 등장

>>>>> 형주의 유표에게 의탁하고 있던 유비는 유표의 의심과 질시로 허송세월만 보내고 있었다. 그러던 차에 '삼고초려'의 노력 끝에 천하에 드문 인재 제갈량을 얻어 대업을 완수하기 위한 전기를 마련했다.

유비가 처음 형주로 왔을 때 유표는 그를 환대하였다. 그러나 채부인의 베갯머리 송사에 귀를 기울이고, 주위에 있는 채모(蔡瑁)와 부월(蒯越)의 모함과 시기가 더해져 유표는 점차 유비를 의심하기 시작했다. 유표는 유비를 신야에 주둔하도록 했는데, 유비는 여러 차례 조조가 원소와 원술, 오환을 원정하는 틈을 타서 허창으로 출병할 것을 건의했지만, 속이 좁고 원대한 포부가 없었던 유표는 유비를 의심할 뿐 아무런 답변도 하지 않았다. 결국 득세할 수 있는 좋은 기회를 놓치고 허송세월만 하고 만 것이다.

한편 채모 등은 유표가 유비를 차마 죽이지 못하는 것을 보고 항우가 유방을 죽이기 위해 마련했던 홍문연(鴻門宴)* 을 떠올리며 유비를 연회에 초청해 죽이려고 했다. 그러나 형주의 막빈(幕賓)** 인 이적(伊籍)이 몰래 그러한 사실을 알려 주어 유비는 적로(的盧 : 유비가 타던 말)를 타고 도피하여 위기를 모면할 수 있었다.

채모에게 쫓겨 달아난 유비는 길을 잃고 헤매다가 은사인 사마휘, 즉 수경(水

---

* 항우와 유방이 천하를 걸고 자웅을 겨루던 어느 날, 항우는 유방을 위해 잔치를 베풀었다. 그러나 이 잔치는 항우의 책략가 범증이 유방을 죽이기 위해 꾸민 음모였는데, 이때 유방은 호위무사 번쾌와 책사 장량의 기지 덕분에 자객의 칼날을 벗어나 무사할 수 있었다.

** 장군이나 지방관의 수하에서 참모나 고문 노릇을 하는 사람으로서 막료와 비슷하지만 막료처럼 완전한 부하는 아니고, 어느 정도 손님 대접을 받았다.

상대적으로 안정된 형주

한나라 말기에 군웅들이 서로 싸우는 바람에 북방과 중원은 물론이고, 관중 일대가 온통 전란에 휩싸여 백성들의 삶은 도탄에 빠졌다. 그러나 형주는 전쟁이 거의 일어나지 않아 상대적으로 안정을 유지하고 있었다. 게다가 주목州牧인 유표는 '팔준八俊'이라는 호칭을 들을 정도로 나름의 명망이 있었기 때문에 당시 많은 이들이 형주로 몰려들었다. 그러나 유표는 원대한 포부가 없었고, 게다가 의심이 많고 결단력이 부족하여 인재를 제대로 활용하지 못한 채 그저 허명虛名만 지녔을 따름이었다. 곽가는 그에 대해 이렇게 말한 적이 있다. "앉아서 담소하는 손님일 뿐이다."

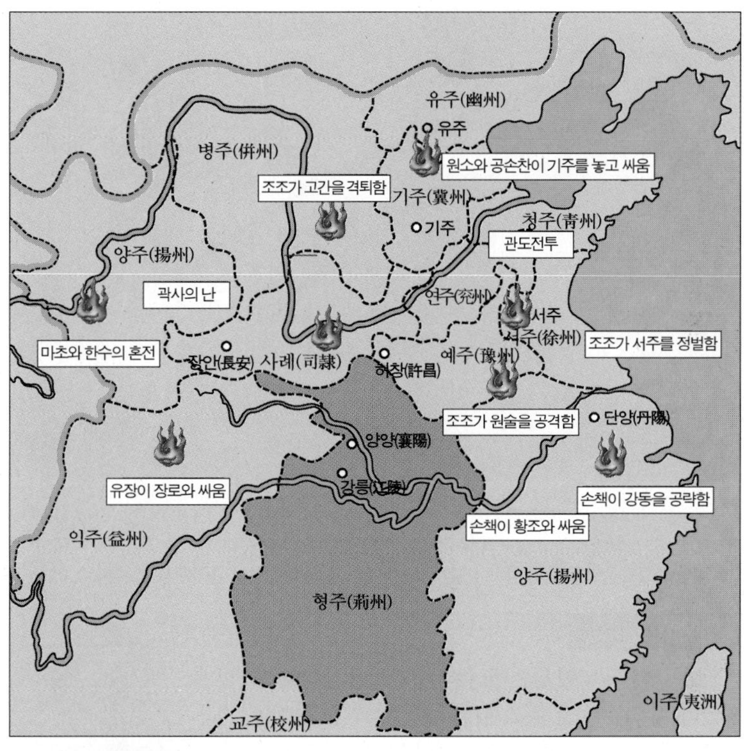

유표가 활용하지 못한 인재들

이름	형주 시절	이후 소속	직책 및 활약
배잠(裴潛)	형주로 피난을 옴	조조	조조의 군사, 태위군사(太尉軍師), 대사농(大司農), 상서령(尙書令)
왕찬	유표의 식객	조조	관내후(關內侯) 승상연(丞相椽), 시중(侍中)
환계(桓階)	유표 휘하에서 좨주(祭酒)를 지냄	조조	승상 주부, 태수, 시중, 상서령
감단순(邯鄲淳)	유표의 식객	조조	박사(博士), 급사중(給事中)
서서	형주에 거주함	조조	우중랑장(右中郎將), 어사중승(禦史中丞)
제갈량	남양에 은거함	촉한	승상, 무향후(武鄕侯), 익주목
방통	양양에 은거함	촉한	군사중랑장(軍事中郎將)
감녕	수적(水賊) 활동	동오	손권의 장군, 서릉태수, 절충장군(折衝將軍)

팔문금쇄 진법

조인은 신야에서 유비와 대치할 때 팔문금쇄진八門金鎖陣을 펼쳤지만, 유비의 군사軍師 서서에게 간파되어 격파되고 말았다. 제갈량의 팔진도八陣圖는 팔문금쇄의 진형에서 나온 것이라고 한다.

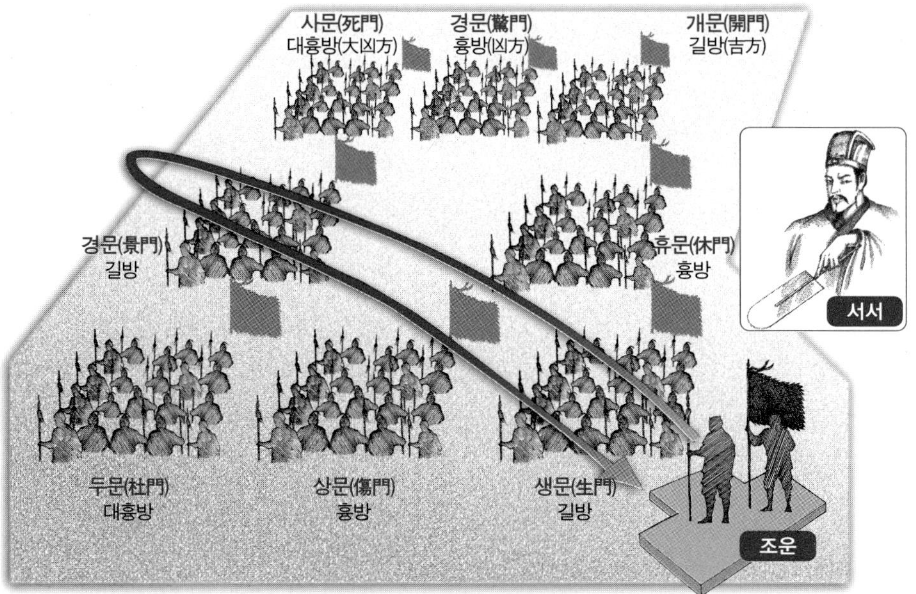

서서가 동남방 생문으로 진격하여 서쪽 경문을 돌아 나오면 팔문금쇄의 진형을 무너뜨릴 수 있다고 하자 유비는 조운을 보내 생문으로 진격토록 했다. 이에 조인이 일부러 북쪽으로 유인했지만 조운은 쫓아가지 않고 곧바로 서쪽으로 돌격했다. 이후 서쪽에서 다시 동남쪽으로 방향을 틀어 치고 나가자 조인의 군사들은 순식간에 혼란해지면서 무너졌다.

유비의 말 - 적로

적로는 원래 장무(張武)가 타던 말인데, 유비가 강하를 정벌할 때 조운이 빼앗았다. 유비는 이를 유표에게 주었지만 괴월(蒯越)이 적로를 보고 주인을 해칠 말이라고 하자 다시 유비에게 돌려주었다. 유비는 채모가 홍문연을 본 따 유비를 죽이기 위해 마련한 연회에 참석했다가 이적의 말을 듣고 도망칠 때 적로를 타고 험한 계곡물을 건너 목숨을 건지기도 했다. 그러나 서천에서 낙성을 공격할 때 방통이 유비의 적로를 바꿔 타고 가다가 활에 맞아 죽었다. 과연 괴월의 말대로 적로가 주인을 해친 셈이었다.

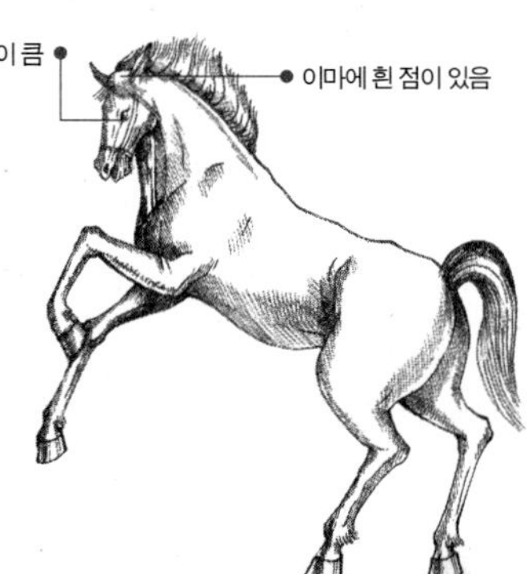

삼국 시대의 4대 명마 : 적토, 적로, 절영(絕影), 조황비전(爪黃飛電)
절영마는 조조의 군마로, 완성전투에서 세 발의 화살을 맞고도 계속 달리다가 결국 눈에 화살을 맞아 쓰러졌다. 절영마는 매우 빨리 달려 그림자조차 따라오지 못할 정도라는 뜻에서 붙은 이름이다.
조황비전 역시 조조의 군마로, 허전(許田)이 포위망을 뚫을 때 조조가 탔던 말이다. 조조는 전쟁에 승리하여 개선할 때면 절영마를 타고 위엄을 과시했다.

삼고초려

삼고초려는 유비가 인재를 얼마나 존경하고 중시했는지를 여실히 보여 주는 대목이기도 하다. 이러한 정성과 성의를 통해 유비는 몸을 아끼지 않고 충성을 다해 보답한 제갈량을 얻을 수 있었다. 제갈량이 올린 '융중대'의 청사진은 방황하고 있던 유비에게 대업을 세울 수 있는 정확한 방향을 제시해 주었다.

일고(一顧) 유비는 제갈량을 만나러 가는 길에 제갈량이 지은 시를 읊조리는 농부를 만났다. 초가에 도착했지만 제갈량은 외출하여 자리를 비운 상태였고, 돌아오는 길에 그의 친구인 최주평을 만나 이야기를 들었다.

이고(二顧) 가는 길에 제갈량의 친구인 석광원(石廣元)과 맹공위(孟公威)를 만났다. 초가에 도착했지만 제갈량은 보이지 않고 그의 동생 제갈균(諸葛均)만 있었다. 유비는 서신을 남기고 돌아오는 길에 제갈량의 장인인 황승언(黃承彦)을 만났다.

삼고(三顧) 유비는 목욕재계하고 정성을 다한 뒤 초가를 찾아가 마침내 제갈량을 만났다. 초가에 도착했을 때 제갈량이 낮잠을 자고 있다는 동자의 말에 유비는 손을 맞잡고 섬돌 아래에서 기다렸다. 반나절이 지나고 다시 한 시각이 흐른 뒤에야 제갈량이 옷을 갈아입고 나왔다.

여어득수(如魚得水) : 유비는 제갈량을 얻은 후 스승의 예로 대하였다. 관우와 장비가 이를 못마땅하게 여기자 그들을 타이르며 이렇게 말했다. "내가 공명을 얻은 것은 마치 물고기가 물을 만난 것과 같다."

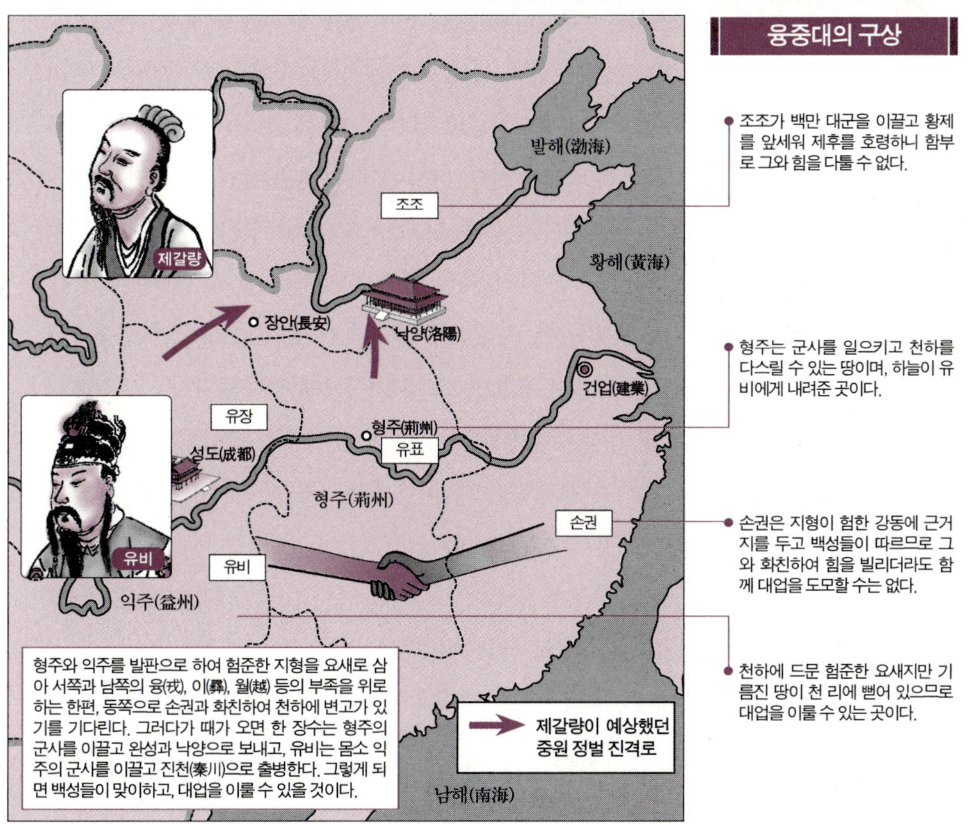

형주와 익주를 발판으로 하여 험준한 지형을 요새로 삼아 서쪽과 남쪽의 융(戎), 이(彝), 월(越) 등의 부족을 위로하는 한편, 동쪽으로 손권과 화친하여 천하에 변고가 있기를 기다린다. 그러다가 때가 오면 한 장수는 형주의 군사를 이끌고 완성과 낙양으로 보내고, 유비는 몸소 익주의 군사를 이끌고 진천(秦川)으로 출병한다. 그렇게 되면 백성들이 맞이하고, 대업을 이룰 수 있을 것이다.

융중대의 구상

- 조조가 백만 대군을 이끌고 황제를 앞세워 제후를 호령하니 함부로 그와 힘을 다툴 수 없다.
- 형주는 군사를 일으키고 천하를 다스릴 수 있는 땅이며, 하늘이 유비에게 내려준 곳이다.
- 손권은 지형이 험한 강동에 근거지를 두고 백성들이 따르므로 그와 화친하여 힘을 빌리더라도 함께 대업을 도모할 수는 없다.
- 천하에 드문 험준한 요새지만 기름진 땅이 천 리에 뻗어 있으므로 대업을 이룰 수 있는 곳이다.

鏡) 선생의 장원을 찾게 되었다. 이것이 유비에게는 전화위복의 기회가 될 줄은 아무도 몰랐다. 사마휘는 유비에게 와룡과 봉추를 적극 추천하면서 이렇게 말했다.

"두 사람 가운데 한 사람만 얻어도 천하를 안정시킬 수 있다."

이때 유비가 두 사람에 대해 보다 구체적으로 물어보았지만, 수경 선생은 그저 좋다고 말할 뿐 더 이상의 언급은 하지 않았다.

신야로 돌아오자 서서가 '선복(單福)'이라는 이름으로 유비에게 의탁해 왔는데, 유비는 크게 기뻐하면서 그를 군사(軍師)로 삼았다. 마침 조조 수하의 장수 조인이 군사를 이끌고 침범하자 서서는 자신의 재능을 발휘하여 조인의 팔문금쇄진(八門金鎖陣)을 격파하는 한편, 관우에게 기회를 틈타 번성을 취하도록 했다. 조조는 유비가 서서의 도움을 받고 있다는 소식을 듣고 크게 아쉬워했다. 그러자 정욱이 묘책을 제시했다. 서서는 본래 어려서 부친을 여의고 노모에 대한 효심이 지극했는데, 마침 그의 모친이 허창에 있으니 서서에게 편지를 써서 부른다면 반드시 올 것이라고 하였다. 조조는 먼저 서서의 모친을 불러 환대하였으나 오히려 그녀에게 '한나라의 역적'이라는 욕만 듣고 말았다. 이에 정욱은 서서의 모친을 지극히 모시면서 그녀의 필적을 모방하여 서서에게 편지를 보냈다. 과연 서서는 모친의 편지를 읽고 크게 상심했지만 그렇다고 가지 않을 수는 없었다. 유비의 곁을 떠날 때 서서는 앞으로 조조를 위해 한 가지 계책도 내놓지 않겠다고 하면서 제갈량을 추천하고 떠났다. 서서는 조조의 진영에 이르러 모친을 만났지만 모친은 그를 꾸짖으면서 부끄럽다 여기고는 스스로 목을 매어 죽었다.

사마휘와 서서의 적극적인 추천에 따라 유비는 제갈량을 찾아가기로 마음먹었다. 유비가 사마휘를 찾아가 제갈량에 대해 상세하게 묻자 사마휘는 이렇게 말해 주었다.

"와룡(제갈량)은 주(周)나라 8백 년을 일으킨 강자아(薑子牙)와 한(漢)나라 4백 년을 꽃피운 장자방(張子房)에 견줄 수 있습니다."

유비는 제갈량을 만나기 위해 세 차례 그의 초가를 찾았다. 한 번은 제갈량이 없어 그냥 돌아오는 길에 그의 친구인 최주평(崔州平)을 만났고, 두 번째는 눈이 펄펄 내리는 날에 찾아갔으나 만나지 못한 채 서신만 남겨 놓고 돌아왔다. 세 번째는 그 다음 해 봄날이었다. 유비는 목욕재계하고 정성을 다한 뒤 제갈량을 찾아갔다. 그제서야 유비를 만난 제갈량은 유비의 성심과 정성에 감동하여 출사하기로 마음을 굳혔다. 초가에서 그는 유비에게 형주와 익주에 기반을 두고 서서히 중원을 도모할 수 있는 대업의 청사진을 제시했는데, 이것이 바로 유명한 '융중대'다. 이로써 유비는 또 한 번의 전기를 맞이하였다.

16 손권과 유비의 연합
대군의 침략을 막아내는 방책

>>>> 조조의 대군이 압박하여 유종이 투항하자 유비는 더 이상 감당할 수 없는 지경에 이르렀다. 제갈량은 동오에 사신을 보내 손권에게 유비와 연합하여 조조에 대항할 것을 권유했고, 손권이 이를 받아들임으로써 마침내 적벽대전의 서막이 올랐다.

건안 9년에 황조의 부장 감녕은 손권에게 투항했고, 손권은 황조에게 대승을 거두어 아버지의 원수를 갚았다. 이때 유표의 맏아들인 유기(劉琦)가 계모에게 배신을 당하자 제갈량에게 묘책을 부탁했고, 제갈량은 그에게 형주를 떠나 황조 대신 강하를 맡아 주둔할 것을 권했다.

조조는 북방을 평정한 후 남쪽으로 형주를 압박하기 시작했다. 그는 먼저 하후돈에게 10만의 군사를 주어 유비를 습격하도록 했다. 이를 간파한 제갈량은 적군을 유인하여 박망파(博望坡)에서 화공으로 공략하는 계책을 마련함으로써 유비 휘하의 군사 수천 명으로 하후돈의 부대를 대파했다. 이로써 제갈량은 남양의 초가를 나온 후 첫 번째 승리를 얻게 되었다. 또한 관우와 장비도 제갈량을 믿고 존경하게 되어 유비의 군중에서 제갈량의 입지는 더욱 단단해졌다.

하후돈이 대패하자 조조는 친히 50만 대군을 이끌고 형주로 출병했다. 당시 유표는 병이 깊어 자신의 맏아들인 유기를 후사로 삼고자 했지만 채씨(蔡氏)의 반대로 어린 유종을 후계자로 내세웠다. 조조의 대군이 쳐들어오자 유종은 싸우지도 않고 투항하여 형주를 조조에게 바치고 말았다. 당시 유비는 이러한 상황을 전혀 모르고 있다가 관우가 조조에게 투항하기 위해 보낸 유종의 사신 송충(宋忠)을 붙잡은 뒤에야 비로소 형주의 상황을 알게 된 것이다. 이에 이적은 유비에게 형주를 공략하도록 권했지만, 유비는 인의를 내세워 끝내 그의 말을 듣지 않았

위험한 상황에서 퇴각을 거듭한 유비

조조의 대군이 쳐들어왔을 때 준비가 부족했던 유비는 어쩔 수 없이 퇴각을 거듭할 수밖에 없었다. 게다가 신야와 번성의 백성들을 데리고 퇴각했기 때문에 행군 속도가 매우 느려졌고, 결국 조조의 군사들에게 쫓기는 신세가 되었다. 그 와중에 미부인은 우물에 빠져 삶을 마감했다.

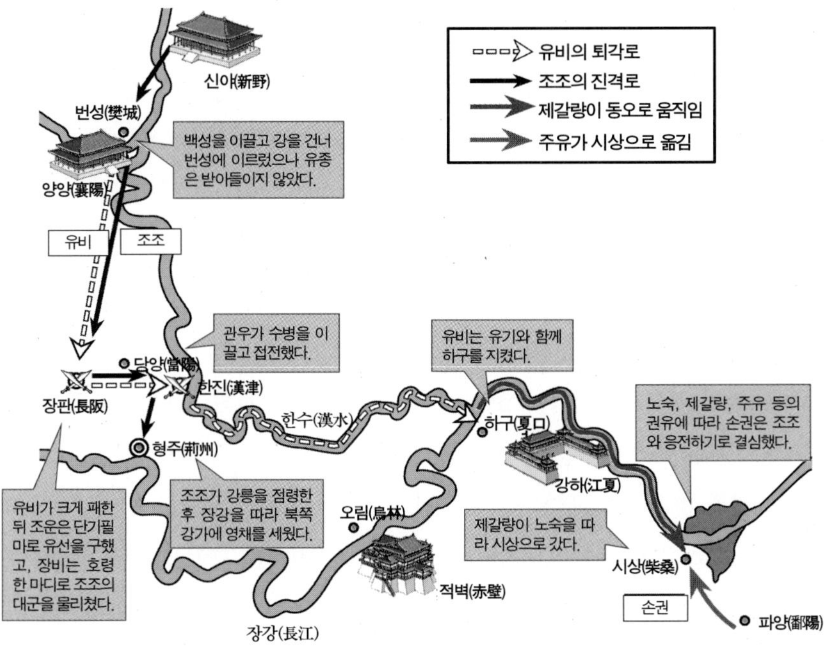

제갈량에게 계략을 청하는 유기

『삼국연의』에는 유표의 맏아들인 유기가 계모인 채부인에게 핍박을 받자 제갈량에게 계책을 간청하는 대목이 있다. 제갈량이 유표의 집안일에 끼어들지 않겠다고 하자 유기는 위층에 고서(古書)를 보러가자며 속이고 제갈량이 위로 올라간 틈을 타 사다리를 치워버렸다. 그러고는 다시 묘책을 마련해 달라며 간청했다. 어쩔 수 없이 제갈량은 진문공(晉文公)이 나라 밖으로 나가 안전을 도모했던 고사를 인용하면서 그에게 군사를 이끌고 강하에 주둔할 것을 권유했다. 이로써 유기는 채부인의 위협에서 벗어나게 되었다.

『손자병법』에 있는 '상루추제(上樓抽梯)'는 적군을 유인한 다음 퇴로를 끊어 섬멸하는 작전인데, 유기는 이를 통해 자신을 보호할 수 있는 계기를 마련했다.

다. 그러고는 조조의 50만 대군이 밀려오자 유비는 어쩔 수 없이 남쪽으로 퇴각할 수밖에 없었다.

유비가 퇴각하기 전에 제갈량은 신야를 불태우는 계략으로 조인을 크게 패퇴시켜 퇴각할 시간을 벌었다. 유비는 번성으로 가고자 했지만 유종이 이를 거부하자 어쩔 수 없이 다시 남행하여 강릉으로 향했다. 이때 유비는 신야와 번성의 백성들을 차마 두고 올 수 없어 함께 퇴각하느라 조조의 군사들에게 추격을 당해 뿔뿔이 흩어지고 말았다. 당시 조운은 단기필마로 유비의 아들이자 훗날 후주가 되는 유선을 구했으며, 장비는 호령 한 마디에 조조의 수십 만 대군을 물리치는 위엄을 떨치기도 했다. 그러나 유비의 군사로는 조조의 대군을 막아내기에 역부족이었다. 방향을 바꾸어 한진(漢津)으로 향한 유비의 군사는 유기가 주둔하고 있는 강하로 들어갔다. 조조는 이를 알고 남하하여 강릉을 점거하고 장강 북쪽에 영채를 세운 후 언제라도 강을 건너 남하할 태세를 갖춘 다음, 동오에 격문을 보내 손권에게 투항할 것을 압박했다.

노숙은 조조의 대군이 위협을 가하자 조문 사절을 빌미로 강하로 가서 유비의 허실(虛實)을 탐색했다. 제갈량도 노숙의 중재로 친히 시상으로 출사하여 조조의 대군을 막기 위해 상호 연합작전을 상의했다.

조조의 격문이 도착하자 강동은 일대 혼란에 빠졌다. 장소 등은 손권에게 투항할 것을 권유했지만, 손권은 삼대에 걸친 가업을 염두에 두고 머뭇거리며 결정을 내리지 못하고 있었다. 그때 오직 노숙만이 결사 항전을 주장하면서 손권에게 제갈량을 만나 허실을 살펴보기를 권했다. 이튿날 손권은 제갈량에게 강동의 여러 준걸(俊傑 : 재주와 지혜가 매우 뛰어난 사람)들을 만나볼 것을 주선했다. 이는 동오의 세력을 과시하기 위해서였지만, 제갈량에게는 오히려 자신의 재능을 선보일 기회가 되었다.

제갈량은 강동의 여러 유신(儒臣)들과 한 치의 양보도 없는 설전을 벌여 항복을 주장하는 군신들을 아무 말도 하지 못하게 만들었다. 황개의 도움으로 손권을 만난 제갈량은 자신의 뛰어난 외교 능력을 십분 발휘했다. 그는 거침없는 말솜씨와 의젓한 태도, 현 상황에 대한 심층적이고 뛰어난 분석 등으로 손권에게 나아

정책 결정의 어려움

사실 손권은 투항할 생각이 없었다. 그러나 무엇보다 쌍방의 군사력 차이가 너무 컸기 때문에 맞서 싸울 엄두가 나지 않아 주저하고 있었던 것이다. 노숙, 제갈량, 주유 등이 항전을 권유했을 때만 해도 여전히 우려와 근심이 가시지 않았지만, 주유가 재차 결전을 건의하면서 승산에 대해 구체적으로 이야기를 해 주자 비로소 결심하게 되었다.

노숙

중신들은 조조에게 항복한 다음 고향으로 돌아가 높은 관직에 오를 기회를 얻을 수 있다. 그러나 손권이 투항하면 지위가 열후(列侯)에 불과할 것이므로, 지금처럼 남면(南面 : 제후왕의 자리에 오름)하여 '고(孤 : 군주나 제후가 스스로 낮춰 부르는 말)'라 칭할 수 없을 것이다.

제갈량

유비는 비록 패전했지만 여전히 2만의 정예병을 거느리고 있다. 그러나 조조의 병력은 대군이라고는 하나 먼 곳에서 출정하느라 몹시 지친 상태다. 아무리 센 화살도 끝까지 날아가면 얇은 비단조차 뚫지 못하는데, 조조의 상황이 바로 그러하다. 게다가 북방 사람들은 수전(水戰)에 서툴다. 형주의 백성들이 조조에게 투항하려는 것도 형세가 급박하기 때문이지 본심은 아니다. 그러므로 유비와 연합하여 협력하면 조조의 대군을 반드시 격파할 수 있다.

주유

주유는 손권에게 결전을 건의하면서 이렇게 설득했다. 조조는 북방이 아직 평정되지 않은 상태에서 정벌을 감행한 탓에 마등과 한수가 배후의 우환으로 남아 있다. 조조의 군사들은 수전에 서툴지만 동오는 수전에 강하다. 엄동설한이기 때문에 군마에게 먹일 풀이 없으니 전쟁에 불리하다. 조조의 군사들은 먼 북방에서 왔고, 풍토가 맞지 않아 질병에 많이 걸리므로 병력이 많다고 해도 전력은 약할 수밖에 없다. 조조는 전투에서 금기로 여기는 네 가지를 어기고 있기 때문에 반드시 패할 것이다.
주유는 재차 결전을 건의하면서 이렇게 설득했다. 조조는 수륙(水陸) 대군이 백만 명이라고 하지만, 사실은 그렇지 않다. 중원부터 이끌고 온 병력은 기껏해야 15~16만 명을 넘지 못하고, 게다가 오랫동안 행군하여 지쳐 있다. 원씨(袁氏)의 병력을 더해도 겨우 7~8만 명에 불과할 뿐이며, 아직 완전하게 복종하는 상태가 아니다. 이렇듯 오랫동안 지친 무리들과 여우처럼 의심이 많은 무리들이므로 설사 숫자가 많다고 하여 두려울 것이 없다. 주유는 5만 명의 군사만으로도 그들을 능히 격파할 수 있다고 주장했다.

항전

장소, 고옹 등 항복을 주장한 대신들

조조는 적은 병력으로 원소의 대군과 싸워 승리했다. 게다가 지금은 군사가 늘어나 백만 대군이 되었다. 조조는 천자의 이름으로 사방을 정벌하고 있으므로 그를 거역하는 것은 옳지 않다. 조조가 이미 형주를 얻었기 때문에 장강의 험난한 지세로 그들을 막는 것은 역부족이다. 따라서 전쟁을 치르는 것은 날계란으로 바위를 치는 격이니, 항복하는 것이 최선책이다.

투항

손권

투항을 거부하고 항전을 결정했다.

갈 방향을 일러주는 한편 전횡(田橫)*의 고사를 인용하여 손권을 격분하게 만들어 마침내 손권을 설득하는 데 성공했다.

손권이 제갈량을 만나자 투항할 것을 주장했던 장소는 좌불안석이 되어 급히 손권을 만나 다시 한 번 투항을 건의했다. 그러자 중신들의 건의를 받아들여 이제 막 전쟁을 선언하려던 손권은 또다시 주저하기 시작했다. 이때 오국태(吳國太)**가 손권에게 형인 손책이 임종할 때 했던 말을 기억하라고 말했다.

"안의 일이 풀리지 않으면 장소에게 묻고, 밖의 일이 풀리지 않으면 주유에게 자문하라."

손권은 크게 기뻐하며 즉각 파양(鄱陽)으로 사람을 보내 주유에게 의논토록 했다.

주유는 비록 주전파(主戰派)였지만 시상에 막 도착해서는 자신의 주장을 명확하게 밝히지 않은 채 먼저 여러 사람들의 의견을 들었다. 투항을 주장하는 문신들 앞에서는 자신도 항복하겠다고 말하고, 결사 항전을 주장하는 무장들 앞에서는 자신도 응전할 생각이라고 말했다. 마침내 제갈량과 노숙을 만난 자리에서 주유가 일부러 항복할 의사를 밝히자 노숙은 곧이곧대로 믿어 속아 넘어갔지만 제갈량은 빙긋 웃을 뿐이었다. 주유가 왜 웃는지를 묻자 제갈량은 범려(範蠡)가 월왕(越王) 구천(句踐)의 목숨을 구하기 위해 오왕(吳王) 부차(夫差)에게 서시(西施)를 바친 것처럼 대교와 소교를 조조에게 보내면 분명히 철군할 것이라고 말했다. 더불어 조조의 셋째 아들 조식이 지은 「동작대부(銅雀臺賦)」를 읊었다.

攬二喬於東南兮남이교어동남혜, 樂朝夕之與共악조석지여공.

俯皇都之宏麗兮부황도지굉려혜, 瞰雲霞之浮動감운하지부동.

---

* 한(漢)나라 고조 유방(劉邦)이 즉위하기 전 제왕(齊王)이었다. 유방이 즉위하자 보복을 두려워한 전횡은 500여 명의 부하와 함께 발해만(渤海灣)에 있는 지금의 전횡도(田橫島)로 도망갔다. 그 후 유방은 전횡이 반란을 일으킬까 우려하여 그를 용서하고 낙양으로 불렀다. 전횡은 부름에는 응했으나 낙양을 30여 리 앞두고 스스로 목을 찔러 자결하고 말았다.

** 손권 어머니의 여동생으로, 어머니가 시집올 때 함께 왔다. 손권의 어머니가 죽은 후 이모로서 어머니 역할을 대신했다.

동쪽과 남쪽에 두 교씨를 두고 아침저녁으로 함께 즐기네.

크고 아름다운 황도를 굽어보며, 저녁노을에 떠다니는 구름 바라보네.

그러자 주유가 발끈하여 북쪽을 향해 삿대질을 하면서 욕을 퍼부었다. 제갈량이 짐짓 놀라는 척하면서 사연을 묻자 주유는 이렇게 말했다.

"대교는 손권의 정실부인이고, 소교는 자신의 부인이 아닌가? 내 맹세코 저 늙은 도적과 양립할 수 없으리라!"

주유는 손권을 알현하여 항복을 권유하는 장소 등의 의견을 반박하면서 조조가 반드시 패할 수밖에 없는 네 가지 이유를 제시했다. 잠시 후 손권은 주유에게 검을 하사하고는 그를 대도독으로 임명하고, 정보를 부도독, 노숙을 찬군교위(贊軍校尉)로 임명하여 조조와의 결전에 대비하도록 했다. 손권을 알현한 후 주유는 제갈량을 만나 상의했는데, 제갈량은 의외로 손권의 마음이 확고하지 않아 계책을 정할 수 없다고 말했다. 이에 주유는 재차 손권을 만나 병력이 적어 조조의 대군과 맞서지 못할 것을 걱정하는 손권을 안심시켜 주었다.

이후 주유는 군영으로 가서 모든 장수들을 소집했다. 그러나 정보는 자신이 주유보다 나이가 많은데도 불구하고 주유보다 낮은 직책을 맡은 것에 불만을 품고 병을 핑계로 나오지 않았다. 하지만 주유의 행동거지에 법도가 있고, 전략 전술이 탁월하다는 정자(程咨 : 정보의 맏아들)의 이야기를 듣자 정보는 크게 감탄하며 주유를 찾아가 사죄하고 복종을 다짐했다. 이렇게 하여 동오의 장수들은 상하가 합심하여 조조와의 일전을 대비하고 있었다.

한편 주유는 제갈량의 뛰어난 지혜를 알아보고는 그의 형인 제갈근을 보내 동오로 투항할 것을 권유해 보도록 했다. 이에 제갈근은 백이와 숙제의 예를 들면서 그에게 함께 있을 것을 권유했지만, 제갈량은 오히려 제갈근에게 함께 유비를 모실 것을 권유했다. 설득을 하러 왔다가 오히려 설득을 당하게 된 제갈근은 더 이상 아무 말도 하지 못하고 주유에게 돌아가 사정을 이야기했다. 이때 주유는 제갈량을 활용하지 못한다면 마땅히 그를 제거해야 한다는 마음을 품게 되었다. 주유와 제갈량의 두뇌 싸움은 전쟁의 시작과 함께 서서히 막이 올랐다.

17 천하를 삼분하다 적벽대전

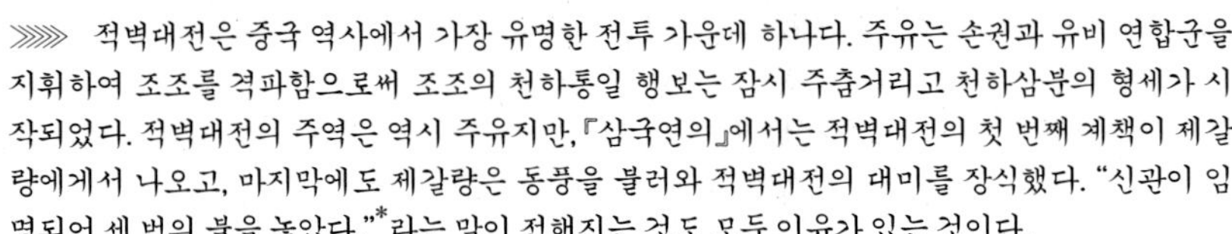

>>>>> 적벽대전은 중국 역사에서 가장 유명한 전투 가운데 하나다. 주유는 손권과 유비 연합군을 지휘하여 조조를 격파함으로써 조조의 천하통일 행보는 잠시 주춤거리고 천하삼분의 형세가 시작되었다. 적벽대전의 주역은 역시 주유지만, 『삼국연의』에서는 적벽대전의 첫 번째 계책이 제갈량에게서 나오고, 마지막에도 제갈량은 동풍을 불러와 적벽대전의 대미를 장식했다. "신관이 임명되어 세 번의 불을 놓았다."*라는 말이 전해지는 것도 모두 이유가 있는 것이다.

손권은 항전을 선언한 뒤 자신과 유비의 연합군을 주유에게 맡겨 출전하도록 했다. 이에 주유는 삼강구(三江口)에서 멀지 않은 곳에 영채를 세웠고, 제갈량은 작은 배 안에서 편히 쉬고 있었다. 주유는 제갈량에게 조조의 군량을 모아놓은 취철산(聚鐵山)을 공략하도록 요청했는데, 여기에는 조조의 손에 제갈량이 죽기를 바라는 의도가 숨어 있었다. 하지만 제갈량은 이미 주유의 의도를 간파하여 자신을 찾아온 노숙에게 "길가에 매복하고 관문을 지키는 이는 자경(子敬 : 노숙의 자字)이고, 강에 의지하여 수전에 능한 이는 주랑(周郞 : '주유'를 가리킴)이네."라는 노래를 동오의 어린 아이들이 부르고 있다면서 노숙과 주유를 희롱했다. 자신이 육전(陸戰)에 능하지 못하다는 말에 격분한 주유가 직접 군사를 이끌고 조조의 군량을 탈취하기 위해 나서려고 하자 제갈량은 노숙을 통해 만류하면서 무엇보다 조조와 맞서 싸우는 일이 우선이니 서로 해치지 말고 합심하자는 당부의 말을 전

---

* 『삼국연의』에서 제갈량이 유비의 군사가 되어 단기간에 세 번이나 조조를 화공으로 공격했다. 첫 번째는 박망파에서 조조의 장수 하후돈의 10만 대군을 격파한 것이고, 두 번째는 신야에서 조인과 조홍의 군사 10만 명을 화공과 수공(水攻)으로 격파한 것이다. 그리고 마지막 세 번째는 적벽대전이었다. 당시의 사람들은 이를 보고 제갈량이 군사에 임명되어 세 번 불을 놓았다는 뜻에서 '제갈량상임삼파화(諸葛亮上任三把火)'라고 했는데, 이후 후세에 '신관상임삼파화(新官上任三把火)'라는 말로 변해 새로 온 관리가 백성들에게 좋은 일을 많이 한다는 뜻으로 쓰였다.

양측의 전략 지휘부

조조 진영		손권과 유비 진영	
 조조	VS	 주유	
순유, 정욱, 가후	모사	노숙, 제갈량, 방통	
조조는 대군을 이끌고 강릉을 출발하여 장강을 따라 남하한 후 장강 북쪽 강변에 영채를 세웠는데, 그 길이가 장장 300여 리에 이르렀다. 다른 한 부대는 양양에서 출발하여 한강(漢江)을 따라 남하했다.	선봉 부대	주유와 정보 등은 정병 3만 명을 이끌고 장강 서쪽에 주둔하고, 유비는 번구(樊口 : 지금의 호북성湖北省 어청鄂城 서쪽)에서 제갈량과 만난 뒤 삼강구(三江口)로 가서 영채를 세웠다.	관우는 수군 1만여 명을 이끌고 하구(夏口)를 지키고, 장비와 조운은 각기 보병 4천여 명을 이끌고 노산(魯山)에 주둔했다.
정남장군(征南將軍) 조인과 군량독운(軍糧督運) 하후연은 강릉에 주둔하면서 군량과 건초를 보급, 지원했다.	지원 부대	손권은 주환(朱桓)을 시상에 주둔시켜 후방 지원을 맡도록 했다.	유비는 유기가 이끄는 수군 1만여 명과 함께 번구를 지켰다.
중서령(中書令) 순욱, 전장군(前將軍) 하후돈은 허창에 주둔했다.	후방 부대	손권은 후방의 군사를 지휘하였다.	

손권과 유비 연합군의 병력은 모두 5만 명이었으며, 주유가 3만 명, 유기가 1만 명, 유비가 1만 명이었다. 조조의 병력은 여러 가지 설이 있기는 하지만 전체 병력이 대략 20여만 명이었을 것으로 추정되며, 전방 부대는 이보다 적었을 것이다. 또한 형주의 수군은 10만 명이 아니라 3만 명 정도였을 것이다. 적벽대전 이전에 형주의 수군은 손권이 이끄는 수군에게 여러 차례 패한데다 유기에게 1만여 명을 빼앗겼기 때문이다.

전체 병력은 조조가 많았고, 손권과 유비 연합군은 적었다.
수군 병력은 조조가 적었고, 손권과 유비 연합군은 많았다.

했다.

유비는 정황을 살피기 위해 미축을 주유에게 보냈다. 주유는 후환을 없애기 위해 유비에게 직접 와 줄 것을 청하고, 연회 자리에 도부수(刀斧手 : 큰 칼과 큰 도끼로 무장한 군사)를 배치하여 유비를 살해할 계획을 짰다. 동맹군으로서 주유의 청을 거절할 수 없었던 유비는 관우를 대동하고 주유를 찾아가 연회에 참석했다. 그러자 주유는 관우의 위세에 눌려 감히 실행하지 못했고, 결국 유비를 놓아주고 말았다. 그때 강변에서 대기하고 있던 제갈량은 유비를 만나 배에 오른 뒤 1월 20일 갑자일에 조운을 시켜 작은 배를 남쪽 강가에 정박한 후 기다릴 것을 부탁했다.

조조는 사신을 통해 주유에게 서신을 보냈는데, 주유는 봉투에 '한나라 대승상이 주도독에게 내리니 열어 보라' 라고 적혀 있는 것을 보고는 그대로 찢어버렸고, 사신을 참살한 뒤 출병했다. 마침내 전투가 시작되었고, 수전에 서툴렀던 조조의 군사들은 첫 교전에서 주유에게 크게 패했다. 첫 전투에서 예기가 꺾인 조조에게 주유의 동학(同學)이었다는 장간(蔣幹)이 나서서 자신이 강동으로 건너가 세 치 혀로 주유에게 투항을 권유하겠다고 말했다.

조조의 장수 가운데 수전에 능한 채모와 장윤(張允)이 있다는 것을 꺼림칙하게 생각한 주유가 그들을 제거하기 위한 묘책을 고심하고 있던 중에 마침 오랜 친구인 장간이 자신을 만나러 왔다는 이야기를 듣고는 역으로 그를 이용하기로 마음먹었다. 주유는 장간을 보자마자 큰 소리로 이렇게 외쳤다.

"자익(子翼), 고생이 많소이다. 멀리 강호를 건너 조씨를 위해 세객(說客)* 으로 왔소?"

주유가 먼저 이렇게 말하자 장간은 투항은커녕 제대로 말도 붙이지 못한 채 주유가 하자는 대로 끌려갈 수밖에 없었다. 주유는 강동의 뛰어난 호걸들을 모아 '군영회(群英會)' 라 자칭하며 장간을 초청해 술을 마셨다. 만취한 주유는 오랜만에 장간과 함께 잠을 자면서 일부러 날조한 채모와 장윤의 항복 서신을 장간이 보도록 만들었다. 채모와 장윤의 거짓 서신을 보게 된 장간은 깜짝 놀라 야밤에

* 자기 의견 또는 자신이 소속된 곳의 주장을 선전하며 돌아다니는 사람.

가장 격렬했던 적벽대전

황개의 거짓 항복, 주유의 화공, 제갈량의 동남풍 등 이들의 공격 앞에서는 시대의 효웅이었던 조조도 맥없이 무너지고 말았다. 이로 인해 통일의 발걸음은 잠시 주춤거리고 삼국정립三國鼎立의 국면이 전개되기 시작했다.

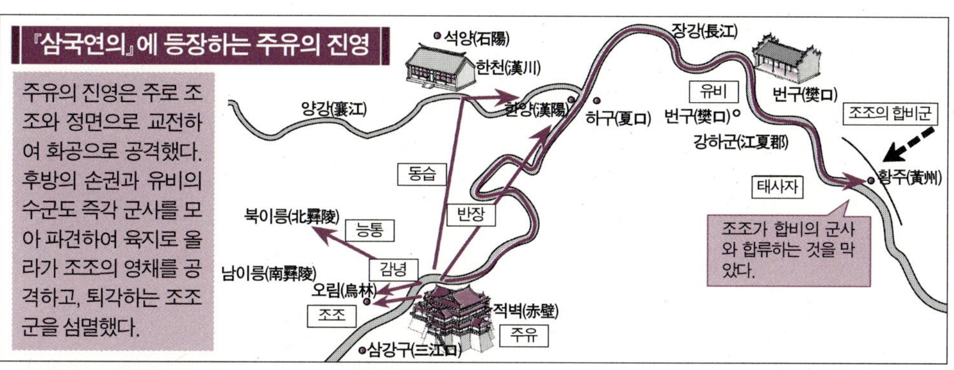

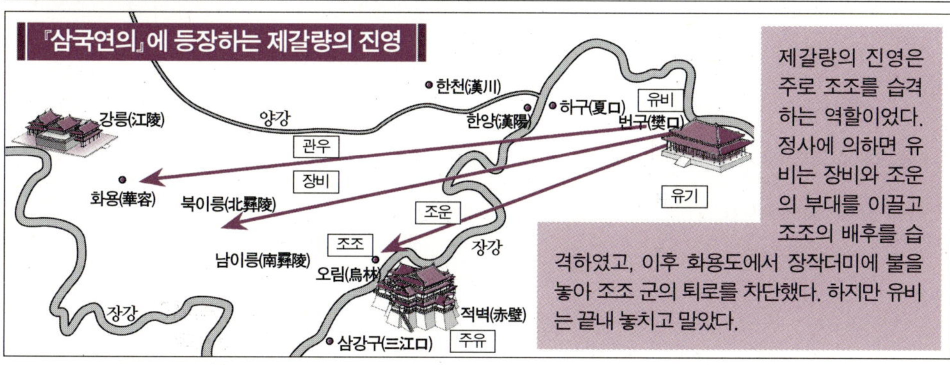

조조의 영채로 돌아와 조조에게 보고했다. 조조는 서신을 보자마자 곧바로 채모와 장윤을 참수했다. 그들의 수급을 본 조조는 그제야 자신이 속았음을 깨달았지만 휘하 장수가 연유를 묻자 차마 자신이 계략에 빠졌다는 것을 인정할 수 없어 군법을 어겼기 때문이라고 말했다.

노숙을 만난 제갈량은 이미 주유의 계략을 눈치 채고 축하의 말을 전했다. 이에 놀란 주유는 제갈량을 제거하지 않으면 후환이 따를 것이라는 생각을 더욱 굳혔다. 주유는 제갈량에게 열흘 안에 10만 개의 화살을 만들도록 부탁했는데, 제갈량은 오히려 사흘 안에 만들겠다면서 그렇지 못할 경우 스스로 벌을 받겠다는 뜻에서 군령장(軍令狀)을 바쳤다. 주유는 자신의 계책이 적중했다고 여겼다. 하지만 주유는 제갈량이 안개가 자욱한 날 조조의 영채로 배를 띄워 적군의 공격으로 착각한 조조의 궁노수들이 쏜 화살을 잔뜩 받아 오리라고는 꿈에도 생각하지 못했다.

제갈량은 이렇게 해서 다시 한 번 주유의 살해 계획을 무산시키고 말았다. 주유 역시 "공명의 신기묘산(神機妙算 : 신기한 책략)은 내가 따르지 못하겠다!"라고 하며 감탄을 금하지 못했고, 결국 제갈량에게 조조를 격파할 묘책을 물어보았다. 거듭 사양하던 제갈량은 주유에게 서로 손바닥에 묘책을 써서 펼쳐보자고 하였다. '화(火)!' 놀랍게도 두 사람의 손바닥에 적힌 글자는 똑같았다.

한편 조조 진영에서 순유는 조조에게 채모의 집안 동생인 채중(蔡中)과 채화(蔡和)를 동오로 보내 거짓 항복시키는 계략을 바쳤다. 이에 주유는 장계취계(將計就計 : 상대방의 계략을 역이용함)로써 그들을 역이용하기로 마음먹고, 두 사람을 군영에 머물도록 한 뒤 감녕에게 감시하도록 당부해 두었다. 이때 야밤에 황개가 주유의 군영으로 와서 고육계(苦肉計)를 제안했다.

다음 날 주유는 군심을 미혹시켰다는 죄를 들어 황개를 장형(杖刑)에 처하고, 황개는 친구이자 참모인 감택(闞澤)을 조조에게 보내 항복 문서를 전달해 주도록 부탁했다. 처음에 조조는 황개가 고육책을 써서 사항서(詐降書 : 거짓 항복 문서)를 전달한 것이라고 의심했다. 하지만 채중과 채화로부터 온 서찰에 황개가 심하게 매질을 당했다는 사실이 적혀 있는 것을 본 뒤 그를 믿게 되었다. 나중에 채중과 채화는 감녕도 조조에게 투항할 것이라는 서신을 보냈는데, 조조는 아무래도 믿

동풍을 일으킨 제갈량

『삼국연의』에서 제갈량은 칠성단을 세우게 한 후 주유를 위해 3일 밤낮을 빌어 동남풍을 불게 했다. 이에 주유가 마침내 조조의 수군을 대파했다. "동풍이 주랑(周郎 : 주유) 편을 들지 않았다면 이교(대교와 소교)는 봄 깊은 동작대에 갇혔으리라."(두목杜牧의 시 「적벽」 중에서)."

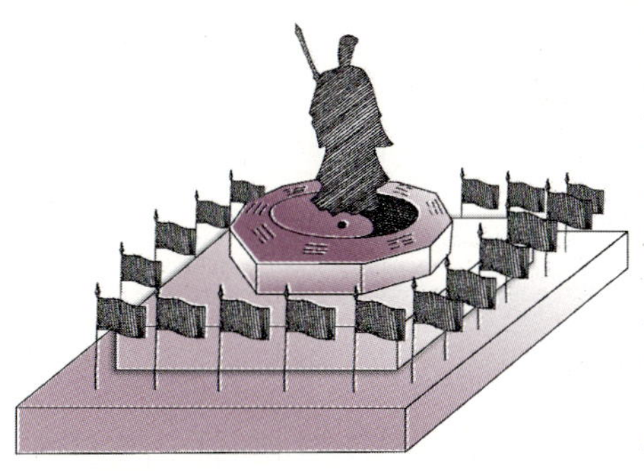

제갈량이 남병산의 기세를 살핀 뒤 동남쪽에 붉은 흙으로 단을 쌓기 시작했다. 단의 둘레는 24장(1장은 당시 기준으로 230cm이므로 약 55m), 높이는 각 층 3척(약 70cm)으로 전체 9척(약 210cm) 정도였다. 아래 1층은 별자리에 맞춘 28개의 깃발을 꽂아 세우고, 2층 둘레에 황기(黃旗) 64개를 꽂아 64괘(卦)를 나타냈으며, 맨 위 3층에는 네 사람이 각각 속발관(束髮冠)을 머리에 쓰고 검은 비단 도포에 봉의(鳳衣)를 입고 박대(博帶)를 둘렀으며, 붉은 신을 신고 방거(方裾 : 네모진 옷자락) 차림에 각각 긴 장대, 보검, 향로를 들고 있도록 하였다. 그 중앙에서 제갈량이 바람이 일도록 빌었다.

칠성단 조감도

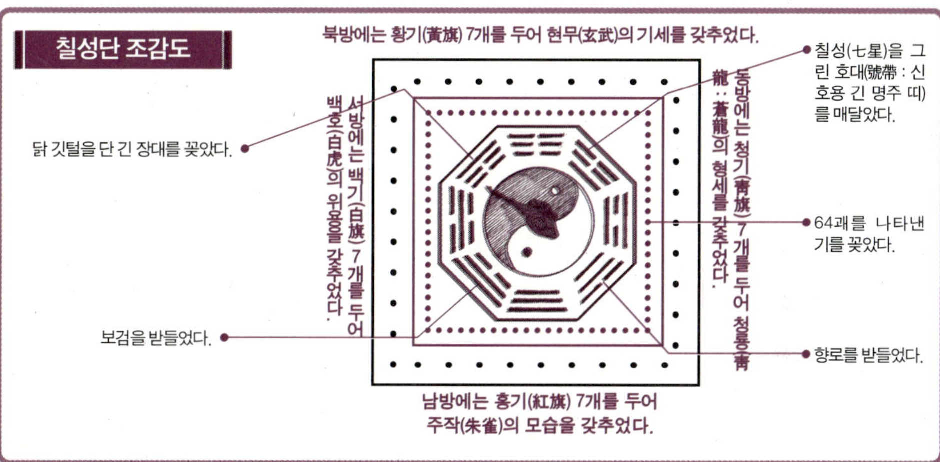

제갈량이 일으킨 동풍의 진실

❶ 제갈량이 동풍을 일으켰다는 것은 허구다. 중국 남방에는 겨울철에 동남풍이 부는 날이 적지 않고, 다만 서북풍만큼 많지 않을 따름이다. 그러나 주유가 바람이 부는 것을 예측하여 화공을 펼쳤다는 것은 당시 사람들이 기상(氣象)에 대해 나름의 이해와 지식이 있었음을 반영하는 것이다.

❷ 초선(草船), 즉 건초나 삘기를 가득 실은 배로 적의 화살을 빌린다는 이야기 역시 허구에 속한다. 그 원형은 오히려 적벽대전 이후에 있었던 손권과 조조의 싸움이다. 당시 손권은 안개가 자욱한 날 가볍고 작은 배에 올라타 조조의 진영을 살피러 갔는데, 조조는 출격하지 않고 궁수에게 화살로 대응하도록 했다. 손권은 가벼운 배의 한 쪽에만 화살이 많이 박히면 뒤집어질 수 있으므로 방향을 틀어 반대쪽에도 화살을 받아냈다. 이리하여 적의 수많은 화살을 얻어 안전하게 돌아올 수 있었다.

을 수 없어 장간을 강동으로 보내 사실을 탐문해 보도록 했다.

그러나 장간은 이번에도 주유에게 농간을 당해 서산 암자로 쫓겨 갔다가 그곳에서 봉추를 만나 함께 조조의 진영으로 갔다. 이미 주유의 부탁을 받은 봉추 선생 방통은 조조에게 연환계(連環計)를 제시하여 크고 작은 군선을 쇠고리와 사슬로 연결한 후 그 위에 나무판을 올려놓으면 수전에 서툰 병사들도 안심하고 싸울 수 있을 것이라고 말해 주었다. 조조는 크게 기뻐하면서 전선을 서로 연결해 두고는 군사들을 훈련시켰다. 방통은 계략을 성공적으로 완수하고 돌아오는 길에 서서를 만났다. 이미 주유의 계략을 모두 꿰뚫고 있던 서서는 방통에게 자신이 빠져나갈 수 있는 방법을 물었다. 방통이 알려 준 대로 서서는 한수와 마등이 모반하여 허도로 쳐들어온다는 유언비어를 퍼뜨린 뒤 이를 걱정하는 조조 앞에서 자신이 군사를 이끌고 진압하겠다고 말했다. 이로써 서서는 전쟁터에서 벗어날 수 있었다.

조조는 승리감에 도취되어 장강의 전선에서 연회를 베풀고 감회에 젖어 삭(槊 : 창의 일종)을 옆에 세워 잡고 시를 지었다. 이른바 「횡삭부시(橫槊賦詩)」는 바로 여기에서 나온 말이다. 한창 주흥이 올라 시를 읊조리는데, 양주자사였던 유복(劉馥)이 시의 구절이 불길하다며 흥을 깨자 조조는 잡고 있던 삭으로 그를 찔러 죽였다. 다음 날 정욱과 순유는 조조에게 화공에 대비할 것을 건의했지만 조조는 융동(隆冬 : 엄동)의 계절에 서풍이나 북풍이 있을 뿐 동풍이나 남풍이 있을 수 없으니 주유가 화공을 쓴다면 오히려 자신들이 불타고 말 것이라고 말했다.

주유는 다시 한 번 접전하여 조조의 군사들을 격퇴한 뒤 돌아오는 길에 조조의 영채 안으로 바람이 불어 중앙의 황기(黃旗)가 부러져 강물 속으로 떨어지는 것을 보고는 크게 웃는데, 갑자기 광풍이 불면서 깃발이 주유의 뺨을 찰싹 때렸다. 그 순간 주유의 뇌리에 뭔가 스치고 지나가면서 주유는 외마디 소리를 지르며 피를 토하고 쓰러졌다. 만반의 준비가 되었지만 가장 필요한 바람이 없었던 것이다. 제갈량은 병석에 누운 주유를 찾아와 병을 낫게 하는 처방이 있다면서 이렇게 적어 주었다.

'조공을 격파하려면 마땅히 화공을 써야 하리. 만사를 구비했으나 동풍만 빠

졌구나(欲破曹公욕파조공, 宜用火攻의용화공, 萬事俱備만사구비, 只欠東風지흠동풍).'

깜짝 놀라 자신을 바라보는 주유에게 제갈량은 자신이 이인(異人 : 재주가 신통하고 비범한 사람)에게 둔갑술이 적힌 천서(天書 : 하늘의 계시를 적은 책)를 받아 비바람을 부를 수 있다고 하면서 동남풍이 필요하다면 남병산(南屛山)에 대(臺)를 짓고 '칠성단(七星壇)'으로 부르라고 하였다. 주유는 기뻐하며 제갈량의 말대로 칠성단을 짓고 동남풍을 불러 올 수 있도록 준비시켰다.

과연 때가 되니 동남풍이 불어오기 시작했다. 주유는 한편으로 기뻐하면서도 제갈량의 뛰어난 재주에 놀라 호군교위(護軍校尉) 정봉과 서성에게 칠성단으로 가서 제갈량의 목을 베도록 명했다. 그러나 제갈량은 조운이 준비해 온 배에 올라타고 떠나는 중이었다. 서성이 배를 멈추라고 했지만 이미 주유의 의도를 간파한 제갈량이 어찌 배를 멈추겠는가? 조운의 영접을 받아 유비의 군영으로 돌아온 제갈량은 즉시 장수들을 불러 모아 조조의 군사를 섬멸할 계책을 말했다. 조운은 오림(烏林)의 숲에 매복하고, 장비는 호로곡(葫蘆谷), 그리고 관우는 화용도에 매복하도록 명했다. 제갈량은 이미 관우가 예전에 입은 은덕을 잊지 못하고 조조를 그냥 놓아 줄 것을 예측하고는 그에게 출병 전에 군령장을 써놓도록 했다.

한편 주유는 만반의 준비를 끝내고 격전에 대비했다. 저녁이 되자 황개가 20여 척의 전선에 마른 장작과 삘기(띠라는 식물의 어린 싹), 어유(魚油)와 유황 등 인화물질을 가득 실은 채 청룡아기(青龍牙旗)를 꽂고 동남풍을 따라 조조의 진영으로 다가갔다. 정욱이 황개의 배가 군량을 실은 배와 달리 가볍게 떠오는 것을 보고 속임수라는 것을 간파하여 조조에게 급히 알렸지만 이미 때는 늦었다. 황개가 배에 불을 지르자 바람에 불길이 거세지면서 화염이 넘실거리다가 곧바로 조조의 수채(水寨 : 수군의 영채)로 번졌다. 조조의 전선에 불이 붙자 쇠고리와 사슬로 연결된 다른 군선에 급속도로 불길이 이어지면서 모든 군선에 불이 붙어 활활 타올랐다. 황개는 그길로 곧장 조조를 잡으러 갔다가 장료의 화살에 맞아 강물에 빠졌지만 한당(韓當)이 구해 주어 겨우 목숨을 건졌다.

화공으로 조조의 대군이 혼란에 빠지자 동오의 군사들은 기회를 놓치지 않고 추격했다. 왼쪽에서 한당, 오른쪽에서 주태, 중앙에서 주유와 정보 등이 일제히 쏟아져 나오자 조조는 황급히 퇴각하기 시작했다. 연이어 앞뒤로 여몽, 능통, 감녕, 태사자 등 동오의 명장들이 파죽지세로 쳐들오자 조조의 군사는 부상을 입고 죽는 자가 부지기수였다. 조조는 이릉 쪽으로 달아나다가 장합을 만나 후미를 맡기고는 겨우 적벽에서 벗어날 수 있었다. 한참을 도망치다 오림의 서쪽으로 수목이 우거지고 험준한 곳에 이르렀을 때 조조는 크게 웃으며 주유와 제갈량이 꾀와 지혜가 없어 이렇게 좋은 매복처를 그냥 놔두었다고 비웃었다. 하지만 그가 채 웃음을 그치기도 전에 갑자기 한 무리의 군사가 몰려오며 소리쳤다. 조운의 군사들이었다. 조조는 죽을힘을 다해 조운의 공격을 막아내고 급히 도망쳤다. 호로곡에 도착한 조조의 군사들은 지치고 굶은 터라 말을 잡아 허기를 채우고, 젖은 갑옷을 벗어 바람이 잘 부는 곳에 널어 말렸다. 조조는 서소림(書疏林) 아래 앉아 또다시 주유와 제갈량의 지혜가 부족함을 말하며 크게 웃었다. 그러나 이번에도 채 웃음이 멎기도 전에 장비가 군사를 이끌고 쳐들어왔다. 조조의 군사는 갑옷을 추스르지도 못한 채 그대로 도주해 버렸다. 화용도에 도착한 조조는 다시 한 번 주유와 제갈량의 부족한 지혜를 비웃었다. 주위의 장수들이 그 이유를 묻자 이곳에 군사를 매복했다면 속수무책으로 당했을 것이라고 말했다. 하지만 그 말이 끝나자마자 한 떼의 무리가 달려오더니 조조의 앞을 막아섰다. 조조의 군사들은 넋이 나가고 간담이 떨어진 채 서로 쳐다보며 혼비백산하여 우왕좌왕했다. 결국 조조는 정욱의 말을 들어 관우에게 옛정을 이야기하며 은의(恩義)를 잊지 말 것을 부탁했다. 관우는 의리가 태산처럼 무거운 사람이었기 때문에 끝내 마음이 약해져 조조를 놓아주고 말았다.

하구로 돌아왔을 때 조운과 장비 등은 군마와 군량 등을 노획해 왔지만 관우만은 말 한 마리, 포로 하나 없이 빈손으로 돌아와 유비를 만났다. 제갈량은 군령장을 위반한 관우를 참수하려고 했지만 유비의 만류로 살려주었다.

한편 조조는 겨우 27기(騎)의 기병만을 거느린 채 남군으로 돌아와 조인의 영접을 받았다. 조조는 조인에게 남군을 지키도록 하면서 비단 주머니에 계책을 담아 주었다. 아울러 하후돈은 양양을 지키고, 장료와 악진, 이전 등은 합비를 지키게 한 후 자신은 남은 군사를 이끌고 허창으로 되돌아갔다.

18 입지를 굳히다
주유를 세 번 격분시킨 제갈량

≫≫ 주유는 적벽대전을 끝내기 전에 제갈량을 죽일 수 없었고, 이후 계략을 써서 유비를 죽이고자 했지만 끝내 이루지 못했다. 오히려 제갈량의 기지와 계략으로 자신이 분에 못 이겨 죽고 말았다. 그 과정에서 유비의 세력은 점차 커졌고, 형주 대부분과 서천을 취함으로써 도약의 발판을 마련했다.

남군을 취해 주유를 격분시키다

적벽대전에서 승리한 후 유비는 손건을 보내 주유를 축하했다. 주유는 대화 중에 유비가 남군을 취하려는 의도가 있음을 간파하고는 직접 유비를 만나 담판을 짓기로 했다. 제갈량의 계책을 이미 숙지하고 있던 유비는 주유와 만나 만약 동오의 주유 부대가 남군을 취하지 못할 경우에는 자신이 취해도 좋다는 허락을 받아냈다. 남군을 취하는 데 전혀 문제가 없다고 생각한 주유 역시 만족해하며 돌아와 장흠, 서성, 정봉 등을 보내 남군을 공략하도록 했다. 이에 맞선 조인은 조조가 남긴 비단 주머니 속의 계책을 꺼내 함정을 파고 매복병을 배치하여 주유의 공격을 물리쳤다. 이때 화살에 맞아 중상을 입은 주유는 자신이 죽었다고 거짓 소문을 내어 조인을 영채로 끌어들이도록 유인했다. 과연 조인이 주유가 죽은 줄 알고 달려들었다가 크게 패하고 말았다. 승기를 잡은 주유는 그대로 진격하여 남군성에 이르렀지만, 어찌된 일인지 조운이 이미 남군을 선점하고 있었다. 또한 제갈량이 조인의 병부(兵符)를 손에 넣어 형주와 양양의 군마를 이동시킨 뒤 장비와 관우를 출병시켜 형주와 양양을 취하도록 했다. 주유는 이 소식을 듣고 격분해 화살에 맞은 상처가 터지고 말았다.

주유는 노숙을 보내 사리를 따져 남군을 되돌려 받고자 했다. 그러나 제갈량은 양양이 원래 유표의 터전으로, 그의 맏아들인 유기가 아직 살아있으니 유비는 숙부의 입장에서 그를 돕는 것이라고 하였다. 분명하고 합당한 말이었기에 결국 노숙은 제대로 말도 꺼내지 못한 채 그냥 돌아올 수밖에 없었다. 당시 손권은 승세를 틈타 합비를 공략했는데, 전황이 여의치 않자 주유에게 원군을 요청했다. 이에 주유는 시상으로 돌아가 요양하며 정보를 보내 손권을 지원하도록 했다.

이적의 추천으로 유비의 사람이 된 마량(馬良)은 유비에게 형남(荊南)의 4군(郡)을 취하도록 건의했다. 유비는 그의 건의에 따라 관우로 하여금 남하하여 영릉을 먼저 취하게 하고, 조운은 계양(桂陽)을, 장비는 무릉(武陵)을 취하도록 했으며, 마지막으로 관우에게 장사를 공략하도록 했다. 장사를 취하는 과정에서 관우는 황충과 싸우다가 의롭게 그를 풀어주었고, 황충 또한 활의 명수였음에도 불구하고 관우의 투구 술을 맞추어 보답했다. 이를 알게 된 장사태수 한현이 황충을 죽이려고 하다가 오히려 위연에게 목숨을 잃었다. 위연은 한현을 죽인 뒤 즉시 성문을 열고 관우에게 투항했다. 이렇게 해서 유비는 뛰어난 장수 황충과 위연을 얻게 되었다.

유비가 네 곳의 군(郡)을 손에 넣었을 때 손권은 합비에서 장료와 접전을 벌이는 중이었다. 장료는 전투에서 승리한 후 오나라 군이 야간에 습격할 것에도 미리 대비를 해둠으로써 오나라 군을 격파했다. 오나라 장수 태사자는 그 와중에 화살에 맞아 결국 목숨을 잃고 말았다.

절병패부인*으로 주유를 격분시키다

유비가 입지를 굳히기 시작할 무렵, 유기가 단명하여 세상을 뜨고 말았다. 이에 유비는 급히 관우를 보내 양양을 지키게 하였다. 노숙이 이를 알고 형주로 와서 따지자 제갈량은 노숙에게 잠시 형주를 취하고 있다가 서천을 얻으면 돌려주겠다고 약속했다. 주유는 노숙이 두 번씩이나 유비 진영으로 가서 형주를 돌려달라고 요구했지만 끝내 빈손으로 돌아오자 화가 머리끝까지 치솟았다. 그러한 상

* '절병패부인(折兵賠夫人)'이란 패배한 장수의 부인이 승리한 장수의 소실로 끌려간다는 뜻인데, 여기서는 손권의 여동생이 유비에게 시집 간 것을 말한다.

주유를 격분시켜 형남 사군을 취한 유비

주유가 격분했다는 이야기는 역사에 없다. 주유는 적벽대전 이후 강릉을 1년 동안 포위 공격하여 마침내 남군을 손에 넣었다. 유비는 그 와중에 형남 사군四郡을 취했고, 나중에 손권은 유비에게 남군을 빌려 주었다. 이것이 바로 '형주를 빌려주다借荊州'의 내막이다.

남군을 취한 제갈량

주유가 죽음을 가장하여 조인의 부대를 대파하고, 제갈량은 조인이 성을 나간 틈을 타서 남군을 공략한 다음 조인의 병부를 얻어 양양과 강릉의 수비 군사에게 출병하여 구원하도록 했다. 그리고 그 틈을 타서 양양과 강릉을 손에 넣었다. 실제 남군의 치소(治所 : 관공서)는 강릉에 있었는데, 나관중은 이를 남군성으로 묘사했기 때문에 남군을 취한 뒤 다시 강릉을 취하는 오류를 범한 것이다.

형남 사군을 취한 유비

유비는 원래 강하에 주둔하고 있다가 남쪽의 사군을 얻기 위해 강하를 손권에게 양보했는데, 사군의 군수들이 그의 명성을 듣고 투항하는 바람에 쉽게 얻을 수 있었다. 『삼국연의』에는 영릉군이 남군 가운데 가장 가까운 곳으로 묘사되어 있지만, 사실은 정반대로 계양을 제외하면 영릉이 가장 멀었다. 실제 상황에 근거한다면 유비가 영릉을 먼저 취할 수는 없었을 것이다.

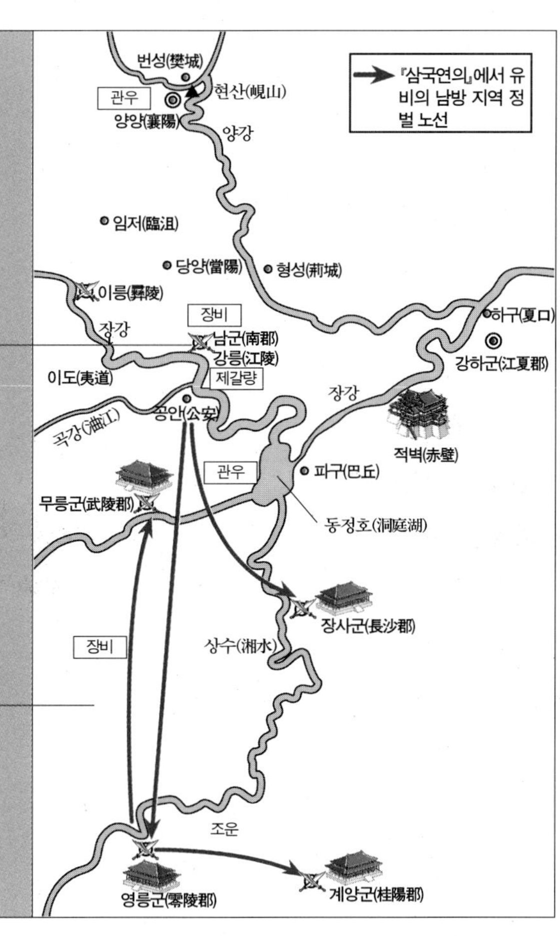

고대의 병부

병부(兵符)는 양쪽 절반이 서로 맞아야만 효력이 있다. 고대의 병부는 군령을 전달하거나 군사를 이동시키는 데 활용한 일종의 신물(信物)이다. 동이나 옥, 목석 등을 이용해서 여러 가지 형태로 만들었는데, 특히 호랑이 형태는 '호부'라고 부른다. 일반적으로 병부는 반으로 잘라 만드는데, 오른쪽 절반은 국군(國君 : 군주, 국왕)이나 장수(將帥)가, 왼쪽 절반은 휘하 장수가 지녔으며, 반드시 양쪽이 서로 맞아야만 효력이 있었다. '부합(符合)'이란 말이 바로 여기서 나온 것이다. 제갈량은 조인의 병부를 얻어 양양과 형주의 수비군을 이동시킴으로써 두 곳의 성을 손쉽게 차지할 수 있었다.

황에서 마침 유비의 감부인이 병으로 세상을 뜨자 주유는 손권에게 하나의 계책을 올렸다. 손권의 누이동생과 유비를 혼인시킨다는 핑계로 그를 동오로 불러들여 연금한 뒤에 제갈량으로 하여금 형주를 내놓게 하자는 것이었다.

손권이 여범을 보내 혼사를 전했지만 유비는 두려워하며 동오로 가기를 망설이고 있었다. 이때 제갈량은 오히려 두 집안의 혼사를 적극적으로 권유하면서 조운에게 유비의 호위를 맡겼다. 동오로 떠나는 날 제갈량은 유비에게 세 개의 비단 주머니를 주면서 필요할 때마다 그 안에 들어 있는 묘책에 따를 것을 당부했다. 유비 일행이 남서(南徐)에 이르렀을 때 조운은 제갈량이 준 비단 주머니 하나를 풀어 그 안에 있는 묘책을 실행에 옮겼다. 우선 군사들에게 깃발을 높이 들고 북을 울리면서 혼례에 필요한 물건을 구입하도록 했다. 성 안에 있는 사람들에게 유비가 혼사 때문에 동오에 왔다는 것을 널리 알리기 위함이었다. 마침내 오국태가 이 사실을 듣고는 자신도 모르는 사이에 딸의 혼사를 결정했다는 이유로 손권을 질책했다. 이후 전후 사정을 알게 된 오국태는 자신이 감로사(甘露寺)에서 직접 유비를 만난 뒤 결정하겠다고 했다. 손권은 도부수를 몰래 매복시켜 두었다가 모친이 마음에 들지 않는다고 하면 그 즉시 유비를 죽이도록 만반의 준비를 갖추었다. 그러나 오국태는 유비를 만족스러워하며 자신의 딸을 그에게 보내기로 결정했을 뿐만 아니라 그의 안전까지 책임지겠다고 했다.

주유는 '농가성진(弄假成眞)' 즉 원래 거짓으로 꾸민 것이 진짜가 되는 것을 보면서 또 다른 계책을 마련했다. 이번에는 유비가 거처할 집을 대대적으로 수리하고 온갖 기물과 악사 등을 선물하여 동오에서 오랫동안 머물게 함으로써 그의 뜻을 약화시키고자 했다. 과연 유비는 음악과 여색에 도취되어 형주로 돌아갈 생각을 하지 않았다. 점점 연말이 다가오자 조운은 문득 제갈량이 건넨 비단 주머니가 생각났다. 그는 즉시 두 번째 주머니를 열어 보았다. 조조가 군사를 일으켜 정예군 50만 명을 이끌고 형주로 진격해 오고 있다는 핑계를 대어 돌아오라는 것이었다. 조운의 말을 들은 유비는 형주의 안위가 걱정되어 강변에서 조상님께 제사를 지낸다는 핑계를 대고 형주를 향해 출발했다.

이 사실을 안 손권은 그 즉시 군사를 보내 유비를 쫓았으며, 주유 역시 서성

손권과 유비의 혼인, 그리고 주유의 죽음

주유가 세 번이나 격분했다는 것은 『삼국연의』에서 가장 전형적인 이야기 가운데 하나다. 대목마다 주유와 제갈량의 기지가 번뜩이면서 재미를 더해 주고 있다. 그러나 실제로 손권과 유비 양측은 각기 자신들의 이익을 위해 서로 속고 속이며 계책을 실행한 것에 지나지 않는다.

용을 타고 나타난 사위 : 손권의 여동생인 손상향(孫尙香)은 검술을 좋아했다고 한다. 『삼국연의』에서 손권은 유비를 잡기 위해 자신의 여동생을 이용한 것으로 나오지만, 정사는 조금 다르다. 정사에 의하면 손권이 여동생을 유비에게 보낸 것은 무엇보다 자신과 유비의 관계를 공고하게 하기 위함이었고, 두 번째는 여동생으로 하여금 유비를 감시하도록 하기 위함이었다. 이는 애정이 전혀 없는 정략적 결혼이었는데, 손부인은 거만하고 행동이 제멋대로여서 유비조차 자신의 안위를 위해 조운을 대동했었다.

세 번 주유를 격분시킴 : 주유는 파촉을 도모한다는 핑계를 대고 형주를 취하고자 했지만 제갈량에게 계략이 간파되고 말았다. 실제로 손권은 유비와 연합하여 파촉을 공략하려고 했으나 유비가 거절하자 주유의 파촉 공략을 만류할 생각이었다. 그러던 차에 주유가 병을 얻어 죽고 말았는데, 그렇지 않았다면 손권과 유비는 서로 전쟁터에서 만났을 것이다. 이후 유비가 손권을 배신하고 파촉을 차지하자 이에 격노한 손권은 유비를 '활로(猾虜 : 교활한 오랑캐)'라는 말로 비난했다.

제갈량이 건넨 비단 주머니 속의 묘책 : 유비가 동오로 가기 전에 제갈량은 조운에게 3개의 비단 주머니를 주면서 안에 들어 있는 묘책에 따라 행동하도록 했다. 신기하게도 이후 벌어지는 일들은 제갈량이 예견한 대로 이루어졌으며, 세 가지 묘책이 그때마다 절묘하게 효력을 발휘했다. 당연히 사람들은 제갈량의 뛰어난 예지력과 묘책에 감탄할 수밖에 없다. 이른바 '금낭묘계(錦囊妙計)'는 정황에 대한 정확한 예측을 토대로 이루어진다. 뛰어난 통찰력, 정확한 예견력이 없다면 처음부터 불가능한 일이다. 조조가 조인과 장료에게 준 것도 이와 같은 금낭묘계였다.

비단 주머니

과 정태 등을 보내 길목에서 유비 일행을 기다려 살해하도록 명했다. 손권과 주유의 군사가 바짝 뒤를 쫓는 위기의 순간에 조운은 세 번째 비단 주머니를 풀었다. 제갈량이 미리 준비한 묘책에 따라 유비는 손부인에게 그간의 자초지종을 모두 말해 주었다. 이를 들은 손부인은 크게 화를 내며 자신들을 쫓던 서성과 정태 등을 꾸짖어 더 이상 뒤쫓지 못하게 하였다. 손권은 뜻하지 않게 서성과 정태 등이 유비 일행을 막지 못하자 장흠과 주태 등을 시켜 다시 쫓게 하였다. 하지만 그들이 유비를 거의 쫓아갔을 때 이미 제갈량은 유비와 조운을 맞이할 만반의 준비를 갖추고 그들을 기다리고 있었다. 이에 주유가 직접 군사를 이끌고 달려왔지만 제갈량이 사전에 매복해 둔 군사들에게 대패하고 말았다. 주유가 다급하게 배에 오르자 강가의 군사들이 큰 소리로 비웃으며 이렇게 소리쳤다.

"주랑이 묘책으로 천하를 안정시킨다고 하더니, 부인도 빼앗기고 군사도 꺾이고 말았구나!"

격노한 주유는 또다시 상처가 터지면서 쓰러져 인사불성이 되고 말았다.

상대방의 계략을 간파하여 주유를 격분시키다

손권은 자신의 계책이 실패했음을 알고 유비가 혹시라도 조조에게 투항할지 모른다는 생각에 잠시 형세를 관망하면서 화흠을 조조에게 보내 유비를 형주목으로 삼기를 청했다. 자신과 유비가 연합하고 있다는 것을 알려 조조가 감히 남하하지 못하도록 하려는 속셈이었다. 당시 조조는 동작대가 낙성되어 문무백관을 거느리고 크게 연회를 베풀다가 때마침 사신으로 온 화흠을 맞이하게 되었다. 조조는 남방의 정세를 확인한 다음 돌연 손발이 떨릴 정도로 당황했는데, 유비가 형주를 얻었다는 사실을 알고 크게 놀랐기 때문이다. 그러나 잠시 뒤 조조는 정욱의 계책을 받아들여 주유를 남군태수, 정보를 강하태수로 삼도록 하여 주유와 유비가 서로 대립하는 가운데 어부지리를 얻고자 했다.

주유는 남군태수의 관직을 하사받은 뒤 즉각 노숙을 보내 형주를 돌려 달라고 요구했다. 그러나 유비는 제갈량의 계략에 따라 노숙을 만나 펑펑 울면서 사정 이야기를 하자 노숙은 또다시 빈손으로 돌아갈 수밖에 없었다. 주유는 헛수고

한 노숙을 만난 자리에서 가도멸괵(假途滅虢)*의 계책을 이야기하였다. 유비를 대신하여 서천을 공략할 것이니 가는 길목에 있는 형주를 통과할 수 있도록 요청한 다음, 유비의 군사가 영접하러 나왔을 때 그 틈을 타 형주를 공격하겠다는 것이었다. 하지만 그의 계책으로 제갈량을 속일 수는 없었다. 주유의 군사들이 형주성 아래에 도착했을 때 그들을 기다리는 것은 굳건히 성을 지키고 있는 조운이었다. 그리고 얼마 뒤 군사가 달려와 알리기를 관우, 장비, 황충, 위연 등의 군사들이 사방에서 몰려들고 있다는 것이었다. 주유는 자신의 계책이 탄로난 것을 알고는 분한 마음이 치솟아 올라 또다시 상처가 터져 말에서 떨어지고 말았다.

연이은 타격으로 주유는 진충보국(盡忠報國)을 하지 않으려는 것이 아니라 천명이 이미 다했음을 깨닫고 탄식하며 말했다.

"기왕에 주유를 내시고 어찌 제갈량을 내셨습니까?"

주유는 이렇게 말하고는 끝내 절명하고 말았다. 그의 나이 서른여섯 살이었다. 그는 죽기 전에 노숙이 자신의 뒤를 잇도록 추천했고, 주유가 죽자 제갈량은 동오로 들어가 문상하며 통곡했다.

형주로 돌아오는 길에 제갈량은 방통을 만나 자신과 함께 유비를 보좌하도록 권했다. 방통은 원래 동오에 살고 있었는데, 이전에 손권은 노숙의 추천으로 방통을 만나고는 그저 미친 선비 정도로 생각하면서 절대로 쓰지 않겠다고 맹세했었다. 결국 방통은 노숙의 권유와 제갈량의 추천으로 유비에게 의탁하기로 결심했다. 형주로 온 방통은 때마침 제갈량이 자리를 비운 상황에서 유비를 만나 뇌양현의 현령으로 임명되었다. 자신의 재주를 알아 주지 못하는 세태를 한탄하면서 방통은 술로 날을 지새우다가 때마침 시찰을 나온 장비 앞에서 서너 달이 걸릴 온갖 송사를 하루 반나절도 되지 않아 모두 처리하는 모습을 보였다. 이에 놀란 장비가 크게 감복하여 유비에게 알렸다. 그제야 방통의 재주를 깨달은 유비는 그를 부군사중랑장으로 삼아 제갈량과 함께 전략을 짜도록 했다.

---

* 춘추 시대에 진나라가 우나라에게 길을 빌려 괵나라를 멸망시킨 다음 돌아오는 길에 우나라까지 멸망시킨 것을 말한다.

19 수염을 자르고, 전포를 버린 채 도망친 조조

조조를 격파한 마초

≫≫ 마초는 아버지의 원수를 갚기 위해 서량의 군사를 이끌고 출병했다. 그는 동관에서 조조를 만나 조조에게 치욕스런 패배를 안겼지만, 조조의 이간책을 간파하지 못하여 자중지란을 일으킴으로써 결국 패배하고 말았다.

조조는 적벽대전에서의 패배를 한시도 잊은 적이 없었다. 어떻게 해서든지 그 원한을 갚고자 했지만, 대군을 몰아 남하하기에는 서량의 마등을 후방에 두고 가는 것에 마음이 놓이지 않았다. 이에 순유가 묘책을 올렸다. 마등의 관직을 높여 장안으로 들어오도록 한 뒤 제거하자는 것이었다. 그러나 당시 마등은 차남인 마휴와 마철, 그리고 조카 마대를 데리고 허창으로 떠났고, 맏아들인 마초를 서량에 남겨 두었다.

마등은 허창성 밖에 주둔하면서 황규(黃奎)와 모의하여 다음 날 조조가 성 밖에서 부대를 사열할 때 주살하기로 결정했다. 그러나 황규의 소첩이 몰래 연락하고 있던 묘택(苗澤)에게 이야기하는 바람에 사전에 발각되어 마등 부자는 모두 살해되고 말았다. 그때 겨우 목숨을 건진 마대는 서량으로 도망쳤다. 조조는 마등을 죽인 뒤 남정(南征)에 나서 합비에서 손권과 대치했다. 손권이 유비에게 원군을 요청하자 제갈량은 유비로 하여금 마등의 맏아들인 마초에게 서신을 보내 군사를 일으켜 조조의 후방을 공격하도록 요청했다.

마초는 자기 아버지가 조조에게 살해되었다는 것을 알고는 부친의 의형제인 한수와 함께 20만 대군을 이끌고 장안으로 향했다. 그러고는 방덕의 계략을 이용해 군사들을 평민들과 섞이게 한 뒤 합세하여 장안을 점령하는 데 성공했다. 조조는 장안에서 병란이 일어나자 감히 남정을 계속하지 못하고 서황과 조홍 등에

동관전투

동관전투는 '위남전투渭南戰鬪'로 부르기도 한다. 이 전투에서 패한 조조는 스스로 수염을 자르고 전포를 버린 채 도망쳤다. 또한 작은 배를 타고 도망칠 때는 허저가 물에 빠진 병사들이 배에 매달리자 모조리 베어버리는 참혹한 상황도 겪었지만, 결국 전쟁의 승리는 조조에게 돌아갔다. 조조는 기이한 계략과 용병술로 위기를 모면하고 승리를 얻었는데, 그런 이유로 동관전투는 '전술의 교과서'라는 명칭이 붙기도 했다.

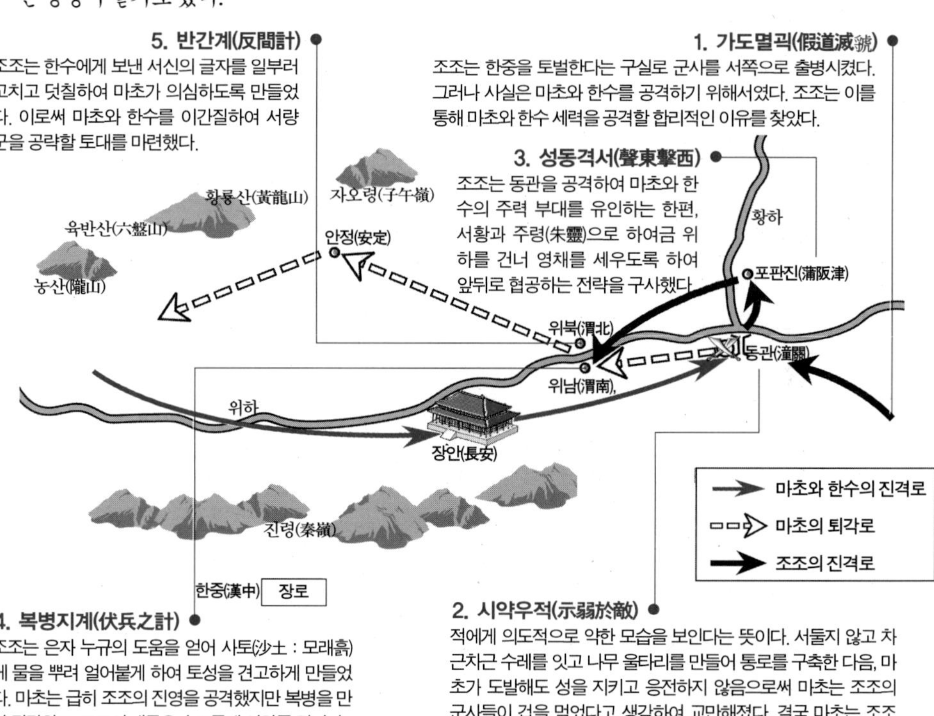

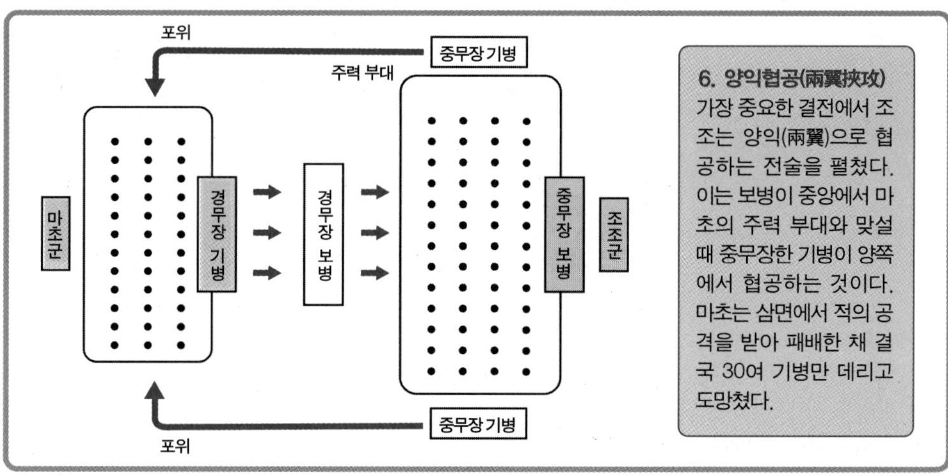

게 명하여 동관을 지키도록 했다. 하지만 조홍은 서량의 군사들이 욕설을 퍼붓자 이를 참지 못하고 출병했다가 결국 동관을 빼앗기고 말았다.

조조는 급히 군사를 이끌고 출정하여 동관에서 마초와 대치하게 되었다. 첫 번째 싸움에서 조조는 크게 패해 자신이 입고 있던 붉은 전포를 벗어던지고, 수염을 자르며 도망쳐야 하는 곤욕을 치렀다. 이후 조조는 다시 군사를 이끌고 포판진(蒲阪津)을 건너 마초의 퇴로를 차단하려 했으나 채 강을 건너기도 전에 이를 눈치 챈 마초의 공격을 받아 크게 패했고, 하마터면 목숨을 잃을 뻔했다. 마초는 조조의 영채가 부실한 상태에서 다시 물밀듯이 쳐들어가 대승을 거두었다.

연이은 패배로 조조는 정신을 차릴 수 없었다. 게다가 사토로 쌓은 영채의 보루와 토성도 불안정하여 언제 또 다시 무너질지 모르는 상황이었다. 바로 그때 경조(京兆) 사람으로 남산에 은거하고 있는 누자백(婁子伯)이란 은자가 조조를 찾아와 계책을 제시했다. 이제 곧 삭풍이 불 것이니 군사들로 하여금 흙을 가져다가 덮고 물을 뿌리게 하면 토성을 견고하게 만들 수 있다는 것이었다. 그의 말대로 그날 밤 북풍이 크게 불어와 사토를 얼려 든든한 토성을 만들고 나서야 비로소 영채를 안정시킬 수 있었다.

마초는 '호후(虎侯)'로 불리던 허저와 맞붙어 접전을 벌였으나 끝내 승부를 가리지 못했다. 그러자 조조는 은밀하게 위하 서쪽에 영채를 세워 마초의 퇴로를 차단하도록 했다. 이 사실을 알게 된 마초는 한수와 상의하여 조조에게 화친을 청했고, 이에 조조는 쾌히 응하여 철군하겠노라고 했다. 마초는 조조의 속임수를 미연에 방지하고자 한수와 함께 군사를 운용하여 번갈아가며 조조와 서황을 방어토록 했다.

조조는 이를 기회로 삼아 마초와 한수를 이간질하는 계책을 쓰기로 했다. 조조는 우선 비무장 상태로 영채를 나와 한수를 만나 사사로운 옛 이야기를 나누었다. 이 소식을 접한 마초가 의심을 갖는 것은 당연했다. 조조는 다시 한수에게 서신을 보내면서 핵심적인 부분을 일부러 붓으로 지워 마초가 더욱 의심하도록 만들었다. 조조의 예상대로 마초는 조조가 한수에게 보낸 서신을 본 후 한수가 일부러 중요한 부분을 지운 것으로 오해했다.

이튿날 한수가 직접 조조를 만나 오해를 풀고자 했으나 조조는 오히려 이를 역이용하여 조홍을 내보내 "어제 승상이 말씀하신 대로 착오 없이 행하라는 분부시오!"라는 말을 전하고 돌아오도록 했다. 마치 이미 내조(內助)하기로 약조한 듯한 발언에 뒤에서 지켜보던 마초는 분기탱천하여 당장이라도 한수를 찔러 죽일 것만 같았다. 결국 한수는 마음을 바꿔 먹고 마초를 연회에 초청해 살해하려고 했다. 그러나 사전에 발각되어 오히려 마초의 칼을 막다 왼손을 잘리고 도망치고 말았다. 서량의 두 장수가 자중지란(自中之亂)에 빠진 상태에서 조조가 쳐들어오자 마초는 크게 패해 겨우 30여 기의 기병만 데리고 임조(臨洮)로 도망쳤다.

한편 한중을 차지하고 있던 장로(張魯)는 한녕왕(漢寧王)으로 칭하고자 했는데, 조조가 마초의 서량군을 무찔러 천하에 위엄을 떨치는 것을 보고 자신의 기반마저 위태로워질 것을 염려하게 되었다. 그래서 남쪽으로 출병하여 유장이 다스리고 있는 서천 41주를 빼앗아 세력을 확대하여 조조와 맞서고자 했다.

20 불현듯 날아오르다 서쪽으로 익주를 취한 유비

>>>> 파촉을 취한 것은 제갈량이 융중에서 이미 정한 전략에 따른 것이었다. 유비는 먼저 탄탄한 기반을 마련한 후 서천으로 눈길을 돌렸다. 유장은 장로를 막기 위해 유비에게 도움을 청했는데, 유비의 입장에서 보면 하늘이 내린 좋은 기회가 아닐 수 없었다.

익주목 유장은 장로가 군사를 일으켜 서천을 공략하려는 낌새를 알아차리고는 급히 장송을 보내 허도에 구원을 요청했다. 장송은 유장이 유약하여 장로의 공격에 겁먹은 것을 보고는 촉중(蜀中 : 중국 삼국 시대 촉한 '익주益州'의 다른 이름)의 지도를 들고 조조에게 바치려고 하였다. 그러나 조조는 외모만 보고 사람을 판단하여 매우 오만한 태도로 장송을 대했다. 이에 장송은 마음을 바꾸어 형주로 향했는데, 그를 만난 유비는 크게 환대하는 것이었다. 장송은 유비의 사람됨이 어질고 의로워서 영명한 군주가 될 것이라 여기고, 서천을 먼저 취하도록 건의하면서 파촉의 지도를 헌상한 후 자신이 법정, 맹달과 함께 돕겠다고 약속했다.

성도로 돌아온 장송은 즉각 유장에게 유비의 도움을 받아 장로의 공격에 대비할 것을 건의하면서 법정과 맹달을 추천하여 유비를 영접하게 했다. 식견이 좁은 유장은 어떤 위험이 도사리고 있는지 전혀 의식하지 못한 채 휘하 장수인 황권(黃權)과 왕루(王累)의 반대에도 불구하고 성심껏 유비를 대접했다.

법정은 형주에 도착하여 유비에게 서천을 취하는 일에 대해 상의했지만, 유비는 차마 같은 집안의 기반을 탈취하는 것이 꺼림칙해 주저하였다. 그러나 방통이 마땅히 권세의 변화에 따라 주어진 기회를 붙잡아야 한다고 설득하자 유비는 비로소 마음을 정했다. 이에 친히 방통, 황충, 위연 등과 함께 서천으로 들어갔고, 제갈량은 관우, 장비, 조운과 함께 형주에 남도록 했다.

점점 커지는 조조의 야심

유비가 사천으로 들어간 뒤 조조는 마초를 격파하여 더욱더 안하무인으로 자신과 비할 자가 없다고 여겼다. 허창의 군신들이 조조에게 진위공晉魏公의 자리에 올라 구석을 받을 것을 권유했는데, 이에 조조는 흔쾌히 받고자 했으나 순욱이 반대하자 그를 죽이고 말았다. 이는 당시 조조에게 찬탈의 야심이 있었음을 보여 주는 것이다.

구석

'석(錫)'은 고대의 '사(賜)'와 통한다. 이른바 '구석(九錫)'이란 아홉 가지 예기(禮器)로 천자가 제후나 대신들 가운데 혁혁한 공훈을 세운 자에게 하사하여 최고의 예우를 표시하는 것이다. 그러나 후대에는 대신이 찬위(簒位 : 임금의 자리를 빼앗음)하기 전에 구석을 받는 예가 속출하여 찬위의 대명사처럼 사용되었다.

거마(車馬) : 금거대로(金車大輅)와 병거융로(兵車戎輅) 각 한 채, 붉은 색 공마(公馬) 8필을 덕을 베푼 자에게 하사하였다.

의복 : 곤면지복(袞冕之服) 및 적석(赤舃 : 신발) 한 쌍을 백성을 평안하게 한 자에게 하사하였다.

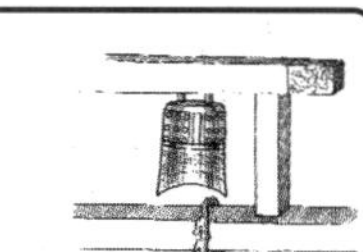

악현(樂懸) : 음을 교정하는 기구로, 백성을 화평하고 즐겁게 한 자에게 하사하였다.

주호(朱戶) : 붉은 칠을 한 대문으로, 민중이 많은 자에게 하사하였다.

납폐(納陛) : 전각에 오르는 계단으로, 좋은 말을 바친 자에게 하사하였다.

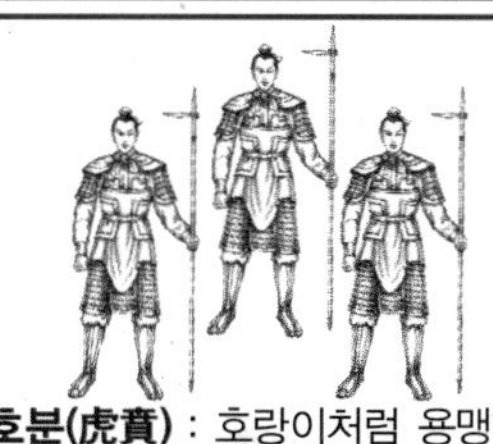

호분(虎賁) : 호랑이처럼 용맹한 호위 무사 3백 명을 악을 물리친 자에게 하사하였다.

철월(鐵鉞) : 철은 형구(形具)이고 월은 전쟁 무기로, 죄진 자를 주살한 자에게 하사하였다.

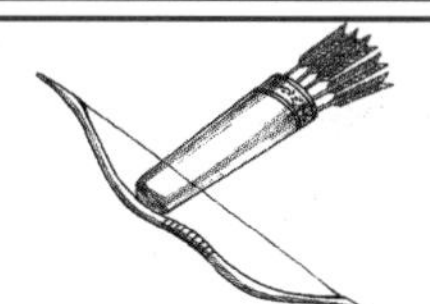

궁시(弓矢) : 붉은 활 1벌, 붉은 화살 1백 개, 검은 활 10벌, 검은 화살 1천 개를 불의한 자를 징벌한 자에게 하사하였다.

거창규찬(秬鬯圭瓚) : 거창은 진귀한 곡식으로 주조한 미주(美酒)이고, 규찬은 술을 뜨는 기구로서 효도한 자에게 하사하였다.

조조의 작위 승진

208년 : 삼공(三公)을 폐하고 승상의 자리에 올랐다. → 213년 : 위공의 자리에 오르고 구석을 더했다. 위나라 사직 종묘를 세우고 제후왕의 위에 올랐다. → 216년 : 위왕에 올라 천자가 사용하는 거마와 의복에 난의(鸞儀 : 봉황 등의 문양)를 사용했다. → 220년 : 조비가 칭제한 뒤 조조를 위나라 태조로 추존하고 시호를 무황제(武皇帝)로 추서했다.

유비가 익주로 들어가자 유장은 군량을 제공하는 등 성의를 다하면서 친히 부성(涪城)까지 나와 영접했다. 장송, 방통, 법정 등이 유비에게 연회석상에서 유장을 살해하면 익주를 쉽게 얻을 수 있다고 권하자 유비는 자신이 촉 땅에 들어와 은혜를 갚기도 전에 유장을 살해한다면 촉을 다스리는 데 이롭지 않을 것이라며 거부했다. 하지만 방통이 유비의 말을 듣지 않고 성급하게 연회 자리를 유방과 항우의 홍문연처럼 만들자 유비는 모두 물러나게 한 후 유장이 무사히 떠날 수 있도록 해 주었다. 이때 유장의 요구에 따라 유비는 군사를 이끌고 가맹관으로 나가 장로를 막았다. 그 과정에서 유비는 군기를 삼엄하게 하고 은덕을 널리 베풀어 민심을 얻게 되었다.

손권은 유비가 촉 땅으로 들어갔다는 소식을 접하고는 즉시 형주를 도모하고자 했지만 오국태가 반대하고 나섰다. 장소는 손부인에게 유비의 아들 유선을 데리고 오나라로 돌아오게 한 뒤 유선을 미끼로 형주를 돌려받자는 계략을 올렸다. 이러한 계략에 따라 모든 것이 진행되고 있었는데, 돌연 조운이 끼어들어 손부인이 데리고 있던 유선을 빼앗아 왔다. 한편 조조는 허도에서 위공(魏公)에 오르고, 구석을 더한 후 40만 명의 군사를 이끌고 동오 정벌에 나서 유수에서 손권과 접전을 벌였다. 그러나 조조는 끝내 승리를 얻지 못한 채 수개월 동안 대치하다가 철군하고 말았다.

유비는 조조가 철군한 뒤 형주를 공격할 수 있다는 우려 때문에 돌아갈 준비를 했다. 유비는 방통의 건의에 따라 유장에게 3~4만 명의 군사와 군량미 10만 섬을 요청하여 승낙을 받았으나 유장이 유파(劉巴) 등의 반대에 따라 노병(老兵) 4천 명과 군량미 1만 섬밖에 주지 못하겠다고 번복했다. 이에 화가 난 유비는 서신을 찢고 사신을 욕보이며 반객위주의 계책을 결정하고는 성도로 진격했다. 이때 장송은 유비가 형주로 돌아온다는 소식을 듣고 곧바로 유비에게 서신을 썼으나 전혀 예상치 못하게 서신은 자신의 동생인 장숙(張肅)을 거쳐 유장의 손에 들어가고 말았다. 편지를 본 유장은 크게 화를 내며 유비의 뻔뻔함을 비난하고는 장송 일가를 모두 참수하고 말았다.

방통은 양회(楊懷)와 고패(高沛) 등을 유인하여 죽이고 부수관(涪水關)을 습격하

서천에 진입한 유비

유장의 초청은 유비에게 하늘이 준 기회나 다를 바 없었다. 익주는 사면이 험준한 지형으로 막혀 있어 난공불락의 요충지였기 때문이다. 유장이 자청했기 때문에 익주로 들어가 유장의 자리를 빼앗으면 되었지만, 인의를 표방한 유비는 차마 동족인 유장의 기반을 송두리째 빼앗지 못하고 주저하였다. 이후 결국 서천을 차지했지만 방통과 장송 등을 잃었다.

방통의 상책, 중책, 하책

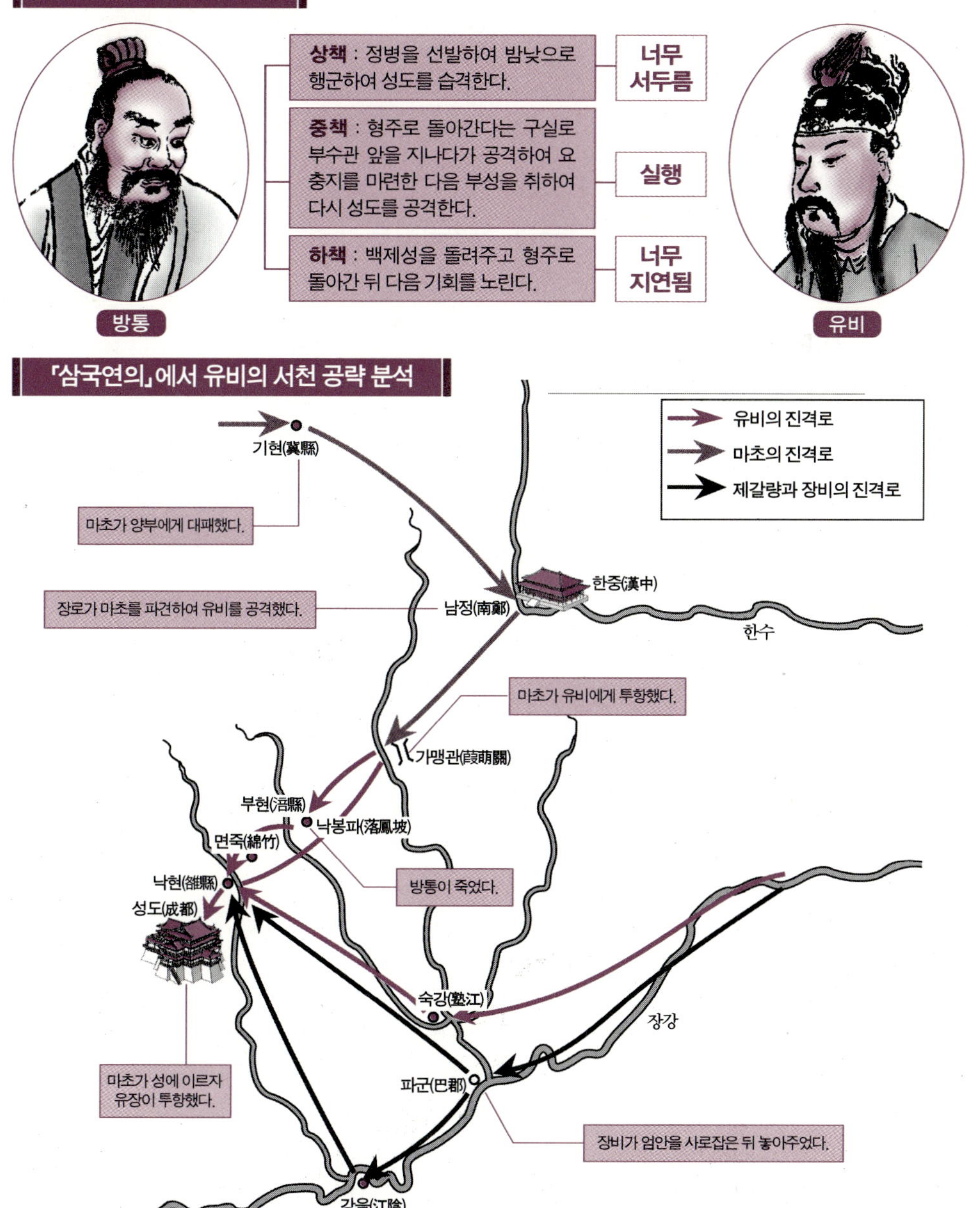

여 낙성 진군을 준비했다. 낙성을 공략하는 과정에서 위연이 전공을 다투다 패배하여 적군에게 포위되었지만 다행히 황충의 도움으로 살아났다. 이후 위연은 군사를 매복시켜 영포를 생포함으로써 자신의 실책을 만회했다. 유비는 어진 마음으로 생포한 영포를 살려 주었는데, 그는 오히려 부수를 터트려 수공으로 유비를 몰살시키고자 했다. 팽양(彭羕)의 도움으로 미리 대비했던 유비는 다시 영포를 사로잡아 죽였다.

제갈량은 천상을 관찰하다가 장수 가운데 흉사가 있음을 알고 유비에게 만사에 조심할 것을 당부하였다. 유비가 방통에게 이 말을 전하자 방통은 제갈량이 자신과 공적을 다투기 위해 한 말이라 생각하고는 대수롭지 않게 여겼다. 이후 군사를 나누어 낙성을 공략하면서 방통은 장임의 실력을 얕보다가 결국 매복한 궁사들의 화살에 맞아 낙봉파에서 운명을 달리하고 말았다.

방통의 죽음에 크게 상심한 유비는 관평을 형주로 보내 제갈량을 불러들였다. 제갈량은 방통의 죽음을 안타까워하면서 유비의 명에 따라 장비와 조운을 데리고 출발하였고, 관우에게는 형주를 지키도록 하였다. 그때 제갈량은 조운을 데리고 수로로 이동하고, 장비는 군사를 이끌고 파주 대로로 이동하였다. 장비는 파주를 지키는 노장 엄안에게 막혀 잠시 행군이 멈추어졌지만, 계략을 써서 엄안을 성 밖으로 나오게 한 뒤 그를 사로잡았다. 장비가 그를 다시 놓아주자 엄안은 은의에 보답하기 위해 다른 관문을 지키는 장수들에게 투항을 권고하여 장비는 제갈량보다 일찍 유비에게 도착했다. 마침 유비는 장임에게 패배하여 곤란한 처지였는데, 장비가 도착하여 지원해 주었다. 제갈량은 낙성에 도착한 뒤 유인책을 이용하여 장임을 사로잡고 순조롭게 낙성을 공략할 수 있었다.

유장은 낙성을 잃고 나서 동화(董和)의 말을 따라 원수였던 장로에게 구원을 청했다. 한편 마초는 강족(羌族)의 병사들을 규합하여 전열을 재정비한 다음 농서를 공격했는데, 양부에게 밀려 대패하고 말았다. 결국 마초는 마대와 방덕 등을 데리고 장로에게 투항했다. 장로는 유장이 구원을 요청하자 즉시 마초를 보내 가맹관을 공격했다. 당시 제갈량은 유인책으로 이엄(李嚴)을 투항시키고 면죽을 취한 상태였다. 마초가 가맹관을 공격한다는 소식을 접한 제갈량은 즉시 장비를 선봉으로 내보냈다. 장비와 마초는 가맹관 앞에서 접전을 거듭했지만 한밤중이 되도록 승부를 내지 못했다. 이에 제갈량은 반간계를 활용하기로 마음먹고 장로의 모사인 양송(楊松)에게 뇌물을 주어 마초를 위협하도록 했고, 마초는 어쩔 수 없이 이회(李恢)의 말을 듣고 투항했다.

마초가 유비에게 투항한 뒤 군사를 이끌고 유장을 공격하자 대세가 이미 기울어졌다는 것을 안 유장은 백성들의 안위를 생각하여 성문을 열고 투항했다. 유비는 성도로 들어가 스스로 익주목이 되었고, 휘하 장수들에게는 공적을 따져 상을 내렸으며, 유장을 형주로 보내 안치(安置 : 주거를 제한하는 형벌)했다.

21 상호 견제
한중, 형주, 합비

>>>> 유비가 익주를 차지한 후 형주를 둘러싼 대립으로 유비와 손권의 관계는 악화일로에 놓였다. 그러나 조조가 호시탐탐 노리는 상황에서 양쪽은 충돌을 피한 채 서로 이용하면서 조조를 견제하는 동시에 자신들의 목적을 달성했다.

손권은 유비가 익주를 얻었다는 소식을 듣고 장소의 계책에 따라 제갈근의 가족을 인질로 삼았다. 그런 다음 제갈근에게 성도로 가서 형주를 반환하도록 요구했다. 이때 유비는 제갈량의 계책에 따라 제갈근에게 장사군, 영릉군, 계양군을 돌려주겠다고 말했는데, 관우가 막무가내로 버티는 바람에 제갈근은 아무런 소득 없이 빈손으로 돌아가게 되었다. 손권이 노발대발하여 노숙에게 화풀이를 하자 노숙은 관우를 연회에 초청하여 생포하거나 죽인 뒤에 형주를 차지하자는 계책을 내놓았다.

관우는 사전에 노숙의 계략을 간파하고 청룡도 한 자루만 든 채 수행 군사 몇 명과 함께 연회에 참석했는데, 이것이 바로 '단도부회(單刀赴會)'다. 노숙은 연회석상에서 관우의 처사는 사리에 맞지 않는 것이라며 여러 차례 이야기했다. 그러나 관우는 술에 취한 척하면서 바람을 쐬자며 노숙의 손을 이끌고 강가로 나갔다. 동오의 장수들이 달려가 관우를 사로잡으려고 했지만, 노숙이 관우의 손에 있었기 때문에 어쩔 도리가 없었다. 이렇게 해서 노숙의 계략은 수포로 돌아가고, 결국 손권은 군사를 일으켜 형주를 공략하기로 했다. 하지만 조조가 군사를 이끌고 남하한다는 소식이 들리자 손권은 잠시 형주 공략을 접을 수밖에 없었다.

한편 조조의 남정 계획이 부간(傅幹)의 적극적인 만류로 잠시 주춤하자 왕찬 등은 또다시 조조를 위왕(魏王)으로 격상하는 문제를 논의하였다. 순유는 이에 반

3대 세력의 상호작용

삼국은 외교의 무대였고, 3대 세력은 서로 속고 속이면서 상호 견제하고 이용하는 등 자신들의 이익을 위해 관계를 유지하고 확대시켰다. 한중과 형주, 그리고 합비는 그들 3대 세력의 이익이 충돌하는 곳이었다.

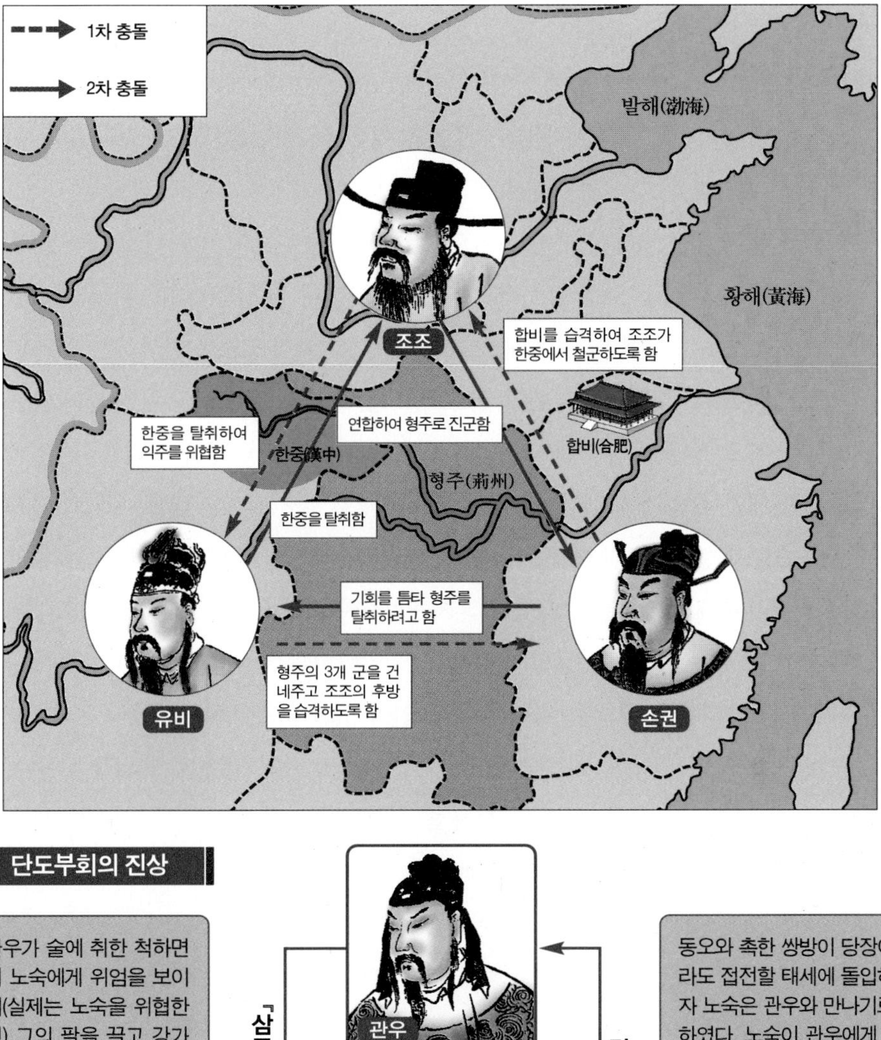

1차 충돌
2차 충돌
발해(渤海)
황해(黃海)
조조
합비를 습격하여 조조가 한중에서 철군하도록 함
연합하여 형주로 진군함
한중을 탈취하여 익주를 위협함
한중(漢中)
합비(合肥)
형주(荊州)
한중을 탈취함
기회를 틈타 형주를 탈취하려고 함
형주의 3개 군을 건네주고 조조의 후방을 습격하도록 함
유비
손권

단도부회의 진상

관우가 술에 취한 척하면서 노숙에게 위엄을 보이며(실제는 노숙을 위협한 것) 그의 팔을 끌고 강가로 나와 배를 타고 무사히 돌아갔다. 노숙의 장수들은 노숙의 안전을 고려해 차마 손을 쓰지 못하고 그냥 놓아주었다.

『삼국연의』
관우
노숙
정사

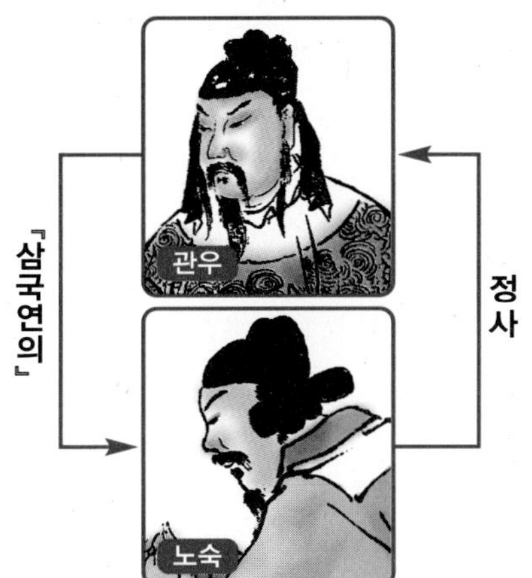

동오와 촉한 쌍방이 당장이라도 접전할 태세에 돌입하자 노숙은 관우와 만나기로 하였다. 노숙이 관우에게 3개 군의 할양에 대해 매섭게 질책하자 관우는 어쩔 수 없이 동의하였고, 상수(湘水)를 경계로 동쪽 3개 군을 동오에 넘겼다.

대하다가 조조의 비난과 질책에 결국 분을 참지 못하고 죽고 말았다. 이처럼 조조가 황제의 자리를 빼앗으려는 야욕을 드러내자 헌제와 복황후(伏皇後)는 측근 시위인 목순(穆順)을 통해 국구(國舅 : 임금의 장인)인 복완(伏完)에게 역적을 토벌하고 황제를 구원하라는 내용의 서신을 전했다. 그러나 목순이 궁으로 돌아오는 길에 조조와 마주쳐 밀서가 발각되었고, 크게 노한 조조는 복황후를 때려죽였고, 그가 낳은 두 명의 황자 역시 독살시켰으며, 복완과 목순 일가를 멸족하였다. 이 일이 있은 후 조조는 자신의 딸을 황후로 삼았다.

얼마 뒤 조조는 또다시 군사를 일으켜 한중의 장로를 치기 위해 출병하였다. 조조는 한중의 대장군 양앙(楊昂)과 양임(楊任)을 만나 양평관(陽平關)에서 대치했지만 쉽사리 이길 수 없었다. 이에 조조는 계략을 짜 거짓으로 철군하는 척하면서 날랜 기병으로 습격하려고 했다. 조조의 대군이 물러나자 양앙은 양임의 만류에도 불구하고 성을 나와 추격하기 시작했다. 마침 서로 얼굴을 분간할 수 없을 정도로 안개가 짙은 상태였다. 하후연과 장합은 각기 기병 3천 명을 이끌고 양평관 뒤쪽으로 향했는데, 안개 속에서 길을 잘못 들어 양앙이 자리를 비운 영채 안으로 들어가게 되었다. 결국 양임은 혼자 맞서 싸우다가 남정으로 도망쳤고, 뒤늦게 영채로 돌아온 양앙은 장합의 칼에 죽고 말았다.

조조는 양평관을 빼앗은 여세를 몰아 연이어 남정으로 쳐들어갔다. 이때 장로는 방덕을 보내 싸우게 했는데, 조조는 장로의 모사인 장송에게 뇌물을 주어 장로와 방덕을 이간질하는 계략을 사용했다. 이에 장로는 방덕을 의심하여 싸움에 이기지 못할 경우 참수하겠다고 말했다. 조조는 직접 말을 타고 나가 방덕과 맞붙다가 짐짓 도망쳤는데, 방덕은 아무것도 모르고 추격해 오다가 조조가 파놓은 함정에 빠져 생포되자 결국 투항하였다. 이미 대세가 기울었다고 판단한 장로는 성 안의 창고를 봉한 다음 남정을 버리고 파중(巴中)으로 도망쳤다. 하지만 그의 동생 장위(張衛)가 계속 저항하다가 조조의 군사에게 죽자 장로는 어쩔 수 없이 투항했다. 조조는 장로가 창고를 봉한 공을 치하하며 그를 후(侯)에 임명하고, 장송은 자신의 영달을 위해 주인을 배반했다는 이유로 참살하였다.

조조는 한중과 동천(東川 : 한나라 때 '익주'의 동부 지역을 이르던 지명)을 얻은 뒤 군

한중과 합비

한중의 장로

동한 중엽의 장릉(張陵)은 촉 땅에서 천사도(天師道)를 창건했다. 천사도에 입교하는 사람들에게 오두미(五斗米)를 받았기 때문에 속칭 '오두미교'라고 불렀는데, 이는 중국 최초의 도교 집단이다. 장릉이 죽은 후 장형(張衡)이 뒤를 이었고, 이후 장로가 계승하여 한중을 근거지로 정교합일(政教合一)의 정권을 세웠다.

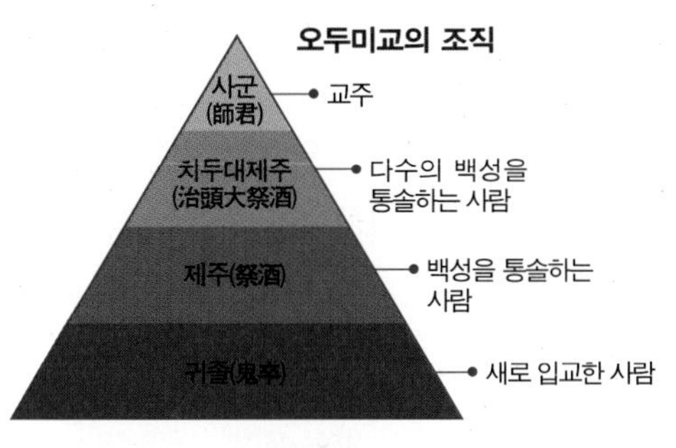

장릉 : 오두미교의 창시자로서 '천사(天師)'로 칭했다. ➤ **장형** : 장릉의 아들로서 '사사(嗣師)'로 칭했다. ➤ **장로** : 장형의 아들로서 '계사(系師)'로 칭했다. 191년부터 215년까지 한중을 통치했다.

합비를 공격한 손권

손권은 조조가 멀리 한중에 있는 틈을 타서 합비로 출병하였다. 그러나 소요진에서 장료와 싸워 패했고, 조조가 내려온 뒤 또다시 패하여 결국 강동으로 돌아갔다. 합비전투 결과 장료는 소요진에서 큰 명성을 얻었고, 감녕은 기병 1백 명을 이끌고 조조 진영을 습격하는 기염을 토했다. 비록 손권은 승리하지는 못했지만 유비의 압력을 크게 줄일 수 있었다.

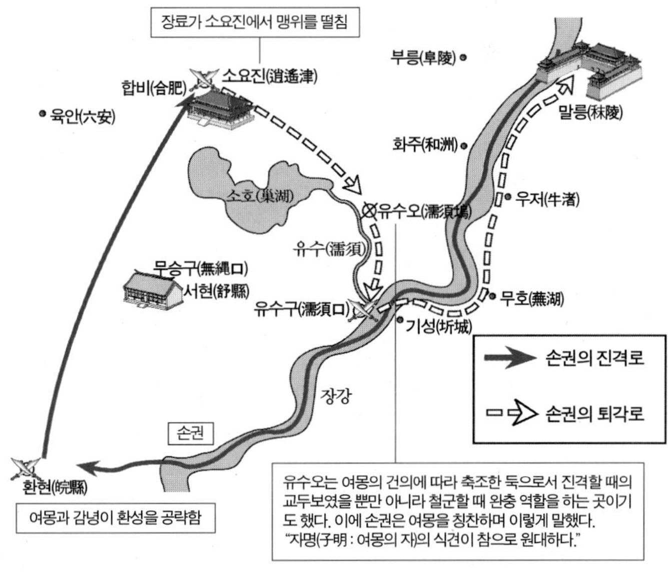

사들을 위로하기 위해 내친 김에 익주(촉)까지 공격하자는 사마의와 유엽의 건의가 있었지만, 더 이상 진격하지 않았다. 이는 '득롱불망촉(得隴不望蜀)' 즉 농(隴 : 한나라 천수군天水郡의 고개 이름이자 지명) 땅을 얻고도 바로 옆에 있는 촉 땅을 바라보지 않았으니 촉을 정벌할 좋은 기회를 놓치고 만 셈이다. 당시 제갈량은 조조의 대군이 물밀듯이 내려오자 손권에게 서신을 보내 장사군, 강하군, 계양군을 내주는 대신 합비를 공격해 조조의 군사를 물리칠 수 있도록 요청했다. 이에 손권은 조조가 멀리 한중에 있다는 것을 알고 흔쾌히 동의했다.

손권은 군사를 이끌고 환성(晥城)을 공격하고, 여몽이 이끄는 군사들은 사기충천하여 장료의 구원병이 오기 전에 승기를 잡아 내친김에 합비까지 쳐들어갔다. 장료는 대군이 쳐들어오자 마음을 바꾸어 이전, 악진 등과 연합하여 적군을 유인하는 계책을 활용했다. 다음 날 악진이 거짓으로 패한 척하면서 적군을 유인한 뒤 장료와 이전이 매복하고 있다가 손권의 군사를 크게 격파했는데, 이때 손권은 겨우 목숨을 건져 강을 건넜다. 당시 전투를 통해 장료는 강남에서 크게 위세를 떨쳤는데, 장료의 이름만 듣고도 어린 아이가 울음을 멈출 정도였다.

손권은 전투에서 패한 뒤 전열을 재정비하여 다시 나섰다. 장료는 합비의 군사가 부족하여 저항하기 어렵다고 판단하고는 한중으로 사람을 보내 구원을 요청했다. 이에 조조는 하후연과 장합에게 한중을 지키게 한 다음, 자신이 직접 군사를 이끌고 합비로 내려갔다. 당시 능통과 감녕은 아버지를 죽인 원한(능통의 아버지인 능조를 죽인 이가 바로 손권에게 투항한 감녕이었음) 때문에 서로 원수처럼 여기고 있었다. 이에 손권이 여러 차례 중재하면서 화해를 도모하여 서로 부딪치는 일은 줄었지만, 그들 간의 전공 다툼은 여전했다. 첫 전투에서 손권은 능통을 출병시켜 장료와 맞붙게 했으나 승부가 나지 않았다. 그날 밤 감녕이 출전을 자청하며 군사 1백 명을 이끌고 적의 영채를 습격하여 적군의 예기(銳氣)를 꺾고 무사히 돌아왔다. 감녕이 전공을 세우자 다음 날 능통이 다시 출전하여 악진과 싸웠지만 불행히도 조휴가 쏜 화살에 맞고 말았다. 위기일발의 순간에 감녕이 활을 당겨 악진을 맞추고 능통의 생명을 구했다. 이 일로 두 사람은 예전의 원한 관계를 청산하고 생사를 함께하는 관계를 맺었다.

다음 날, 조조는 군사를 다섯 갈래로 나누어 유수오를 습격했다. 이 싸움에서 동오의 대장군 진무(陳武)와 동습(董襲)이 전사하고, 손권 또한 적군에게 포위되었다가 죽음을 무릅쓰고 달려온 주태에 의해 겨우 빠져나왔다. 이처럼 결정적인 순간에 육손이 달려와 구원하자 이에 힘을 얻은 손권은 승세를 잡아 조조의 군사들을 물리쳤다. 손권은 유수오에서 조조와 대치한 상태로 한 달이 넘어가자 보즐(步騭)을 보내 조조에게 강화를 요청했고, 양측은 약속에 따라 철군했다.

조조는 허창으로 돌아온 뒤 위나라 왕에 올랐고, 이를 반대한 상서(尙書) 최염은 조조의 명으로 하옥되어 장살시켰다. 조조는 가후의 건의를 받아들여 조비를 왕세자로 삼았다. 이에 사방에서 축하 사절이 도착하는 가운데 도사 좌자(左慈)가 등장하여 조조를 농간하였다. 좌자는 술을 다섯 말을 마시고도 전혀 취하지 않았고, 양 한 마리를 혼자 먹었지만 조금도 배부른 기색이 없었다. 그의 농간에 화가 치민 조조가 좌자에게 매질과 고문을 가했지만, 좌자는 오히려 태연할 뿐이었다. 이렇게 좌자의 도술에 놀아난 조조는 너무 격분한 탓에 병이 들고 말았다. 그때 허지(許芝)가 유명한 점술가인 관로(管輅)를 추천하여 조조가 그를 만났는데, 관로가 좌자의 도술은 그저 환술(幻術)에 불과하니 군이 걱정할 필요가 없다고 하자 조조의 병도 곧 호전되었다.

조조는 관로에게 동오와 서촉 두 곳에 관해 점을 쳐보라고 했다. 이에 관로는 "동오에서 대장군이 한 사람 죽을 것이고, 서촉은 이미 경계를 침범하고 있습니다"라고 했는데, 과연 그의 말처럼 동오에서는 노숙이 병사했고, 유비는 장비와 마초를 출정시켰다. 이 외에도 관로는 다음 해 봄에 허도에서 큰 불이 날 것이라고도 했다. 관로의 말이 영험하다고 여긴 조조는 사람을 보내 사전에 방비하도록 했다.

다음 해 정월, 허창의 관원 경기(耿紀), 위황(韋晃), 김위(金禕) 및 태의(太醫) 길평(吉平)의 두 아들 길막(吉邈)과 길목(吉穆) 등 다섯 사람이 조조를 토벌하기 위해 은밀히 회합을 가졌다. 그들은 원소절(原宵節 : 음력 정월 보름의 명절)에 허창성에서 등불놀이가 있는 것을 틈타 허창성을 불태우려는 작전을 세웠다. 그러나 세력이 너무 적어 조휴와 하후연에게 진압되었고, 다섯 사람과 그들의 일가친척은 남녀노소 가릴 것 없이 몰살을 당하고 말았다. 그 과정에서 조조는 화재를 진압하는 수많은 관원들도 죽였는데, 그들이 도적들을 돕는다고 오인했기 때문이다. 조조는 이 일을 기화로 새롭게 관작을 만들어 관원을 임명하는 등 조정을 완전히 장악하게 되었다.

22 계륵 싸움
한중을 취한 유비

>>>> 조조는 '득롱불망촉'하여 유비에게 한중을 취할 수 있는 기회를 주고 말았다. 제갈량, 법정, 장비, 황충, 조운 등 여러 문신과 무장의 협력으로 마침내 유비는 조조와 싸워 크게 이김으로써 한중을 획득했고, 자신의 세력을 절정으로 끌어올렸다.

조조가 한중에서 철군하자 유비는 즉시 장비를 보내 파서를 지키게 하고, 마초를 하변(下辨)에 주둔시켜 한중을 살피도록 하였다. 조조는 하후연의 병력이 적은 것을 걱정하여 조홍을 보내 지원토록 했다. 이에 조홍은 첫 전투에서 승리하였고, 계속 진군하려고 했지만 마초에게 막혀 남정으로 회군하였다. 장합은 조홍이 담력이 없다고 비웃으며 군사를 이끌고 나가 파서를 공격했다. 그러나 누가 알았겠는가. 장비의 상대가 될 수 없었던 장합은 결국 패배하여 성 안으로 들어가 나오지 않았다. 이에 장비가 연일 술을 마시며 나태해진 척하자 장합은 이를 틈타 장비의 영채를 습격하려고 했다. 하지만 장비의 매복에 걸려든 장합은 수많은 군사를 잃은 채 와구애로 퇴각하고 말았다.

격노한 조홍은 장합의 구원 요청을 거절하면서 오히려 출전을 부추겼다. 전열을 가다듬은 장합은 와구애에서 유인책으로 장비를 격파하려고 했으나 이를 간파한 장비는 장합의 계책을 역이용하여 위연과 함께 진격함으로써 장합을 크게 무찔렀다. 이번에도 장합이 성으로 들어가 나오지 않자 장비는 인근 백성들의 도움으로 샛길을 이용해 와구관(瓦口關)을 돌아 장합을 공격했다. 앞뒤로 협공을 받은 장합은 겨우 10여 기의 기병만을 데리고 남정으로 도망쳤다.

조조는 패하고 돌아온 장합을 참수하라고 명했지만, 다행히 곽회의 만류로 장합은 겨우 죽음을 면했다. 대신 가맹관을 공격해 실패를 만회하도록 했다. 당시 가맹관을 지키고 있던 장수는 맹달과 곽준(霍峻)이었는데, 그들은 많은 수의 적군을 감당할 수 없게 되자 성도로 구원병을 요청했다. 제갈량은 의도적으로 칠순의 맹장 황충을 분발시켜 역시 노장인 엄안과 함께 적과 맞서도록 했다. 첫 싸움에서 황충은 장합을 말에서 떨어뜨리는 등 위세를 떨쳤고, 엄안을 보내 소로(小路)에서 협공하자 장합은 또다시 크게 패하고 말았다.

장합이 군세가 약화되어 촉에 투항할 것을 걱정한 조홍은 급히 하후상의 병력을 구원군으로 증파했다. 그러나 황충은 고의로 여러 차례 전투에서 패하여 적을 자만하게 만드는 교병계(驕兵計)를 이용해 하후상을 대파했다. 이러한 상황에서 장합은 군량을 비축해 놓은 천탕산으로 퇴각할 수밖에 없었다. 그때 천탕산에 주둔하고 있던 하후덕(夏侯德)은 장합의 권고를 무시한 채 출병하여 황충과 접전을 벌이던 중 엄안에게 퇴로를 차단당하고 말았다. 결국 장합은 또다시 패해 하후연이 지키고 있는 정군산으로 물러났다.

천탕산을 차지한 뒤 법정은 유비에게 한중을 빼앗을 절호의 기회가 무르익었음을 고했다. 이에 유비는 대규모로 군사를 일으켜 북상하였고, 가맹관에서 제갈량은 또다시 황충을 격분시켜 법정과 함께 정군산을 취하도록 했다.

당시 조조는 유비가 한중으로 진군했다는 소식을 접하고는 친히 대군을 이끌고 구원에 나서면서 하후연에게 출전을 독려했다. 이에 하후연은 군사들을 매복해 진무를 생포하였고, 유비의 군사 법정은 황충에게 반객위주의 계책을 활용토록 하여 하후상을 생포했다. 양측은 각자의 진영 앞에서 포로를 교환했는데, 그때 황충이 하후상에게 냉전(冷箭 : 몰래 쏘는 화살)을 날리자 이에 격노한 하후연이 군사를 이끌고 출전했다. 그러나 하후연은 싸움에 져서 퇴각했고, 이후 장기전에 돌입하게 되었다. 법정은 황충에게 정군산 건너편 산을 점령하여 조조 진영의 허실을 살피도록 하였다. 그렇게 정세를 살피던 중 조급한 성격의 하후연이 장합의 권고에도 불구하고 화를 참지 못해 결국 출전했다. 이에 황충은 편안하게 쉬면서 지친 적군을 기다리는 이일대로(以佚待勞)*의 계략에 따라 하후연을 유인한 다음

---

* '편안함으로써 피로해지기를 기다린다'는 뜻으로, 편안하게 휴식을 취하여 전력을 비축하고 나서 피로해진 적을 상대하는 전략이다. 『손자(孫子)』의 「군쟁(軍爭)」 편에 언급되며, 36계 가운데 4번째 계책이기도 하다. '佚'은 '逸'이라고도 쓴다.

한중의 전략적 의의

한중은 사면이 산으로 둘러싸인 분지다. 북쪽에는 높고 험준한 진령秦嶺 산맥이 자리하고, 남쪽으로는 아득히 높은 대파大巴 산맥이 이어져 있기 때문에 외부와 연결되는 통로는 몇몇 작은 도로를 제외하면 도처에 설치된 잔도(棧道 : 험한 벼랑 같은 곳에 낸 길)뿐이다. 그래서 이백은 "촉 땅으로 가는 길 어려워라. 푸른 하늘 오르는 것보다 어렵네(蜀道難촉도난, 難於上青天난어상청천)"라고 읊었던 것이다. 한중은 조조와 유비에게 각기 서로 다른 의미를 지니고 있었다.

사곡에서 패한 조조에게 한중은 계륵과 같은 존재로서 먹자니 살이 별로 없고, 그렇다고 버리자니 아까웠다. 조조는 출정하여 승리를 얻지도 못했고, 퇴각하자니 차마 그러지도 못하는 상황에 놓이고 말았다.

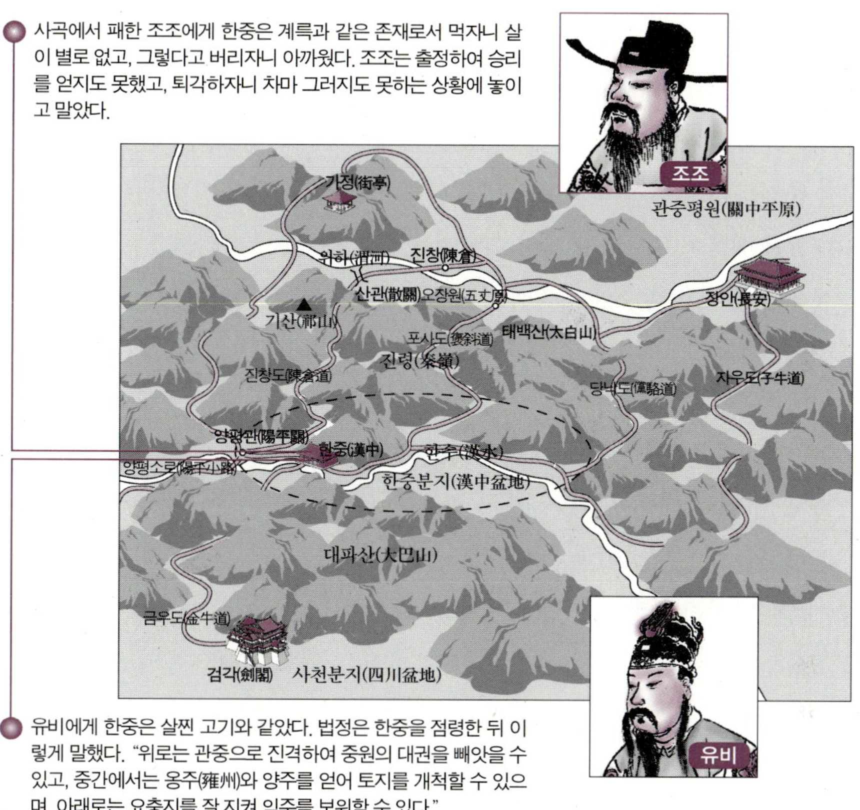

유비에게 한중은 살찐 고기와 같았다. 법정은 한중을 점령한 뒤 이렇게 말했다. "위로는 관중으로 진격하여 중원의 대권을 빼앗을 수 있고, 중간에서는 옹주(雍州)와 양주를 얻어 토지를 개척할 수 있으며, 아래로는 요충지를 잘 지켜 익주를 보위할 수 있다."

역사적으로 본 한중 이야기

❶ 전국 시대에 진(秦), 초(楚), 파(巴), 촉(蜀)이 거의 3백여 년간 한중 쟁탈전을 벌였으며, 마지막으로 진나라가 한중을 차지하여 한중군(漢中郡)을 설치했다.

❷ 유방은 한중에서 '한왕(漢王)'이라 칭한 후 단을 세워 장수들에게 벼슬을 내리는 한편, 군사를 조련하고 군마를 길렀다. 그는 한중의 풍부한 식량과 군사를 이용해 천하를 통일하고 한나라를 세웠다.

❸ 동한 말기에는 장로가 한중을 차지했다. 그는 한중의 비옥한 토지와 풍부한 물산, 사면이 산으로 둘러싸인 험난한 지세를 토대로 25년간 세력을 떨쳤다.

❹ 삼국 시대에는 위나라와 촉한이 쟁탈전을 벌였다. 제갈량은 한중에서 북쪽으로 위나라를 토벌하여 한실을 부흥시키는 거점으로 삼았다.

❺ 남송 시대에 한중은 금나라 군과 몽골의 철기군이 맞서 싸운 전선이었다. 그렇기 때문에 이후의 시사(詩詞)에 한중의 대산관(大散關)이 자주 등장한다.

❻ 청나라 순치(順治 : 청나라 세조 때의 연호) 연간에 오삼계(吳三桂)가 한중에서 10년간 주둔했다. 그는 한중을 근거지로 삼아 남과 북을 정벌함으로써 청나라 황실을 위해 혁혁한 전공을 세웠다.

그를 베어 죽이고 말았다. 이후 조운과 유봉(劉封) 등이 연달아 합세함으로써 하후연의 군사들은 대패하여 도주하였고, 황충의 군사들은 그 기회를 틈타 정군산을 점령했다.

조조는 하후연이 피살되었다는 소식을 접하고 크게 상심하여 친히 대군을 이끌고 유비를 공격했다. 제갈량은 황충과 조운을 보내 북산에서 조조 진영을불사르고 무기를 빼앗도록 했다. 황충이 자원하여 먼저 출발했으나 조조의 군사들에게 포위를 당해 위기에 처하고 말았다. 조운은 황충이 약속한 시간에 돌아오지 않자 직접 출전하여 조조의 진영으로 달려 나갔다. 조운은 동에 번쩍 서에 번쩍하며 마치 하얀 배꽃이 춤추고 눈발이 휘날리는 듯 창을 휘두르며 무인지경을 달리는 듯 포위망을 뚫고 황충과 장저까지 구출해 본영으로 돌아왔다. 이를 본 조조는 격노하여 조운을 뒤쫓기 시작했다. 조운은 영채 밖 참호 안에 궁노수를 매복시키는 한편, 영채 안에서는 깃발과 창을 내리고 북과 징을 치지 못하도록 했다. 그리고 자신은 필마단창(匹馬單槍 : 한 마리의 말과 한 자루의 창)으로 영채를 열어둔 채로 문 밖에 우뚝 서서 조조의 대군을 맞이했다. 이를 본 조조는 복병이 있을까 두려워 머뭇거리는 순간 참호 속에 매복해 있던 궁노수들이 일제히 활을 쏘니 조조부터 먼저 말머리를 돌려 도망치기 시작했다. 조조의 군사들은 저희들끼리 서로 밟고 밟히며 한수까지 밀려났다가 양초까지 모두 잃었고, 결국 남정(南鄭)까지 달아나고 말았다. 승전보를 접한 유비는 조운의 군사들에게 전황을 보고받고 조운의 용맹함을 칭찬하며 이렇게 말했다.

"자룡은 참으로 담력이 큰 장수로다!"

조조는 또다시 서황을 선봉장으로 삼아 재차 한수를 취하려고 했다. 그러나 서황은 현지의 지리를 잘 아는 왕평(王平)의 말을 듣지 않은 채 한수를 건너 영채를 세운 후 배수진을 치고 일전을 준비했다. 황충과 조운은 일단 적군의 예봉을 피한 후 서황이 후퇴할 때를 틈타 군사를 이끌고 공격했다. 서황은 대패하여 겨우 영채로 돌아온 후 왕평이 지원군을 보내지 않은 것을 탓하며 죽이려고 했다. 이에 왕평은 야밤에 영채에 불을 놓고 도주하여 유비에게 투항했다.

조조는 친히 군사를 이끌고 한수의 영채를 탈환하기 위해 나섰고, 강물을 사

지혜로써 얻은 한중

한중은 수비하기는 쉬워도 공략하기는 어려운 전략적 요충지다. 유방은 이를 거점으로 삼아 한나라를 세웠고, 조조는 힘들게 장로의 손에서 빼앗았지만, 촉 땅을 바로 앞에 두고 더 이상 진군하지 않음으로써 결국 4년 뒤 한중을 고스란히 유비에게 바친 꼴이 되었다.

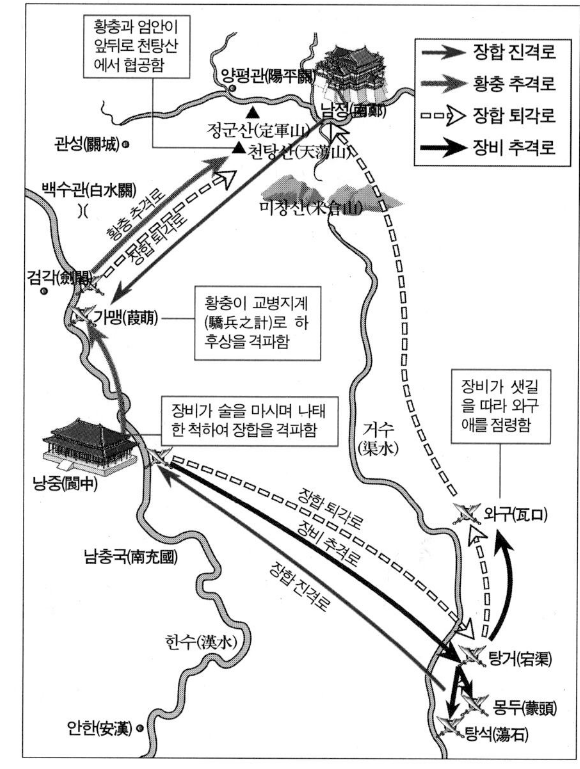

서막전투

장비와 황충은 서로 번갈아가며 장합을 격파하고 와구애와 천탕산을 빼앗았으며, 조조의 한중 수비군을 무력화시켰다. 이로써 유비는 한중을 취하는 데 유리한 상황을 만들었다.

유비가 직접 한중을 취하다

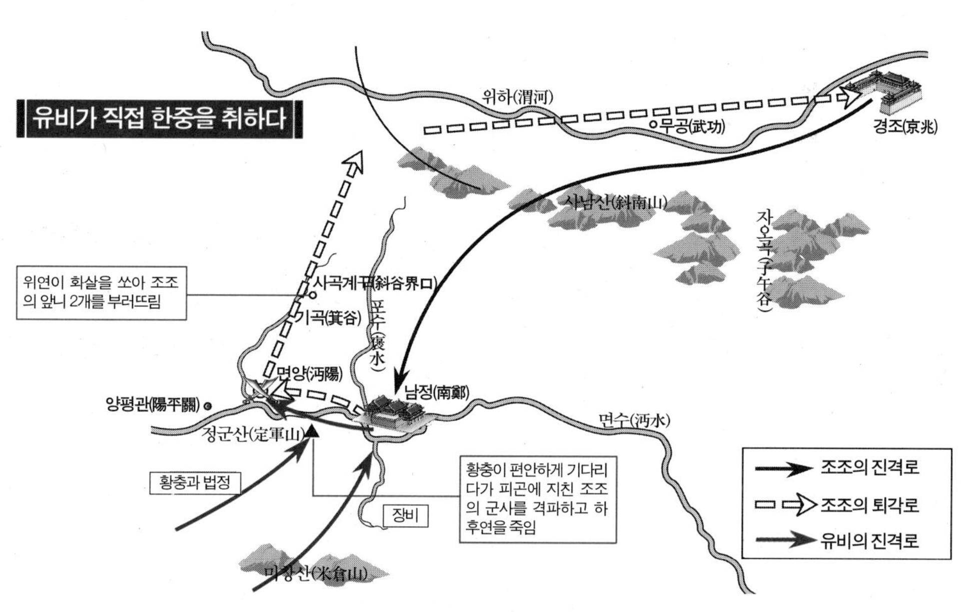

이에 두고 유비군과 대치하게 되었다. 제갈량은 조운으로 하여금 한수 상류의 토산(土山)에 매복하여 밤마다 북과 피리를 울리되 절대로 나가서 싸우지 말도록 일렀다. 한밤중에 조운의 군사들이 북과 피리를 울리며 고함을 지르자 조조군의 군사들은 야습인줄 알고 일제히 밖으로 뛰쳐나왔다. 그러나 적군은 한 사람도 보이지 않고 그저 소리만 들릴 뿐이었다. 이렇게 사흘 밤을 계속하자 조조의 군사들은 제대로 잠을 자지 못하고 불안에 떨다 결국 영채를 버리고 30리 밖 개활지에 영채를 세웠다. 유비는 제갈량의 권고에 따라 한수를 건너 배수진을 치고 영채를 세웠다.

이튿날 제갈량은 군사들에게 말과 병기를 모두 버리고 달아나도록 하여 이른바 의병지계(疑兵之計 : 군사의 수가 많은 것처럼 의심하게 만들다)로 조조의 군사들을 크게 무찔렀다. 아울러 조조가 한수에서 교전하는 사이에 장비로 하여금 남정을 취하도록 했다. 그 결과 조조는 남정으로 퇴각하려다 여의치 않자 양평관까지 밀려날 수밖에 없었다. 제갈량이 또다시 의병지계를 이용하자 조조는 다시 대패하여 야곡(斜谷) 경계까지 퇴각하였다. 그때 조조의 아들인 조창(曹彰)이 군사를 이끌고 왔다. 그러나 크게 도움을 얻지 못한 조조는 다음 날 또다시 유비와 마초, 맹달의 협공을 받아 대패하고 말았다.

이러한 상황에서 조조는 앞으로는 마초가 버티고 있어 나아가지도 못하고, 군사를 거두어 돌아가자니 촉한 군사들의 비웃음을 면치 못할 것이라는 생각에 어떤 결정도 내리지 못하고 있었다. 이처럼 진퇴양난에 처한 조조 진영에서 이른바 계륵(鷄肋) 사건이 벌어졌다. 어느 날 저녁 요리를 맡은 관원이 조조에게 닭요리를 올렸는데, 조조는 그릇 속에 담긴 닭갈비 즉 계륵을 보고 잠시 느끼는 바가 있었다. 그때 하후돈이 장막 안으로 들어와 그날의 암호를 무엇으로 할 것인지를 물었다. 조조는 그저 입에서 나오는 대로 중얼거렸다.

"계륵, 계륵으로 하라!"

양수가 이 말을 전해 듣고 조조의 의중을 간파하여 휘하 장수들에게 소지품과 군량을 수습하여 퇴각 준비를 하도록 명했다. 얼마 후 양수에게 그 이유를 듣게 된 하후돈 역시 장수들에게 철군 준비를 지시했다. 장수와 군사들이 짐을 꾸리며 철군 준비를 하자 이 모습을 보게 된 조조는 전후 사정을 알고 격노하여 군심을 어지럽힌 죄를 물어 양수의 목을 베고 그 수급을 군영의 문에 걸도록 명했다.

다음 날, 조조는 또다시 출전했으나 오히려 마초에게 영채 두 곳을 빼앗겼고, 자신 또한 위연이 쏜 화살에 인중을 맞아 이빨 두 개가 부러지고 말았다. 방덕(龐德)이 위연을 막는 동안 조조는 겨우 목숨을 구해 영채로 돌아갔다. 조조는 그제야 철군하기로 결정했지만 제갈량은 또다시 마초를 비롯한 여러 장수들에게 불시에 습격하도록 지시했고, 조조의 군사들은 어찌할 바를 몰라 우왕좌왕하지 않을 수 없었다.

한중을 빼앗은 후 제갈량은 유봉 등 여러 장수들을 보내 상용(上庸) 일대의 고을을 점령토록 하자 신탐(申耽) 등 여러 군의 수령들은 앞 다투어 유비에게 투항해 왔다. 제갈량과 법정 등은 유비를 추존하여 황제의 자리에 올리고자 하였으나 유비는 한나라 조정에 대한 반역이란 이유로 듣지 않았다. 그러자 제갈량은 유비에게 잠시 한중왕(漢中王)에 오를 것을 건의하였다. 유비는 이 또한 여러 차례 사양하다가 여러 장수들의 간청에 못 이겨 마침내 승낙하고 말았다.

23 교만에 빠져 패배를 부르다
빼앗긴 형주

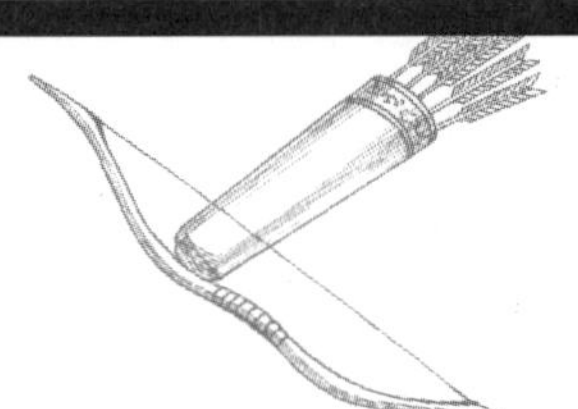

>>>> 관우는 번성을 포위한 후 수공으로 조조의 7군을 몰살시키며 화하華夏에 위세를 떨쳤다. 그러나 관우 역시 이 일로 점차 교만해지면서 동오에 대한 경계를 소홀히 하다가 크게 패하여 맥성으로 도주했다.

조조는 유비가 한중왕을 자처한다는 소식을 듣고 크게 격노했다. 이때 사마의는 손권과 유비 연합의 문제점을 상세히 관찰한 다음 조조에게 손권과 연합하여 형주를 공격하도록 건의했고, 조조는 사마의의 계책을 받아들여 즉시 만총을 손권에게 파견했다. 손권은 그렇지 않아도 형주를 차지하려고 밤낮으로 고민하고 있던 중이었는데, 조조가 보낸 만총의 제의를 받고는 더없이 기뻐했다. 손권은 우선 제갈근을 형주에 보내 관우에게 화친을 요청하면서 그의 동정을 살폈다. 그러나 관우는 '동쪽으로 손권과 화친하고, 북쪽으로 조조를 방어하라'는 제갈량의 말을 들었음에도 불구하고, 이를 무시한 채 제갈근의 요청을 일언지하에 거절하고 말았다. 이에 손권은 무력으로 형주를 빼앗기로 결심하고, 사자를 조조에게 보내 먼저 육로로 관우를 공격할 것을 요청하면서 자신은 관우가 군사를 일으키면 그때 공격하기로 했다.

유비는 조조가 동오와 연합해 출병을 준비한다는 보고를 받고 제갈량의 계략에 따라 관우로 하여금 먼저 번성을 점령해 주도권을 잡도록 명했다. 관우가 먼저 양양을 공격하자 조인은 출전하지 말고 성을 지키자는 만총의 권유를 무시한 채 하후존(夏侯存)을 출전시켰다가 관우의 유인책에 말려 크게 패하여 번성으로 퇴각했다. 관우는 그 틈에 양양을 점령했고, 왕보(王甫)에게 강변 위아래로 20~30리 간격으로 봉화대를 만들어 동오의 습격에 대비하도록 했다.

패전 직전의 섬광

관우는 조조와 손권의 침입을 봉쇄하기 위해 선제공격을 감행하여 번성을 포위했고, 구원하러 온 우금의 칠군七軍을 대파했다. 그러나 빛나는 승리에도 불구하고 위나라와 오나라의 군세를 완전히 제압하지 못함으로써 촉한이 패망의 길로 들어서는 단초를 제공하고 말았다.

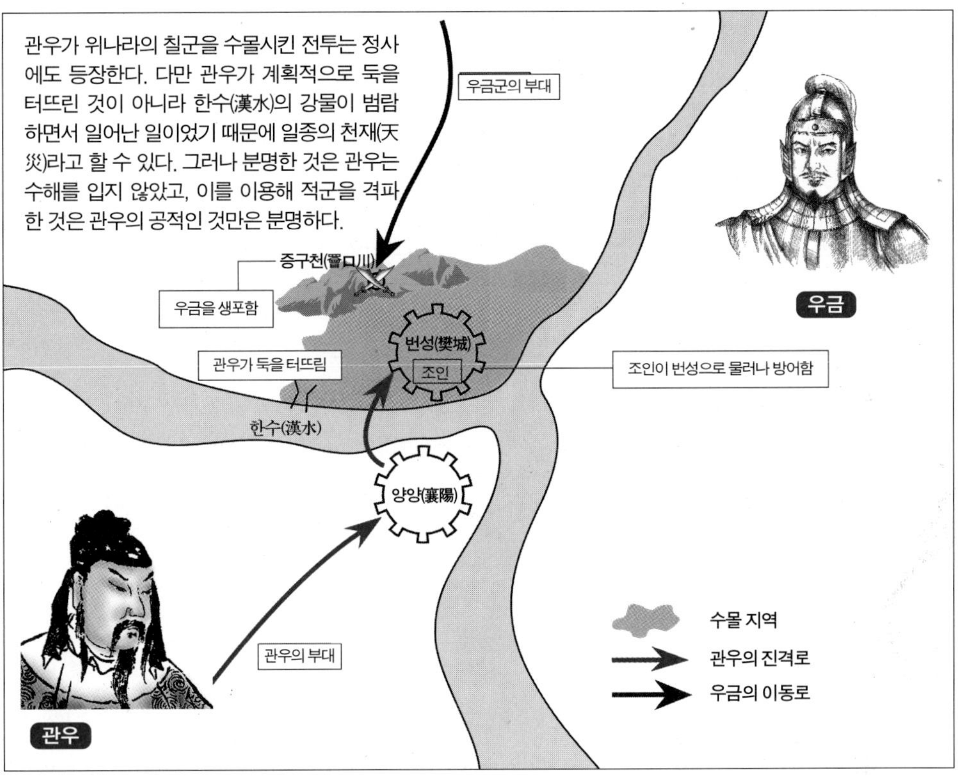

『삼국연의』에 등장하는 주요 수공(水攻)

조조가 둑을 무너뜨려 여포를 격파함	198년, 조조가 군사를 이끌고 공격하자 여포는 하비로 물러났다. 조조는 순욱과 곽가의 계략을 받아들여 기수(沂水)와 사수(泗水)의 물을 성 안으로 끌어들였다. 여포는 남은 부하들과 함께 백문루에 올라 저항하다가 붙잡혀 죽고 말았다.
허유의 계책으로 장하의 둑을 터뜨림	204년, 조조가 기주를 공격할 당시 심배가 성을 견고하게 지키자 허유의 계책에 따라 장하의 물을 끌어들였다. 이로 인해 업성이 물에 잠기고, 군심이 동요하자 부장 심영은 성문을 열어 조조에게 투항했으며, 심배는 피살되었다.
관우가 우금의 칠군을 수공으로 격파함	219년, 관우는 한수(漢水)의 강물이 넘치는 것을 보고 물길이 우금의 칠군 쪽으로 향하게 하여 적군을 수몰시키고 우금을 생포했으며, 방덕을 죽였다. 이로써 조조의 번성 지원을 막았다.

관우는 군사를 이끌고 번성으로 진격했는데, 부장 여상(呂常)은 만총의 권유를 무시하고 제멋대로 출전하여 또다시 관우에게 패하고 말았다. 조인은 형세가 급박하게 돌아가자 조조에게 사람을 보내 구원을 요청했다. 이에 조조는 우금을 주장(主將)으로, 방덕을 선봉장으로 삼은 막강 칠군(七軍)을 출병시켜 번성의 포위를 뚫도록 했다. 이때 우금 등이 방덕은 원래 유비의 진영에 있던 마초의 부하였기 때문에 투항할 수 있다는 의심을 하자 방덕은 직접 관(棺)을 만들어 출전하면서 반드시 관우를 격파하겠다고 공언했다.

양측이 서로 대치한 상태에서 관우와 방덕이 달려 나와 1백 합이 넘게 싸웠으나 승부가 나지 않았다. 다음 날 둘은 다시 맞붙었는데, 방덕이 화살을 날려 관우의 오른쪽 어깨를 맞추었다. 그 순간 우금은 방덕이 전공을 세우면 자신의 입지가 흔들린다는 생각에 징을 울려 군사를 물렸고, 방덕은 매우 아쉬웠지만 어쩔 수 없이 되돌아갔다. 이후 관우가 상처를 치료하기 위해 출병하지 않자 우금은 방덕의 전공을 시기하여 군사를 움직이지 않고 증구천(罾口川)에 군사를 주둔시켰다.

관우는 어느 정도 상처가 치료되자 밖으로 나와 우금의 진영을 살펴보았다. 그런데 놀랍게도 이 좁은 증구천에 영채를 세운 것이었다. 당시는 8월이었기 때문에 가을비가 자주 내려 강물이 범람하기 쉬운 계절이었다. 물고기(魚 : 우금의 '於' 자는 '魚'와 발음이 같음)가 어망('증罾'은 '어망'이라는 뜻)에 걸려들었으니 우금의 목숨도 이것으로 끝이었다. 관우의 예상대로 강물을 막았다가 터뜨린 순간 증구천에 주둔하고 있던 조조의 군사들은 수도 없이 수장되거나 떠내려갔다. 적군이 혼란에 빠지자 관우는 군사를 진격시켜 맹공을 퍼부었고, 적장 우금을 사로잡아 형주로 압송했다. 그때 방덕도 주창에게 포로가 되었지만 끝내 항복하지 않아 죽임을 당했다.

번성을 수비하고 있던 조인은 엄청난 물이 쏟아지는 것을 보고는 성을 버리고 퇴각하려 했지만, 만총이 적극 만류하여 군사들과 함께 죽을힘을 다해 싸워 성을 사수했다. 관우는 증구천에서 승리한 뒤 번성을 포위 공격하다가 또다시 독화살을 맞고 말았다. 독이 뼈까지 파고들어 목숨이 위태로운 상황이었는데, 명의 화타의 도움으로 목숨을 건지게 되었다. 독화살을 맞은 관우는 화타가 자신의 오른쪽 어깨를 치료하는 동안, 바둑을 두면서 전혀 두려워하거나 아파하는 기색을

맥성으로 패주한 관우

관우는 칠군을 수공으로 몰살시킨 뒤 날로 교만해져 동오를 경계하는 데 느슨해졌다. 결국 여몽이 이 허점을 이용해 형주를 점령하자 관우는 할 수 없이 맥성으로 퇴각했다. 관우의 실패는 한편으로 여몽과 서황에게 일생일대의 전공이기도 했다.

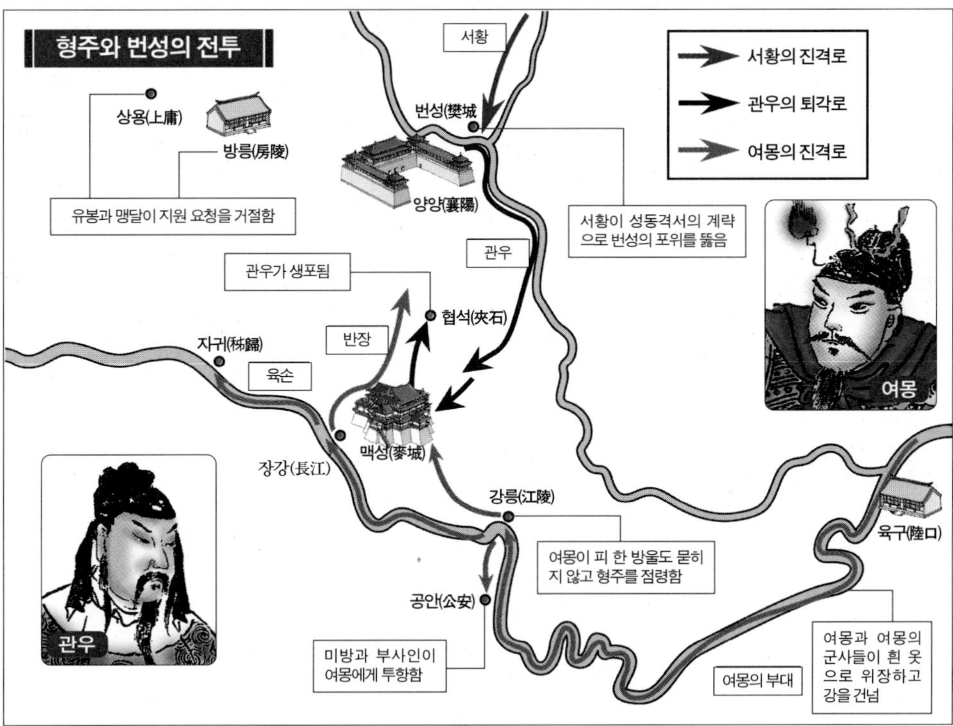

관우 휘하 인물들의 마지막 모습

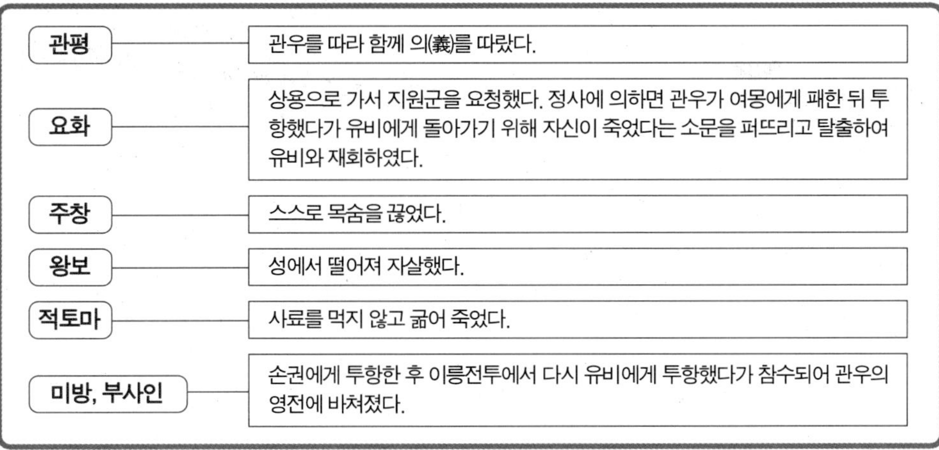

관평	관우를 따라 함께 의(義)를 따랐다.
요화	상용으로 가서 지원군을 요청했다. 정사에 의하면 관우가 여몽에게 패한 뒤 투항했다가 유비에게 돌아가기 위해 자신이 죽었다는 소문을 퍼뜨리고 탈출하여 유비와 재회하였다.
주창	스스로 목숨을 끊었다.
왕보	성에서 떨어져 자살했다.
적토마	사료를 먹지 않고 굶어 죽었다.
미방, 부사인	손권에게 투항한 후 이릉전투에서 다시 유비에게 투항했다가 참수되어 관우의 영전에 바쳐졌다.

보이지 않자 천하의 명의인 화타도 크게 감복하였다.

조조는 칠군을 모두 잃고 말았다는 소식을 듣고 놀라우면서도 두려움에 빠졌다. 그런 이유로 도읍지를 옮겨 관우의 칼날에서 벗어나려고 했지만 사마의가 적극 만류하고 나섰다. 사마의는 손권에게 요청해 관우의 후미를 공격하게 하는 동시에 서황에게 군사 5만을 주어 번성을 공격하도록 조조에게 건의했다. 한편 손권은 관우의 승전 소식을 듣고 몹시 화를 내며 여몽으로 하여금 군사를 이끌고 형주를 공격하도록 했다.

여몽이 육구에 도착해서 관우의 진영을 살펴보니 군마가 질서정연하고 경계도 삼엄했으며, 또한 곳곳에 봉화대를 설치하여 만반의 준비를 갖추고 있었다. 관우와의 전투에서 승산이 없다고 판단한 여몽은 병을 핑계로 더 이상 진군하지 않았다. 손권의 명을 받은 육손이 문병을 위해 여몽을 찾아왔다. 그 자리에서 여몽의 근심을 눈치 챈 육손은 교병계를 알려 주었다. 사전에 육손의 계책을 전해 들은 손권은 공개적으로 여몽을 소환하지 않은 채 이름이 알려지지 않은 육손을 보내 그의 자리를 대신하도록 했다. 육손은 육구에 도착한 뒤 즉각 관우에게 서신을 보내 그의 공덕을 찬양했다. 그러자 관우는 육손과 여몽에 대한 경계를 잠시 늦추고, 병력 중 일부를 빼내 번성을 지원하도록 했다.

손권은 형주가 비었다는 것을 알고 즉시 여몽에게 군사를 주어 형주를 공격하도록 했다. 여몽은 수전에 능한 군사 일부를 상인으로 변장시키고, 정예병을 배 아래에 몰래 숨긴 다음 바람을 피한다는 명목으로 봉화대에 접근시켰다. 그러고는 심야의 어둠을 틈타 봉화대를 지키는 군사들을 생포한 다음 그들을 투항시키고, 그들을 이용해 성문을 열게 함으로써 피 한 방울 흘리지 않고 형주성을 점령했다. 여몽은 군기를 삼엄하게 하여 형주의 백성들이 피해를 입지 않도록 했으며, 이를 통해 공안태수 부사인(傅士仁)과 남군의 수장 미방(糜芳)을 투항시켰다.

손권은 사전에 자신이 형주를 습격하겠다고 조조에게 알리면서 기밀을 유지하여 관우가 대비하지 못하도록 요청했다. 그러나 조조는 고의로 이를 누설하여 번성에 화살로 소식을 전하고, 서황의 출전을 부추겼다. 서황은 성동격서의 전략으로 관평이 지키고 있는 언성을 빼앗고, 요화(廖化)를 유인하여 영채를 공격하게 만든 다음 사총을 빼앗았다. 이에 관평과 요화는 어쩔 수 없이 관우가 주둔하고 있는 대채(大寨)로 도망가고 말았다. 사총을 얻은 뒤 서황은 즉시 대채를 공격했고, 때마침 조인도 성을 나와 공격하자 관우는 양쪽에서 협공을 당하는 처지가 되자 퇴각하여 강을 건넜다. 그제야 형주의 함락 소식을 들은 관우는 성도로 사람을 보내 구원을 요청한 후 형주로 군사를 이끌고 달려갔다.

여몽은 형주에 머물면서 관우를 따라 종군하고 있는 군사들의 가족들을 찾아가 양식을 나누어 주고, 아픈 이가 있으면 의원을 보내 주었다. 마침 관우가 보낸 사신이 오자 출정한 군사들의 가족이 사신을 만나 소식을 묻고 서신을 전해 달라고 부탁했다. 그 사신이 관우의 군영에 도착하여 형주성 안에 남아 있는 관우의 가솔과 여러 장수 및 군사들의 가족이 무사하다는 소식을 전하면서, 가족이 보낸 서신을 군사들에게 나누어 주자 그들은 더 이상 싸울 의지를 잃고 하나둘씩 기회를 엿보아 군영을 떠나기 시작했다.

이후 또다시 패한 관우는 맥성으로 퇴각했고, 요화를 상용(上庸)으로 보내 구원군을 요청했지만 유봉과 맹달은 위급한 상황을 알고도 끝내 지원군을 보내지 않았다. 한편 손권은 제갈근을 맥성으로 보내 투항을 권유했지만, 관우는 한 치의 흔들림도 없이 이렇게 말했다.

"옥은 부서지더라도 흰색을 바꾸지 않으며, 대나무는 불에 타더라도 절개를 훼손하지 않는다."

여몽은 관우가 샛길을 통해 임저(臨沮)로 도피할 것을 예상하여 미리 매복병을 숨겨 놓았다가 마침내 관우를 생포했다. 손권은 관우가 대단한 인물임을 알고 있었기 때문에 차마 죽이지 못하고 있다가 그가 조조에게 투항했던 일을 생각하고는 마침내 죽이고 말았다.

손권은 형주를 얻은 뒤 여몽에게 특별한 상을 하사했는데, 승전을 축하하는 자리에서 관우의 혼령이 여몽에게 붙어 손권을 향해 욕을 하고는 일곱 군데의 구멍에서 피를 토하며 쓰러져 죽은 것이다. 촉한의 보복이 두려웠던 손권은 화를 떠넘기기 위해 관우의 수급을 조조에게 보냈고, 조조는 손권의 간계를 눈치 채고는 향목으로 관을 만들어 시신을 수습한 후 왕후의 예로 낙양에 안장했다.

24 조비의 황위 찬탈 삼국의 성립

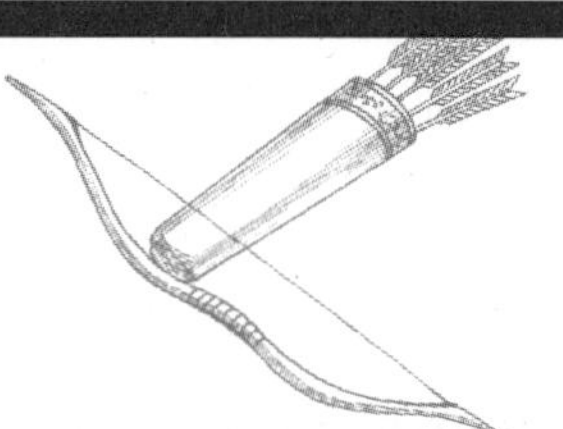

>>>>> 조조는 찬위의 오명을 뒤집어쓸 마음이 없었기 때문에 칭제의 기회를 아들인 조비에게 넘겼다. 이에 따라 조비는 220년에 한나라 헌제를 몰아낸 후 황위에 올랐고, 유비도 다음 해 성도에서 칭제하여 한나라의 정통을 이었다. 222년에 손권 역시 황제의 자리에 올라 연호를 정함으로써 정식으로 삼국이 정립되었다.

관우가 죽자 유비는 통곡하며 슬픔을 거두지 못했다. 조조는 관우의 시신을 수습하여 안장했지만 심신이 불안하여 두통에 시달렸다고 한다. 이에 명의로 유명한 화타를 초청했는데, 머리를 열고 수술해야 한다는 소리에 자신을 모해한다고 여겨 그를 하옥시켜 고문하다가 결국 죽게 만들었다. 손권은 조조에게 황제의 자리에 오를 것을 권하지만, 조조는 이를 거절하며 이렇게 말했다.

"진실로 천명이 내게 있다면 나는 주문왕*처럼 될 것이다(苟天命在孤구천명재고, 孤爲周文王고위주문왕)"

얼마 뒤 조조는 낙양에서 병사하고, 세자 조비가 뒤를 이어 위나라 왕에 올랐다. 조비가 조조의 뒤를 이은 지 얼마 되지 않아 동생 조창이 10만 대군을 이끌고 상경하였다. 그는 자신을 맞이하러 나온 간의대부(諫議大夫)** 가규(賈逵)에게 물었다.

"선왕의 새수(璽綬 : 옥새와 인끈)는 어디에 있는가?"

가규는 선왕이 죽은 뒤 세자가 뒤를 이었는데, 어찌 새수를 찾느냐며 질책하였다. 또한 군사를 이끌고 상경한 것이 문상을 위한 것인지 아니면 자리를 빼앗기 위한 것인지 단도직입적으로 물었다. 결국 조창은 조조의 영전에서 문상한 뒤

---

* 중국 주(周)나라의 창건자인 무왕(武王)의 아버지다.

** 진나라 때 낭중령(郎中令) 수하에 대부가 있어 정사를 의논하고 황제의 물음에 대답하는 일을 맡았다. 위나라와 촉한에서는 조정 정치의 옳고 그름을 황제에게 지적해 바로잡도록 권하는 일을 맡았다.

삼국의 정립과 균형

208년, 적벽대전으로 천하삼분의 서막이 올랐다. 220년에 조비가 한나라 헌제를 폐위하고 스스로 칭제함으로써 삼국 시대가 본격적으로 열리게 되었다. 222년에 이릉전투가 있은 이후 천하를 삼분한 위, 촉, 오 세 나라는 지리적으로 균형을 이루었다. 그러나 삼분정립三分鼎立이 완성된 것은 오나라와 촉한이 맹약을 맺은 229년이었다. 그해 손권이 칭제했을 때 제갈량은 위나라 정벌에 전력을 다하기 위해 손권의 지위를 승인한 것이었다. 이로써 삼국은 정치적으로 완전한 균형을 이루게 되었다.

천하삼분의 형세

220년, 조비 칭제

위(魏)

낙양(洛陽) 허창(許昌)

동해(東海)

건업(建業)

성도(成都)

촉(蜀)

오(吳)

남해(南海)

위나라는 사례, 유주, 병주, 기주, 옹주, 청주, 양주, 연주, 예주, 서주 전체를 점령하였고, 이외에 형주와 양주 북부 지역을 차지했다.

촉한은 익주를 차지하고 있었다.

222년, 손권이 유비에 대항하기 위해 위나라에 칭신(稱臣)하여 오왕(吳王)이 되었다.

오나라는 양주와 형주의 대부분, 교주 전체를 차지했다.

221년, 유비 칭제

수선표비

삼절비 : 삼절비(三絶碑)는 '수선표비(受禪表碑)'와 '공경장군상존호비(公卿將軍上尊號碑)'를 말한다. 비문은 위나라 문무대신이 조비에게 한나라를 대신하여 칭제하고, 조비가 헌제의 선양(禪讓 : 임금의 자리를 물려줌)을 수용하라고 청하는 내용이다. 이 두 비석은 현재 허창 서남쪽 한나라 헌제묘(獻帝廟)에 소장되어 있는데, 조비가 선양을 받았던 수선대(受禪臺) 유적에서 가까운 곳에 있다. 비문은 왕랑(王郎)이 글을 짓고, 양곡(梁鵠)이 서단(書丹 : 비석에 붉은 글씨로 씀)하였으며, 종요(鍾繇)가 전각(鐫刻 : 새김)하였다. 문장과 서법, 전각을 맡은 이들이 당대의 대가들이었기 때문에 후세에 '삼절(三絶)'이라는 칭호를 얻게 된 것이다. 또한 서예로 볼 때 예서에서 해서로 변화하는 과정을 엿볼 수 있는 중요한 자료이기 때문에 중국 서법사(書法史)에서 중요한 위치를 차지하고 있다.

공경장군상존호비

병권을 내놓고 언릉(鄢陵)으로 돌아갔다. 이후 조비는 확실하게 대권을 장악하고 연호를 '건안(建安)'에서 '연강(延康)'으로 바꾸었다. 또한 조비는 동생인 조식과 조웅(曹熊)이 즉시 문상하지 않았다는 이유로 사람을 보내 잡아 오도록 했는데, 조웅은 두려움에 스스로 목숨을 끊었고, 조식은 업군까지 끌려와 죽임을 당할 뻔했다. 당시 모후인 변부인이 만류하고, 조비의 명에 따라 칠보시(七步詩)를 읊어 겨우 목숨을 건진 뒤 그는 지방으로 보내져 안향후(安鄉侯)가 되었다.

한편 유비는 도원결의를 잊지 못해 관우의 원수를 갚겠다고 맹세하였다. 우선 그는 위급한 상황을 보고도 도움을 주지 않은 유봉과 맹달에 관한 문제를 처리하기로 했다. 유비는 먼저 유봉을 면죽으로 보내고, 맹달에게 비밀을 알린 팽양을 죽였다. 이에 놀란 맹달은 조비에게 투항하면서 유봉에게 자신과 함께 투항할 것을 권유했다. 그러나 유비의 양아들인 유봉은 차마 아비를 배반할 수 없었다. 그는 맹달을 비난하다가 오히려 맹달이 조조의 군사들과 연합하여 공격하는 바람에 패하여 성도로 돌아왔다. 돌아온 유봉에게 유비는 관우를 구하지 못한 책임을 물어 그를 참수하고 말았다. 이후 동천과 상용의 땅은 모두 위나라의 것이 되고 말았다.

아버지의 뒤를 이어 왕위에 오른 조비는 한나라 고조가 금의환향한 것을 흉내 내어 30만 대군을 이끌고 자신의 고향인 초군을 순행했다. 그리고 얼마 뒤 한나라 헌제는 화흠, 조홍, 조휴 등의 핍박을 받아 결국 조비에게 제위를 넘겨 주었다. 조비는 세 차례 사양했지만 처음부터 계획된 대로 제위에 올라 헌제를 폐하여 산양공(山陽公)으로 삼은 뒤 조정에서 내쫓았다. 이렇게 해서 동한은 멸망하고 조위(曹魏)가 정식으로 성립되었다. 조비는 즉위 후 낙양을 도읍지로 삼고 궁실을 대대적으로 건축했다.

조비가 제위를 찬탈했다는 소식이 익주로 전해지자 성도의 백관들은 유비에게 제위에 올라 한실의 정통을 잇도록 권유했다. 하지만 유비는 이를 받아들이지 않았으나 얼마 뒤 제갈량이 병을 가장하여 자리에 눕자 마침내 군신들의 요청을 받아들였다. 건안 26년(221년)에 유비는 성도에 제단을 세우고 제위에 올라 유선을 태자로 삼았으며, 백관들에게 상을 하사하고 천하에 대사면을 단행했다.

25 분개하여 보복을 결심하다 오나라 정벌에 나선 유비

⫸ 유비는 제위에 오른 후 여러 문무 대신들의 만류에도 불구하고 대의를 버리고 소의를 취해 관우의 원수를 갚기 위한 오나라 정벌을 결정했다. 이로써 유비는 파멸의 길로 접어들게 되었다.

유비는 제위에 오른 다음 날 군신들이 모인 자리에서 오나라를 정벌하여 관우의 원수를 갚는 일에 대해 상의했다. 조운이 당장 급한 일은 조조를 토벌하는 일이지 손권이 아니라는 점을 지적했지만 유비는 듣지 않았다. 유비는 한편으로 오계(五溪 : 완강浣江 지류의 다섯 계곡)에 마량을 보내 그곳에 사는 소수민족의 군사 5만 명을 빌리고, 장비의 직책을 높였다. 제갈량은 유비에게 직접 정벌에 나서지 말 것을 간곡하게 말했지만, 때마침 장비가 도착하자 결심을 그대로 굳혔다. 유비는 제갈량에게 성도를 지키게 한 다음 자신이 친히 75만 대군을 이끌고 날을 정해 출정하기로 했다.

장비는 낭중으로 돌아온 뒤 즉시 오나라를 공격할 채비를 갖추었다. 그는 사흘 안에 흰 갑옷과 깃발을 만들 것을 명령했는데, 부장인 장달과 범강이 찾아와 시한이 너무 촉박하다고 이야기했다가 오히려 피가 나도록 채찍질을 당하고 말았다. 목숨이 위태로운 지경에 이르자 장달과 범강은 장비가 술에 취해 잠든 틈을 타 살해하고는 그의 수급을 들고 오나라로 도망쳤다. 이렇게 해서 유비는 출정을 하기도 전에 또다시 자신의 팔다리가 잘린 꼴이 되어 오나라에 대한 원한은 더욱 사무치게 되었다.

손권은 유비가 대군을 이끌고 쳐들어온다는 소식을 접하고는 크게 놀라 제갈근을 보내 화친을 청했다. 제갈근은 대의를 주장하며 형주를 반환하는 한편 오나라로 도망친 원수를 송환함으로써 동맹을 유지하자고 제안했다. 하지만 유비는 제갈근의 말은 들을 생각조차 하지 않은 채 크게 질책한 후 그대로 돌려보냈다.

손권은 화친이 여의치 않자 조자(趙咨)의 계책에 따라 치욕을 참고 위나라의 신하가 되기로 하고, 촉한의 후방 정벌을 요청하는 사신을 보냈다. 이에 조비는 손권을 오왕으로 봉하고 구석을 더해 주었다. 이때 유엽은 조비에게 촉한 정벌의 기회를 빌려 오나라까지 차지하도록 권유했다. 그러나 조비는 높은 산에 앉아 호랑이 싸움을 보는 양 군사를 움직이지 않고 관망하는 데 그침으로써 삼국 통일의 기회를 놓치고 말았다.

손권은 위나라의 신하가 되기로 한 뒤 손환(孫桓), 주연 등을 출병시켜 적과 맞서도록 했다. 양측은 의도(宜都)에서 맞붙었는데, 혈기왕성한 관흥과 장포(張苞) 두 사람이 합작하여 손환을 크게 무찌르고, 촉한 군은 순조롭게 이릉까지 진격할 수 있었다. 손권은 손환이 패배하자 한당과 주태를 보내 구원하였다. 이때 유비가 승리를 얻고 돌아온 장포와 관흥 등 젊고 유능한 장수들을 칭찬하자 노병 황개 또한 투지를 불사르며 소수의 병력으로 출병하였다. 그러나 아쉽게도 오나라 군사들의 매복에 걸려 화살을 맞고 그날 밤 군영에서 숨을 거두고 말았다.

이후 유비는 효정(猇亭)에 군사를 결집시켜 한당, 주태와 대치하였다. 유비가 원한에 사무쳐 복수를 다짐하고, 그의 군사들 또한 사기충천하여 오나라 군사들은 촉한 군사들을 대항하기에 역부족이었다. 오나라의 명장 감녕은 번왕(番王 : 남만왕南蠻王) 사마가(沙摩柯)의 화살에 맞아 죽었고, 반장은 산중을 헤매다가 어느 농가에서 관흥에게 발각되어 죽임을 당했다. 그때 관흥은 반장이 가지고 있던 관우의 청룡언월도를 빼앗았다. 투항했던 장수 미방과 부사인은 촉한 군사의 세력이 막강한 것을 본 후 마충(馬忠)을 죽이고 다시 유비에게 투항했는데, 유비는 이성을 잃고 두 사람을 죽여 관우의 영전에 바쳤다.

손권은 촉한 군의 기세에 눌려 장비의 수급과 그를 죽인 장달과 범강을 송환하면서 다시 한 번 화친을 요청했다. 그러나 유비는 화친 제의를 거절하고, 두 사람을 죽여 장비의 제단에 바친 후 오나라를 멸망시킨 뒤 위나라를 정벌하겠다는 맹세를 다짐했다.

촉한과 오나라의 전쟁 이전 상황

유비의 전쟁 결정 과정

거병 찬성

관우와 장비의 아들인 관흥과 장포

형과 부친의 원수를 갚기 위해 오나라 정벌을 주장

친히 오나라 정벌에 나설 것을 결정

거병 반대

촉한 조정 대신 황권, 진복(秦宓) 등

오와 연합하고, 위를 정벌하여 한실 부흥의 대업 완수를 주장

유비와 손권의 전쟁 이전 상황

유비	구분	손권
당시 익주의 총인구는 1백만 명이 되지 않았기 때문에 유비의 실제 병력은 10만 명을 넘지 않았을 것이다. 게다가 그 가운데 2만 명을 조운에게 주어 익주를 방어했고, 방어선이 7백 리에 달했으므로 전선에 직접 투입한 병력은 최대 4만 명 정도라고 볼 수 있다.	**병력**	육손이 5만 명의 병력으로 전방을 책임지고, 후방은 손권이 10만 명의 병력으로 지켰다.
법정은 이미 사망했고, 제갈량은 오나라 정벌에 반대했다. 유비는 실질적으로 뛰어난 모신의 도움 없이 전선에 나간 셈이었다.	**모사**	당시 최고령이었던 육손이 전략을 맡았다.
장비는 출병 전에 죽었고, 마초는 중용되지 못했으며, 조운은 출정에 반대하여 잔류했다. 또한 황충도 이미 죽었고, 황권은 강북으로 파견된 상태였다.	**장수**	주연, 한당, 반장, 서성 등은 모두 역전의 장수들이었다.
오계에서 소수민족의 군사를 빌리고, 오나라의 화친 제안을 거절했다.	**외교**	무창으로 천도하여 방어를 강화하는 한편 유비가 화친을 받아들이지 않자 조비에게 신하가 되기를 청하여 위나라와 촉한의 협공을 사전에 방지했다.

26 불에 타버린 군영 촉한의 패배

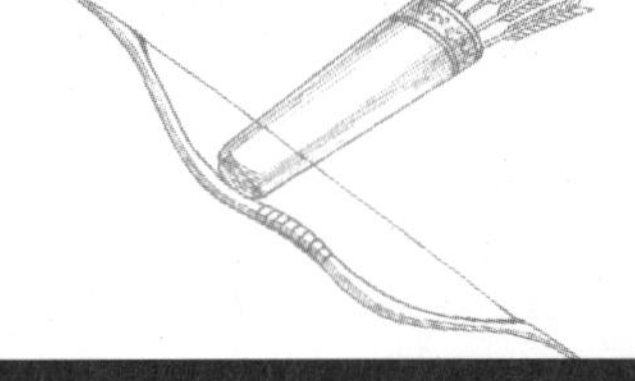

유비는 손권의 화친 요청을 거절하면서 적당한 시기에 물러나지 못해 결국 서서히 깊은 수렁으로 빠져들었다. 그는 이릉에서 자신의 생애에서 가장 심각한 좌절을 겪을 줄은 전혀 예상하지 못했을 뿐만 아니라 그 상대는 이제 겨우 서른아홉 살의 젊은 유장(儒將 : 선비 출신의 장수) 육손이었다.

손권은 유비가 화친 요청을 받아들이지 않자 감택의 간언에 따라 제단을 쌓고 육손을 대도독(大都督)* 으로 임명하고, 그에게 검인(劍印 : 주군을 상징하는 신물)을 하사하여 군사를 이끌고 맞서 싸울 것을 명했다. 그러나 육손이 명을 받고 전군을 통솔하기 시작하자 여러 장수들이 제대로 따르지 않았다. 주태는 이릉에 포위되어 있는 손환을 구하자고 건의했지만 육손이 받아들이지 않았고, 전령을 보내 수비에 치중하면서 적을 가볍게 여기지 말 것을 명했다. 여러 장수들은 그의 유약함을 비웃으며 너나할 것 없이 출전을 자청했다. 그러자 육손은 손권이 하사한 검인을 내보이며 여러 장수들의 출전 의사를 제압했다.

유비는 효정에 주둔하면서 앞뒤로 7백 리에 걸쳐 40여 곳에 영채를 세운 후 오나라의 영채 앞에서 여러 차례 도발을 감행했다. 그러나 육손은 이에 응하지 않은 채 출전하지 않았다. 이렇듯 교착 상태에서 시간만 흐르자 유비는 내심 초조해지기 시작했다. 유난히 날씨가 더운 철이었기 때문에 유비는 산림이 무성한 곳으로 영채를 옮기도록 하고, 오반(吳班)에게만 평원에 남아서 적군을 방어하도

* 고대 중국에서 대군을 거느리고 중요한 작전을 수행하는 자에게 주는 임시 칭호나 벼슬이어서 전쟁이 일어나면 임명했다가 싸움이 끝나면 없앴다.

이릉전투

이릉전투는 관도전투, 적벽대전과 더불어 삼국 시대의 '3대 전투' 가운데 하나다. 이를 통해 삼국은 지리적으로 세력 간의 균형을 이루게 되었고, 이러한 형세는 촉한이 멸망할 때까지 지속되었다.

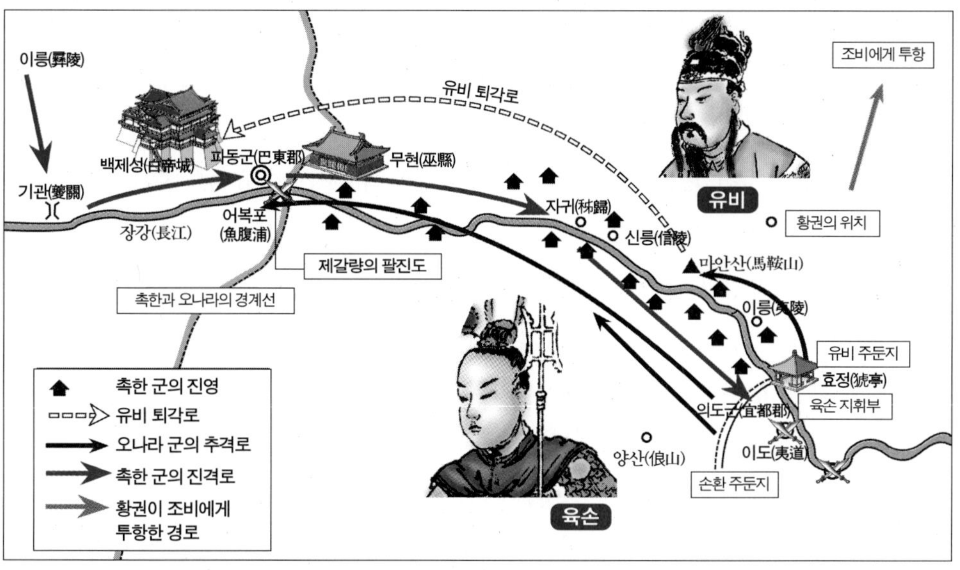

전쟁 후 위, 촉, 오 삼국의 득실

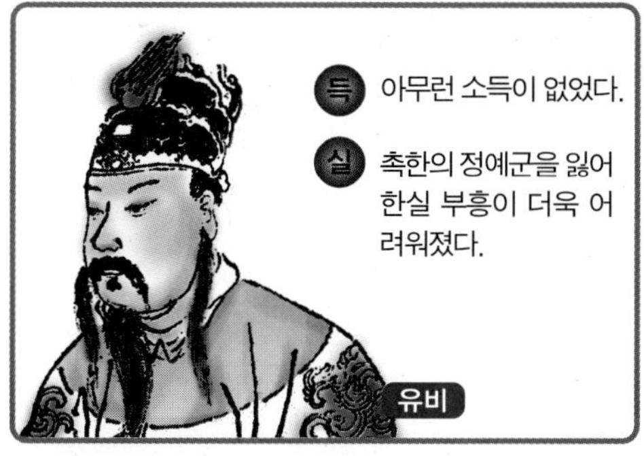

록 했다. 이에 오나라 장수들은 오반의 군사가 많지 않은 것을 보고 당장이라도 출전하기를 원했지만, 육손은 계략이 있을지 모른다며 여전히 관망할 뿐이었다.

마량은 영채를 그린 다음 성도의 제갈량에게 보내 자문을 구했는데, 제갈량은 크게 놀라며 대한(大漢)의 기운이 쇠약해질 것을 걱정하면서 그에게 화공의 위험성을 알려 주었다. 조비 역시 촉한 진영에 대한 보고를 받고는 유비가 손권에게 패하게 될 것이라고 예측했다. 유비는 정월부터 6월까지 육손의 오나라 군과 대치하여 한 번도 제대로 싸워보지 못한 탓에 군사들의 사기도 점차 떨어졌다. 육손은 유비 진영의 전력을 시험하기 위해 순우단(淳於丹)으로 하여금 소규모 병력으로 유비 진영을 공격하도록 했다. 이때 비록 손실이 크기는 했지만 유비 진영의 정황을 파악하는 데는 큰 도움이 되었다.

그로부터 얼마 후 육손은 군사들에게 건초를 지참하도록 하는 한편, 육로와 수로를 이용하여 동시에 유비 진영을 공격해 불을 질렀다. 공교롭게도 유비의 진영은 수풀이 우거진 곳에 자리 잡고 있었기 때문에 순식간에 여러 군영이 불타오르며 큰 혼란에 빠지고 말았다. 이때 오나라의 군마가 반장, 주연, 한당 등의 통솔로 일시에 유비의 40여 영채를 공격했다. 유비는 혼전 중에 겨우 도망쳐 나와 조운의 도움을 받으며 백제성으로 돌아왔다. 그러나 부동(傅肜), 정기(程畿), 장남(張南), 풍습(馮習), 사마가 등 촉한의 여러 장수들은 혼전 중에 전사했고, 황권의 부대는 퇴로가 막혀 조비에게 투항하고 말았다.

육손은 군사를 이끌고 추격했다가 어복포(魚腹浦)에서 제갈량이 미리 쳐놓은 팔진도(八陣圖)에 갇혀 죽음의 문턱까지 갔지만, 제갈량의 장인인 황승언의 도움으로 겨우 빠져나왔다. 육손은 이후 오나라로 돌아가 조비의 공격에 대비하였다. 당시 조비는 육손이 촉한의 군사들을 추격해 촉 땅으로 들어갔을 때 가후와 유엽의 말을 무시하고 삼로(三路)로 군사를 나누어 오나라를 공격했다. 하지만 육손이 때를 맞추어 회군하여 조진, 조휴의 군사를 양쪽으로 격파하고, 조인이 이끄는 동로(東路)의 군사들 역시 주환에게 크게 패하고 말았다. 이후 오나라와 위나라는 서로 다투게 되었다.

27 우호 관계로의 복귀
촉과 오의 순망치한

》》》 유비가 죽은 뒤 탁고대신(托孤大臣 : 황제가 죽으며 후사를 부탁한 대신) 제갈량은 유비의 정책을 바꾸어 오나라로 사신을 보내 손권과 화친하여 오나라와 촉한의 동맹을 굳건히 함으로써 이후 자신의 남정南征과 북벌北伐을 안정적으로 도모할 수 있도록 했다.

오나라와의 전투에서 패해 백제성으로 돌아온 유비는 병색이 짙어지다가 끝내 일어나지 못했다. 임종하기 전에 유비는 제갈량을 백제성으로 불러 마속에 대해 실천보다 말이 앞서니 중용하지 말 것을 당부했다. 또한 여러 아들들에게 제갈량을 아비처럼 모실 것을 분부하였으며, 마지막으로 후사를 부탁하면서 이렇게 말했다.

"만약 뒤를 이을 아들이 재목이라면 보필하고, 그렇지 않다고 판단되면 그대가 성도의 주인이 되시오."

제갈량은 크게 감동하여 온힘을 다해 유비의 은혜에 보답할 것을 맹세하였다.

유비가 죽고 나서 성도로 돌아온 제갈량은 태자 유선을 황제로 세우고, 장비의 딸을 황후로 모셨다. 이후 내정에 만전을 기해 부국강병의 기틀을 마련했다. 조비는 유선이 즉위했다는 소식을 듣고 군사를 일으켜 촉한을 정벌하고자 했다. 이에 사마의는 다섯 갈래로 군사를 나누어 촉한을 포위 공격하는 계략을 제시했다. 이에 따르면 가비능(軻比能)*은 서평관으로 출병하고, 남만의 맹획은 북상하며, 손권은 서진(西進)하고, 맹달은 한중을 공략하며, 조진은 대도독으로 관중에서 남진(南進)하는 것이었다. 이렇게 사방에서 공격하면 제아무리 제갈량이 건재

---

* 선비족(鮮卑族)의 수령으로, 2세기 말 원소가 하북을 차지한 후 가혹하게 통치하여 많은 한인들이 그에게로 갔다. 한인들을 받아들이고 한나라의 문물을 배워 세력이 차츰 강해졌다. 조비 때 부의왕(附義王)이 되어 위나라와 교역을 벌이면서 관계가 밀접해졌다.

하다고 해도 촉한의 멸망은 불을 보듯 뻔하다는 것이었다.

이런 소식이 성도에 전해지자 제갈량은 병을 이유로 문밖으로 나오지 않았다. 유선은 당황하여 친히 승상부로 가서 계책을 하문하였다. 사실 제갈량은 이미 그에 대한 계략을 미리 짜 놓은 상태였지만, 비밀을 유지하기 위해 외부 신료들을 만나지 않았던 것이다. 제갈량은 강인(羌人)들 사이에 명망이 높은 마초를 보내 서평관을 지키도록 함으로써 가비능은 싸우지도 않고 퇴각하였으며, 위연에게는 의병지계를 알려 주어 맹획을 격퇴하였으며, 조운을 양평관으로 보내 조진을 물리쳤고, 맹달에게는 이엄의 서신을 보내 아예 병을 사칭하고 나오지 않도록 하였다. 제갈량이 이처럼 네 갈래의 적군을 물리치자 손권도 감히 군사를 일으킬 수 없었다. 이렇게 해서 사마의의 계략은 집밖으로 나오지도 않은 제갈량의 책략에 의해 어이없이 무너지고 말았다. 제갈량은 등지(鄧芝)를 사신으로 삼아 오나라에 보내 이전의 원한 관계를 청산하고 화친할 것을 제의했다.

오나라에 도착한 등지는 자신의 재능을 한껏 발휘해 손권을 설복시켰다. 그리하여 손권은 등지가 돌아갈 때 장온(張溫)을 사신으로 함께 파견했다. 이후 제갈량은 또다시 등지를 오나라로 보내 답례함으로써 양국은 순치(脣齒)의 관계가 되어 서로 화친하면서 위나라에 대항하기로 약속했다. 이러한 우호관계는 촉한이 멸망할 때까지 지속되었다.

조비는 오나라와 촉한이 연합하자 크게 노하여 사마의로 하여금 허창을 지키게 하고, 자신이 직접 30만 대군을 이끌고 오나라 공략에 나섰다. 이에 손권은 촉한에 구원을 요청했고, 제갈량은 서성에게 군사를 주어 조비의 위나라 군을 물리치도록 하였다. 서성은 거짓으로 성을 만들어 놓고 허수아비를 세워 놓았는데, 하룻밤 사이에 병력이 엄청나게 늘어난 것으로 오인한 위나라 군사들은 간담이 서늘해져 전의를 상실하고 말았다. 한편 제갈량이 손권과 연합하여 조운을 양평관으로 출병시키자 이 소식을 들은 조비는 어쩔 수 없이 철군했다. 이때 오나라 장수 손소(孫韶)는 퇴각하는 위나라 군을 추격해 크게 무찔렀다. 또한 서성은 회하(淮河) 강변 양쪽에 불을 놓아 조비의 군사를 격퇴시켰고, 이 전투에서 장료는 정봉이 쏜 화살에 맞아 허창으로 돌아간 뒤 죽고 말았다.

앉아서 적군을 물리친 제갈량

후주 유선이 즉위하고 얼마 되지 않아서 촉한은 다섯 갈래로 공격해 오는 조비의 대군을 막아야 하는 위기에 직면했다. 그러나 제갈량은 두문불출한 상태에서 위기를 기회로 전환시키는 계기로 삼았다. 제갈량의 냉정하고 탁월한 지모를 엿볼 수 있는 대목이다. 그러나 『삼국연의』에 나오는 이 내용은 나관중이 제갈량의 예지와 지략을 부각시키기 위해 교묘하게 삽입한 것일 뿐 역사적 사실과는 무관하다.

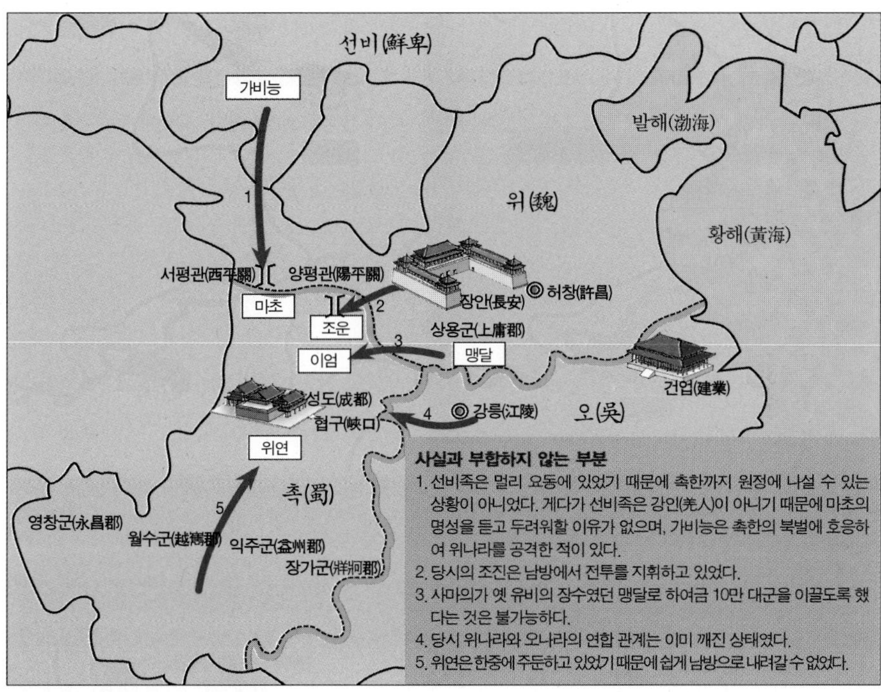

촉한과 오나라의 관계

208년	적벽대전 이전 쌍방이 연합하여 조조를 성공적으로 격퇴했다.
209년	손권은 형주를 빌려 주고, 유비에게 자신의 동생을 시집보냈다.
215년	유비가 서천을 차지한 뒤 손권이 형주의 반환을 요청함으로써 쌍방은 전쟁을 불사하겠다는 입장이었다. 그러나 이후 화친하여 상강(湘江)을 경계로 삼았다.
219년	손권이 여몽을 보내 형주를 공격하고 관우를 죽였다.
221년	유비는 여러 대신들의 반대에도 불구하고 거병하여 오나라를 공격했다.
222년	오나라와 촉한 사이에 벌어진 이릉전투에서 유비는 크게 패하여 백제성으로 퇴각했다.
223년	제갈량이 등지를 오나라에 사신으로 보내고, 손권은 장온을 사신으로 보내 화친을 도모했다.
229년	손권이 칭제하자 촉한에서 사신을 보내 축하했다. 쌍방은 서로 힘을 모아 위나라를 정벌한다는 맹약에 합의했고, 위나라의 땅을 빼앗아 오나라와 촉한이 나누어 갖기로 했다. 예주, 서주, 청주, 유주 등은 오나라에 귀속하고, 연주, 기주, 병주, 양주는 촉한에 귀속하며, 사례의 땅은 함곡관을 기준으로 나누기로 했다.

28 마음을 굴복시키는 것이 상책 제갈량의 칠종칠금

≫≫≫ 남벌은 제갈량의 가장 중요한 정치적 업적이다. 이 전쟁에서 제갈량은 끈질기게 칠종칠금七縱七擒을 실행하여 뛰어난 용병술 즉 '공심위상(攻心爲上 : 마음을 굴복시키는 것이 상책)'의 전술을 통해 맹획을 철저하게 복종시켰다. 남벌의 승리는 이후의 북벌에도 좋은 밑거름이 되었다.

건흥(建興) 3년, 남만의 왕 맹획이 반란을 일으키고 건녕태수(建寧太守) 옹개(雍闓)가 이에 가세하여 장가(牂牁), 월수(越巂) 두 군과 익주 남부의 네 군을 공격하자 영창(永昌)의 군수였던 왕항(王伉)만이 홀로 성을 굳게 지켰다. 이에 제갈량은 북벌에 앞서 후방을 안정시키기 위해 직접 군사를 이끌고 남정에 나섰다.

제갈량은 먼저 반간계를 써서 월수태수인 고정(高定)에게 옹개와 장가태수 주포(朱褒)를 죽이도록 하여 영창의 포위망을 풀었다. 당시 마속은 제갈량에게 남만을 공격하려면 무엇보다 마음으로 굴복시켜 다시는 반란을 일으키지 않도록 하는 것이 상책이라고 건의했다. 이는 제갈량의 생각과 일치하는 것이었다.

맹획은 촉한 군이 승리를 거두자 수하 장수들을 거느리고 맹렬하게 저항했다. 그러나 제갈량은 지리에 익숙하지 않다는 이유로 조운과 위연을 출전시키지 않았다. 이는 사실 두 사람을 자극하고 부추기기 위함이었다. 이에 두 사람은 제갈량의 명령에 불복하고 곧바로 원주민 몇 명을 붙잡아 그들에게 길을 안내하도록 해서 야밤을 틈타 맹획의 수하 장수들이 세워 둔 좌, 중, 우의 성채를 모두 대파하고 금환삼결(金環三結)을 죽였다. 제갈량은 다시 맹획의 군사들을 유인하여 동도나(董荼那)와 아회남(阿會喃)을 사로잡았다. 이 소식을 접한 맹획은 수하 장수들이 대패했다는 소식을 듣고 직접 군사를 이끌고 출정했지만, 제갈량의 계책에 걸려들어 위연에게 사로잡히고 말았다. 제갈량은 맹획이 불복하자 그를 풀어 주

일곱 번 생포된 맹획

남만의 반란은 촉한의 큰 우환거리였다. 이에 제갈량은 과감하게 직접 군사를 이끌고 정벌에 나서 칠종칠금을 통해 결국 남만을 마음으로 굴복하게 만들었다. 이로써 그는 오직 북벌에 전력을 다할 수 있었다.

남만 땅은 마원이 남정한 이후 줄곧 동한 조정에 신하의 예로 복종해 왔다. 그런데 한나라 말기의 유언, 유장 부자는 심성이 유약하여 남방을 제대로 통치하지 못했다. 다양한 민족으로 구성된 남만 사람들은 외부 통치자에게 강한 반발심과 의심을 품고 있었으며, 건녕 태수 옹개가 이에 합세하면서 결국 반란이 일어나고 말았다.

학계에서는 역사적으로 맹획이 실존 인물인지에 대해 아직도 논쟁이 끊이지 않는다. 『삼국지』에는 맹획에 대한 기록이 나오지 않지만, 다른 사서에서는 언급된 바 있다. 고증에 의하면 그는 옹개 치하에서 이병(夷兵)의 수령으로 지역 사람들 사이에 명성이 자자하였으며, 이런 그를 옹개 등이 부추겨 함께 반란을 일으켰다고 한다. 이에 제갈량 역시 다른 사람을 세우지 않고 맹획을 마음으로 굴복시키려고 했다.

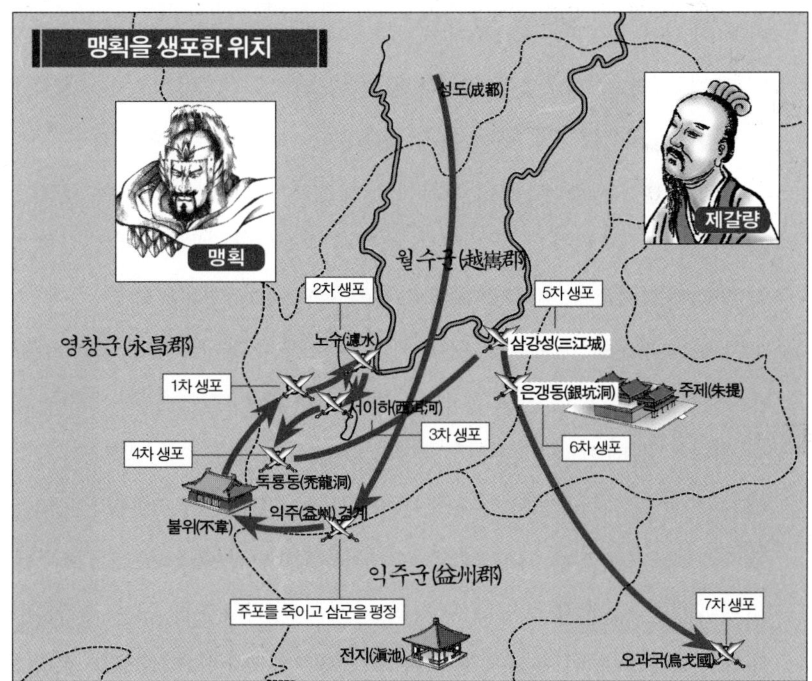

며 다시 맞붙을 것을 약속했다.

맹획은 자신의 군영으로 돌아간 뒤 물결이 거센 노수(瀘水)를 믿은 채 출전하지 않고 방어에 치중하면서 촉한 군이 철수하기만을 기다렸다. 폭염이 계속되자 제갈량은 숲속에 영채를 세우고, 여름을 보내는 데 필요한 군량과 약초를 가지고 온 마대에게 물길이 완만한 곳을 따라 강을 건너도록 하였다. 날이 더울 때는 노수 강물에 독기가 몰린다는 사실을 알아차린 마대는 그곳 원주민의 말에 따라 한밤중에 강을 건너 맹획의 군량을 강탈했다. 이때 맹획은 동도나를 출전시켰는데, 군영 앞에서 마대가 제갈량에게 붙잡혔다 풀려난 동도나에게 "은혜를 모르는 배은망덕한 놈!" 이라며 욕을 퍼붓자 그는 싸우지 않고 그대로 퇴각하고 말았다. 그 일로 맹획에게 태형을 당한 동도나는 분한 마음에 맹획이 술에 취한 틈을 타 그를 포박하여 제갈량에게 바쳤다.

제갈량은 일부러 맹획에게 촉한 군영을 둘러보게 한 다음 그가 적진의 상황을 파악했다고 생각하도록 만들었다. 이번에도 맹획은 제갈량에게 불복했고, 이런 그를 제갈량은 또다시 풀어 주며 다시 한 번 싸울 기회를 주었다. 군영으로 돌아온 맹획은 아우 맹우(孟優)에게 보물을 가득 들고 촉한 영채로 보낸 다음, 자신이 공격할 때 안에서 호응하도록 했다. 그의 작전을 미리 눈치 챈 제갈량은 맹우 등 남만의 군사들에게 약이 든 술을 먹였고, 맹획이 촉한 영채를 들이쳤을 때는 이미 촉한 군사들이 사방에 매복한 상태였다. 곧바로 퇴각하여 강을 건너려던 맹획은 배 위에 매복하고 있던 마대에게 사로잡혔다. 맹획은 자신이 함정에 빠졌다고 생각하며 여전히 제갈량에게 승복하지 않자 제갈량은 다시 풀어 주었다.

세 번이나 패한 맹획은 분한 마음에 황급히 황금과 구슬을 가지고 방패와 칼을 쓰는 요족(獠族)의 장정 수십만 명을 빌려 다시 진영을 정비했다. 이때 제갈량은 대나무를 베어 다리를 만든 다음 서이하(西洱河)를 건너 남만의 군사들과 대치했다. 그는 군사들에게 남만 군사들의 기세가 누그러질 때까지 요새를 굳게 지키고 나아가 싸우지 않도록 하였다. 이어 자신은 북안(北岸)으로 철군했고, 조운과 위연에게는 몰래 강을 건너 맹획의 영채를 공격하도록 했다. 맹획은 다시 한 번 대패하여 제갈량이 쳐놓은 함정에 빠졌다. 맹획이 네 번째로 사로잡혔지만 역시 굴복하지 않자 제갈량은 다시 그를 놓아 주었다.

맹획은 독룡동(禿龍洞) 타사대왕(朶思大王)에게 의탁하면서 독룡동까지 가는데 '아(啞), 멸(滅), 흑(黑), 유(柔)'라는 4개의 독샘이 있으니 그저 제갈량이 스스로 물러가기를 기다리며 나아가 싸우지 않으면 될 것이라고 생각했다. 4개의 독샘을 만난 제갈량은 아무런 대책이 떠오르지 않아 고심 중이었는데, 마침 복파장군이 신령이 되어 나타나 맹획의 형인 은자 맹절(孟節)로부터 해독약을 얻을 수 있을 것이라고 가르쳐 주었다. 제갈량은 이렇게 해서 무사히 독샘을 지나갈 수 있었다. 그때 만방의 동주(洞主)인 양봉(楊鋒)이 자신의 동족을 살려 준 제갈량의 은덕에 감동하여 맹획을 사로잡아 제갈량의 영채로 끌고 왔다. 그러자 맹획은 동중 사람이 자신을 바쳤기 때문에 항복할 수 없다고 거부했다. 이렇게 해서 제갈량은 다섯 번째로 그를 풀어 주었다.

맹획은 밤새 말을 달려 은갱동(銀坑洞)으로 돌아가 3개의 삼강성(三江城)을 지켰다. 제갈량은 군사를 이끌고 가서 삼강성 아래에 흙더미를 쌓게 하고는 단숨에 삼강성을 함락시켰다. 그런데 맹획의 아내인 축융(祝融)부인이 출전하여 장의(張嶷)와 마충을 사로잡아 갔다. 제갈량은 계책을 마련해 축융부인을 사로잡은 다음 두 장수와 교환했다. 맹획은 다시 표범, 이리, 독사 등의 맹수를 잘 다루는 남만 팔납동(八納洞) 동주 목록대왕(木鹿大王)에게 도움을 요청했다. 하지만 이번에도 제갈량은 나무로 가짜 짐승을 만들어 목록대왕을 격파했다. 결국 은갱동을 잃은 맹획은 거짓으로 항복하여 제갈량을 죽이려 했지만, 이 일이 발각되어 여섯 번째로 제갈량에게 붙잡히는 신세가 되고 말았다. 맹획은 이번에도 제 발로 들어왔으므로 항복할 수 없다고 말하자 제갈량은 그를 풀어 주었다.

여섯 번이나 패한 맹획은 대래(帶來) 동주의 말에 따라 오과국(烏戈國)의 올돌골(兀突骨)에게 도움을 청했다. 오과국의 군사들은 등나무로 만든 갑옷을 입었기 때문에 칼과 화살이 뚫지 못하자 처음에는 촉한 군이 대패했다. 제갈량은 지세를 살피던 중 반사곡(盤蛇谷)이라는 계곡을 발견하고는 오과국의 군사들을 그곳으로 유인한 후 기름 수레와 화약을 이용해 모두 태워 죽였다. 제갈량이 함정에 빠져 반사곡 앞에 이른 맹획은 매복해 있던 마대에게 생포되었다. 제갈량이 사로잡힌 맹획을 위해 다시 주연을 베풀어 환대하자 맹획은 그제야 제갈량에게 엎드려 절을 올리며 이렇게 말했다.

"하늘같은 승상의 위엄에 남방 사람들은 다시는 반역을 일으키지 않겠습니다."

제갈량은 맹획에게 계속해서 남만을 통솔하도록 하고 빼앗은 땅을 모두 돌려주었다. 이때 비위가 찾아와 제갈량에게 관리를 임명하여 맹획과 함께 지키도록 하자고 건의했다. 그러나 제갈량은 '세 가지 어려움'*을 들어 받아들이지 않았다. 이후 제갈량이 군사를 거두어 본국으로 돌아가는 길에 노수를 건널 때 물귀신이 그들의 길을 가로막았다. 맹획은 49명의 수급을 제물로 바치고 제를 지내야 한다고 말했다. 차마 살생을 할 수 없었던 제갈량은 밀가루로 사람 머리 모양의 '만두(饅頭)'를 만들어 제를 올렸고, 그렇게 해서 순조롭게 강을 건너 성도로 회군할 수 있었다.

* 나라 밖에 관리를 두면 군사를 남겨야 하고, 군사를 남기면 먹을 것을 남겨야 하는데 식량이 없는 것이 첫 번째 어려움이고, 이번 싸움에서 이 땅의 많은 사람들이 다치고 가족을 잃었는데 관리만 남기고 군사를 남겨 두지 않으면 반드시 화가 생길 것이 두 번째 어려움이며, 남쪽 오랑캐는 서로 싸우면서 의심과 미움이 가득해졌는데 다른 나라의 관리가 있으면 서로 믿지 못하는 일이 생길 것이 세 번째 어려움이다.

제갈량의 남만 정벌

사서에 의하면 제갈량이 남만 정벌에 나선 것은 분명한 사실이다. 그러나 맹획을 일곱 번 생포했다는 이야기는『삼국지』에 나오지 않는다. 이렇듯『삼국지』와 같은 시대의『한진춘추漢晉春秋』등의 정사에는 간단하게 언급하고 있지만, 나관중이 이를 근거로 제갈량의 예지와 안목이 돋보이도록 풍부한 상상력을 발휘하여 맛깔스러운 이야기를 만들어 낸 것으로 보인다.

역사 속의 남만 정벌 : 촉한 건흥 3년(225년) 봄, 제갈량은 군사를 이끌고 남만 정벌에 나섰다. 마충에게는 동로군을 이끌고 장가군을 공격하도록 하고, 이회에게는 중로군을 이끌고 익주군을 공격하도록 했다. 제갈량은 직접 대군을 인솔하여 월수군을 공격했다. 5월에 제갈량은 군사를 이끌고 약수(若水 : 노수)를 건너 맹획을 일곱 번 생포하고 일곱 번 풀어 주어 결국 그를 굴복시켰다. 삼로군은 마지막에 익주군의 전지(滇地)에 모임으로써 남만 전체를 평정했다.

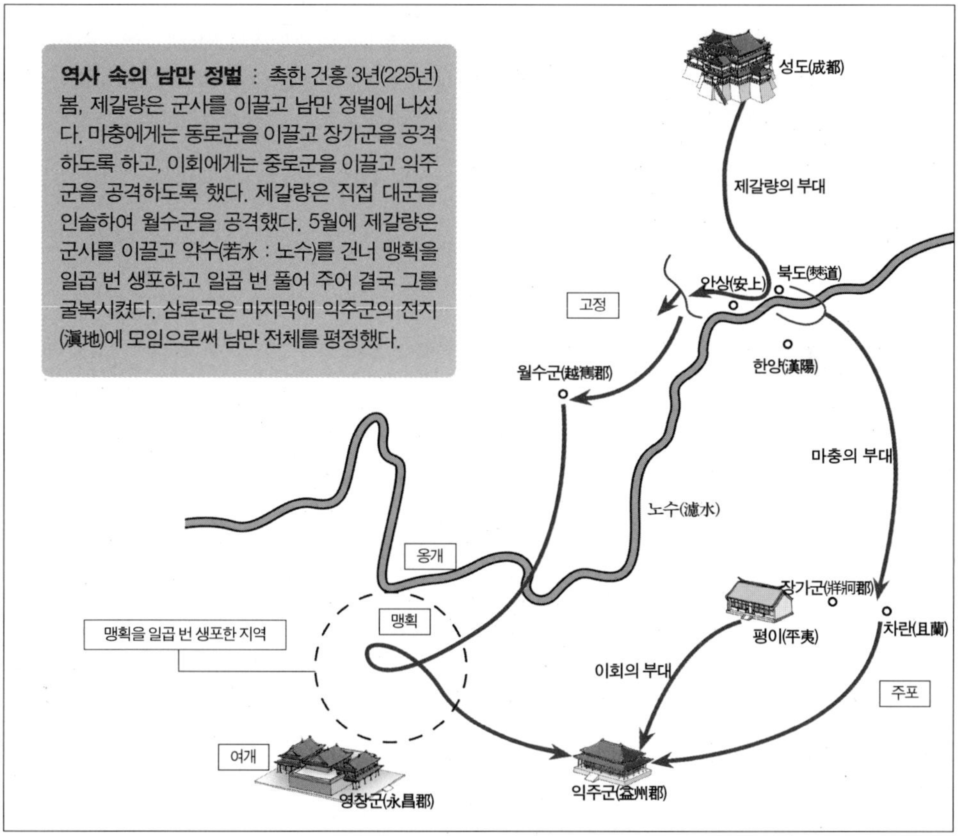

성도(成都)
제갈량의 부대
북도(僰道)
안상(安上)
고정
한양(漢陽)
월수군(越巂郡)
마충의 부대
노수(瀘水)
옹개
장가군(牂牁郡)
차란(且蘭)
평이(平夷)
맹획
맹획을 일곱 번 생포한 지역
이회의 부대
주포
여개
영창군(永昌郡)
익주군(益州郡)

해엽운향 : 제갈량은 다섯 번째로 맹획을 생포할 때 독샘 때문에 고초를 겪었지만 다행히 복파장군이 신령으로 나타나 맹절이 있는 곳으로 가서 안락천(安樂泉)의 샘물을 구해 독을 푸는 방법을 알려 주었다. 이에 해엽운향(薤葉蕓香)으로 장독을 물리치고 순조롭게 험한 길을 지나 다섯 번째로 맹획을 생포할 수 있었다. 고증에 따르면 여기서 등장하는 신선풀인 해엽운향은 낙지다리(돌나물과의 다년초, Penthorum Chinense Pursh)라는 식물로, 간을 보호하고 습을 제거하는 효능이 있다. 이 낙지다리 풀이 촉한 군사들의 독을 제거해 주었다고 하여 '해엽운향'이란 말은 즐거이 남을 도와준다는 의미로 쓰이기도 한다.

29 한실 부흥의 꿈
제갈량의 북벌

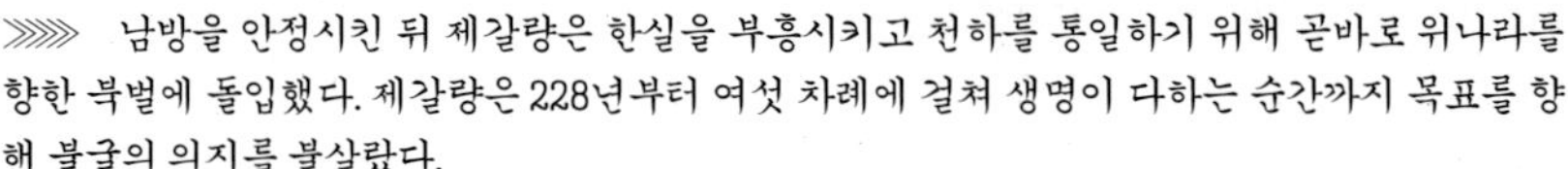

≫≫ 남방을 안정시킨 뒤 제갈량은 한실을 부흥시키고 천하를 통일하기 위해 곧바로 위나라를 향한 북벌에 돌입했다. 제갈량은 228년부터 여섯 차례에 걸쳐 생명이 다하는 순간까지 목표를 향해 불굴의 의지를 불살랐다.

조비는 즉위 후 7년이 지나 병으로 세상을 떠났는데, 당시 그의 나이는 마흔에 불과했다. 어린 태자 조예가 제위를 이었고, 탁고대신 조진, 진군, 사마의, 조휴가 함께 정치를 보좌했다.

1차 기산 출정

제갈량은 마속의 말에 따라 위나라의 내정을 뒤흔들어 놓을 계략이 성공을 거두자 「출사표(出師表)」*를 올려 북벌을 요청하였고, 이에 유선은 허락하였다. 당시 이미 칠순이 넘은 조운 역시 출정을 고집하자 제갈량은 하는 수 없이 등지와 함께 동행하도록 했다. 촉한의 북벌 소식이 전해지자 부마 하후무가 종군을 자처했고, 조예는 그를 대도독에 임명한 후 관서 일대의 군사를 훈련시켜 제갈량과의 전투에 대비했다.

제갈량은 위연이 내놓은 자오곡(子午谷) 계책**이 위험하다고 생각하여 이를 받아들이지 않은 채 농우(隴右) 길을 따라 진격하기로 결정했다. 조운은 봉명산(鳳鳴山)에서 위나라 군을 만났는데, 연로한 나이에도 불구하고 다섯 장수의 목을 베

---

* 제갈량이 출병하면서 후주 유선에게 적어 올린 글로서 우국충정(憂國衷情)의 내용이 담긴 명문장으로 유명하다.

** 하후무의 무능함을 말하며, 자오곡을 통해 장안을 침공하자는 계책이다.

한중 북쪽은 '진령'이라는 천연의 장벽이 자리하여 예로부터 두 방향 5개의 통로가 관중까지 이어져 있었다. 그중 하나는 직접 북으로 뻗는 길로 통로가 세 곳인데, 자오곡과 당락도는 매우 험준하여 대군의 진입에 적절하지 않았다. 또 하나는 '포사도'인데, 사곡을 출입하고 관중 서부로 들어가는 곳으로, 골짜기가 길고 험했다. 여러 곳에 모두 잔도가 있어 대군이 움직이는 데는 어려움이 있다. 두 번째는 서쪽으로 양평관을 지나 농산으로 나가는 길인데, 이곳 역시 통로가 두 곳이다. 하나는 고도, 산관을 거쳐 농동(隴東)으로 들어가고, 다른 하나는 양평관으로부터 무도를 거쳐 농우와 기산에 이르러 천수로 나가는 길이다. 이 길은 멀기는 하지만 평탄하여 대군이 행군하기 쉽다.

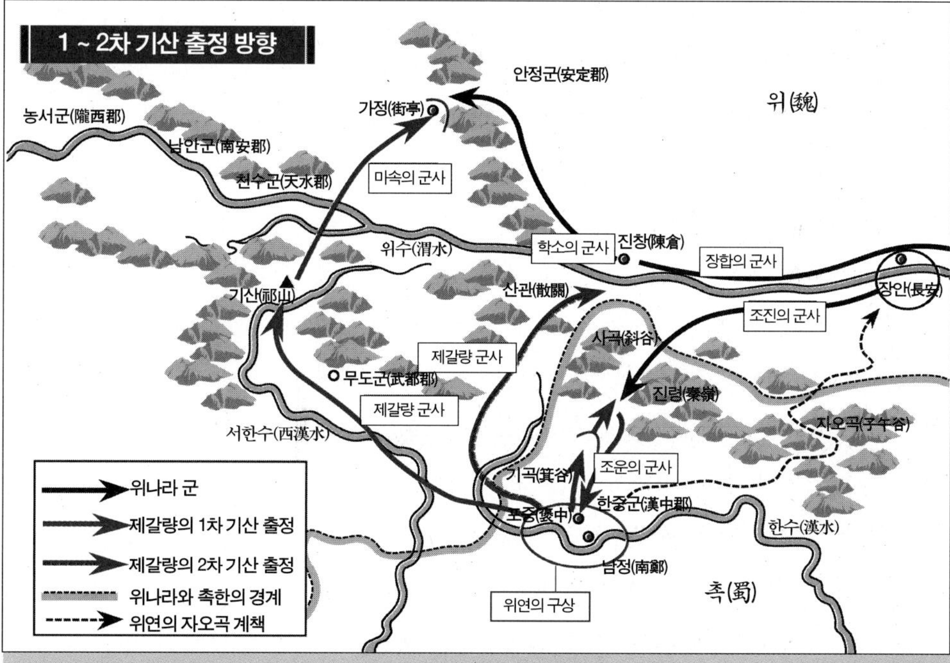

228년, 제갈량이 기산으로 출정했다. 당시 촉한 군의 상황이 좋은 편이었지만, 마속으로 인해 가정에서 대패하여 전세가 급반전되었다. 결국 촉한 군은 많은 군사를 잃고 한중으로 돌아갔다. 228년 겨울, 제갈량은 2차 출정에 나서 진창을 공격하지만 군량이 부족하여 철군하고 말았다.

고 하후무의 군사들을 대파했다. 하지만 이후의 전투에서 적을 얕잡아 본 탓에 조운은 위나라 군에 포위되고 말았다. 그러나 위급한 순간에 장포와 관흥이 포위를 뚫고 조운을 구하는 한편, 위나라 군을 대파하고 남안(南安)에 있는 하후무를 포위했다. 이때 남안성 함락이 어렵다고 생각한 제갈량은 군사들을 하후 도독의 부하로 위장시켜 '배서(裵緖)'라는 이름으로 안정(安定), 천수의 지원을 요청했다. 제갈량의 계략에 걸려들어 군사를 이끌고 남안으로 향하던 안정태수 최량(崔諒)은 도중에 장포의 공격을 받아 대패했고, 위연이 이를 틈타 안정성을 습격했다. 제갈량은 최량을 포로로 잡은 뒤 그를 이용해 남안성의 성문을 열어 급습하였고, 하후무는 속수무책으로 왕평(王平)에게 사로잡혔다. 그러나 천수태수 마준(馬遵)의 부하 강유는 제갈량의 계책을 간파하고 이를 역이용해 조운을 대파했다. 이에 제갈량이 직접 출정했지만, 그 역시 강유에게 기습을 당하고 말았다. 강유의 지략에 감탄을 금치 못한 제갈량은 강유의 모친이 살고 있는 기성(冀城)을 공격해 천수에 있던 강유를 불러낸 뒤 하후돈을 놓아주고 반간계를 이용해 강유의 투항을 얻어냈다. 투항한 강유는 반간계를 올려 하후돈이 부장을 의심하게 만든 다음 부장이 모반을 일으키자 제갈량은 성공적으로 천수를 빼앗을 수 있었다. 하후돈은 그 길로 서강(西羌)으로 도망쳤다.

제갈량은 연거푸 3개의 성을 함락시키면서 관중에 위세를 떨쳤다. 조예는 조진을 대도독으로 임명하고, 그에게 왕랑과 곽회를 출정시켜 적을 물리치도록 했다. 왕랑은 자신의 역량이 부족함을 깨닫고 제갈량에게 투항하겠다고 말했다가 제갈량이 퍼붓는 욕에 기가 차고 숨이 막혀 죽고 말았다. 곽회는 촉한 군이 상(喪)을 틈타 영채를 급습할 것이라 예상하고 허를 찔러 촉한 군의 진영을 습격하기 위해 군사를 매복했지만, 제갈량은 이를 역이용하여 대승을 거두었다. 이때 위나라 군사들은 자기편끼리 죽고 죽이며 10여 리를 패주하였다. 곽회는 다시 강병(羌兵)에게 촉한 군의 후방을 공격할 것을 제안했다. 강병은 철거(鐵車 : 철판 조각에 못을 박아 만든 수레)를 길게 연결하고 다녔기 때문에 관흥과 장포는 첫 전투에서 패하고 말았다. 하지만 다행히도 죽은 관우가 신령으로 나타나 그들의 생명을 구해 주었다. 강병을 격파하기 힘들다고 판단한 제갈량은 큰 눈이 내리는 날을 골라 강병의 철거 부대를 함정으로 유인해 대파했다. 또한 철군하는 것처럼 가장하여 위나라 군을 유인한 뒤 군사들을 매복시켜 조진과 곽회를 상대로 대승을 거두었다.

계속해서 고전을 면치 못한 조진은 하는 수 없이 지원군을 요청했다. 상황이 이렇게 되자 조예는 결국 사마의를 기용했다. 당시 촉한 장수였던 맹달은 사람들로부터 모함을 받자 위나라를 떠나 다시 촉한에 투항하였고, 제갈량을 따라 낙양으로 출병하였다. 이때 제갈량은 맹달에게 사마의를 경계하라고 조언해 주었지만, 결코 새겨듣지 않았다. 사마의는 맹달이 반란을 일으켰다는 소식을 듣고 황제에게 표문을 올리기도 전에 먼저 맹달을 공격했다. 그러고는 도성으로 돌아와 장합과 함께 군사를 이끌고 기산 전선으로 향했다.

한중의 요충지는 바로 가정과 유성(柳城)이었다. 마속은 자진해서 가정 방어에 나섰는데, 의지만 강했던 탓에 왕평의 충고를 듣지 않고 산 위에 군사를 배치했다. 사마의는 장합을 보내 산자락에 포위망을 구축한 후 촉한 군의 물길을 끊었다. 촉한 군은 결국 싸움도 해보지 못한 채 장합에게 대패했고, 이렇게 해서 위나라 군은 가정을 점령했다. 왕평과 위연이 지원군을 이끌고 나타났지만 그들 역시 사마의의 매복에 걸려들고 말았다. 이때 유성에 있던 고상이 가정을 잃었다는 소식을 듣고 지원에 나서자 위나라 군이 그 틈을 이용해 유성을 손에 넣었다.

가정을 얻은 사마의는 제갈량이 군사를 물릴 것이라 생각하여 10만 대군을 이끌고 서성(西城)으로 향했다. 당시 제갈량은 퇴각을 명한 상태에서 수중에 남은 군사가 2천5백 명에 불과했다. 위급한 나머지 제갈량은 공성계(空城計)*를 이용해 성 위에 올라가 거문고를 타며 위나라 군을 맞았다. 이 광경을 본 사마의는 성 안에 매복병이 있을 것이라 생각하여 공격하지 않은 채 퇴각했다. 제갈량은 이 틈을 이용해 한중으로 돌아가 눈물을 머금고 마속의 목을 베었다. 제갈량의 1차 북벌은 이렇게 해서 실패로 막을 내렸다.

---

* 아군이 열세일 때 방어하지 않는 것처럼 꾸며 적을 혼란에 빠뜨리는 계책이다.

2차 기산 출정

서쪽 전투가 끝나자마자 동쪽에 다시 전화(戰火)의 불길이 치솟았다. 오나라의 파양태수 주방(周魴)이 거짓으로 조휴에게 투항하여 위나라 군을 진영 깊숙이 유인한 다음, 육손이 일찌감치 매복병을 배치하여 석정에서 조휴를 대파했다. 손권은 승리를 거둔 뒤 촉한에 서신을 보내 위나라를 공격해 달라고 요청했다. 이는 자신의 위세를 떨치는 동시에 두 나라의 화친을 도모하기 위한 뜻을 전하는 것이었다.

이 무렵 제갈량 역시 출병 준비를 모두 마친 상태로, 그는 다시 표문을 올려 북벌을 요청했다. 당시에는 조운이 세상을 떠난 뒤였으므로, 제갈량은 위연을 선봉장으로 삼아 진창을 급습하도록 했다. 조예는 촉한 군이 북벌에 나섰다는 소식을 접하자 조진을 보내 대적하도록 하는 한편, 위나라 장수 학소(郝昭)가 3천 명의 군사를 이끌고 진창을 방어하고 있었다. 제갈량이 몇 차례 공격을 시도했지만, 실패에 머물러 강유에게 대책을 강구해 보도록 했다. 당시 조진이 군사를 이끌고 도착해 있는 것을 본 강유는 서신을 보내 거짓으로 투항했다. 이후 조진은 비요(費耀)를 선봉으로 삼아 내보냈으나 촉한 군의 매복에 걸린 비요는 자결하고 말았다. 할 수 없이 조진은 낙양에 구원을 요청했다. 사마의는 조진으로 하여금 성을 굳게 지킨 채 촉한 군의 군량이 다하여 스스로 물러날 때까지 기다리도록 했다. 조진은 촉한 군이 군량과 마초를 구할 것이라 생각하고 그들을 유인했다. 하지만 제갈량은 이를 미리 알고 역이용하여 위나라 군을 대파하였고, 조진은 감히 출전하지 못했다. 이후 촉한 군은 군량과 마초가 보급되지 않아 철군할 수밖에 없었지만, 철군하는 중간에도 제갈량은 위연에게 정예병을 매복하도록 명하여 위나라 장수 왕쌍(王雙)의 목을 베었다.

3차 기산 출정

손권이 무창에서 제위에 오르자 제갈량은 사신을 보내 이를 축하하면서 함께 위나라를 공격하기로 약속했다. 이에 육손은 군사를 일으키는 척하고는 촉한 군과 호응했다. 당시 제갈량은 위나라 장수 학소가 위중한 상태라는 것을 알고 그 기회에 장포와 관흥으로 하여금 진창을 빼앗도록 했다. 또한 위연과 강유에게 산관(散關)을 공격하도록 하고, 이어서 강유는 무도를, 왕평은 음평을 공격하도록 했다. 조예는 제갈량이 또다시 출정했다는 소식을 듣고 사마의를 출병하도록 했다.

전선에 도착한 사마의는 곽회와 손례(孫禮)에게 무도와 음평을 구원하도록 하고, 촉한 군의 후미를 습격하도록 했다. 하지만 두 성은 이미 촉한 군에 함락된 뒤였고, 곽회와 손례는 제갈량의 함정에 걸려들자 말을 버리고 산으로 도주하고 말았다. 그날 밤, 사마의는 제갈량이 무도와 음평을 얻은 뒤 민심을 안정시키기 위해 영채에 머물고 있지 않을 것이라 예상하고 장합과 대릉(戴陵)에게 공격을 명했다. 그러나 제갈량은 이미 대비책을 강구하여 위나라 군의 진로를 막아 장합에게 대승을 거두었다.

작전이 실패로 끝나자 사마의는 방어에만 전력할 뿐 출정하지 않았다. 이때 제갈량이 철군을 가장하자 장합은 제갈량의 함정에 걸려 그들을 추격했고, 사마의도 나서서 장합을 지원했다. 마충과 장의 등이 적을 깊숙이 유인하고, 관흥과 왕평, 장익이 앞뒤에서 협공을 펼쳐 장합을 포위하자 뒤이어 사마의가 군사를 이끌고 나타나 그들을 구해 주었다. 하지만 그때 강유와 요화가 위나라 진영을 습격했다는 소식이 전해지자 사마의는 황급히 철군을 서둘렀고, 촉한 군사들은 철군하는 위나라 군을 공격해 대승을 거두었다. 한편 장포가 전사한 후 제갈량은 크게 상심하여 병상에서 일어나지 못하자 그 길로 야음을 틈타 한중으로 철수한 뒤 요양에 들어갔다.

4차 기산 출정

조진은 병이 나은 뒤 곧바로 사마의와 함께 촉한 정벌에 나서려고 했다. 이 소식이 성도에 전해지자 제갈량은 장의와 왕평에게 1천 명의 군사를 주며 요충지를 지키도록 했다. 계속해서 큰 비가 내릴 것이라는 이유를 들어 제갈량은 위나라 군사들이 공격할 수 없을 것으로 예상하고 있었다. 과연 한 달 내내 억수같이 비가 내렸고, 결국 조진은 철수할 수밖에 없었다. 조진은 제갈량이 추격해 올 것이라 생각하고 매복했지만 제갈량은 그를 뒤쫓지 않았다.

비가 그치자 사마의는 제갈량이 기곡과 사곡에서 기산으로 출병할 것이라 생각하고 조진과 내기를 했다. 조진이 사마의의 말을 믿지 않았기 때문에 두 사람은 각기 한 곳씩 지키기로 했다. 과연 제갈량은 위연과 진식 등에게 기곡에서 출병하라는 명령을 내렸다. 그러나 진식은 경솔하게 진군하지 말 것을 당부한 제갈량의 명을 따르지 않아 사마의의 매복병에 걸려 대패하고 말았다. 한편 촉한에서 출병하지 않을 것으로 생각한 조진은 방어를 소홀히 하다가 제갈량이 이끄는 군사들에게 영채를 급습당했다. 하지만 사마의의 도움으로 목숨을 건지기는 했지만 화병이 생겨 일어나지 못했다. 제갈량은 인편으로 그에게 서신을 보냈고, 이를 본 조진은 울화가 치밀어 올라 결국 죽고 말았다.

조예의 명령을 받들어 출병한 사마의는 제갈량에게 싸움을 청했고, 제갈량 역시 이 제의를 받아들였다. 이에 두 사람은 위수 강변에서 진법 대결을 펼쳤는데, 사마의는 제갈량의 적수가 되지 못했다. 사마의가 파진(破陣 : 적진을 쳐부숨)을 위해 내보낸 장수들이 모두 촉한 군사들에게 사로잡혔고, 제갈량은 포로들을 무장 해제시킨 후 얼굴에 먹칠을 하여 돌려보냈다. 이를 본 사마의는 크게 노하여 삼군을 지휘해 촉한 진영을 공격했지만, 촉한 군사들이 양 날개로 에워싸듯 세 방면에서 협공하는 바람에 위수 남쪽 언덕까지 퇴각하여 방어만 한 채 출병하지 않았다.

당시 이엄이 도위(都尉) 구안(苟安)을 시켜 군량을 운송하도록 했는데, 구안은 열흘이나 늦게 도착했다. 제갈량이 군법에 따라 구안을 곤장으로 다스리자 이에 화가 난 구안은 그날 밤 위나라 진영으로 투항해 버렸다. 사마의는 그를 시켜 성도에 제갈량이 모반을 계획한다는 소문을 퍼뜨렸다. 이때 제갈량은 사마의의 추격에 대비하면서 군사는 줄이고, 아궁이 수를 늘려 사마의를 혼란스럽게 했다.* 결국 사마의는 제갈량을 감히 추격하지 못했고, 촉한의 군사들은 단 한 사람의 낙오자도 없이 성도로 돌아갔다.

---

* 제갈량은 머물렀던 진영에 아궁이 수를 늘리도록 함으로써 사마의의 정탐병이 그 아궁이 수를 보고 적군이 많은 것으로 오인하게 만들어 사마의의 추격 의지를 꺾어 놓았다.

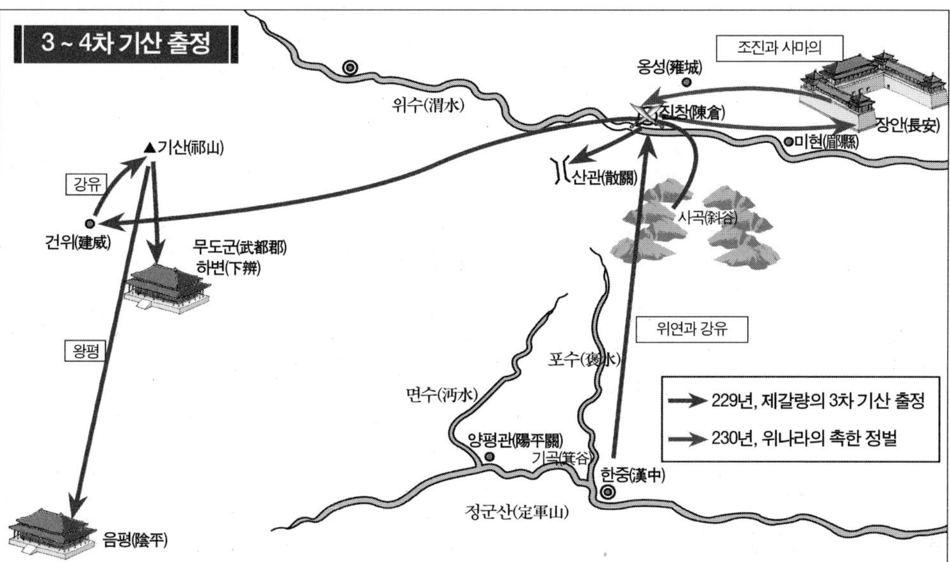

229년, 학소가 병이 든 틈을 타 제갈량이 3차 기산 출정에 나서 진창을 점령하고, 무도와 음평을 공격했다. 그러나 장포가 중상을 입고 죽자 이에 큰 충격을 받은 제갈량은 한중으로 돌아와 요양에 들어갔다. 230년, 4차 기산 출정은 조진이 도발한 것으로서, 이때 제갈량은 군사를 이끌고 방어진을 펼쳤다. 그러나 한 달 내내 폭우가 쏟아져 양측 모두 전과를 올리지 못했고, 결국 사마의의 반간계로 유선이 제갈량을 소환했다. 당시 출정에서는 위나라가 공격하고, 촉한은 방어했다.

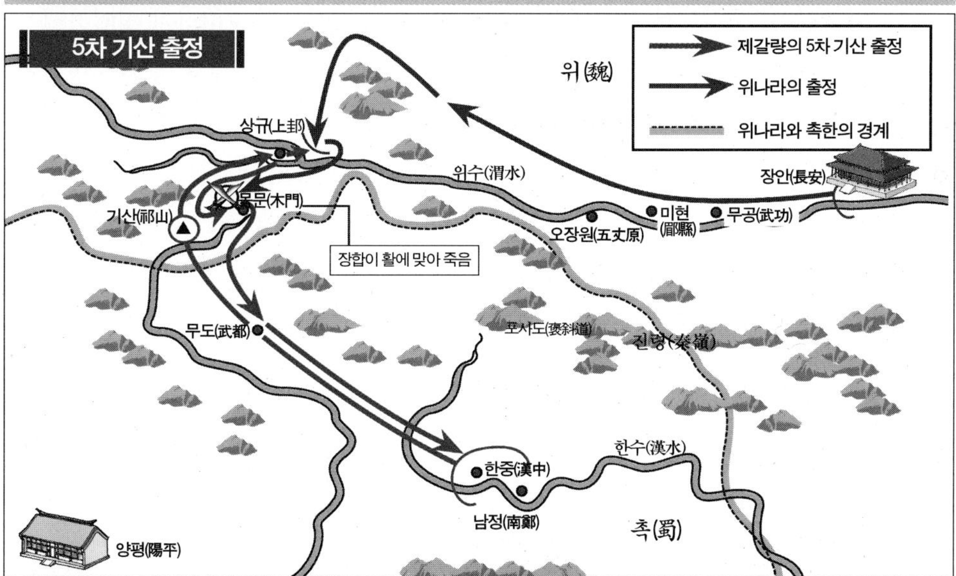

231년, 5차 기산 출정에 나선 제갈량은 농상에서 신출귀몰한 계략을 동원하여 밀을 거두어 군량을 확보했다. 이후 목문도에서 위나라 군을 대파하고, 장합을 죽이는 등 위용을 떨쳤지만 이엄에게 속아 회군했다.

5차 기산 출정

건흥 9년에 제갈량은 다시 출사를 제의했고, 조예는 사마의를 내보냈다. 사마의는 제갈량이 농서 지역의 밀을 베어 군량을 해결할 것이라고 판단하여 사전에 이에 대한 대책을 세워 놓았다. 하지만 제갈량은 사륜거 세 대를 똑같이 꾸며 사마의의 군사를 유인하는 동시에 몰래 3만 명의 정예병을 농상으로 보내 밀을 모조리 거둔 뒤 노성(鹵城)으로 운반하여 타작한 다음 말리도록 했다.

이에 곽회는 노성을 공격하는 것이 쉬울 것이라 생각하여 사마의와 함께 야밤에 성을 공격하기로 했다. 그러나 제갈량은 이미 밀밭에 군사를 매복한 후 위나라 군사들이 성을 포위하기를 기다렸다가 안팎에서 협공을 퍼부었다. 결국 위나라 군은 다시 대패했고, 사마의는 곽회의 주장대로 옹주와 양주로부터 군사를 빌리는 한편, 검각을 습격하여 촉한 군사들이 돌아가는 길을 차단해 두었다. 제갈량은 위나라 군이 오랫동안 출병하지 않자 마대와 강유에게 먼저 요충지를 차지하여 위나라 군의 행동을 사전에 방지하도록 했다. 또한 이일대로 계책으로 옹주와 양주의 군사를 대파했다.

제갈량이 승리를 거두고 있을 무렵, 이엄이 서신을 보내 오나라가 침입하려 한다는 소식을 전했다. 이에 서천의 안위를 걱정한 제갈량은 즉시 퇴군을 명했다. 이때 위나라 군의 추격에 대비하여 양의와 마충으로 하여금 검각 목문(木門) 길에 궁노수를 매복해 놓도록 했다. 장합은 촉한 군사들이 퇴각하는 것을 보고 군사를 출동시켜 이를 추격하려고 했다. 사마의는 반대했지만 장합이 고집을 굽히지 않자 군마 3천을 내주었다. 결국 장합은 위연을 쫓아 목문 길에 이르렀다가 매복해 있던 궁노수의 화살에 맞아 죽고 말았다.

제갈량은 이엄이 군량을 기한 내에 마련하지 못해 벌을 받을까 무서워 오나라가 침입한다는 거짓 정보를 흘렸음을 알고는 크게 노했다. 이에 유선은 이엄이 탁고대신인 점을 감안하여 관직을 박탈하여 평민 신분으로 내친 후 그의 아들인 이풍으로 하여금 마초와 군량을 관리하도록 했다.

30 큰 별이 지다 오장원의 가을

≫≫ 생명이 남아 있는 한 끝까지 분투하리라. 다섯 번의 북벌이 실패로 끝나고, 제갈량은 다시 기산으로 출정하였다. 오장원에서 맞이한 가을, 그는 아직 이루지 못한 웅대한 꿈을 노래했다.

제갈량은 3년 동안 군사를 양성하여 여섯 번째 기산 출정을 결정했다. 그가 34만 명의 병력을 거느리고, 군사를 다섯 갈래로 나누어 북벌에 나서자 조예는 급히 사마의에게 출정을 명했다.

전선에 도착한 사마의는 부교(浮橋)를 만들도록 한 후 위수 양쪽에 영채를 짓고, 그 뒤에 다시 성을 쌓았다. 곽회에게는 농서의 군마를 이끌고 북원(北原)에 진영을 꾸려 장기전에 대비하도록 했다. 이때 제갈량은 성동격서의 계략으로 북원을 공격하는 척하면서 몰래 위빈(渭濱)에 도착했다. 하지만 사마의가 제갈량의 계략을 간파하고 매복병을 주둔시킴으로써 촉한 군은 대패하고 말았다.

제갈량은 계략이 실패하자 비위(費褘)를 시켜 오나라에 서신을 보내 손권과 함께 출병할 것을 약속받았다. 그때 사마의는 부장 정문(鄭文)을 거짓으로 투항시켰는데, 제갈량은 이를 역이용하여 정문에게 서한을 보내 사마의가 영채를 공격하도록 유인했다. 사마의는 서신을 보고 매우 기뻐하며 그날 밤 즉시 출전했지만 촉한 군에게 대패하고 말았다.

군량과 마초(馬草) 문제를 해결하기 위해 제갈량은 상방곡(上方谷)에 목우(木牛)와 유마(流馬)를 만들어 군량을 운반하도록 했는데, 사마의가 이를 보고는 목우와 유마를 빼앗아 원형 그대로 복제하여 군량을 운반하는 데 사용하도록 했다. 그러나 제갈량은 목우와 유마가 움직이지 못하도록 혀를 돌려놓는 등 귀신이 쓰인 듯한 행태를 보이며 위나라 군을 격퇴하여 많은 목우와 유마를 빼앗았다. 이 소식을 들은 사마의는 직접 군사를 이끌고 구원에 나섰지만, 오히려 장익과 요화의 공격을 받고 황급히 퇴각했다.

제갈량은 위수 연안에서 둔전을 하며 장기전에 대비했는데, 그는 적은 병력을 내보내 일부러 자주 패한 척 도주하여 사마의가 군량을 빼앗도록 유인했다. 이렇게 그의 계략에 넘어간 사마의를 위연이 상방곡 깊숙이 매복병이 있는 곳으로 몰아넣었다. 그러고는 촉한 군사들이 일제히 불을 놓아 산은 온통 불바다가 되었고, 사마의는 그대로 죽기 일보직전이었다. 하지만 뜻밖에도 하늘에서 굵은 빗방울이 떨어지면서 불길이 꺼져 사마의는 겨우 목숨을 구할 수 있었다.

사마의는 자신의 재주가 제갈량에 미치지 못한다는 것을 다시 한 번 깨닫고 그때부터 영채를 지킨 채 전투를 피했다. 이에 제갈량은 오장원으로 영채를 옮기고, 여인들의 건괵(巾幗 : 상중에 사용하는 부인들의 두건)과 상복을 보내 사마의를 모욕했다. 사마의는 참을 수 없는 분노를 느꼈지만 여전히 싸울 생각은 하지 않았다.

당시 오나라 장수 육손이 군사를 이끌고 북벌에 나섰다가 뜻밖에 손권에게 보내는 서한을 위나라 군사에게 빼앗기는 바람에 기밀이 탄로나 군사를 물릴 수밖에 없었다. 이 소식을 들은 제갈량은 병이 들었고, 밤에 천문을 보고는 자신의 생명이 거의 다했다는 것을 알았다. 이에 제갈량은 등불을 켜고 북두를 향해 제사를 올리기 시작했다. 제사가 잘 마무리되어 가고 있을 무렵, 위연이 실수로 주등(主燈)을 꺼뜨리고 말았다.* 결국 죽음에 임박한 제갈량은 후사를 준비하고 자신의 병서 및 연노(連弩)** 도본, 사용법 등을 강유에게 전수했다. 제갈량이 죽자 양의(楊儀)는 제갈량의 유지대로 곡을 하지 않고 시신을 감실(龕室)에 안치한 상태로 위연에게 뒤를 방어하도록 하고 한중으로 돌아갔다. 사마의가 제갈량이 죽었다는 것을 알아차리고 군사를 이끌고 촉한 군을 추격했지만 나무로 만든 제갈량

---

* 제갈량은 생명을 연장하기 위해 제단에 등을 켜놓고 7일간의 기도에 들어갔으나 6일째 되는 날 하후패의 급습을 보고하기 위해 위연이 제단에 오르다가 등을 꺼뜨리는 바람에 제갈량의 수명을 더하지 못했다고 전해진다.

** 쇠로 된 발사 장치가 달린 활을 말하는데, 여러 개의 화살을 연달아 쏘게 되어 있다.

수차례 출정에 먼저 죽음을 맞은 육신

6차 기산 출정은 제갈량의 마지막 전투가 되었다. 이전의 북방 정벌에서 군량과 마초 때문에 곤궁에 처했던 제갈량은 목우와 유마를 발명해 지구전에 대비했지만, 안타깝게도 적과 대치한 지 100일이 조금 지나 병을 얻어 죽고 말았다.
"수차례 출정에 싸움도 하기 전 몸이 먼저 죽으니 천하의 영웅들이 눈물을 금치 못하네."

목우와 유마

군량과 마초 문제를 해결하기 위해 제갈량은 목우와 유마를 발명했다. 『삼국연의』에서는 이를 특이한 자동화 기계로 묘사하고 있다. 사료에 의하면 남조 시대의 조충지(祖沖之)가 목우와 유마를 복제하는 데 성공했다고 한다.

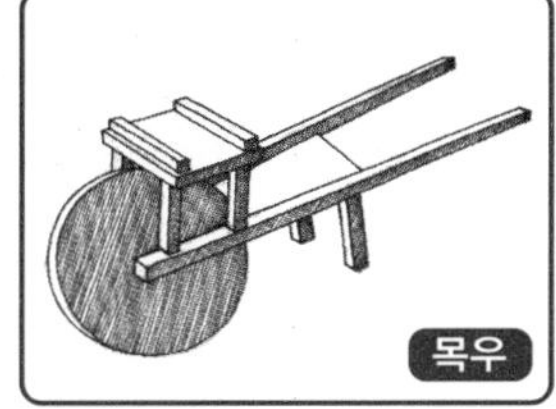
목우

일반적으로 목우는 외바퀴 수레로서 사람이 뒤에서 몰고 가도록 설계되어 있기 때문에 산길이나 잔도에서 식량을 운반하는 데 적합하다고 한다. 말이나 소를 사용하지 않고 혼자서 밀고 갈 수 있기 때문에 '풀을 먹지 않는 소', 즉 '목우'라고 하였다.

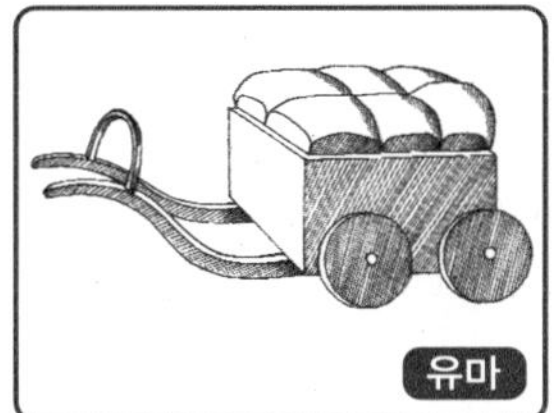
유마

유마는 바퀴가 4개이며, 앞에서 사람이나 가축이 끌고 갈 수 있도록 2개의 멍에(수레나 쟁기를 끌기 위하여 마소의 목에 얹는 구부러진 막대)가 있다. 바퀴가 있기 때문에 '회전하는 말'이라 하여 '유마'라고 하였다.

6차 기산 출정

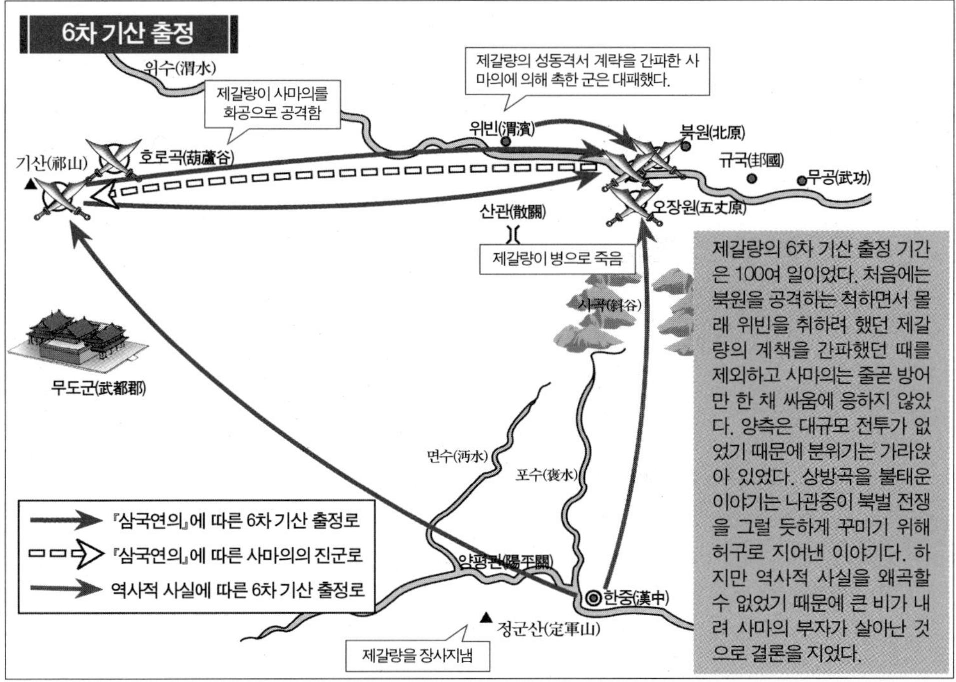

제갈량의 6차 기산 출정 기간은 100여 일이었다. 처음에는 북원을 공격하는 척하면서 몰래 위빈을 취하려 했던 제갈량의 계책을 간파했던 때를 제외하고 사마의는 줄곧 방어만 한 채 싸움에 응하지 않았다. 양측은 대규모 전투가 없었기 때문에 분위기는 가라앉아 있었다. 상방곡을 불태운 이야기는 나관중이 북벌 전쟁을 그럴 듯하게 꾸미기 위해 허구로 지어낸 이야기다. 하지만 역사적 사실을 왜곡할 수 없었기 때문에 큰 비가 내려 사마의 부자가 살아난 것으로 결론을 지었다.

모습에 놀라 회군하고 말았다.

원래부터 모반의 마음을 품고 있던 위연은 제갈량이 죽자 그 즉시 촉한을 배반했다. 제갈량은 이러한 위연의 반역을 미리 간파하여 비단 주머니에 밀계를 남겨 두었고, 마대는 제갈량의 밀계에 따라 위연을 참수하였다.

31 사마씨의 권력 탈취
고평릉의 변란

>>>> 사마의는 주도면밀한 사람으로서 황제가 어린 약점을 이용해 단번에 조씨 세력에 일격을 가하고 위나라의 권력을 손에 넣었다. 이로써 진나라 건설을 위한 든든한 기반이 마련되었다.

제갈량 사후 몇 년 동안 위, 촉, 오 세 나라는 전쟁을 벌이지 않았다. 위나라 군주 조예는 날로 황음무도(荒淫無道)*해지고 대규모 토목공사를 실시하여 백성의 원성이 자자했다. 요동태수 공손연(公孫淵)은 이 틈을 이용해 반란을 일으켜 스스로 연왕(燕王)에 오른 후 15만 명의 군사를 일으켜 중원을 향해 진격했다. 조예는 사마의에게 이를 진압하도록 했는데, 사마의는 군사는 많고 식량이 부족한 공손연을 양평성(襄平城)에서 포위했다. 평화 교섭이 이루어지지 않자 공손연은 밤에 도주할 계획을 세웠지만 사마의의 매복에 걸려 온가족이 포로가 되고 말았다.

사마의가 낙양으로 돌아왔을 때 조예가 병으로 죽고 말았다. 조예는 임종에 이르러 사마의와 조상을 탁고대신으로 임명했고, 두 사람은 당시 여덟 살이었던 조방을 황제의 자리에 올렸다. 이후 조상은 권력을 차지하기 위해 겉으로는 승진하는 듯 보이지만 실상은 좌천시키는 전략으로 사마의를 유명무실한 태부 자리에 두어 그의 병권을 빼앗았다. 이에 사마의는 도광양회의 전략으로 외부 출입을 삼갔다. 조상은 조정의 권력이 자신에게 넘어왔다고 생각하고는 거침없이 전횡을 일삼았다. 하지만 조상은 사마의가 다시 권력을 차지할까 염려하여 이승(李勝)에게 전임지로 출발하며 인사를 올린다는 핑계로 동정을 살피도록 했다. 그러나

* 주색에 빠져 사람으로서 마땅히 할 도리를 돌아보지 않음.

이와 같은 잔재주에 속아 넘어갈 사마의가 아니었다. 그는 일부러 병이 든 척 가장하면서 이승을 속였고, 조상은 사마의에 대한 경계심을 풀었다.

사마의는 조상이 황제를 모시고 성을 나가 고평릉(조예의 능묘)에서 제를 올리는 틈을 이용해 정변을 일으키고 낙양 성문을 닫아버렸다. 조상의 수하가 성을 빠져나가 이 소식을 알렸고, 조상의 모사 환범(桓範)은 조상에게 황제를 허창으로 모신 뒤 군사를 움직여 사마의에 대적할 것을 건의했다. 사마의는 사람을 보내 자신은 오직 병권에 뜻이 있을 뿐이며, 따라서 목숨을 해하는 일은 없을 것이라고 회유했다. 겁이 많고 무능했던 조상은 하룻밤을 생각한 뒤 투항하기로 결정했다. 그러나 조상이 투항하자 사마의는 그 즉시 태도를 바꾸어 조상의 삼족을 멸했다. 이렇게 해서 권력을 장악한 사마의는 황제로부터 승상에 더해 구석의 영예까지 얻었다.

또한 사마의는 관중에 주둔하고 있는 위나라 종실 하후패에 대해서도 대책을 마련하고자 했다. 이 소식을 접한 하후패는 그 즉시 군사를 일으켜 모반을 시도했지만 곽회에게 패하자 그날 밤으로 촉한에 투항했다. 그런 하후패를 강유가 받아들였다.

당시 오나라의 육손과 제갈근이 차례로 세상을 떠나고, 손권도 병사하였다. 이에 사마의의 맏아들 사마사는 오나라의 새로운 군주 손량이 어리다는 것을 기회로 삼아 오나라 정벌에 나섰다. 하지만 오나라의 노장 정봉이 사병을 이끌고 나가 동흥(東興)에서 미처 대비하지 못한 위나라 군을 대파했다. 제갈근의 아들 제갈각은 이 틈에 중원을 차지하려고 했지만 몇 달이 지나도록 신성(新城)을 함락시키지 못했다. 신성을 지키던 장군 장특(張特)이 완병지계(緩兵之計 : 적군의 공격을 늦추는 계책)를 이용해 성벽을 보수하고 제갈각을 물리친 것이다. 또한 관구검도 오나라 군의 진영에 질병이 퍼진 틈을 이용해 대파했다.

제갈각은 전투에 패하고 돌아와서는 자신을 비난하는 대신들을 탄압하여 백관들을 공포 분위기로 몰아넣었다. 이에 손준(孫峻)과 손량이 모의하여 제갈각을 연회에 부른 뒤 그를 제거하였다. 손량은 그 즉시 손준을 승상에 임명했고, 오나라의 대권은 모두 손준의 차지가 되었다.

위나라와 오나라의 정변

촉한이 북벌에 실패한 뒤 위나라와 오나라는 내부에서 정변이 일어나 황제들이 모두 황권을 상실하였다. 주요 원인은 선대 황제들이 정권을 지킬 힘이 없는 어린 인물을 후계자로 선택하여 대신들에게 기회를 만들어 주었기 때문이다.

사마의의 황권 찬탈 조건

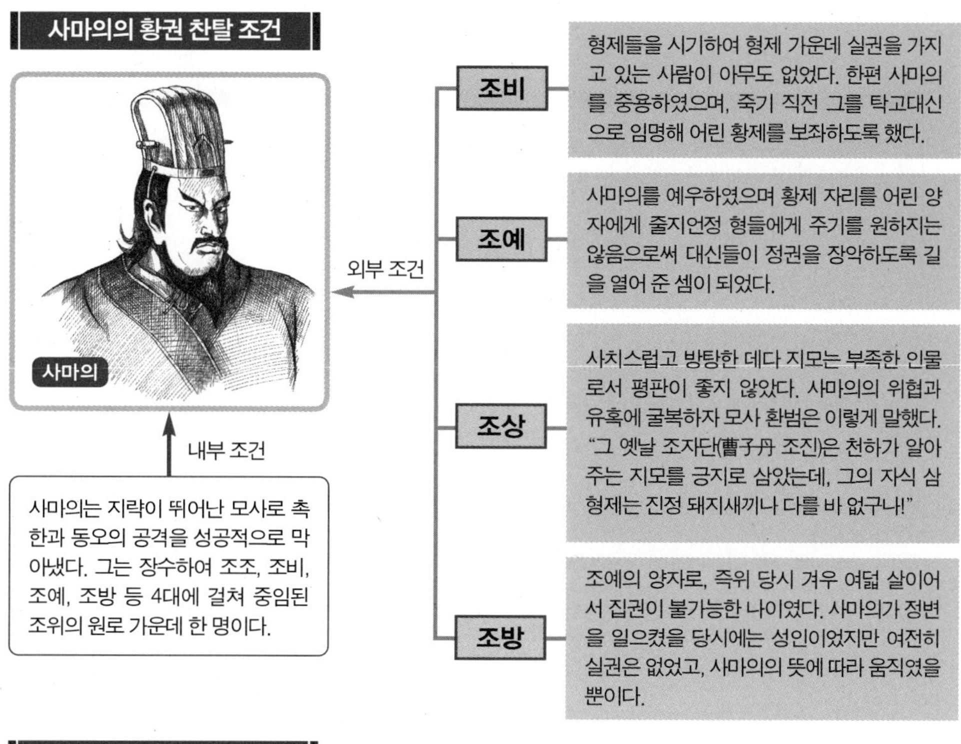

손권의 실패한 후계 구도

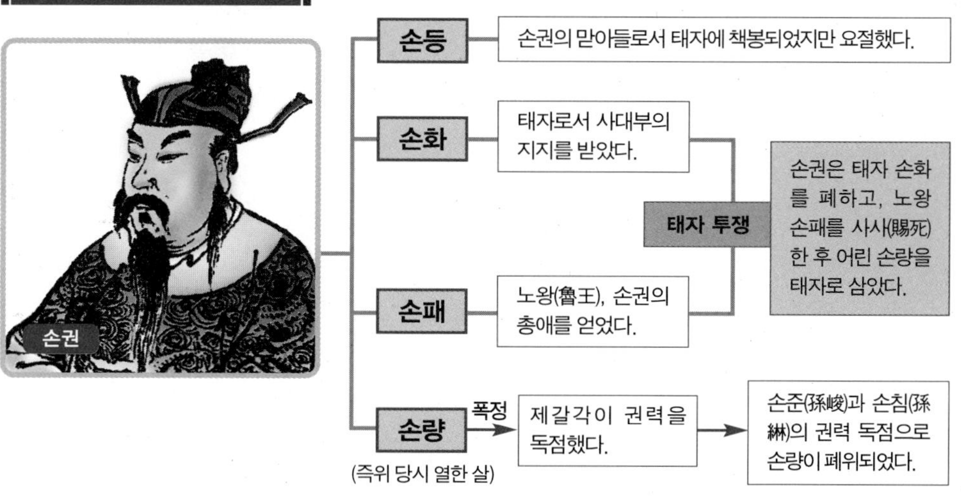

32 돌이킬 수 없는 대세
강유의 북벌

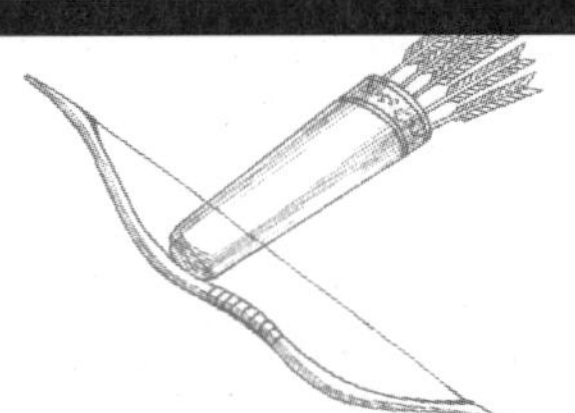

>>>>> 강유는 제갈량의 병법을 전수받는 한편, 그의 유지에 따라 10여 년 동안 수차례에 걸쳐 위나라를 정벌하기 위해 출정했다. 하지만 그의 북벌은 성과를 거두지 못했고, 국력만 소모하여 오히려 촉한의 멸망을 앞당기는 결과를 낳았다.

강유는 국산(麴山) 아래에 2개의 성을 쌓고 강인(羌人)과 함께 관중을 얻고자 했다. 그러나 아무리 기다려도 강인 군사들이 합세하지 않자 강유는 위위구조(圍魏救趙 : 위나라를 포위하여 조나라를 구함)의 계책으로 위나라 군의 후방인 옹주를 습격했다. 하지만 곽회가 이를 간파하여 강유를 우두산(牛頭山)에서 가로막고, 군사를 보내 군량을 운반하는 촉한 군의 진군로를 차단해 버렸다. 이로 인해 강유는 참담할 정도로 대패한 후 양평관으로 퇴각했다.

이후 강유는 함께 위나라를 공격하자는 제갈각의 서신을 받고 오나라의 패배를 알지 못한 채 북벌에 나서겠다는 상주문을 올리면서 강왕과 함께 위나라를 공격하기로 약속했다. 강유는 군량으로 적을 유인하여 위나라 군을 크게 이기고, 철룡산(鐵龍山)에 있는 사마사를 포위했다. 하지만 곽회가 강왕을 죽인 다음 성 안의 병력과 합세하자 강유는 또다시 대패하고 말았다.

사마사는 도성으로 돌아가 위나라 황제 조방을 폐위시키고 조모를 황제로 옹립했는데, 양주의 관구검이 그의 전횡에 불만을 품고 반란을 일으켰다. 이에 사마사는 직접 군사를 이끌고 반란을 평정하러 나섰지만 전투 중에 다친 얼굴의 상처가 덧나면서 눈알이 튀어나와 죽었고, 사마소가 권력을 이어받았다. 강유는 이 틈을 이용해 다시 출정하여 조서(洮西)에서 배수진을 펼친 끝에 위나라 군에게 대승을 거두었다. 하지만 등애의 의병지계에 걸려 한중으로 퇴각한 강유는 잠시

촉한 최후의 전투

제갈량이 죽은 뒤 한나라 왕실의 부활이라는 대업은 강유의 책임이 되었다. 그러나 238~262년까지 모두 11차례 북벌을 단행한 강유는 소득 없이 국력만 낭비하고 말았다. 후세의 사람들은 그에게 '궁병독무(窮兵黷武 : 무력을 남용하며 전쟁을 일삼음)'라는 죄명을 씌웠다.

정사에 기록된 강유의 5 ~ 8차 북벌

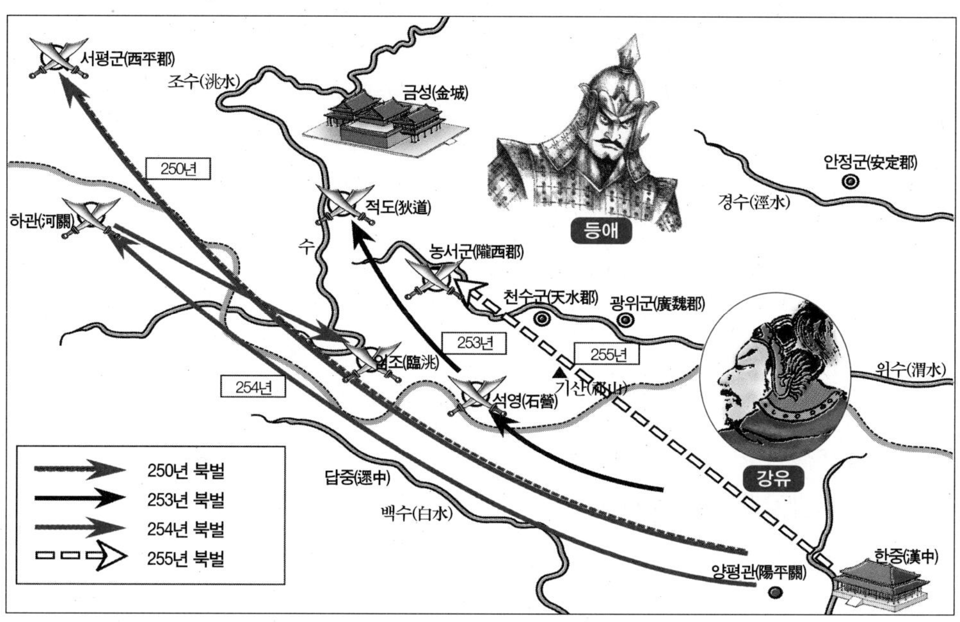

강유의 북벌에 대한 평가

역사적으로 강유의 북벌에 대한 평가는 일정하지 않으며, 제각기 나름대로 이유가 있다.

촉한의 멸망을 앞당긴 북벌

정사에서는 이 같은 관점을 보이고 있다. 당시 촉한의 국력이 가장 약했는데, 강유가 해마다 군사를 일으켜 소득은 올리지 못한 채 국력의 낭비만 가져와 감당할 수 없는 지경에 이르게 되었던 것이다. 강력한 위나라 앞에서 촉한은 요충지를 지키며 백성들을 편안하게 하는 것이 더 좋았을 것이라는 평가다. 게다가 강유는 후퇴하여 답중을 지키고 있을 때도 요충지는 버려둔 채 곡식을 거두고 군사를 모았다. 이 때문에 종회가 파죽지세로 침략할 수 있었으므로, 강유는 촉한의 패망에 책임이 크다고 할 수 있다.

촉한을 연명하게 한 북벌

북벌을 통해 공격으로 수비를 대신함으로써 강력한 위나라의 남침을 저지할 수 있었다는 관점이다. 역사적으로 강유는 11차례 북벌을 단행했는데, 그 전선을 보면 제갈량 시절의 오장원과 자오곡에서 금성, 망수(芒水) 및 위수 남안 일대까지 확대되었다. 그 결과 위나라를 진령 일대에서 저지하여 30년 동안 촉한에 대한 공격이 이루어지지 않았다. 이는 수비를 대신한 공격 전략이 성공했다고 말할 수 있는 부분이다. 강유가 북벌을 포기하고 답중에 주둔하며 수비로 돌아서면서 촉한은 패망하고 말았다.

쉬며 군사를 정비한 후 다시 출병하면서 기산으로 나아가는 척하고는 남안(南安)을 취하려 했다. 그러나 등애가 이를 간파함으로써 촉한 군은 단곡(段谷)에서 대패하고 말았다.

사마소는 자신을 못마땅하게 생각하고 있던 위나라 진동대장(鎭東大將) 제갈탄의 계획을 알게 되자 친정(親征)을 핑계로 황제를 내세우고 진격에 나섰다. 이 소식을 들은 강유는 장성(長城)을 습격해 사마망(司馬望)을 포위하여 함락 일보 직전에 이르렀으나 등애가 군사를 이끌고 나타나 대치하게 되었다. 이때 제갈탄은 이미 살해된 뒤였고, 사마소는 장성을 구하기 위해 돌아오고 있었다. 따라서 강유는 하는 수없이 한중으로 철수할 수밖에 없었다.

이후 오나라 조정에서 권신 손림을 제거하고 촉한과 함께 출병을 약속하자 강유는 기산으로 출정하였다. 이에 등애가 강유와 진법 대결을 벌이다가 장사권지진(長蛇卷地陣 : 뱀이 몸을 사리고 있는 모양의 진)에 갇혔지만 사마망이 군사를 이끌고 나타나 그를 구해 주었다.

다음 날, 등애는 사마망으로 하여금 강유와 진법을 겨루도록 한 후 자신은 몰래 촉한 진영의 후미를 급습하려 했다. 하지만 그의 계책을 간파한 강유가 위나라 군을 대파했다. 이에 등애는 반간계를 사용하여 유선이 강유를 불러들이도록 했다.

위나라 황제 조모는 사마소를 살해하려다가 오히려 자신이 죽임을 당하고 말았다. 이 소식이 촉한에 전해지자 강유는 또다시 출정했다. 그는 왕관(王瓘)의 거짓 투항을 간파하고 위나라 군을 대파했지만, 전투 도중 군량이 모두 타버리고 잔도가 훼손되어 한중으로 돌아올 수밖에 없었다. 잔도를 보수한 뒤 그는 다시 조양(洮陽)으로 출병했으나 자신은 사마망의 공성계에 걸렸고, 하후패는 화살에 맞아 죽고 말았다. 이후 강유는 등애와 후화(侯和)에서 대치하며 몰래 기산으로 출병해 등애를 대파했다. 이렇게 강유가 승리를 거두고 있을 무렵, 유선이 황호(黃皓)의 간언만 믿고 다시 강유를 불러들였다. 성도로 돌아간 강유는 황호를 죽이려했지만 실패했고, 극정(郤正)의 말에 따라 답중으로 돌아와 화를 피할 수 있었다.

33 나뉜 지 오래면 반드시 합쳐진다
삼국의 통일

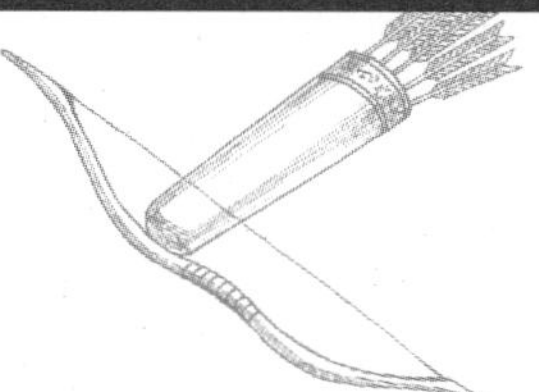

≫≫ 삼국을 세운 이들은 생전에 상대와 서로 싸워 천하를 통일하기 위해 온갖 노력을 다했다. 하지만 그들은 통일의 대업이 자신들 중 누군가가 아니라 다른 사람에 의해 이루어질 것이라는 사실을 전혀 예상하지 못했다.

촉한의 멸망

사마소는 촉한의 조정이 심각하게 부패했다는 것을 알아차리고는 종회, 등애, 제갈서 등에게 군사를 주고 세 길로 나누어 촉한을 정벌하도록 했다. 종회는 먼저 오나라를 안정시키고, 등애와 제갈서로 하여금 답중의 강유를 움직이지 못하도록 한 뒤 순조롭게 양평관을 빼앗았다. 위나라의 침입을 예상하고 이에 대응하기 위해 강유가 성도로 보낸 급보는 환관 황호에게 묵살을 당하고 말았다. 유선은 황호가 추천한 무당에게 빠져 이제 곧 위나라 강토까지 모두 얻을 수 있다는 말에 현혹되어 강유의 출병 요청을 무시한 것이다.

강유는 종회가 출병하여 진격하고 있다는 소식을 듣고 황급히 한중을 구하러 왔으나 옹주자사 제갈서에게 막히고 말았다. 이에 강유는 성동격서의 계략으로 위나라 군사의 저지를 뚫고 검각으로 간 뒤 종회의 주력 부대와 대치했다. 종회는 제갈서가 패한 것을 보고 그를 낙양으로 압송했는데, 등애가 그 사실을 알고 종회에게 불만을 품게 되었다. 전공을 얻기 위해 등애는 군사를 이끌고 몰래 양평 소로를 통해 성공적으로 강유(江油)로 진격하였다. 강유와 부성(涪城)에서 촉한 군사들은 적군의 군세만 보고 겁에 질려 항복하자 위나라 군은 곧바로 금죽(錦竹)으로 쳐들어갔다. 유선은 위나라 군사들이 성 아래까지 진격한 것을 보고 급히 제갈량의 아들인 제갈첨을 보내 방어하도록 했다. 이에 제갈첨과 그의 아들 제갈상은 분전했지만 끝내 전사하였고, 등애는 순조롭게 금죽을 점령했다.

금죽을 차지한 뒤 등애의 군사는 성도로 진격했고, 유선은 초주의 말에 따라 성문을 열어 항복을 청했다. 강유는 성도가 이미 적의 수중에 떨어졌다는 소식을 듣고 거짓으로 종회에게 투항하여 그와 의형제를 맺었다. 한편 등애는 전공을 세운 다음 자신의 공적만 믿고 교만해지기 시작했다. 성도에서 등애가 제멋대로 주장을 펼치자 사마소는 그를 의심하게 되었고, 종회가 그 기회를 틈타 등애가 모반을 했다며 무고하여 그를 압송한 다음 권력을 빼앗았다.

권력을 장악한 뒤 종회는 강유와 함께 반란을 일으켰지만 휘하 장수들이 복종하지 않아 결국 종회는 피살되었고, 강유는 자살했다. 또한 등애도 원수에 의해 피살되었고, 유선은 사마소에 의해 안락공(安樂公)에 봉해졌다. 사마소가 마련한 연회에서 유선은 촉한 음악을 들으면서 "서촉이 생각나지 않느냐?" 라는 사마소의 질문에 "이렇게 즐거우니 촉(蜀)이 생각나지 않습니다" 라고 대답하여 세상의 웃음거리가 되었다.

위나라의 멸망

사마소가 죽은 뒤 그의 아들 사마염이 진왕(晉王)의 자리에 올랐다. 그는 조비의 옛 일을 그대로 답습해 위나라 황제 조환을 폐위시키고, 스스로 황제의 자리에 올라 국호를 '진(晉)'으로 바꾸었다.

오나라의 멸망

손휴(孫休)가 죽은 뒤 폭군 손호가 뒤를 잇자 오나라의 민심이 떠나기 시작했다. 손호가 육손의 아들인 육항에게 강구(江口)에 주둔하면서 양양을 도모하도록 하자 사마염은 양양의 양호에게 사자를 보내 군마를 점검하고 적을 방어하도록 했다. 이렇게 대치하게 된 두 장수는 서로의 인품을 존중하면서 경계를 정해 침범하지 않았다. 이를 의심한 손호가 육항의 병권을 빼앗자 양호는 즉각 손호의 오나라를 공격하자고 주장했다. 그러나 사마염은 가충과 순욱 등의 말을 듣고 끝내 출정을 허락하지 않았고, 양호는 귀향한 뒤 병사했다.

'진나라'로 합쳐진 삼국

천하의 대세는 통일이 오래되면 반드시 나뉘게 되고, 분열이 오래되면 반드시 합쳐지게 된다. 263년, 위나라의 대군은 세 길로 나누어 촉한을 정벌하여 마침내 멸망시켰다. 265년, 사마염은 위나라의 마지막 황제 조위를 폐위시키고 진을 세움으로써 조조의 위나라는 멸망하게 되었다. 280년, 사마염이 여섯 길로 나누어 남정하여 오나라를 멸망시켰고, 이로써 위·촉·오 세 나라는 모두 '진'으로 합쳐지면서 삼국 시대 또한 끝나게 되었다.

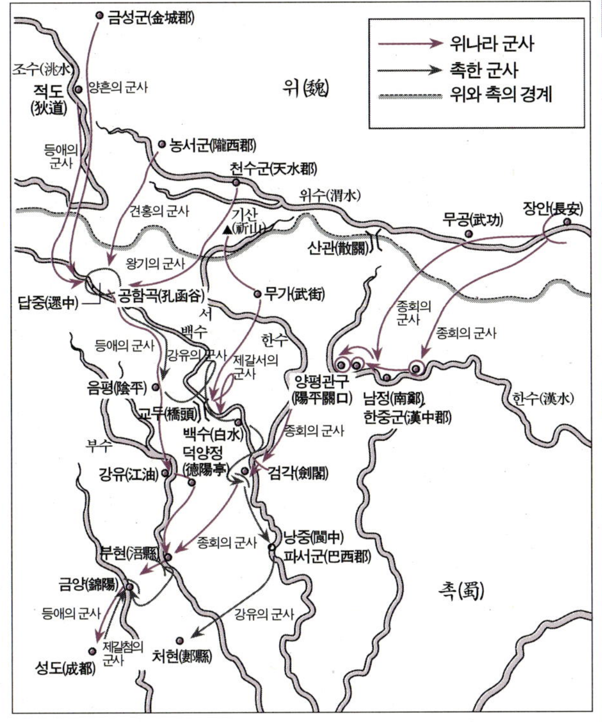

위나라의 촉한 정벌

사마소는 세 길로 나누어 촉을 정벌했다. 종회는 대군을 삼로(三路)로 나누어 장안에서 사곡, 낙곡(駱谷), 자오곡 세 길을 통해 한중으로 쳐들어갔다. 등애는 사마망에게 강인(羌人)을 막도록 하고, 천수태수 왕기(王頎), 농서태수 견홍(牽弘), 금성태수 양흔(楊欣) 등에게 연합하여 답중으로 진격하도록 하는 한편 옹주자사 제갈서에게 강유의 퇴로를 막도록 했다. 그러나 강유는 제갈서의 방어선을 돌파하여 검각으로 물러나 종회를 방어했다. 등애는 양평 소로를 통해 성도로 곧바로 진격했다.

사마염의 오나라 정벌

사마염은 여섯 길로 나누어 오나라를 정벌했다. 두예는 강릉으로 출병했고, 사마주(司馬伷)는 도중(塗中), 왕혼(王渾)은 횡강(橫江), 왕융(王戎)은 무창(武昌), 호분(胡奮)은 하구, 왕준과 당빈(唐彬)은 강을 따라 동쪽으로 진군했다. 손호는 오연(伍延)을 강릉으로 보내고, 손흠(孫歆)을 하구, 장제(張悌)를 우저로 출병시키는 한편 강을 가로질러 쇠사슬을 설치하고 철추를 꽂아 왕준의 남하를 막도록 했다. 그러나 왕준은 이러한 사실을 알고 먼저 뗏목을 띄워 보내 철추를 제거한 뒤 뗏목 위에 마유(麻油)가 잔뜩 밴 큰 횃불로 쇠사슬을 녹여버린 다음 건장으로 진격했다.

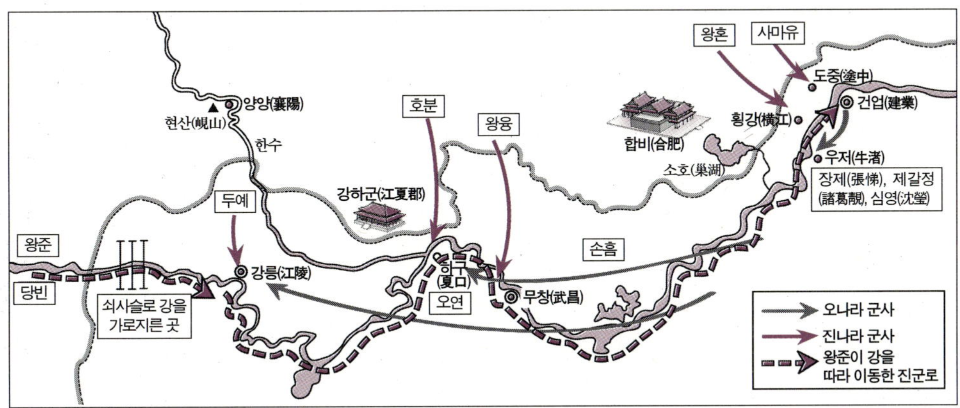

이후 손호의 폭정으로 오나라의 상황이 악화일로로 치닫자 사마염은 오나라를 정벌할 기회가 무르익었다고 판단하여 즉시 양호가 추천한 두예(杜預)를 대도독으로 삼아 대군을 여섯 길로 나누어 오나라 정벌에 나섰다. 진군(晉軍)이 파죽지세로 쳐들어가자 오나라 군은 그 위세에 눌려 연이어 항복했다. 손호는 쇠사슬을 만들어 강을 가로질러 설치해 놓고 물속에 철추를 꽂아 적선을 꼼짝 못하게 하는 계책을 썼지만, 왕준(王濬)에게 간파되어 무용지물이 되고 말았다. 왕준이 순조롭게 남하하여 오나라의 도성 건강(建康 : 이전의 건업)을 공격하자 손호는 어쩔 수 없이 투항하고 말았다. 이로써 삼국은 모두 진(晉)나라로 합쳐졌고, 천하에 또다시 통일 국가가 성립되었다.

3장 분석 편

삼국의 깊은 곳으로 들어가다

『삼국연의』는 우리에게 다채로운 역사의 명장면을 펼쳐 보이고 있으며, 생기 있는 글 속에 교훈이 될 만한 깊은 의미가 숨어 있다. 그 속에는 사람들의 뜨거운 피를 용솟음치게 하는 영웅의 기개가 살아 숨 쉬고 있고, 원만한 대인관계를 유지할 수 있는 처세술이 존재한다. 뿐만 아니라 뛰어난 예지로 신기에 가까운 지략과 교묘한 계책이 있는가 하면 탄식이 흘러나오는 실패의 아픔이 있기도 하다. 3장에서는 「삼국연의」에 담긴 사상, 영웅들의 용인술과 처세술, 국가의 흥망성쇠, 부자와 형제간의 도리 등 다양한 각도에서 여러 가지 삼국 역사의 성패와 득실을 깊이 탐구한다. 이를 통해 보다 심층적으로 삼국 이야기의 맛과 멋을 느낄 수 있을 것이다.

3장 그림 목록

01 『삼국연의』는 소설이다
사실과 허구

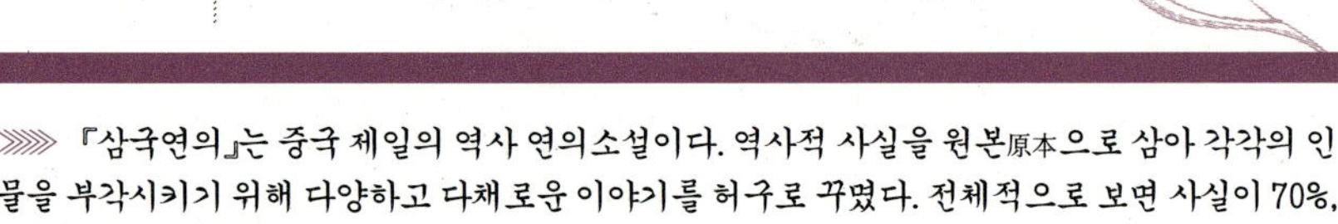

»»» 『삼국연의』는 중국 제일의 역사 연의소설이다. 역사적 사실을 원본原本으로 삼아 각각의 인물을 부각시키기 위해 다양하고 다채로운 이야기를 허구로 꾸몄다. 전체적으로 보면 사실이 70%, 허구가 30% 정도다.

『삼국연의』에 담겨 있는 내용은 삼국 시대의 역사로서, 그 원본은 25사 가운데 하나인 『삼국지』다. 묘사되고 있는 중요한 이야기는 대부분 사서를 바탕으로 하고 있지만, 역시 소설일 뿐 정사라고 할 수는 없다. 그렇기 때문에 정사에 비해 줄거리가 더욱 흥미진진하고, 인물의 개성이 선명하게 부각되어 있다. 이는 『삼국연의』의 근본 목적이기도 하다. 나관중은 소설을 쓰면서 어떤 면에서는 줄거리나 인물을 강조하기 위해 대담하게 허구를 활용하였을 뿐만 아니라 세부적인 묘사에 충실했고, 한편으로는 허구로 꾸민 이야기를 역사적 사실이나 논평에 부합하도록 애썼다.

나관중의 개작(改作)이 성공적이라는 점에는 의심할 여지가 없다. 그는 정세가 변화무쌍하고 군웅이 속출하던 시대적 배경에서 자신의 뛰어난 상상력과 언어 표현 능력을 바탕으로 많은 이들이 관심을 가지고 있는 역사를 더욱 흥미롭고 매력을 지닌 이야기로 풀어놓았다. 또한 생동감 있는 인물을 형상화하여 오늘날의 사람들도 익히 알고 있으며, 깊은 감동을 느끼도록 하였다.

나관중은 인물을 부각시키기 위해 역사의 주요 사건을 세세하게 나눔으로써 보다 그럴 듯하게 만들었다. 예를 들어, 제갈량의 뛰어난 지략이 돋보이도록 '여러 유자(儒者)들과 설전을 벌이다', '주유를 세 번 화나게 하다', '편히 앉아 오로군(五路軍)을 평정하다', '동남풍을 불러오다', '공성계' 등 인구에 회자되는 일련의

나관중의 예술적 허구

역사소설로서『삼국연의』의 예술적 성패는 무엇보다 역사적 사실과 허구의 관계를 어떻게 처리하느냐에 달려 있다고 해도 과언이 아니다. 삼국 이야기에 관한 나관중의 예술적 허구는 다음과 같은 몇 가지로 나누어 볼 수 있다.

1. 정사에 없는 순수 허구

도원결의, 유비의 동탁 토벌, 5개의 관문을 돌파하고 6명의 장수를 참살한 관우의 오관참육장(五關斬六將), 제갈량과 유자들의 설전, 동풍을 불러온 것, 독화살을 치료하는 관우, 제갈량의 오로군 평정, 공성계, 제갈량의 말재주에 놀라 낙마하여 죽은 왕랑, 조조를 비난한 예형 등이 있다.

2. 짧게 언급된 정사를 과장되게 묘사

삼고초려는 정사에 간단하게 언급되어 있지만 '세 번 갔다'는 부분을 강조하여 장황하게 이야기를 전개하였다. 적벽대전이나 맹획을 일곱 번 잡아 일곱 번 놓아준 이야기 역시 정사에는 짧게 기록되어 있지만 세세한 표현을 덧붙여 과장되게 묘사했다.

3. 사료와 접목하되 실제와 다른 결론

화웅은 손견의 손에 죽었지만 관우가 죽인 것으로 처리하였고, 초선으로 화살을 얻은 것은 손권인데, 제갈량이 한 것으로 개작하였다. 또한 한중을 취할 때 주요 인물은 법정이었지만 제갈량이 주도한 것으로 처리했다.

4. 정사에 있는 기록을 필요에 따라 개작

형주를 얻고 손권의 여동생을 취한 것을 주유를 세 번 화나게 했다는 이야기로 개작하였으며, 가정전투에서 위나라 주장(主將)은 장합이었지만 사마의로 개작했다. 장비는 문무에 모두 능통한 장수였지만 지나치게 거칠고 포악하며, 드센 무장으로 묘사했다. 유종은 조조에게 투항하여 열후에 봉해졌으나 조조에게 주살된 것으로 개작했다.

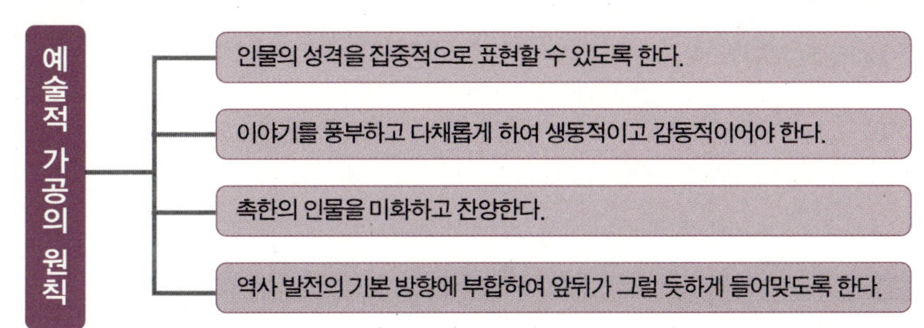

이야기를 풀어놓았다. 게다가 이를 '화공으로 박망(博望)을 불태우다', '초선으로 화살을 빌리다', '지혜로 한중을 취하다' 등 사실과 접목시켜 제갈량이 주도한 것처럼 만들어 놓아 그의 뛰어난 지혜와 책략을 강조하였다. 또한 유비의 인의가 돋보이도록 '백성을 인도하여 강을 건너다', '아두를 내던지다' 등 흥미로운 이야깃거리를 만들고, 서주를 맡아 달라는 요청에 한 번 사양한 것을 세 번씩이나 사양한 것으로 바꾸기도 했다. 더군다나 유비가 '독우(督郵)를 채찍질한 일'을 장비가 한 것으로 바꾸어 어질고 의로운 유비의 인물상에 배치되지 않도록 하는 한편, 장비의 포악한 성격을 부각시킴으로써 일거양득의 효과를 얻었다. 유비를 존중하고 조조를 비하하는 사상의 영향을 받아 조조를 간웅의 형상으로 묘사하는 한편, '72곳의 의총(疑塚)'이라든지 항복한 유종을 주살했다는 이야기를 지어내기도 했다.

나관중은 이야기의 줄거리를 대체적으로 정사의 전개에 따라 풀어냈지만, 그렇다고 사서를 그대로 답습한 것은 아니었다. 때로는 이야기를 보다 생동감 있게 묘사하기 위해 정사에 간략하게 기록된 부분을 자신의 상상력과 이해를 바탕으로 더욱 다채롭고 장황한 이야기로 전개시켰다. 예를 들어, 삼고초려나 적벽대전, 칠금맹획(七擒孟獲) 등이 그러한데, 정사에 보면 이와 관련된 기록은 미미하다고 할 정도로 아주 간단하다. 그러나 나관중은 상상력을 발휘하여 더욱더 풍부하고 다양하게 묘사해 놓음으로써 지금의 모든 사람들이 알고 있는 것과 같은 전형적인 이야기가 된 것이다.

02 유비를 높이고 조조를 낮추다 『삼국연의』의 사상

>>>>> 『삼국연의』의 사상은 '존유억조尊劉抑曹', 즉 유비를 높이고 조조를 낮추는 경향이 강하다. 한나라의 부흥을 추구하는 유비를 찬양하고, 한나라를 찬탈하려는 조조의 세력을 폄훼하려는 의도다. 이러한 경향은 중국 고대 정통사상과 한漢민족의 독특한 민족 정서를 반영한 것이라 할 수 있다.

『삼국연의』를 읽어 본 사람이라면 그 속에 유비를 높이고 조조를 낮추는 경향이 강하다는 것을 쉽게 느낄 수 있을 것이다. 역사적으로 조조와 유비의 인물됨이나 정치적 품격에 대한 평가는 사뭇 다른데, 『삼국연의』에서는 두 사람을 잔인하고 포악한 인물과 어질고 의로운 인물로 완전히 상반되게 묘사하고 있다. 이러한 경향은 여러 대에 걸쳐 중국인들을 오도(誤導)하였고, 심지어 사학자들의 삼국 시대 인물 평가에도 적지 않은 영향을 미쳤다. 그러나 이를 무조건 나관중의 탓으로 돌릴 수만은 없다. 이러한 사상은 이미 그 이전부터 존재해 왔기 때문이다.

이러한 사상이 생겨나게 된 것은 중국 봉건 왕조의 정통사상과 밀접한 관련이 있다. 중국 고대의 정(正)과 사(邪)의 구분은 '정통성' 여부에 따라 결정된다. 조조의 위나라 세력과 유비의 촉한 세력은 모두 자신의 정통적인 지위를 극력 표방하였다. 조비는 여러 가지 도참(圖讖)과 상서(祥瑞)를 만들어 자신이 천명에 따라 한나라의 '정통'을 이어받았다고 주장했고, 유비 역시 자신이 중산정왕(中山靖王 : 한나라 경제景帝의 아들 유승劉勝)의 후예임을 부각시켜 한나라 왕조의 계승자로 자부했다.

중국 고대에는 일반적으로 중원을 통치하는 자를 '정통'으로 간주했다. 『삼국지』의 저자 진수는 비록 촉 땅의 사람이지만 서진에서 관직에 있었기 때문에 서진의 정통적 지위를 확립하기 위해 진(晉)에 선양한 위나라 정권을 정통으로 삼았다. 따라서 『삼국지』는 위나라 제왕을 본기(本紀 : 기전체의 역사 서술에서 왕의 사적事跡을 기록한 부분)에 넣고, 오나라와 촉한의 제왕은 별도의 전기(傳記)에 넣었던 것이다.

동진 시대에 한족 정권은 중원을 빼앗기고 남방으로 내려갔다. 따라서 중원을 차지한 위나라 정권을 정통으로 삼는다면 강남에 정권을 세운 동진은 참위(僭位), 즉 자신의 분수에 넘치는 군주의 자리에 앉아 있는 꼴이 되는 것이다. 그렇기 때문에 동진의 역사가들은 '존유억조'를 주장하면서 위나라의 정통성을 부인함으로써 동진 한족 정권의 합법성을 확보하고자 했던 것이다.

수나라가 천하를 통일하고 이후 북송에 이르기까지 중원은 한족이 차지하고 있었기에 '존유억조'의 사상은 점차 약화되어 갔다. 사마광이 『자치통감(資治通鑒)』을 편찬하면서 위나라 정권을 정통으로 삼은 것은 바로 이러한 까닭이다. 그러나 남송 시대로 넘어오면서 한족 정권이 또다시 남방으로 몰리자 남송의 사학자들은 촉한을 정통으로 삼을 수밖에 없었다. 이에 '존유억조'의 사상은 재차 확립되었다.

원나라 때에 이르러 이민족에 의한 한족 통치가 시작되면서 '존유억조'의 경향은 더욱 분명해졌다. 원나라 시대에 나온 『삼국지평화(三國志平話)』에는 '존유억조'의 경향이 강하게 드러나 있는데, 이는 한족에 의한 중국 통치를 바라는 일반 대중의 정치 이상을 간접적으로 반영하는 것이기도 하다. 그리하여 원나라 말기의 나관중에 이르러 유비를 존중하는 경향(실제로는 한족의 왕조를 재건하겠다는 외침이다)이 필연적으로 만연하게 된 것이다.

존유억조 사상

유비를 높이고 조조를 낮추는 사상은 이미 오래전에 시작된 일이다. 이는 중국의 정통 사상 및 민족 정서와 밀접하게 연관되어 있는 것으로서, 나관중은 이러한 사상을 계승하여 더욱 강화시켰다고 말할 수 있다. 이후 모종강 부자는 이 사상을 더욱 강조하여 '유비는 허위적일 정도로 충후(忠厚 : 충직하고 인정이 많음)하고, 제갈량은 요괴에 가까울 정도로 지혜롭다'는 예술적 효과를 얻었다.

존유억조 사상의 변천

미발생 초기

서진(西晉)은 위나라를 정통으로 하고 있기 때문에 조조를 존중하고 유비를 낮추었다. 진수는 『삼국지』에서 위제(魏帝)는 본기에 수록하였고, 오와 촉의 황제는 전(傳)에 넣었다.

약화기

수(隋)에서 북송(北宋)까지 위나라를 존중하여 정통으로 삼았다. 사마광은 『자치통감』에서 위나라를 높여 정통으로 간주하였다.

확립기

나관중은 존유억조 사상을 계승하여 『삼국연의』를 지었는데, 그 영향력이 매우 크다.

서진 → 동진, 남북조 → 수당, 오대, 북송 → 남송, 원 → 명 → 청

발생 : 동진 시대에 처음으로 존유억조의 경향이 나타났다. 동진 시대 문학가이자 사학자인 습착치(習鑿齒)는 『한진춘추(漢晉春秋)』에서 촉한을 정통으로 간주하였고, 남조 유송(劉宋 : 유씨 세력의 송나라) 시대 배송지는 『삼국지』에 주를 달면서 조조의 추악한 모습이나 사적을 대량으로 수록했다.

확장 : 남송이 중원을 잃자 존유억조 사상은 더욱 증가하였다. 주희는 『통감강목(通鑒綱目)』에서 촉한을 정통으로 간주하였고, 원나라 때에 이르러 존유억조의 경향은 더욱 두드러졌다.

강화 : 모종강 부자는 『삼국연의』를 수정하고 평점(評點 : 평론과 분석)을 달면서 조조의 간사함과 유비의 인덕을 더욱 두드러지게 부각시켰다.

『삼국연의』에서의 존유억조

존유		억조	
소설	역사	소설	역사
유비가 서주를 세 번 사양했다.	유비는 전략적으로 사양했다가 곧 서주를 취하였다.	관도전투를 가볍게 처리하여 적벽대전을 부각시켰다.	관도전투는 소수의 병력으로 다수의 적을 물리쳐 의의가 큰 전투였다.
유비가 백성들을 이끌고 강을 건넜다.	역사에 없는 이야기다.	예형과 길평, 서서의 모친, 장송 등이 조조를 욕했다.	역사에 없는 이야기다.
유비가 조조를 공격해 한중을 차지했다.	조조가 한중에 이르렀을 때 유비는 접전하지 않고 피했으며, 이후 조조가 스스로 철군했다.	화용도로 도피하면서 수염을 깎고 도포를 벗어던졌다.	작가가 의도적으로 지어낸 것이다.
제갈량이 왕랑을 꾸짖자 그는 낙마하여 죽었다.	당시 왕랑은 이미 병사한 상태였다.	조비가 즉위하자 기이한 바람이 불었다.	작가의 의도적인 과장이다.

03 유가의 윤리
인정과 충의

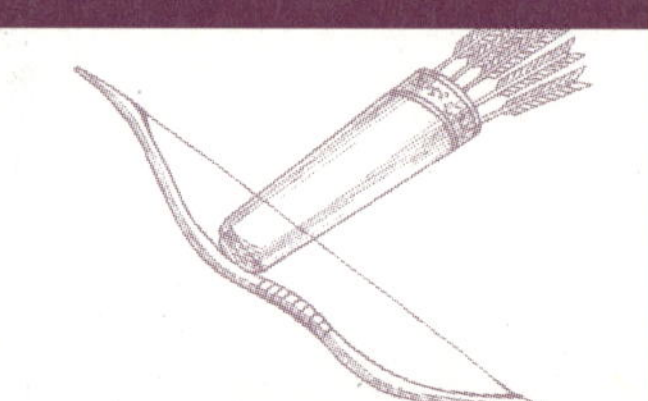

≫≫ 『삼국연의』는 유가의 윤리도덕관이 짙게 배어 있다. 역사적 사건이나 인물의 포폄(褒貶 : 옳고 그름이나 선하고 악함을 판단하여 결정함) 등도 모두 유가의 인(仁), 의義, 성誠, 신信 등을 평가 기준으로 삼고 있다.

인정

유가의 아성(亞聖 : 공자 다음가는 성인이라는 뜻)으로 추앙받고 있는 맹자는 '백성이 나라의 근본'이라는 사회, 정치적 청사진을 제시한 바 있다. 이후 중국의 수많은 식자(識者)들은 이를 위해 끊임없이 노력해 왔고, 대다수 백성들 또한 적극 지지하였다. 이에 『삼국연의』에서는 폭정을 비판하고 인정(仁政)을 높이 받드는 것이 가장 중요한 가치가 되었다.

소설은 유비를 어진 군주의 전형으로 묘사하였다. 도원결의에서 시작하여 유비는 위로 국가에 보답하고 아래로 백성을 평안하게 한다는 인의(仁義)의 이상을 품고 평생 인덕을 베풀어 그 명성이 두루 퍼졌다. 조조가 강남으로 내려왔을 때 수십만 명의 백성이 유비를 따라 피난길에 올랐던 것은 바로 이러한 이유 때문이었다. 유비 휘하의 신하들도 나라와 백성을 구제하겠다는 일념을 가진 사람들이었다. 예컨대, 조운은 "인의의 군주를 좇아 천하를 편안하게 하기를 원한다"라고 말한 적이 있다. 제갈량 역시 임종을 앞두고 후주에게 마지막 교훈을 남기면서 선주의 뜻을 재차 확인하였다.

"마음을 맑게 하고 욕심을 줄이며 자신보다 백성을 사랑하고 선군에게 효성으로 순종하고 천하에 인의를 베푸시기 바랍니다."

이러한 것들은 모두 인정과 애민에 대한 유가의 이상을 당부한 것이라고 할

『삼국연의』의 가치 취향

『삼국연의』는 유가의 정치, 도덕 관념을 핵심적인 가치관으로 삼고 있으며, 오랜 세월 대다수 민중의 여망을 가미하여 천하의 혼란을 야기하는 혼군昏君과 적신賊臣에 대한 비난과 태평성세를 여는 명군明君과 양신良臣에 대한 갈망을 표현하고 있다. 이것이 바로『삼국연의』의 요지다.

인정

찬양	경계
 유비 삼국 가운데 '인화(人和)'를 얻은 인물은 유비다. 그는 백성의 요청에 따라 서주목(徐州牧)이 되었고, 위험에 처했을 때는 유비라는 이름만으로도 백성의 도움을 받았다.	 조조 서주를 공략한 뒤 백성을 도살하여 그 시체가 사수(泗水)를 막히게 할 정도였다. 관도전투에서 포로로 잡은 원소의 수만 군사를 변고를 막는다는 이유로 모두 생매장하여 죽였다.
 제갈량 인정(仁政)을 베풀어 촉한 백성의 존경과 추대를 받았다. 당시 촉한은 관리들은 간사한 이를 받아들이지 않았고, 사람들은 스스로 노력하면서 길가에 떨어진 물건을 함부로 줍지 않았으며, 강자가 약자를 괴롭히지 않고 풍속이 숙연했다.	 동탁 제멋대로 사람을 죽이고 다치게 하였으며, "백성이 나라의 근본이다"라는 말을 우습게 여겼다. 그가 죽자 백성들은 손뼉을 치며 좋아하면서, 길가로 나와 춤을 추었다.

충의

찬양	경계
 관우 유비에게 대단한 충성심을 발휘했는데, 조조의 진영에 있다가 유비의 소식을 듣자 천리를 마다하고 유비에게 달려갔다. 관우는 또한 '의'를 중시하여 이전에 받은 은덕을 차마 잊지 못하고 화용도에서 다잡은 조조를 놓아주고 말았다.	 여포 평생 반복무상(反覆無常)하다는 말이 어울릴 정도로 자신의 이익을 위해 의리를 팽개친 전형적인 인물로 묘사되고 있다. 그는 적토마 때문에 아비로 모셨던 정원을 살해했고, 초선으로 말미암아 자신이 모시던 동탁을 죽였으며, 군량 때문에 유비를 공격하는 등 신의가 전혀 없는 인물이다.
장료 여포의 장수로서 하비성 함락 이후 조조에게 포로가 되었지만 투항하지 않았다. 유비와 관우는 의로움을 알고 조조에게 적극 권유하여 받아들이도록 하였고, 이후 그는 위나라에 충성했다.	**장로의 모사 양송, 촉한의 환관 황호, 황규의 처제 묘택** 양송은 조조를 위해 방덕을 무고(誣告)했지만 조조는 그가 자신의 영달을 위해 주군을 팔았다고 생각하여 참살했다. 황호는 국가와 백성에게 피해를 입히고 사마염에게 능지처참형을 당했다. 묘택은 조조에게 기밀을 누설했지만 조조는 그가 의롭지 못하다는 이유로 참살했다.

수 있다.

소설 속 조조의 모습은 다음과 같은 인생철학으로 표현된다.

"내가 천하의 사람들을 저버리는 한이 있더라도 천하의 사람들이 나를 저버리게 하지는 않겠다."

조조는 평생 권모술수에 능했을 뿐만 아니라 잔혹하고 간사한 행위를 마다하지 않았다. 또한 동탁도 어짊과는 거리가 먼 포악한 인물이었다. 그가 피살되어 시신이 거리에 팽개쳐지자 많은 백성들이 돌을 던져 분풀이를 하고, 시신을 매장할 때는 하늘에 뇌성벽력이 요란했다. 이러한 폭정에 대한 분노와 원한은 작가가 대다수 백성들의 인정에 대한 갈망을 대변한 것이라고 할 수 있다.

충의

소설에서 볼 수 있는 인격의 가치 취향은 '충의(忠義)'라는 유가 윤리로 대변된다. 전체 내용에서 사람이나 사건의 선악을 구분하고, 고하(高下)를 평가하는 기준은 주로 '충의'에 근거하고 있다. 그들이 어떤 세력 소속인지 귀천이나 성별이 무엇인가에 관계없이 의를 저버리지 않으며, 죽음을 마다하지 않고 충성하면 누구든지 찬양의 어조로 표현하고 있다.

소설에 나오는 '충'은 상대적이다. 충성을 다하여 죽을 때까지 계속되었던 제갈량의 충심을 찬양하는 한편, '날짐승은 나무를 보고 둥지를 틀고, 어진 신하는 군주를 보고 섬긴다'*는 것도 반대하지 않았다. 이러한 '충'은 정해진 어떤 군주에게 충성을 요구하는 것이 아니었다. 다시 말해 정통성을 가진 촉한에 대한 충성만을 의미하는 것이 아니라는 뜻이다. 이런 면에서 상당히 개방적이고 융통성이 있다고 할 수 있다.

---

* 공자가 이상정치(理想政治)를 펼쳐보고자 위(衛)나라를 찾아갔는데, 왕이 반갑게 맞이하면서 이웃나라를 공격하는 방법을 물었다. 공자는 "나는 제사를 지내는 일은 알고 있지만 전쟁에 대해서는 전혀 아는 바가 없다"라고 답변한 뒤 제자들에게 빨리 위나라를 떠나자고 했다. 그때 제자들이 갑자기 떠나려는 이유를 묻자 "良禽相木而栖(양금상목이서) 賢臣捧主而事(현신봉주이사)"라고 말하고는 위나라 군주는 백성들의 안위는 생각하지 않고 다른 나라를 침범하려고 하니 섬겨야 할 위인이 못 된다고 하며 위나라를 떠나 노(魯)나라로 갔다.

'충'은 일반적으로 '의'에 따른다. 소설에서도 '의'는 절대적이다. 인물의 품격이나 옳고 그름을 판단하는 데 '의'는 절대적인 표준이다. 관우는 유비에게 충성하는 인물이지만 조조의 은혜를 받은 적이 있다. 그렇기 때문에 관우는 화용도에서 조조를 놓아주고 말았다. 관우의 이러한 '의'는 본질적으로 사람과 사람 사이의 관계, 예를 들어 은혜와 보은, 인정을 강조하는 것으로서 강호에 유행하는 도덕 정신과 상통한다. 민간에서 관우의 이런 모습을 수용하는 것 역시 대다수 민중의 '의'에 대한 추앙을 반영하는 것이다.

04 열혈남아의 추구
삼국 시대 영웅의 기질

>>>>> 난세는 영웅을 만들어 낸다. 『삼국연의』는 거센 바람이 일고 구름이 피어오르는 듯 곳곳에서 영웅호걸이 등장하고, 사내대장부의 격정이 끓어올랐던 난세의 삼국이 그 무대였다. 그 속에서 우리는 개성이 강하고 충의와 용맹으로 무장한 수많은 영웅을 만날 수 있고, 그들의 호방하고 비장한 송가(頌歌 : 공덕을 기리는 노래)를 듣는다.

시대가 영웅을 만드는 법이다. 삼국 시대에 화하(華夏 : 중국을 말함)의 대지는 끊임없이 동요하며 수많은 영웅호걸을 배출했다. 『삼국연의』는 기본적으로 유비를 높이고 조조를 낮추는 사상적 경향을 보이고 있지만, 그렇다고 유비나 관우, 장비, 제갈량만이 영웅인 것은 아니다. 그 반대편에 섰던 조조도 영웅이고, 손책과 손권, 주유, 육손, 황충, 마초, 전위, 장료 등도 모두 영웅이다.

영웅은 때로 문치(文治)나 무공(武功)으로 왕의 자리에 오르기도 하고, 지혜와 계략으로 군영의 모사가 되기도 한다. 그런가 하면 뛰어난 무예로 전쟁터를 종횡무진하고, 충의로 자신의 주군을 위해 목숨을 바치기도 하며, 비범한 재능으로 뭇 사람들의 추앙을 받기도 한다. 기백과 도량이 넓고 크며, 충심과 의기가 드높아 사나운 기개에도 굴하지 않는 것이 바로 영웅의 고귀한 품격이다.

그렇다면 영웅에게 가장 중요한 기질은 무엇인가? 『삼국연의』에 보면, 조조가 술을 데우며 영웅을 논하는 장면이 있다. 조조는 이렇게 말한다.

"무릇 영웅이란 가슴에 큰 뜻을 품고 배에는 좋은 지략이 가득하며, 우주의 기미(幾微 : 낌새, 움직임)를 감추고, 하늘과 땅의 뜻을 토해 낼 수 있는 사람을 말하오." 이를 보면, 영웅에게 가장 중요한 것은 역시 뜻을 높이 지니는 것인 듯하다. 삼국 시대의 영웅 가운데 세 사람을 꼽으라면 조조와 유비, 그리고 손권을 말할 수 있는데, 그들은 모두 천하 제패의 뜻을 품고 있었기 때문이다.

삼국 시대 영웅의 유형

원대한 포부

유비

- 유비는 한실 부흥이 자신의 임무라고 생각했다.
- 조조는 천하를 통일하려는 웅대한 뜻을 품었다.
- 손권은 중원을 차지하려는 뜻을 가지고 있었다.

사나움에 두려움이 없음

왕윤

- 왕윤은 헌제를 보위하기 위해 목숨을 내놓았다.
- 정원은 동탁이 폐제를 살해하는 것에 반대했다.
- 예형은 나신으로 북을 치며 조조를 비난했다.

발군의 무예

조운

- 조운은 장판파에서 단기필마로 후주 유선을 유선을 구했다.
- 손책은 태사자와 싸워 그를 사로잡아 자신의 사람으로 만들었다.
- 허저는 갑옷을 벗고 마초와 싸웠다.

뛰어난 지혜

제갈량

- 제갈량은 앞날을 귀신같이 알아맞혔다.
- 곽가는 계략을 남겨 요동 정벌에 도움을 주었다.
- 주유는 장간을 역이용하여 적벽대전에서 승리했다.

지극한 충성

전위

- 전위는 죽음으로 주군인 조조를 구했다.
- 제갈근은 유비에게 사신으로 갔다가 끝내 오나라로 돌아가지 못했다.
- 저수는 죽음을 두려워하지 않고 원소에 충성했다.

인정과 의리

관우

- 관우는 천리를 마다하고 유비를 찾아 떠났다.
- 옛 은덕을 끝내 버리지 못하고 화용도에서 조조를 놓아주었다.
- 관우가 죽자 장비는 피눈물을 흘리며 옷깃을 적셨다.

고통을 두려워하지 않음

하후돈

- 하후돈은 화살을 맞아 빠진 눈알을 그대로 삼켰다.
- 관우는 독화살을 맞아 살을 찢어 치료하면서도 태연했다.
- 주태는 몸에 열두 발의 화살을 맞으면서 손권을 구했다.

여장부

초선

- 초선은 기지를 이용해 동탁을 죽음으로 몰았다.
- 서서의 어머니는 목숨을 아까워하지 않고 조조를 비난했다.
- 손부인은 유비가 죽었다는 소문을 듣고 자신도 목숨을 버렸다.

영웅에게는 영웅의 기질이 있게 마련이다. 특히 탁월한 무예와 신비한 위력은 그들의 전유물이었다. 관우는 데운 술이 식기도 전에 적장 화웅의 목을 치고 돌아왔으며, 장비는 장판교에서 "내가 장익덕이다!"라는 한 마디 외침으로 조조의 백만 대군을 물리쳤으며, 조운은 단기필마로 적군 속에 뛰어들어 후주 유선을 구해냈다. 또한 허저는 갑옷까지 벗어던지고 마초와 싸웠으며, 하후돈은 눈에 맞은 화살을 뽑아내다가 눈알이 따라 나오자 부모님의 정혈을 버릴 수 없다면서 그대로 씹어 삼켰다. 이렇듯 『삼국연의』에 등장하는 영웅호걸의 이야기는 끝이 없다.

또한 영웅에게는 영웅다운 계략이 있다. 제갈량과 곽가, 순욱 등 삼국의 뛰어난 모사들은 후방에서 전략전술을 세워 천리 밖 전쟁의 승리를 이끌어냈다. 비록 전쟁터에 직접 나가 적군과 싸운 것은 아니지만 누구도 그들이 영웅이라는 것을 부인하지 않는다. 장수들 가운데에도 탁월한 지략가가 적지 않았다. 강유와 등애, 여몽 등은 전략전술에 정통하면서도 직접 전쟁터에 나가 적과 싸웠다. 그야말로 문무를 겸비한 무장들로서 눈에 띄는 이들이다.

마지막으로 가장 중요한 것은 역시 영웅의 의기(義氣)다. 이는 영웅을 판단하는 철칙이기도 하다. 관우는 무예가 출중할 뿐더러 평생 충의를 신조로 삼았다. 그는 조조가 크게 은덕을 베풀었지만 끝내 유비와의 충의를 저버리지 않았다. 이는 진한 시대 이래로 목숨보다 충의를 중히 여기는 의협 정신의 심화된 모습이라고 할 수 있다. 반면에 여포는 평생 신의를 저버림으로써 비록 영웅의 기개는 있으되 영웅의 의리가 없는 인물이 되어 진정한 영웅의 반열에 오를 수 없었다.

영웅은 후세의 모든 사람들이 존경하고 우러러 보는 대상이다. 『삼국연의』의 전투 장면을 보면 양군이 대적하고 있을 때 장수가 먼저 출전하여 싸우다가 한 쪽이 지면 나머지 군사들도 모조리 후퇴하는 경우가 많다. 이는 비록 고대 전쟁의 실제와 부합하는 것은 아니지만, 당시의 영웅 숭배 분위기를 반영하는 것임에 틀림없다.

05 난세의 선택
선택 받은 신하, 선택 받은 군주

≫≫ 삼국 시대에는 인재가 많은 자가 흥하고, 인재가 적은 자는 쇠했다. 당시 권력의 우두머리는 무엇보다 인재를 얻어 자신의 세력을 키우는 데 전력을 다했고, 수많은 인재들 역시 나름대로 건공입업建功立業의 이상을 품고 자신에게 적합한 뛰어난 주군을 찾기 위해 애썼다.

삼국 시대에 인재를 얻고 잃는 것은 곧 생사와 관련된 문제였기에 군웅들은 다른 사람보다 먼저 좋은 인재를 구하기 위해 서로 각축을 벌였다. 조조, 유비, 손권이 여러 영웅들과의 경쟁에서 승리하여 천하를 삼분할 수 있었던 것은 무엇보다 인재를 알아보고, 그 인재들을 단결시켜 제대로 활용할 수 있는 능력을 갖추고 있었기 때문이다. 이처럼 삼국의 군웅들은 인재를 찾기 위해 온힘을 다했고, 그 과정에서 적지 않은 일화를 남기기도 했다.

조조는 일찍이 이렇게 말한 적이 있다. "내가 천하의 지력(智力)을 맡아 그들을 도(道)로 다스리면 가능하지 않은 일이 없을 것이다." 여기서 '지력'이란 모신(謀臣)이나 무장(武將)을 말한다. 장강의 군선(軍船) 위에서 창을 옆에 세워 두고 시를 지은 그는 이렇게 읊었다.

"산은 높아지는 것을 마다하지 않고, 바다는 깊어지는 것을 싫어하지 않네. 주공이 입 안 음식을 뱉고 어진 선비를 맞이한 것처럼 인재를 환대하면 천하의 민심이 모두 내게로 향하리라."*

인재를 얻고자 하는 마음을 절절하게 표현한 구절이다. 조조는 이렇듯 자신에게 의탁한 인재들에 대해 특별한 애정과 예우를 마다하지 않았다. 그가 맨발로

* 山不厭高(산불염고), 海不厭深(해불염심). 周公吐哺(주공토포), 天下歸心(천하귀심). 「단가행(短歌行)」 중에서

뛰어나가 허유를 맞이했던 것은 주공이 음식을 뱉어 가며 현인을 맞이한 것처럼 아름다운 일화가 아닐 수 없다. 또한 그가 형주를 공략하면서 괴월을 얻었을 때 "형주를 얻은 것이 기쁜 것이 아니라 괴이도(蒯異度 : 괴월의 자)를 얻어 기쁠 따름이다"라고 말한 것도 마찬가지다. 심지어 그는 적군에 있다 하더라도 인재를 보면 싸워서 빼앗으려고 했다. 서황이나 서서, 방덕과 같은 인재들이 바로 이렇게 해서 빼앗은 이들이다.

유비 역시 목마른 자가 물을 찾듯이 인재를 구하는 데 열심이었다. 그가 보여준 삼고초려의 모습은 어질고 재능 있는 인재를 찾는 사람의 본보기라고 할 만하다. 서서는 원래 유비를 받들고자 하였으나 조조가 서서의 어머니를 인질로 삼아 자신에게 올 것을 요구하자 효자인 그는 어쩔 수 없이 조조에게 갔다. 유비는 더 이상 서서를 붙잡을 수 없음을 알고 솔직하게 애석한 마음을 전했다. 이에 서서는 조조의 진영에 있었지만 끝내 조조를 위해 계책을 마련한 적이 없다. 어질고 능력을 갖춘 인재를 구하는 면에서 볼 때 유비가 한 수 위였음을 알 수 있는 대목이다.

주유는 노숙에 대해 "요즘 세상에는 군주가 신하를 선택하기도 하지만 신하도 군주를 선택할 수 있소이다"라고 말한 적이 있다. 그의 말은 정확히 맞는 말이다. 삼국과 같은 난세에는 아무리 뛰어난 인재라도 현명한 군주를 만나야 비로소 자신의 포부와 재능을 펼치는 기회를 얻을 수 있기 때문이다. 만약 그저 그런 평범하고 용렬(庸劣)한 군주를 만난다면 자신의 재능도 따라서 묻히고 만다. 따라서 진정으로 명철한 지혜를 지닌 인재라면 자신을 맡길 수 있는 군주를 선택할 수 있어야 한다. 곽가는 처음에 원소에게 자신을 의탁했다가 10여 일이 지난 뒤 원소가 큰일을 이룰 사람이 아니라는 것을 알고 곧 그를 떠나 조조에게 갔다. 또한 주유는 원술이 자신을 좋아했지만 그가 큰 그릇이 아니라고 생각했기 때문에 구실을 대고 강동으로 건너가 이제 막 거병한 손책에게 의탁했다. 이후 역사가 증명해 주듯이 곽가, 주유, 노숙은 올바른 선택을 함으로써 자신의 능력과 재주를 펼치고 후대에 이름을 남길 수 있었다. 이에 비해 그렇지 못한 이들도 적지 않았다. 곽가가 원소를 떠날 때, 신평(辛評)과 곽도에게 원소는 패업을 이루기 힘들 것이라고 말했지만 두 사람은 그의 말을 무시하고 끝까지 원소와 함께하다 결국 같이 망하고 말았다.

삼국의 인재

삼국은 각기 뛰어난 인재들의 집합소였다. 누군가는 "만약 그들이 또 다른 난세에 살았다면 능히 천하를 통일하고도 남았을 것이다. 애석하게도 동일한 시기에 각기 다른 세력에 소속되어 있었기 때문에 천하가 세 나라로 나누어질 수밖에 없었다"라고 말하기도 했다.

삼국의 인재들

조조

문신 – 순욱, 곽가, 정욱, 순유, 가후, 유엽, 여건, 만총, 모개
무신 – 하후연, 하후돈, 전위, 허저, 장료, 서황, 장합, 악진, 우금, 이전, 방덕

유비

문신 – 제갈량, 방통, 법정, 마량
무신 – 관우, 장비, 조운, 마초, 황충, 위연

손권

문신 – 장소, 노숙, 장굉, 여범, 제갈근, 육손
무신 – 주유, 여몽, 정보, 황개, 능통, 감녕, 주태, 반장

군주가 신하를 선택한 경우

손권

유비

방통

거절 – 추한 외모와 오만한 태도를 싫어함

중용 – 부군사중랑장으로 임명함

신하가 군주를 선택한 경우

원소

조조

곽가

떠남 – 원소가 대업을 이루기 힘들 것이라고 여기고 떠남

의탁 – 조조를 보고 '진정한 나의 주군'이라고 말함

06 인재를 알고 등용하는 방법
삼국의 용인술

≫≫ 인재가 있다고 끝난 것이 아니라 그 인재를 활용할 수 있어야 한다. 인재를 활용할 수 있는 기술이야말로 세력의 우두머리가 갖추어야 할 필수 요소인 것이다. 이런 면에서 위, 촉, 오 세 국가의 군주는 모두 용인술의 고수였다고 할 수 있다.

패업을 이루고자 한다면 '득인(得人)', 즉 인재를 얻는 것이 첫걸음이라고 할 수 있고, 이보다 더 중요한 것은 역시 '용인(用人)', 즉 인재를 활용하는 일이다. 인재를 얻어서 잘 활용한다면 분명 창성(昌盛)하게 되고, 그렇지 못하면 망하고 마는 것이다. 위, 촉, 오 세 국가의 군주였던 조조, 유비, 손권은 모두 용인술의 귀재였기 때문에 마지막에 대업을 이룰 수 있었다. 이에 비해 동탁이나 원소, 여포 등은 사람을 제대로 쓰지 못해 결국 패망하고 말았다. 동탁은 이유를 모사로 삼았지만 초선의 미색에 빠져 그의 간언을 듣지 않았고, 결국 자신의 목숨마저 내놓아야 했다. 원소는 휘하에 많은 인재들이 있었지만 그들을 제대로 통제하지 못해 모사들 내부에 여러 가지 모순과 갈등이 존재했다. 게다가 자신의 능력을 과신하여 독단적으로 일을 처리하는 것은 물론 전풍과 저수, 허유 등 뛰어난 인재들의 의견을 듣지 않음으로써 결국 관도전투에서 크게 패하고 말았다. 여포는 진궁을 자신의 모사로 삼았지만 그의 책략을 여러 차례 무시하다가 결국 백문루에서 생을 마감하고 말았다. 이렇게 보면, 인재를 쓰는 문제는 군주의 생사나 성패와 직접적인 관련이 있다고 할 수 있다.

조조와 유비, 손권의 공통된 특징은 인재를 잘 활용했다는 점이다. 하지만 그들의 용인술은 각기 나름의 장점이 있다.

인재를 활용하는 방법

삼국 시대 조조, 유비, 손권의 용인술은 성공과 실패가 공존했다. 그러나 성공과 실패 모두가 지금의 우리들에게는 좋은 귀감이 되고 있다.

삼국의 용인술 비교

조조

- 실제를 중시하여 재주와 능력만 있으면 천거했다.
- 청관(清官)을 중용했지만 탐관(貪官)을 무조건 피하지는 않았다.
- 투항한 자들을 받아들이고, 과거의 잘못에 연연해하지 않았다.
- 큰 것을 잡고 작은 것을 놓음으로써 소소한 일에 구속되지 않았다.

유비

- 진심으로 사람을 대하여 마음으로 충성할 수 있도록 만들었다.
- 인재를 제대로 볼 줄 알고 발견하는 데 능했다.
- 덕행과 재주를 겸비한 인재를 중용했다.

손권

- 새로운 인재를 기르고 기용하는 데 능했다.
- 인재를 존중하고 아꼈으며, 적극적으로 의견을 들었다.
- 일단 임용하면 의심하지 않았다.
- 대담하게 아랫사람에게 중임을 맡겼다.
- 휘하 부하들의 요구를 만족시켜 줌으로써 마음으로 복종하도록 만들었다.

실패한 용인술

제갈량

마속은 명성에 비해 실속이 없었지만 그에게 요충지인 가정(街亭)을 맡겼다. 인재를 기르는 일에 치중하지 않은 촉한은 인재가 부족했다.

원소

표면적으로 인재를 아끼는 듯했지만 자신의 명성을 위한 것이었다. 저수와 전풍 등의 충언을 듣지 않았고, 인재들을 제대로 통솔하지 못해 내부 분란을 야기했다.

여포

자신의 능력을 과신하고 자만하여 모사 진궁의 책략을 무시했고, 오히려 처자의 의견을 들어 패망의 길로 빠졌다.

동탁

시첩을 믿고 모신의 말은 믿지 않았다.

조조의 용인술

조조는 재주만 있다면 누구라도 받아들일 자세가 되어 있었다. 관우가 아직 사람들에게 알려지지 않았을 때 여러 장수들 앞에서 술이 식기 전에 화웅을 베고 돌아오겠다고 말하자 원소는 그의 직위가 비천함을 알고 무시했지만, 조조는 적극적으로 그를 출전시켰다. 그러고는 관우가 화웅을 베고 오자 마땅히 논공행상을 하게 되었는데, 원소는 "일개 현령 수하의 소졸(小卒) 주제에"라고 말하며 나가 버리고 말았다. 하지만 조조는 원소를 비난하면서 나중에 몰래 고기와 술을 관우에게 보내 위로해 주었다. 이러한 처신으로 조조는 부하를 자기편으로 만드는 데 능했다. 그래서 조조의 모신들이나 장수들은 주군을 위해 전심전력했고, 마침내 북방을 통일할 수 있었다.

유비의 용인술

유비는 사람의 마음을 얻는 데 능했다. 도원결의를 통해 관우와 장비를 얻어 평생 온몸과 마음을 바쳐 따르도록 했고, 자신의 아들인 아두를 내팽개침으로써 조운이 더욱 충성할 수 있도록 했으며, 삼고초려를 통해 제갈량이 죽을 때까지 자신을 위해 온몸을 바치도록 했다. 유비는 인재를 쓸 때 중요한 원칙이 있었는데, 그것은 실천을 중시했다는 점이다. 그는 실천 과정에서 사람을 자세히 살핀 다음 비로소 중책을 맡겼다. 제갈량이나 방통 역시 중용되기 전에 유비의 시험을 거쳤고, 이로써 유비는 보다 정확하게 인재를 등용할 수 있었다. 유비가 임종 전에 마속에 대해 "말이 실천보다 과하니 크게 활용하지 말라"라고 말한 것은 이 같은 이유 때문이다. 실제로 마속은 가정에서 제갈량의 말을 듣지 않고 대패하여 결국 죽고 말았다.

손권의 용인술

손권이 인재를 등용할 때 가장 중요한 특징은 대담하게 신인(新人)을 기용했다는 점이다. 예를 들어, 여몽은 원래 일개 무사에 불과했다. 그러나 손권이 그의 잠재력을 간파하여 책을 읽고 연구하도록 함으로써 유학자들도 무시할 수 없는 학식을 갖추게 되었다. 그러고는 마침내 오나라의 병권을 행사하는 대장군으로서 전혀 손색이 없는 인물로 거듭났다.

또한 손권은 유비가 거국적으로 군사를 일으켜 공격했을 때 여러 신하의 만류에도 불구하고 백면서생에 불과한 육손에게 병권을 주었다. 과연 그는 이릉전투에서 대승을 거둠으로써 성공적으로 촉한 군의 공격을 막아냈다. 이렇듯 손권은 대담하게 신인을 기용하여 시기적절하게 활용함으로써 촉한의 경우처럼 인재가 부족한 위기를 겪는 일이 없었다. 이런 점에서는 손권이 유비나 제갈량보다 훨씬 식견이 높았다고 할 수 있다.

07 성패의 관건 모략

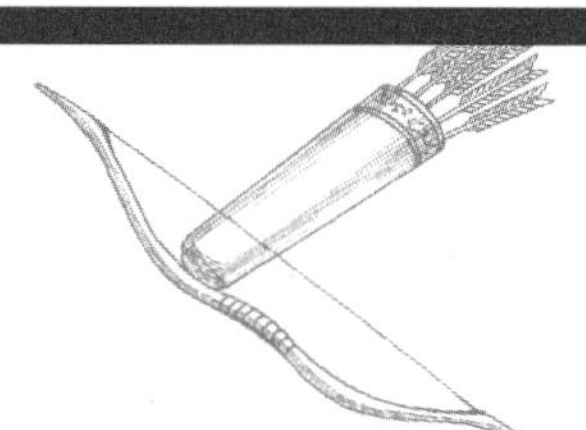

»»» 『삼국연의』에서 묘사되고 있는 역사는 모략謀略으로 승리를 취하는 역사로서, 곳곳에 지혜와 모략의 대결이 펼쳐져 있다.

『삼국연의』에 등장하는 모략은 심오하면서도 넓다고 말할 수 있는데, 삼국시대 군웅들이 패권을 다투는 과정에서 처음부터 끝까지 삼십육계의 계략이 깊이 스며들어 있다. 정치 투쟁에서 실제 군사 투쟁에 이르기까지 거의 모든 대결과 싸움은 곧 모략의 경연장이었다. 군웅할거, 적벽대전, 삼족정립(三足鼎立), 남정북벌(南征北伐), 삼분귀일(三分歸一)에 이르기까지 모략을 바탕으로 승리를 얻고자 하는 싸움의 연속이었다.

소설 속의 모략은 정확한 정치적 예견, 반란의 평정, 패권 다툼, 군신관계의 처리, 전투에 따른 진법과 전술, 관리와 백성을 통치하는 것에 이르기까지 다양한 방법과 계략으로 이루어져 있다.

성공적인 계략은 약자를 강자로 만들고, 위기를 기회로 만든다. 조조의 세력이 처음부터 그렇게 강대했던 것은 아니다. 그러나 순욱의 제안, 즉 '천자를 끼고 천하를 호령한다'는 그의 계략에 따라 우세를 점하게 되었고, 약자에서 강자로 변신하여 마침내 북방을 통일할 수 있었다. 유비는 신발과 돗자리를 팔며 생계를 유지해 오다가 관우와 장비를 만나 도원결의를 한 뒤 거병했지만, 여전히 다른 사람의 울타리 안에 머물면서 여러 차례 좌절을 겪었다. 그러나 제갈량을 만나 융중대의 계책을 얻은 뒤 막다른 골목에서 회생하여 자신의 근거지를 얻고 날로 발전을 거듭했다. 그리고 마침내 조조, 손권과 더불어 천하를 삼분하게 되었다.

삼국 시대 군웅들의 모략과 전략

한날 말기에 원대한 뜻을 품었던 군벌 세력은 모두 나름의 발전 전략을 가지고 있었다. 이는 삼국 시대 사람들이 고심 속에 만들어 낸 노력의 결정판이라 할 수 있다.

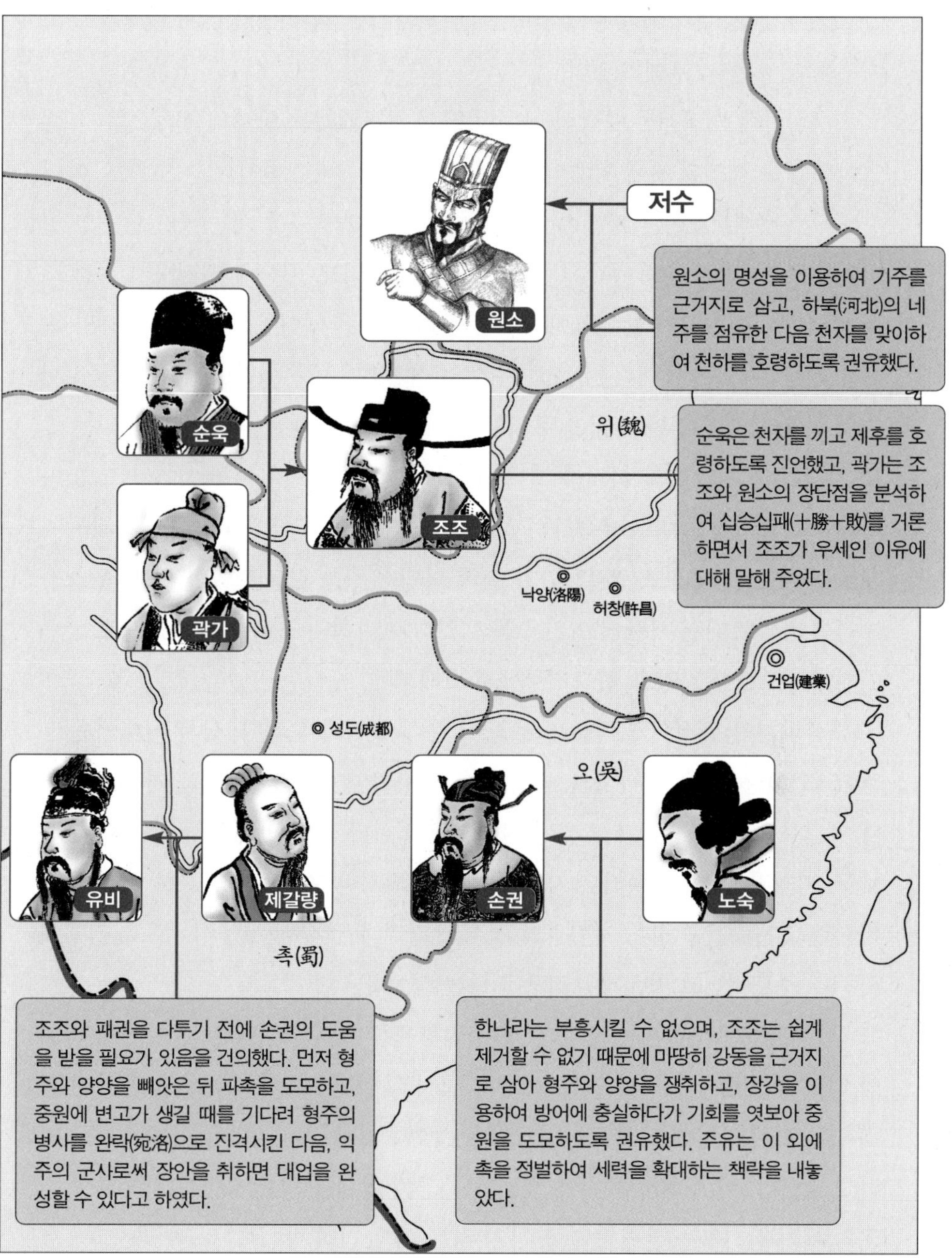

조조의 백만 대군이 강남으로 남하했을 때 오나라는 망국의 위기에 직면했다. 그러나 이 중요한 시기에 노숙이 유비와 연합하여 조조에게 대항하는 계책을 내놓았고, 주유 역시 연이어 필승의 전략을 제시함으로써 위기 상황에서 벗어나 정족지세(鼎足之勢)를 갖추게 되었다.

이와 반대로 적절한 모략이 아니었을 경우의 결과는 당연히 실패였다. 무슨 일이든 낡고 오래된 것에 얽매여 진취적이지 않고 우유부단하며, 이도 저도 아닌 상태에서 애매모호한 결정을 내리게 된다면 좋은 기회를 놓치는 것은 당연한 일이었다. 아무리 마음속 생각에는 좋은 수라 할지라도 매사에 진지하지 못하고, 여러 상황을 고려하지 않은 상태에서 섣불리 결단을 내린다면 참담한 실패와 손실을 피할 수 없는 것이다. 유표와 유장은 진취적인 마음이 전혀 없는 인물로서 그저 한 구석에서 편안한 삶을 유지하는 데 만족하여 패권을 차지할 수 있는 좋은 기회를 놓쳤을 뿐만 아니라 그나마 가지고 있던 기반마저 빼앗기고 말았다. 마속은 교과서를 그대로 답습하는 식으로 '높은 곳에서 아래를 바라보면 파죽지세로 승리할 것'이라고 생각하다가 결국 가정(街亭)을 잃고 말았다. 또한 원소는 고집을 피우고 다른 사람의 의견을 듣지 않다가 마침내 조조 군의 화공으로 군량기지였던 오소를 잃었고, 관도전투에서 크게 패했다.

『삼국연의』에서의 모략은 주로 군사 분야에 나타나 있다. 삼국 시대에 등장한 조조, 제갈량, 주유, 사마의, 곽가 등은 모두 병법에 정통했고, 그 가운데 조조와 제갈량은 병서를 남겨 후세에 전해지기도 한다. 전쟁의 승부는 무기와 군량보급, 지리적 형세 등 여러 가지 조건에 좌우되지만 무엇보다 중요한 것은 역시 지휘관의 전략전술이다. 지휘관의 정치적 감각과 군사적 재능이야말로 전투에서 가장 주도적이고 지배적인 작용을 하는 것이다.

이릉전투에서 유비는 당시의 정치적 형세를 고려하지 않은 채 자신의 의지만 믿고 출병했다. 게다가 그는 뛰어난 군사적 식견을 갖추지 못했을 뿐더러 실력 있는 모신과 함께한 것도 아니었던 탓에 7백 리에 걸쳐 진영을 세우는 우를 범하고 말았다. 이에 비해 육손은 적군과 아군의 형세를 정확하게 분석한 다음 적군의 예기를 피하는 한편 출전을 하지 않은 채 굳건히 방어에 치중했다. 그는 유비가 여름이 되어 삼림이 우거진 곳에 진영을 꾸리자 그때를 놓치지 않고 화공을 사용했다. 그러고 나서도 섣불리 움직이지 않고 소소한 전투를 일으키며 적의 허실을 판단한 후 최종적으로 합리적이고 정확한 반격 전략을 마련하여 일격에 유비의 대군을 격파했다.

08 삼국의 외교
치열한 외교전

>>>>> 군웅이 패권을 다투는 곳에는 서로 속고 속이는 합종연횡合從連橫*이 빠질 수 없다. 그렇기 때문에 삼국 시기에는 세객說客들이 크게 활약하였으며, 그들의 유세 활동 또한 다채롭기 이를 데 없었다.

영원한 친구란 존재하지 않으며, 오직 영원한 이익만 있을 뿐이다. 삼국의 군웅들은 오직 자신들의 이익을 위해 때로는 술잔을 잡고 환담을 나누기도 했고, 때로는 군사를 일으켜 서로 싸우기도 했다. 분쟁의 도발과 화해의 과정에서 외교를 담당하는 세객들의 주장과 책략은 빠질 수 없는 부분이다. 삼국 시대 군웅들의 유세 과정에서 그들은 다채롭고 흥미로운 이야기를 남겼고, 수준 높은 변론과 담판의 기교를 그대로 전해 주고 있다. 이는 지금의 사교 활동에서도 좋은 본보기가 되기에 충분하다. 다음은 『삼국연의』의 유세 중 특히 제갈량이 강동에 사신으로 가서 활약한 내용인데, 이를 보면 삼국 시대에 외교를 담당했던 세객들의 일면을 살펴볼 수 있을 것이다.

적벽대전이 발발하기 직전 제갈량은 강동으로 출사(出使)하였다. 그때 손권은 먼저 오나라의 여러 신하들을 만나보게 했는데, 여기서 제갈량과 오나라의 여러 유신(儒臣) 간에 설전이 벌어졌다. 장소는 유비가 여러 차례 패한 것을 들어 제갈량을 기롱(譏弄 : 실없는 말로 놀림)하였고, 우번은 제갈량이 조조의 대군을 무서워

* 중국 전국 시대의 소진이 주장한 외교 정책과 진나라의 장의가 주장한 외교 정책을 아울러 이르는 말로서, 중국 전국 시대에 서쪽의 강국 진나라에 대항하기 위해 남북으로 위치한 한, 위, 조, 연, 제, 초의 여섯 나라가 종(縱)으로 동맹을 맺어야 한다고 주장한 합종설과 이에 맞서서 진나라가 이들 여섯 나라와 횡(橫)으로 각각 동맹을 맺어 화친할 것을 주장한 연횡설을 가리킨다.

삼국의 외교 유세

제갈량이 오나라 사신으로 가서 유세한 것 외에도 삼국에는 훌륭한 유세 활동이 많았다. 그것들 역시 사람들에게 깊은 인상을 남기고 있다.

삼국 최고의 유세

[가장 성공한 유세]

제갈량의 오나라 유세 : 유세에 성공하여 손권과 유비가 동맹 관계를 맺었고, 마침내 천하삼분의 기반이 마련되었다.

[가장 실패한 유세]

장간의 주유 유세 : 유세를 하기도 전에 오히려 주유의 계략에 넘어갔다.

[가장 힘들었던 유세]

제갈근의 형주 반환 유세 : 성도와 형주 사이를 바쁘게 오갔지만 유비와 관우의 계략에 넘어가 아무것도 얻지 못했다.

[가장 위험했던 유세]

등애의 손권 유세 : 손권은 도부수를 배치하고 기름 솥을 세워 놓으면서 위협을 가했지만 등애는 이에 굴하지 않았고, 결국 손권이 예를 갖추어 대하도록 만들었다.

그 밖의 유세 활동

성공한 유세	여포에 대한 이숙의 유세 : 적토마로 그를 유인하여 수양아버지인 정원을 죽이고 동탁에게 의탁하도록 만들었다. 서황에 대한 만총의 유세 : 서황에게 어둠을 버리고 밝음을 택하도록 설득하여 양봉을 떠나 조조에게 의탁하도록 했다. 여포에 대한 진규의 유세 : 여포가 후회하도록 만들어 길을 떠난 딸을 쫓아가 데려옴으로써 원술의 소불간친의 계략을 깨뜨리도록 했다. 유표에 대한 손건의 유세 : 유표가 유비를 받아들이도록 설득하여 채모의 참언을 좌절시켰다. 마초에 대한 이회의 유세 : 마초가 진퇴양난에 빠졌을 때 유비에게 투항하도록 만들었다.
실패한 유세	이각에 대한 황보력의 유세 : 황보력은 지나치게 강직하게 유세하여 하마터면 이각에게 살해될 뻔했다. 원소에 대한 손건과 전풍의 유세 : 손건과 전풍은 유비를 구하기 위해 원소에게 출병하여 조조를 습격하도록 유세했지만 원소는 아들의 병을 핑계로 거절했다. 학소에 대한 근상(靳祥)의 유세 : 근상은 학소에게 두 차례나 제갈량에게 투항할 것을 권유했지만 모두 거절당하고 말았다. 그 결과 제갈량은 진창을 함락할 수 없었다.

하지 않는다는 것은 허풍이자 다른 사람을 속이는 것이라고 비난했다. 또한 보즐은 제갈량이 전국 시대의 유세가인 소진과 장의처럼 혀를 놀려 유세를 한다고 비꼬았다. 그러나 상대가 어떤 문제를 내놓든지 간에 제갈량은 투항을 주장하는 상대의 허점이나 약점을 정확하게 파악하여 오히려 공격적으로 응대하였다. 그리고 다양한 방법으로 자신의 목표를 '투항은 수치스러운 일이며, 대항은 영광스러운 일'이라는 데에 맞추었다. 결국 제갈량을 상대한 사람들은 스스로 부끄러워하며 자신의 말이 이치에 맞지 않게 되면서 말문이 막히고 말았다.

다시 손권을 만나기 전, 노숙은 제갈량에게 조조의 병력이 많고 장수들이 많다는 이야기는 하지 말라고 거듭 당부하였다. 그러나 제갈량은 손권을 만난 뒤 직감적으로 그의 성향이 설득보다는 감정적으로 흥분시키는 편이 낫다고 생각했다. 그래서 노숙의 당부에도 불구하고 조조의 실력을 과대평가하는 한편 유비의 영웅적 기개를 크게 높여 말했다. 이 말의 속뜻은 곧 병력이 적고 열세인 유비도 항복을 하지 않는데 병력이 충분하고 장수도 많은 강동의 손권이 어찌 항복할 수 있겠냐는 것이었다. 당시 손권은 스물일곱 살의 혈기왕성한 나이로, 제갈량의 말을 듣고는 화를 참지 못해 얼굴색이 변하고 말았다. 결국 그는 조조에 대항하여 싸움을 하는 것으로 결정을 내렸다.

주유를 만났을 때도 제갈량은 그를 격분시키는 계략을 사용하였다. 당시 주유는 비록 주전파에 속했지만 고의로 투항파인 척했는데, 제갈량은 그의 속셈을 뻔히 알고 있었다. 그는 대교와 소교가 손책과 주유의 부인이라는 사실을 알고 있었지만 짐짓 모른 척하면서 대교와 소교를 조조에게 헌납하면 아마도 물러날 것이라고 하면서 「동작대부」의 내용을 일부 바꾸어 증거로 제시하였다. "동쪽과 남쪽에 두 교씨를 두고 아침저녁으로 즐기려 하네." 물론 이 내용은 원래 작품에는 없는 것이다. 이렇게 제갈량의 뛰어난 모략에 그대로 넘어간 주유는 격분하여 조조를 불구대천(不俱戴天)의 원수로 여기게 되었다.

"세 치 혀로 백만 대군을 물리친다."는 말은 과연 빈말이 아니었다. 제갈량은 뛰어난 언변술로 투항파의 기세를 잠재우고 손권이 스스로 조조와 대항할 것을 결정하게 만들었으며, 아울러 주유의 투지를 더욱 솟구치게 만든 것이다. 이로써 유비와 손권의 양대 세력은 서로 힘을 합치게 되었다. 정사를 살펴보면, 제갈량이 기지로 손권을 격동(激動)시킨 것 외에 나머지는 모두 나관중이 지어낸 이야기다. 하지만 그 생생하고 뛰어난 묘사 덕분에 모든 사람들의 견문이 조금 넓혀진 듯한 느낌을 받는 것은 사실이다.

09 세력 속에서의 암투 삼국의 내부 투쟁

»»» 정치 군사 세력으로서 삼국은 상호 모순 관계에 놓여 있었기 때문에 끊임없이 투쟁했다. 이 과정에서 각 세력의 내부가 똘똘 뭉쳐 아무런 문제가 없었던 것은 결코 아니며, 오히려 내적으로 정치적 충돌이 만연하여 세력의 성쇠에 직접적인 영향을 끼치기도 했다.

위, 촉, 오 삼국은 각기 나름의 격렬한 내부 투쟁을 겪었다. 이러한 내부 투쟁에 대한 권력자의 처리 방법은 삼국의 이후 발전에 직접적이면서도 결정적인 영향을 주었다.

조조는 청주에서 처음 거병할 당시에는 연주에 거점을 둔 자신의 조씨 집안과 하후씨 가문의 세력에만 의지했다가 이후 발전 과정에서 새로운 사족(士族) 계층이 참여하게 되었다. 이렇게 되자 조조의 세력이 확대되어 갈수록 내부 투쟁 또한 점차 커져 갔다. 관도전투 이후 조조는 새롭게 점령한 지역의 통치 세력을 다지기 위해 하북과 사례의 크고 작은 호족 세력을 흡수했다. 조조는 이처럼 서로 다른 연고를 가진 정치 세력에 대해 비교적 공평하게 대우했기 때문에 당시에는 파벌 투쟁이 크게 도드라지지 않았다.

그러나 조조가 죽은 뒤 조비는 자신을 따르는 이들을 중용하면서 기존의 연주 출신의 노신(老臣)들은 그다지 신경을 쓰지 않았다. 조비는 진군과 사마의 등을 중용하면서 그들에게 군대를 맡기고, 조씨 친족이 아니면 병권을 맡을 수 없다는 관례를 깨뜨렸다. 조비의 뒤를 이은 조예도 병권을 사마의에게 넘기고 동정(東征), 서토(西討)의 정벌 전쟁을 통해 자신의 정치적 기반을 마련하는 데 주력했다. 결국 조씨와 하후씨 등 종족 세력은 아무런 전공이나 성취가 없었기 때문에 마지막 내부 투쟁에서 패배하였고, 그 결과 두 눈을 뜬 채로 신흥 사족을 대표하

각각의 내부 모순

삼국은 서로 외부적인 싸움에도 바빴지만 내부적으로도 격렬한 권력 투쟁 때문에 몸살을 앓았다. 통치 세력 내부는 물론이고 중앙과 지방 간에도 알력과 암투가 적지 않았는데, 모순은 없는 곳이 없다는 말이 증명되는 부분이라고 할 수 있다.

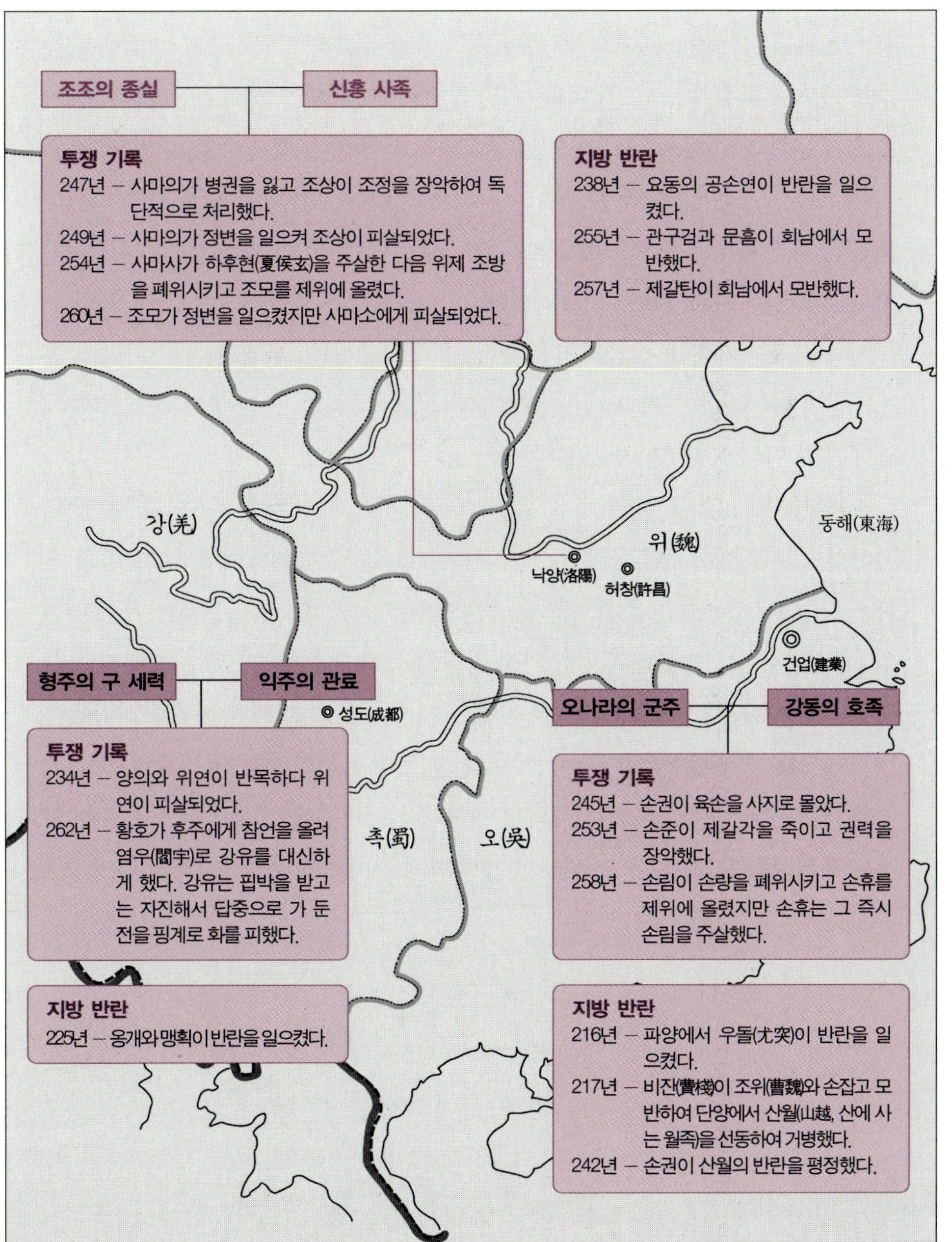

는 사마씨 세력에게 권력을 넘길 수밖에 없었다.

손권은 초기에 비교적 영명한 군주로서 통치 세력 내부의 알력과 싸움을 슬기롭게 통제하고 있었다. 적벽대전이 발발하기 전 조정의 대신들은 주전파와 투항파로 나뉘어 대립했는데, 이후 주전파의 주장에 따라 성공적으로 전쟁에서 승리를 얻고도 투항파를 완전히 내치지는 않았다. 오히려 그들도 주전파와 마찬가지로 중용했다. 이렇게 문제가 없었던 오나라의 정치 투쟁은 주로 손권 집권 후기에 그와 강동의 호족 출신인 육손 간의 모순에서 표출되었다. 손권은 자신의 뒤를 이을 후계자가 육손을 제대로 통제하지 못할 것이 염려되었다. 그래서 계획적으로 육손을 지지하는 세력을 제거했고, 나중에는 육손마저 죽음으로 몰았다. 그러나 손권의 계략은 성공하지 못했다. 그가 죽고 나서 뒤를 이은 오나라의 후계자들이 나이가 어렸던 탓에 결국 대권은 제갈각, 손준, 손침 등 권신의 수중에 떨어졌고, 연이어 정변이 발생했다.

위나 오에 비해 촉한은 내부 투쟁 면에서 비교적 평온했다고 말할 수 있다. 촉한의 내부 세력은 주로 형주와 익주 양파로 나눌 수 있다. 그러나 제갈량은 사람을 쓰는 데 시종일관 촉한 정권을 출발점으로 삼았다. 촉한 정권은 익주의 현지 세력에 비한다면 상대적으로 외래 정권에 속한다고 할 수 있다. 그래서 제갈량은 익주 사람들을 대거 기용하여 그들의 지지를 얻었다. 하지만 익주 사람들은 현지에서 자신의 세력을 키우기가 쉬웠기 때문에 나름의 통제가 필요했고, 이에 따라 제갈량은 자신의 후계자를 외부 세력에서 선택했다. 이러한 방식으로 어느 정도 공평성을 유지함으로써 내부의 정변 발생을 미연에 방지했던 것이다.

10 일상적인 술책
미인과 술자리

>>>> 호색好色과 호주好酒는 영웅의 약점인 듯하다. 그런 까닭에 『삼국연의』에는 유독 미인이나 술에 얽힌 이야기가 많이 등장한다. 이렇듯 미인과 술은 간단하고 대가가 그리 크지 않으면서도 능히 적을 제압할 수 있는 기본 책략이라 할 수 있다.

미인

영웅도 미인관(美人關 : 미인의 관문)은 넘기 힘들다는 말이 있듯이 미인을 이용한 계략, 즉 미인계는 삼십육계 가운데 하나로서 병법에도 포함된다. 삼국에서 미인을 이용한 공략은 대략 두 가지 목적이 있었다. 하나는 대상을 자신의 편으로 만들기 위함이었고, 다른 하나는 대상을 제거하기 위함이었다.

전자의 경우는 주로 정략적 결혼으로 나타나는데, 동탁이 자신의 딸과 손견의 아들을 혼인시켜 철병을 요구했다가 거절당한 예가 있다. 이 외에도 원술은 소불간친의 계략을 써서 여포와 혼인 관계를 맺어 그를 자신의 편으로 만든 다음 유비를 공격하도록 했는데, 여포의 모사인 진규가 이를 간파하고 적극 만류하여 없던 일이 되었다. 또한 여포는 조조에게 포위되었을 때 뻔뻔하게도 원술에게 자신의 딸을 팔아 후원을 요청한 일이 있었는데, 이 역시 같은 예라고 할 수 있다.

후자의 경우, 즉 상대를 제거하기 위해 미녀를 헌납하는 것이야말로 일반적인 미인계라고 말할 수 있다. 예를 들어, 왕윤이 초선을 동탁에게 바쳐 그와 여포 간의 관계를 이간질한 것은 가장 대표적인 미인계다. 초선의 웃음과 찡그림 속에서 동탁은 자신도 모르는 사이에 황천길로 들어섰는데, 그를 죽이기 위해 조정의 문신과 무장은 물론 18로의 지방 제후들이 그토록 애를 써도 끝내 성사시키지 못했으니 가냘픈 여인네 하나만도 못했던 셈이다.

술자리

술을 주고받으며 일을 도모하는 것은 삼국 시대 군웅들의 특색 가운데 하나다. 『삼국연의』를 보면 술자리에서 대사를 도모하는 대목은 총 스물여덟 번 등장한다. 이렇듯 술은 이미 대신과 무장, 심지어 여인들에게도 좋은 수단이 되었던 것이다.

『삼국지』에서 가장 기본이 되는 술자리는 역시 조조와 유비가 '술을 데우며 영웅을 논하는' 대목이다. 그리고 가장 성공적인 술자리는 오나라의 군영회(群英會)를 꼽을 수 있다. 주유는 술에 만취한 척하면서 장간이 몰래 서신을 훔쳐가도록 했는데, 여기서 그의 지혜나 연기는 거의 일류급이라 할 수 있다.

『삼국연의』에서 술자리는 주로 거사(擧事)나 모해(謀害)의 자리로 활용되었는데, 이른바 '홍문연'과 같은 술자리도 적지 않았다. 연회에 초청받은 이들은 군사를 대동하고 참석할 수 없기 때문에 술자리야말로 가장 취약한 자리였다고 할 수 있다. 이때 술자리 뒤편에 도부수 몇 명을 매복시켜 놓으면 적장의 목을 베는 것은 아주 쉬운 일이 된다. 유비가 양봉과 한섬 등을 죽인 일, 채모가 유비를 모살하려고 했던 일, 양봉이 맹획을 사로잡았던 일, 한수가 마초를 모살하려고 했던 일, 손익(孫翊)이 피살된 뒤 그의 처 서씨가 원수를 갚은 일 등은 모두 술자리에서 이루어졌다.

나관중이 책에서 묘사하고 있는 것은 '홍문연'과 같은 술자리뿐만 아니라 적장을 유인하기 위한 술자리도 있다. 예를 들어, 사람들에게 술 잘 먹고 거칠며 우악스럽기만 한 남자로 여겨지던 장비는 오히려 술을 통해 계략을 성공적으로 완수하여 적군을 물리쳤다. 그는 의도적으로 장합의 눈앞에 영채를 꾸린 다음 매일 술을 마셨다. 그러고는 술이 취하면 적진 앞에 나아가 장합에게 욕설을 퍼부었다. 이에 장합은 끝내 참지 못하고 장비의 영채를 야습했는데, 이를 기다리고 있던 장비는 술에 취해 있기는커녕 장팔사모를 꼬나들고 역습을 가한 것이다. 그 기세에 놀란 장합은 놀라 도주하고 말았다.

삼국의 정략결혼

정략결혼은 당사자인 신랑과 신부의 감정과는 무관하게 정치적인 목적으로 이루어진다. 삼국의 군웅들은 대립하고 투쟁하는 속에서도 정략결혼으로 인척姻戚 관계를 맺었다.

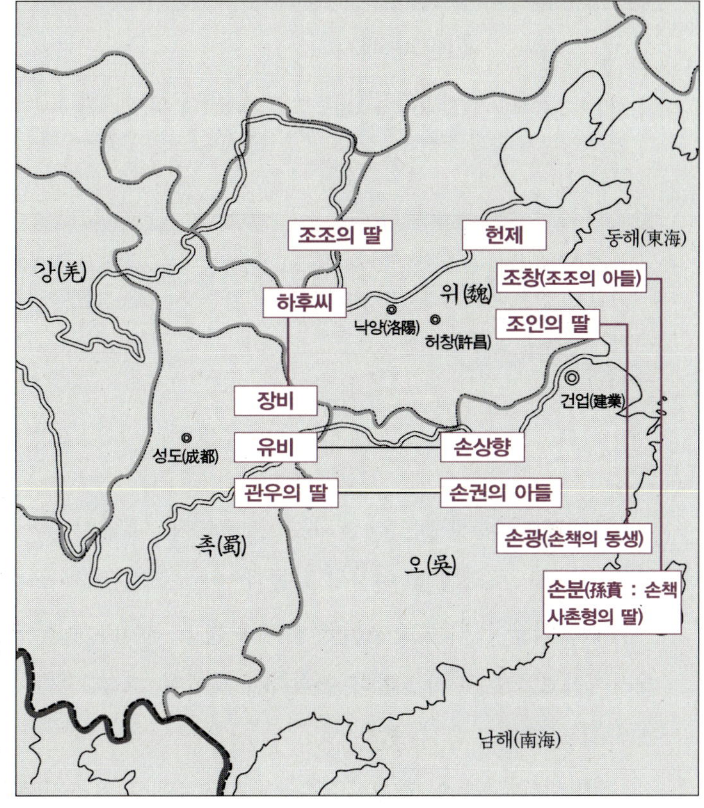

정략결혼의 양대 작용

전체적으로 볼 때 정략결혼은 대략 두 가지 작용을 했다. 하나는 우호 관계인 두 세력 사이에서 혼인으로 연맹을 강화하는 작용을 하고, 다른 하나는 적대 관계인 두 세력 사이에 임시변통의 계략에 따른 혼인으로 잠시 상대를 진정시키는 작용을 했다.

우호 관계에서 연맹 강화

유비 – 손상향(손권의 여동생)
하후무 – 조조의 딸
하후형(夏侯衡 : 하후연의 맏아들) – 조조의 조카딸
순운(荀惲 : 순욱의 맏아들) – 조조의 딸
유선 – 장비의 맏딸과 둘째 딸
유선(劉璿 : 유선의 태자) – 비위의 맏딸
유리(劉理 : 유비의 아들) – 마초의 딸
손등(손권의 태자) – 주유의 딸
주순(周循 : 주유의 아들) – 손권의 딸

적대 관계에서 일시적인 진정

- 조조는 의도적으로 자신의 질녀(조인의 딸)를 손책의 동생 손광에게 시집보내는 한편 손책의 사촌형 손분(孫賁)의 딸을 셋째 아들 조창의 처로 받아들여 손책을 진정시켰다.
- 여포는 조조에게 포위되자 자신의 딸을 원술의 아들에게 시집보내 원술과 혼인 관계를 맺음으로써 그의 지원을 바랐다.
- 조조는 원담을 진정시키기 위해 자신의 딸을 주겠다고 약속했다. 그러나 원담이 동산에서 재기할 준비를 하자 혼사를 취소하고 그를 죽였다.

11 진형의 배치
변화무쌍한 진법

>>>>> 『삼국연의』에 등장하는 진법의 변화무쌍함은 모든 사람들의 감탄을 자아낸다. 특히 제갈량이 10만 정병에 맞서 '팔괘진八掛陣'으로 막아내는 장면은 아직까지도 흥미와 놀라움을 감출 수 없다.

삼국 시대의 전쟁은 작전 대형, 즉 진법을 대단히 중시했다. 진형(陣形)을 배치하는 것을 '포진(布陣)'이라고 하는데, 이 포진은 군사들의 작전 능력을 최대한 발휘하여 적을 물리치고 승리를 얻기 위한 노력이다. 철학적으로 말하면, 부분을 합리적인 방식으로 바로잡아 조직화한 것이며, 그 효과는 부분적 효과를 더한 것보다 훨씬 크다고 할 수 있다.

진법의 역사는 아주 오래되었는데, 중국에서 최초의 진법은 황제(黃帝)*까지 거슬러 올라간다. 전설에 따르면, 황제가 치우(蚩尤)**와 싸우기 전에 이미 천신에게 진법을 배웠다고 한다. 현재 기록으로 남아 있는 가장 오래된 진법은 상왕(商王) 무정(武丁)의 좌, 중, 우 '삼사(三師)'다. 이러한 초기 진법이 보다 성숙된 형태로 등장하는 것은 역시 춘추전국 시대다. 당시 여러 국가 간의 전쟁이 끊임없이 일어나면서 일련의 군사가와 군사 저작물이 새롭게 등장했는데, 그중 『손빈병법(孫臏兵法)』에는 열 가지 진형과 그 사용법이 나타나 있다. 삼국 시대에 들어와 제갈량이 등장하면서 진법은 기존에 비해 크게 발전하였고, 후세에 악비(岳飛)나 척

---

* 중국의 건국 신화에 나타나는 제왕으로 중국을 처음으로 통일한 군주이자 문명의 창시자로 숭배되고 있다.

** 중국에 전하는 전설상의 인물로 신농씨 때 난리를 일으켜 황제와 탁록(涿鹿)의 들에서 싸우면서 짙은 안개를 일으켜 괴롭혔는데, 지남차를 만들어 방위를 알게 된 황제에게 패하여 잡혀 죽었다고 한다. 후세에는 제나라의 군신(軍神)으로 숭배되었다.

제갈량의 무적 진법

제갈량의 팔괘진은 『삼국연의』에서 가장 유명한 진법이다. 당시 제갈량은 실제로 석두石頭를 이용하여 사천 봉절奉節에서 팔괘의 방위를 설치하고 군사들에게 진법을 연습하도록 했다. 그 유적은 지금도 남아 있지만 석진石陣으로 육손을 곤경에 빠뜨렸다는 이야기는 후세 사람들이 지어낸 것이다.

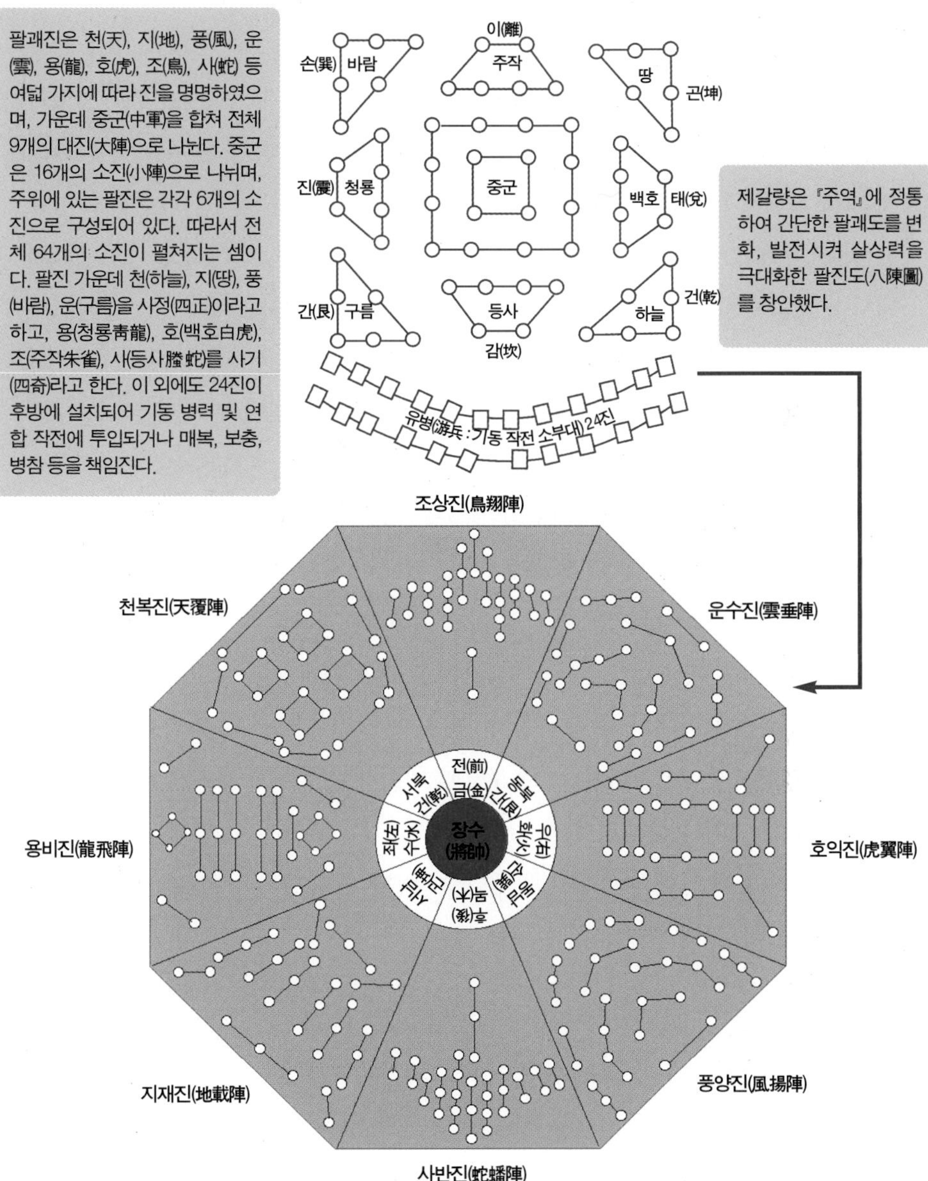

조상진 : 새가 날개를 펴고 나는 모습, 운수진 : 구름이 드리워진 모습, 호익진 : 호랑이에게 날개가 달린 모습, 풍양진 : 바람이 부는 모습, 사반진 : 뱀이 꿈틀거리며 나아가는 모습, 지재진 : 땅이 싣고 있는 모습, 용비진 : 용이 날아오르는 모습, 천복진 : 하늘이 덮고 있는 모습

계광(戚繼光) 등의 명장 또한 진법에 정통한 장수들이었다. 춘추 시대 이후로 전쟁은 예전과 달리 규모 면에서 크게 확대되어 병력이 1만 명을 훌쩍 넘어섰다. 이런 상황에서는 전략과 전술을 연구하는 것이 진법을 연구하는 것보다 훨씬 실용적이었기 때문에 점차 진법에 정통한 사람들은 줄어들었다. 그래서 삼국 시대에 들어오면 제갈량, 사마의, 최주평, 석광원, 조인, 사마망, 강유 등 손에 꼽을 정도의 인물만이 진법에 정통했을 뿐 이외의 사람들은 제대로 알지 못했다. 이렇듯 진법에 대해 제대로 이해하지 못하게 되자 진법에 관한 이야기는 더욱 난해하고 미묘한 것이 되었고, 해를 거듭할수록 신비한 것이 되어 갔다. 그래서 팔진도(八陣圖)에서 난데없는 광풍이 몰아치고 괴이한 돌이 난무하는 등의 이야기가 펼쳐지게 되었는데, 이는 허구일 따름이다.

『삼국연의』에는 진법이 네 번 등장한다. 첫 번째는 조인의 '팔문금쇄진(八門金鎖陣)'인데, 이는 서서가 깨뜨린다. 두 번째는 제갈량의 '팔진도'로, 그는 이를 통해 오나라의 10만 정병을 막아냈다. 육손은 목숨을 잃을 상황에서 제갈량의 장인인 황승언의 도움으로 겨우 탈출했다. 세 번째는 제갈량과 사마의의 진법 싸움이다. 사마의가 '혼원일기진(混元一氣陣)'을 펼치자 제갈량은 '팔괘진'으로 맞섰다. 이때 사마의는 장수를 보내 공격했다가 오히려 제갈량에게 생포되고 말았다. 네 번째는 강유가 등애와 사마망의 위나라군과 진법으로 싸우는 부분이다. 강유는 '팔괘진'을 '장사권지진(長蛇卷地陣)'으로 변화시켜 등애를 포위하여 나오지 못하도록 했다. 그러나 다행히 함께 있던 사마망이 어린 시절 이 진법을 우연히 알게 되었던 덕분에 등애의 목숨을 구했다. 다음 날 사마망이 강유와 재차 진법 싸움을 벌였는데, 그는 팔괘진을 여든한 번 바꾸는 것만 알고 있었을 뿐 제갈량에게 진법을 전수받은 강유처럼 삼백예순다섯 번 변화시킬 줄은 몰랐다. 그래서 그는 강유에게 반문농부(班門弄斧)*라는 비웃음을 당하기도 했다.

* 노나라의 장인(匠人) 노반(魯班)의 집 문앞에서 그를 흉내 내어 도끼 솜씨를 자랑하는 것으로서, 주제도 모르고 겁도 없이 덤비는 모양을 말한다.

12 삼국 쟁탈의 전략적 요충지 형주

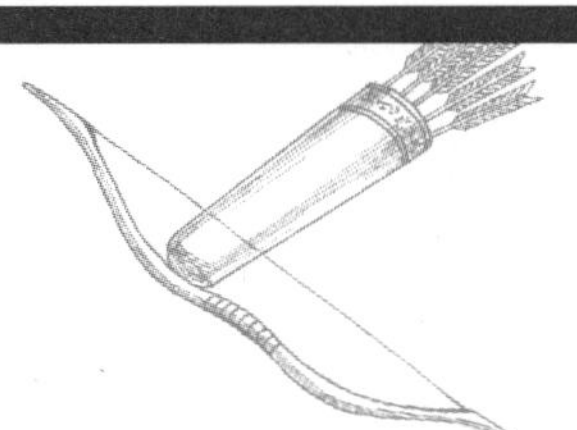

≫≫ 형주는 전략적으로 중요한 곳이었기 때문에 위, 촉, 오 삼국 모두 특별한 의미를 부여하고 있었다. 따라서 삼국은 장기간에 걸쳐 형주를 둘러싼 공방전을 펼쳤고, 그 이야기는 아직까지 사람들의 기억 속에 남아 흥미로움을 주고 있다.

동한은 예주, 연주, 청주, 기주, 유주, 병주, 옹주, 서주, 양주, 형주, 익주, 양주, 교주 등 13개의 주와 낙양 부근의 사례교위(司隸校尉)로 지역이 나뉜다. 그중 형주는 장강의 중류에 위치하여 면적이 비교적 넓고, 중앙에 비옥한 강한(江漢) 평원이 자리하고 있다. 또한 동쪽으로 양주, 남쪽으로 교주와 접하고 있으며, 서쪽으로 익주, 북쪽으로 중원과 연결되어 남부에서 수륙 교통의 요지이자 파촉 또는 '남국문호(南國門戶)'라 칭해지던 전략적 요충지였다.

유표는 19년 가까이 형주를 통치했는데, 북방에서 전란이 빈번하여 민생이 도탄에 빠졌을 때도 상대적으로 안정을 유지하고 있었다. 그래서 당시 형주는 상당히 풍요로운 곳이었다. 『삼국지』에 따르면, 유표는 강릉에 크고 작은 전선(戰船) 1천여 척을 보유하고 있을 정도로 막강한 군사력을 갖추고 있었다. 그러나 유표는 큰 뜻이 없고 재략(才略)이 부족하여 그저 형주를 차지한 채로 지키는 데 전념할 뿐이었다. 하지만 조조, 유비, 손권의 생각은 달랐다. 비록 유표가 건재하고 있었지만 형주의 중요성을 누구보다 잘 알고 있었기 때문에 형주를 호시탐탐 노리고 있었다. 그들은 형주를 얻어 자신의 세력을 확대하고 천하를 쟁취하는 것을 중요한 목표로 삼았다.

우선 조조는 북방을 통일한 뒤 남방에 있는 세 곳의 세력, 즉 강동의 손권, 형주의 유표, 익주의 유장을 정벌하는 것이 다음 목표였다. 그러나 강동은 장강이

가로막고 있고, 익주는 산천이 험준했기 때문에 쉽사리 공격할 수 없었다. 그래서 남정(南征)의 첫 번째 대상을 형주로 정했다. 형주를 손 안에 넣은 뒤 강을 따라 남하하면 강동을 쉽게 얻을 수 있고, 다시 협곡을 따라 북상하면 파촉도 도모할 수 있다는 것이 조조의 생각이었다. 따라서 천하를 통일하는 데 무엇보다 중요한 것은 바로 형주를 얻는 일이었다.

노숙은 손권에게 바친 청사진을 통해 우선 유표를 공격할 것을 권유했다. 형주는 오나라의 상류에 위치하고 있기 때문에 오나라에게는 병풍과 같은 존재였다. 일찍이 적벽대전 이전에 오나라는 전후 세 차례 강하(江夏)를 공격한 적이 있는데, 이는 형주를 차지하기 위한 일종의 전주곡이었다. 그러나 이후 형세가 돌변하여 조조가 남하하자 손권은 어쩔 수 없이 조조에 대항하기 위해 유비와 연합하면서 적벽대전에서 승리한 뒤 형주를 유비에게 빌려 주고 말았다. 이후 유비가 파촉을 손에 넣자 손권은 형주를 돌려받기 위해 온힘을 기울였다. 무엇보다 그 비옥한 땅덩어리를 차마 다른 사람의 손에 둘 수 없었기 때문이었다.

유비 또한 손권이나 조조와 마찬가지로 형주를 자신의 정치 목표를 실현하는 데 무엇보다 중요한 거점으로 생각하고 있었다. 삼고초려로 제갈량을 얻게 되었을 때 제갈량이 유비에게 바친 '융중대'에서 이미 형주와 익주를 차지하여 천하를 도모한다는 기본 방침이 세워진 상태였다. 유비에게 형주는 자신들의 세력을 키울 수 있는 기지이자 핵심 지역이었기 때문이다. 관우가 형주를 잃은 뒤 유비가 모든 것을 뒤로하고 오나라 정벌에 나선 것은 형제의 원수를 갚겠다는 뜻도 있었지만, 다른 한편으로는 형주를 다시 얻어 '융중대'에서 마련된 천하통일의 조건을 충족시키기 위함이었다.

형주 귀속의 변천사

190년에 유표가 형주자사로 임명되어 19년간 형주를 다스렸다. 그 기간에 손책과 손권이 수차례 형주로 출병하여 강하군 일부를 점령했다.

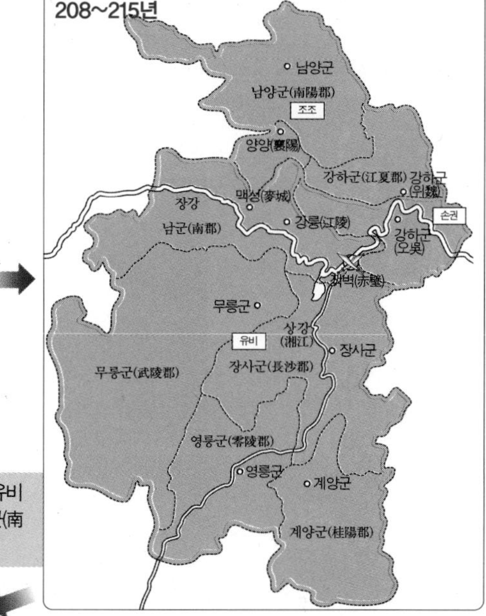

적벽대전(208년) 이후 조조는 형주의 북부를 점령하였다. 유비는 형남(荊南)의 네 군(郡)을 점령하고 아울러 동오에게 남군(南郡)을 빌렸다. 손권은 강하군 일부를 점령했다.

215년에 손권과 유비 양측은 화의를 통해 형주를 나누기로 약속하였다. 이로써 형주의 장사, 강하, 계양의 동쪽은 손권이 차지하고 남군과 영릉, 무릉의 서쪽은 유비가 차지하게 되었다.

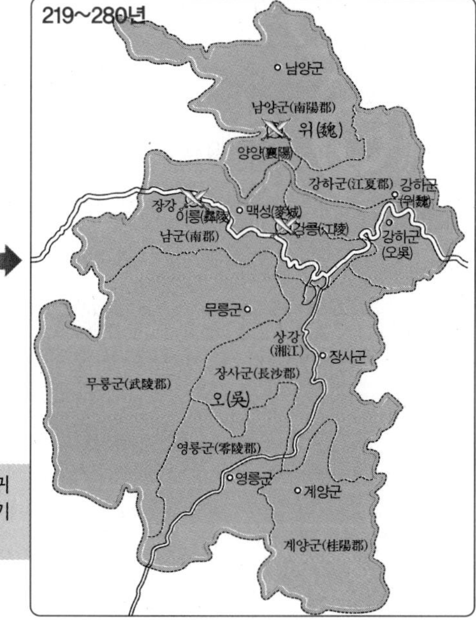

219년 손권이 관우를 격퇴한 뒤 남부 형주는 대부분 동오에 귀속되었다. 221년 유비는 관우의 원수를 갚고 형주를 수복하기 위해 출병했지만 끝내 성공하지 못했다.

13 흥망의 법칙 창업과 수성, 그리고 멸망

≫≫ 수십 년에 걸친 삼국 시대 흥망의 역사는 '1대 창업, 2대 수성守成, 3대 멸망'이라는 왕조의 법칙을 전형적으로 보여 준다. 삼국의 영명한 군주가 어렵게 대업을 성취했지만 때로 후사가 형편없는 경우가 있었던 것이다.

삼국은 초기에 중국 역사상 드물 정도로 많은 인재를 배출한 시대였다. 삼국의 창업자들은 온갖 어려움과 고통을 무릅쓰고 천하삼분의 기틀을 세웠지만 통일의 대업을 완성하기 전에 차례로 세상을 뜨고 말았다. 그런 이유로 다음 세대에 대업 완성의 중임을 맡기게 되었다. 그러나 영웅의 후계자들은 근본적으로 뛰어난 재능과 웅대한 기백을 갖추지 못했다. 그들은 수성조차 힘들어했는데, 천하통일은 말할 필요도 없었다. 삼대에 이르자 수성도 제대로 하지 못하고 결국 타인에게 선조의 위업을 공손히 바치고 목숨을 구걸하는 신세가 되고 말았다.

유비의 촉한

촉한의 창업자 유비는 짚신과 돗자리를 팔며 연명하던 일개 포의(布衣 : 벼슬이 없는 선비)에 불과했지만, 수십 년에 걸친 간난(艱難 : 몹시 힘들고 고생스러움)속에서 온갖 어려움을 극복하고 창업하여 조조, 손권과 더불어 천하를 삼분하는 위업을 이루었다. 유비가 죽은 뒤 말 그대로 도와주어도 소용이 없는 유선이 제위를 이어 익주를 40여 년간 통치했다. 처음에는 영명한 승상 제갈량이 그를 위해 죽을 때까지 혼신의 힘을 다했기 때문에 비록 북벌에 성공하지는 못했지만 그런대로 지키는 것은 유지할 수 있었다. 그러나 제갈량이 죽은 뒤 유선은 동한 시절 환제(桓

삼국의 군주들

"흥성興盛도 갑작스럽고 멸망도 순식간이다." 『삼국연의』에 묘사되고 있는 역사는 겨우 수십 년에 불과하지만 수많은 영웅들의 이야기 외에도 '멸망 또한 순식간'이라는 냉혹한 현실을 그대로 보여 주면서 일종의 경종을 울리고 있다.

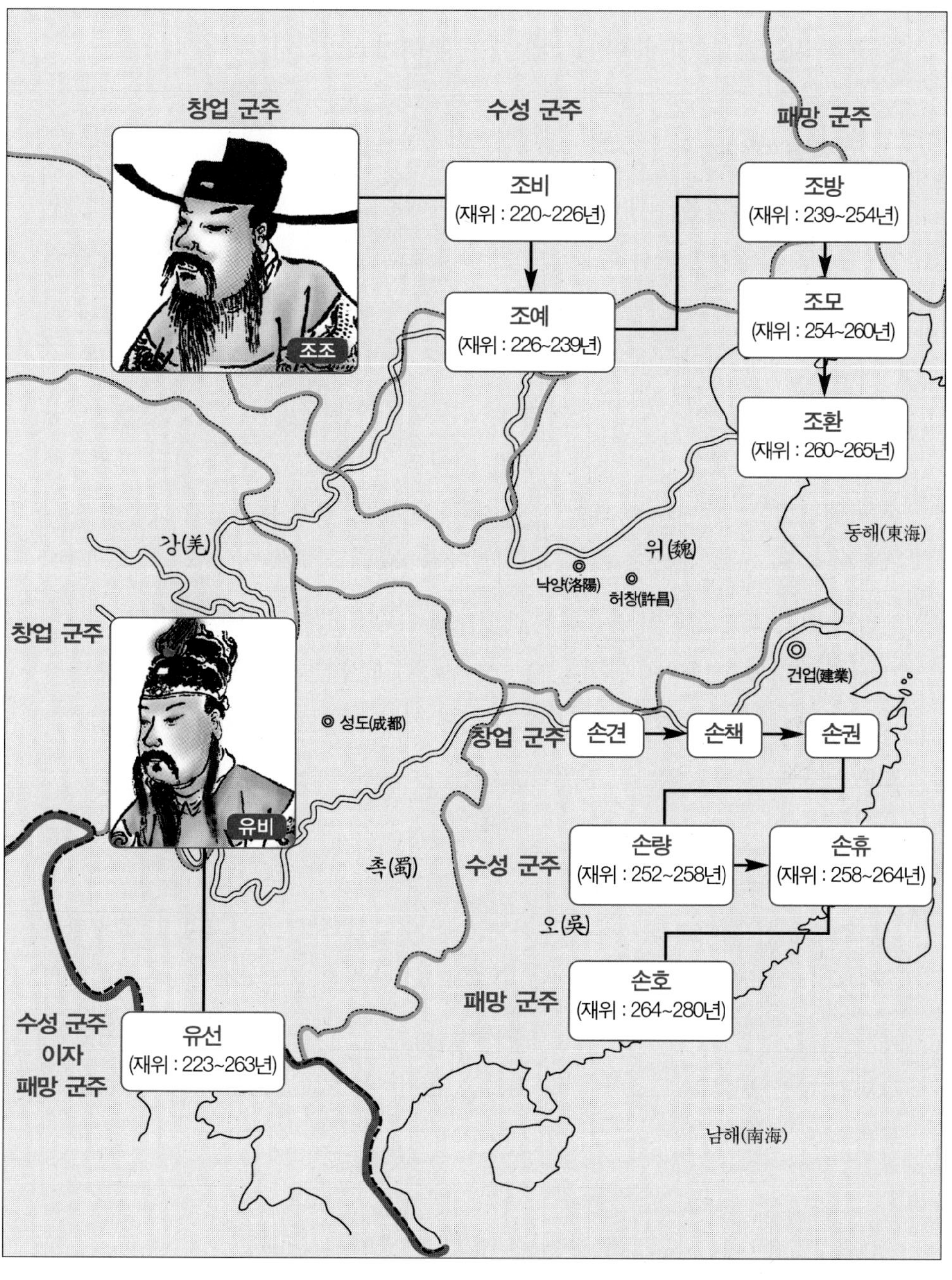

帝)나 영제(靈帝)* 의 전철을 밟아 환관 황호를 총애하고, 어진 신하들을 멀리하여 조정이 날로 황폐해졌다. 이렇게 되자 역경에 굴하지 않고 든든한 버팀목이 되었던 강유마저 둔전을 핑계로 화를 피해 성도를 떠났다. 결국 등애가 수천의 기병을 몰고 성도를 기습하자 촉한은 여지없이 무너지고 말았다.

손권의 오나라

오나라의 창업은 삼대를 거치면서 손권에 이르러 오나라 건국을 완성했다. 손권은 299년 칭제한 다음 아들 손등을 태자로 삼았다. 얼마 뒤 손등이 죽자 손권은 다시 손화를 태자로 삼았지만 그는 오히려 손패를 총애했다. 이에 조정의 신하들이 양 갈래로 나뉘어 암투를 벌이자 결국 손권은 태자 손화를 폐위시키고 손패를 자결시켰다. 이후 태자의 자리에 오른 이는 여덟 살밖에 되지 않았던 손량이었다. 손량은 재위 10년 동안 정국을 제대로 장악하지 못한 채 결국 권신들에 의해 폐위되었다. 그 뒤를 이은 경제(景帝) 손휴는 수성의 군주로서 나름의 몫을 다했지만, 그 뒤를 이은 손호는 오히려 패가망신의 대표라고 할 정도로 형편없는 제왕이었다. 그는 성격이 잔혹하여 제멋대로 사람을 죽이고, 욕심이 과하여 사치가 극에 달하자 오나라의 인심이 서서히 떠나기 시작했다. 결국 사마염이 오나라를 정벌에 나섰을 때 오나라 군사들은 창을 거꾸로 잡고 그대로 투항해 버려 손호도 어쩔 수 없이 물러나고 말았다.

조조의 위나라

조조는 한 세대를 풍미한 영명한 영웅이자 창업자다. 그는 셋으로 나뉜 천하의 3분의 2를 차지하고 위나라의 기반을 세웠다. 그의 후계자인 조비는 비록 걸출한 문학가이기는 하지만 아버지와 같은 정치, 군사적 재능은 갖추지 못했다. 그렇기 때문에 그저 조조가 남긴 위업을 유지하는 것만으로도 벅찼다. 조비의 뒤를 이은 조예는 나름 재주가 있고 총명한 인물로, 조정의 권력을 남의 손에 넘

---

* 환제와 영제는 어리석고 방탕한 인물로, 나라를 어지럽게 만든 군주의 대명사가 되었다.

기지는 않았지만 성품이 황음무도하고 사치스러웠다. 그래서 그가 재위하던 시절부터 위나라는 서서히 쇠락하기 시작했다. 조예가 죽은 뒤 양자인 조방이 제위를 이었는데, 그는 아직 어렸기 때문에 정권을 제대로 장악하지 못하여 조상, 사마의, 사마사 등의 간섭과 지배에서 벗어날 수 없었다. 사실 조예가 죽은 뒤 조씨 황제는 이미 실권을 잃은 상태나 다를 바 없었고, 그때부터 망국은 예견된 일이었다.

14 영웅적인 면모의 아버지와 아들
대를 이어 무장이 되다

>>>>> 삼국 시대에는 친형제나 부자가 함께 전쟁터에 나서는 것이 드문 일이 아니었다. 위풍당당한 아버지의 위용과 더불어 늠름한 아들이 함께 출전하는 모습에서 사람들은 경탄을 금치 못했다.

"피는 물보다 진하다", "자식이 부친의 사업을 계승했다"라는 말을 흔히 하듯, 분명 혈연관계에 있는 부자가 함께 출전하게 되면 군사들의 결속도 그만큼 견고해지고, 더욱더 막강한 전투력을 발휘할 수 있을 것이다.

삼국 시대에 대를 이어 무장이 된 사례 가운데 가장 먼저 손꼽을 수 있는 이들은 손견과 손책 부자다. 비록 그들 부자가 동시에 출전한 경우는 그리 많지 않지만 가장 어울리는 아버지와 아들이었기 때문이다. 그들은 성격이 급하고 용맹하여 전투에 나서면 누구보다 용감하게 싸웠다. 손견이 동탁과 싸울 때 그리고 손책이 강동을 평정할 때 모두 병사들보다 앞서 혈전을 마다하지 않았다. 게다가 또 하나의 공통점이 있었는데, 두 사람 모두 요절하여 웅대한 뜻을 채 펼치지 못했다는 점이다.

사마의와 사마사, 사마소 부자는 삼국 시대의 가장 성공한 부자간 무장이었다. 사마의는 주도면밀하게 계획하고, 치밀하게 계산하여 조상을 간단히 제압한 뒤 권력을 차지했다. 그의 아들인 사마사와 사마소의 치밀함이나 영리함 또한 사마의에 결코 뒤지지 않았다. 사마사는 평소 죽음을 무릅쓰고 충성을 다할 병사들을 조련하면서도 전혀 내색하지 않았다. 그러다가 사마의가 조상을 제거할 때 사마사의 수하 병사들은 결정적인 역할을 했다. 사마소는 좀 더 주도면밀한 인물이었다. 그는 종회 등이 촉한을 멸망시킨 뒤 모반할 것을 예견하고는 만반의 준비

대를 이어 전장에 나선 아버지와 아들

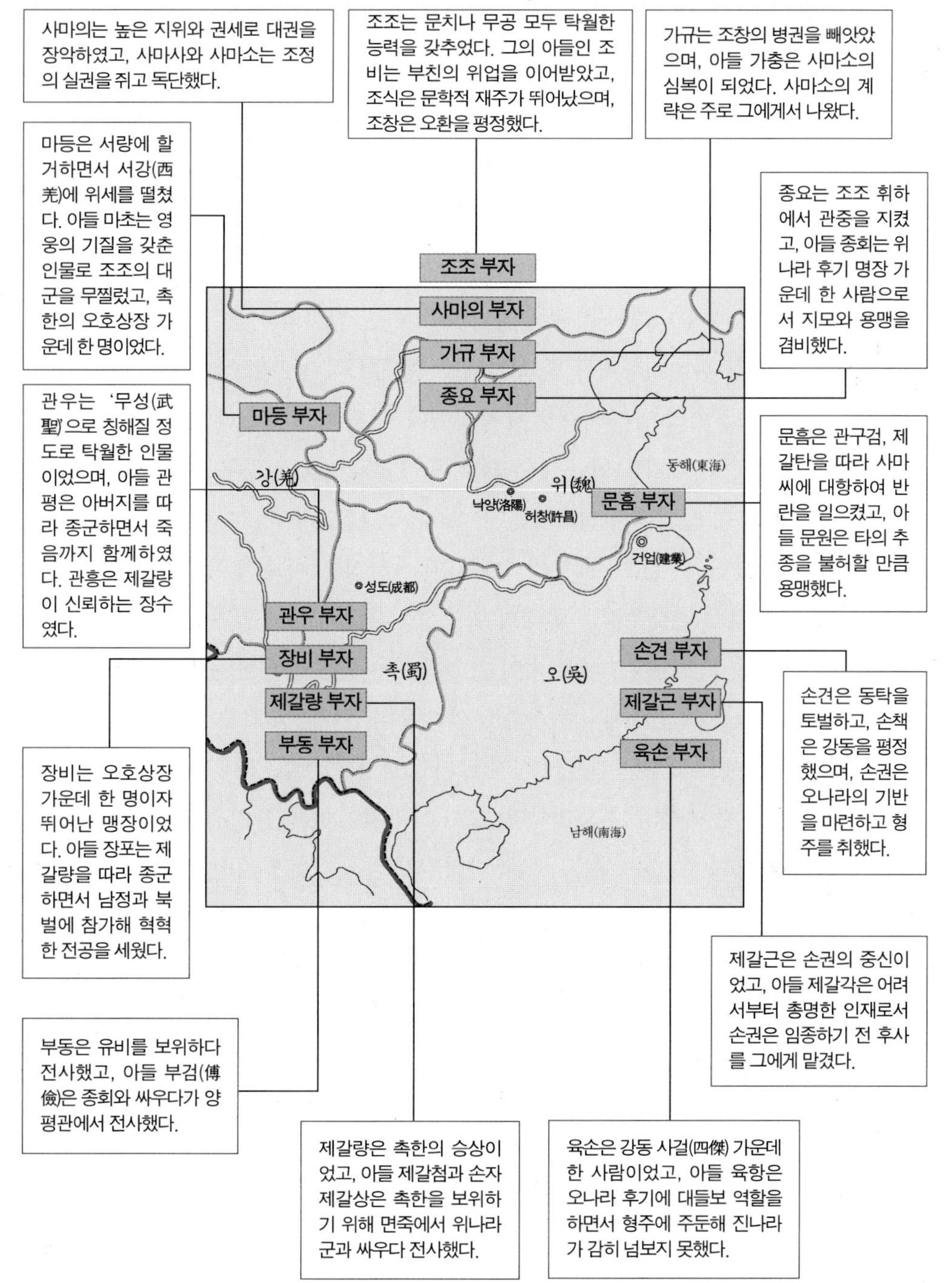

를 하였다. 결국 종회의 모반은 움트기가 무섭게 진압되고 말았다.

촉한의 부자간 무장 역시 뛰어났는데, 그들은 가송(歌頌 : 공덕을 기리는 노래)과 더불어 슬픔을 자아내기도 했다. 관평은 아버지 관우와 함께 전장에 나아가 적진 깊숙이 돌격해 용맹하게 싸웠다. 관평은 관우의 믿음직한 왼팔이자 조수였던 것이다. 그들은 함께 포로가 되어 두 사람이 같이 의로운 죽음을 택했다. 관우의 둘째 아들인 관흥 역시 아버지의 뜻을 이어받아 효정에서 아버지의 원수를 갚았고, 이후 제갈량을 따라 남정과 북벌에 참가했다. 한편 장비의 아들 장포 역시 대장부였다. 그는 관흥과 의형제를 맺고 함께 효정에서 적과 싸웠으며, 관흥과 마찬가지로 제갈량을 따라 남정과 북벌에 동참했다. 장포가 죽었을 때 제갈량은 애통함을 못 이겨 병이 나기도 했다. 조운의 아들인 조광(趙廣)은 강유를 따라 위나라군과 맞서 싸우다 답중에서 전사했는데, 아버지의 명성에 조금도 손색이 없는 인물이었다. 제갈량의 아들인 제갈첨과 손자인 제갈상은 비록 제갈량처럼 신출귀몰한 지혜와 재략을 갖추지는 못했지만 충성스러움과 죽을 때까지 전심전력하는 고아한 기풍과 절개를 그대로 이어받았다. 두 사람은 촉한이 풍전등화와 같은 위기에 놓여 있을 때 면죽에서 등애와 맞서 싸우다 끝내 전사하고 말았다.

물론 삼국에도 불초한 인물이 적지 않게 등장한다. 예를 들어, 도와주어도 소용이 없다는 아두의 경우가 그러하다. 그의 아버지인 유비는 일세의 영웅이었지만 그는 유약하고 무능한 인물로, 결국 아버지가 남긴 강토를 자신의 손으로 다른 사람에게 넘겨주고 말았다. 또한 조진의 아들인 조상도 그저 부잣집 자제일 뿐이었다. 그는 사마의의 위협과 회유에 넘어가 무릎을 꿇고 투항했다. "그 옛날 조자단은 천하가 알아주는 지모로써 스스로 긍지를 삼았는데, 그의 자식 삼형제는 진정 돼지새끼나 다를 바 없구나!" 이 같은 모사 환범의 욕도 모두 이유가 있었던 것이다.

15 공생공사, 그리고 알력
삼국의 형제들

>>>> 형제의 정은 무엇보다 깊다고 한다. 삼국 시대에는 수많은 형제들이 한마음으로 협력하고 우애를 나누며 함께 대업을 성취하기 위해 노력했다. 그러나 형제간에 반목하고 서로 공격하는 일도 있었는데, 콩을 삶기 위해 콩깍지를 태우는 일도 적지 않았던 듯하다.

속담에 형제가 마음을 합치면 쇠도 자를 수 있다고 했다. 형제들이 한마음으로 단결하여 나아가고 물러서기를 함께한다면 당하지 못할 것이 없다는 것이다. 하후돈과 하후연 형제는 두 사람 모두 조조를 위해 충성하면서 갖은 노력과 수고를 마다하지 않았다. 장소와 장굉 형제 역시 생사를 함께하면서 오나라를 위해 자못 큰일을 했다. 마대는 비록 마초의 사촌 동생이지만 줄곧 그를 도와 전쟁터를 오가면서 생사를 같이했다. 손책은 임종을 앞두고 강동을 자신의 아들에게 준 것이 아니라 동생인 손권에게 주었다. 이로써 손오(孫吳)의 대업이 연속적으로 이어짐으로써 발전의 기틀을 단단하게 마련할 수 있었다. 사마사도 마찬가지로 대권을 동생인 사마소에게 넘겼다. 이로써 사마 가문은 조씨의 위나라 강산을 계속 장악할 수 있었다. 사마소는 형인 사마사에게 감격하여 항상 이렇게 말하고는 했다. "천하는 내 형의 천하이다."

그러나 이익을 위해 형제간에 반목하고 원수가 되는 경우도 적지 않았다. 삼국에서는 각기 군주 노릇을 하면서 형제간에 서로 싸우고 다툰 경우도 많았다. 가장 전형적인 예는 역시 원상과 원담 형제다. 원담은 동생인 원상의 수중에 있는 기주를 빼앗기 위해 아버지의 원수인 조조에게 원병을 청했다가 기주와 함께 자신의 목숨마저 빼앗기고 말았다. 조비와 조식 형제의 갈등도 유명하다. 조비는 자기 형제들에 대해 전혀 애정이 없었다. 오히려 그들을 잠재적인 위협으로 간주하여 강하게 탄압했다. 이는 이후 조씨 종실의 대권이 다른 사람에게 넘어가는 직접적인 원인이 되었다. 이외에도 유기와 유종 형제, 장숙과 장송 형제, 신평과 신비(辛毗) 형제 등이 서로 반목하고 해를 끼친 대표적인 형제들이다. 그들의 형제간 정의(情義)란 의형제의 그것만도 못했다고 할 수 있다.

수족과 같은 형제간의 정이 깊은 예를 들자면, 중국 역사에서 유비, 관우, 장비 세 사람의 정의에 비교할 만한 것은 없다. 그들 세 사람은 아무런 혈연관계도 없었지만 어느 친형제들보다 돈독하고 깊은 형제의 정을 나누었다. 그들이 의형제를 맺은 의식은 이미 후세의 모범이 될 정도가 되었다. 사람들은 대개 '비록 함께 태어나지 못했으나 함께 죽기를 바란다'는 형제의 의리는 잘 기억하고 있지만, '한마음으로 협력하여 어려운 사람들을 구하고 위급한 이를 도와 위로 나라에 보답하고, 아래로 백성을 편하게 하기를 원한다'는 그들의 대의(大義)에 주목하는 경우는 많지 않다. 그러나 대의야말로 무엇보다 앞선 것으로서, 대의가 존재하지 않는다면 형제의 정도 큰 의미가 없었다. 그래서 장비는 관우가 조조에게 투항했다는 소식을 듣고는 그와 만나게 되었을 때 결전을 벌이려고 했던 것이다. 그러나 이후 관우와 장비가 참혹하게 죽임을 당하자 유비는 한실 부흥이라는 대의를 뒤로한 채 의형제의 원수를 갚기 위해 출전하였는데, 비록 그들 세 사람의 깊은 정의를 드러내기에는 충분했지만 옳은 일이었다고 말할 수 없을 것이다.

삼국 시대의 특별한 형제들

[한마음으로 협력한 형제들]

[서로 반목한 형제들]

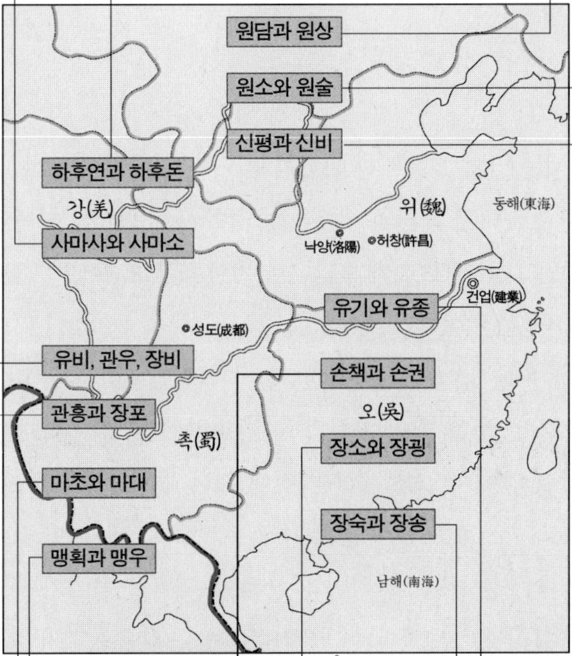

16 삼국의 반쪽 하늘 다채로운 여인들의 모습

≫≫≫ 『삼국연의』는 영웅호걸에 관한 소설이라고 해도 과언이 아니다. 등장인물만 해도 1천여 명이 되고, 그 가운데 여성은 수십 명이다. 그 속에서 그녀들의 활약 또한 손색이 없었는데, 때로는 건괵巾幗*의 찬란한 빛이 반짝이기도 했다.

삼국 시대에는 남자 영웅뿐만 아니라 여인들의 활약상 또한 대단했다. 여인들은 비록 전선으로 나가 적군과 싸우지는 않았지만 중요한 대목에 등장하여 늠름한 정기(正氣)를 보여 줌으로써 수많은 남자들조차 자괴심이 들도록 만들었다. 예를 들면, 다음과 같은 이야기들이 있다.

촉한에서 강유를 방어하던 마막의 처 이씨는 남편이 성을 버리고 투항하자 이를 수치로 여기고 목을 매어 자살하였다. 또한 서서의 어머니는 대의를 아는 사람으로서, 조조 앞에서 그를 욕하는 것에 전혀 두려움이 없었으며, 서서가 그들의 꾀에 속아 허창으로 오자 아들 보기에 부끄럽다고 하며 스스로 목숨을 끊었다. 그리고 손익의 처 서씨는 남편이 피살된 뒤 치욕을 참아가며 남편의 장수들과 연합하여 술자리를 마련한 다음 남편의 원수를 갚음으로써 강동에서 그녀의 덕을 칭찬하지 않는 사람이 없었다. 이 외에도 유비의 부인인 미부인과 유심(劉諶 : 유선의 다섯째 아들)의 처 최씨, 왕경(王經)의 모친, 신창(辛敞 : 신비의 아들)의 여동생인 신헌영(辛憲英) 등은 모두 대의를 깊이 인식하고 선악이 분명한 위대한 여성들로서 마땅히 영웅이라 부를 만했다.

제갈량의 부인 황씨나 조조의 부인 변씨 등은 '현처(賢妻)'에 속하는 인물로,

* 옛날 여인네들의 머릿수건을 말하는데, 여기서는 '여인'을 뜻한다.

삼국의 여성들

신헌영 : 사마의가 정변을 일으켰을 때 그녀는 동생인 신창에게 대의를 지켜 성 밖으로 나가 조상에게 보고하도록 했다. 사마의는 이를 높이 찬양하여 신창을 죽이지 않았고, 오히려 원직(原職)에 복귀할 수 있도록 했다.

원소의 처 유씨 : 천성적으로 질투와 시기심이 강한 여인이었다. 그녀는 남편인 원소가 죽자 생전에 남편이 총애했던 5명의 시첩을 모두 주살했다.

견씨(甄氏) : 원래 원희의 처였다가 나중에 조비의 처가 되었다. 선녀처럼 아름다움을 갖춘 것으로 유명한데, 조식의 「낙신부(洛神賦)」에 나오는 낙신이 바로 그녀라고 한다.

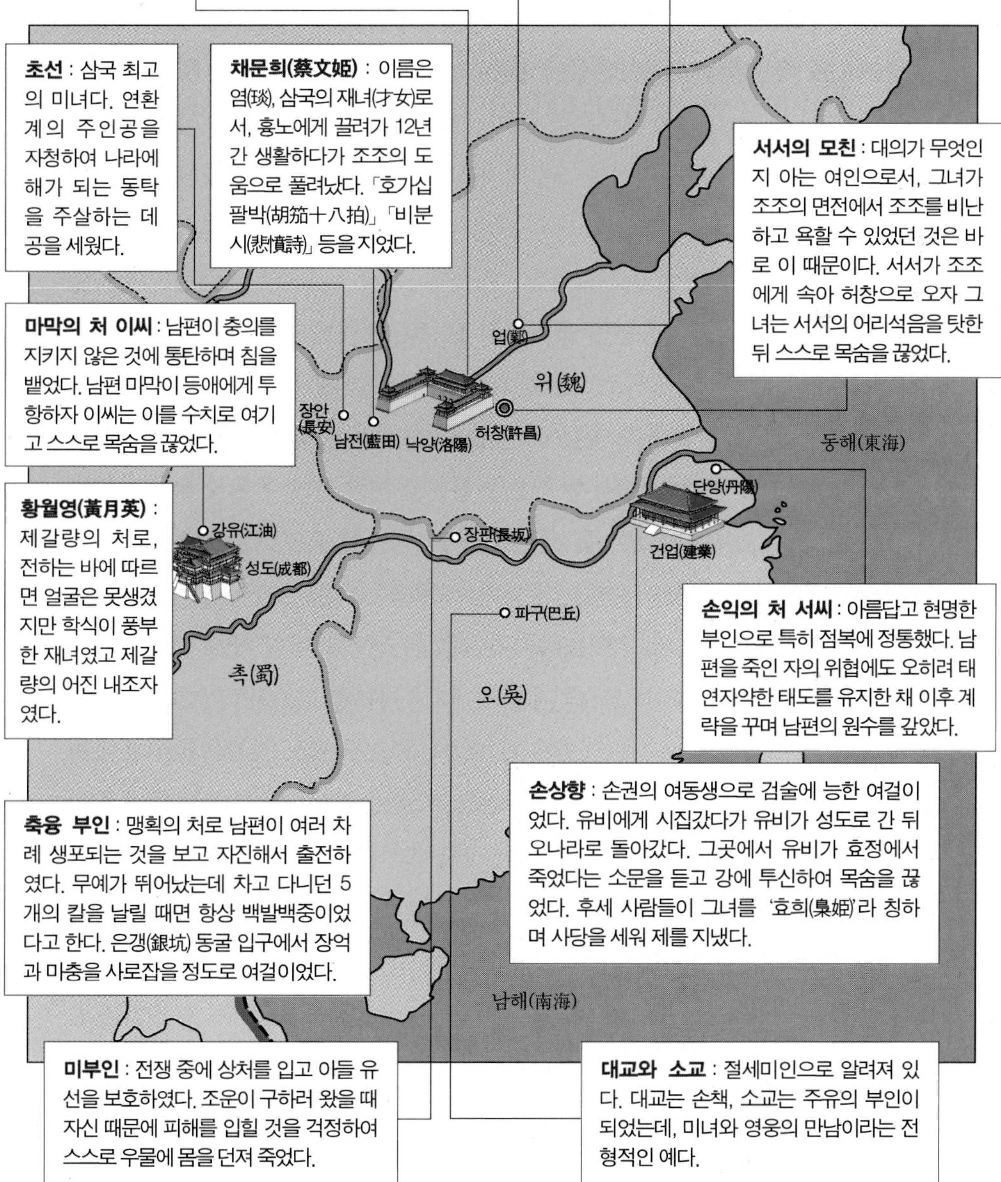

초선 : 삼국 최고의 미녀다. 연환계의 주인공을 자청하여 나라에 해가 되는 동탁을 주살하는 데 공을 세웠다.

채문희(蔡文姬) : 이름은 염(琰), 삼국의 재녀(才女)로서, 흉노에게 끌려가 12년간 생활하다가 조조의 도움으로 풀려났다. 「호가십팔박(胡笳十八拍)」 「비분시(悲憤詩)」 등을 지었다.

서서의 모친 : 대의가 무엇인지 아는 여인으로서, 그녀가 조조의 면전에서 조조를 비난하고 욕할 수 있었던 것은 바로 이 때문이다. 서서가 조조에게 속아 허창으로 오자 그녀는 서서의 어리석음을 탓한 뒤 스스로 목숨을 끊었다.

마막의 처 이씨 : 남편이 충의를 지키지 않은 것에 통탄하며 침을 뱉었다. 남편 마막이 등애에게 투항하자 이씨는 이를 수치로 여기고 스스로 목숨을 끊었다.

황월영(黃月英) : 제갈량의 처로, 전하는 바에 따르면 얼굴은 못생겼지만 학식이 풍부한 재녀였고 제갈량의 어진 내조자였다.

손익의 처 서씨 : 아름답고 현명한 부인으로 특히 점복에 정통했다. 남편을 죽인 자의 위협에도 오히려 태연자약한 태도를 유지한 채 이후 계략을 꾸며 남편의 원수를 갚았다.

손상향 : 손권의 여동생으로 검술에 능한 여걸이었다. 유비에게 시집갔다가 유비가 성도로 간 뒤 오나라로 돌아갔다. 그곳에서 유비가 효정에서 죽었다는 소문을 듣고 강에 투신하여 목숨을 끊었다. 후세 사람들이 그녀를 '효희(梟姬)'라 칭하며 사당을 세워 제를 지냈다.

축융 부인 : 맹획의 처로 남편이 여러 차례 생포되는 것을 보고 자진해서 출전하였다. 무예가 뛰어났는데 차고 다니던 5개의 칼을 날릴 때면 항상 백발백중이었다고 한다. 은갱(銀坑) 동굴 입구에서 장억과 마충을 사로잡을 정도로 여걸이었다.

미부인 : 전쟁 중에 상처를 입고 아들 유선을 보호하였다. 조운이 구하러 왔을 때 자신 때문에 피해를 입힐 것을 걱정하여 스스로 우물에 몸을 던져 죽었다.

대교와 소교 : 절세미인으로 알려져 있다. 대교는 손책, 소교는 주유의 부인이 되었는데, 미녀와 영웅의 만남이라는 전형적인 예다.

그들의 모습 또한 칭찬할 만하다. 전하는 말에 따르면 황씨는 학식이 풍부하고 기이한 재능을 갖추어 제갈량을 능히 보좌할 수 있는 명실상부한 내조자였다고 한다. 변씨 또한 조조의 내조자로서 훌륭한 모습을 보여 주었다. 사서의 기록에 따르면, 동탁이 조조를 체포하자 조조의 남은 병사들이 해산할 것을 상의했다. 그때 변씨가 나서서 사병들의 행동을 제지하고 조조를 위해 일단의 병사와 군마를 남겨 두도록 했다. 변씨는 본성이 선하고 인화력이 뛰어나 조조 또한 존중하고 사랑했다.

『삼국연의』에 나오는 여성들 가운데 비록 많지는 않지만 화장보다 무장(武裝)을 좋아했던 이들도 있다. 그 가운데 한 사람이 바로 손상향(孫尙香)이다. 그녀는 어려서부터 무예 구경하기를 즐겼으며, 자신의 시녀들을 무장시켜 무술을 겨루도록 하였다. 성격 또한 남자처럼 괄괄하고 강직했다. 혼인 후에는 자신의 남편인 유비를 도왔는데, 특히 유비가 곤궁에 처해 있을 때 그의 도피를 돕는 대목은 그녀의 지혜와 용기를 나타내기에 충분하다. 이 외에도 비도(飛刀)를 잘 쓰고 활에 능해 백발백중의 실력을 지녔던 축융(祝融) 부인도 있다. 그녀는 촉한의 장수 두 사람을 연거푸 사로잡을 정도로 뛰어난 무용을 갖추고 있었으니 참으로 경탄할 만하다.

물론 삼국 시대에 가장 유명한 여성을 손꼽는다고 하면 역시 초선(貂蟬)이다. 그녀는 용모가 빼어났으며, 무엇보다 대의(大義)가 무엇인지 잘 알고 있는 여인이었기에 스스로 도탄에 빠진 천하의 백성을 구하기 위해 자신의 몸을 기꺼이 희생할 수 있었다. "소첩은 어르신을 위해 만 번을 죽어도 사양치 않을 것이니, 소첩을 바치시기 바랍니다. 소첩이 알아서 처신토록 하겠습니다." 그녀의 범상치 않은 담력과 재질을 엿볼 수 있는 대목이다. 과연 그녀는 어느 남자와 견주어도 결코 뒤지지 않을 정도였다.

이처럼 어질고 재능이 뛰어난 여인들 외에도 삼국 시대에는 '홍안화수(紅顔禍水 : 재앙의 원인이 된 여인)'의 여인들도 적지 않았다. 예를 들어, 곽사의 부인은 남편과 이각의 사이를 이간질하여 곽사의 패망을 부채질했다. 또한 원소와 유표 역시 총애하던 유부인과 채부인으로 인해 후계자를 제대로 선택하지 못해 결국 자식들끼리 싸우다 조조에 의해 패망하고 말았다.

17 총명하고 사리에 밝아 몸을 보호하다
세상을 피한 인물

》》》 은사(隱士 : 벼슬하지 아니하고 숨어 살던 선비) 문화는 중국의 전통문화에서 독특한 한 부분이다. 삼국 시대는 난세 중의 난세로 은일(隱逸 : 세상을 피하여 숨음)의 기풍이 더욱 성행했다.

전쟁의 포화가 빗발친 삼국은 도처에서 군웅들이 일어나 투쟁을 일삼은 난세였다. 그러나 다른 한편으로는 깊은 산속 맑은 물가에 숨어 지내면서 때를 기다리는 와룡과 봉추가 있었는가 하면 세상과 다투기 싫어 모든 욕망과 질시를 버려 두고 세속을 떠난 '만안은사(萬安隱士)'도 있었다. 때를 기다리든 아니면 아무것도 기다리는 것이 없든 간에, 또는 한때 은거했든 아니면 평생을 은거했든 간에 이른바 '은사'로 칭해지는 이들은 산림과 깊은 샘, 계곡을 벗 삼아 자연과 어울리며 자신의 성정에 따라 편안한 삶을 향유하기를 원했다. 그리고 그들의 삶은 모든 사람들에게 선망의 대상이 되었다.

중국의 전통적인 유가 문화는 적극적인 입세(入世)*를 강조했지만, 다른 한편으로 '빈궁하면 홀로 자신의 몸을 닦고, 영달하면 더불어 천하를 구제한다(窮則獨善其身궁즉독선기신, 達則兼濟天下달즉겸제천하).'는 것에 동의하였다. 그래서 '더불어 천하를 구제한다'는 '겸제천하'를 추구했던 고대의 사인(士人)들도 불행하게 난세를 맞이하여 치세의 현신(賢臣)이 될 수 없을 경우에는 세상 밖 고인(高人 : 고아한 사람)이 될 수밖에 없었다. 이러한 은사 문화는 유가와 도가 사상이 중국 사인들에게 끼친 영향을 그대로 반영하고 있는 것이다. 사실 '은(隱)'은 명철보신(明哲保身 :

* 유가의 입세주의는 현실에 참여하여 자신의 학문과 이상을 적극적으로 실현함을 말한다.

총명하고 사리에 밝아 일을 잘 처리하여 자기 몸을 보존함)하면서 때를 기다리는 사람의 인생 책략이고, 그 핵심은 어짊을 구하고 도를 도모하는 것이라 할 수 있다.

삼국의 은사는 대략 세 가지 부류로 나눌 수 있다.

첫째, 숨어 지내면서 때를 기다리는 부류다. 그들은 은거를 통해 자신을 연마하고 보다 충실하게 수양하면서 자신의 가치를 높이고, 영명한 군주를 만나 더불어 천하를 구제하겠다는 포부를 완성하고자 했다. 그들에게 은거란 하나의 수단일 뿐 목적이 아니었다. 제갈량, 방통, 서서 등이 바로 이러한 부류의 대표적인 은사라고 할 수 있다.

둘째, 은거를 '독선기신(獨善其身 : 남을 돌보지 아니하고 자기 한 몸의 처신만을 온전하게 함)'을 위한 방책으로 삼는 부류다. 대표적인 인물은 '호호선생' 사마휘를 비롯하여 제갈량의 친구들인 최주평, 석광원, 맹공위 등이다. 그들은 난세에 살면서 세속의 더러움에 끼어들지 않기 위해 현실을 멀리하고 전원으로 돌아가 은거를 택했다. 그렇다고 완전히 출세(出世)의 뜻만 가진 것은 아니었다. 때로는 담론을 하는 가운데 세상에 대한 걱정이나 한탄을 내뱉는 등 격정을 토로하기도 했다. 예를 들어, 석광원과 맹공위가 강상(姜尙)*이나 노중련(魯仲連)**의 태도에 대해 자신의 생각을 이야기한 것 등에서 그 뜻을 찾을 수 있다. 그러나 영명한 군주를 얻기 힘들고, 천시(天時) 또한 여의치 않아 어쩔 수 없이 은거를 평생의 선택으로 받아들이게 된 것이다.

셋째, 명실상부한 진짜 은사들이다. 그들은 명리(名利)에 얽매이지 않고 담백한 삶을 살면서 소극적으로 세속을 피해 자신의 순결을 추구했다. 관녕(管寧), 누규, '만안은사' 맹절 등이 이에 속한다. 이들은 굳이 은일을 고상한 일로 여기지도 않았고, 은거한다는 이유로 명성을 얻을 생각도 하지 않았다. 맹절은 제갈량을 크게 도운 적이 있는데, 이에 제갈량이 천자에게 그를 왕으로 삼아달라는 표(表)를 올렸지만 오히려 당사자인 맹절은 결코 받을 생각이 없었다. 관녕은 요동

---

* 주(周)나라 초기의 정치가이자 공신으로 무왕을 도와 은나라를 멸망시켜 천하를 평정하였으며 제(齊)나라 시조가 되었다. '강태공'으로 더 알려져 있다.

** 전국 시대 제(齊)나라의 높은 절의(節義)를 가진 은사의 한 사람이다.

은사의 복식 문화

복식도 문화의 일종으로,『삼국연의』에 등장하는 여러 은사의 복장은 당시 사람들의 문화 의식이 반영되어 있다.

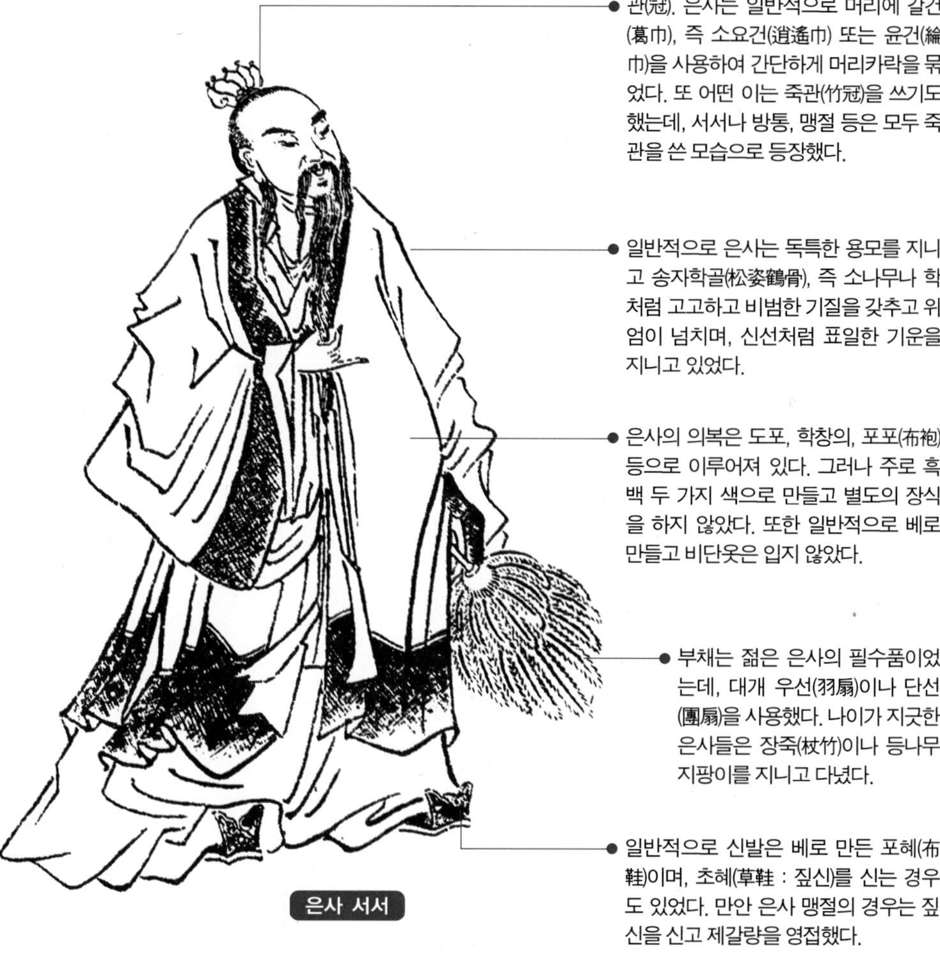

은사 서서

[은사 의복의 특징]

1. **천연 재료를 사용했고, 장식이나 그림 등이 없다** : 은사가 착용하는 죽관, 갈건, 포포, 짚신 등은 모두 흔히 볼 수 있는 재료로 만들었다. 색깔 면에서 은사의 의복은 흰색 아니면 검은 색 위주로 상당히 간단했다. 이는 자연에서 도리를 찾고, 참되고 수수한 곳으로 회귀한다는 그들의 심미적 추구를 반영한 것이다.
2. **모양이 넓고 편안하며, 구속의 흔적이 보이지 않는다** : 심성의 자유를 추구하는 그들의 취향을 표현한 것이다.

에서 은거하고 있었는데, 그의 동학인 화흠은 당시 조정에서 높은 지위에 있었다. 게다가 그에게 관직을 주며 산에서 나와 달라고 청하기도 했지만 관녕은 자신의 의지를 굽히지 않았으며, 평생 은거하기를 원했다.

이렇게 은사들은 성가시고 고통스러운 세속의 삶 속에서 사람들이 너나할 것 없이 명리를 좇는 것과는 대조적으로 표일(飄逸 : 세상일을 마음에 두지 않고 태평함), 소쇄(瀟灑 : 기운이 맑고 깨끗함), 청정(淸靜), 담백(淡泊)한 모습으로 산림을 거닐었고, 후세 사람들은 바로 이러한 모습을 숭상하고 경외했던 것이다.

18 기이한 삼국 신비한 문화

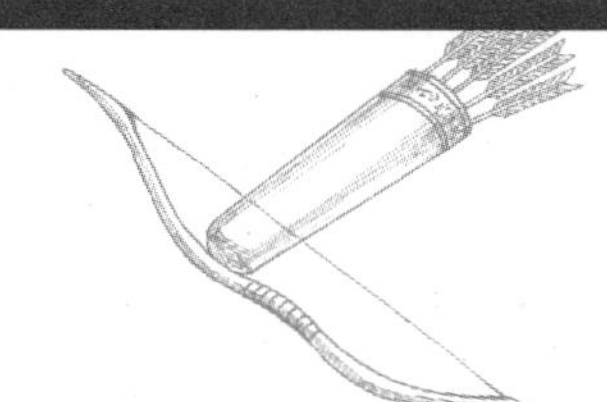

>>>>>『삼국연의』를 보면 기이하고 신기한 일들이 많이 묘사되어 있다. 이처럼 신기한 현상들은 주로 어떤 중요한 사건의 전조로 등장하는데, 물론 황당무계한 면이 있지만 중국 고대의 신비 문화를 반영하고 있다는 것을 알 수 있다.

『삼국연의』에 나오는 신비한 문화는 주로 천조(天兆)나 용봉(龍鳳) 등의 신물, 꿈이나 별을 통한 전조(前兆), 동요(童謠)를 통한 예시, 점복(占卜) 등으로 이루어져 있다. 이는 모두 앞날에 대한 예시나 암시의 기능을 하면서 한 치의 오차도 없이 정확하게 맞았다.

천조는 경고의 의미를 가지고 있다. 예를 들어, 영제 시절 조정이 혼란해지자 지진이 일어나고 난데없는 우박이 떨어졌으며, 해일이 범람하고 오원산(五原山)에서 산사태가 나는 등 불길한 징조가 곳곳에서 나타났다. 또한 중요한 인물의 죽음을 앞두고는 큰 바람이 불어 장수기가 부러진다거나 크고 작은 나무가 뽑히는 등의 천조가 있었다. 손견과 조운이 죽을 때 이 같은 현상이 나타났다. 이 외에 갑자기 적군의 야습을 당할 때도 사전에 유사한 징조가 나타나곤 했다.

용이나 봉황의 출현은 상서로운 조짐이다. 위나라가 한나라를 대신하기 직전 업군에 황룡이 출현했고, 유비가 칭제하기 전에는 성도의 하늘에 누런 기운이 가득 일어났다. 또한 손권이 칭제할 때도 봉황이 날아와 예를 갖추고 황룡이 출현했으며, 선학(仙鶴)이 지붕 위를 선회하기도 했다. 한편 조운이 위나라 군에 포위를 당한 상태에서 어린 유선을 구하다가 말이 발을 잘못 디뎌 흙구덩이에 고꾸라진 절체절명의 순간에 돌연 붉은 빛이 솟구치면서 조운이 타고 있던 말이 구덩이를 탈출해 조운은 물론이고 유선도 목숨을 건질 수 있었다. 조비가 출생할 때는 하늘에 푸르고 붉은 운기(雲氣)가 가득했다. 이는 상서로운 조짐으로서 그들이 이후 천자가 될 것임을 암시하는 것이었다.

몽첨(夢籤)은 꿈을 통해 앞으로의 화복(禍福)을 예시하는 것인데, 『삼국연의』에 자주 등장한다. 감부인은 꿈속에서 자신이 '북두를 바라보며 삼키는 꿈'을 꾼 후에 유선을 낳았다. 또한 오부인은 손책을 낳을 때 달이 가슴으로 들어오는 꿈을 꾸었고, 손권을 낳을 때는 해가 가슴으로 들어오는 꿈을 꾸었다. 이런 꿈은 모두 앞으로 크게 부귀해진다는 징조이기도 했다. 물론 어떤 꿈은 행복이 아닌 재앙을 예시하기도 한다. 유비는 어느 날 밤 신인(神人)이 자신의 오른쪽 어깨를 치는 꿈을 꾸었는데, 이는 방통이 화살에 맞아 죽는다는 것을 예시한 것이었다. 유선은 금병산이 무너지는 꿈을 꾸었는데, 이후 제갈량이 세상을 떠났다. 위연은 머리에 긴 뿔이 나는 꿈을 꾸었는데, 이는 머리에 칼을 맞는다는 것을 예견한 것이었다. 또한 등애는 자신의 다리 아래에서 샘이 솟구치는 꿈을 꾸었는데, 이는 촉한을 공격한 뒤 아무런 성과 없이 돌아오게 된다는 것을 예시하는 것이었다.

성첨(星籤)은 별을 통한 예시로서, 이 역시 『삼국연의』에 자주 등장했다. 주요 인물의 죽음이나 중대한 군사적 결정, 인사 교체 등에는 모두 성첨이 등장했다. 손견, 장비, 방통, 제갈량, 공손연 등이 죽기 전에는 모두 하늘에서 별이 땅에 떨어지는 광경이 목격되었다. 특히 제갈량이 죽을 때는 하늘의 별자리가 먼저 그의 죽음을 예시했다. 그는 자신의 별이 희미해지는 것을 보고 사태의 중요성을 직감하고는 양성(禳星 : 별을 보고 제를 올림)을 빌어 수명을 늘리고자 했다. 그는 등불을 켜고 제를 지내며 여섯 날을 기도했는데, 마지막 하루를 남겨 놓고 위연이 위나라 군의 침공을 알리기 위해 들어오다가 그만 등불을 밟아 꺼뜨리고 말았다. 그의 생명은 그렇게 마지막을 고하고 말았다. 삼국에서 천상(天象)에 능통했던 사람은 위나라 사마의와 촉한의 제갈량 등이었다. 그들은 탁월한 전략가이면서 또한 유명한 점성가이기도 했다.

동요 역시 미래를 예시하는 형식으로 등장했다. 동탁의 멸망, 유표의 몰락, 방통의 죽음 등과 관련해서는 이와 연관된 동요가 시중에 널리 퍼졌다.

신비한 천상

고대 중국의 사람들은 천인감응天人感應을 중시하여 천상의 변화가 곧 인간의 화복을 예시한다고 믿었다. 그들은 황도黃道의 항성恒星을 28수宿로 나누고, 동서남북 사방에 따라 청룡, 백호, 주작, 현무의 네 가지 상象으로 구분하였다. 이처럼 다양한 별자리는 인간의 직급, 관직과 서로 대응했는데, 천상의 장성將星이 떨어지면 이는 인간 세상의 어느 장군이 죽는 것을 의미했다. 점성가들은 별이 떨어지는 방향이나 대응하는 28수의 위치에 근거하여 정확한 판단을 내렸다고 한다.

4상 28수(四象二十八宿)

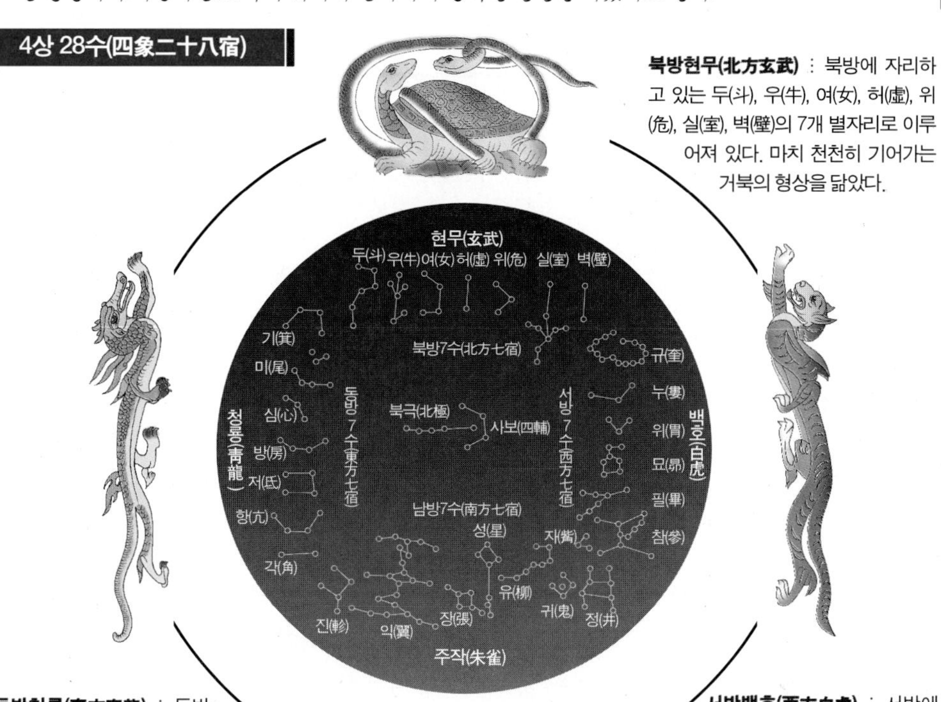

북방현무(北方玄武) : 북방에 자리하고 있는 두(斗), 우(牛), 여(女), 허(虛), 위(危), 실(室), 벽(壁)의 7개 별자리로 이루어져 있다. 마치 천천히 기어가는 거북의 형상을 닮았다.

동방청룡(東方靑龍) : 동방에 자리하고 있는 각(角), 항(亢), 저(氐), 방(房), 심(心), 미(尾), 기(箕)의 7개 별자리로 이루어져 있다. 마치 창공을 오르는 용의 형상을 닮았다.

서방백호(西方白虎) : 서방에 자리하고 있는 규(奎), 누(婁), 위(胃), 묘(昴), 필(畢), 자(觜), 참(參)의 7개 별자리로 이루어져 있다. 마치 앞을 향해 달려 나가는 호랑이의 형상을 닮았다.

남방주작(南方朱雀) : 남방에 자리하고 있는 정(井), 귀(鬼), 유(柳), 성(星), 장(張), 익(翼), 진(軫)의 7개 별자리로 이루어져 있다. 마치 날갯짓을 하는 새의 형상을 닮았다.

점복의 근거 – 『주역』

『주역』은 여러 경전의 으뜸으로서 주나라 문왕이 지은 것으로 알려져 있다. 내용은 '경(經)'과 '전(傳)' 두 부분으로 나눌 수 있는데, 경은 기본적으로 점복서로서 양효(陽爻)와 음효(陰爻)를 조합하여 3개의 효를 중첩하여 8괘를 만들고, 8괘를 다시 중첩하여 64괘를 만들었다. 경은 64괘의 괘상(卦象), 괘명(卦名), 괘사(卦辭), 효사(爻辭)를 모두 포괄한다. 괘사는 전체 괘의 의미를 해석하는 것이고, 효사는 각각의 효의 의미를 해석하는 것이다. 고대에 『역경』에 정통한 이들은 이러한 괘효(卦爻)로 점을 쳤다. 삼국 시대의 관로, 이의, 제갈량, 황월영, 손익의 처 서씨 등은 모두 이에 정통했다.

4장 번외 편

소설에서 벗어나 삼국을 보다

『삼국연의』는 뛰어난 문필과 풍부한 내용으로 후세에 큰 영향을 끼쳤다. 중국 고전소설 창작의 붐을 일으켰고, 중국 희곡 발전을 촉진하기도 했으며, 심지어 적지 않은 중국인들은 아예『삼국연의』를 하나의 신앙처럼 받들기도 했다. 지금도『삼국연의』에 관한 연구나 해석이 국내외를 막론하고 끊임없이 진행되고 있다.

그러나『삼국연의』는 분명 소설이다. 군사, 정치 투쟁을 중심으로 이야기가 전개되기 때문에 삼국 시대의 경제, 민족, 문화 측면에 대한 언급은 그다지 많지 않은 편이다. 이에 4장에서는 삼국의 역사를 다양한 측면에서 개괄적으로 소개하여 독자들이 보다 객관적으로 작품을 이해하고 평가할 수 있도록 했다.

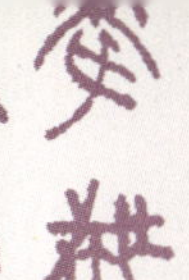

4장 그림 목록

01 명성과 유행 『삼국연의』의 영향

》》》》 『삼국연의』는 세상에 나온 순간부터 많은 사람들의 환영을 받았다. 그 영향으로 명청 시대에 수많은 역사 연의소설이 등장했지만, 『삼국연의』와 비교하기에는 예술적 수준이 부족했다.

중국인들은 오랜 역사를 가지고 있는 것만큼이나 역사를 중시했기 때문에 역사 서적이 풍부하고, 또한 사회 각 계층의 역사에 대한 관심도 대단히 강렬했다. 그러나 기층 민중들은 역사를 이해하고 싶은 갈망은 컸지만 지적 수준의 한계 때문에 접근이 어려웠다. 그래서 그들의 구미에 맞는 통속 연의소설이 등장하게 된 것이다. 나관중은 이러한 역사적 요청에 부응하면서 『삼국연의』라는 아속공상(雅俗共賞 : 사대부 귀족이나 일반 백성이 함께 즐길 수 있음)의 거작을 창작했다. 이는 중국문학사에서 성숙된 형태의 장편소설이자 완전한 역사 연의소설의 본보기라고 할 수 있다.

『삼국연의』가 세상에 나오자 사회 각 계층의 여러 사람들에게 큰 환영을 받았다. 선비나 군자들 가운데 호사가들은 경쟁하듯 필사하여 편리하게 볼 수 있도록 했으며, 하층의 문인들이나 일반 대중들도 다투어 가며 읽고 이야기하면서 입에서 입으로 전해졌다. 게다가 희곡이나 곡예(曲藝)에서도 이를 원본으로 삼아 『삼국연의』 이야기나 인물들은 더욱더 민간에 깊이 파고들어 중국 사회 전반에 유행하게 되었다. 이처럼 대대적으로 성공할 수 있었던 것은 당시 사회의 문화적 수요와 맞아떨어졌기 때문인데, 다양한 계층의 애호가들이 양산되면서 이후 명청 시기에는 역사 연의소설이 크게 유행하게 되었다. 명나라 중기부터 청나라 말기까지 역사 연의소설이 계속 출간되었는데, 지금까지 남아 있는 것만 해도 수십

명청 시기의 역사 연의소설

나관중의 『삼국연의』가 세상에 나온 뒤 많은 사람들의 환영을 받았고, 적지 않은 문인들이 이를 본받아 역대 정사를 바탕으로 통속 연의소설을 창작했다. 이로 인해 역사 연의소설의 번성기가 도래했던 것이다.

『삼국연의』 이후 명청 시기의 역사 연의소설

역사 반영 시기	연의소설 작품
상고 시대부터 상나라 멸망까지	『반고지당우전(盤古至唐虞傳)』, 『유하지전(有夏志傳)』, 『유상지전(有商志傳)』, 『개벽연역통속지전(開辟演繹通俗志傳)』, 『봉신연의(封神演義)』 등
주(周)나라	『춘추열국지전(春秋列國志傳)』(간칭 『열국지전』), 『손방투지연의(孫龐鬪志演義)』(간칭 『손방연의』), 『후칠국지악전연의(後七國志樂田演義)』(간칭 『악전연의』), 『신열국지(新列國志)』(『동주열국지(東周列國志)』) 등
한(漢)나라	『전한지전(全漢志傳)』, 『양한개국중흥전지(兩漢開國中興傳志)』, 『서한연의(西漢演義)』, 『동한연의전(東漢演義傳)』, 『동한연의평(東漢演義評)』 등
삼국 시대	『삼국연의』의 속편 – 『삼국지후전(三國志後傳)』, 『후삼국석주연의(後三國石珠演義)』 등
양진(兩晋) 남북조	『동서양진지전(東西兩晋志傳)』, 『동서양진연의(東西兩晋演義)』, 『북사연의(北史演義)』, 『남사연의(南史演義)』 등
수(隋)나라 당(唐)나라	『수당지전(隋唐志傳)』, 『대수지전(大隋志傳)』, 『당서지전통속연의(唐書志傳通俗演義)』, 『수양제염사(隋煬帝艶史)』, 『수사유문(隋史遺文)』, 『수당연의(隋唐演義)』 등
오대(五代)	『잔당오대사연의전(殘唐五代史演義傳)』
송(宋)나라	『남북양송지전(南北兩宋志傳)』, 『대송중흥통속연의(大宋中興通俗演義)』 등
원(元)나라	『청사연의(靑史演義)』
명(明)나라	『영열전(英烈傳)』, 『속영열전(續英烈傳)』, 『도올한평(檮杌閑評)』, 『요해단충록(遼海丹忠錄)』 등

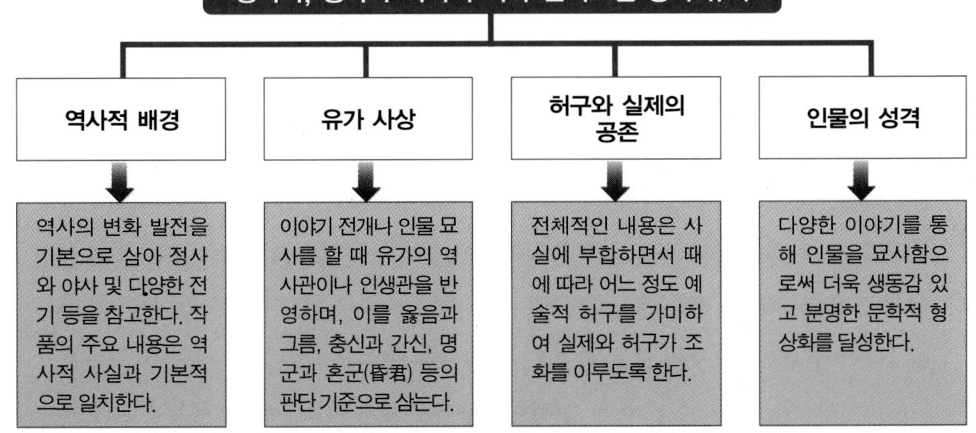

종에 달한다. 반고(盤古)* 의 개벽 이래로 명나라가 멸망할 때까지 수천 년 동안 거의 모든 왕조와 관련된 연의소설이 세상에 나왔으니, 그 수량은 정사와 거의 맞먹는 수준이라고 할 수 있다.

역사 연의소설의 폭발적인 유행은 한편으로는 대다수 민중들의 역사에 대한 관심과 애정을 반영하는 것이며, 다른 한편으로는 『삼국연의』의 성공을 의미하는 것이었다. 후세의 연의소설은 누가 언제 만들었는지를 불문하고 의식적이든 아니면 무의식적이든 간에 『삼국연의』의 영향을 받지 않을 수 없었다. 그들은 기본적으로 역사를 기본으로 삼고 유가 사상을 기준으로 생각했으며, 이야기 전개에 허구와 실제를 결합하면서 수많은 영웅호걸을 창조해냈다. 이는 『삼국연의』의 기본 틀이기도 했다.

그러나 후학들이 제아무리 전력을 다해 모방했더라도 『삼국연의』가 보여 준 성과에 견줄 수는 없었다. 후대의 역사 연의소설은 대부분 통속적으로 사실을 서술하는 데 그쳤고, 사상성 또한 그다지 높지 않았다. 게다가 전체적인 구성이나 이야기 전개, 인물의 묘사 등도 『삼국연의』와 함께 논할 수 없는 수준이었다. 그중에는 심지어 『삼국연의』의 줄거리나 구성을 거의 베끼다시피 한 작품도 적지 않았다. 결론적으로 『삼국연의』는 후대 역사 연의소설의 예술적 본보기일 뿐만 아니라 다른 작품들이 범접하기 어려운 예술의 최고 자리에 올랐다고 말할 수 있다.

---

* 중국에서, 천지개벽 후에 처음으로 세상에 나왔다는 전설상의 천자를 말한다.

02 『삼국연의』의 영혼 손자병법

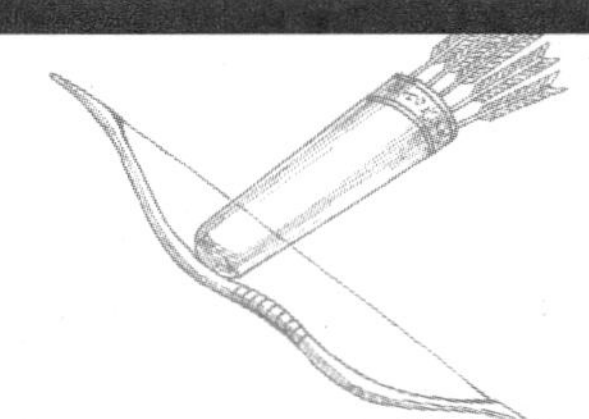

≫≫≫『손자병법』은 중국 고대에 가장 유명한 군사이론서다. 『삼국연의』는 군사에 관한 지혜를 집대성한 소설로서 『손자병법』의 '통속 교과서'라고 말할 수 있다.

『손자병법』은 중국 춘추 시대의 군사가인 손무(孫武)가 지은 책으로서 고대 중국의 병학(兵學) 사상의 토대가 되었으며, 이후 장수들의 필독서이자 용병에 필수적인 지도서로 자리를 잡았다. 『삼국연의』는 삼국 시대의 군사 투쟁을 바탕으로 하고 있으며, 지휘관의 소양이나 용병술, 권력 투쟁 등은 『손자병법』의 군사 이론을 그대로 반영하고 있다.

『손자병법』에 따르면, 군사를 이끄는 장수는 반드시 지(智), 신(信), 인(仁), 용(勇), 엄(嚴)의 다섯 가지 덕목을 갖추어야 한다. 지혜가 있어야 계략을 도모하고, 신뢰가 있어야 상벌을 공정하게 시행할 수 있으며, 어질어야 병사들이 믿고 기댈 수 있으며, 용맹해야 과감하게 지휘할 수 있고, 엄격해야 권위를 세울 수 있기 때문이다. 『삼국연의』에 등장하는 뛰어난 장수들의 모습은 바로 이러한 요구 사항을 그대로 반영하고 있는 것이다.

삼국 시대에 활약했던 조조나 제갈량은 모두 걸출한 군사 지휘관들이다. 예컨대, 제갈량은 '지혜'의 화신이다. 그는 타의 추종을 불허하는 탁월한 지혜를 갖고 있으며, 신의 또한 대단하여 여러 대에 걸쳐 후세 사람들로부터 칭송을 받았다. 기산으로 다섯 번째 출정을 하던 중요한 순간에도 그는 신의를 지키기 위해 노병들을 교체하려고 했다. 이에 군사들이 크게 감동하여 자진해서 복무 기간을 연장했을 뿐만 아니라 죽음으로 나라를 위해 싸우기를 맹세함으로써, 축한 군사들의 사기는 하늘을 찔렀다. 이렇듯 어질고 의로운 장수는 병사들뿐만 아니라 백성들에게도 뜨거운 환영을 받았다. 용맹함은 장수라면 누구나 갖추어야 할 덕목으로, 삼국의 여러 장수들은 뛰어난 무예 실력을 바탕으로 자신이 먼저 적진을 향해 돌진하여 승리를 거두었다. 특히 유장(儒將)의 용맹함은 위험에 처했을 때 두려워하지 않고 매사에 과감한 결단을 내리는 대목에서 특히 빛을 발한다. 이외에도 삼국의 성공한 장수는 군대의 기강을 대단히 중시했다. 그들은 군대의 기강을 엄정하게 유지하기 위해 때로는 휘하의 병사를 죽여 권위를 세우기도 했는데, 이러한 예는 삼국에서 흔히 볼 수 있었다.

『삼국연의』에서 전쟁을 묘사하는 부분은 『손자병법』의 전략이나 모략 등이 집중적으로 반영되어 있다. 『손자병법』 「계편(計篇 : 시계편始計篇)」에 보면 다음과 같은 내용이 있다.

"병법이란 속이는 방법이다. 그렇기 때문에 능력이 있더라도 능력이 없는 것처럼 보이게 하고, 쓸 수 있어도 쓸 수 없는 것처럼 보이게 하며, 가까운 것은 멀리 있는 것처럼 보이게 하고, 먼 것은 가까운 것처럼 보이도록 한다. 이익으로 유인하고 어지럽게 만들어 얻는 것이다. 상대방이 충실하면 철저하게 방어하고 상대방이 강하면 피하며, 상대방을 화나게 해서 부추기고 자신을 낮추어 상대방을 교만하게 만들며, 상대방이 쉬려고 하면 수고롭게 만들고, 상대방이 서로 친한 사이라면 이간질한다. 방비가 없는 곳을 공격하고 전혀 뜻하지 않는 곳으로 출병한다(兵者병자, 詭道也궤도야. 故能而示之不能고능이시지불능, 用而示之不用용이시지불용, 近而示之遠근이시지원, 遠而示之近원이시지근. 利而誘之이이유지, 亂而取之난이취지, 實而備之실이비지, 强而避之강이피지, 怒而撓之노이유지, 卑而驕之비이교지, 佚而勞之일이로지, 親而離之친이리지. 攻其無備공기무비, 出其不意출기불의)."

『삼국연의』에는 이처럼 속이는 방법을 운용한 대목이 적지 않다. 하지만 서로 지략을 다투어 양쪽의 계략이 함께 진행되고, 때로는 사람의 힘으로는 막아낼 수 없는 어쩔 수 없는 상황이 생기기도 한다.

『손자병법』은 '공심위상(功心爲上)', 즉 상대방의 마음을 빼앗는 것이 으뜸이라는 말로 결론지을 수 있다. 다시 말해 '싸우지 않고 적을 굴복시키는 것(不戰而

『삼국연의』와 『손자병법』

『삼국연의』는 중국 삼국 시대의 전쟁에 관한 지혜와 계략의 운용 등을 구체적으로 보여 주고 있는데, 이는 『손자병법』의 내용과 일치하는 경우가 많다. 이런 이유로 『삼국연의』는 단지 재미있는 소설일 뿐만 아니라 용병술에 관한 일종의 사례집이라고도 말할 수 있다. 후대의 군사 지휘관들은 『삼국연의』에서 전술, 전략에 관한 자양분을 얻어 실전에 응용하기도 했다.

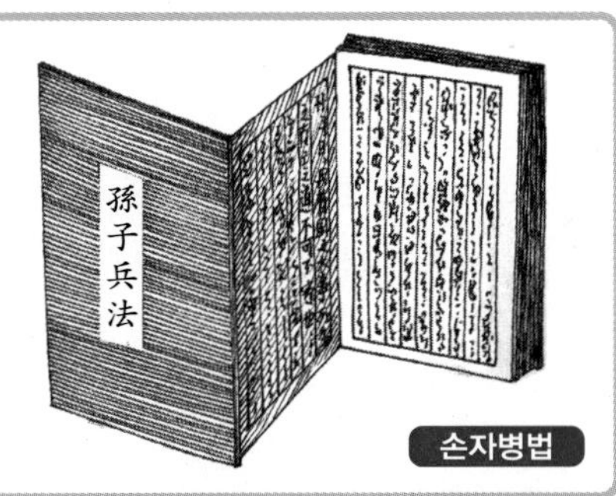

손자병법

삼국연의

손자병법		삼국연의
공심위상(攻心爲上) : 상대의 마음을 공략하는 것이 으뜸이다.	→	제갈량의 칠종칠금, 화룡도에서 조조의 위기 탈출
지기지피, 백전불태(知己知彼, 百戰不殆) : 자신을 알고 상대방을 알면 아무리 싸워도 위태롭지 않다.	→	제갈량의 공성계, 곽가의 사후 계략에 따른 요동 정벌
상병벌모, 기차벌교(上兵伐謀, 其次伐交) : 상책은 계략으로 공략하는 것이고, 다음은 외교로 공략하는 것이다.	→	제갈량이 안거하며 오로(五路)의 대군 격파, 제갈량이 삼군(三郡)을 주고 오와 연합
삼군가탈기, 장군가탈심(三軍可奪氣, 將軍可奪心) : 적의 대군은 사기를 빼앗고, 적장은 마음을 빼앗아야 한다. 피기예기, 격기타귀, 차치기자야(避其銳氣, 擊其惰歸, 此治氣者也) : 적의 날카로운 기세는 피하고, 나태해져 돌아가려고 할 때 공격해야 한다. 이것이 기세를 다스리는 방법이다.	→	여몽의 형주 습격으로 관우의 군대 와해, 황충의 하후연 참살
병무상세, 수무상형(兵無常勢, 水無常形) : 전쟁은 일정한 형세가 없고, 물은 일정한 형태가 없다.	→	마속이 고지식하여 가정(街亭)을 잃음, 우금이 지리를 몰라 수몰 위기에 놓임
이정합, 이기승(以正合, 以奇勝) : 정(원칙, 정공법)으로 맞부딪쳐 기(변칙, 기습)로 승리한다.	→	조조의 오소 야습, 장비의 와구애 습격, 등애의 음평 습격
병귀승, 불귀구(兵貴勝, 不貴久) : 전쟁은 승리를 귀하게 여기고, 장기전은 귀하게 여기지 않는다.	→	제갈량의 진창 습격, 사마의의 맹달 생포(기한을 약정)
병지형, 피실이격허(兵之形, 避實而擊虛) : 전쟁의 형세는 실한 곳을 피하고 허한 곳을 공략하는 것이다.	→	여포의 유비 습격, 서황의 성동격서 전략으로 관평의 후방 습격

삼국 시대의 병서

전쟁이 빈번했던 삼국 시대에는 두 권의 병서가 나왔다. 하나는 조조의 『맹덕신서(孟德新書)』이며, 다른 하나는 제갈량의 유작인 『병법24편(兵法二十四篇)』이다. 전자는 평생 전쟁터를 오갔던 조조의 전투 경험과 계략을 집대성한 내용으로, 기존의 병서를 토대로 하여 새로운 군사이론 성과를 반영하고 있다. 이는 중국 역사상 귀중한 병서지만 애석하게도 전하지 않는다. 또한 조조는 『손자병법』에 주석을 달기도 했는데, 이 역시 후세에 큰 영향을 끼쳤다. 제갈량의 『병법24편』도 그가 평생을 배우고 익히며, 다양하게 경험한 군사 지식을 망라한 것으로서 임종 직전 강유에게 전수한 병서다. 현재 그 일부가 남아 있을 뿐 전체 내용은 유실되었다.

屈人之兵)'이 상책이라는 뜻이다. 『삼국연의』에서 곽가가 죽기 전에 남긴 계략으로 요동을 평정한 것, 서황이나 여몽이 관우를 패퇴시킨 것, 제갈량이 맹획을 일곱 번 잡아 일곱 번 풀어준 것, 조조가 화룡도에서 관우를 만나 목숨을 구한 것, 제갈량이 공성계를 펼친 것 등은 모두 '공심 전략'을 성공적으로 운용한 것이라고 할 수 있다.

『삼국연의』는 이렇듯 『손자병법』의 여러 핵심 전략을 활용하면서 전쟁 장면을 더욱 흥미진진하게 만들었다. 이는 『삼국연의』가 수많은 독자들에게 환영받는 이유 중 하나이다.

03 다 풀지 못한 이야기 『삼국연의』와 삼국희

>>>> 소설 『삼국연의』의 원본은 사실 희곡이다. 삼국 이야기가 희곡으로 등장하면서 희곡은 이후 엄청난 발전을 거듭했다. 전통 희곡계에 "당나라 것은 3천이고, 송나라는 8백이며, 삼국이나 열국列國은 다 셀 수도 없을 정도다"라는 말이 있다. 즉 전통 희곡에서 상영했던 내용의 대부분이 역사 이야기를 바탕으로 한다는 뜻이다.

중국의 희곡은 『삼국연의』와 밀접하게 관련되어 있는데, 희곡의 태동기부터 발전기에 이르기까지 삼국 시대의 이야기를 주요 소재로 삼았다. 송나라 때의 '설삼분(說三分)' 이라는 민간 예인들은 말 그대로 천하가 셋으로 갈라져 온갖 이야기를 양산했던 삼국 시대를 전문적으로 표현하는 예인이었다. 또한 금(金)나라 때의 원본(院本)*을 보면 「적벽에서 적병을 무찌르다(赤壁鏖兵적벽오병)」, 「동탁을 찌르다(刺董卓자동탁)」 등 삼국에 관한 연희 대본이 있다. 이후 원나라 때의 잡극에는 삼국 이야기가 더욱 많이 등장한다. 통계에 따르면, 현존하는 7백여 종의 원나라 때 잡극 제목 가운데 삼국을 소재로 하고 있는 것은 50여 종이며, 그중 가장 유명한 것이 바로 「삼국지평화(三國志平話)」다.

나관중은 이러한 삼국희(三國戲)에서 정보를 얻어 이를 문학적으로 재창조함으로써, 마침내 『삼국연의』라는 찬란하고 웅장한 예술의 전당을 세울 수 있었던 것이다. 물론 그의 성취는 기존의 「삼국지평화」나 금나라, 원나라 때의 삼국희 등을 훨씬 넘어서는 것이었다. 또한 그의 작품으로 인해 삼국희는 더욱 진일보된 형태로 발전하기 시작했다. 『삼국연의』가 세상에 나온 뒤 삼국에 관한 연희는 모두 『삼국연의』의 내용에 맞추어 전개되었고, 이와 부합하지 않는 삼국희는 점차

* 금, 원나라 시절에 행원(行院 : 기원妓院)에서 연희되던 희곡의 원본

설 땅을 잃고 말았다. 게다가 수많은 예인들이 『삼국연의』에 근거한 대량의 희곡을 숱하게 편집하고 연희를 보여 주었다.

근대에 들어와 경극(京劇)을 비롯한 여러 지방의 지방극이 정형화되기 시작하면서 각기 나름의 장점을 부각시키며 크게 발전했는데, 그들이 상연했던 연희에도 삼국희에 관한 내용이 상당히 많았다. 통계에 따르면, 경극의 경우 삼국희가 적어도 150개 이상이며, 기본적으로 매 장(章)이나 회(回)마다 이와 관련된 상연 목록이 포함되어 있었다고 한다. 『삼국연의』의 중요 대목이 희곡 무대에서 연출되어 생생하게 재현된 것이다. 그렇다고 경극 예술가들이 『삼국연의』를 판에 박힌 듯 그대로 모방만 한 것은 아니었다. 그들은 희곡의 장점을 최대한 살려 삼국 이야기를 더욱더 다듬고 과장되게 묘사하여 하층 일반 대중들의 감정과 생활상을 첨가하였다. 이로써 내용이 보다 구체적이고 풍부해졌으며, 생동감이 있었다. 수많은 경극 예술가들은 삼국희를 성공적으로 연기하면서 명성을 얻기도 했다. 그중 정장경(程長庚), 노승규(盧勝奎), 서소향(徐小香), 양월루(楊月樓), 귀윤보(貴潤甫), 전보봉(錢寶峰) 등은 '활노숙(活魯肅 : 살아 있는 노숙)' '활공명(活孔明)' '활주유(活周瑜)' '활조운(活趙雲)' '활조조(活曹操)' '활장비(活張飛)'라는 명칭을 얻었다.

경극 이외의 지방극에서도 삼국희는 많은 비중을 차지하고 있다. 통계에 따르면, 천극(川劇)*의 경우 삼국희가 150여 개나 된다고 한다. 장기간에 걸쳐 삼국희는 천극의 중요한 연희 목록으로 수많은 사천 사람들의 사랑과 환대를 받은 것이다.

결론적으로 희곡은 『삼국연의』의 탄생에 적지 않은 영향을 끼쳤고, 또한 『삼국연의』는 희곡의 발전을 이끌었던 것이다. 그리고 희곡의 발전은 『삼국연의』의 전파를 더욱 가속화시켰다. 양자는 병존하면서 서로 발전을 촉진함으로써 중국인의 정신 생활에 막대한 영향을 끼쳤다.

---

* 중국 사천성(四川省)에서 전해 내려오는 중국의 대표적인 지방극을 말한다.

희곡 속의 삼국

『삼국연의』는 희곡의 영향 아래 소설로 재창조되었다. 또한 『삼국연의』가 세상에 나옴으로써 희곡 또한 더욱 발전하게 되었다. 특히 경극에서 삼국희는 오랜 세월 끊임없이 사랑받는 경전적인 연희 내용이 되었다.

경극 속 삼국 인물 검보

경극의 검보(臉譜 : 경극의 주요 인물의 얼굴 화장)는 특히 색깔을 중시한다. 색깔로 인물의 성격을 나타내기 때문이다. 구체적으로 살펴보면 다음과 같다. '홍충자효, 흑정분로, 분백간활, 유백광오, 황낭회탐, 남용녹폭, 신불정령, 금은보조(紅忠紫孝, 黑正粉老, 粉白奸滑, 油白狂傲, 黃狼灰貪, 藍勇綠暴, 神佛精靈, 金銀普照)' 이를 풀이하면 홍색은 충정, 자색은 효성, 검은 색은 정의로움, 분홍은 늙음, 흰색은 간사하고 교활함, 유백은 오만함, 황색은 거칢, 회색은 탐욕스러움, 남색은 용맹, 녹색은 사나움이며, 신불이나 정령은 모두 금색이나 은색으로 표현한다.

관우 : 관우의 얼굴은 붉은 대추 빛이다. 검보는 붉은색으로 충성과 용맹을 나타냈고, '홍충(紅忠)'이란 말은 관우의 검보에서 나왔다. 붉은색으로 그려 넣은 봉황 눈은 준수하여 유장(儒將)의 기풍이 느껴진다.

조조 : 새하얗게 화장하고, 가느다란 눈에 버드나무 잎처럼 가는 눈썹을 그렸다. 미간에 주름이 많은 것은 간사한 계략이 많은 것을 의미한다.

강유 : 검보의 바탕은 완전히 붉은 색으로 충성과 용맹을 나타낸다. 이마에 태극도를 그려 넣었는데, 이는 그가 천문 지리에 통달했음을 뜻한다.

엄안 : 엄안은 노장(老將)으로서 분홍색 위주로 채색한다.

전위 : 황색으로 사나움을 표시하고, 미간에 그린 쌍극(雙戟)은 그의 무기를 뜻한다.

장비 : 검보는 웃는 얼굴인 동시에 위엄과 용맹한 모습을 드러낸다. 그의 뛰어난 용맹과 사나움을 표현한 것이다.

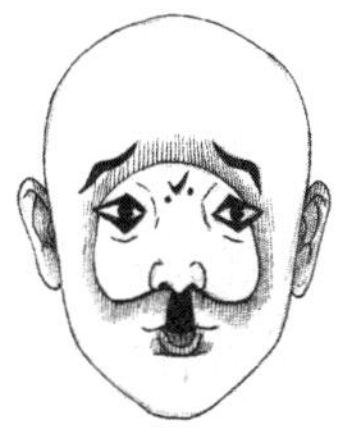

장간 : 장간은 추각(丑角 : 악역이나 어릿광대)에 속하는데, 코에서 눈까지 허리처럼 둥근 모양으로 흰색을 칠해 요자검(腰子臉) 또는 삼화검(三花臉)으로 부르기도 한다.

사마사 : 왼쪽 눈에 있는 반점은 실제로 사마사의 왼쪽 눈에 있었다는 혹을 표시한 것이다.

04 사람에서 신으로
관우의 신화 과정

>>>> 중국은 고대부터 헤아릴 수 없이 많은 명인이 배출되었는데, 그중 '성인'으로 칭해지는 이는 단 두 사람 공자와 관우다. 관우는 공자처럼 위대한 사상가는 아니지만 충의와 인용仁勇의 인격적인 매력으로 인해 후세 사람들의 존경과 숭배의 대상이 되었다.

중국 역사에서 공자는 '문성(文聖)', 관우는 '무성(武聖)'으로 불리며, '현마다 문묘(文廟)가 있고 촌마다 무묘(武廟)가 있다고 할 정도로 수많은 사람들의 존경을 받고 있다. 특히 민간에서 관우에 대한 신앙은 공자보다 더 깊고 넓은데, 이는 중화 문화의 독특한 특징이기도 하다. 관우가 이처럼 신성한 지위에 오른 것은 중국 봉건 사회 후기에 여러 계층이 그를 미화하고 신성화한 결과이다.

관우는 생전에 오호상장의 으뜸이었고, 조조가 조정에 상주하여 한수정후(漢壽亭侯)로 봉해졌다. 수없이 많은 인재가 배출된 삼국 시대에도 그의 위상은 뚜렷하게 드러났다. 하지만 그는 오만하고 자긍심이 강해 결국 부주의로 형주를 잃고 말았으며, 이는 촉한에 좋지 않은 영향을 끼쳤다. 그가 죽은 뒤 촉한 조정에서는 그에게 '장무(壯繆)'라는 시호를 내렸는데, 그다지 좋은 시호는 아니었다.

관우가 죽은 뒤 수백 년 동안은 그의 지위에 특별히 큰 변화가 일어나지는 않았다. 그러다가 남북조 시대에 이르러 무장들이 배워야 할 모범이 되면서 비로소 대중의 지지와 기반을 갖게 되었다. 하지만 당나라 시기에도 그에 대한 대중의 평가는 여전히 정사의 내용에서 크게 벗어나지 않았고, 시문에 그의 이름이 나와도 피휘(避諱)*하지 않았다.

---

* 제왕, 성인, 상급자 및 존경받는 사람의 이름이나 자(字)를 말하거나 써야 할 경우, 반드시 방법을 생각하여 이를 피하거나 혹은 고쳐 써야 하는 것을 말한다.

중국 문화의 일부가 된 관우 숭배

중국에서 관우 신앙은 어디를 가든 존재한다. 위로 천자에서 아래로 일반 백성에 이르기까지 삼교구류(三教九流 : 삼교는 유교·도교·불교, 구류는 유가·도가·음양가·법가·명가·묵가·종횡가·잡가·농가를 말함) 중 관우를 신령으로 받들지 않는 경우가 없을 정도로 이미 중국 문화의 일부분이 되었다.

관우는 송나라 때부터 계속해서 직급이 올라갔으며, 봉호 또한 계속 높아졌다. 마침내 강자아(姜子牙)를 대신하여 '문성'인 공자와 나란한 '무성'의 반열에 올랐다.

전하는 말에 따르면, 관우는 회계에 능했다고 하는데, 인물됨이 신의의 상징처럼 여겨져 특히 상인들에게 환대를 받았다. 그래서 관우는 '무재신'으로 추앙받기도 했다. 오른쪽 그림의 제목은 '상관하재(上官下財)'로서 위는 무관, 아래는 문관이 그려져 있는데, 위에 있는 것은 관우, 아래 있는 것은 재신(財神)을 뜻한다. '상관'의 '관'자는 '승관(升官)', 즉 관직이 높아진다는 뜻이며, 재신은 돈을 많이 번다는 뜻으로서 관직도 올라가고 돈도 많이 벌기를 기원하는 그림이다.

도교에서는 관우를 호법신(護法神)으로 모시면서 '관성제군(關聖帝君)', '삼계복마대제(三界伏魔大帝)'라고 부른다. 대만의 도교에서는 특히 그를 제 18대 상제(上帝)로 추존하여 옥황대제와 함께 모시고 있다.

전하는 말에 따르면, 수나라 시절 불교 천태종의 개종조사(開宗祖師)인 지의(智顗)가 관우를 불문에 귀의하도록 했다고 한다. 이후 관우는 불교에서 '가람보살'로 칭해지면서 위태(韋馱, Veda : 불교의 호법제천 가운데 한 명)와 함께 불교의 좌우 호법신으로(위태는 왼쪽, 관우는 오른쪽에 자리함) 가람을 보호하는 역할을 하고 있다.

관우의 봉호(封號)

- **북 송** : 충혜공(忠惠公), 무안왕(武安王), 의용무안왕(義勇武安王)
- **남 송** : 장무의용무안왕(壯繆義勇武安王), 의용장무무안영제왕(義勇壯繆武安英濟王)
- **원나라** : 현령위용무안영제왕(顯靈威勇武安英濟王)
- **명나라** : 한수정후, 협천호국충의대제(協天護國忠義大帝), 삼계복마대제신위원진천존관성제군(三界伏魔大帝神威遠鎭天尊關聖帝君)
- **청나라** : 순치제는 '충의신무관성대제(忠義神武關聖大帝)'로 봉호를 하사하였고, 이후 역대 황제들이 계속 봉호를 높였다. 광서 5년에 그에게 하사된 봉호는 '충의신무영우인용현위호국보민정성수정익찬선덕관성제군(忠義神武靈佑仁勇顯威護國保民精誠綏靖翊贊宣德關聖帝君)'으로 스물여섯 자다.

그러나 송나라 시기에는 달랐다. 송나라 때는 관우가 미화되고 신성화되기 시작한 시기라고 할 수 있다. 옥황대제를 표방한 송나라의 진종(眞宗)은 관우를 해주(解州) 염지(鹽池)로 불러 치우(蚩尤)와 싸우도록 하여 요괴와 재앙을 물리쳤다는 신화를 날조하기도 했다. 이로부터 관우의 신앙이 더욱 확대되었다. 도교에서는 관우를 수호신령으로 삼아 제사를 올렸으며, 불교에서는 관우를 '가람보살(伽藍菩薩)'로 삼아 배례하였다. 특히 신의를 중시하는 상인들은 관우가 신의 있는 인물임을 높이 평가하여 '무재신(武財神)'으로 모시고 매일 공양하였다. 전통적인 유교의 경우에도 관우에 대한 평가가 상당히 높은데, 역대 통치자들은 여러 차례 관우의 벼슬을 높였고, 마지막에는 '무성(武聖)'의 자리에 올랐다.

명나라, 청나라 때에 이르자 관우의 신격화는 거의 정점에 달했다. 『삼국연의』는 바로 이러한 진행 과정을 객관적으로 촉진한 셈이다. 나관중의 붓을 통해 관우는 고금의 명장 가운데 최고 기인(奇人)으로 완성되었다. 명나라와 청나라의 황제들은 관우의 직급이나 봉호를 계속 올려 주었는데, 명나라 신종(神宗)은 처음으로 관우를 '제(帝)'의 반열에 올렸고, 청나라 옹정제(雍正帝)는 전국 각 성에 명을 내려 관묘(關廟)를 세우도록 했다. 또한 청나라 말기 광서제(光緒帝)는 자그마치 스물여섯 자나 되는 봉호를 하사하기도 했다. 자료에 따르면, 북송 말기부터 청나라 때까지 15명의 황제가 관우의 직함을 높였으며, 그의 봉호 또한 공(公)에서 왕을 거쳐 제(帝)로 올랐고, 다시 제에서 '성(聖)'을 거쳐 '천(天)'에 이르게 되었다. 이를 보면 관우 앞에서는 '문성'으로 추앙받는 공자 또한 무색할 듯하다.

05 갑옷과 무기
삼국의 병기

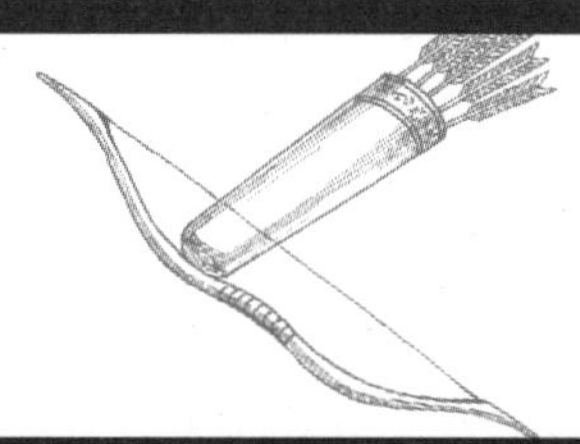

≫≫ 끊임 없이 전쟁이 벌어졌던 삼국 시대에는 당시에 사용하던 병기 외에도 다양한 신병기가 많이 등장했다.

『삼국연의』에 나오는 병기는 수량도 많고 종류도 다양하여 거의 모든 장수들이 각기 나름의 특색 있는 무기를 지니고 있었다. 관우의 청룡언월도, 장비의 팔점강모(八點綱矛), 유비의 쌍고검, 조운의 애각창(涯角槍), 여포의 방천화극, 사마가의 철질려골타(鐵蒺藜骨朶, 낭아봉狼牙棒), 서황의 대부(大斧), 방덕의 대도(大刀) 등을 들 수 있다. 그러나 이러한 무기들은 대부분 소설가가 임의로 만든 것일 뿐 기록으로 남아 있지는 않다. 여기서는 역사 속으로 들어가 삼국 시대 병기의 실제에 대해 알아보도록 하겠다.

화약을 사용하지 않던 재래식 병기는 공격용과 방어용 두 가지로 나뉜다. 삼국 시대의 방어용 무기는 주로 갑옷과 방패, 그리고 전거(戰車)다. 갑옷은 소가죽을 가공하여 만든 다음 그 위에 동(銅)이나 철로 만든 작은 조각을 붙였기 때문에 '어린개(魚鱗鎧)'라고 부르기도 했다. 또한 당시의 방패는 나무판에 칠을 해서 만들었으며, 출토된 유물을 분석해 보면 두께는 2cm 정도이고, 가죽 위에 철을 덧댄 방패는 거의 보이지 않는다. 또한 전거는 적군이 돌격해 올 때 진영 앞에 일렬로 세워 두고 임시 방어막으로 활용하는 한편, 그 뒤에 궁노수를 매복시켜 적군을 공격했다.

삼국 시대의 공격용 무기에는 극(戟 : 창끝이 두 가닥으로 갈라져 있는 창)과 궁노(弓弩), 그리고 돌을 던지는 데 사용하는 포석차(抛石車) 등이 있었다. 극은 과(戈)와 모

(矛)를 합쳐 놓은 형태의 창으로서 찌를 수도 있고 벨 수도 있었다. 보병의 극은 사람 키 정도의 길이였고, 기병이 사용했던 극은 훨씬 더 길었다. 삼국의 장수들은 장극(長戟) 외에도 단극(短戟)을 호신용으로 사용하기도 했다. 전위가 복양에서 조조를 구할 때 사용한 것도 바로 단극이었다. 이처럼 극이 많이 활용되면서 극의 상극 또는 천적이라고 할 수 있는 '구양(鉤鑲 : 갈고리의 일종)'이 개발되기도 했다. 구양은 철로 만든 갈고리를 단 방패인데, 극에도 갈고리가 달려 있기 때문에 일단 '구양'의 갈고리에 걸리면 꼼짝없이 당하고 말았다. 구양이 출현하면서 극의 활용도가 떨어져 서서히 사라져 갔다.

궁노는 멀리 있는 적을 제압하는 무기로서 공격과 수비에 모두 활용할 수 있었다. 궁(弓)은 가벼워서 소지하기 편하지만 위력이 떨어지는 단점이 있었다. 삼국 시대에 황충과 조운, 태사자 등은 신궁(神弓)으로 소문난 명사수들이었다. 노(弩)는 위력이 막강한 데다 사정거리 또한 활보다 훨씬 길었다. 그러나 무겁다는 단점이 있었다. 제갈량은 임종 직전 강유에게 한 번에 10발을 쏠 수 있는 연노(連弩) 제작 방법을 알려 주었는데, 살상력과 파괴력이 막강하여 강유는 이것으로 여러 차례 위급한 상황에서 벗어날 수 있었다.

원소와 조조가 맞붙었던 관도전투 당시 조조는 무거운 돌을 던질 수 있는 포석차를 제작하여 원소의 궁노수가 포진하고 있는 높은 망루를 파괴시켰다. 원소의 군사들은 이를 '벽력차'라고 불렀는데, 관도전투는 포석차를 실전에 활용한 첫 번째 전투였다.

이외에도 삼국의 전투선을 언급하지 않을 수 없다. 삼국 시대에는 조선(造船) 기술이 상당히 발달하여 지휘선의 경우 꽤 높은 누선(樓船 : 다락이 있는 배)을 활용했다. 기록에 의하면, 손권은 거대한 전투선을 제작하여 '장안(長安)'이라는 이름을 붙였는데, 수군 3천여 명이 탈 수 있었다고 한다. 한편 물 위에서 적군의 배를 공격하는 역할은 가볍고 빠른 몽동(艨艟 : 병선兵船)이 맡았는데, 이 배는 근거리 공격에 알맞게 제작된 배였다.

삼국 시대의 전투병

삼국 시대의 전투병은 주로 보병과 기병으로 나뉘었고, 오나라와 위나라에는 대량의 수군이 있었다. 전체적으로 위나라는 기병이 우세했고, 촉나라는 진법을 중시했으며, 오나라는 수군이 기본이 되었다.

중기병(重騎兵)
병사는 물론이고 말의 전면에도 갑옷을 입혔다. 삼국 시대에 이미 중기병이 출현했지만 주력 부대는 아니었다.

두모(兜鍪)
투구로서 가죽으로 만들었고, 금속으로 만든 경우는 드물었다.

장극
삼국 시대 기병의 무기는 대부분 장극이었으며, 원거리 공격에 편리했다.

개갑(鎧甲)
가죽으로 만든 갑옷으로서 겉에 금속 조각을 붙였다. 사병의 필수적인 보호 장비였다.

삼국 시대의 전투에서는 기병의 활약이 두드러졌다. 특히 북방 사람들은 말에 익숙했기 때문에 위나라의 숙련된 기병 부대는 오나라와 촉한 군사들에게 성가신 존재가 아닐 수 없었다. 공손찬과 마초 등은 정예의 기병 부대가 있었다.

말은 삼국 시대의 가장 중요한 전략 물자였다. 위나라는 북방 초원에서 말을 길렀는데, 수량도 많고 질적으로 우수했기 때문에 기병을 주력으로 삼았다. 그에 비해 남방은 말이 흔하지 않아서 오나라나 촉한은 기병보다 보병이나 수군이 우세했다.

보병은 삼국에서 수적으로 가장 많았다. 보병은 특히 진법을 중시했는데, 제갈량은 이 점에서 탁월한 성과를 보였다.

방패
방패는 보병에게 중요한 방어구였다. 삼국 시대의 방패는 주로 나무로 만들었으며, 후기에 갈고리를 단 방패가 등장했다. 이로 인해 기병과 보병의 주요 무기인 극(창)이 점차 사라지게 되었다.

극
삼국의 보병이 사용했던 무기는 주로 창(모, 극)이었으며, 검은 육박전이나 호신용 무기로만 사용했다.

삼국의 신병기

삼국은 전란이 빈번한 시기였기 때문에 대규모 군사 활동은 필연적으로 무기의 발전을 촉진시켜 적지 않은 신병기가 등장했다. 연노, 충거冲車, 운제雲梯, 발석차(포석차) 등은 당시 신병기의 대표격이다.

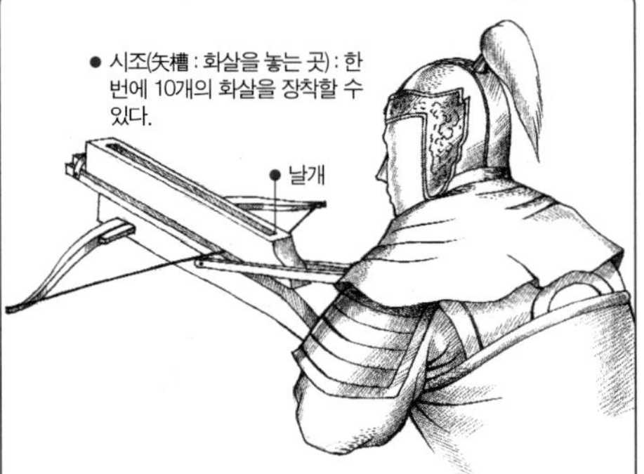

연노 : 노는 상나라, 주나라 시기에 이미 출현했다. 제갈량은 기존의 노를 개량하여 연노를 개발하였고, 임종 직전 제작 방법을 강유에게 전수했다. 시조가 한 개만 있어서 화살을 여러 번 장착하는 수고를 덜어 준 연노는 한 번의 발사로 10개의 화살을 날릴 수 있었다. 삼국 시대의 기관총이라고 할 수 있다.

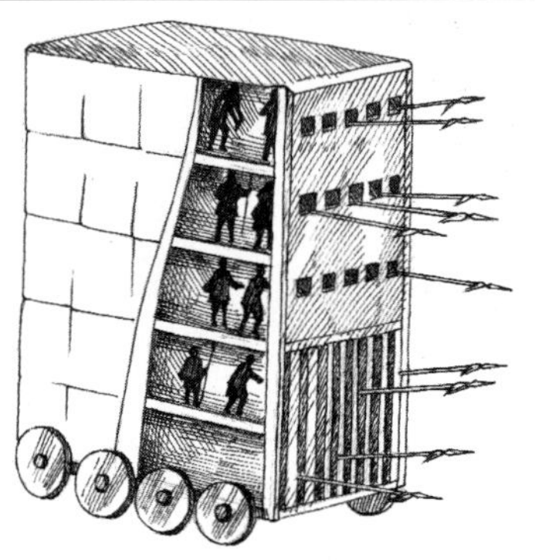

충거 : 그림은 상상도다. 충거 안에 있는 사병들은 전면에 보호막을 설치했기 때문에 안심하고 공격에 전념할 수 있었다. 제갈량은 진창을 공격할 때 충거를 활용한 적이 있다. 충거의 전면에 쇠를 입힌 뾰족한 나무를 장착했기 때문에 성문이나 성벽과 충돌했을 때 강력한 파괴력을 발휘했다. 그러나 애석하게도 제갈량이 만든 충거는 학소가 줄에 꿴 돌로 공격하여 파괴되고 말았다.

발석차 : 지렛대의 원리를 이용한 것으로서 돌을 날려 목표물을 파괴하는 무기였다. 사정거리는 대략 백보(百步) 정도였고, 아래에 차륜(車輪)을 장착하여 쉽게 이동할 수 있었다. 조조는 관도전투에서 발석차를 제작하여 원소의 군사들이 높은 망루에 올라 활을 쏘는 것을 막았다.

운제 : 전하는 말에 따르면, 최초의 운제를 발명한 사람은 노반(魯班)이라고 한다. 삼국 시대에 운제는 성을 공격하는 데 가장 많이 사용되었던 무기 중의 하나였다. 운제 위에 갈고리를 설치함으로써 성벽에 걸어 운제를 안착할 수 있도록 했으며, 아래에 바퀴를 달아 이동에 편리하도록 만들었다. 제갈량은 진창을 공격하면서 운제를 사용했는데, 학소가 화전(火箭)을 쏘아 불태웠다.

오나라의 전투선

오나라는 삼국 가운데 수군의 숫자가 가장 많았을 뿐만 아니라 가장 막강했다. 오나라의 수군은 커다란 누선樓船 외에도 몽동艨艟, 두함頭艦, 비운飛雲, 개해蓋海 등 여러 가지 이름의 전투선을 보유하고 있었다. 기록에 의하면, 전투선 가운데 말 80필 정도를 실을 수 있는 것이 작은 배에 속했다고 한다. 손권은 위온衛溫과 제갈직諸葛直에게 군사 1만여 명을 주고 이주(夷州 : 지금의 대만)까지 보낸 적이 있었다.

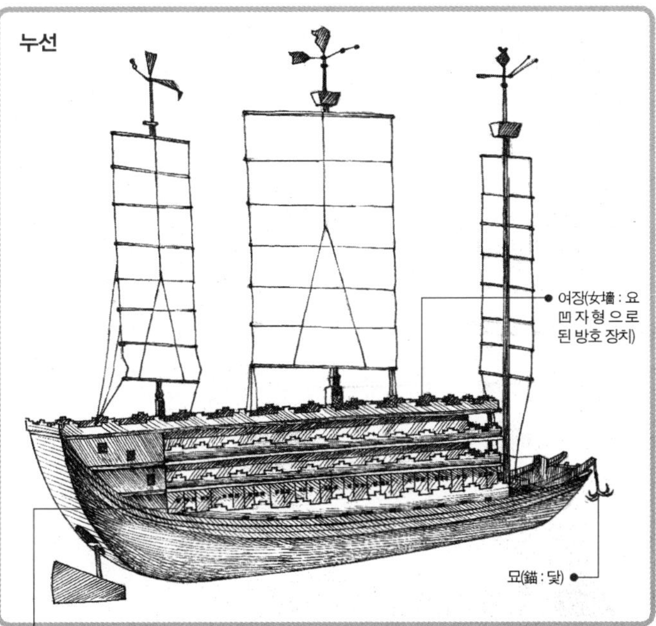

중국 춘추 시대에 이미 누선에 관한 기록이 나오는데, 한나라 때의 누선은 몇 개의 층으로 구성되어 있어 보기에도 웅장하고 장대했으며, 지휘선 역할을 했다. 213년, 조조가 침공하자 손권은 동습(董襲)에게 명하여 오루선(五樓船)을 이끌고 유수구(儒須口)에 정박토록 했다. 누선을 주선으로 삼아 해상 방어망을 구축한 것이다. 이 '오루선'은 5층으로 된 누선이다. 그런데 전혀 예상치 못한 풍랑을 만나 이 오루선은 침몰되었고, 동습도 물에 빠져 죽고 말았다.

누선의 갑판은 3층으로 이루어져 있으며, 각 층마다 사방에 사람 키의 절반 정도 되는 '여장'이 설치되어 있다. 어떤 '여장' 위에는 약간의 화살이나 창을 쏠 수 있는 구멍이 있어 공격이나 방어에 활용되었다. 수상에서 교전할 때 먼 거리는 궁노를 썼고, 가까운 거리는 창이나 칼을 썼으며, 발석차를 설치한 누선도 있었다.

몽동이나 두함은 누선에 비해 훨씬 작은 배로, 수군의 기동대 역할을 하며 누선과 함께 함대를 이루어 출정했다. 몽동은 싸움배답게 앞부분에 쇠를 씌운 뾰족한 나무를 달았는데, 파괴력이나 충격이 대단했다. 몽동은 생가죽으로 배 위쪽을 덮고 양쪽에 노를 젓는 구멍을 만들었으며, 앞과 뒤 및 양 옆에 화살을 쏘거나 창을 쓸 수 있는 창구를 설치했다는 의견도 있다.

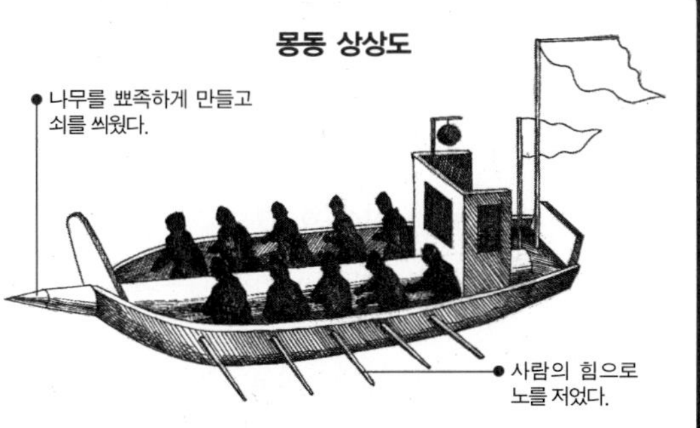

06 권력과 책임
삼국의 관제

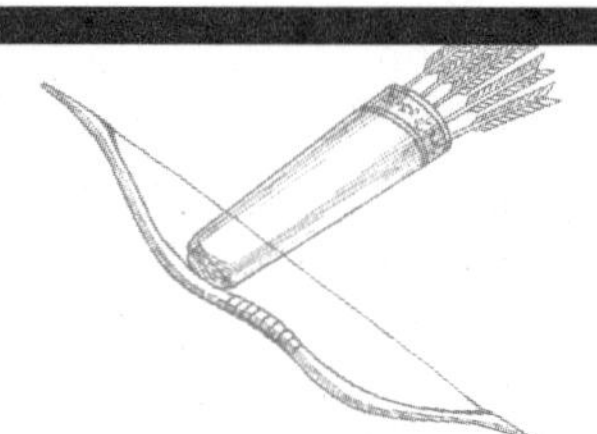

≫≫ 삼국은 기본적으로 한나라 후기(동한)의 관제를 계승했지만 새로운 발전을 도모하기도 했다. 특히 위나라 문제 조비가 실행한 구품중정제九品中正制는 적지 않은 영향을 끼쳤다.

동한 말기에 전란이 빈번하게 발생하면서 조정의 명이 제대로 이행되지 않았다. 때문에 각 지역의 군벌들은 각자 자기에게 맞는 정령(政令)을 집행하였으며, 인구의 이동 또한 극심했다. 원래 동한의 관리 선발 및 임용 제도는 찰거(察擧 : 추천에 의한 관리 임용 방식)였는데, 이미 유명무실하여 제대로 활용되지 않고 있었다. 조조는 조정의 실권을 잡아 20여 년을 지내면서 자기 마음대로 결정하고 지시하는 방법으로 사람을 선발하거나 임용했다. 이는 임의성이 강한 것으로 올바른 방법이라고 할 수 없었다. 또한 그는 삼공(三公 : 태위太尉, 사도司徒, 사공司空)을 폐지하고 승상인 자신이 삼공의 역할을 겸했다. 삼국은 건국 이후 세력의 균형을 유지하면서 점차 안정되어 갔고, 관직의 체계도 점차 규범화되기 시작했다.

문관 제도

한나라 말기에 사회가 큰 혼란에 빠지자 백성들이 유리걸식하거나 이리저리 피난하느라 인구 이동이 극심했다. 이로 인해 향려(鄕閭 : 마을)에서 인물을 평의(評議)하여 추천하는 일이 어렵게 되면서 동한의 인재 선발 방법이었던 찰거나 징벽(徵辟)*도 유명무실해지고 말았다. 조비는 한나라 헌제를 폐위시키고 위나라를 세

* 황제가 초야에 있는 사람을 예(禮)를 갖추어 불러서 관직에 임용하는 제도였음.

삼국 문무의 도

구품중정제는 조정에서 인재를 선발하는 데 도움을 얻고자 마련한 제도였다. 그러나 위진 시대에 이르러 중정의 관리 선발이 주로 문제(門第 : 가문, 문벌)를 중시하면서 '상품에 한문(寒門 : 빈한한 가문)이 없고, 하품에 사족이 없다'라고 할 정도로 폐해가 극심했다. 결국 문벌 사족들이 정권을 독차지하는 결과를 초래하였으며, 수나라 때에 이르러 사족들이 몰락하면서 구품중정제가 완전히 폐지되었고, 이를 대신하여 과거제가 등장했다.

중정 품제(品第)와 관품(官品) 대조

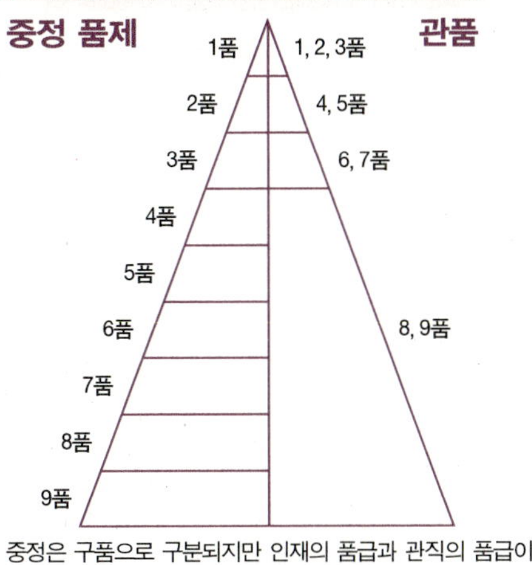

중정은 구품으로 구분되지만 인재의 품급과 관직의 품급이 서로 일치하지는 않았다. 2품에 해당하는 인재는 아무리 높아도 4품관(四品官)밖에 되지 않았다. 위 도표는 이러한 대응 관계를 표시한 것이다.

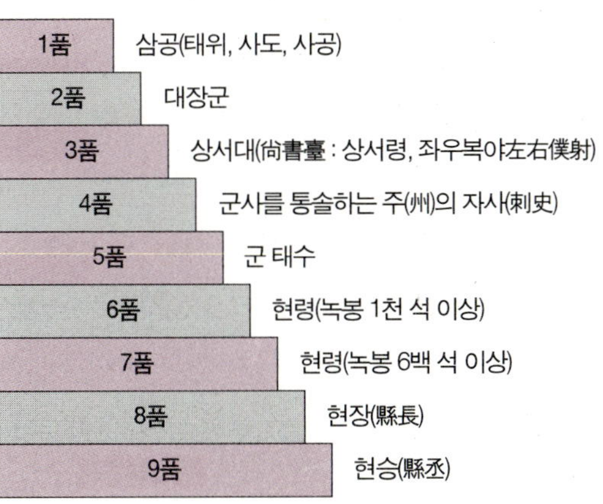

삼국의 병제

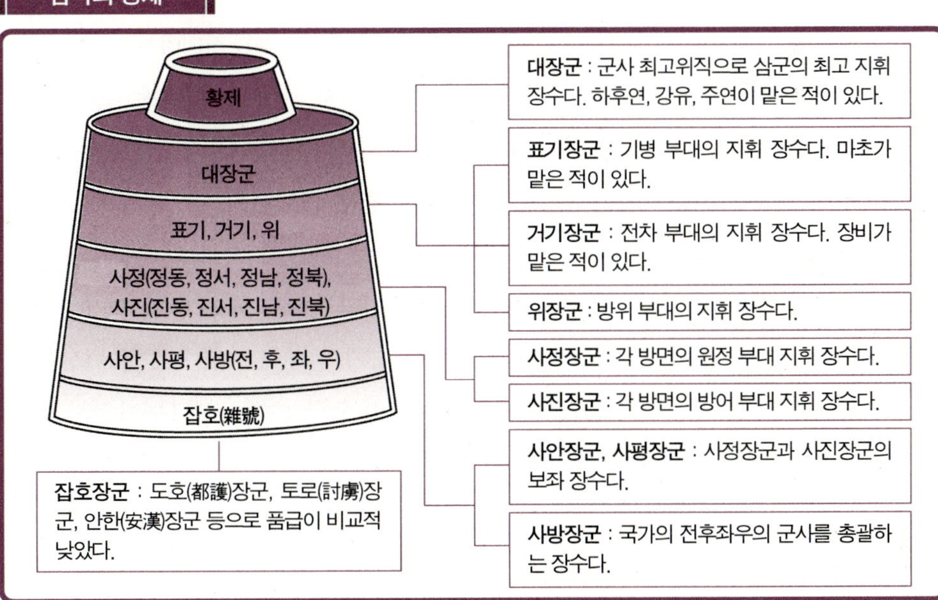

운 뒤 진군(陳群)에게 '구품중정제'를 제정하도록 했다. 조정에서 어질고 능력 있는 관원을 선발하거나 재주와 능력을 갖춘 관원을 식별하여 관원의 본적지 주군(州郡)의 중정을 담당하도록 하고, 그에게 해당 지역에서 가세(家世 : 집안의 계통과 문벌), 도덕, 재능 등 세 가지 기준에 따라 인재를 추천하도록 한 것이다. '구품'이라고 한 것은 인재를 구품(상상, 상중, 상하, 중상, 중중, 중하, 하상, 하중, 하하)의 아홉 단계로 나누었기 때문이다. 그러나 대략 상품(上品)과 하품(下品) 두 가지로 구분되었다. 일품은 거의 해당되는 이가 없어 유명무실했기 때문에 이품이 최고였고, 삼품도 비교적 높았으며, 삼품 이하는 하품에 속했다.

위나라의 경우 삼공은 일품관이고, 구경(九卿)은 삼품관에 속했다. 또한 5명의 상공(오상공五上公)을 설치했는데, 상국(相國 : 승상), 태부(太傅), 태보(太保), 대사마(大司馬), 대장군(大將軍)이 그것이다. 오상공의 지위는 삼공보다 높고, 그 가운데 대장군이 군정(軍政)을 장악한 진정한 실권자였다. 당시 촉한과 오나라는 승상이 군정을 총괄하는 최고 장관이었으며, 대사마는 군사 행정, 대장군은 군사 통수를 담당했다.

무관 제도

삼국은 대장군이 군권을 장악하고, 그 아래의 표기(驃騎), 거기(車騎), 위장군(衛將軍) 등은 이품에 속했다. 다시 그 아래로 동, 남, 서, 북의 '사정(四征)' 장군과 '사진(四鎭)' 장군, '사안(四安)' 장군, '사평(四平)' 장군 및 전, 후, 좌, 우 등 4명의 장군이 있었는데, 그들의 품계는 모두 이품이나 삼품이었다.

위나라의 군제는 중군(中軍 : 중앙군)과 외군(外軍 : 지방군)으로 조직되어 있었고, 중군은 중령군(中領軍)이 통솔하며, 외군은 때로 지방의 자사(刺史)가 관할하였다. 그 외에도 위나라는 사가제(士家制)를 시행하여 사가의 자손은 대대로 군대에 복무하도록 했다. 촉한은 군사를 전, 후, 좌, 우, 중의 오군(五軍)으로 나누어 관리했는데, 중군은 중앙군에 해당하며, 나머지 사군은 외군에 해당하였다. 오나라의 군제는 촉한과 유사했고, 유사시에는 대도독이 오군의 군마를 통솔했다.

07 삼국 시기의 문화
건안 문학

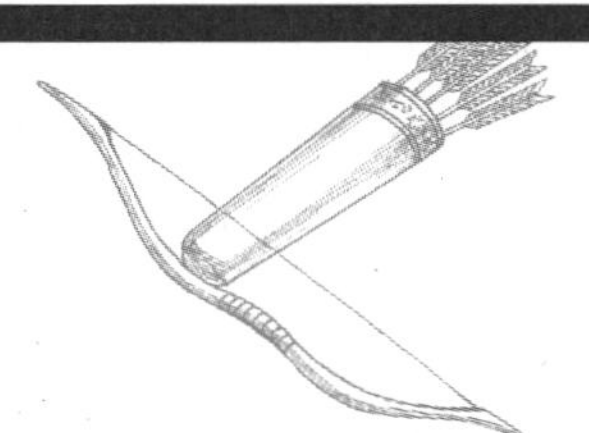

>>>>> 삼국은 난세였지만 오히려 수많은 인재가 배출되기도 했다. 그 가운데 문학 방면에서 뛰어난 인재가 적지 않았는데, 조조 부자와 건안칠자建安七子 등을 대표로 하는 삼국의 문학은 중국 문학사에서 대단히 중요한 위치를 차지하고 있다.

동한 말년에는 전란이 그치지 않으면서 귀족 지주의 역량이 날로 약화되어 갔다. 기존의 통치 지위를 차지하고 있던 유학이 크게 동요되면서 노장사상(老莊思想)* 등 여러 학파의 학설이 부흥하였고, 새롭게 외래 불교가 전파되면서 적지 않은 영향력을 미치고 있었다. 당시의 사대부들은 사상적인 면에서 비교적 자유롭게 활동했는데, 이러한 환경 속에서 건안 문학이 크게 일어났다.

삼국 시대에 문학이 가장 성행한 곳은 역시 위나라였으며, 위나라 문학의 전성기는 건안(建安) 시기다. 건안은 한나라 헌제의 연호로, 196년부터 220년까지를 말한다. 건안 문학의 대표 인물은 '삼조(三曹)'와 '칠자(七子)'다.

'삼조'는 조조, 조비, 조식이다. 조조는 평생 말을 타고 전쟁터를 누비며 생활했다. 그렇기 때문에 그의 시문은 정치, 군사 등과 밀접하게 연관되어 있으며, 주로 장대하고 광활한 마음속 생각과 포부를 표현하여 웅대하고 호방한 기개, 질박하면서도 처연한 풍격을 지니고 있다. 조비와 조식 형제는 건안 시대 작가들의 핵심이라고 할 수 있다. 조비는 빼어나게 청려(清麗 : 맑고 곱다)한 시가뿐만 아니라 문학비평에도 소질이 있었다. 그가 남긴 『전론(典論)』은 중국 문학비평사에서 최

* 노자와 장자의 사상으로 무위자연을 도덕의 표준으로 하고, 허무를 우주의 근원으로 삼는다. 예(禮)를 통해 세상을 교화하려 한 유가(儒家)에 대하여 매우 비판적이었다.

초의 본격 문학비평문으로 알려져 있다. 이에 비해 조식은 '기골이 기이하고 높으며, 문채가 화려하여'* 뛰어난 시인으로 명망을 얻었다. 동진(東晋) 시대의 시인 사령운(謝靈運)은 "천하의 글재주를 한 섬이라고 친다면 조자건이 홀로 여덟 말을 차지하고, 내가 한 말, 그리고 고금의 시인들이 합쳐서 한 말을 차지할 것이다"라고 말한 적이 있다. 이른바 '재고팔두(才高八斗)'라는 말이 여기서 나온 것인데, 그의 시문이 얼마나 뛰어났는지를 대변해 주고 있다.

'칠자'는 공융(孔融), 진림(陳琳), 왕찬(王粲), 서간(徐干), 완우(阮瑀), 응창(應瑒), 유정(劉楨)의 7명을 말한다. 그들은 각기 나름의 풍격으로 시문을 창작하여 건안 문학의 홍성에 견인차 역할을 했다. 이외에도 묘습(繆襲), 번흠(繁欽), 오질(吳質), 한단순(邯鄲淳), 양수(楊脩), 그리고 여류시인인 채염(蔡琰) 등이 활약했다. 건안 문인들의 작품은 주로 한나라 말기의 사회적 변화와 백성들이 처한 현실을 반영하여 비애와 강개를 바탕으로 하는데, 이는 또한 건안 문학의 특징이기도 하다. 후세 사람들은 이를 '건안풍골(建安風骨)'이라 칭했다.

위나라 후기의 문학은 정시(正始) 문학이 대표한다. 정시는 위나라 조방의 연호로, 240년부터 249년까지를 말한다. 정시 시기의 주요 문인은 하안(何晏), 하후현, 왕필(王弼) 등 '정시문사(正始文士)'와 완적(阮籍), 혜강(嵇康), 산도(山濤), 상수(向秀), 유영(劉伶), 완함(阮咸), 왕융(王戎) 등 '죽림칠현(竹林七賢)'** 이다. 정시 시기의 문인들은 대부분 노장사상에 정통하고, 현학(玄學 : 노자와 장자 일파의 학설)에 심취했으며, 사회 현실에 대해서는 건안 문인들처럼 집착하지 않았다. 그들은 비교적 충담(沖澹 : 맑고 깨끗함)한 태도를 유지했으며, 문필은 비교적 어렵고 애매한 편이다.

전체적으로 볼 때 오나라와 촉한의 문학은 위나라처럼 성행하지 않았지만 오나라의 문인으로는 장굉, 설종(薛綜), 위소(韋昭) 등이 유명하고, 촉한의 문인으로는 제갈량과 극정, 진복(秦宓) 등이 유명하다. 특히 제갈량의 전, 후 『출사표』는 언사가 간절하고 진정성이 우러나와 천고의 명편(名篇)으로 알려져 있다.

---

* 남조 양(梁)나라 종영(鍾嶸)이 지은 시론서인 『시품(詩品)』에서의 평가다.

** 중국 진(晉)나라 초기에 노자와 장자의 무위 사상을 숭상하여 죽림에 모여 청담으로 세월을 보낸 7명의 선비를 말한다.

삼국 문화의 번영

삼국은 시기적으로 그다지 길지 않았지만 중국문화의 발전에 관건이 되는 중요한 시기였다. 문학, 서화, 과학기술 등 여러 방면에서 독창적인 성과를 얻어 중국의 문화 발전에 매우 큰 영향을 끼쳤다.

삼국의 문학

1. 중국 최초의 칠언시는 조비의 「연가행」이다.
2. 중국 최초의 문학비평문은 조비의 『전론』이다.
3. 중국에서 두보 이전의 '시성(詩聖)'은 조식이다.
4. 건안풍골, 정시문풍은 후세에 커다란 영향을 주었다.

악비가 직접 쓴 제갈량의 『전출사표(前出師表)』다. 제갈량은 전후로 『출사표』를 썼는데, 『후출사표』는 『삼국지』에 나오지 않는다. 전체적인 정서가 비관적이지만 이 역시 보기 드문 명작이다. 간혹 제갈량의 조카인 제갈각이 쓴 것으로 보기도 한다.

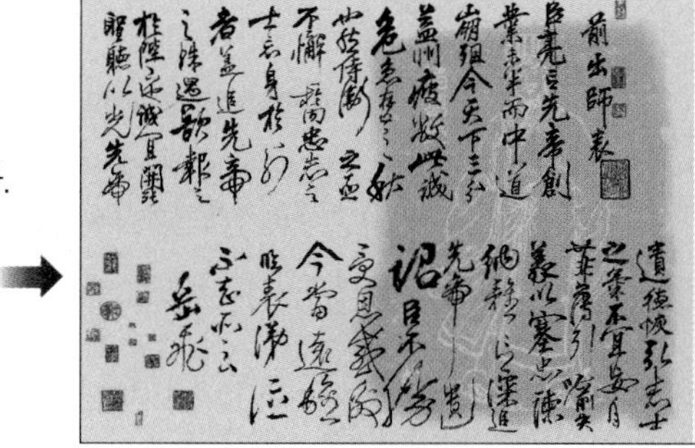

삼국의 서화

1. 종요의 서법은 예서(隸書)에서 해서(楷書)로 넘어가는 과도기의 모습을 보여 준다. 그는 해서의 시조(始祖)로 알려져 있다.
2. 오나라 황상(皇象)의 서법은 당시 큰 명성을 떨쳤다. 그의 작품 「천발신참비(天發神讖碑)」 등은 질박하면서 온후하며 법도가 엄정했다.
3. 조조, 제갈량, 한단순, 양곡, 장소 등은 모두 뛰어난 서법가다. 오나라 조불흥(曹不興), 위나라 황제 조모, 촉한의 장비 등은 그림으로 유명했다.

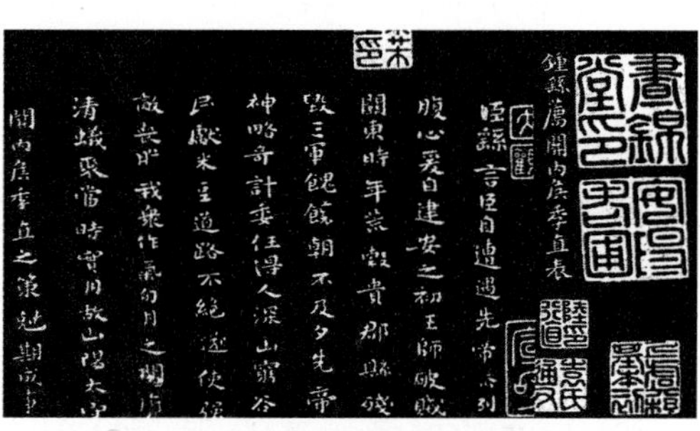

종요의 「천관내후계직표(薦關內侯季直表)」(모사본)

삼국의 과학기술

1. 위나라의 기술자 마균(馬鈞)은 번차(翻車)를 발명하여 농업 발전을 촉진시켰다.
2. 배수(裴秀)는 지리학자로서 후세의 지도 제작에 영향을 주었다.
3. 유휘(劉徽)는 수학자로서 『구장산술주(九章算術注)』에서 '할원목(割圓木)'을 개발하여 원주율 계산의 정확도를 높였고, 선형방정식 해법을 만들었다. 이는 서구보다 1천여 년 앞섰다.
4. 의성(醫聖) 장중경(張仲景)의 『상한론(傷寒論)』, 『금궤요략(金匱要略)』 등은 중국 의학의 교과서라고 할 수 있고, 화타가 발명한 마비산(麻沸散)은 세계 최초의 마취 약물이다.

장중경의 『상한론』

08 경쟁의 산물
전란 중의 경제 발전

>>>> 삼국이 정립한 뒤 정세는 점차 안정 국면으로 접어들었다. 삼국의 통치자들은 천하를 통일하려는 웅대한 포부를 지녔고 경쟁의식 또한 남달랐다. 따라서 그들은 더욱 적극적으로 부국강병을 도모하였으며, 자연스럽게 삼국 경제의 발전이 촉진될 수 있었다.

삼국 시대는 비록 난세였지만 부분적으로 통일된 상태였기 때문에 경제가 어느 정도 발전할 수 있었다.

위나라의 경제

조조는 허창을 도읍으로 정한 뒤 '무릇 나라를 안정시키는 길은 강병(强兵)과 의식의 풍요로움에 있다'고 주장했다. 그는 조저(棗祗)에게 명하여 허창에서 백성을 모집한 다음 둔전(屯田)을 시행하도록 했고, 그 결과 '곡식 백만 곡(斛 : 열 말)을 얻었다.' 또한 각 주와 군에 전농중랑장(典農中郎將), 전농교위(典農校尉) 등 전농관을 설립하여 유민들을 모아 둔전을 경영하도록 했으며, 이외에 수리(水利) 공사나 관개 공사에 투입시켰다. 이처럼 둔전제를 통해 한나라 말기 이래 군벌들의 혼전으로 들판마다 백골이 나뒹굴고 천 리에 닭 우는 소리가 들리지 않는 상황에서 벗어나 북방 사회는 점차 안정되기 시작했다. 또한 둔전제는 군량의 안정적 공급을 보장했기 때문에 위나라는 삼국 시대에 가장 막강한 군사력을 유지할 수 있었다. 이는 사마씨가 천하를 통일하는 토대가 되기도 했다.

촉한의 경제

제갈량은 촉한의 재상으로서 촉한의 정치를 청명하게 만들었다. 그는 유장

괄목할 만한 삼국의 경제

상대적으로 안정적인 환경 속에서 삼국의 통치자들은 경제를 부흥시키기 위한 여건 마련에 전력을 다했다. 삼국의 경제 발전은 각기 특색이 있었는데, 위나라는 둔전屯田, 촉한은 비단 생산, 오나라는 조선업이 크게 발전했다.

마균(馬鈞)이 발명한 일종의 물 긷는 수레로 관개(灌漑)의 효율을 크게 향상시켰다.

번차(翻車)

촉한의 경제

한중(漢中)
도강언(都江堰)
한중의 중요 요충지에 둔전을 실시했다.
임공(臨邛)
성도(成都)
정화(井火: 천연가스)로 소금을 말렸다.
인원을 파견하여 도강언을 수리했다.
촉(蜀)
성도는 방직업의 중심이었다.

오나라의 해상 교통

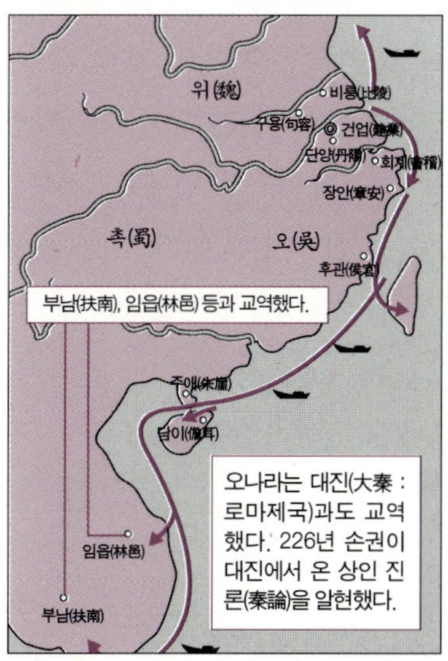

이래 여러 가지 폐해를 없애고 토호의 권력을 제압하는 한편, 백성들이 부역의 노고에서 벗어나 농사에 전념할 수 있도록 해 주었다. 농사와 수리 사업을 중시한 그는 1천2백여 명의 장정을 보내 도강언(都江堰)을 유지, 보수하여 성도 평원의 관개(灌漑)를 수월하게 만들었다. 또한 한중 등지에서 둔전을 시행하여 군량 문제를 어느 정도 해결함으로써 백성들의 부담을 조금은 덜었다. 이외에도 제갈량은 사금중랑장(司金中郎將), 사염교위(司鹽校尉) 등의 관직을 만들어 소금과 철에 대한 관리를 강화했다. 당시 촉한은 비단 방직업이 크게 발전하여 촉금(蜀錦)은 멀리 해외까지 판매되고 있었다. 제갈량의 적극적인 추진으로 촉한의 방직업은 더 크게 성장하였고, 부국강병을 위한 재원 마련의 중심이 되었다.

오나라의 경제

오나라 역시 위나라와 마찬가지로 둔전 개척에 큰 힘을 기울였다. 오나라는 지역이 광활하고 자연 조건이 좋은 반면에 인구가 적었다. 그래서 오나라의 통치자들은 농업 노동력의 확대를 국책으로 삼아 위나라 변경의 백성들을 강제로 대거 이주시키는 한편, 경내 산속에 사는 소수민족 한월(漢越)의 노동력을 강제로 동원했다. 이를 통해 둔전제를 확대 실시할 수 있었으며, 남방 개발도 한층 확대되었다. 오나라의 방직업은 촉한에 비할 수 없었지만 마포(麻布)나 갈포(葛布)는 촉한보다 훨씬 뛰어났다. 오나라에서 가장 특색 있는 것은 역시 조선업으로 삼국에서 가장 월등했다. 당시 오나라에서 제작된 선박 가운데 큰 것은 전장이 20여 장(丈), 높이가 수면에서 2장(4m 50cm 정도) 정도였고, 화물 1만 곡(지금의 5백 톤에 해당)을 실을 수 있었다. 또한 손권은 위온을 파견하여 이주(夷洲)와 단주(亶洲 : 일본)를 찾도록 했는데, 일본은 찾지 못했지만 대만에 도착하여 1천여 명의 주민을 데리고 돌아왔다.

09 민족 대융합의 전야
삼국 시대의 소수민족

>>>> 삼국 시대의 중원은 전란이 빈번하게 발생하면서 각지의 소수민족도 활동 범위가 확대되었다. 그들은 한족과 교류하면서 날로 발전하여 이후 중원의 주인이 되는 토대를 만들 수 있었다.

북부 지역의 소수민족

북부 지역의 소수민족은 주로 흉노, 오환, 선비족이었다. 삼국 시기에 남흉노는 내몽고와 산서, 섬서 일대에 거주했는데, 동한 말기에 내란이 격화되는 틈을 타서 변경을 넘어와 소란을 일으켰다. 조조는 흉노를 공략한 뒤 부족을 다섯으로 나누어 각 부(部)마다 귀족을 우두머리로 삼고 한족을 사마(司馬)로 임명하여 감독하였으며, 선우를 도성에 머물게 하여 인질로 삼았다.

오환은 하북, 요녕 일대에 사는 유목 민족이었다. 동한 말기에 자주 반란을 일으켰고, 수령 답돈이 원소와 연합하면서 '선우'라는 봉호를 얻었다. 207년, 조조가 오환을 친히 정벌하여 답돈을 참살하자 오환의 대다수가 투항하였다. 조조는 투항자들을 내지로 이주시켰으며, 오환의 장정 일부를 선발하여 기병으로 구성된 정예 부대를 만들기도 했다.

선비와 오환은 오래된 민족인 동호(東胡)의 일부다. 건안 연간에 선비족 가운데 가비능이 점차 강대해지면서 막남(漠南)의 선비족 각 부(部)를 통일하여 여러 차례 위나라 변경을 침입했다. 그러나 나중에 유주자사 왕웅(王雄)이 자객을 보내 가비능을 죽이자 선비족은 또다시 분열되고 말았다.

서부 지역의 소수민족

서부 지역의 소수민족은 주로 저(氐)족과 강(羌)족이었고, 감숙, 청해, 사천 서북부 일대에 거주하고 있었다. 한나라 말기에 강인은 양주로 이주한 다음 독립하여 소란을 일으키기도 했고, 마등과 한수 등 현지의 군벌 세력과 연합해서 반란을 일으키기도 했다. 저족과 강족은 관계가 밀접하였으며, 다른 소수민족과 달리 농경에 익숙하면서도 싸움을 잘하기로 유명했다. 213년, 조조는 하후연을 파견해 강족과 저족을 평정한 후 저족의 수령인 아귀(阿貴)를 참살했다. 이들 강족과 저족의 거주 지역은 위나라와 촉한의 접경 부근이었기 때문에, 위와 촉에게 쟁탈의 대상이 되었다.

삼국은 역사에서 말하는 '오호란화(五胡亂華 : 오호 소수민족이 중원을 어지럽힘)'의 준비 단계라고 할 수 있다. 당시 중원은 군사적으로 막강한 실력을 보유하고 있었고, 서북 지역의 소수민족은 이제 막 한화(漢化)의 과정에 들어갔기 때문에 소수민족은 아직까지 중원을 넘겨다볼 여유나 실력이 없었다. 하지만 그들은 일련의 과정을 겪으면서 나날이 힘을 키워 갔고, 상부 귀족 계층 또한 점차 개화되어 세력의 체계를 확립할 수 있었다. 그러면서도 민족의 응집력은 여전히 튼실하게 유지되고 있었다. 서진 시대에 들어오면서 중원에서는 내란이 그치지 않았고, 국력이 쇠약해지자 더 이상 주변의 소수민족을 제대로 관리할 수 없었다. 이로써 점차 막강해지기 시작했던 흉노나 선비, 저, 강 등 여러 소수민족은 자체적으로 정권을 세우고 독립국가 체계를 만들 수 있었다. 결국 그들은 중원의 새로운 주인이 되었고, 한족 지배층은 강남으로 민족 대이동을 할 수밖에 없었다.

남부 지역의 소수민족

남부 지역의 소수민족은 촉한의 남만(南蠻 : 수叟, 북僰, 복濮 족)과 오나라의 산월(山越), 무릉만(武陵蠻) 등을 말한다. 남만은 촉한에 반란을 일으켰다가 제갈량에 의해 평정되었으며, 산월 역시 오나라에 대항하다가 육손에 의해 평정되었다. 오나라는 산월의 장정들을 약탈하여 군졸로 삼았는데, 이는 산월족에게 큰 재앙이었지만 한편으로는 그들의 한화(漢化)를 가속화하는 계기가 되기도 했다.

삼국의 소수민족 대응책

위, 촉, 오 삼국의 소수민족에 대한 대책은 정벌과 위무(慰撫 : 위로하고 어루만져 달램)로 나뉜다. 이를 통해 변경의 안정을 도모하기도 하고, 또한 소수민족의 한화漢化 과정을 가속화하여 변경 지역의 개발을 촉진하기도 했다.

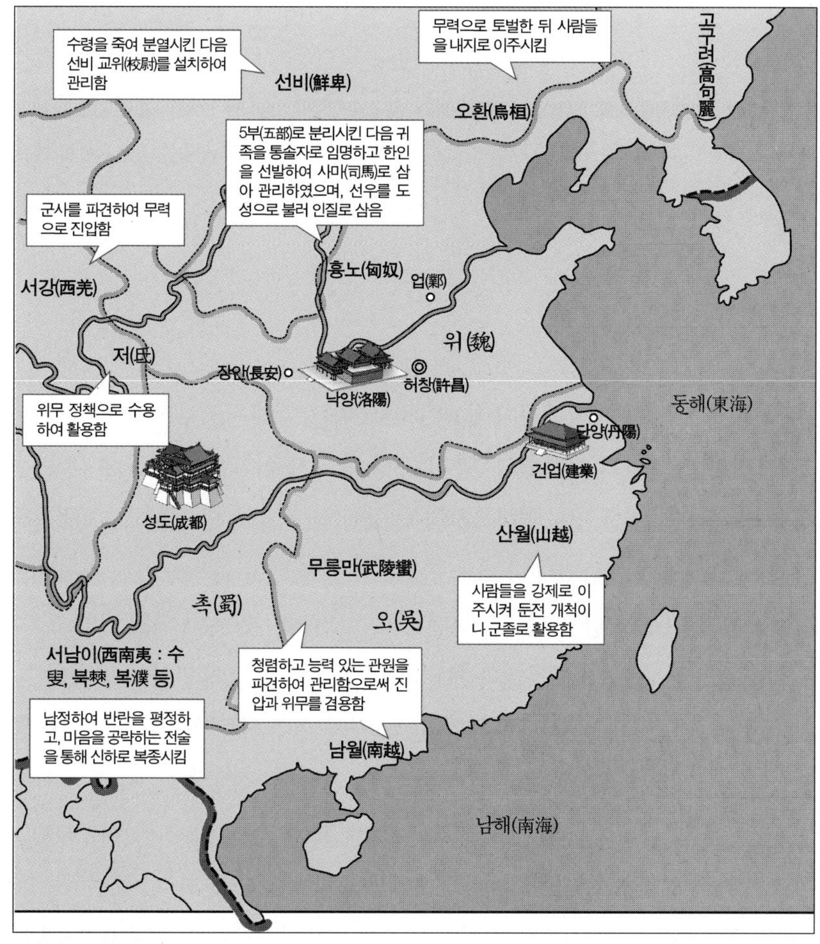

오호란화

고대 사학가들이 흔히 '오호란화'라고 칭하는 병란은 '영가(永嘉)의 난'이라고 부르기도 하는데, 여기서 '오호'는 '흉노, 선비, 갈(羯), 저, 강'의 5개 소수민족을 말한다. 한나라 이래로 서북의 소수민족은 끊임없이 내륙으로 옮겨오면서 세력이 점차 강대해졌다. 한편 서진(西晉)을 세운 사마염은 위나라의 실패를 교훈 삼아 황족들을 여러 지역의 왕으로 나누어 세운 다음 황실을 호위하도록 했는데, 이는 여러 왕들의 세력을 강화시켜 분란을 일으키는 단초가 되고 말았다. 그 결과가 바로 혜제(惠帝) 시기에 일어난 팔왕(八王)의 난이다. 이후 진나라 황실은 분열을 거듭하고 국력이 쇠약해졌으며, 민생 또한 도탄에 빠졌다. 이런 와중에 오랫동안 탄압을 받아온 소수민족들이 세력을 모아 군사를 일으켜 중원으로 쳐들어옴으로써, 중국은 또다시 장기간에 걸친 분열을 겪게 되었다.

10 세월이 흐를수록 새로워지다 현대의 삼국 연구

>>>>> 『삼국연의』는 세상에 나온 뒤 사회적으로 엄청난 영향을 끼쳤다. 후세에 수많은 논평과 연구가 줄을 이었고, 아직까지도 고전소설에 대한 연구가 끊임없이 이어지며 새로운 시대적 의미가 부여되고 있다.

신문화운동 기간에 민간문학에 대한 연구가 활발해지면서 삼국에 대한 관심과 연구 또한 확대되기 시작했다. 당시 유명한 학자들 가운데 삼국에 대해 논평을 하지 않은 이가 없을 정도였다. 노신(魯迅)은 『삼국연의』의 인물 묘사에 편파적인 부분이 있다고 지적하였다.

"유비의 돈후(敦厚)함을 묘사하려던 것이 허위적인 인물이 되고 말았고, 제갈량이 지혜가 많은 것을 묘사하려다 보니 거의 요괴에 가깝게 만들어 버렸다."

그런가하면 호적(胡適)은 『삼국연의』를 거의 완전히 부정하면서, 단지 통속역사일 뿐 문학적 가치가 없다고 단정했다. 그 기간에 『삼국연의』에 관한 학자들의 논쟁은 계속되었고, 판본이나 작가에 대한 고증 연구도 나타났다. 1940년대 이후로는 삼국에 관한 수필이나 단문도 적지 않게 발표되었다.

해방 후 '인민성'과 '조조에 대한 기존 평가를 뒤집는 것'이 주요 문제로 대두되면서 『삼국연의』에 대한 연구 또한 두 차례나 고조기를 맞이하였다. 그러나 이후 『삼국연의』에 대한 연구는 문학보다 정치적인 면에 초점이 맞추어지면서 기존의 연구 방향과는 전혀 다른 쪽으로 흘러갔다. 게다가 문화대혁명 기간에는 『삼국연의』에 대한 학술 연구는 아예 논의조차 하지 못하는 상황이 되고 말았다.

1980년대 이후에는 『삼국연의』에 대한 연구가 부활하면서 연구토론회가 연이어 개최되었고, 학회도 정식으로 성립되었다. 당시 연구 성과는 깊이와 양적인

삼국에 관한 연구

신문화운동 이래 삼국 연구는 몇 차례 기복을 거듭하다가 1980년대에 들어와 전면적으로 확대되면서 수많은 성과를 내놓았다.

『삼국연의』 연구의 발전 과정

명, 청 — 여러 사람이 『삼국연의』를 논평했다. 이탁오, 모종강 부자 등을 예로 들 수 있는데, 이들에 의해 『삼국연의』는 지금의 형태로 정형화되었다.

1911 — 신문화운동이 시작되면서 『삼국연의』 연구도 새로운 지평을 맞이하게 되었는데 호적, 노신, 전현동(錢玄同), 사무량(謝無量) 등이 대표적 인물이었다. 이후의 연구 방향은 주로 판본 및 나관중 개인에 대한 연구로 바뀌었고, 성과 또한 상당히 풍부했다.

1940 — 전쟁의 영향으로 연구도 소강 상태에 빠졌다.

1940~1950 — 대망서(戴望舒)가 스페인에서 『삼국연의』의 명나라 때 판본을 발견하면서 『삼국연의』에 대한 관심과 연구가 새롭게 고조되었다. 아울러 삼국 이야기와 관련된 한담(閑談), 만담, 수필 등이 발표되어 많은 환영을 받았다.

1960 — 『삼국연의』를 둘러싸고 '인민성'과 '조조에 대한 기존 평가 뒤집기' 등 두 가지 문제가 초점이 되면서 1954년과 1959년 두 차례 연구의 고조기를 맞이했다.

1970~1980 — 문화대혁명 기간에는 학술 연구가 침체되면서 아무런 성과도 거두지 못했다.

1980 — 삼국 연구의 다원화를 이룬 시기로서, 성과 또한 풍부하고 다양했다. 문헌, 텍스트, 문화의 세 분야에 걸친 연구가 동시에 진행되었고, 삼국 연구 토론회가 지속적으로 개최되면서 삼국 연구 또한 점차 응용 분야와 문화 분야로 바뀌기 시작했다.

『삼국연의』 연구의 5대 관심 분야

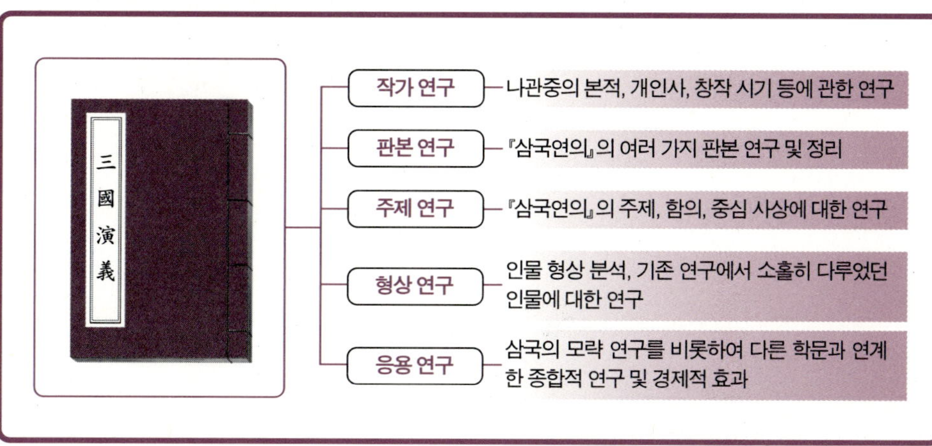

면에서 이전 시기를 훨씬 능가했을 뿐만 아니라 다원화, 다층화, 다각화에 성공한 것으로 평가할 수 있다. 문헌, 텍스트, 문화 등 세 측면의 연구가 동시에 진행되면서 각기 적지 않은 성과를 내놓음으로써 이 시기의 『삼국연의』 연구에서 가장 뚜렷한 특징이 되었다.

문헌적 연구는 나관중의 개인적인 역사, 『삼국연의』 판본의 변화 등에 치중되었고, 텍스트 연구는 『삼국연의』의 중심 사상과 창작예술 중심으로 전개되었다. 그리고 문화적 연구는 문화정신, 응용 가치에 대한 연구 및 '삼국 문화'의 범주 연구 등으로 세분화되었다. 그 가운데 삼국의 응용 가치에 대한 연구 성과가 가장 풍부했다. 적지 않은 학자들이 『삼국연의』를 계시록이자 모략의 창고로 간주하여 인재학, 모략학, 운주학(運籌學)*, 지도자학, 경영관리학, 군사과학 등 여러 각도에서 문화적 가치를 연구하였다. 이를 통해 기존의 해석과 다른 내용의 삼국 관련 전문서가 양산되었고, 사회적으로 큰 반향을 일으키면서 보다 다양한 사고의 지평을 넓히는 계기가 되었다.

1990년대에 이르러서는 학자들이 '삼국 문화'라는 개념을 제기하였다. 이를 바탕으로 삼국 시기의 역사 문화를 근본으로 하고, 삼국 이야기의 전파 및 그 발전 과정을 지류로 삼아 『삼국연의』 및 이와 연관되어 파생한 여러 가지 현상을 주요 내용으로 하는 종합적인 문화에 연구의 초점을 맞추기 시작했다. 이는 삼국 연구의 새로운 방향이 되었다. 삼국 문화의 연구가 진전되면서 이와 연관된 여행이나 민속 등 관련 문화 사업으로 인한 경제적인 효과도 결코 무시할 수 없게 되었다.

---

* 작전 계획 방법의 하나로 과학적 분석을 통해 군사 작전 계획을 연구하는 것을 말한다.

11 해외에서의 열풍 『삼국연의』의 국제적 영향

>>>>> 『삼국연의』는 중국 전통문화의 경전으로서 중국인이라면 누구나 알고 있는 이야기이며, 전 세계에 광범위하게 퍼져 국제적으로 널리 알려져 있기도 하다.

명나라 융경(隆慶) 연간에는 이미 조선에 『삼국연의』가 전해진 상태였다. 숭정(崇禎) 연간에는 영국인이 자국 내 옥스퍼드대학교 도서관에서 명나라 때 출간된 『삼국지전(三國志傳)』을 찾아볼 수 있었다. 청나라 강희 28년(1689년)에는 일본인 고난분잔(湖南文山)이 『삼국연의』를 일본어로 번역했는데, 이는 『삼국연의』 최초의 외국어 번역본이다. 이후 3백 년 동안 『삼국연의』는 아시아, 유럽, 북남미 등 여러 나라에서 다양한 언어로 번역되었다. 완전 번역본과 일부 흥미로운 내용을 가려 뽑은 선역본까지 합하면 총 60여 종에 달하며, 연구서나 논문도 상당수가 있다.

『삼국연의』는 해외의 수많은 독자들을 통해 중국문학사에서 길이 빛날 명주(明珠)로 환영받고 있다. 일본의 저명한 한학자인 요시카와 에이지(吉川英治)는 『삼국연의』에 대해 "세계 고전소설 가운데 비할 바 없는 저작물이다"라고 말한 바 있다. 브리태니커 백과사전, 즉 『대영백과사전』은 나관중을 '최고의 유명 예술가'로 칭하는 한편, 『삼국연의』를 14세기에 '광범위하게 사회를 비평한 소설'이라고 소개하고 있다. 태국 문학학회는 1914년 『삼국연의』의 태국어 번역본을 우수 소설로 평가했으며, 자국 교육부를 통해 이를 중학교의 모범 작문 문장으로 선정하였다. 옛 소련의 학자였던 파나쇼크는 러시아어 번역본 서문에서 이렇게 말했다. "『삼국연의』는 중국 인민을 표현한 예술 천재의 수많은 장편소설 가운데 탁월한 지위를 차지하고 있으며, 가장 많이 보급된 작품 중 하나다." "진정으로 인민성이 풍부한 걸작이다."

『삼국연의』에 등장하는 영웅적인 인물들, 특히 충정과 탁월한 지략의 소유자인 제갈량과 강직하고 뛰어난 무용(武勇)을 지닌 관우 등은 국내외 대중들의 사랑과 존경을 한 몸에 받고 있다. 조선에서는 제갈량을 위해 사당을 짓고 악비와 함께 제사를 지내기도 했으며, 이외에도 동아시아의 여러 나라에서 관제묘(關帝廟)를 세워 제사를 지내고 있다. 이렇듯 동아시아의 경우 『삼국연의』는 사회생활이나 문학예술 방면에서 큰 영향력을 발휘하고 있다. 조선, 일본, 태국 등 여러 나라의 작가들 역시 『삼국연의』의 서사풍격의 영향을 받았고, 특히 베트남 희곡 중에는 『삼국연의』에 나오는 이야기를 소재로 삼고 있는 작품이 적지 않다. 일본인들은 여러 차례 '『삼국연의』의 날개(三國演義之翼)'라는 이름으로 방문단을 조직하여 삼국 유적지를 방문하거나 삼국의 인물을 추모하였다.

『삼국연의』의 역본은 일본이 가장 많은데, 그만큼 광범위하게 유포되어 있기도 하다. 또한 이와 관련 있는 개사본(改寫本)이나 신편(新編) 등 여러 형태의 책이 발행되었는데, 전체 발행량이나 보급률이 중국을 넘어설 정도다. 일본의 학자들은 삼국 이야기를 인간관계, 경영 관리, 상업 전략 등 다각도로 접근하여 다양한 내용의 관련 서적을 출간하기도 했고, 그 영향은 『삼국연의』의 고향인 중국에까지 미치고 있다.

시대와 국가를 뛰어넘은 『삼국연의』

『삼국연의』는 시대와 민족, 국가를 초월하여 수많은 사람들에게 환영을 받는 국제적 저작물이다. 특히 동아시아나 동남아시아의 경우에는 그 영향력이 대단하다.

제갈량과 관우를 위한 사당을 짓고 제사를 지내기도 한다. 『삼국연의』는 한국인들에게 가장 익숙한 중국소설로서, 독자도 많을뿐더러 그 영향력 또한 대단하다.

『삼국연의』는 일본에서 가장 잘 팔리는 소설 가운데 하나다. 또한 『삼국연의』와 관련된 번안본, 만화, 심지어 전자오락까지 수십 종에 달하는 연관 품목이 시중에 나와 있다. 특히 『삼국연의』에 관한 응용 연구는 중국을 앞지르고 있다.

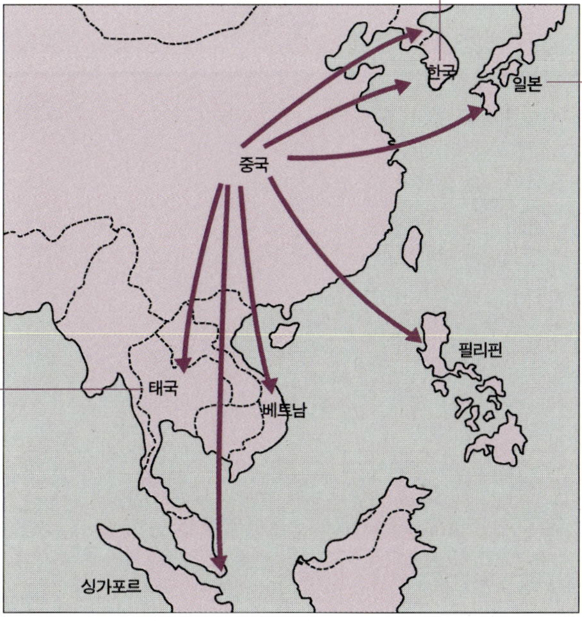

대학입시 문제에 『삼국연의』와 관련된 문제가 나올 정도로 중시되고 있다. 심지어 태국 황실에서는 TV로 방영된 『삼국연의』 연속극을 학습을 위해 관람해 줄 것을 국민들에게 호소한 적도 있다. 『삼국연의』는 동남아시아의 화교 및 그들의 후손들이 더욱 단결하고 화합하는 연결고리가 되고 있기도 하다.

한국
일본
중국
필리핀
태국
베트남
싱가포르

해외의 『삼국연의』 연구

연구 방향	대표 국가	연구 성과
판본 연구	일본, 영국	일본의 오카와 다마키(小川環樹)의 관색(關索 : 관우의 셋째 아들) 연구, 영국 학자 앤드류 웨스트(Andrew West)의 『삼국연의』 판본 변화 연구
원류 연구	러시아, 일본	러시아 학자 보리스 리보비치(Riftin, Boris Lyvovich)의 『삼국연의』와 민간 문화의 관계 연구, 일본 학자 오오즈카 히데타카(大冢秀高)의 소설 제재와 인물 형상의 원천에 대한 발굴 연구
예술 연구	미국	중국계 미국학자 하지청(夏志淸)은 『삼국연의』를 심도 있게 분석하여 '인류의 동기에 가장 관심을 가진 성격소설'로 간주했다. 이외에도 『삼국연의』는 수많은 석·박사 논문의 주제가 되었다.
응용 연구	일본	마쓰시다 전기의 창업자인 마쓰시다 고노스케(松下幸之助)는 제갈량의 전략 사상을 사업에 응용하여 크게 성공했다. 모리야 히로시(守屋洋)의 『삼국지와 인재학』, 구와바라 다케오(桑原武夫)의 『삼국지의 매력』, 가노 나오사다(狩野直禎)의 『삼국지의 지혜』 등은 『삼국연의』를 응용하여 저술한 작품들이다.

부록

1. 삼국 시대 중요 사건 연표
2. 삼국 시대 중요 인물의 별칭
3. 삼국 시대 지명 대조표
4. 삼국 시대 중요 인물의 출신지

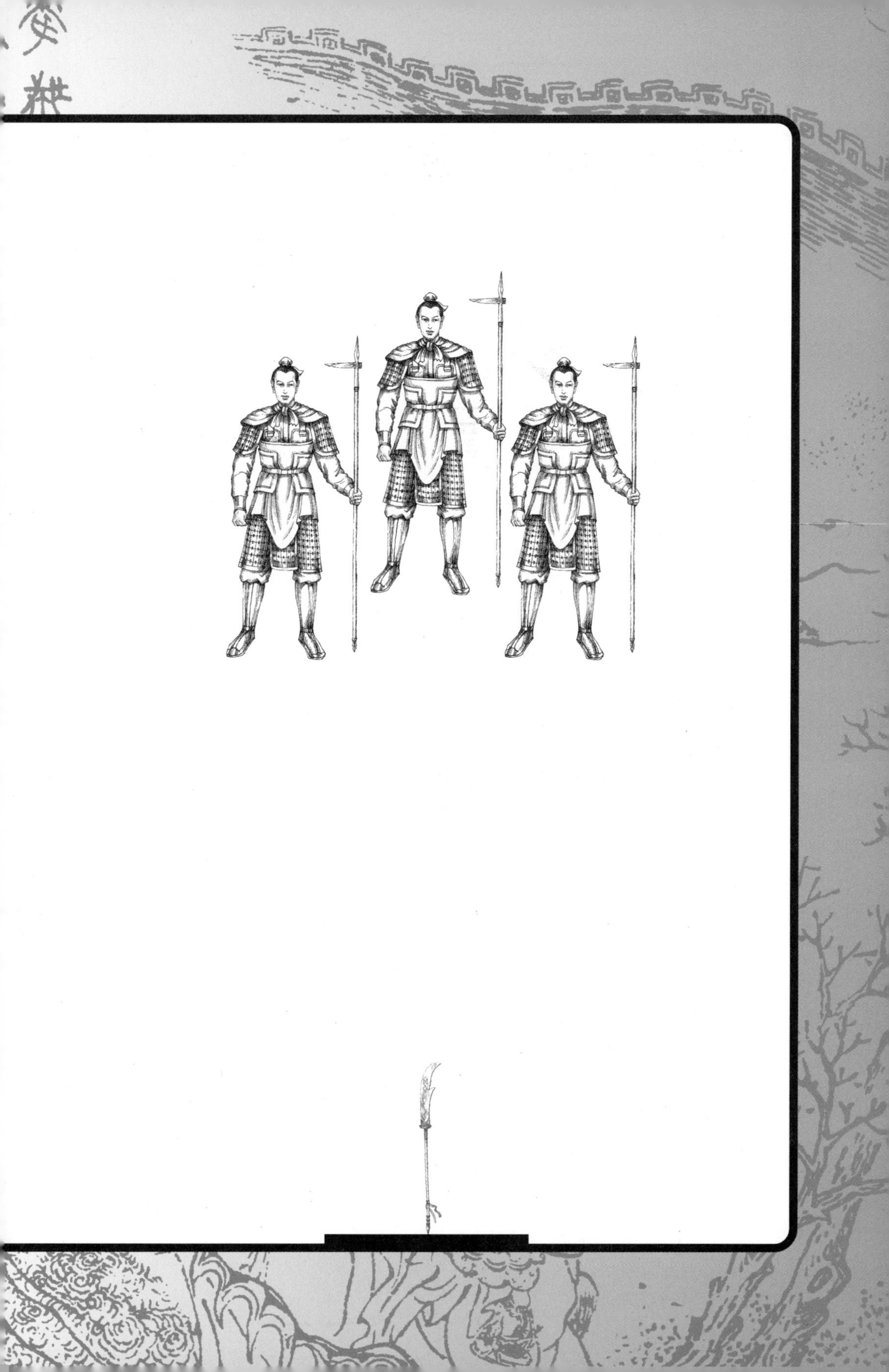

부록 1 삼국 시대 중요 사건 연표

184년

유비, 관우, 장비가 도원결의를 하다.

기도교위(騎都校尉) 조조, 황건(黃巾) 군과 싸우다.

장각(張角)이 병사하고, 황건군의 난이 서서히 평정되다.

189년

한나라 영제가 죽고, 서거하고 황태자가 제위를 이어 소제(少帝)가 되다.

대장군 하진(何進) 이 십상시(十常侍)에게 피살되고, 원소가 환관들을 주살하다.

동탁이 군사를 이끌고 경사로 들어와 원소를 내쫓고 소제를 맞이하여 승상의 자리에 오르다.

동탁이 소제를 폐위하고 유협(劉協)을 제위에 올려 헌제(獻帝)로 삼다. 이후 동탁이 소제와 하태후를 독살하다.

190년

관동의 각 군 태수가 연합군을 조직하여 동탁을 토벌하고 원소를 맹주로 삼다.

동탁이 낙양을 불태우고 헌제를 핍박하여 장안으로 천도하고 조정을 독단하다.

조조가 단독으로 추격했으나 동탁군에게 패배하다.

관동 연합군이 해산하다.

191년

손견이 북벌하여 동탁을 격퇴하고, 낙양으로 들어가 전국옥새(傳國玉璽)를 손에 넣다.

원소가 기주목(冀州牧) 한복(韓馥)이 관할하고 있던 기주를 탈취하다.

손견이 유표를 공략하다 화살에 맞아 사망하고, 그의 아들 손책이 원술에게 의지하다.

192년

원소가 계교(界橋)에서 공손찬을 크게 물리치다.

동탁이 휘하 장수 여포와 왕윤에게 주살되다.

이각과 곽사가 장안을 공격하여 왕윤을 죽이고, 여포를 격파한 후 헌제를 끼고 조정을 농단하다.

조조가 연주목(兗州牧)으로 자칭하며 청주(靑州)를 평정하다.

193년

조조가 광정(匡亭)에서 원술을 대파하고, 원술은 남쪽 수춘(壽春)으로 도주하다.

공손찬이 유주목 유우(劉虞)를 살해하고 유주를 점거하다.

조조가 서주를 정벌하면서 수많은 백성들을 학살하다.

194년

익주목 유언(劉焉)이 죽고, 그의 아들 유장(劉璋)이 뒤를 잇다.

조조가 동쪽으로 서주를 공략한 틈을 타 여포가 연주를 습격하자 어쩔 수 없이 회군하다.

여포가 복양(濮陽)에서 조조와 대치하며 승부를 가리다.

도겸(陶謙)이 병사하자 유비가 그 자리를 이어 서주목이 되다.

195년

헌제가 장안에서 쫓겨나 낙양으로 돌아가다.

조조는 연주를 수복하고, 여포가 유비에게 투항하다.

손책이 군사를 빌려 강동을 공략하고, 양주(揚州)자사 유요(劉繇)를 물리치다.

196년

여포가 기회를 틈타 서주를 탈취하고, 유비는 핍박을 받아 소패(小沛)로 물러나다.

손책이 강동 일대를 평정하다.

조조가 낙양으로 입성하여 헌제를 맞이한 후 스스로 사공(司空)이 되었으며 허창(許昌)으로 천도하다.

유비가 패한 후 조조에게 의지하고, 조조가 유비를 예주목(豫州牧)으로 삼다.

197년

조조가 장수(張綉)를 토벌했으나 대장 전위(田韋)를 잃다.

원술이 칭제하고 수춘을 도읍지로 정하다.

원술이 여포를 공격했으나 실패하다.

198년

여포가 소패를 공격하자 유비가 패배하여 다시 조조에게 의탁하다.

조조가 하비(下邳)를 함락시키고 여포, 진궁 등을 주살하다.

199년

원소가 공손찬을 멸망시키고 기주, 청주, 병주, 유주를 관할하다.

원소가 조조 공략을 계획하자 조조가 관도(官渡)에 방어선을 구축하다.

조조가 유비를 보내 원술을 공격했고, 원술이 남쪽으로 퇴각하다 피를 토하고 죽다.

장수가 조조에게 투항하다.

손책이 유표를 대파하고 강동의 여섯 군을 관할하다.

200년

동승(董承)이 조조를 암살하려는 계획이 발각되어 삼족(三族)이 멸족되다.

조조가 유비를 크게 이기고 관우를 포로로 잡았으며, 서주를 수복하다.

손책이 죽고 동생 손권이 뒤를 이읫다.

관도전투에서 조조가 오소(烏巢)를 습격하여 원소를 대파하다.

201년

조조가 창정에서 원소를 격파하다.

조조가 여남에서 재차 유비를 격파했고, 유비가 남쪽 형주로 내려가 유표에게 의지하다.

202년

원소가 죽고 어린 아들 원상(袁尙)이 뒤를 잇자 원담이 반발하여 형제간에 싸움이 벌어지다.

203년

원담이 원상에게 패배하여 조조에게 구원을 요청하다.

204년

조조가 원상을 격파하고 업성을 공략하자 원상이 유주로 도주하다.

205년

조조가 남피(南皮)를 공략하여 원담을 죽이다.

206년

조조가 호관(壺關)을 공격하여 병주자사 고간(高干)을 죽이다.

207년

원상, 원희 형제가 오환에게 투항하자 조조가 북벌을 감행하여 오환을 물리치다.

공손강이 원상과 원희 형제를 참살하고 조조에게 투항하다.

조조가 중국 북방을 통일하다.

유비가 삼고초려하여 '와룡' 제갈량을 군사(軍師)로 삼다.

208년

조조가 삼공을 폐하고 스스로 승상의 자리에 오르다.

형주자사 유표가 죽자 그의 아들 유종이 뒤를 잇다.

조조가 형주를 정벌하자 유종이 투항하다.

조조가 장판파에서 유비를 물리치다.

동오의 주유가 적벽에서 조조의 대군을 물리치다.

209년

주유가 남군을 탈취하여 형주 중부를 관할에 두다.

손권이 합비로 진격했으나 승리를 얻지 못하다.
유비가 손권의 누이를 처로 맞이하다.

210년
주유가 죽고 노숙이 그의 직책을 잇다.
유비가 손권에게 형주(荊州 : 남군)를 빌리다.
조조가 업성에서 동작대(銅雀臺)를 건축하다.

211년
유비가 '봉추' 방통을 얻어 부(副) 군사로 삼다.
익주태수 유장이 유비를 촉(蜀)으로 불러들여 한중의 장로(張魯)를 막아 달라고 청하다.
조조가 마초와 한수를 격파하고 관중 지역을 점령하다.

212년
유비가 유장과 반목하여 부성(涪城)을 돌파하고 낙성(雒城)을 공략하다.
손권이 교주(交州)를 평정하다.

213년
방통이 낙봉파에서 화살에 맞아 사망하다.
조조가 위공(魏公)의 자리에 오르다.

214년
유비가 성도를 포위하여 유장을 항복시키고 익주를 점령하다.

215년
조조가 한중을 공격하자 장로가 투항하다.
위나라 장수 장료가 합비를 지키며 손권을 물리치다.

216년
조조가 위왕의 자리에 오르다.

217년
노숙이 죽고 여몽이 뒤를 이어 자리에 오르다.

218년
장비가 위나라 장수 장합을 물리치다.

219년
황충이 정군산에서 위나라 군을 대파하고 하후연의 목을 베다.
유비가 조조를 물리치고 한중을 차지한 후 한중왕(漢中王)이 되다.

관우가 북쪽으로 양번(襄樊)을 공격하여 조조의 장수 우금(于禁)을 물리치고 방덕(龐德)을 죽였으나 곧 서황(徐晃)에게 패하다.
여몽이 남군을 습격하여 관우와 그의 아들 관평을 죽이다.

220년
위왕 조조가 죽고 맏아들 조비가 위왕에 오르다.
조비가 진군(陳群)의 의견을 받아들여 구품중정제(九品中正制)를 시행하다.
조비가 동한 정권을 찬탈하여 위나라를 세우고 위나라 문제가 되다.

221년
유비가 성도에서 칭제하고 소열황제가 되었으며, 국호를 '한(漢)'으로 삼다. 사서는 유비의 한나라를 '촉한(蜀漢)'이라 부른다.
장비가 부하에게 피살되다.
유비가 군사를 이끌고 오나라 정벌에 나서다.
손권이 위나라에 신하로 복속하자 조비가 손권을 오왕으로 봉하다.

222년
육손이 효정(猇亭)에서 촉군을 물리치고, 유비는 백제성으로 패주하다.
위나라가 삼로(三路) 대군으로 오나라를 정벌했으나 크게 패하다.

223년
유비가 죽고 아들 유선이 뒤를 이어 후주가 되다.
제갈량이 등애를 오나라에 사신으로 보내 양국 간의 우호 관계를 회복하다.

224년
조비가 오나라를 정벌했으나 또다시 패하다.

225년
제갈량이 남정을 떠나 남중을 평정한 후 남만 수령 맹획을 복종시키다.

226년
조비가 죽고 장자 조예가 그 뒤를 이어 위나라 명제(明帝)가 되다.

227년
제갈량이 「출사표」를 올리고 한중에 머물며 북벌을 준비하다.

228년
제갈량이 북벌을 시작하여 천수, 안정, 남안 등 세 군을 빼앗다.
장합이 가정에서 마속을 물리치다.
제갈량이 2차 북벌을 감행하여 진창까지 진격했으나 군량이 부족하여 회군하다.

육손이 석정에서 조휴를 크게 물리치다.

229년

제갈량이 3차 북벌을 시작하여 위나라 무도(武都)와 음평(陰平) 등을 함락시키고, 조운이 사망하다.

230년

조진(曹眞)이 쳐들어오자 제갈량이 방어했, 쌍방이 대치하는 가운데 위나라 군은 큰 비 때문에 철병하다.

손권이 위온(衞溫)을 파견하여 이주(夷州 : 지금의 대만)를 구원하다.

231년

제갈량이 5차 북벌을 단행하여 기산을 포위했으나 군량이 부족하여 철군하다.

234년

제갈량이 6차 북벌을 단행하였으나 오장원에서 병사하다.

위나라 장수 위연이 반란을 일으켰으나 마대에게 피살되다.

238년

요동에서 공손연이 반란을 일으키자 조예가 사마의를 파견해 토벌하다.

239년

위나라 명제 조예가 죽고 조방이 제위를 이었으며, 사마의와 조상이 보좌하다.

조방이 사마의를 태부, 조상을 대장군으로 임명했고, 조상이 조정의 실권을 장악하다.

장완(蔣琬)이 촉한 대사마의 자리에 오르다.

242년

손권이 양주 산월(山越)의 소수민족을 토벌하다.

244년

조상이 촉한을 공격했으나 크게 패하고 돌아오다.

246년

위나라 장수 관구검(毋丘儉)이 고구려를 두 차례 공격하다.

장완이 사망하다.

247년

사마의가 권세를 잃고 물러나자 조상이 조정을 전횡하다.

249년

사마의가 정변을 일으켜 조상 형제와 그 일파를 참살하다.

251년

위나라 장수 왕릉(王凌)이 반란을 일으켰으나 실패하여 자살하다.

사마의가 병사하고 그의 아들 사마사가 대권을 장악하다.

위나라 장수 하후패(夏侯霸)가 촉한에 투항하다.

252년

위나라 대군이 오나라를 정벌했으나 동관(東關)에서 오나라 장수 정봉(丁奉)에게 대패하다.

손권이 사망하고 손량(孫亮)이 뒤를 이었으며 제갈각(諸葛恪)이 보정하다.

253년

제갈각이 합비로 진격했으나 크게 패하여 물러나다.

오나라 손준(孫峻)이 제갈각을 주살하고 대권을 장악할 음모를 꾸미다.

254년

사마사가 하후현 등 위나라 대신들을 주살하다.

사마사가 위나라 황제 조방(曹芳)을 폐위시키고 고귀향공(高貴鄕公) 조모(曹髦)를 제위에 올리다.

255년

위나라 장수 관구검, 문흠(文欽) 등이 거병하여 반란을 일으키자 사마사가 진압하다.

사마사가 병사하고 사마소가 위나라 대권을 장악하다.

강유(姜維)가 북벌을 감행하여 조수(洮水)에서 위나라 군을 크게 물리치다.

257년

위나라 장수 제갈탄이 사마소에게 반발하여 군사를 이끌고 회남에 주둔하자 오나라가 군사를 파견하여 지원하다.

258년

사마소가 제갈탄의 반란을 평정하기 위해 군사를 보내 수춘(壽春)을 공략하고 제갈탄을 참수하다.

오나라 손침(孫綝)이 손량을 폐위하고 손휴(孫休)를 황제로 세웠으나 손휴가 손침을 주살하다.

260년

조모가 정변을 일으켰으나 실패하여 피살되다.

사마소가 조환(曹奐)을 제위에 올리고 원제(元帝)로 삼다.

262년

촉한 후주 유선이 환관 황호(黃皓)를 총애하자 강유가 화를 피해 군사를 이끌고 답중(沓中)으로 가서 둔전(屯田)을 하다.

263년

사마소가 종회와 등애 두 사람에게 양로(兩路)의 대군을 보내 촉한을 정벌하다.

등애가 성도를 공격하여 후주 유선이 투항함으로써 촉한이 멸망하다.

264년

강유가 사망하다.

위나라 황제 조환이 사마소를 진왕(晉王)에 봉하다.

오나라 경제 손휴가 사망하고 오정후(烏程侯) 손호(孫皓)가 제위를 잇다.

265년

진왕 사마소가 죽고 아들 사마염이 위나라 제위를 찬탈하여 진나라를 세우고 진나라 무제에 오르다.

280년

사마염이 거병하여 오나라를 정벌하고, 진나라 군사가 건업에 진격하자 손호가 투항함으로써 오나라도 멸망하고 삼국 시대가 막을 내리다.

부록 2　삼국 시대 중요 인물의 별칭

1.

일룡(一龍) : '용두(龍頭)' 화흠, '용복(龍腹)' 병원(邴原), '용미(龍尾)' 관녕(管寧)
천고일상(千古一相 : 천고의 으뜸이 되는 재상) : 제갈량

2.

한말의 쌍룡(雙龍) : 조조와 유비
이장(二張) : 장소와 장굉
이원(二袁) : 원소와 원술
이교(二喬) : 대교와 소교
강동 쌍벽 : 손책과 주유
호위군(虎衛軍)의 유명한 교위 두 명 : 전위와 허저
위나라의 쌍벽 : 등애와 종회

3.

장씨 삼형제(황건 삼장) : 장각, 장보, 장량
유씨 삼목(三牧) : 유우(劉虞), 유표(劉表), 유언(劉焉)
도원삼영(桃園三英) : 유비, 관우, 장비
삼철(三哲) : 조조, 손권, 유비
삼조(三曹) : 조조, 조비, 조식
조위(曹魏) 삼조(三祖) : 조조, 조비, 조예
촉한(蜀漢) 삼걸 : 제갈량, 관우, 장비
조위 삼공(三公) : 왕랑, 종요, 화흠
삼마(三馬) : 사마의, 사마사, 사마소
삼제갈(三諸葛) : 용 - 제갈량, 호랑이 - 제갈근, 개 - 제갈탄
삼구(三狗) : 하안(何晏), 등양(鄧颺), 정밀(丁謐)
삼예(三豫) : 유희(劉熙), 손밀(孫密), 위열(衛烈)
조위 삼정(三征) : 왕욱(王昶), 호준(胡遵), 관구검(毌丘儉)

4.

영천(潁川) 사장(四長) : 한소(韓韶), 순숙(荀淑), 종호(鍾皓), 진식(陳寔)
사대구(四大寇 : 네 명의 큰 도적) : 이각, 곽사, 장제, 번조
동오(東吳)의 사장(四將 : 네 명의 대장) : 정보, 황개, 한당, 조무(祖茂)
하북(河北) 사정주(四庭柱 : 네 명의 기둥) : 안량, 문추, 장합, 고람(한맹韓猛)
태산의 네 도적 : 손관(孫觀), 오돈(吳敦), 윤례(尹禮), 창희(昌豨)
동오의 네 영걸 : 주유, 노숙, 여몽, 육손
서천의 네 장수 : 장임, 유괴(劉璝), 냉포(冷泡), 등현(鄧賢)
촉한의 네 재상 : 제갈량, 장완, 동윤, 비위
조위의 사우(四友) : 사마의, 진군, 오질(吳質), 주삭(朱鑠)
동오의 사우 : 제갈각, 장휴, 고담(顧譚), 진표(陳表)
하후(夏侯) 사걸(四杰) : 하후패, 하후위(夏侯威), 하후혜(夏侯惠), 하후화(夏侯和)
사총(四) : 하후현, 등양 등 4명
사대기가(四大棋家) : 풍령(馮翎), 산자도(山子道), 왕구진(王九眞), 곽개(郭凱)

5.

오순(五荀) : 순상(荀爽), 순숙(荀淑), 순정(荀靖), 순욱(荀彧), 순의(荀顗)
마씨 오상(五常) : 마량, 마직 등 오형제
서량(西涼) 오마 : 마등, 마초, 마대, 마휴, 마철
위나라 다섯 명장 : 악진, 장료, 우금, 서황, 장합
동오의 오군(五君) : 고소(顧邵), 제갈근, 보즐, 엄준(嚴峻), 장승(張承)
촉한의 오호상장(五虎上將) : 관우, 장비, 조운, 마초, 황충
조조 군을 격파한 오마(五馬) : 마초, 마량, 마충, 마직, 마대
조위 오군(五君) : 완적, 혜강, 유령, 완함, 항수

6.

황건 육장(六張) : 장각, 장보, 장량, 장연(張燕), 장우각(張牛角), 장만성(張曼成)

7.

건안칠자(建安七子 : 후한 헌제獻帝의 건안 연간 〈196~220〉 에 조조 부자 밑에서 활약한 문인들) : 공융(孔融), 완우(阮瑀), 서간(徐幹), 진림(陳琳), 응창(應瑒), 왕찬(王粲), 유정(劉楨)
죽림칠현 : 완적(阮籍), 혜강(嵇康), 산도(山濤), 유영(劉伶), 완함(阮咸), 항수(向秀), 왕융(王戎)

8.

서원(西園) 여덟 명의 교위(校尉) : 상군교위 건석(蹇碩), 중군교위 원소, 하군교위 포홍(鮑鴻), 전군(典軍)교위 조조, 조군좌교위(助軍左校尉) 조융(趙融), 조군우교위 풍방(馮芳), 좌교위 하모(夏牟), 우교위 순우경(淳于瓊)

팔주(八廚) : 도상(度尙), 장막(張邈), 왕고(王考), 유유(劉儒), 호무반(胡毋班), 진주(秦周), 번향(蕃向), 왕장(王章)

팔고(八顧) : 곽림종(郭林宗), 종자(宗慈), 파숙(巴肅), 하복(夏馥), 범방(范滂), 윤훈(尹勳), 양척(蔡衍) 등

팔급(八及) : 진상(陳翔), 적초(翟超), 공욱(孔昱), 원강(苑康), 단부(檀敷), 장검(張儉), 유표(劉表), 잠질(岑晊)

팔준(八俊 : 팔교八交, 팔우八友) : 유표(劉表), 진상(陳翔), 범방(范滂), 공욱(孔昱), 범강(范康), 단부(檀敷), 장검(張儉), 잠질(岑晊)

여포 휘하 여덟 장수 : 고순(高順), 장료(張遼), 성렴(成廉), 후성(侯成), 학맹(郝萌), 위속(魏續), 송헌(宋憲), 장패(臧霸)

팔호상장(八虎上將, 또는 조조의 여덟 장수) : 치호장 허저, 이호장 장료, 삼호장 악진, 사호장 이전, 오호장 조인, 육호장 조홍, 칠호장 하후연, 팔호장 하후돈

서량 팔부(八部) : 후선(侯選), 정은(程銀), 이감(李堪), 장횡(張橫), 양흥(梁興), 성의(成宜), 마완(馬玩), 양추(楊秋)

사마팔달(司馬八達) : 사마랑(司馬朗), 사마의(司馬懿), 사마부(司馬孚), 사마욱 계달(司馬旭 季達), 사마준(혹은 순) 현달(司馬恂 顯達), 사마진(혹은 신) 혜달 (司馬進 惠達)

팔절(八絕) : 황상(皇象), 엄무(嚴武), 송수(宋壽), 조불흥(曹不興), 정구(鄭嫗), 오범(吳範), 유돈(劉敦), 조달(趙達)

10.

십상시 : 장양(張讓), 조충(趙忠), 하운(夏惲), 곽승(郭勝), 손장(孫璋), 필람(畢嵐), 율숭(栗嵩), 단규(段珪), 고망(高望), 장공(張恭), 한리(韓悝), 송전(宋典)

가

가음(葭蔭) : 지금의 사천 광원(廣元) 서남쪽, 촉한 시절에 한수(漢壽)로 개칭

가정(街亭) : 지금의 감숙 장랑(莊浪) 동남쪽

강릉(江陵) : 지방관청 양양(襄陽)

강주(江州) : 지금의 중경 가릉강(嘉陵江) 북쪽

강하군(江夏郡) : 한대 지방관청 안육(安陸 : 지금의 호북 운몽雲夢)으로 지금의 하남, 호북 일대를 관할했다. 삼국 시대 위와 오가 각기 강하군을 분할했는데, 위는 상욱(上旭 : 지금의 운몽 서남쪽), 오는 무창(武昌 : 지금의 악성鄂城)을 차지했다.

건녕군(建寧郡) : 원래 이름은 익주군(益州郡)이었고, 유비 시절에 개칭되었다. 지방관청 매현(昧縣), 지금의 운남 곡정(曲靖)이다.

건안군(建安郡) : 손오 시절 회계군을 분할하여 설치했다. 이후 절강과 복건의 지방관청이 구분되었다. 지방관청은 건안(建安)이며, 지금의 복건 건구(建甌)이다.

건업(建業) : 지금의 남경(南京)

건위군(健爲郡) : 지방관청 무양(武陽 : 지금의 사천 팽산彭山 동쪽), 지금의 사천 남부와 운남 귀주 일부를 관할했다.

경성(京城) : 지금의 강소 진강(鎭江), 동진 시절에 경구(京口)로 개칭되었다.

계양군(桂陽郡) : 지방관청 빈현(郴縣), 지금의 호남 빈주(郴州)로 지금의 상(湘) 남쪽이자 월(粵) 북쪽이다.

고양군(高陽郡) : 지방관청 고양, 지금의 하북 고양(高陽). 서한 초기에 역식기(酈食其)가 유방 앞에서 자신을 '고양주도(高陽酒徒)' 라고 자칭하였는데, 그곳은 하남 고양으로 고양군과 관련이 없다.

관도(官渡) : 지금의 하남 중모(中牟) 동북쪽.

광릉군(廣陵郡) : 지방관청 지금의 강소 회음(淮陰)으로 양주 서북쪽이다. 당시에는 서주 관할이었다.

교동군(膠東郡)(國) : 지방관청 즉묵(即墨), 지금의 동평도(東平度) 동남쪽이다.

교주(交州) : 지방관청 번우(番禺), 지금의 광주(廣州). 양광(兩廣 : 광동, 광서) 및 월남 북부를 관할했다. 오나라 때 교주는 교주와 광주로 분할되었으며, 광주의 지방관청은 번우, 교주의 지방관청 용편(龍編 : 지금의 베트남 하노이 동쪽)이었다. 교주는 지금의 베트남 북부와 양광 뇌주반도(雷州半島)와 흠주(欽州) 지역을 관할했다.

구강군(九江郡) : 동한 시절의 지방관청은 음릉(陰陵), 이후 위나라 때 회남군(淮南郡)으로 개칭하면서 지방관청을 수춘(壽春)으로 옮겼다. 지금의 안휘 회남(淮南) 소호(巢湖) 북쪽을 관할했다.

금성군(金城郡) : 지방관청 윤오(允吾 : 지금의 감숙 영정永靖 서북쪽), 감숙 난주(蘭州) 서쪽, 청해(青海) 일부를 관할했다. 한대 금성현이 지금의 난주이나 금성군 관할은 아니었다.

기산(祁山) : 지금의 감숙 예현(禮縣) 동북쪽.

기주(冀州) : 지방관청 업(鄴 : 지금의 하북 임장臨漳 서남쪽), 하북 중부, 남부 및 산동, 하남 일부를 관할했다.

나

남군(南郡) : 지방관청 강릉(江陵), 손오 시절에 공안(公安)으로 옮긴 적이 있다.

남양군(南陽郡) : 지방관청 완성(宛城), 지금의 하남 남양이다.

낭야국(琅邪國) : 지방관청 개양(開陽), 지금의 산동 제성(諸城). 제갈량이 낭야 사람이다.

노군(魯郡) : 지방관청 노현(魯縣 : 지금의 산동 곡부曲阜)

노룡새(盧龍塞) : 지금의 하북 희봉구(喜峰口)이다.

노수(瀘水) : 지금의 아롱강(雅礱江) 하류 및 금사강(金沙江)과 아롱강이 만나는 유역이다.

농서군(隴西郡) : 지방관청 적도(狄道), 지금의 감숙 임조(臨洮) 남쪽이며, 위나라 때 양무(襄武 : 지금의 농서隴西)로 옮겼다.

다

단양군(丹陽郡) : 동한 시대 지금의 안휘 선성(宣城) 지역으로 양주(揚州)에 속했으며, 손오(孫吳) 시절에는 지방관청이 건업(建業)이었다.

답중(沓中) : 지금의 감숙 주곡(舟曲) 서쪽, 민현(岷縣) 남쪽으로 강유가 둔병하던 곳이다.

대군(代郡) : 지방관청 대현(代縣), 지금의 하북 울현(蔚縣) 서남쪽이다.

돈황군(敦煌郡) : 지방관청 돈황현, 지금의 돈황 서쪽이다.

동군(東郡) : 지방관청 복양(濮陽 : 지금의 하남 복양 서쪽). 노(魯) 서쪽, 예(豫) 동북쪽

동완군(東莞郡) : 지방관청 소재지로 지금의 산동 기수(沂水) 동북쪽이다.

동평국(東平國) : 지방관청 무염(無鹽), 지금의 산동 동평(東平)이다.

동해군(東海郡) : 지방관청 담(郯 : 지금의 산동 담성郯城 북쪽), 도겸(陶謙) 시절 서주(徐州)의 지방관청이 담에 있었으나 이후 팽성(彭城)으로 옮겨 갔다.

마

망탕산(芒碭山) : 하남 영성(永城) 동북쪽으로 망산과 탕산으로 구분된다. 『삼국연의』에 보면 장비가 이곳에서 도적 노릇을 한 적이 있다.

맥성(麥城) : 지금의 호북 당양(當陽) 동남쪽 저수(沮水)와 장수(漳水) 사이에 있다.

무도군(武都郡) : 지방관청 하변도(下辨道), 지금의 감숙 성현(成縣) 서쪽이다.

무릉군(武陵郡) : 지방관청 임원(臨沅 : 지금의 호남 상덕常德 서쪽), 지금의 악(鄂 : 호북성) 서남쪽, 상(湘 : 호남성), 검(黔 : 귀주성), 계(桂 : 광서 장족壯族 자치구) 일부를 관할했다.

무위군(武威郡) : 지방관청 고장(姑臧), 지금의 감숙 무위이다.

무창(武昌) : 본래 지명은 악현(鄂縣)이다. 지금 호북 악성(鄂城)이며, 손권 시절에 개칭했다.
무향(武鄕) : 한중의 동북쪽에 있으며, 제갈량이 무향후로 봉해졌다.
문산군(汶山郡) : 지방관청 문강(汶江), 지금의 사천 무문(茂汶) 강족 자치현 북쪽이다.
미창도(米倉道) : 한중(漢中)에서 염수곡(濂水谷)과 파강곡(巴江谷)을 따라 사천 파중(巴中)으로 가는 길이다.

바

박릉군 : 지방관청 박릉현(博陵縣), 지금의 하북 여현(蠡縣), 건안 말년에 폐지되었다. 위나라 때 박릉현이 박육현(博陸縣)으로 개칭되었다.
박망(博望) : 지금의 하남 방성(方城) 서남쪽이다.
발해군 : 지방관청 남피(南皮), 지금의 하북 남피 동북쪽. 천진과 하북, 산동 일부를 관할했다.
방릉군(房陵郡) : 위나라 시절에 신성군(新城郡)으로 개칭되었다. 지방관청 방릉(房陵), 지금의 호북 방현이다.
백마(白馬) : 황하 남쪽 강변에 자리하여 북쪽 강변의 여양진(黎陽津)과 마주보고 있다. 지금의 하남성 활현(滑縣) 동북쪽이다.
백제성 : 동한 초엽 공손술(公孫述)이 건설했다. 중경 봉절 백제산 위에 있다.
병주(幷州) : 지방관청 진양(晉陽), 지금의 산서 태원(太原) 서남쪽이다.
부릉군(涪陵郡) : 지방관청 부릉(涪陵 : 지금의 사천 팽수), 유비가 처음 설치했다.
북지군(北地郡) : 지방관청 부평(富平), 지금의 영하(寧夏) 오충(吳忠) 서남쪽이다.
북해군(北海郡, 國) : 지방관청 영릉(營陵), 지금의 산동 창락(昌樂) 동남쪽이다.

사

사곡도(斜谷道) : 진령(秦嶺) 태백산(太白山)에서 발원하는 포수(褒水)는 남쪽으로 흘러 한수(漢水)로 유입되며, 사수(斜水)는 북쪽으로 흘러 위수(渭水)로 유입된다. 두 줄기 물길을 이용하여 만든 길이 포사도(褒斜道)이며, '사곡도'라고 부르기도 한다. 사곡도의 북쪽 입구는 지금의 섬서 미현(眉縣) 서남쪽이다.
사수관(汜水關) : 지금의 하남 형양(滎陽) 사수진(汜水鎭), 호뢰관(虎牢關)으로 부르기도 한다. 『삼국연의』에서는 사수관과 호뢰관을 서로 다른 것으로 오인했다.
산양군(山陽郡) : 지방관청 창읍(昌邑), 지금의 산동 금향(金鄕) 서북쪽이다.
산양현(山陽縣) : 지금의 하남 초작(焦作) 동쪽이다. 한나라 헌제가 폐위된 후 이곳으로 쫓겨나 산양공(山陽公)이 되었다.
상군(上郡) : 지방관청 부시(肤 施), 지금의 섬서 유림(楡林) 동남쪽이다.
상당군(上黨郡) : 지방관청 호관(壺關), 지금의 산서 장치(長治) 북쪽. 산서 동남쪽을 관할했다.
상산군(常山郡) : 지방관청 진정(眞定), 지금의 하북 정정(正定)이다.
상용군(上庸郡) : 한나라 말기에 설치되었다. 지방관청 상용(上庸), 지금의 호북 죽산(竹山) 서남쪽이다.
서주(徐州) : 지방관청 담성(郯城), 지금의 산동 남부, 강소 북부를 관할했다. 위나라 때 팽성(彭城)으로 옮겼다.

서하군(西河郡) : 지방관청 이석(離石), 지금의 산서 이석. 한나라 시절 서하군은 지금의 내몽고 이극소맹(伊克昭盟) 동부와 산서 서부를 관할했다.

서현(西縣) : 제갈량이 1차 북벌 때 둔병했던 곳이다. 지금의 감숙 천수 서남쪽이다.

성양군(城陽郡) : 지방관청 거현(莒縣), 지금의 산동 거현이다.

소릉군(昭陵郡) : 오나라 때 처음 설치되었다. 지방관청 소릉(昭陵), 지금의 호남 소양(邵陽)이다. 진나라 시절에 사마소(司馬昭)를 피휘(避諱)하여 소릉군으로 바꾸었다.

소요진(逍遙津) : 지금의 안휘 합비(合肥) 동북쪽이다.

소패(小沛) : 패현(沛縣)의 별칭이다.

시상(柴桑) : 지금의 구강(九江) 서남쪽. 손권이 적벽대전을 치르기 전에 시상에 주둔하여 임시 지휘부를 운영했다.

시안군(始安郡) : 손오 시절에 영릉군(零陵郡)에서 분리하여 설치했다. 지방관청 시안(始安), 지금의 광서 계림(桂林)이다.

시흥군(始興郡) : 손오 시절에 계양군(桂陽郡)에서 분리하여 설치했다. 지방관청 곡강(曲江), 지금의 광동 소관(韶關) 남쪽이다.

신도군(信都郡) : 광천국(廣川國)으로 부르기도 한다. 지방관청 신도현(信都縣), 지금의 하북 형대(邢臺) 서남쪽이다.

아

안정군(安定郡) : 지방관청 임경(臨涇), 지금의 감숙성 진원(鎭原) 동북쪽이다.

양관(陽關) : 지금의 감숙 돈황 서남쪽 고동탄(古董灘) 부근이다.

양국(梁國) : 지방관청 휴양(睢陽 : 지금의 하남 상구商丘 남쪽)

양양군(襄陽郡) : 지방관청 양양(襄陽), 지금의 하남 양양이다.

양주(揚州) : 한대 양주는 강소(江蘇) 강남, 안휘의 회하 남쪽, 절강, 복건, 강서 삼성(三省)을 모두 포괄하는 곳이었다. 삼국 시대에 위나라와 오나라는 각기 양주(揚州)라는 지명이 있었는데, 오나라 양주의 지방관청은 건업(建業)이고, 위나라 양주의 지방관청은 수춘(壽春)이다.

양주(涼州) : 지방관청 농현(隴縣 : 지금의 감숙 장가천張家川), 위나라 때 고장(姑臧 : 지금의 무위武威)으로 옮겼다. 지금의 영하, 감숙, 청해, 섬서, 내몽고 일부 지역을 관할했다.

양평(襄平) : 지금의 요녕 요양(遼陽)이다.

양평관(陽平關) : 지금의 섬서 서면현(西勉縣) 백마하(白馬河)와 한수(漢水)가 만나는 곳이다. 촉한 시절 양평관은 한양(漢陽) 평관(平關) 남쪽, 지금의 영강(寧强) 서북쪽이다.

어양군(漁陽郡) : 지방관청 어양, 지금의 북경 밀운(密云) 서남쪽이다.

업(鄴) : 기주(冀州)와 위군(魏郡) 지방관청 소재지로 지금의 하북 임장(臨漳) 서남쪽이다.

여강군(廬江郡) : 지방관청 환현(皖縣), 지금의 안휘 여강 서남쪽, 잠산(潛山)이다.

여남군(汝南郡) : 지방관청 상채(上蔡), 지금의 상채 서북쪽.

여릉군(廬陵郡) : 손책 시절에 설치되었다. 지방관청 여릉, 지금의 강서 태화(泰和) 북쪽이다.

여양진(黎陽津) : 지금의 하남 준현(浚縣) 동쪽. 옛날에는 황하 북쪽에서 중요한 나루터였다. 남쪽에는 이와 상대되는 백마진(白馬津)이 있다.

연주(兗州) : 동한 시절 지방관청은 창읍(昌邑)이다. 위나라 때 늠구(廩丘 : 지금의 산동 견성鄄城 동북쪽)로 옮겼다. 지금의 산동 서남부와 하북 동부를 관할했다.

연진(延津) : 지금의 하남 연진, 당시에는 황하 이남에 있었다. 연진 동북쪽에서 활현(滑縣)에 이르는 나루터를 통칭하여 연진이라고 한다.

영릉군(零陵郡) : 지방관청 천릉(泉陵), 지금의 호남 영릉(零陵). 지금의 호남성 남쪽 및 광서 장족 자치주 북쪽을 관할했다. 당시 영릉현은 지금의 광서 전주(全州)이다.

영창군(永昌郡) : 지방관청 불위(不韋), 지금의 운남 보산(保山) 동북쪽. 지금의 운남 대리(大理) 및 애뢰산(哀牢山) 서쪽을 관할했다.

영천군(穎川郡) : 지방관청 양적(陽翟 : 지금의 하남 우현禹縣), 지금의 하남 중부를 관할했다.

예장군(豫章郡) : 지방관청 남창(南昌 : 현재 남창), 관할 지역은 대략 지금의 강서성이다. 손오 시절에 몇 개의 군으로 분할하여 관할 지역이 축소되었다.

오군(吳郡) : 지방관청 오현(吳縣 : 지금의 소주), 강소 남쪽, 절강 북쪽을 관할했으며, 지금의 항주도 포함된다.

오림(烏林) : 손권과 유비가 조조를 격파한 곳으로 지금의 호북 홍호현(洪湖縣) 동남쪽. 장강 북안(北岸)의 오림기(烏林磯)를 말한다.

오원군(五原郡) : 지방관청 구원(九原), 지금의 내몽고 포두(包頭) 서북쪽. 여포가 오원 사람이다.

오장원(五丈原) : 지금의 섬서 기산(岐山) 남쪽, 사곡구(斜谷口) 서쪽이다.

옹주(雍州) : 동한 말년에 처음 설치되었다. 위나라 때 지금의 섬서 중부, 감숙 동남부, 영하, 청해 일부를 관할했다.

요동군(遼東郡) : 지방관청 양평(襄平), 지금의 요양(遼陽)이다.

요서군(遼西郡) : 지방관청 양락(陽樂), 지금의 요녕 의현(義縣) 서쪽이다.

용편(龍編) : 교주(交州)와 교지군(交址郡)의 지방관청. 지금의 베트남 하노이 동쪽이다.

우부풍(右扶風) : 위나라 시절에 부풍군(扶風郡)으로 개칭했다. 지방관청 괴리(槐里), 지금의 섬서 흥평(興平) 동남쪽이다.

우북평(右北平) : 지방관청 토은현(土垠縣), 지금의 요녕 능원(凌源) 서남쪽. 삼국 시대에 공손찬이 다스렸다.

울림군(鬱林郡) : 지방관청 포산(布山), 지금의 광서 계평(桂平) 서쪽이며, 당시에는 지금의 광서 대부분을 관할했다.

위교(渭橋) : 장안 부근이다. 중위교(中渭橋)는 지금의 함양(咸陽) 동쪽, 동위교(東渭橋)는 패수(灞水)가 위수(渭水)로 유입되는 곳, 서위교(西渭橋)는 지금의 섬서 함양 남쪽에 있다.

유구(油口) : 유강구(油江口)라고 부르기도 한다. 호북 공안 북쪽으로 옛 유수(油水)가 장강으로 유입되는 곳이다. 적벽대전 이후 유비가 이곳에 주둔하면서 공안(公安)으로 개칭했다.

유주(幽州) : 지방관청은 지금의 북경성 서남쪽에 있다. 관할 지역은 하북 북부, 요녕 대부분 지역, 북경

시와 천진시를 포함한 해하(海河) 이북 지역이다.

육구(陸口) : 포기구(蒲沂口), 육수(陸水)가 장강으로 유입되는 곳으로 삼국 시대에 노숙과 여몽이 둔병하던 곳이기도 하다.

음평군(陰平郡) : 지방관청 음평(陰平 : 지금의 감숙 문현文縣 서북쪽), 위나라 때 건설되었으나 이후 촉한이 점유했다. 등애가 촉한을 멸망시킬 때 지나쳤던 음평도(陰平道)는 지금의 문현에서 민산(岷山) 산맥을 관통하여 사천 평무(平武), 강유(江油)를 거쳐 성도로 이어지는 길이다.

이릉(彛陵) : 지금의 호북 의창(宜昌) 동남쪽. 오나라 때 서릉(西陵)으로 개칭했으며, 진나라 때 다시 이릉으로 이름을 바꾸었다.

익주(益州) : 지방관청 낙(雒 : 지금의 사천 광한廣漢 북쪽), 유언(劉焉) 시절에 면죽(綿竹 : 지금의 사천 덕양德陽 동북쪽)으로 옮겼다가 다시 성도(成都)로 옮겼다. 지금의 사천, 섬서 남쪽, 감숙 일부 및 호북 서북부, 운귀 대부분을 관할했다.

익주군(益州郡) : 지방관청 전지(滇池), 지금의 운남 진녕(晋寧) 동쪽. 익주군은 익주와 다른 곳이다. 촉한 시절에는 건녕군(建寧郡)으로 개칭했다.

임천군(臨川郡) : 지방관청 남성(南城), 지금의 강서 남성 동남쪽이다.

임투(臨渝) : 투관(渝關)으로 칭하기도 한다. 지금의 산해관(山海關)이다.

자

자오도(子午道) : 장안 동남쪽에 있는 두릉(杜陵)에서 진령(秦嶺)을 넘어 한중으로 들어가는 길. 남쪽 입구는 지금의 섬서 양현(洋縣)이다.

장사군(長沙郡) : 지방관청 임상(臨湘), 지금의 호남 임상이다.

장판(長坂) : 지금의 호북 다양(當陽) 동북쪽이다.

재동군(梓潼郡) : 유비가 칭제하기 전에 광한군을 분할하여 재동군을 설치했다. 지방관청 재동(梓潼), 지금의 사천 재동이다.

적벽(赤壁) : 일반적으로 지금의 호북 포기(蒲沂) 서쪽의 적벽산(赤壁山)을 지칭하나, 무한 남쪽에 있는 적기산(赤磯山)을 지칭하기도 한다. 소동파는 호북 황강(黃岡)의 적비기(赤鼻磯)를 적벽으로 오인했는데, 그곳을 동파 적벽이라고 부르기도 한다.

정양군(定襄郡) : 지방관청 지금의 내몽고 화림격아(和林格兒) 서북쪽이다.

제군(齊郡)(國) : 지방관청 임치(臨淄 : 지금의 동임치東臨淄)

제남군(濟南郡) : 지방관청 동평릉(東平陵), 지금의 산동 장구(章丘) 서쪽. 진(晋) 시절에는 역성(歷城 : 지금의 제남)으로 옮겨 갔다.

제음군(濟陰郡) : 지방관청 정도(定陶)

조국(趙國) : 동한 시절에 한단(邯鄲)을 관할했다. 지금의 하북 한단 일대. 이후 방자(房子), 지금의 하북 고읍(高邑) 서남쪽을 관할하면서 지역이 축소되었다.

좌풍익(左馮翊) : 한나라 시절에는 경조윤(京兆尹), 좌풍익(左馮翊), 우부풍(右扶風)을 삼보(三輔)로 칭했다. 경사 부근의 지역을 그들 세 명의 지방관이 나누어 관리했다. 좌풍익과 우부풍은 관명이자 행정구역 명칭이기도 하다. 위나라 시절 풍익랑(馮翊郎)으로 개칭했다. 지방관청 임진(臨晋), 지금의 섬서 대려(大荔)이다.

주애군(朱崖郡) : 손오 시절에 설치되었다. 지방관청 서문(徐聞), 지금의 뇌주반도(雷州半島) 서문현 서쪽에 있다. 해남도를 주애주(朱崖洲)라고 칭하기도 한다.

중산국(中山國) : 지방관청 노노(盧奴 : 지금의 하북 정현定縣) 한나라 시절 국이 자리했다.

진국(陳國) : 헌제 시절에 진군(陳郡)으로 개명, 지방관청 진현(陳縣), 지금의 회양(淮陽)이다.

진류군(陳留郡) : 지방관청 진류(陳留), 지금의 개봉 동남쪽 진류성(陳留城)이다.

진창(陳倉) : 지금의 섬서 보계(寶鷄) 동쪽이다.

차

창려군(昌黎郡) : 지방관청 창려(昌黎), 지금의 요녕 의현(義縣), 위나라 시절에 설치되었다.

창오군(蒼梧郡) : 지방관청 광신(廣信 : 지금의 광서 오주梧州), 오주와 호남, 광동 일부를 관할했다.

창읍군(昌邑郡)(國) : 지방관청 창읍(昌邑), 지금의 동거야(東巨野) 동남쪽. 한나라 때 창읍군(국)과 산양군은 동일한 명칭이었다. 그러나 산양군은 헌제가 폐위된 후 거주했던 산양현(山陽縣)과 다른 곳이다.

천수군(天水郡) : 지방관청 기현(冀縣), 지금의 감숙 감곡(甘谷) 동남쪽. 동한 시절에는 한양군(漢陽郡)으로 불렀으며, 위나라 때 천수로 개칭했다.

청계(青溪) : 오나라는 건업성 동남쪽에 운하를 팠는데, 종산(鍾山) 서남쪽에서 지금의 남경시를 지나 진회하(秦淮河)로 유입된다.

청주(青州) : 지방관청 임치(臨淄), 지금의 산동 동북부와 하북 일부를 관할했다.

청하국(清河國) : 지방관청 감릉(甘陵), 지금의 산동 임청(臨清) 동쪽이다.

초군(譙郡) : 지방관청 초현, 지금의 안휘 박주(亳州)시. 조조가 건안말년에 패국(沛國)을 나누어 초군을 설치했다. 조조는 초현 사람이다.

촉군(蜀郡) : 지방관청 성도(成都), 지금의 성도이다. 관할 지역은 북쪽으로 송반(松潘), 남쪽으로 의빈(宜賓)에 이르렀다.

칠성관(七星關) : 지금의 귀주 필절(畢節) 서남쪽 칠성산(七星山)에 있다. 전하는 말에 따르면 제갈량이 이곳에서 깃발을 꽂고 제를 올렸다고 한다.

타

탁군(涿郡) : 지방관청 탁현(涿縣), 지금의 하북 탁현이다.

태산군(泰山郡) : 지방관청 봉고(奉高), 지금의 산동 태안(泰安) 동북쪽이다.

태원군(太原郡) : 지방관청 진양(晋陽), 지금의 태원시 서남쪽이다.

파

파군(巴郡) : 유장 시절에 파동, 파서, 파군으로 나뉘었다. 파서는 낭중(閬中), 파군은 강주(江州 : 지금의 중경)를 다스렸다.

파동군(巴東郡) : 지방관청 어복(魚復), 중경 봉절(奉節) 동쪽이다.

파동군(巴東郡) : 한나라 말기 유장(劉璋)이 설치했다. 지방관청 어복(魚復)으로 지금의 사천 봉절 동쪽이다.

파양군(鄱陽郡) : 한나라 말기 손권이 설치했다. 지방관청 파양현, 지금의 강서 파양(鄱陽)이다.

패국(沛國) : 지방관청 패현(沛縣), 지금의 강소 패현이다.

평원군(平原郡)(國) : 군이었다가 국으로 바뀌기도 했다. 지방관청은 지금의 평원현 서남쪽이다.

풍익(馮翊) : 원래 관명이자 행정 지역 명칭이었으나 위나라 시절 풍익군(馮翊郡)을 개설하면서 지명이 되었다. 지방관청 임진(臨晋), 지금의 섬서 대여(大荔)이다.

하

하간군(河間郡)(國) : 지방관청 악성(樂城), 지금의 하북 헌현(獻縣) 동남쪽이다.

하구(夏口) : 한수가 장강으로 유입되는 곳이다. 한구(漢口), 면구(沔口), 노구(魯口) 등으로 칭하기도 한다. 손오(孫吳)는 사산(蛇山)에 하구성(夏口城)을 쌓았다.

하남군(河南郡) : 지방관청 낙양(洛陽), 동한 시절에는 군의 책임자를 하남윤(河南尹)이라고 칭했다.

하내군(河內郡) : 지방관청 회현(懷縣), 지금의 하남 무두(武陡) 서남쪽. 하남 서북부를 관할했다.

하동군(河東郡) : 지금의 진(晋) 서남 지역으로 산서 하현(夏縣) 서북쪽. 지방관청 안읍(安邑), 관우가 하동 해량(解良) 사람이다.

하비(下邳) : 국명(國名 : 국國과 군郡은 등급이 다르다. 국의 행정 수반은 상相이다), 지방관청 지금의 강소 휴녕(睢寧) 서북쪽. 강소, 안휘 북부 일부를 관할했다.

한중군(漢中郡) : 지방관청 남정(南鄭), 지금의 섬서 한중 동쪽이다.

합포군(合浦郡) : 지방관청 합포, 지금의 광서(廣西) 합포 동북쪽이다.

형양군(滎陽郡) : 조위(曹魏) 시절에 설치되었으며, 동탁 토벌 때에는 아직 개설되지 않았기 때문에 형양 태수라는 호칭이 없었다.

형주(荊州) : 지금의 호북, 호남, 하남, 귀주, 광동, 광서 일부를 지칭한다. 지방관청 한수(漢壽), 지금의 호남 상덕(常德)이다. 유표 시절에는 양양(襄陽)에 지방관청이 있었으며, 이후 오와 위나라가 각기 일부를 가졌다. 동한 시절 형주는 원래 7개의 군, 즉 남양군, 남군, 강하군, 영릉군, 계양군, 무릉군, 장사군을 관할했다. 동한 말년에 남양군과 남군의 일부를 분할하여 양양(襄陽)과 장릉(章陵) 군을 개설하였기 때문에 형주는 전체 9개의 군을 관할하게 되었다. 그래서 후세에 '형양구군(荊襄九郡)' 이란 말이 나오게 된 것이다.

홍농군(弘農郡) : 지방관청 홍농현(弘農縣), 옛 함곡관(函谷關) 지역으로 지금의 하남 영보(靈寶) 북쪽이다. 황하 이남, 의양(宜陽) 서쪽을 관할했다.

화용(華容) : 지금의 호북 잠강(潛江) 서남쪽이다.

회계군(會稽郡) : 지방관청 산음(山陰), 지금의 소흥(紹興). 절강의 전당강(錢塘江) 남쪽과 복건을 관할했으며, 이후 오나라에서 임해(臨海), 건안(建安) 등을 건설하면서 관할 지역이 축소되었다.

회남군(淮南郡)(國) : 지방관청 수춘(壽春 : 지금의 안휘 수현壽縣), 안휘 회하 남쪽 일부를 관할했다.

회양군(淮陽郡) : 지방관청 완구(宛丘), 지금의 하남 회양이다.

부록 4 삼국 시대 중요 인물의 출신지

안휘(安徽)

조씨(曹氏) 가족 - 패국 초현(譙縣) (지금의 안휘성 박주亳州)

하후씨 가족 - 패국 초현

화타 - 패국 초현

유엽 - 회남(淮南) 성덕(成德) (안휘성 수현壽縣)

허저 - 패국 초인(譙人)

주유 - 여강(廬江) 서현(舒縣) (안휘성 서성舒城)

노숙 - 임회(臨淮) 동성(東城) (안휘성 정원定遠)

여몽 - 여남(汝南) 부피현(富陂縣) (안휘성 부남阜南)

장흠 - 구강 수춘(壽春) (안휘성 수현)

주태 - 구강 하채(下蔡) (안휘성 봉대鳳臺)

정봉 - 여강 안풍(安豐) (안휘성 서성)

강소(江蘇)와 절강(浙江)

손견 가족 - 오군(吳郡) 부춘(富春) (지금의 절강성 부양富陽)

육손 - 오군 오현(吳縣) (강소성 소주蘇州)

주환 - 오군 오현

고옹 - 오군 오현

장소, 장굉 - 서주(徐州) 팽성(彭城) (강소성 서주)

장로 - 패국(沛國) 풍인(豊人) (강소성 풍현豊縣)

진림 - 광릉(廣陵) 사양(射陽) (강소성 양주揚州)

호북(湖北)과 호남(湖南)

요화 - 형주(荊州) 양양(襄陽) (호북성 양양)

방통 - 형주 양양

마량 -형주 양양

마속 - 형주 양양

황개 - 영릉(零陵) 천릉(泉陵) (호남성 영릉)

장완 - 영릉(零陵) 상향(湘鄕) (호남성 상향)

하북(河北)

유비 - 탁군(涿郡) 탁현(涿縣) (하북성 탁주涿州)

장비 - 탁군 탁현

조운 - 상산(常山) 진정(眞定) (하북성 정정正定)

안량 - 상산 진정

한당 - 요서(遼西) 영지(令支) (하북성 천안현遷安縣)

정보 - 우북평(右北平) 토은(土垠) (하북성 평윤현平潤縣)

장합 - 하간(河間) 막현(鄚縣) (하북성 임구任丘)

하남(河南)

전위 - 진류(陳留) 기오(己吾) (하남 영릉寧陵)

위연 - 형주 의양(義陽) (하남성 동백현桐柏縣)

원소 가족 - 여남(汝南) 여양(汝陽) (하남성 상채上蔡)

순욱 - 영천(穎川) 영양(穎陽) (하남성 허창許昌)

곽가 - 영천(穎川) 양적(陽翟) (하남성 우현禹縣)

종요 - 영천 장사(長社) (하남성 장창현長菖縣)

종회 - 영천 장사

진군 - 영천 허창 (하남성 허창)

사마의 - 하내(河內) (하남성 온현溫縣)

황충 - 형주 남양(南陽) (하남성 남양)

이엄 - 형주 남양

산동(山東)

제갈량 - 낭야(琅邪) 양도(陽都縣) (산동성 기남현沂南縣)

유표 - 산양 고평(高平) (산동성 어대魚臺 동북쪽)

정욱 - 동군(東郡) 동아(東阿) (산동성 양곡현陽谷縣)

우금 - 태산(泰山) 거평(鉅平) (산동성 태안泰安)

이전 - 산양 거야(鉅野) (산동성 금향현金鄕縣)

공융 - 노국(魯國) (산동성 곡부曲阜)

태사자 - 동래(東萊) 황현(黃縣) (산동성 황현)

산서(山西), 섬서(陝西)

관우 - 하동(河東) 해량(解良) (산서성 해주解州)

곽회 - 태원(太原) 양곡(陽曲) (산서성 정양定襄)

장료 - 안문(雁門) 마읍(馬邑) (산서성 삭현朔縣)

서황 - 하동 양현(楊縣) (산서성 홍동현洪洞縣)
마초 - 우부풍(右扶風) 무릉(茂陵) (섬서성 흥평興平)
법정 - 우부풍 미현(眉縣) (섬서성 미현眉縣)
양수 - 홍농(弘農) 화음(華陰) (섬서성 화음)

감숙(甘肅)
방덕 - 남안(南安) 환도(狟 道) (감숙성 농서隴西 동남쪽)
동탁 - 농서 임조(臨洮) (감숙성 민현岷縣)
가후 - 무위(武威) 고장(姑臧) (감숙성 무위)
강유 - 천수(天水) 기현(冀縣) (감숙성 감곡현甘谷縣)

기타 지역
감녕 - 파군(巴郡) 임강(臨江) (사천 중경重慶)
여포 - 오원군(五原郡) 구원(九原) (내몽고 포두包頭 서북쪽)
악진 - 동군(東郡) 위국(衛國) (하남 청풍淸豊)

옮긴이의 글

『삼국지(三國志)』는 역사이고, 『삼국연의(三國演義)』는 소설이다. 그러나 우리에게 『삼국지』는 문화다. 그것은 마치 통과의례처럼 마땅히 반드시 읽어야 할 우리의 고전이 된지 오래이다. 마치 읽지 않으면 상대하지 않을 것처럼, 또는 당연히 읽었으려니 생각한다. 설사 읽지 않았다고 할지라도 삼국 시대 영웅들에 대한 이야기를 어찌 모르겠는가? 여전히 그들의 모습을 어딘가에서 볼 수 있기 때문이다. 그만큼 우리들의 『삼국지』는 뿌리가 깊을 뿐더러 줄기가 튼실하고, 잎과 과실 또한 무성하다. 게다가 도처에 만연(蔓延)하여 고금을 막론하고, 남녀노소를 불문하고 누구나 다양한 형태로 즐긴다. 어디 우리나라만 그러한가? 한국, 중국, 일본이 모두 그러하고, 서구 세계라고 예외는 아니다. 진수(陳壽)의 『삼국지』가 편찬되고, 다시 이를 바탕으로 나관중이 『삼국지통속연의(三國志通俗演義)』를 세상에 내놓은 지 1천 년이 지난 지금까지 여전히 통속적으로 잘 읽히고, 학술적으로도 연구 대상이 되고 있다. 그리하여 '천년의 베스트셀러'라는 미명이 붙어 있기도 하다.

정사에 속하는 『삼국지』와 달리 나관중의 소설 『삼국지통속연의』에 '연의(演義)'라는 이름을 붙인 것은 역사에는 역대의 성쇠, 정치의 득실, 군신의 선악 등을 밝히고, 이러한 사실에 대한 옳고 그름을 판단하여 평가하는 이른바 '의(義)'라는 것이 존재한다는 믿음에서 출발한다. 그리고 사대부의 전유물로서 읽기 어려운 사서(史書)와 달리 일반 대중이 쉽게 읽을 수 있도록 '통속적으로 부연하여 설명했다(演)'는 뜻을 밝히기 위함이다. 가정(嘉靖) 원년(1522년)에 나온 『삼국지통속연의』 24권을 비롯한 여러 판본 중에서 '연의'의 의미를 가장 잘 반영한 것은 청나라 초기에 모륜(毛綸)과 모종강(毛宗崗) 부자가 교정하고 평을 붙인 『삼국지연의(三國志演義)』(약칭 '모본毛本')이다.

이후 소설 『삼국지』의 중요 저본(底本)이 된 모본은 모종강 자신이 밝히고 있다시피(「讀三國志法」) 정권(政權)의 정통성을 중시하여 유비의 촉한(蜀漢)을 정통 정권으로 정하고, 오(吳)와 위(魏)는 비합법적 정권, 진(晉)은 비정통 정권으로 단정하고 있다. 그런 까닭에 소설 『삼국지』에서 독자들은 유비에게 동정적인 반면 조조에 대해서는 평이 좋지 않다. 하지만 역사에는 '의(義)'만 있는 것이 아니라 '세(勢)'도 있다. 승세가 있으면 당연히 열세가 있는 법이어서 시세(時勢)는 그 어떤 '의'로도 막을 수 있는 것이 아니다. 그렇다면 역사에 순응했던 이는 누구인가? 좀 더 이야기하면 과연 정통성이나 합법성이란 도대체 누구에 의한 것인가?

소설 『삼국지』의 중요 무대는 한(漢)나라 말기의 난세이다. 뭇 영웅이 굴기하고 소인배들이 횡행하면서 숱한 전쟁을 통해 승패를 나누어 가졌던 시기다. 그 안에서 우리는 전체 1,798명이 보여 주는 영웅의 기개와 의리, 소인배의 모략과 배신, 전쟁의 참상과 비애, 뛰어난 재략과 전술, 창업과 수성, 명분과 실리, 진실과 거짓, 군주와 신하, 충신과 역적, 애정과 미움, 시기와 질투, 사상(특히 오행사상)과 이념(정통성과 관련된) 등 인간 세상의 다양한 관념과 행태가 농축된 현실과 가상이 섞여 있는 세상을 즐긴다. 게다가 오랜 세월 탁월한 이야기꾼들에 의해 전승되었고, '나관중'이라는 뛰어난 작가에 의해 완성도를 높였으니 문장을 읽는 재미가 넘쳐 나는 것은 당연하다고 하겠다.

이러한 속문학(俗文學)으로서 소설 『삼국지』는 언제 우리나라에 들어왔을까? 분명치는 않으나 고려 말기의 중국어 교과서라고 할 수 있는 『노걸대(老乞大)』에 고려 상인이 북경에서 『삼국지평화(三國志平話)』*를 사는 장면이 나오니, 고려 시대에 이미 삼국에 관한 이야기책이 유행했음을 알 수 있다. 현대에 들어오면서 소설 『삼국지』가 본격적으로 현대인들에게 다가서기 시작한 것은 아마도 1968년

---

* 원나라 때 간행된 장편소설인 『전상삼국지평화(全相三國志平話)』를 말한다. 『삼국지』에 관한 이야기꾼의 이야기를 그림과 곁들여 책으로 묶은 것이다. 장편은 평화, 단편은 화본(話本)이라고 한다.

에 첫 출간된 월탄 박종화 선생의 『삼국지』일 것이다. 1965년부터 1968년까지 한국일보에 총 1,603회에 걸쳐 연재되었는데, 이미 『금삼의 피』, 『임진왜란』, 『세종대왕』 등을 써서 역사소설의 대부로 알려져 있는 박종화 선생이 쓴 역사소설의 결정판이라고 할만하다. 유려한 문체와 가로쓰기, 그리고 간간이 들어가 있는 삽화가 흥미를 더한다. 그의 『삼국지』가 간결하다는 평을 듣는 것은 반대로 요즘의 『삼국지』에 작가의 개인적인 입김이 그만큼 많이 들어가 있다는 뜻일 것이다. 이후 『삼국지』는 박태원, 정비석, 김구용, 황석영, 이문열, 김홍신, 장정일, 황병국, 정원기 등 여러 번역자에 의해 계속 번역 출간되었다.

어디 그 뿐이랴. 『삼국지』는 만화로도 유명하여 한국, 중국, 일본에서 각기 자랑하는 만화본을 가지고 있다. 예를 들어, 일본은 나관중의 『삼국지연의』를 가장 잘 표현했다고 하는 요코야마 미쓰테루(橫山光輝)의 『만화 삼국지』가 있고, 우리나라에는 유비를 약간 쪼다처럼 그린 고우영의 『만화 삼국지』가 있다. 그리고 중국에는 진유동(陳維東)의 『만화 삼국지』가 있다. 이외에도 영화의 주제가 된 지는 이미 오래되었고, 최근에는 컴퓨터 게임에도 진출하여 그야말로 게임 세계의 강자로 등극한 지 이미 오래이다. 이렇게 다양한 판본으로, 그리고 다양한 장르에서 세상에 나와 남녀노소를 불문하고 관심과 애정을 갖게 만드는 것을 보면, 소설 『삼국지』는 하나의 문화 현상이 아닐 수 없다.

이 책은 이른바 한 권으로 읽는 고전 소설 시리즈에 속한다. 그러나 단순한 축약본이 아니라 『삼국연의』 전체를 체계적으로 해체하고 재구성함으로써 인물과 이야기, 그리고 『삼국연의』와 관련된 주제와 소재를 깊이 있게 통속적으로 설명하고 있다. 게다가 적절하게 그림과 도표를 삽입하여 독자의 이해를 돕고 있으니, 말 그대로 현대판 '전상통속삼국연의' 인 셈이다.

역자 역시 오랫동안 서재 한 구석에 자리하고 있던 『삼국연의』를 다시 꺼내 들었고, 또한 다양하게 출간되어 있는 번역본 『삼국지』를 참조했다. 지나치게 단순한 부분은 조금씩 보완했고, 확실하게 잘못된 부분은 바로잡았다. 이 책을 통해 우리 머릿속에 있는 『삼국지』의 세계를 체계화하여 주목하지 못했던 인물과 사건, 그리고 주제를 정리해 보는 것도 새로운 재미로 다가올 듯하다. 『삼국연의』는 이야기이다. 그러나 그 속에서 우리는 이야기 이상의 것을 찾아낸다. 그것은 오롯이 독자의 몫이다. 그것은 권리이기도 하고 의무이기도 하다. 『삼국지』는 단순히 문학이 아니라 이미 문화이기 때문이다.

제주 우거에서

찾아보기

| ㅊ |